Herr,
erweise uns deine Gnade
und gib uns dein Heil!
Ps. 85,8
Tageslosung
für den 12.1.92

Unserm lieben
Hans Osenberg
zur Vollendung des
60. Lebensjahres:
Gesundheit, Zuversicht
und Gottes gnädiges Geleit!
Herzlichst
Ihr S. Bülow, Pfr.
und die Ev. Altstadtgemeinde
Bochum, am 12.1.1992.

Kirche im Ruhrgebiet

Ein Lese - und Bilder - Buch
zur Geschichte der
Kirche im Ruhrgebiet von 1945 bis heute

Im Auftrag des Vereins zur Erforschung der Kirchen- und
Religionsgeschichte des Ruhrgebiets herausgegeben von:

Günter Brakelmann und Traugott Jähnichen

unter Mitarbeit von:

Karin Celen, Birgitt Jähnichen, Marian Pontzen und Thomas Vährmann

Ein Projekt des Vereins zur Erforschung der Kirchen- und Religionsgeschichte des Ruhrgebiets e.V.

Gefördert von:

> Der Evangelischen Kirche von Westfalen
> Den Kirchenkreisen des Ruhrgebiets
> Dem Ministerium für Wissenschaft und Forschung des Landes Nordrhein-Westfalen
> Der Stadt Bochum
> Dem Kommunalverband Ruhrgebiet
> Der Sparkasse Essen
> Der Sparkasse Bochum
> Der Sparkasse Gelsenkirchen
> Der Werbegemeinschaft der Vestischen Volksbanken Gelsenkirchen-Buer
> Der Hoesch Stahl AG Dortmund
> Der Buchhandlung Brockmeyer Bochum

CIP-Kurztitelaufnahme der Deutschen Bibliothek

Kirche im Ruhrgebiet: ein Lese- und Bilder-Buch zur Geschichte der Kirche im Ruhrgebiet von 1945 bis heute im Auftr. des Vereins zur Erforschung der Kirchen- und Religionsgeschichte des Ruhrgebiets, hrsg. von Günter Brakelmann und Traugott Jähnichen. Unter Mitarb. von Karin Celen ... - 1. Aufl. - Essen: Klartext-Verl., 1991
ISBN 3-88474-363-5
NE: Celen, Karin; Brakelmann, Günter

---

1. Auflage Mai 1991
Layout und Titel: Birgitt Jähnichen, Thomas Vährmann
Ausstattung und Satz: Birgitt Jähnichen, Thomas Vährmann
Druck: Recklinghäuser Werkstätten
Gedruckt auf umweltfreundlichem Papier
© Klartext Verlag, Essen 1991
Alle Rechte vorbehalten
ISBN 3-88474-363-5

Inhalt

Vorwort

1. Kirche im Ruhrgebiet

1.1 Das Ruhrgebiet - Aufbau, Wandel und Zukunft
1.2 Die Errichtung neuer Kirchengemeinden - Ein historischer Überblick
1.3 Nazi- und DC - Herrschaft beendet. Eindrücke aus dem Kirchenkampf im Ruhrgebiet

2. Überleben in Trümmern (1943 - 1948)

2.1 Kirchliches Leben im Krieg
2.2 Das Kriegsende im Ruhrgebiet
2.3 Der Wiederaufbau der Gemeindearbeit
2.4 Gegen Not und Elend. Kirche in Aktion
2.5 Die rechtliche Neuordnung des kirchlichen Lebens
2.6 Versuche der Vergangenheitsbewältigung
2.7 Die Resonanz auf die Stuttgarter Schulderklärung
2.8 Die Konzeption der "Notkirchen"
2.9 Aufgaben der Seelsorge
2.10 Kirche und gesellschaftlicher Neubeginn
2.11 Kirche und politische Parteien

3. Wiederaufbau und Wirtschaftswunder (1949 - 1956)

3.1 Im Zeichen des Wirtschaftswunders - Die Normalisierung des kirchlichen Lebens
3.2 Die Theologin in der Kirche
3.3 Die "Kirchliche Aufbauhilfe"
3.4 Der Wiederaufbau der Reinoldi - Kirche
3.5 Die Brüder Busch und die Jugendarbeit im Ruhrgebiet
3.6 Der Dienst der evangelischen Frauenhilfen

3.7	"Rettet den Menschen" - Evangelischer Kirchentag 1950 in Essen
3.8	Schon wieder zum Krieg gerüstet - Stellungnahmen der Kirche zur Remilitarisierung
3.9	Seelsorge in der Industriegesellschaft
3.10	Neue Herausforderungen für die Diakonie

4. Mit Konflikten leben (1957 - 1966)

4.1	Die "Schonzeit" für die Kirche ist vorbei
4.2	Das Pastorinnengesetz - Ein erster Schritt zur Gleichstellung
4.3	Der Neuaufbau der Christuskirche in Bochum
4.4	"Mit Konflikten leben" - Evangelischer Kirchentag 1963 in Dortmund
4.5	Die Gründung der Bekenntnisbewegung "Kein anderes Evangelium"
4.6	Das "Zechensterben" im Ruhrgebiet
4.7	Jugend zwischen Kirche und Rock'n'Roll
4.8	Die Gründung der Ruhr - Universität
4.9	Die Bochumer "Eheschule"

5. Zeichen des Umbruchs (1967 - 1979)

5.1	Neuorientierungen in Kirche und Gesellschaft
5.2	Neue Formen des Gemeindelebens
5.3	Die ökumenische Zusammenarbeit im Ruhrgebiet
5.4	Das Gemeindehaus - Ort des Gottesdienstes und der Begegnung
5.5	Theologie im Dialog mit den Humanwissenschaften
5.6	Erlebte Entwicklungshilfe - Die Evangelische Jugend Gelsenkirchen zu Gast in Tansania
5.7	Das Modell "Sozialer Friedensdienst" Dortmund

6.   Kirche auf dem Weg in die Zukunft (1980 - 1991)

6.1   Volkskirche im Ruhrgebiet
6.2   Frauen brechen auf
6.3   Die Diakoniestation -
        Zwischen professioneller Pflege und Gemeindenähe
6.4   Kirchlicher Widerstand gegen Sondermüllverbrennungsanlagen
6.5   Das Ruhrgebiet heilt seine ökologischen Wunden
6.6   Auf dem Weg zum ökologischen Gemeindezentrum
6.7   Konflikte um Betriebsstillegungen in Hattingen und Rheinhausen
6.8   Kirche im Kampf gegen die "Neue Armut"
6.9   "Wir kommen nur so weit, wie die einzelnen die Idee tragen" -
        Solidarität mit den Ländern des Südens
6.10   Die Kirche im "Konziliaren Prozeß"

7.   Kirche hat viele Gesichter

7.1   Gustav Heinemann -
        Als Christ in der politischen Verantwortung
7.2   Christlich - Jüdischer Dialog im Ruhrgebiet
7.3   "Soli Deo Gloria" -
        Die Kirchenmusik im Ruhrgebiet
7.4   Die Evangelischen Akademien Mülheim und Schwerte - Villigst
7.5   Das Diakoniewerk Ruhr in Witten
7.6   Die Orthopädischen Anstalten Volmarstein
7.7   Kirchliche Hilfe für Vertriebene und Aussiedler -
        Die Arbeit im Flüchtlingslager Unna - Massen
7.8   Die Beteiligung von Christen am Ostermarsch
7.9   Der Krieg: Vater allen Übels -
        Das Friedensdorf Oberhausen

Anhang

Kirchliches Leben in Zahlen
Mitarbeiterverzeichnis
Bildnachweis

Vorwort

Anläßlich des Kirchentages 1991 im Ruhrgebiet, der erstmalig in einer größeren zusammenhängenden Region stattfindet, wird hier der Versuch vorgelegt, die wichtigsten Themen und Entwicklungen der jüngsten Kirchengeschichte im Ruhrgebiet anhand repräsentativer Beispiele darzustellen.

Der seit 1985 bestehende *Verein zur Erforschung der Kirchen- und Religionsgeschichte des Ruhrgebiets e.V.* hat es sich zur Aufgabe gemacht, im Rahmen seiner Möglichkeiten dieses bisher vernachläßigte Feld der Kirchengeschichts- wie der Ruhrgebietsforschung zu bearbeiten. Die Bedeutung solcher Arbeiten unterstreicht nicht zuletzt das Vorwort der Herausgeber des soeben erschienen Standardwerkes "Das Ruhrgebiet im Industriezeitalter", welches das Fehlen von Beiträgen zur kirchlichen Regionalgeschichte bedauert.

Somit wird in dem hier vorliegenden Band, der eine gleichnamige Ausstellung zum Thema begleitet und vertieft, erstmalig eine Gesamtdarstellung der jüngsten Kirchengeschichte des Ruhrgebiets - einer Region, die es nach den kirchlichen Verwaltungseinheiten gar nicht gibt - gewagt. Das Ziel dieser Darstellung ist ein doppeltes: Einerseits will es eine Selbstvorstellung der Kirche im Ruhrgebiet sein. Zum anderen wird mit dieser Aufarbeitung der jüngsten kirchlichen Vergangenheit die Absicht verfolgt, stärker als bisher eine Identität der "Kirche im Ruhrgebiet" zu entwickeln.

Hier kann nur eine erste Bestandsaufnahme erfolgen, die zur weiteren Beschäftigung anregen möchte. Wir hoffen auf einen gemeinsamen Lern- und Diskussionsprozeß mit möglichst vielen Beteiligten in den Kirchengemeinden und Kirchenkreisen, der diese Arbeit fortsetzt.

Ohne die großzügige Unterstützung und Hilfe vieler Einzelpersonen und Organisationen hätte dieser Band in der Kürze der Zeit nicht fertigstellt werden können. Zunächst möchten wir uns bei den Ruhrgebietssuperintendenten bedanken, die die Idee zu diesem Projekt positiv aufgenommen und unterstützt haben. Wichtige Hinweise und freundliche Unterstützung gewährte uns Landeskirchen - Oberarchivrat Dr. Bernd Hey von der Westfälischen Landeskirche. Auch ihm sei an dieser Stelle herzlich gedankt. In den Gemeinden und Kirchenkreisen des Ruhrgebietes sowie bei kommunalen Einrichtungen durften wir ohne Probleme eine Vielzahl von Archiven einsehen.

Hervorgehoben seien unter vielen anderen Frau Gerda Liebrich, Synodalarchivpflegerin der Kirchenkreise in Essen, Superintendent i.R. Wolfgang Werbeck, Synodalarchivpfleger des Kirchenkreises Bochum, und der Historiker Dr. Ernst Schmidt im Ruhrlandmuseum Essen. All denen, die bei der Entstehung dieses Buches geholfen haben und hier nicht namentlich erwähnt werden, schulden die Herausgeber ebenfalls Dank.

Schließlich ist allen Mitarbeiterinnen und Mitarbeitern an diesem Projekt für ihr hohes Maß an Engagement herzlich zu danken.

Günter Brakelmann   *Traugott Jähnichen*

Kirche im Ruhrgebiet

Siehe, ich habe ein großes Volk in dieser Stadt
Apg. 18,10

Das Ruhrgebiet

Aufbau, Wandel, Zukunftsperspektiven

Wenn man vom Ruhrgebiet spricht, meint man einen der größten europäischen Wirtschaftsräume, im wesentlichen gelegen zwischen den Flüssen Ruhr im Süden und Lippe im Norden sowie dem Rhein im Westen. Dieses Gebiet gehört zu den großen traditionellen Industrierevieren der Welt, zählt mit seinen 140 Jahren industriegeschichtlicher Entwicklung jedoch nicht zu den ältesten. In dieser Zeitspanne sind gigantische Industrieanlagen, Steinkohlezechen, Stahlwerke und Stahlschmieden, Kraftwerke und Raffinerien errichtet und immer wieder modernisiert worden. Phasen tiefgreifenden Strukturwandels kennt diese Region schon seit langem. Er vollzog sich in der Vergangenheit jedoch primär binnenregional und fand besonders in der Nordwanderung des Bergbaus und in der Konzentration der eisenschaffenden Industrie im Westen, am Rhein (Duisburg), und mit Abstand auch im östlichen Bereich des Kerngebietes (Dortmund) seinen sichtbaren Ausdruck. Gegenüber diesem regionalen Wandel, der eher die wirtschaftliche Position einiger Großkonzerne der Montansektoren von Kohle und Stahl stärkte (Unternehmens- und Standortkonzentration), vollzieht sich mit dem Strukturwandel der letzten Jahre ein radikaler Loslösungsprozeß eben von diesen Bereichen.

Genau besehen läßt der Industrieraum "Ruhrgebiet" eine große wirtschaftliche, so-

Abb. 2

ziale und geographische Vielfalt erkennen. Die unterschiedlichen Zonen des Reviers vermitteln tatsächlich ein differenziertes Bild, was jeglicher vorurteilsbeladener und vereinfachender Klischeebildung widerspricht.

Den südlichsten Teil des Ruhrgebietes bildet, angrenzend an das niederbergische Hügelland, die Ruhr-Zone. Dem Verlauf des Ruhrtals folgend gilt sie als die Wiege des frühindustriellen Reviers. Sie ist heute mit ausgedehnten Grünflächen und Stauseen eine beliebte Freizeit- und Naherholungslandschaft.

Nördlich der Ruhr schließt sich die Hellweg-Zone an, benannt nach der alten Handelsstraße "Hellweg", die das spätere Ruhrgebiet von Mühlheim/Essen über Dortmund, Unna in Richtung Soest durchquerte. Dieses Gebiet galt vor der Industrialisierung als "Kornkammer" der Region, stellte dann über einen langen Zeitraum das industrialisierte Kernland dar und ist heute bevorzugter Standort von Handel und Dienstleistungen im Revier. Die Hellweg-Zone hat sich mittlerweile vom Bergbau verabschiedet, besitzt jedoch noch Eisen- und Stahlindustrie sowie montan-orientierte Wirtschaftszweige.

Von einer ausgewogenen Wirtschaftsstruktur zu sprechen wäre verfehlt, angesichts der wirtschaftlichen und sozialen Probleme, die die traditionellen Montanstandorte dieser Region (Dortmund und Bochum; Duisburg zählt zur Rheinschiene) - lediglich verdeckt durch die gegenwärtige montane Hochkonjunktur - immer noch haben. Allerdings hat sich in dieser Zone der Strukturwandel hin zu den Dienstleistungen, Wissenschaften und industriellen Innovationen am heftigsten vollzogen. Zurück blieben lokal gravierende Probleme mit den industriellen Altlasten, die im Einzelfall sogar den Abriß ganzer Neubausiedlungen auf ehemaligen, verseuchten Industriebrachen notwendig machen (z.B. in Dortmund-Dorstfeld und in Bochum-Günnigfeld).

In der nach Norden hin anschließenden Emscher-Zone , die vor allem die nördlichen kreisfreien Städte des Ballungskerns (Oberhausen, Bottrop, Gelsenkirchen, Herne) und Gemeinden des Kreises Recklinghausen (Gladbeck, Castrop-Rauxel, Herten und Recklinghausen selbst) umfaßt, konzentrieren sich noch altindustrielle Sektoren der Verbundwirtschaft und, wo diese schon abgezogen sind, die Nachfolgeprobleme mit den industriellen Altlasten. Zu diesen ökologischen Altlasten sind auch die weiten Poldergebiete zu rechnen - Bergsenkungen infolge des Kohleabbaus nach dem Prinzip des "Bruchbaus" - die mit Pumpen (etwa 100) ähnlich wie in Holland entwässert werden müssen. Bei Gefahr der Versumpfung hat dies ewig zu erfolgen. Zudem müssen Bachläufe, Flüsse und Kanäle stetig höhergesetzt und eingedeicht werden. Infrastrukturell war diese Teilregion schon immer benachteiligt worden. Trotz der sich hier vollziehender Entindustrialisierung stellt sie neben der Rheinschicne gegenwärtig noch die eigentliche Industrieregion des Reviers dar.

Weiter nördlich verläuft die Lippe-Zone, die in ihrer ländlichen Struktur als Ergänzungsgebiet des Ballungsraumes galt. Hier hatten sich besonders seit den dreißiger Jahren moderne Industrien auf weiter Fläche angesiedelt, wie die Chemie, Raffinerien, Elektrizitätswerke und schon viel früher der Bergbau (um 1900 Unterquerung der Lippe). Sie bleibt jedoch stark landwirtschaftlich geprägt und bietet Erholungsfunktionen für die Bevölkerung des Ruhrgebiets an.

Allerdings besteht durch die Nordwanderung des Bergbaus in die Lippe- Zone die Gefahr beträchtliche Belastungen durch wachsenden Verkehr und Zersiedlung, möglicherweise ist auch mit weiteren Bergehalden zu rechnen. Eingriffe in vordem geschützte Waldflächen (Die Haard) durch den Kohlebergbau lassen dies befürchten. Ebenfalls besteht hier die Gefahr der Entstehung neuer Poldergebiete und sonstiger Senkungsprobleme wie in der Emscherzone.

Das industrielle Zentrum, das zahlreiche Superlative dieses Ballungsraumes beherbergt, ist Duisburg bzw. die Rheinschiene. Dieser Ort entwickelte sich zur größten Montanstadt aufgrund der besonderen Gunst durch den bedeutendsten Binnenschiffahrtsweg in Europa und größten Binnenhafen in Duisburg-Ruhrort. Selbst diese wirtschaftsstrukturell einseitig ausgeprägte und vielfältig ökologisch belastete Stadt hat über die ökonomische Potenz ihrer Konzerne hinaus im kulturellen Bereich wie auf sportlichem Gebiet manche Besonderheit anzubieten (Wilhelm-Lehmbruck-Museum, Studentenolympiade). Es gibt gegenüber dem Ruhrgebiet keine Landschaft in der Bundesrepublik, die kontrastreicher sein könnte.

Ruhrgebiet im Aufbau - historische Etappen

Das Ruhrgebiet ist ein typisches Beispiel, wie wirtschafliche Bedürfnisse und infrastrukturell-technische Bedingungen das Gesicht und die Entwicklung einer Region prägen und - über Jahrzehnte hinweg betrachtet - vielfach neue überformten. Wenig mehr als 140 Jahre Wandel, zum Teil Stagnation, aber auch sprunghafte Entwicklung mit exponentiellem Wirtschaftswachstum, haben ihre nachhaltigen Spuren in den Städtebildern, den Wohnbedingungen, Arbeitsverhältnissen der Bevölkerung und in der Landschaft hinterlassen. Noch um 1800 konnte niemand ahnen, daß die Gegend zwischen Ruhr und Emscher einst zum größten Industrierevier Europas werden sollte. Der Reisende erlebte eher eine verträumte Idylle einer von Wäldern und Landwirtschaft bestimmten Region. Die Ansiedlungen Gelsenkirchen (500 Einwohner), Bochum (2.100 Einwohner), Herne (750 Einwohner) waren eher Dörfer als Städte. Die Häuser waren i.d.R. recht ärmlich, oft nur mit Stroh bedeckt, die hygienischen Bedingungen und die Verkehrswege katastrophal. Einige historisch bedeutsame Städte befinden sich auch in diesem Landstrich, wie Dortmund (Hanse - Stadt) und Essen (Abtei Werden/Beginn der Christianisierung der Region um 800). Hattingen an der Ruhr konnte sogar seinen mittelalterlichen Dorf-

Abb. 3: Blick in die Waschkaue

kern (Kirchplatz) bis heute bewahren. Sagenumwoben, wie der Bergbau im Allgmeinen, ist auch die Entdeckung der "brennenden Steine". Sie wird einem Hirtenjungen zugesprochen, der sich nach einer Nacht am wärmenden Lagerfeuer im Morgengrauen mächtig gewundert haben muß, daß an der Feuerstelle nicht nur die Glut des verbrannten Holzes

noch vorhanden war, sondern daß die darunterliegenden schwarzen Steine selbst glühten. Kohleschichten gelangen auf den Höhen und in den Tälern der Ruhrberge an die Erdoberfläche, wovon er jedoch nichts wußte.

Wie auch immer der Wahrheitsgehalt dieser Überlieferung ist - Kohlebergbau an der Ruhr wird schon um die Wende zum 13. Jahrhundert historisch belegt. Auf einfachste Weise wurde zunächst in Gruben (Pingen) oberirdisch nach Kohle "gegraben". Für Hausbrand- und Schmiedezwecke erlangte sie über die Jahrhunderte nur eine bescheidene Bedeutung.

Erst mit der "industriellen Revolution" entstand eine völlig neue regionale Wirtschaftsstruktur im Ruhrgebiet. Neue Verfahren der Eisengewinnung und Stahlerzeugung führten zur Steigerung der Produktivität in mehreren Sprüngen jeweils um ein Vielfaches, so beispielsweise mit der Einführung des Puddel-Ofens 1827 in Mülheim; mit dem englischen Bessemer-Verfahren, von Krupp 1862 eingesetzt; schließlich mit der Einführung des Siemens-Martin-Verfahrens 1869 bei Krupp und 1879 mit der Aufstellung des Thomas-Konverterverfahrens im Hörder Hüttenverein (Dortmund), womit die großtechnische Herstellung von Stahl guter Qualität auf Basis einheimischer und lothringischer Erze mit nachteilig hohem Phosphorgehalt gelang. Neue Produktionsmethoden in der Kohleförderung ermöglichten den Untertageabbau (Tiefbau durch Einsatz von Dampfmaschinen; erster Tiefschacht 1837 in Borbeck/Essen durch Franz Haniel).

Die Entwicklung der Eisenbahnen revolutionierte die Verkehrs- und Absatzbedingungen für die nun expansiv zu erschließende Gesamtregion (Ende der Ruhrschiffahrt um 1889). Die beschleunigte Industrialisierung im letzten Viertel des vorigen Jahrhunderts wiederum ließ den Stahlbedarf und somit auch den Kohlebedarf außerordentlich ansteigen.

Mit der Entwicklung der Methode, die 1838/39 an der Ruhr durch Franz Haniel geförderte Fettkohle zu verkoken und sie zur Erschmelzung von Eisen einzusetzen - was erstmals 1849 auf der Friedrich-Wilhelm-Hütte zu Mülheim geschah -, war die entscheidende technologische Grundlage geschaffen und der entscheidende Impuls für die nun entstehende Ruhrindustrie - den Montankomplex - gegeben. Eine enge Verflechtung von Kohle-, Eisen- und Stahl- sowie Maschinen- und Stahlbauindustrie und weiteren Wirtschaftszweigen entstand. Später kamen angrenzende und ergänzende Industrien (wie Kohlechemie, Kohlekraftwerke) hinzu - kurzum: Es wuchs eine außerordentlich dominante Verbundwirtschaft heran. Heute leben etwas mehr als fünf Millionen Menschen im "Revier"; für 1820 weisen die Statistiken gerade 270.000 Einheimische aus, also etwa 5% der heutigen Einwohnerzahl. Die damals "großen" Städte der Region zählten wenig mehr als 5.000 Bewohner (Mülheim, Duisburg, Hamm) in ihren Mauern oder erreichten diese Größe nicht einmal ganz (Essen, Dortmund). Alle anderen Städte beziehungsweise Gemeinden waren wesentlich kleiner. Bald setzte ein gewaltiges Bevölkerungswachstum ein. Die Wachstumsrate des "Ruhrvolkes" betrug 1870 gegenüber 1815 beträchtliche 485%, um sich dann bis 1925 abwermals um mehr als das Vierfache zu vergrößern (ca. 4,3 Millionen Einwohner).

Die aufkommende Ruhrindustrie war immer auf den Zustrom auswärtiger deutscher und später vor allem fremdsprachiger Arbeitskräfte angewiesen. Im Zuge der fortschreitenden Erschließung der Emscher-Zone nach Norden wurden seit den achtziger Jahren zunehmend mehr Menschen aus Ost- und Westpreußen, Schlesien und Posen angesiedelt, um den Arbeiterbedarf zu decken. Das Ruhrgebiet hat sie aufgenommen und in einem langen, nicht immer von sozialen Konflikten freien Prozeß integriert (Westdeut-

Abb. 4: Bereits Geschichte - Arbeiten und Leben im Ruhrgebiet der 50er Jahre

sche - Ostdeutsche; evangelische Masuren - katholische Polen).

Den wechselvollen Werdegang des sich nun voll entfaltenden Industriezeitalters bekamen die Menschen im Zentrum des Geschehens besonders zu spüren: Die wirtschaftliche Expansion korrespondierte mit der Unfallhäufigkeit in Bergwerken und Fabriken sowie steigenden Problemen der Ansiedlung und Bindung von Belegschaften, besonders in den Jahren um die Jahrhundertwende. In der Verbesserung der Lebensbedingungen waren die kämpferischen Bergarbeiter-Gewerkschaften auch erfolgreich. Gewisse Zugeständnisse konnten sie den Unternehmern in der Gestaltung der Arbeits- und Lohnverhältnisse abtrotzen. Auch ging der große Streik der Bergarbeiter von 1905, der nach rund vier Wochen schließlich abgebrochen werden mußte (10. Februar), in die Geschichte ein. Er brachte immerhin eine Novellierung des preußischen Berggesetzes, das nun obligatorische Arbeiterausschüsse auf Zechen mit mehr als hundert Beschäftigten zu installieren vorschrieb.

Zur jüngeren Entwicklung des Ruhrgebietes - dreißig Jahre Strukturwandel ohne Ende

Erneut waren die traditionellen Wirtschaftsbereiche Kohle und Stahl die entscheidenden Motoren der Entwicklung. Unter den Bedingungen unangefochtenen Wachstums blieben die Gefahren dieser stark ausgeprägten Einseitigkeit, der Monostruktur, bei gleichzeitiger starker weltwirtschaftlicher Abhängigkeit und Anfälligkeit noch lange unerkannt. Doch der Ende der fünfziger Jahre einsetzende strukturelle Umbruch im Energiesektor, der in der Bundesrepublik Deutschland weitgehend dominiert wurde von der

Steinkohle, zeigte ganz massiv die Schwächen auf. Preiswerte Energie wie Öl und Erdgas verdrängten die Kohle aus angestammten Marktbereichen und führten seit Ende 1957 zur Bergbaukrise und zu Massenentlassungen im Revier. Innerhalb von wenig mehr als 10 Jahren gingen rund 300.000 Arbeitsplätze in diesem Industriezweig verloren, bis heute insgesamt etwa 400.000, um auf knapp 100.000 Beschäftigte im Ruhrbergbau (1990) abzusinken.

Nach dem Kriegsende drohte mit den Demontagen den Menschen abermals der letzte Hoffnungsstrahl für einen Neuanfang genom-men zu werden. Nicht zuletzt dem energischen Widerstand der Arbeiterschaft dagegen ist es zu verdanken, - neben der sich wandelnden Politik der alliierten Staaten in Europa - daß letzenendes zahlreiche Stahlwerke und andere Fabrikanlagen nicht abgeräumt wurden und die Feuer ihrer Schmelzöfen und Antriebsmaschinen wieder entfacht werden konnten.

Beginnender Wirtschaftsaufschwung, erweiterte Partizipation der Arbeiter und ihrer Gewerkschaften bei wirtschaftlichen und politischen Entscheidungen, Montan-Union, sowie intensivierte Aktivitäten zur Völkerverständigung Anfang der fünfziger Jahre vermochten den Lebensfunken der leidgeprüften Revier-Bevölkerung wieder anzufachen. Es gelang sogar, die großen Flüchtlingsströme (rund 1,2 Millionen Menschen), die nach dem Zweiten Weltkrieg ins Ruhrgebiet flossen, wirtschaftlich und sozial relativ schnell zu integrieren. Die Steinkohleförderung wurde in dieser Zeit auf weniger als die Hälfte (rund 56 Millionen Tonnen in 1988) reduziert und wird nur noch durch erhebliche staatliche Subventionen und den sogenannten Kohlepfennig auf diesem Niveau gehalten. Gleichzeitig wurde der Bergbau außerordentlich modernisiert, so daß die Produktivität unter Tage um das Dreifache anstieg. Dadurch konnte der Wettbewerbsnachteil gegenüber importierten Energieträgern jedoch nicht aufgewogen werden. Die deutsche Steinkohle wäre ohne die verschiedenen Formen von Subventionen zwei- bis dreimal so teuer wie Auslandskohle, inklusive Transportkosten bis zu den Seehäfen. Bis in das vergangene Jahrzehnt konnte der dramatische Arbeitsplatzabbau im Montanbereich durch das starke gesamtwirtschaftliche Wachstum (vor allem in den 60er Jahren), die Ausweitung des Dienstleistungssektors und in geringerem Maße durch Ansiedlung von Wachstumsindustrien (z.B Opel in Bochum und Siemens in Witten) noch in beachtlichem Umfang, wenngleich nicht vollständig ausgeglichen

Abb. 5 Kleingartenidylle

werden. Ebenfalls wirkte sich die allgemeine Verlängerung der Schul- und Ausbildungszeiten dämpfend auf den Arbeitsmarkt aus.

Erst die Probleme der Stahlindustrie, die Mitte der 70er und Anfang der 80er Jahre durch den Druck internationaler Konkurrenz in Absatzschwierigkeiten geriet, machten die Tiefe und Unausweichlichkeit des regionalstrukturellen Umbruchs deutlicher (Stahlerzeugung BRD 1974: 53 Mill. Tonnen;

1975: ca. 40. Mill. Tonnen). Diese Branche hatte mittlerweile überdimensionale Kapazitäten aufgebaut, deren Auslastung bis zum Anfang dieses Jahrzehnts immer weiter schrumpfte. Wenngleich das gesamtwirtschaftliche Wachstum in relativ geringen Raten fortschritt, brachte der zugleich sich vollziehende Strukturwandel der stahlerzeugenden Branche seit dem heftigen Kriseneinbruch im Jahre 1975 keine Chancen zur vollständigen Erholung auf vorherigem Niveau.

Die Stahlunternehmen versuchten angesichts dieser Lage, ihre Kosten durch technologische Anpassung, Modernisierung und Rationalisierung zu senken. Dazu gehörte auch der Abbau von Arbeitsplätzen in beträchtlichem Umfang (um ca. 50 % auf rund 80.000 Beschäftigte Ende 1988 im Ruhrgebiet).

In der letzten Krisenphase waren bei der Ankündigung der Stillegung der Henrichshütte in Hattingen (Ende 1987) erstmals Massenentlassungen in Erwägung gezogen worden. Vordem war es möglich, den Arbeitsplatzabbau im wesentlichen durch Sozialpläne "sozial abzufedern" - was schließlich auch in Hattingen erkämpft werden konnte. Nach erfolgter drastischer Kapazitätsanpassung in der deutschen Stahlindustrie und bei verstärkten Investitionen der Gesamtwirtschaft (sowohl zur Erneuerung als auch Erweiterung von Anlagen) sowie steigendem Export steuert die Stahlindustrie heute einem Höhepunkt auf niedrigerem Niveau (als 1974) bei weitgehender Kapazitätsauslastung entgegen.

Sektorale Krisenphasen und Strukturwandel prägten die Verfassung und das Bild des Ruhrgebietes bis in die Gegenwart. Während die Probleme im Bergbau nach wie vor akut sind, überdeckt die Hochkonjunktur des Stahls seit Mitte 1988 manche strukturellen Schwierigkeiten. Jedenfalls haben die ausgewiesenen "schwarzen Zahlen" der Bilanzen die Stahlkonzerne von ihren Stillegungsplänen sowie arbeitsplatzsparenden Rationalisierungsmaßnahmen und ihrer Politik der Standortkonzentration (vor allem in Duisburg) nicht abhalten können.

Die augenblickliche boomartige Entwicklung kann zudem nicht leicht vergessen machen, daß die Kommunen noch vor kurzem in eine scheinbar ausweglose Finanzklemme gerieten, und vielerorts die Ausgaben auch im Bereich sozialer und kultureller Dienstleistungen gekürzt worden sind.

Die weit überdurchschnittliche, langanhaltende Arbeitslosigkeit in der Kernzone der Region (knapp 12 % - 14 % im Juni 1990, im gesamten Gebiet durchschnittlich knapp 12%) zeigt an, wieviel menschliche Energie auch volkswirtschaftlich vergeudet wird. Was allerdings noch weitaus schlimmer ist: Die Lebensenergie der betroffenen Personen wird gedämpft; bei vielen, die nicht einmal mehr den Weg in die zahlreich entstandenen, oft kirchlich unterstützten Arbeitslosenzentren finden, sind die Hoffnungsfunken schon längst erloschen. Das sind die nicht zu leugnenden Schattenseiten einer wesentlich wirtschaftshistorisch bedingten Umbruchsituation, die, zwar generell hoffnungsspendend, keineswegs allen Menschen an Rhein und Ruhr eine strahlende Zukunft zu verheißen mag.

Perspektiven einer Ruhrgebietspolitik

Das jahrzehntelange Vorherrschen von Bergbau und Stahlindustrie hat eine ausgeprägt monostrukturierte Wirtschaft hervorgebracht, die in Zeiten schnellen Strukturwandels natürlich ihre extreme Anfälligkeit zeigt. Für die Zählebigkeit der industriellen Monostruktur gibt es mancherlei Erklärung. Sicherlich haben auch Fehlleistungen in der wirtschaflichen Entwicklung und Politik eine Rolle gespielt, wenn der frühzeitige Ausbau einer breiteren Industriepalette vernachlässigt wurde. Strukturpolitisch hinderlich war verschiedentlich auch die Tatsache, daß die Montanindustrien durch ihren erheblichen

Grundbesitz im Revier lange Zeit die Ansiedlung anderer Unternehmen blockiert hatten. Zum Beispiel berichtete der damalige Wirtschaftsdezernent der Stadt Bochum, daß die größte Neuansiedlung im Revier - Opel Bochum - nur durch langwierige "Geheimverhandlungen" glücken konnte.

Die politischen Schwierigkeiten mit dem Strukturwandel lassen sich jedoch nicht mit Hinweis auf regionale Machtverfilzungen, kommunale Eifersüchteleien zwischen den Revierstädten, Subventionsmentalität der Montankonzerne oder sonstige Anspielungen auf ein Lokalcolorit wirtschaftlichen Handelns hinreichend erklären. Vielmehr muß berücksichtigt werden, daß Bergbau und Stahlerzeugung in mehr als einem Jahrhundert gewachsene, gigantische Industriezweige sind, die als Schwerindustrie lange Zeit die Basis für die Gesamtwirtschaft darstellten. Grundlegende strukturelle Anpassungen können sich ebensowenig in nur wenigen Jahren vollziehen.

Überkommene Machtstrukturen allerdings können neue Entwicklungen illegitimerweise verzögern. Legitim sind jedoch unseres Er-

Abb. 6

achtens strukturpolitische Verzögerungen, wenn eine sozialverantwortliche Anpassung an ökonomische Wandlungsprozesse anders als durch Streckung des Anpassungsprozesses nicht möglich erscheint.

Letzlich geht es jedoch darum, neue Arbeitsplätze in ausreichender Zahl aufzubauen und den Arbeitnehmern adäquate Voraussetzungen für Umqualifizierung und Weiterbildung zu bieten.

Trotz der besagten Defizite sind die Ausgangsbedingungen des Ruhrgebietes nicht pauschal negativ zu beurteilen. Das Revier verfügt grundsätzlich über eine gut ausgebaute Infrastruktur, ein dichtes Verkehrsnetz, beruflich qualifizierte Menschen und einen enormen Absatzmarkt. Eine breitgefächerte Bildungs - und Hochschullandschaft ist entstanden, wenn man an die Universitäten und Gesamthochschulen in Duisburg, Essen, Bochum und Dortmund und an die Fachhochschulen denkt, alles Standortfaktoren, die von erheblicher wirtschaftlicher Relevanz sind. Zudem haben sich in der Nähe der Universitäten im Ruhrgebiet Technologiezentren angesiedelt, deren Renommee teilweise sogar weit nach Süddeutschland und ins Ausland strahlt. Besonders sind hier das Technologiezentrum und der Technologiepark an der Universität Dortmund zu nennen sowie ähnliche Einrichtungen in Essen, Duisburg und anderswo.

Auch die kulturellen, sportlichen und Freizeitangebote brauchen heute keinen regionalen Vergleich mehr zu scheuen.

Harry W. Jablonowski

Die Errichtung neuer Kirchengemeinden im Ruhrgebiet - Ein historischer Überblick

Angesichts des rapiden Bevölkerungsanstiegs im Ruhrgebiet durch den enormen Arbeitskräftebedarf vor allem in den Jahren zwischen 1880 und 1914 war es das vordringlichste Problem der kirchenleitenden Gremien, eine geregelte kirchliche Versorgung der evangelischen Bevölkerung sicherzustellen. Dies geschah in der Regel auf zweierlei Weise: entweder wurden die Stadtteile, die bisher von den Stadtgemeinden mitversorgt wurden, durch eine sogenannte "Auspfarrung" zu selbständigen Gemeinden erhoben, oder man gründete in den bisher fast ausschließlich katholischen Gebieten neue Gemeinden.

Beispielhaft seien einzelne Auspfarrungen im Gebiet des Kirchenkreises Bochum genannt. Während die Gemeinde Bochum im Jahr 1874 12.000 Gemeindeglieder mit drei Pastoren zählte, waren es 1895 bereits mehr als 32.000 mit 8 Pfarrstellen. Als Ausweg bot sich die Lösung an, die den Stadtkern umgebenden ländlichen Gemeinden zu verselbständigen. Gerade hier ist nämlich das Anwachsen der evangelischen Bevölkerung besonderers nachzuvollziehen: so stieg in Hofstede-Riemke die Anzahl der evangelischen Gemeindeglieder von 173 im Jahre 1843 über 1.007 im Jahr 1871 auf 3.273 im Jahr 1894[1].

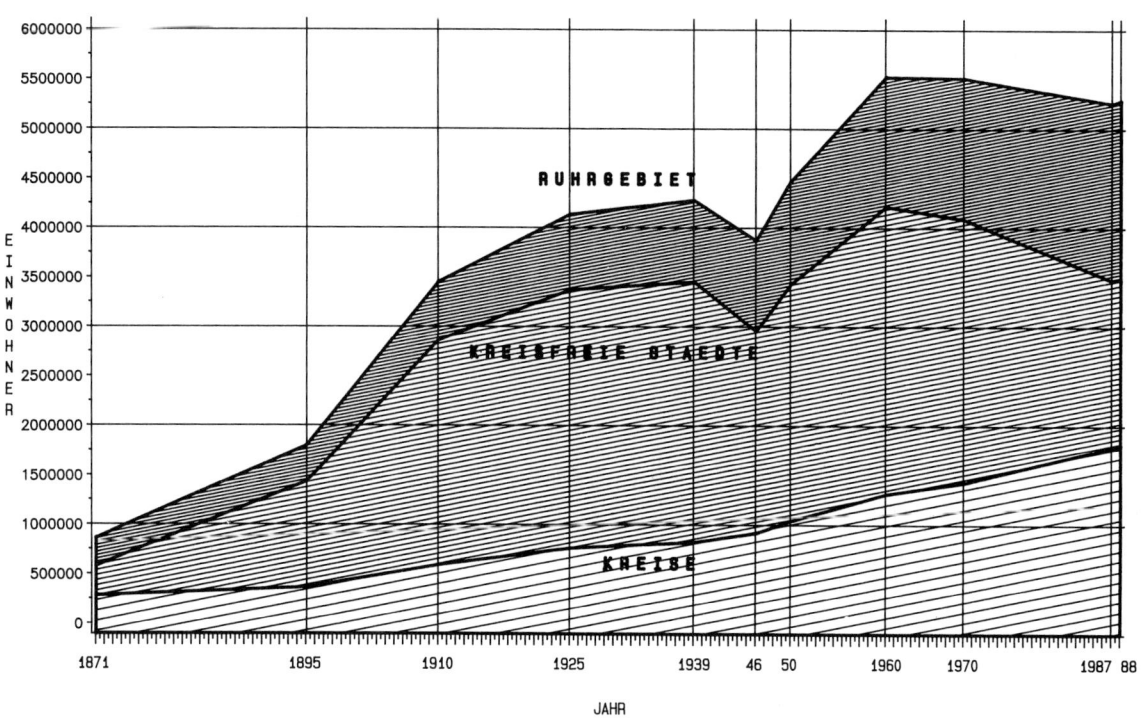

Abb. 7

Vor dem Hintergrund dieser Bevölkerungsentwicklung war es naheliegend, daß die Gemeinde Hofstede-Riemke, ebenso wie die Gemeinde Hamme, zum 1.10.1895 selbständig wurde. Zähe Verhandlungen mußten zuvor mit der "Muttergemeinde" über die Höhe einer Abfindungssumme geführt werden. Relativ schnell und für beide Seiten befriedigend einigte man sich zwischen der Kirchengemeinde Bochum und der neuen Gemeinde in Hofstede-Riemke, so daß der ausscheidende Pfarrbezirk eine Abfindung in Höhe von 57.914,48 Reichsmark erhielt[2].

Nachdem die kirchlichen Aufsichtsbehörden bereits im Jahr 1892 die Anstellung eines Pfarrers für Hofstede-Riemke beschlossen hatten, ging es für die Gemeinde nun darum, eine eigene Kirche zu errichten. Zu diesem Zweck hatte sich bereits am 30. April 1893 auf Anregung des Direktors S. Ruppel der Zeche Hannibal ein evangelischer Kirchbauverein Hofstede-Riemke gegründet. Diesem Verein gelang es in recht kurzer Frist, knapp 12.000,- Reichsmark zu sammeln. Neben den freiwilligen Gaben der Vereinsmitglieder war es insbesondere die ortsansässige Industrie, die sich durch Spenden an dem Bauprojekt beteiligte: die Zeche Hannibal stellte 5.000,- RM zur Verfügung, die Kokerei Gustav Scholz 2.000,- RM und die Zeche Shamrock 400,- RM[3].

Unmittelbar nachdem die Gemeinde selbständig geworden war, begann man mit dem Kirchbau, so daß die Trinitatiskirche in Hofstede - Riemke bereits am 21.12.1897 durch den Generalsuperintendenten Nebe eingeweiht werden konnte[4].

In ähnlicher Weise wie in Hofstede-Riemke vollzogen sich solche "Auspfarrungen" auch andernorts. So wurde im Jahr 1897 die Gemeinde Altenbochum und im Jahr 1900 die Gemeinde Wiemelhausen ausgepfarrt. Aus dem Bereich der Kirchengemeinde Lütgendortmund, die bis 1933 zur Kreissynode Bochum gehörte, verselbständigten sich Werne 1893, Marten 1894, Stockum 1906, Oespel 1907 und Boevinghausen 1911[5].

Erwähnenswert ist ferner die Bildung einer selbständigen evangelischen Kirchengemeinde in Hiltrop, da es hier recht lange Auseinandersetzungen bis zu einer einvernehmlichen Lösung gegeben hatte. Die Evangelischen in der Region Hiltrop gehörten bis zum Jahr 1914 zur Kirchengemeinde Herne. Dieser Zustand wurde aus Gründen der örtlichen Entfernung und der anwachsenden Zahl von Gemeindegliedern als unbefriedigend empfunden. Allerdings konnte man sich zunächst in Hiltrop nicht darauf einigen, ob eine selbständige Kirchengemeinde gegründet werden oder man nicht besser einer Umpfarrung nach Gerthe zustimmen sollte. In diesen Streit mischte sich sehr bald auch der größte Arbeitgeber am Ort, die Zeche Lothringen, ein und stellte im Falle einer Umpfarrung nach Gerthe einen Kirchbauzuschuß in Höhe von RM 25.000,- in Aussicht. Nach eingehenden Prüfungen der Sachlage sowie weiteren Besprechungen unter den Gemeindegliedern kam man schließlich zu der Überzeugung, eine eigenständige Kirchengemeinde Hiltrop zu bilden, da es abzusehen war, daß die Lebensfähigkeit, das heißt vor allem auch die wirtschaftliche Sicherung dieser Gemeinde nicht mehr in Frage gestellt war. Auch die Zeche Lothringen stimmte diesem Verfahren schließlich zu und hielt die Zusage eines Zuschusses in der Höhe von RM 25.000,- aufrecht. Nach rund zweijährigen Auseinandersetzungen genehmigten der Minister der geistlichen und Unterrichtsangelegenheiten des Regierungsbezirks Arnsberg sowie das königliche Konsistorium der Provinz Westfalen die Einrichtung einer neuen Kirchengmeinde Hiltrop. Laut Errichtungsurkunde wird die Gemeinde zum 1.4.1915 gegründet[6].

Solche und ähnliche Beispiele aus dem Ruhrgebiet lassen sich in großer Zahl anführen. Immer wieder stand man vor der Aufgabe, auf den Bevölkerungsanstieg durch die

Einrichtung neuer Pfarrstellen und die Errichtung neuer Gemeinden zu reagieren. Probleme bereitete meistens die Frage der finanziellen Sicherung der neuen Gemeinde. Dieser Prozeß ist im Ruhrgebiet bis in die Nachkriegszeit hinein zu beobachten, in der aufgrund der Flüchtlingsströme ins Ruhrgebiet weitere Gemeinden ausgepfarrt werden und ihre Selbständigkeit erlangen. Vor dem Hintergrund dieser Entwicklung ist es verständlich, daß ein Großteil der Gemeinden im Ruhrgebiet weniger als einhundert Jahre alt sind. Als weiteres Strukturproblem stellte sich sehr bald eine Neugliederung der kirchlichen Mittelebene der Kirchenkreise dar. So umfaßte die Kreissynode Bochum vor 1893 unter anderem auch die Gemeinden Herne, Gelsenkirchen, Eickel, Schalke und Wattenscheid. Erst 1893 wurden diese Gemeinden und weitere kleinere Gemeinden der Umgebung zur Kreissynode Gelsenkirchen zusammengefaßt. Eine erneute Strukturreform gab es im Jahre 1933, wobei die Kirchenkreise Herne und Hattingen-Witten von Bochum abgetrennt wurden sowie die Eingliederung Lütgendortmunds in den Kirchenkreis Dortmund[7].

Abb. 8: Erste evang. Gottesdienststätte in Bottrop

Diese Neugliederungen zeigen, daß man im Ruhrgebiet nur bedingt von einer historisch gewachsenen Struktur sprechen kann. Dies bedeutet positiv, daß man hier offenbar eher bereit gewesen ist, sich auf die Wandlungsprozesse der Region einzustellen und in adäquater Weise die kirchlichen Strukturen diesem Prozess anzupassen. Der Mangel an Tradition wird durch ein hohes Maß an Offenheit für neue Problemstellungen ausgeglichen.

Die Errichtung neuer Gemeinden

Neben der Umpfarrung von Kirchengemeinden war es an einigen Orten nötig, Kirchengmeinden ganz neu zu gründen. Dies geschah vor allem in ehemals rein katholischen Gebieten, wo erst im Zuge der Industriealisierung evangelische Christen ansässig wurden. Als Beispiele sind diesbezüglich Bottrop und Bockum-Hövel zu nennen. Um 1880 war Bottrop ein recht kleines Dorf mit rund 6.000 Einwohnern, die nahezu alle katholisch waren. Die wenigen evangelischen Christen wurden in Bottrop kirchlich nicht versorgt, sondern mußten nach Borbeck oder Sterkrade zum Gottesdienst gehen. Der Sterkrader Pastor Vorstius bemühte sich ab 1882 um die Errichtung einer Hilfspredigerstelle im Amte Bottrop, wo in den beiden Orten Bottrop und Osterfeld inzwischen ca. 670 evangelische Gemeindeglieder gezählt wurden. Allerdings waren die Verhandlungen mit den Konsistorien in Münster und Koblenz (Sterkrade zählte zur Rheinischen Provinzialsynode) recht langwierig, da die Anzahl der evangelischen Dorfbewohner nach wie vor relativ gering war.

Unerwartete Hilfe kam dann im Frühsommer 1833. Der Berliner Mediziner Dr. L. Deventer wollte anläßlich des vierhundertsten Geburtstages Martin Luthers im Jahr 1883 eine Kirche in einer Diasporagemeinde des Regierungsbezirkes Münster stiften. Da gerade die Verhandlungen über die Gründung der Gemeinde Bottrop geführt wurden, wurde Deventer sofort ein Kirchbau in dieser neu errichteten Gemeinde empfohlen. Deventer stimmte zu und so konnte unter seiner Anwesenheit, wie gewünscht, am 12.11.1883 die Grundsteinlegung der Martinskirche in Bottrop stattfinden[8].

Abb. 9: Die Martinskirche in Bottrop

Abgeschlossen wurde der Prozeß der Gründung der Kirchengemeinde Bottrop mit der Errichtungsurkunde des Konsistoriums zum 1.1.1885. Im Verlauf der Nordwanderung des Bergbaus im Ruhrgebiet wurden zu Beginn dieses Jahrhunderts auch die bisherigen Dörfer Bockum und Hövel von der Industrialisierung erfaßt. Vor den Probebohrungen im Jahr 1905 waren beides Bauerndörfer mit rund 35 Häusern. Die ansässige Bevölkerung ist ausschließlich katholisch. Diese Situation änderte sich schlagartig, als die Bergwerksgesellschaft Trier nach erfolgreichen Probebohrungen im Juni 1905 mit dem planmäßigen Abbau der Flöze begann. Mit der Errichtung von Bergwerkssiedlungen wurden erfolgreich Arbeiter angeworben. Bis 1908 stieg die Zahl der Arbeiter in Bockum und Hövel auf 1.800, viele von ihnen waren evangelisch. Die Kreissynode Hamm sieht die damit gestellten Aufgaben recht schnell und erklärt bereits auf der Kreissynode von 1907: "Die Kolonie der Zeche Radbod... vor Bokkum gelegen, nimmt eine solche Ausdehnung an, daß eine regelmäßige Versorgung der Evangelischen darin die ernstesten Aufgaben stellt. Auf Anregung des königlichen Konsistoriums hat die Kirchengemeinde Hamm sich bereit erklärt, vorläufig dort helfend einzutreten... Die Entfernung von Hamm ist aber so groß, daß bald in der Kolonie selbst eine seelsorgerliche Kraft für Gottesdienst, Unterricht, Hausbesuche, Mischehenpflege wird bestellt werden müssen, wenn nicht unsere Kirche dort Schaden erleiden soll[9]." Auch in den folgenden Jahren stieg die Anzahl der evangelischen Gemeindeglieder steil an. Im Jahr 1908 wurden bereits knapp 1.000 Evangelische gezählt.

In tragischer Weise kam Bockum-Hövel im November 1908 in die Schlagzeilen, als bei einer Schlagwetterexplosion unter Tage 348 Bergleute den Tod fanden. Dies war die bis dahin größte Grubenkatastrophe in Deutschland und fand entsprechend großes Aufsehen und Anteilnahme. Bei der Beerdigung sprachen für die evangelische Kirche der Generalsuperintendent Zöllner aus Münster sowie der Superintendent Nelle des Kirchenkreises Hamm. Nicht zuletzt durch dieses Ereignis wurde den kirchenleitenden Behörden auch die schwierige kirchliche Situation der evangelischen Christen in Bokkum-Hövel bewußt.

Auch nach dem Unglück stieg die Bevölkerungszahl in Bockum-Hövel stetig an. Im Jahr 1910 gibt es dort 1.500 Evangelischen im Jahr 1911 2.500, 1912 3.300 und im Jahr 1913 bereits 4.800. Ein erster Schritt hin zu einer selbständigen Gemeindegründung war der Umzug des Hammer Hilfspredigers Niemann nach Bochum, der schon zuvor in regelmäßigen Abständen Gottesdienst und Unterricht in Bockum-Hövel gehalten hatte. Die Bergwerksgesellschaft, die laut Ansiedlungsgesetz vom 10.4.1904 (§ 17) zu einer finanziellen Hilfe der Kirchengemeinden verpflichtet war, stellte den Evangelischen in Bockum-Hövel ein Doppelhaus zur Abhaltung von Gottesdiensten sowie dem Prediger Niemann eine "Beamtenwohnung" zur Verfügung [10].

Niemann stand vor der schwierigen Aufgabe, eine eigenständige Gemeinde aufzubauen.Trotz hoher Bevölkerungsfluktuation und einer antikirchlichen Propaganda seitens der Sozialdemokratie gelang es ihm erstaunlich schnell, die Evangelischen zu sammeln und an die Gemeinde zu binden. Als schließlich am 11.7.1911 per Urkunde des Konsistoriums die Kirchengemeinde errichtet werden konnte, wurde eine stolze Bilanz vorgelegt, die in typischer Weise das soziale Ideal vieler evangelischer Gemeinden jener Zeit zum Ausdruck bringt: "Wenn auf einem Rundgang durch die Kolonie ein vernachlässigtes Grundstück oder ein wüst liegender Platz das Auge beleidigte, selten ist der Inhaber evangelisch, und wenn umgekehrt ein Vorplatz vor dem Hause schön angelegt, ein Garten besonders gut gepflegt ist, so darf ich mit Stolz in vielen Fällen sagen: die Leute gehören zu uns." [11]

Wenn man bedenkt, daß erst im Herbst 1905 mit der Ansiedlung der Bergwerkskolonie begonnen wurde, ist es erstaunlich, daß in der kurzen Zeit von sechs Jahren eine recht aktive evangelische Kirchengemeinde entstanden ist. Dies zeigt, daß unter den günstigen Bedingungen einer sehr raschen und regelmäßigen Versorgung der Gemeindeglieder der Gemeindeaufbau auch im Industriegebiet trotz mancher Schwierigkeiten gelingen konnte. Von nicht zu unterschätzender Bedeutung ist der Versuch zahlreicher aus dem Osten des Reiches eingewanderter Menschen, ihre traditionelle Frömmigkeit in sogenannten Gebetsvereinen zu bewahren. Diese Gruppen, die stark landsmannschaftlich geprägt sind, bestehen zum Teil bis heute fort. Ein Sonderfall ist in diesem Zusammenhang die seesorgerliche Begleitung der Masuren, wobei es durch zweisprachige Pfarrer und masurische Gemeindehelfer gelang, einen beträchtlichen Teil dieser Menschen nach und nach in die Gemeinden einzugliedern[12].

Das Evangelische Vereinswesen

Als die wohl wichtigste neuere Form des Gemeindeaufbaus im Industriegebiet ist die seit 1880 planmäßig erfolgte Bildung großer evangelischer Vereine zu nennen. Unter dem Eindruck des Aufblühens des Vereinslebens im gesamten Reich versuchten recht früh volksmissionarisch und christlich-sozial engagierte Theologen, diese Gesellungsform für kirchliche Zwecke dienstbar zu machen[13].

Angesichts der wachsenden Anonymität der Großbetriebe und der Wohnungsballungen erwiesen sich die Vereine als Ort von Zusammengehörigkeit und Vertrautheit. Somit ging es insbesondere darum, der vor allem in Industriegebieten starken Vereinsentwicklung der Sozialdemokratie, des Katholizismus und auch der vermehrt eindringenden Sekten und Freikirchen entsprechende protestantische Vereine und Gruppen entgegenzustellen.

Beispielhaft für das Ruhrgebiet sei die Entwicklung des Vereinswesens der evangelischen Kirchengemeinde Bochum beschrieben, die zum Bau eines eigenen "Evangelischen Vereinshauses" führte. Der entscheidende Anreger des Bochumer Vereinslebens war Pfarrer Lic. H. Sopp. Unter seiner Führung entwickelte sich der 1884 in Bochum gegründete evangelische Arbeiterverein sehr rasch, so daß er nach rund 5 Jahren 1.200

nach einer kurzen, schweren Krankheit verstorben. Trauernd mußte die Gemeinde ohne ihn, am 2. Oktober 1892 das Vereinshaus einweihen[14].

Mit dieser Einweihung nahm das Vereinswesen einen neuen Aufschwung. Bis zum Ausbruch des Krieges wurden, getrennt nach Pfarrbezirken, Männer- und Frauenvereine

Abb. 10: Das Evangelische Vereinshaus an der ehemaligen Mühlenstraße in Bochum

Mitglieder zählte. 1887 wurde ein Zweigverein des Evangelischen Bundes gegründet, der zeitweise bis zu 1.500 Mitglieder hatte. Vor dem Hintergrund dieser außerordentlich positiven Entwicklung gelang es Sopp, die Gemeinde für den Bau eines großen "Evangelischen Vereinshauses" zu gewinnen. Unermüdlich engagierte sich Sopp für dieses Projekt mit dem Ziel, auf diese Weise der Vereins- und Gemeindearbeit neue Anregungen zu geben. Nur wenige Monate vor der Fertigstellung "seines" Vereinshauses ist Sopp

gegründet, in einzelnen Bezirken ferner Chöre, Jungmänner- und Jungmädchenvereine. Auch der Kontakt zur pietistisch geprägten Gemeinschaftsbewegung wurde gepflegt, die ebenfalls Versammlungen im Vereinshaus abhielt. Es ist bemerkenswert, daß im Ruhrgebiet ein relativ hoher Prozentsatz von Bergleuten durch die Gemeinschaftsbewegung in das kirchliche Leben integriert gewesen ist[15]. Wenn man bedenkt, daß ferner eine Restauration sowie Film- und Theatervorführungen zum Angebot des "Evangelischen Vereinshauses" zählten, so kann gesagt werden, daß wir es hier mit einem wichtigen kulturellen Zentrum für die Kirchengemeinde Bochum und darüber hinaus für die ganze Stadt zu tun haben. Das Vereinshaus ist somit ein Beispiel gelungenen volksmissionarischen Engagements, das über die traditionellen Gemeindegrenzen hinaus durch seine vielseitigen Angebote Menschen in einen engeren Kontakt zur evangelischen Kirche gebracht hat.

Traugott Jähnichen

1 Festschrift zur Einweihung der Trinitatis-Kirche. Evangelische Kirchengemeinde Hofstede-Riemke in Bochum, S. 49 und S. 53
2 A.a.O., S. 61
3 Ebenda
4 A.a.O., S. 62
5 W. Werbeck, Superintendent Fritz König und sein Kirchenkreis Bochum 1879 bis 1914, in: Kirche im Revier, Heft 1/1988, S. 23.
6 Archiv der Evangelischen Kirche von Westfalen, Bielefeld, Bestand
7 Vgl. W.Werbeck, a.a.O., S. 22f
8 W. Jähme, 100 Jahre evangelische Kirche in Bottrop. 1884-1984, S. 26 - 32 (Deventer stiftete für die Kirche DM 35.000,-; die Ahrenbergsche Aktiengesellschaft für Bergbau und Hüttenbetrieb mit Sitz in Essen gab DM 3.000,- als Beihilfe zu den Kosten des Grundstücks.)
9 W. H. Neuser, Die Entstehung einer westfälischen Industriegemeinde. Die Kirchengemeinde Bockum-Hövel 1911-1945, in: Jahrbuch für Westfälische Kirchengeschichte 1988, S. 78f
10 Neuser a.a.O., S. 79f
11 Kreissynodalprotokoll des Kirchenkreises Hamm von 1912, S. 7
12 Vgl. O. Mückeley, Masurische Seelsorge im rheinisch-westfälischen Industriegebiet, in: Jahr-buch des Vereins für Westfälische Kirchengeschichte, 1951, S. 190 - 210
13 Vgl. etwa F. Naumann, Das Kirchliche Vereinswesen in: Friedrich Naumann, Gesammelte Werke, Bd.I, S. 338ff
14 Evangelische Kirchengemeinde Bochum (Altstadt), Bochum 1931, S. 13
15 Vgl. M. Greschat, Industrialisierung, Bergarbeiterschaft und "Pietismus", in: Hoffnung der Kirche und Erneuerung der Welt, FS. für A. Lindt, Göttingen 1985, insbes. S. 188f

"Nazi- und DC-Herrschaft beendet".
Eindrücke aus dem Kirchenkampf im Ruhrgebiet

Eine Gesamtdarstellung des Kirchenkampfes im Ruhrgebiet fehlt bisher, obwohl in vielen Gemeinden und Kirchenkreisen Forschungen gerade über diese Epoche der jüngeren Kirchengeschichte betrieben worden sind. Die folgenden Ausführungen sind als kurzer Überblick zu verstehen, der einzelne Episoden dieser Auseinandersetzungen beleuchtet.

Einer der profiliertesten Pfarrer der entstehenden Bekennenden Kirche ist Hans Ehrenberg aus Bochum. Ehrenberg ist Judenchrist und hat im Jahr 1925 eine Professur für Philosophie in Heidelberg aufgegeben, um in Bochum ein Pfarramt zu übernehmen. Seiner Initiative ist es zu verdanken, daß bereits im Frühjahr 1933 ein kleiner Kreis westfälischer Pfarrer - darunter auch sein Amtsbruder in Bochum Albert Schmidt, der bis 1933 für den Christlich-Sozialen Volksdienst ein Reichstagsmandat innehatte und der Holsterhausener Pfarrer Ludwig Steil - auf die neue Situation in Kirche und Staat mit einer öffentlichen Bekenntniserklärung reagiert. Dieses Bochumer Pfingstbekenntnis, im wesentlichen von Ehrenberg und Steil formuliert, stellt eine erste deutliche Absage an die Deutschen Christen dar, die eine Gleichschaltung der Kirche mit dem nationalsozialistisch werdenden Staat fordern. Das Bekenntnis verurteilt die nationalsozialistische Beschwörung des "Volkstums" als Schwärmerei, die die natürlichen Gegebenheiten von Gott dem Schöpfer lösen will. Bemerkenswert ist hier ferner der theologisch begründete Widerspruch gegen den totalitären Anspruch des Staates: "Schließlich verwerfen wir den Anspruch des Staates, total zu sein... Wir fordern, daß der Staat sich nach Luthers Lehre von der Obrigkeit begrenzt, weil er nur dann sein Schwert mit ganzer Strenge führt."[1] Im Juli 1933 veröffentlicht Ehrenberg dann 72 Leitsätze zur judenchristlichen Frage, in denen er sich mit dem Antisemitismus der Deutschen Christen auseinandersetzt und diese Frage als Kern des Kirchenstreits interpretiert. Wieder einen Monat später, im August 1933, legt er einen weiteren Bekenntnisentwurf vor, der sich kritisch mit dem Wollen des sogenannten "völkischen Menschen" beschäftigt.

Mit diesen Erklärungen ist in Bochum unter der theologischen Anleitung Hans Ehrenbergs einer der frühesten und theologisch bedeutsamsten Ansätze der Bekennenden Kirche zu sehen. Im Blick auf die Judenfrage und das Problem des totalen Staates hat Ehrenberg sogar Erkenntnisse formuliert, die sich die Bekennende Kirche in dieser prägnanten Form nicht hat zu eigen machen können. Ehrenberg selbst wird als Judenchrist und ehemaliger Sozialdemokrat in der Folgezeit von NS-Aktivisten in Bochum pausenlos unter Druck gesetzt. Nach einer zweimaligen Inter-vention des stellvertretenden Gauleiters von Westfalen-Süd beim Konsistorium in Münster wird Ehrenberg schließlich vom Evangelischen Oberkirchenrat vorgeschlagen, sich in den Ruhestand versetzen zu lassen. Nach Beratungen mit dem westfälischen Bruderrat unter Präses Koch stimmt Ehrenberg schließlich seiner Versetzung in den Ruhestand zu, die zum 1.7.1937 in Kraft tritt. Ehrenberg bleibt bis 1938 in Bochum, als während der Reichspogromnacht auch seine Wohnung zerstört wird. Am 11. November 1938 wird er verhaftet und in das Konzentrationslager Sachsenhausen eingewiesen. Durch die Vermittlung englischer Geistlicher wird er im März 1939 entlassen und kann nach England emigrieren. Im Januar 1947 kehrte er nach Deutschland zurück und arbeitet zunächst für zwei Jahre im Dienst der westfälischen Landeskirche in Bielefeld, bevor er schließlich als Ruheständler in Heidelberg lebte. Mit seinem theologischen und kirchenpolitischen Engagement hat Ehrenberg viele Pfarrer insbesondere im Ruhrgebiet nachhaltig beeinflußt.[2] In diesem Zusammenhang ist der Dortmunder Pfarrer an der Reinoldikirche Hans Tribukait (1870-1941) zu erwäh-

Abb. 11: Pfarrer Hans Tribukait aus Dortmund

nen. Er arbeitete seit 1929 leitend in der von ihm wiedergegründeten Dortmunder Ortsgruppe des "Vereins zur Abwehr des Antisemitismus" mit. Schon vor 1933 wandte er sich gegen antisemitische Tendenzen innerhalb der Kirche. 1930 hatte er sich zum Beispiel öffentlich gegen ein nationalsozialistisches Flugblatt gewehrt, das - so Tribukait - "unter Benutzung von Worten des Vaterunsers und des christlichen Glaubensbekenntnisses eine antisemitische Hetze übelster Art darstellt". Aufgrund einiger im Zusammenhang mit Tribukaits Vorwurf unerheblicher falscher Behauptungen wurde Tribukait von der Dortmunder NSDAP als "Lügenpastor" angegriffen. Das Presbyterium der Reinoldigemeinde, wo er seit 1918 tätig war, unterstützte ihn nicht. 1933 zwang man ihn - ähnlich wie Ehrenberg - in den vorzeitigen Ruhestand[3].

Dortmund als Zentrum des westfälischen Kirchenkampfes

In Dortmund begann der Kirchenkampf mit Auseinandersetzungen um die für den 23.7.1933 angesetzten Reichskirchenwahlen. Mit ihrer Hilfe wollten die DC die Gleichschaltung der Kirche im Sinne der nationalsozialistischen Ideologie vorantreiben. 60 Dortmunder Pfarrer unterschrieben einen Aufruf der Bekenntnisliste "Evangelium und Kirche" gegen die "Glaubensbewegung Deutsche Christen"(GDC). Dem "neuen Staate" schwor man "um des Evangeliums willen" Treue, verwarf aber zugleich "jede Vergötzung von Rasse und Volk, wie sie in Äußerungen, daß die Stimme des Volkes die Stimme Gottes sei, hervorgetreten ist."[4] Die Fronten waren noch nicht eindeutig geklärt. Der scharfen Nennung einiger noch als vereinzelt empfundenen Probleme konnte eine grundsätzliche Loyalität gegenüber Hitler entsprechen. Ein Grundproblem der Bekennenden Kirche (BK) erscheint schon hier: die Beschränkung des Kirchenkampfes auf eine binnenkirchliche Perspektive (Ehrenberg und Tribukait sind hier eine Ausnahme). Einen Tag später wurden im Dortmunder Generalanzeiger die Ergebnisse der Kirchenwahlen veröffentlicht. Die GDC erlangte eine knappe Mehrheit (in Westfalen 54 %), die sich aber nicht auswirkte, weil die Presbyter indirekt durch eine Gemeindevertretung gewählt wurden, der neben den neugewählten Gemeindeverordneten auch die meist bekenntnistreuen alten Presbyter und Pfarrer angehörten. So blieb in den Presbyterien und damit auch in den Synoden eine BK-Mehrheit erhalten.

Auf der zweiten außerordentlichen Sitzung der 33. Westfälischen Provinzialsynode, die vom 13.-16.3.1934 in Dortmund stattfand, kam es zu dem entscheidenden Bruch zwischen den DC und der BK-Mehrheit. In seiner einleitenden Rede hatte Präses Koch betont: "Nun ist die Zeit des Bekennens" gekommen. Die DC verlassen unter Protest die Synode, die daraufhin von der Geheimen Staatspolizei (Gestapo) aufgelöst wurde. Unter Kochs Leitung wird im Dortmunder Gemeindehaus "Johanneum" die Westfälische Bekenntnissynode gegründet.

Am 18.3.1934, zwei Tage später, fand ein "Gemeindetag unter dem Wort" statt, zu dem spontan 25.000 Menschen in Dortmund zusammenkamen: eine deutliche Demon-stration des Einflusses der BK. Gerhard Stratenwerth, Pfarrer in Dortmund, erinnert sich: "Der Gemeindetag bedeutete einen gewissen Abschnitt in der Auseinandersetzung zwischen Staat und Kirche. Der Staat begriff, daß er falsch geurteilt hatte. War man bisher der Meinung, die Bekennende Kirche bestünde nur aus einigen wenigen Verrückten und Verhetzten, so sah man nun den großen Rückhalt in der Bevölkerung."[5] Die Gründung der Bekenntnissynode und der "Gemeindetag unter dem Wort" im März 1934 waren erste ent-scheidende Schritte im Kirchenkampf Westfalens. Die Organisation beider Veranstaltungen lag in den Händen von Karl Lücking (1893-1976), seit 1929 Pfarrer an St. Reinoldi/Melanchthon, einer Schlüsselfigur des Dortmunder Kirchenkampfes. Dieser Mann wird von der Bekenntnissynode mit der Leitung des Westfälischen Bruderrates (Zusammenschluß der BK-Pfarrer) beauftragt. Er nahm diese Aufgabe unverzüglich von seinem Pfarrhaus in der Bismarckstr. 52 aus wahr. Schon am 21.3.1934, - fünf Tage nach der Synode, kann Lücking einen ersten Brief an die Mitglieder des Bruderrates senden, in dem er über eine wachsende Mitgliederzahl und ein steigendes Spendenaufkommen berichtet. Ende 1934 gehören 600 Westfälische Pfarrer dem Bruderrat an, dessen wachsende Bedeu-tung daraus ersichtlich ist, daß es im November 1934 durch einen Protestbrief Lückings im Auftrag von 576 Pfarrern gelingt, den Versuch der DC zu vereiteln, die kirchliche Herrschaft über Westfalen zu erlangen. Vom 28.9.1935 an wird der gesamte geschäftliche Briefverkehr der Pfarrer, Hilfsprediger und Vikare über die Bruderratsstelle in Dortmund abgewickelt. "Die Geschäftsstelle ... Lückings kann neben dem Sitz des Präses in Bad Oeynhausen ... als entscheidende Schaltstelle des westfälischen Kirchenkampfes bezeichnet werden."[6]

Lückings Pfarrhaus wurde deshalb von der Gestapo überwacht. Mehrere Hausdurchsuchungen fanden statt. Hanna Altenmüller-Wirtz, Gemeindeschwester und Mitarbeiterin Lückings, berichtet: "Die Gestapo war oft in unserem Büro. Aber immer konnten wir alle Schriftstücke, für die die Gestapo sich interessierte, rechtzeitig verstecken, denn unser Büro lag im 1. Stock, und bis die Herren oben waren, hatten wir alle verfänglichen Unterlagen verschwinden lassen. Dazu gehörte allerdings ein ideenreiches Einfallsvermögen."[7]

Am 10.6.1938 wurden die Mitarbeiter der Geschäftsstelle verhaftet und in die Dortmunder Steinwache gebracht. Lücking blieb 111 Tage in Haft. Eine Abordnung von Bergleuten setzte sich in Berlin für die Freilassung Lückings und seiner Mitarbeiter ein. (Dies zeigt, daß die BK auch unter den Arbeitern einen starken Rückhalt hatte.) Als man schon eher mit einer Einlieferung ins KZ, denn an Freilassung dachte, wurde Lücking entlassen. Man ließ ihm 24 Stunden Zeit, sich an seinem Verbannungsort in Hinterpommern einzufinden. Dortmund hat er bis nach Kriegsende nicht mehr wiedergesehen. Über die Schließung der Geschäftsstelle des Bruderrates, die Verhaftung und Verbannung schreibt der Bielefelder Pfarrer Wilhelm Niemöller: "Das war nun ein Schlag, der durch nichts gutgemacht oder ausgeglichen werden konnte, denn er beraubte die Bekennende Kirche Westfalens auf die Dauer ihres führenden Mannes."⁸

Die wichtige Arbeit des Bruderrates gründete im Rückhalt der BK in Dortmund. Die meisten Pfarrer und aktiven Gemeindeglieder waren Mitglied der BK. Zu erwähnen ist aber vor allem der Mann, der 1934 von der Bekenntnissynode des Kirchenkreises Dortmund zum Superintendenten gewählt worden ist: Fritz Heuner (1891-1962). Sein unerschrockenes Eintreten für die BK in Dortmund zeigt z.B. ein Blick in seinen Telegrammwechsel mit der Reichsregierung im Nov./Dez. 1935. Nach dem Scheitern der DC versuchte Hitler die Kirche 1935 durch staatliche Gewalt gleichzuschalten. Dagegen wendet sich Heuner am 27.11.35 in einem Telegramm, das er einer Stellungnahme von 59 Dortmunder Pfarrern beigibt.

Am 5.12.1935 telegraphiert er: "Reichsminister Kerrl, Berlin. Landeskirchliche Ordnung kann nur aus den Bekenntnissen der Kirche erwachsen. ... Drohungen beeinflussen unsere Haltung nicht."⁹

Damit stellt sich Heuner eindeutig gegen eine Anordnung des Staates. Aus dem kircheninternen Kampf gegen die DC ist ein kirchlicher Ungehorsam gegen die Obrigkeit geworden, auch wenn dies eher unfreiwillig geschieht. Am 25.6.1937 wird Heuner zum ersten Mal inhaftiert. Bis zu seiner Verbannung aus Rheinland und Westfalen am 24.5.1938 muß Heuner insgesamt viermal, teilweise für mehrere Monate, in das Gefängnis der Gestapo in der Dortmunder Steinwache. Der Anlaß der Verbannung Heu-ners verdient erwähnt zu werden, weil von hier zugleich ein weiteres Licht auf die Be-deutung des Dortmunder Kirchenkampfes fällt. Seit 1930 gab es zur Ausbildung des Theologennachwuchses in Dortmund ein "Sammelvikariat", das 1937 polizeilich geschlossen wurde, gleichzeitig mit dem Predigerseminar der ostpreußischen Bekenntnissynode unter Professor Hans Joachim Iwand.

Auf Heuners Vermittlung kam Iwand mit seinen Vikaren und seinem gesammten Seminar nach Dortmund. Dieses wurde mit dem dortigen "Sammelvikariat" vereinigt. So war eine Weiterarbeit immerhin für kurze Zeit gewährleistet. "Heuner, Iwand sowie sämtliche Vikare des Sammelvikariats wurden am 16. bzw. 18. Dezember (1937, d.Verf.) festgenommen und bis zum 24. Dezember in Haft gehalten."¹⁰

Abb. 11: Heuners Haftzelle in der Steinwache

Im Januar 1938 wird die Arbeit trotzdem wieder aufgenommen. Im Mai wird das Sammelvikariat dann endgültig geschlossen. Superintendent Heuner und sein Stellvertreter Kohlmann werden nach ihrer Inhaftierung ausgewiesen und erhalten Redeverbot für das ganze Reichsgebiet. Iwand bleibt drei Monate in Haft. Unter starken Repressalien der Gestapo und Verleumdung im "Schwarzen Korps", der Zeitschrift der Waffen-SS, kann er zum Pfarrer an der Dortmunder Marienkirche gewählt werden. Während des Krieges wird die Arbeit der BK immer schwieriger. Die Pastoren konnten nun sehr einfach ausgeschaltet werden, indem sie eingezogen wurden. Stratenwerth, der Lücking und Heuner nach ihrer Verbannung vertrat, schreibt in seiner Erinnerung. "Vom Herbst 1938 bis zum Herbst 1939 versuchte ich, als zweiter Synodalassessor (2. Stellvertreter des Superintendenten, der Verf.) die Geschicke der Dortmunder Synode zu leiten. Dann kam die Einberufung zur Wehrmacht. Viele Pfarrer und Vikare wurden eingezogen, viel von der Arbeit wurde von den Frauen übernommen ...."[11]

Beispiele des Kirchenkampfes "vor Ort".

Der Verlauf der Auseinandersetzungen während des Kirchenkampfes auf der Ebene von Gemeinden und Kirchenkreisen hing sehr stark von den jeweiligen Pfarrern "vor Ort" ab. Eine weithin prägende, die Anliegen der BK zum Ausdruck bringende Stellung kam neben den bereits erwähnten Bochumer und Dortmunder Pfarrern in Essen vor allem Heinrich Held, Friedrich Grüber und Wilhelm Busch, in Witten Johannes Busch, in Schwelm Wilhelm Becker, in Recklinghausen Pfarrer Geck und in Holsterhausen Ludwig Steil zu. Steil beispielsweise hatte seine Gemeinde als entschiedener BK- Pfarrer mehrheitlich hinter sich bringen können, mußte sich jedoch ständig mit einer kleinen, allerdings sehr aktiven Gruppe der DC auseinandersetzen. Zur Illustration seien zwei Episoden aus dem Kirchenkampf seiner Gemeinde berichtet. Im Dezember des Jahres 1933 hatte ein Presbyter zu einer Versammlung der Freunde von "Evangelium und Kirche" ins Gemeindehaus eingeladen. Diese Versammlung sollte eine geschlossene Versammlung zur Selbstklärung der bekenntnistreuen Gemeindeglieder sein. Der führende DC-Presbyter der Gemeinde gab dem Leiter des Polizeiamtes einen Bericht über die geplante Veranstaltung und führte darin unter anderem aus, Pfarrer Steil werde "diese Gelegenheit nicht vorübergehen lassen, um wieder einmal in abfälliger und weg-werfender Weise über die Führer der Deutschen Christen und der NSDAP zu sprechen."[12]

Als die politische Polizei trotz dieses Schreibens keinen Beamten senden wollte, versuchte die DC-Gruppe mit Hilfe einer SA-Abteilung aus Eickel die Versammlung massiv zu stören. Angesichts dieser Situation rief Steil die Polizei an mit der Bitte, ihm bei der Durchsetzung des Hausrechtes zu helfen. Der diensttuende Polizeirat lehnte dies ab, schickte jedoch Beamte zur Versammlung ins Gemeindehaus. Trotz massiver Störungsversuche konnte die Versammlung mit Lied, Andacht und Ansprache von Pfarrer Steil bis ca. 9.10 Uhr durchgeführt werden. Als dann die Störungen immer heftiger wurden und sich eine Schlägerei zu entwickeln drohte, schloß Steil die Versammlung und ließ von der Bekenntnisgemeinde das Lied "Das Wort sie sollen lassen stahn" singen. Im Nachgang bemühte sich Steil vergeblich darum, über das Konsistorium den für diese Auseinandersetzung verantwortlichen DC-Presbyter von seinem Amt zu entbinden.

Eine weitere Zuspitzung erfuhr die Auseinandersetzung mit dem Beschluß des Presbyteriums vom 4.5.1935, der Gruppe der Deutschen Christen die Benutzung des Gemeindehauses zu entziehen. Begründet wurde dieser Beschluß mit dem Verweis auf die gemeindespaltenden Zusammenkünfte dieser Gruppe.[13] Gegen diesen Beschluß legte wiederum die DC-Gruppe Holsterhausen Widerspruch beim allerdings kaum handlungsfähigen Konsistorium ein. Solche Auseinandersetzungen um die Benutzung von Räumen und Kirchen hat es im Ruhrgebiet in großer Zahl gegeben. In der Regel konnte sich in diesem Streit der jeweilig ortsansässige Pfarrer mit seiner Gemeindegruppe durchsetzen. In Ausnahmefällen eskalierten diese Auseinandersetzungen: so verbarrikadierten die Deutschen Christen in Dortmund-Applerbeck den Zugang zur Kirche, um der bekennenden Gemeindegruppe das Abhalten eines Gottesdienstes unmöglich zu machen. In der Gemeinde Günnigfeld hat ein ähnlicher Streit um Gottesdiensträume sogar zu handgreiflichen Auseinandersetzungen geführt.

Häufig mußte sich die jeweils in der Minderheit befindliche Gruppe eigene Räume suchen, um dort ihre Veranstaltungen abzuhalten. Als besonders eindrückliches Beispiel ist hier aus Essen der sogenannte "Kartoffelkeller" zu erwähnen, in dem die Bekennende Gemeinde von Berge-Borbeck ihre Zusammenkünfte abhalten mußte, da der Ortspfarrer ein ausgesprochen konsequenter Nationalsozialist und DC-Vertreter gewesen ist. Dieser Raum, ein von einer Firma zur Verfügung gestelltes ehemaliges Kartoffellager, wurde in Selbsthilfe von der Bekenntnisgemeinde, in der Regel von Bergleuten und ihren Frauen, als Versammlungs- und Gottesdienststätte hergerichtet.

Ein besonders eindrückliches Beispiel der Auseinandersetzungen ist aus der Reinoldikirche in Dortmund zu berichten, wo am 29.1.1938 gleichzeitig und am gleichen Ort Gottesdienste von Bekennender Kirche und DC abgehalten wurden. Im Bericht des Presbyteriums von St. Reinoldi über die Vorfälle in der Reinoldikirche am 29.1.1938 lesen wir: "Schon während des Gemeindegesanges wurden die ersten Zwischenrufe gemacht. Als nach Schluß dieses Liedes Pfarrer Reineke (BK-Pfarrer an der Reinoldikirche, d. Verf.) den Gottesdienst beginnen wollte, setzte seitens der DC ein starker Lärm ein. In dies Unruhe hinein schrie Pfarrer Wilms, DC-Pfarrer aus der Petri-Nicolaigemeinde, d. Verf.): "Ich stehe hier im Auftrage des Konsistoriums Herr Kollege, ich spreche!" Diese Worte veranlaßten die DC in wüstes Johlen und in Rufe wie "Sieg Heil" und "Heil Hitler" auszubrechen. An diesen ohrenbetäubenden Kundgebungen beteiligte sich auch Pfarrer Wilms. ... Gegen Pfarrer Reineke wurden unter anderem folgende Beleidigungen ausgestoßen: 'Runter mit dem Kerl von der Kanzel! - Verräter! Schuft! Kommunist! Halt die Schnauze. Komm herunter! Du Bluthund! Du Sauhund! Staatsfeind! Volksverräter! Saboteur! Landesverräter! Ins Konzentrationslager! Lügner! Pazifist! Ist das der Dank an den Führer? Wo ist die Staatspolizei? Verhaften den Hund!' Diese Ausrufe werden z.T. minutenlang sprechchorartig wiederholt."[14]

In ähnlicher Weise kam es zu Auseinandersetzungen zwischen Bekennender Kirche und Deutschen Christen in der Frage der Amtshandlungen. Vor allem der Konfirmandenunterricht wurde von DC und BK in eigener Regie übernommen, wenn der ortsansässige Pfarrer jeweils als nicht zumutbar empfunden wurde.

So holte sich zum Beispiel die DC-Gruppe in Schwelm den Wuppertaler Pfarrer Löwenstein, einen Anhänger der radikalen Thüringer Richtung der DC, zum Konfirmandenunterricht. Da in Schwelm den Deutschen Christen zeitweilig die Benutzung der Kirche verweigert war, hielt Löwenstein die Konfirmationsgottesdienste in der Aula des Gymnasiums ab. Er ließ seine Konfirmanden zu diesem Gottesdienst geschlossen in HJ- beziehungsweise BdM-Uniform antreten. Die hier zum Ausdruck kommende Haltung war selbst einem Teil der Deutschen Christen zu radikal, so daß sie ihre Kinder dem als neutral eingestuften Hilfsprediger Trommershausen für den Unterricht anvertrauten.

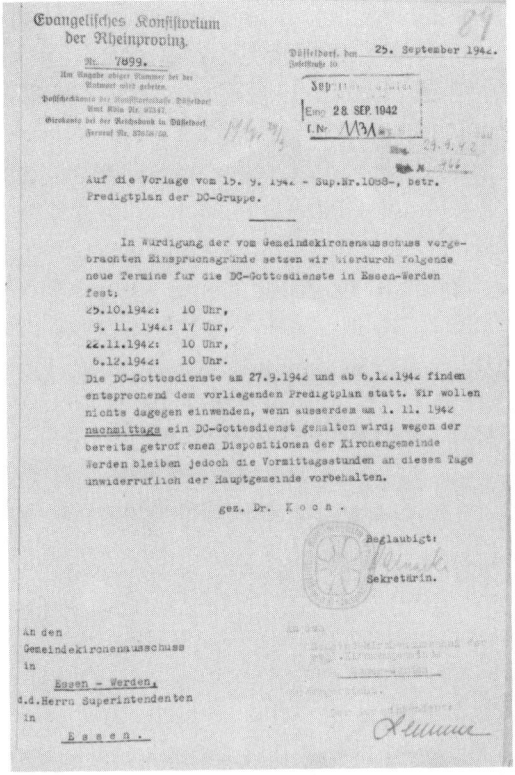

Abb. 13: Predigtplan der Deutschen Christen

Aus Essen-Werden ist ähnliches zu berichten, allerdings einigten sich die Kontrahenten hier bei der Benutzung der Kirchenräume. So wurden nacheinander in der Werdener Kirche die Konfirmationsfeiern für die Bekennende Kirche und für die Deutschen Christen abgehalten. Interessant ist ein Vergleich der jeweiligen Programmhefte zum Gottesdienst im Jahr 1939. Die deutsch-christliche Konfirmationsfeier ist von völkisch-religiösen Elementen durchsetzt. So lautet das Eingangswort des Pfarrers unter anderem: "Aufrecht! Die Stirne ins Licht! Deutsche, gelobt euch Gott! Der euch die Fahne gesetzt mitten ins Herz im härtesten aller Geschicke, will, daß ihr dem Volke lebt... Uns komme das Reich, die Gottesgemeinschaft der Deutschen." Andere Voten, die um Deutschlands Heil bitten, finden sich mehrfach im Verlauf der Feier. Besonders drastisch ist schließlich die vierte Konfirmationsfrage: "Wollt ihr in gläubiger Gefolgschaft des Führers, der Gemeinschaft der Deutschen dienen, auf daß Gottes Reich unter uns wachse..., so sprecht: Ja, wir wollen es mit Gottes Hilfe." Demgegenüber verrät die Konfirmationsfeier der Bekenntnisgemeinde durchaus traditionelles Gepräge. Konfirmationsfrage, Predigttext und Liedauswahl verraten an keiner Stelle Konzessionen an den Zeitgeist. Festlich ausgestaltet wird die Feier durch den Chor, der klassisches, kirchliches Liedgut von Bach und Schütz vorträgt. Aufschlußreich ist der Vergleich der Anzahl der Konfirmierten: den elf DC-Konfirmanden stehen 55 der Bekenntnisgemeinde gegenüber[15].

Auseinandersetzungen um Amtshandlungen gab es immer wieder. So beschwerte sich die BK in Schwelm mehrere Male darüber, daß der DC-Hilfsprediger Meyer mehrfach Amtshandlungen ohne eine entsprechende Erlaubnis (Dimissorale) vorgenommen habe. Die DC hat vielfach versucht, diese Amtshandlungen zu einer Demonstration ihrer Anliegen in der ihnen sonst verschlossenen Kirche von Schwelm werden zu lassen. Diese Streitigkeiten verschärften sich in einem solchen Maße, daß in einem Fall auch die Kriminalpolizei eingeschaltet wurde, da die Deutschen Christen die Wahrnehmung des Hausrechtes seitens des amtierenden Pfarrers mißachteten[16]. Zwischen der BK-Gemeinde von Essen-Borbeck und der starken DC-Gruppe in Bergeborbeck kam es zu einem Streit, da Borbeck dem DC-Pfarrer der Nachbargemeinde für mehr als drei Jahre den Zugang zum Friedhof verweigerte, so daß dieser dort keine Beerdigungen halten konnte. Diese für die BK-Gemeinde nicht unbedingt rühmliche Auseinandersetzung wurde im Jahr 1938 stillschweigend beigelegt.

Solche Beispiele des Kirchenkampfes im Ruhrgebiet sind allerdings nicht die Regel gewesen, da ein Großteil der Gemeinden nicht in dieser Weise gespalten oder zerstritten war. Rund 70 % der Pfarrer in Westfalen - für das Ruhrgebiet trifft diese Zahl vermutlich ebenfalls zu - befolgten die Weisungen des Bruderrates. Sie hatten in der Regel die Gemeinden auf ihrer Seite, wobei allerdings vielfach, wie oben geschildert, die DC-Aktivisten als Unruhestifter auftraten.

Pfarramtshandlungen in der Zeit vom 1.1.1941 – 28.6.1944

	Taufen			Konfirmand.			Trauungen			Beerdigungen			Abendmahl		
	Hpt-gemde	D.C.-Gruppe	zus.	Hpt-gemde	D.C. Gruppe	zus.	Hpt-gemde	D.C. Gruppe	zus.	Hpt-gemde	D.C. Gruppe	zus.	Hpt gemde	D.C. Gruppe	zus.
1941	63	3	66	52	17	69	17	1	18	51	6	57	480	59	539
1942	48	10	58	45	8	53	15	2	17	53	2	55	272	42	314
1943	63	4	67	43		43	22	1	23	59	7	66	423	46	469
1944 1.1.–27.6.	36	1	37	43		43	11	1	12	34	2	36	367		367
zus.	210	18	228	183	25	208	65	5	70	197	17	214	1542	147	1689
Prozentualer Anteil	92,1	7,9		88	12		92,9	7,1		92,1	7,9		91,3	8,7	

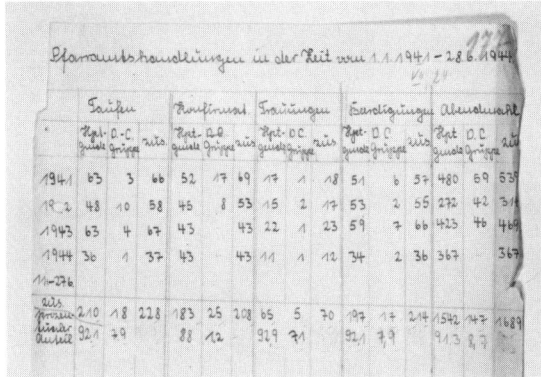

Abb. 14: Amtshandlungen der BK und der DC

Versucht man eine Gesamtbewertung des Kirchenkampfes im Ruhrgebiet zu geben, wird man sich weithin folgendem Urteil anschließen können: "Der Kirchenkampf ist ... vor allem in seiner ersten Phase kein Kampf gegen die Ziele und Methoden des Nationalsozialismus, sondern allein die Abwehr einer rassistisch-völkischen Überfremdung des Christentums durch die Deutschen Christen. Das sich hieraus später Formen des Ungehorsams gegen die staatliche Obrigkeit oder des Widerstandes gegen den Nationalsozialismus entwickelt haben, ist nicht das Resultat des politischen Wollens der Beteiligten gewesen, sondern vielmehr das Ergebnis von Reaktionen auf immer neue staatliche Gleichschaltungsversuche. Dieses wird man zur genauen Einschätzung des Kirchenkampfes nicht verschweigen dürfen, ohne damit den mutigen Einsatz[17] vieler BK-Pfarrer, -Mitarbeiter/innen und Gemeindeglieder zu schmälern. Daß einzelne aber immer wieder den binnenkirchlichen Raum der Auseinandersetzung überschritten haben, belegt folgende Eintragung ins Kirchenbuch der Gemeinde Katernberg am 15. April 1945: Nazi- und DC-Herrschaft hier beendet.

Martin Röttger/Traugott Jähnichen

1. Das Pfingsbekenntnis ist abgedruckt in: K.D. Schmidt, Die Bekenntnisse des Jahres 1933, Göttingen 1935, hier: S. 35
2. Vgl. G. Brakelmann, Kirche und Judenchristentum: Hans Ehrenberg - ein judenchristliches Schicksal im "Dritten Reich", in: ders., Kirche in Konflikten ihrer Zeit, München 1981, S. 128-161
3. Widerstand und Verfolgung in Dortmund 1933-1945. Ständige Ausstellung und Dokumentation im Auftrag des Rates der Stadt Dortmund. Erstellt vom Stadtarchiv Dortmund 1981, S. 247f
4. Kirchenkampf und kirchlicher Widerstand in Dortmund 1933-1945, hrsg.v. U. de Boer und R. Scheer im Auftrag der Vereinigten Kirchenkreise Dortmund/ Lünen, Dortmund/Lünen 1981, S. 22f
5. A.a.O., S. 175
6. A.a.O., S. 70
7. A.a.O., S. 135
8. Zitiert nach: E.Brinkmann,Karl Lücking 1893-1976. Eine biographische Skizze, in: Jahrbuch für Westfälische Kirchengeschichte, Bd. 70, 1977, Bethel bei Bielefeld, 1977, S. 179-186. S.184
9. Kirchenkampf,a.a.O, S. 79
10. E. Brinkmann, Fritz Heuner. Eine biographische Skizze, Vorabdruck aus Bd. 74 des Jahrbuchs für Westfälische Kirchengeschichte, hrsg. aus Anlaß der Einweihung des Evangelischen Altenzentrums Fritz-Heuner-Heim in Dortmund-Barop, Lengerich 1981, S. 11
11. Kirchenkampf,a.a.O., S. 1843.
12. Schreiben von Ludwig Steil vom 14.12.1933 an das Konsitorium in Münster, in: Archiv der Evangelischen Kirche von Westfalen, Landeskirchenamt Bielefeld, Bestand 3/12/10
13. Vgl. Beschluß der evangelischen Kirchengemeinde Holsterhausen vom 4.5.1935, Archiv Landeskirchenamt Bielefeld, Bestand 3/12/9
14. Widerstand und Verfolgung in Dortmund 1933-1945. Ständige Ausstellung und Dokumentation im Auftrag des Rates der Stadt Dortmund. Erstellt vom Stadtarchiv Dortmund 1981, S. 258
15. Vgl. Programme der Konfirmationsfeiern der evangelischen Gemeinde zu Essen-Werden, 1939, in: Archiv der evangelischen Kirchengemeinde Essen-Werden
16. Vgl. 1085-1985. Aus neunhundert Jahren Kirche in Schwelm, hrsg. v. Presbyterium der evangelischen Kirchengemeinde Schwelm, Schwelm 1985, S. 159-161
17. Kirchenkampf,a.a.O., S. 130

Überleben in Trümmern

Die Güte des Herrn ist es, daß wir nicht gar aus sind, seine Barmherzigkeit hat noch kein Ende. Klagelieder 3,22

Kirchliches Leben im Krieg

Die Bevölkerung des Ruhrgebiets erfährt am frühen Morgen des 1. Septembers 1939 über den Rundfunk vom Ausbruch des Zweiten Weltkrieges. Am Vormittag wird eine Rede Hitlers, die den Angriff auf Polen rechtfertigen soll, über Lautsprecher im ganzen Reich übertragen. Wie nahezu überall in Deutschland drücken die Gesichter der Menschen auch im Ruhrgebiet Sorge und Angst aus.

im Bergbau oder in der Stahlindustrie unabkömmlich sind. Erste Einschränkungen betreffen die Versorgung mit Lebensmitteln und Kleidern, die rationiert werden. Auch bei der Kohleversorgung muß ausgerechnet im "Revier" bereits im Winter 1939 gespart werden, da der gestiegene Brennstoffbedarf der Rüstungsindustrie die Kohlen für den Hausbrand verknappt.

Abb. 16: Mehr als die Hälfte der Kirchen werden zersört - hier die Paulus - Kirche in Bochum

Das Alltagsleben der Menschen im Ruhrgebiet ändert sich in den ersten Kriegsjahren nur geringfügig. Obwohl sehr rasch auch die Reservisten eingezogen und an die Front geschickt werden, bleiben im Ruhrgebiet relativ viele Männer an ihren Arbeitsplätzen, da sie

Direkte Kriegseinwirkungen im Ruhrgebiet sind erstmals im Sommer 1940 zu verzeichnen, als britische Luftwaffenverbände Bombenangriffe gegen das Ruhrgebiet fliegen. Ihre bevorzugten Ziele sind zunächst lediglich Industrialanlagen, Bahnanlagen und ähnliches, nicht jedoch ausgesprochene Wohngebiete. Schwerere Angriffe blieben eine Ausnahme, so ein Angriff vom 12. Juni 1941 auf Bochum und Duisburg, der starke Zerstörungen an Wohngebäuden verursachte. Erstmals wird hier auch die Zivilbevölkerung in erheblichem Maße betroffen.

Eine dramatische Verschärfung der Bombenangriffe auf das Ruhrgebiet ist seit dem Jahr 1943 zu verzeichnen. Bereits am 10. Mai 1942 hatte Premierminister Churchill alle deutschen Städte, "in denen sich die Rüstungsfabriken der deutschen Kriegsmaschine befinden, öffentlich zum Kriegsgebiet erklärt und die deutsche Zivilbevölkerung aufgefordert, diese Städte zu verlassen."[1]

Allerdings vermag dieser Versuch einer Legitimierung der Bombenangriffe auf das Ruhrgebiet nicht darüber hinwegtäuschen, daß sich die Luftangriffe seit 1943 in der Hauptsache eindeutig gegen die Zivilbevölkerung richten. Besonders schwere Angriffe sind am 6. Mai 1943 in Dortmund mit knapp 700 Opfern der Zivilbevölkerung, am 28. Mai 1943 in Gladbeck mit 99 Opfern, am 22./23. Juni 1943 in Mülheim mit 450 Opfern zu verzeichnen. Riesige Zerstörungen richtet ferner die Bombardierung der Möhne-Talsperre am 17. Mai 1943 an, an deren Folgen über 1.000 Menschen den Tod finden. Die Folgen dieses Angriffes sind bis ins Ruhrgebiet zu spüren: so beträgt der Wasserstand beispielsweise in Schwerte in der Innenstadt ca. 3.80 m.

Im Jahr 1944 nimmt die Schärfe der Angriffe auf das Ruhrgebiet noch einmal zu. Im Oktober und November des Jahres werden bei Großangriffen die Innenstädte von Dortmund, Gelsenkirchen und Bochum beinahe völlig zerstört. In diesen Städten finden jeweils mehr als 1.000 Menschen den Tod, rund 70.000 werden obdachlos. Für die Menschen wird das Leben in den Bunkern zum Alltag; viele alte Menschen, vor allem aber Frauen und Kinder, verlassen die Bunker kaum noch.

Verkündigung unter den Bedingungen des Krieges

Unter diesen Bedingungen ist an einer geordneten Tätigkeit in den Kirchengemeinden kaum noch zu denken. Durch die Kriegswirtschaft werden auch die Kirchengemeinden vielfach betroffen. So wird Büromaterial nur noch gegen Eisenmarken ausgegeben, Kupferkessel z.B. werden von den Kreishandwerkerschaften zentral erfaßt und beschlagnahmt. Papier für kirchliche Publikation ist ab 1943 nicht mehr erhältlich, ja sogar Verhandlungsprotokolle und andere Schriftstücke mußten bei staatlich angesetzten Altpapiersammlungen abgegeben werden.

In der Hauptsache bemüht man sich darum, den Verkündigungsdienst aufrecht zu erhalten. In Gemeinden, deren Pfarrer nicht als Soldaten eingezogen sind, gelingt dies zum Teil. So ist es in Ickern möglich, während der gesamten Kriegsjahre regelmäßig an Sonn- und Feiertagen Gottesdienste abzuhalten. Aufgrund der ständig drohenden Bombenangriffe wird der Gottesdienst dort um sieben Uhr abgehalten. In vielen anderen Gemeinden, so insbesondere in der Bochumer Altstadt, ist es nur schwer möglich, regelmäßig Gottesdienste abzuhalten. Immerhin bemüht man sich hier, durch den Einsatz von Laienpredigern die Abwesenheit der Pfarrer auszugleichen.[2]

In den letzten Kriegswochen kommt das kirchliche Leben weitgehend zum Erliegen. So berichtet zum Beispiel ein Pfarrer aus Essen-Bergeborbeck, daß ab Anfang März 1945 auf Grund der enormen Zerstörungen "zunächst kein Dienst mehr möglich"[3] war.

Der Inhalt der Predigten wird immer stärker von dem jederzeit drohenden Bombenkrieg und der wachsenden Sorge um die Angehörigen an der Front bestimmt. Beispielhaft ist hier eine Passage aus einer Predigt des Dortmunder Pfarrers W. Stratmann vom 21. November 1943, dem Totensonntag, in der Johanniskirche: "An dem Tage kommen ganz besonders noch einmal wieder die in unser Gedächtnis, man möchte sagen, schier in unsere spürbare Gegenwart hinein, die zu uns gehören und die nicht mehr bei uns sein können. Und wir sehen die vielen, vielen, die der Tod aus unserer Mitte wieder in diesen vergangenen Jahren geholt hat. Wir trauern mit denen, die in ganz besonderer Weise heimgesucht worden sind in jenen beiden Tagen, dem 4. bis 5. Mai und dem 23. bis 24. Mai, als unsere Stadt und in Sonderheit unsere nördlichen Pfarrbezirke vom Terrorangriff unserer Feinde überrascht wurden. .. Ganze Familien sind da mit einem Schlage ausgelöscht worden. Aber wir treten im Geiste jetzt auch an manches stille Soldatengrab, auf das wir keine Blumen im stillen Gedenken dankbarer Liebe setzen können..."[4].

Vor dem Hintergrund der Kriegswirklichkeit haben die Pfarrer immer wieder versucht, den Gemeinden den Trost des Evangeliums zuzusprechen und insbesondere auf die Überwindung des Todes in Jesus Christus hingewiesen. Interessant ist, daß Stratmann in dieser Predigt vom "Terrorangriff unserer Feinde" spricht. Obwohl Stratmann als Pfarrer ein entschiedener Verfechter der Bekennenden Kirche gewesen ist, macht er sich im Blick auf die Kriegseinwirkungen weitgehend die Sprache der nationalsozialistischen Propaganda zu eigen, womit er allerdings das subjektive Erleben der Ruhrgebiets-Bevölkerung vermutlich treffend zum Ausdruck bringt. Demgegenüber sind seine Ausführungen im Vergleich etwa zum ausgesprochen deutschchristlich orientierten Pfarrer Bertelsmann aus Bochum sehr moderat, der von den "Geschwadern der Hölle" spricht, die Unheil und Verderben über ein friedliches Volk bringen.[5]

Im Unterschied zu dieser bloßen Verteidigung der NS-Kriegspolitik wird aber in vielen Predigten der Krieg mit seinen furchtbaren Auswirkungen für die Bevölkerung als eine "Heimsuchung" verstanden, die einen dringenden Ruf zur Buße und Umkehr enthält. Beispielhaft für diese Gesinnung ist ein auf dünnem Schreibmaschinenpapier unter der Hand weitergegebenes Gedicht von Rüdiger Syberberg mit der Überschrift: "Kein Engel wehret dieser Zeit." Der Altenbochumer Pfarrer Brühmann hat dieses Gedicht in einem Gottesdienst verlesen und kommentiert. Da der hier zum Ausdruck kommende Zu-sammenhang der Abkehr von Gott und der Erfahrung des Kriegsgeschehens als "Gericht" für weite Teile der Verkündigung jener Jahre typisch sein dürfte, sei dieses Gedicht im folgenden anfgeführt:

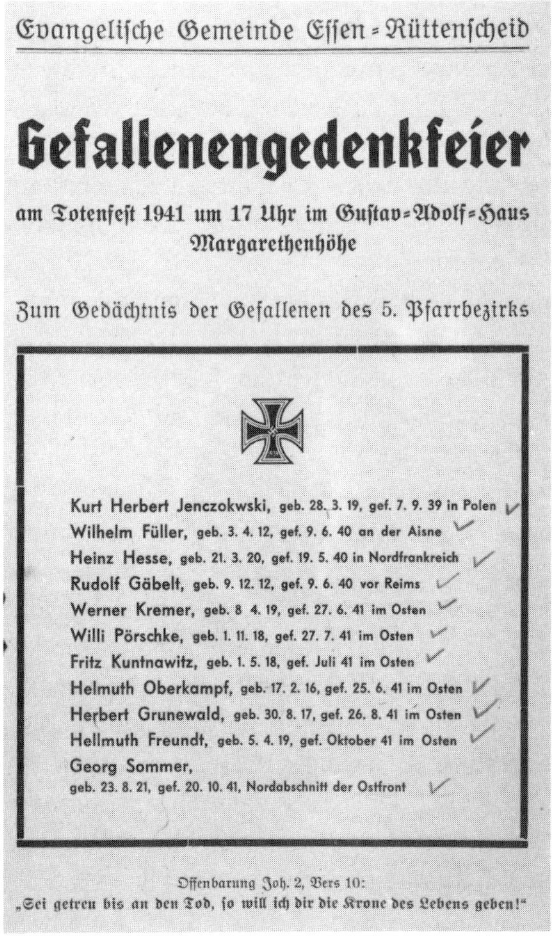
Evangelische Gemeinde Essen-Rüttenscheid

Gefallenengedenkfeier

am Totenfest 1941 um 17 Uhr im Gustav-Adolf-Haus Margarethenhöhe

Zum Gedächtnis der Gefallenen des 5. Pfarrbezirks

Kurt Herbert Jenczokwski, geb. 28. 3. 19, gef. 7. 9. 39 in Polen
Wilhelm Füller, geb. 3. 4. 12, gef. 9. 6. 40 an der Aisne
Heinz Hesse, geb. 21. 3. 20, gef. 19. 5. 40 in Nordfrankreich
Rudolf Gäbelt, geb. 9. 12. 12, gef. 9. 6. 40 vor Reims
Werner Kremer, geb. 8 4. 19, gef. 27. 6. 41 im Osten
Willi Pörschke, geb. 1. 11. 18, gef. 27. 7. 41 im Osten
Fritz Kuntnawitz, geb. 1. 5. 18, gef. Juli 41 im Osten
Helmuth Oberkampf, geb. 17. 2. 16, gef. 25. 6. 41 im Osten
Herbert Grunewald, geb. 30. 8. 17, gef. 26. 8. 41 im Osten
Hellmuth Freundt, geb. 5. 4. 19, gef. Oktober 41 im Osten
Georg Sommer,
geb. 23. 8. 21, gef. 20. 10. 41, Nordabschnitt der Ostfront

Offenbarung Joh. 2, Vers 10:
„Sei getreu bis an den Tod, so will ich dir die Krone des Lebens geben!"

Abb. 17

*Kein Engel wehret dieser Zeit
von Rüdiger Syberberg*

Denn wo sich Menschen nicht mehr beugen, da sinken Städte in die Knie. Wo alte Dome nicht mehr zeugen lebendiger Epiphanie.

Da stürzen Türme und Gewänder, zertrümmert von Dämonenhand, und in die Straßen fallen Brände, die keine Menschenmacht mehr bannt.

Was stehst du im Gericht mit Zittern und siehst nur angstvoll und verstört rings die Vernichtung um dich splittern, erbarmungslos und unerhört?

Wo Leid nicht angenommen und gelitten, wo Liebe taub und Glaube bang, wo Hoffnung schwelgt in falschen Bitten, beklage keinen Untergang.

Was tot verfallen, muß vergehen, kein Engel wehret dieser Zeit - bis wir entblößt und offen stehen der göttlichen Barmherzigkeit.[6]

Neben den Gottesdiensten sind die Amtshandlungen der zweite Schwerpunkt der pastoralen Tätigkeit. So bleibt zum Beispiel in Ickern die Anzahl der Taufen in den Jahren 1942 bis 1944 relativ konstant (1942: 135; 1943: 124; 1944: 95), während die Anzahl der Trauungen gegen Ende des Krieges deutlich nachläßt. Vor allem durch die sich häufenden Luftangriffe steigt die Zahl der Beerdigungen dramatisch an. Für die Beisetzung der Opfer von Luftangriffen gab es häufig eine gemeinsame Trauerfeier, in Einzelfällen sogar unter Beteiligung katholischer und evangelischer Geistlicher. Dabei achteten die Geistlichen insbesondere darauf, daß Ansprachen oder Kranzniederlegungen von Vertretern der NSDAP oder ihrer Organisationen deutlich von der kirchlichen Trauerfeier getrennt wurden.

Aus der Endphase des Krieges im Jahr 1945 berichtet ein Essener Pfarrer von den extremen Umständen der Durchführung von Beerdigungen: "Wir standen zu mehreren Amtsbrüdern nach jedem großen oder kleineren Fliegerangriff tagelang im Talar auf dem Parkfriedhof, um von Angehörigen angesprochen zu werden, ein oder mehrere Fliegeropfer aus ihrer Famile zu bestatten, was zudem oft mit Unterbrechungen geschehen mußte, weil wieder einmal die Sirenen heulten und dann auch die Flakgeschütze am Rand des Parkfriedhofes in Aktion traten und alle Teilnehmer zwangen, in den Luftschutzkeller zu flüchten."[7]

In besonderer Weise wurde auch der gefallenen Soldaten gedacht. Während z.B. in Ickern und in Essen-Rüttenscheid von Zeit zu Zeit Sonntag nachmittags besondere Gedenkgottesdienste veranstaltet wurden[8], wurde in Bottrop der Gefallenen während der sonntäglichen Gottesdienste gedacht. Zudem wurden für die einzelnen Gefallenen nach Wunsch der Angehörigen spezielle Trauerfeiern durchgeführt.[9]

Die Durchführung weiterer Gemeindeveranstaltungen mußte in den Kriegsjahren stark eingeschränkt werden. Größte Schwierigkeiten bereitete natürlich die zunehmende Zerstörung von Kirchen und sonstigen kirchlichen Häusern. So wurden in Essen beispielsweise 15 der 31 evangelischen Kirchen total vernichtet; in Bochum wurden 1/3 der evangelischen Kirchen, sowie fast die Hälfte der Gemeindehäuser und Pfarrhäuser zu über 75 % zerstört.[10] Somit konnten etwa die Zusammenkünfte der Frauenhilfe, der Bibelstunde und des Kirchenchores häufig nur noch in notdürftig hergerichteten Räumen stattfinden. Vielerorts bemühte man sich, weiterhin diese Veranstaltungen regelmäßig durchzuführen. Allerdings wuchsen die Belastungen vieler Frauen in den beiden letzten Kriegsjahren enorm an, da sie oft nach der Zerstörung von Wohnungen und Geschäften mit Einkäufen und der Versorgung der Familie über Gebühr belastet wurden. Zudem wurden Frauen verstärkt für öffentliche Aufgaben herangezogen. Vor diesem Hintergrund ist es verständlich, daß in einer Reihe von Gemeinden etwa ab Ende 1943 die Tätigkeit der Frauenhilfe schließlich ganz eingestellt wurde.[11]

Die kirchliche Betreuung evakuierter Kinder und Jugendliche

Völlig zum Erliegen kam in den letzten drei Jahren des Krieges im Ruhrgebiet ferner die Kinder- und Jugendarbeit. Der Hauptgrund dafür liegt darin, daß die meisten Kinder und Jugendlichen, zum Teil gemeinsam mit ihren Müttern und Lehrern, aus dem Ruhrgebiet in ländliche Gebiete des Deutschen Reiches evakuiert worden sind. Auf die zunehmenden Bombenangriffe im Ruhrgebiet reagierten die Stadtverwaltungen damit, daß zumeist bereits im Jahre 1943 die Schulen geschlossen wurden. In Sonderzügen wurden die Kinder in die ländlichen Regionen verschickt. Kinder aus Dortmund, wurden in größerer Zahl im Sudetenland, in Böhmen und Mähren und auch in Baden untergebracht, Kinder aus Bochum und Hagen kamen hauptsächlich nach Stolp, Kösslin und Schneidemühl in Pommern, Kinder aus Bottrop nach Süddeutschland und Bayern. Im Durchschnitt waren 10 bis 15 % der Ruhrgebietsbevölkerung während der Endjahre des Krieges evakuiert, in Bottrop waren dies z.B. 10.000 von 80.000 Einwohnern.[12] Die Erfahrung der Evakuierten in den für sie fremden Gebieten des Reiches war durchaus unterschiedlich: sie reichte von freundlicher und hilfsbereiter Aufnahme bis hin zu einer deutlich distanzierten und reservierten Haltung, wie sie in der Bezeichnung "Bombenweiber" für die Mütter der verschickten Kinder zum Ausdruck kam. Während man zunächst noch versuchte, die Kinder bei Gastfamilien unterzubringen, errichtete man später gesonderte Lager für Kinder, Lehrer und Mütter.

Für die Kirche ergab sich damit die Aufgabe, eine kirchliche Unterweisung der Kinder zu gewährleisten und insbesondere nach Möglichkeiten zu suchen, einen geordneten Konfirmandenunterricht durchzuführen. Bereits vor der Evakuierung war die Kirche vor die Aufgabe gestellt worden, selbständig den Religionsunterricht zu organisieren, da in den Schulen nur noch sehr wenige Lehrer und Lehrerinnen unter dem Druck der NS-Behörden bereit waren, dieses Fach zu unterrichten. Von daher organisierte man in kirchlichen Räumen eigene Unterrichtsveranstaltungen, die in der Regel sehr gut besucht wurden.[13] Mit der Kinderverschickung gab man diese Durchführung des Religionsunterrichts auf. Um dennoch den Versuch zu unternehmen, auch die evakuierten Kinder zu erreichen und zumindest auf die Konfirmation vorzubereiten und diese durchzuführen, wurden verschiedene Schritte unternommen. Allerdings wurden diese Versuche durch behördliche Schikanen sehr erschwert: so konnte der kirchliche Unterricht nur außerhalb der Lager in kircheneigenen Räumen, die nicht mehr als 4 Kilometer vom Lager entfernt liegen durften, erteilt werden. Zudem war ein Heimweg während der Dunkelheit verboten.[14]

Trotz dieser äußerst schwierigen Bedingungen wurden Möglichkeiten gefunden, wenigstens teilweise die religiöse Unterweisung der Kinder zu ermöglichen. Die Konsistorien des Rheinlands und Westfalens versuchten, mit den ortsansässigen evangelischen Pfarrern in Kontakt zu kommen und gaben ihnen die Listen der verschickten evangelischen Kinder durch. Einzelne Pfarrer waren dabei sehr engagiert um eine kirchliche Betreuung der Kinder und Jugendlichen bemüht, wie etwa der Pfarrer in Ollmütz/Böhmen, der mehrere Lager in seiner Umgebung betreute und dem es dabei sogar gelang, in den Lagern selbst Gottesdienst und Konfirmandunterricht einzurichten. Auch einzelne Konfirmationen wurden gemeinsam mit einheimischen und verschickten Kindern durchgeführt, wie z.B. in dem Ort Trautenau, wo 1944 sudetendeutsche und Ruhrgebietskinder, die meisten stammten aus Wanne-Eickel, gemeinsam konfirmiert wurden. Es war 1944 immerhin noch möglich, daß die Eltern und Angehörigen der Kinder anläßlich der Konfirmationsfeier zum Verschickungsort kommen konnten. In bescheidenem Rahmen wurden sogar Feiern ausgerichtet, um den Kindern trotz all der - durch den Krieg ihre Konfirmation in schöner Erinnerung zu halten.[15]

Allerdings war es nicht an allen Orten möglich, daß die verschickten Kinder durch die ortsansässigen Pfarrer mitbetreut werden konnten. In solchen Fällen waren die Gemeinden des Ruhrgebietes darum bemüht, eigene Theologen oder andere Mitarbeiter in die Evakuierungsgebiete zu entsenden, um dort direkt für eine kirchliche Unterweisung zu sorgen. So wird etwa aus Dortmund Pfarrer Stratmann nach Baden entsandt, aus dem Kirchenkreis Bochum werden Vikarin Schönhals und Pfarrer Hübner sowie aus Hagen Vikarin Grimme nach Pommern geschickt. Neben dieser Entsendung von Theologen und Theologinnen werden insbesondere Gemeindeschwestern und andere katechetische Mitarbeiterinnen zu den Kindern geschickt, um dort unmittelbar die bereits bestehenden Kontakte aufrechtzuerhalten und für eine kirchliche Unterweisung sorgen zu können. Somit bleibt bedeutsam, daß sich die evangelische Kirche auch unter äußerst schwierigen Bedingungen in der Endphase des Krieges darum bemüht hat, nach Möglichkeit den Kontakt zur Jugend beizubehalten. Insbesondere legte man auf eine geregelte kirchliche Unterweisung und die Durchführung der Konfirmation großen Wert.

Widerstand und Repression - Das Beispiel Ludwig Steil

Unter dem Eindruck der zunehmenden Verschlechterung der militärischen Situation des Deutschen Reiches verschärfen die Nationalsozialisten noch einmal ihre Repressionen. So wird z.B. im Herbst 1944 in Schwerte-Ost ein Nebenlager des Konzentrationslagers Buchenwald errichtet, da dort die Kapazitäten restlos überlastet gewesen sind. Angesichts der näher rückenden Front versuchen nationalsozialistische Behörden, Widerstandsgruppen und auch widerständige zwangsverpflichtete Fremdarbeiter aus Osteuropa brutal auszuschalten. So kommt es bei-spielsweise noch unmittelbar vor Kriegsende am 30.3.1945 zu einem Massaker im Rombergpark zu Dortmund. Dort werden ohne Gerichtsurteil inhaftierte Widerständler und einzelne Fremdarbeiter standrechtlich erschossen.[16]

Auch die entschiedenen Vertreter der Bekennenden Kirche haben unter der Repression der NS-Behörden zu leiden. Das bekannteste Beispiel aus dem Ruhrgebiet ist das Schicksal des Pfarrers Ludwig Steil aus Holsterhausen bei Wanne-Eickel. Steil war seit März 1934 Mitglied des Westfälischen Bruderrates und verschiedener Bekenntnis-synoden. Mehrfach wurde er bereits in den 30er Jahren durch die Geheime Staatspolizei vorgeladen und vernommen. Seine Distanz zum Nationalsozialismus sowie insbesondere seine scharfe Ablehnung der ideologischen Position Rosenbergs hatten ihn immer wieder in Konflikt mit den NS-Dienststellen gebracht. Der unmittelbare Anlaß seiner letzten Verhaftung war eine von ihm vom 10. - 16. Juli 1944 auf Aufforderung der Herner Kirchengemeinde in der dort noch unzerstörten Kirche gehaltene "Vortragsreihe für Angefochtene". In dieser Reihe sprach Steil über Themen wie: "Schweigt Gott im Kriege?", "Wie kann Gott das alles zulassen?", "Wo sehen wir, daß Gott herrscht?" "Steht die Welt unter einem Fluch?"Steil hat in diesen Vorträgen den Menschen dadurch versucht Mut zuzusprechen, daß er die Macht Gottes und sein Regiment herausstellte, der gegenüber alle Pläne und Machenschaften von Menschen zu Schanden werden.

Herne verlegt. Hier konnte ihn immerhin seine Frau besuchen und mit Essen versorgen. Obwohl Steils Frau von der Gestapo zugesagt worden war, daß ihr Mann nach rund 8 Wochen entlassen würde, wurde Steil am 5. Dezember von Bochum aus auf den Transport nach Dachau geschickt. Nach einem mühsamen,

Abb. 18: Ludwig Steil aus Herne - Holsterhausen

Abb. 19: Gedenkstein im Rombergpark Dortmund

Aufgrund dieser Vorträge erhielt er einige Wochen später eine Vorladung zur Gestapo in Dortmund. Nach einem längeren Verhör wurden einige Sätze seiner Vorträge herausgestellt, die den Grund zur späteren Verhaftung beinhalten sollten. Steil wurde am 11. September verhaftet und zunächst nach Dortmund in die berüchtigte "Steinwache" gebracht. Nach den schweren Bomben-angriffen vom 6. und 9. Oktober auf Dortmund, die Steil mit 2 katholischen Priestern in der verschlossenen Gefängniszelle verbringen mußte, wurde er ins Polizeigefängnis nach

knapp 3 Wochen währenden Transport unter menschenunwürdigen Umständen, wobei die Gefangenen zu zweien oder dreien aneinandergefesselt waren, traf Steil mit seinen Leidensgefährten am 23. Dezember in Dachau ein. Dort konnten Pfarrer aus dem sogenannten Pfarrerblock - vor allem Wilm und Reger - Kontakt zu Steil aufnehmen. Er selbst wurde dort nicht mehr eingeliefert, denn Anfang Januar 1945 kam er mit Typhus ins Kranken-revier. Durch die Gefangenschaft, den Transport sowie die völlig unzureichende Versorgung geschwächt, ist Steil am 17. Januar

1945 in Dachau verstorben. Ludwig Steil ist der Pfarrer der Bekennenden Kirche aus dem Ruhrgebiet, der seinen konsequenten Weg als Christ gegenüber den Machthabern im Dritten Reich mit seinem Leben bezahlen mußte.[17]

Traugott Jähnichen

1. Flugblatt der britischen Regierung vom 26.6.1943, das bei Bombenangriffen über dem Ruhrgebiet abgeworfen wurde; Wieder abgedruckt in: Chronik des Ruhrgebiets, hrsg. v. B. Harenberg, Dortmund 1987, S. 439
2. Vgl. A. Burgsmüller, Zehn Jahre Pastor in der Evangelischen Kirchengemeinde Ickern in Castrop-Rauxel (1942-1952), in: Kirche im Revier, Heft 1990, S. 51-54; E. Brühmann, Bei uns in Altenbochum und anderswo. Kirchenkampf im 3. Reich, Bochum 1977, S. 182f
3. L. Schaum, Mein Dienst in der Bekennenden Gemeinde in Essen-Bergeborbeck, Archiv Essen-Bergeborbeck, S. 9
4. W. Stratmann, Leiter der Evakuiertenseelsorge der Evangelischen Kirche Westfalen und Baden, Predigten 1943 bis 1946, hrsg. v. G Bramann, Billerbeck 1989, S. 19
5. Vgl. bei E.Brühmann, a.a.O., S. 180
6. Dieses Gedicht ist abgedruckt in: E. Brühmann, a.a.O., S. 183
7. L. Schaum, a.a.O., S. 9
8. Vgl. A. Burgsmüller, a.a.O., S. 43
9. Vgl. W. Jähme, 100 Jahre Evangelische Kirche in Bottrop, Bottrop 1984, S. 80
10. Vgl. E. Brühmann, a.a.O., S. 191
11. Vgl. W. Jähme, 100 Jahre evangelische Frauenhilfe in Bottrop 1890-1990, Bottrop 1990, S. 67
12. W. Jähme, Als der Krieg zu Ende war, Beilage zur UK
13. Vgl. E.Brühmann, a.a.O., S. 178f
14. G. Braumann, Die evangelische Kirche Westfalens und ihre Evakuierten, Billerbeck 1988, S. 11
15. Vgl. G. Braumann, a.a.O., S. 21f
16. Vgl. Chronik des Ruhrgebiets, a.a.O., S. 449
17. Vgl. G. Steil, Ludwig Steil - Ein westfälischer Pfarrer im Kirchenkampf, insbes. S. 89-134

Das Kriegsende im Ruhrgebiet

Zu Ostern 1945 näherte sich der Krieg im Ruhrgebiet seinem Ende. Am Ostersonntag, dem 1. April 1945, schlossen die alliierten Truppen bei Lippstadt den Ruhrkessel. Mehr als 325.000 deutsche Soldaten mit 24 Generälen waren in diesem Kessel eingeschlossen. Die meisten Soldaten ergaben sich, ohne Widerstand zu leisten. Lediglich einzelne SS-Gruppen versuchten noch einige Tage, den Vormarsch der Alliierten aufzuhalten. Einzelne Städte des Ruhrgebietes waren bereits vor dem 1. April 1945 von alliierten Truppen besetzt worden. In Bottrop verließen bereits am Karfreitag, dem 30. März 1945, die letzten deutschen Truppen die Stadt. Noch am selben Tag rückte die 9. US-Armee in Bottrop ein. Am Karsamstag rückten US-Truppen in Gelsenkirchen-Buer ein.

In der Gemeinde Königshardt bei Dinslaken nahmen die letzten Kriegstage vom 28. bis 31.3. einen dramatischen Verlauf: "Da der Ort Kampfgebiet wurde, wurde der Pfarrer mit 120 Gemeindegliedern vier Tage in der Kirche in Haft gehalten; es fanden in diesen Tagen abends in völliger Dunkelheit in der Karwoche Passionsandachten statt. Am stillen Sonnabend schlug die Stunde der Freiheit. Die Kirche, die alle Fenster durch die Bomben verloren hatte, das Pfarrhaus, das durch 100 Mann Belegschaft einem Kehrrichthaufen glich und als amerikanisches Lazarett gedient hatte, das Artillerietreffer erhalten hatte, wurden durch fleißige Hände sofort wieder hergerichtet, so daß am Ostermontag, dem 2.4.45 der Gottesdienst in überfüllter Kirche beginnen konnte."[1]

Von Westen her wurde in den Ostertagen auch die Stadt Essen erobert. Am Karfreitag des Jahres 1945 ordneten die NS-Behörden an, die Stadt binnen 24 Stunden zu verlassen, andernfalls drohe die gewaltsame Entfernung. Dennoch blieben die meisten Menschen - nicht zuletzt auf Anraten der Pfarrer - und Essen wurde nur wenige Tage später von den Alliierten eingenommen. Etwas später wurden dann auch Bochum, Witten und Dortmund erobert. Bei den Kampfhandlungen um Bochum wurde als letzte Kirche noch die Christuskirche in Linden zerstört, die von den einrückenden Amerikanern in Brand geschossen wurde. Darüber berichtete Pastor Bäumer, der die Ereignisse selbst beobachtete, in einer Predigt am folgenden Sonntag: "Die

Abb. 20: Lager für Kriegsgefangene in Essen

Kirche wurde zu einem Ofen, mit dem Turm als riesigem Schornstein."[2] Am Dienstag, den 10.4.1945 rückten die amerikanischen Truppen dann in Bochum ein. Von der Zivilbevölkerung wurden sie freundlich empfangen: die Leute standen an der Straße oder lagen in den Fenstern und winkten den Amerikanern zu.[3] Während der Marschpause der Truppen umringten Kinder die US- Soldaten und erhielten Weißbrot und Kekse. In den nächsten beiden Tagen wurde Witten im südlichen Ruhrgebiet eingenommen. Hier kam es noch zu längeren Kämpfen, da sich jenseits der Ruhr noch deutsche Artillerie halten konnte, die die von den Amerikanern besetzte Stadt unter Feuer nahm.

Konflikte mit befreiten Zwangsarbeitern

Der Befehl Hitlers, in den vom Feind eroberten Gebieten alle militärischen Nachrichten-, Verkehrs-, Industrie- und Versorgungsanlagen zu zerstören, wurde im Ruhrgebiet nur in Ausnahmefällen durchgeführt. Den Versuchen von NS-Behörden, SS-Trupps und vereinzelt den Abteilungen des Volksturms, diesem Befehl nachzukommen, stand insbesondere der Widerstand von Werksangehörigen entgegen. Illegale Arbeiterkommitees, die in den letzten Kriegstagen von den Belegschaften gegründet wurden, konnten in den meisten Fällen die Zerstörungen von Fördereinrichtungen, Schachtanlagen oder auch öffentlichen Einrichtungen wie den Stadtwerken verhindern. Auf diese Weise konnte sichergestellt werden, daß zumindest die grundlegenden Voraussetzungen zur Wiederaufnahme der Produktion in der Nachkriegszeit gegeben waren. Als größtes Problem erwies sich in den Tagen unmittelbar nach der Eroberung der Städte das Verhalten der gerade befreiten Zwangsarbeiter. Zu Kriegsende gab es im gesamten Ruhrgebiet ca. 250.000 Zwangsarbeiter, die unter menschenunwürdigen Umständen in Lagern kaserniert waren und zu Schwerstarbeit herangezogen wurden. Ihre Versorgung war katastrophal, bei den Bombenangriffen wurden sie in keiner Weise geschützt. Vor diesem Hintergrund ist es vielleicht verständlich, daß sich ein Teil dieser Zwangsarbeiter nach der Befreiung zusammenrottete und plündernd und auch mordend durch die Ruhrgebietsstädte zog. In Bottrop beispielsweise geschahen in der Zeit von Mai bis Anfang Juli 1945 3 Morde, die offensichtlich von russischen Zwangsarbeitern verübt worden waren. Nach einer Ver-

Abb. 21: Alle helfen bei der Beseitigung von Trümmern mit

stärkung der britischen Militärstreifen kam es dort sogar zu einer bewaffneten Auseinandersetzung zwischen Militärpolizei und bewaffneten russischen Zwangsarbeitern. Hinzu kamen eine ganze Reihe von Plünderungen und Diebstählen. Immerhin muß gesagt werde, daß eine Verpflegung der befreiten Zwangsarbeiter erst im Juni sichergestellt wurde, als ihnen Verpflegungskarten sowie Bekleidungsstücke aus beschlagnahmten deutschen Beständen zugewiesen wurden.[4]

Beispielhaft für Konflikte der Bevölkerung mit den Zwangsarbeitern ist der folgende Bericht des damaligen Wittener Pfarrers Winkler: "Nach dem Vorstoß der Amerikaner bis an die Ruhr erlebten wir dann auch in Witten Gewalttaten und Plünderungen seitens der aus ihren Lagern befreiten Kriegsgefangenen. Eines Tages wurde ich in die zu meinem Pfarrbezirk gehörende Waisenheimat gerufen. Ich eilte hin, kam aber zu spät. Es war schon geplündert. Unterwegs wurde ich Zeuge einer Schlägerei zwischen Kriegsgefangenen und deutschen Männern. Letztere wehrten sich gegen die Plünderung eines Lebensmittelgeschäftes, weil sie ja selbst mit ihren Familien damals Hunger litten. Dabei wurde gerade ein Deutscher von den mit Messern bewaffneten Ausländern erstochen. Darauf bewaffneten sich die immer zahlreicher zusammenströmenden Deutschen mit den ja überreichlich herumliegenden Trümmersteinen. Die Plünderer wurden vertrieben, schlugen aber noch einen die Straße heraufkommenden weißhaarigen Mann nieder. Ich lief hin, um ihm zu helfen, wurde mit "verdammter Deutscher" empfangen, erhielt einen Schlag über den Kopf, fiel auf den Rücken, sah ein Messer blitzen, zog mehr mechanisch als bewußt meine Beine vor den Leib und erhielt nun den Stich in den Oberschenkel. In dem Augenblick erschien ein Trupp amerikanischer Soldaten und befreite mich. Ich konnte mich als Pfarrer vorstellen und kam zum Arzt."[5]

Zwischenfälle, wie die hier geschilderten, veranlaßten unter anderem die Kirchengemeinde Bochum-Langendreer, unter dem Tagesordnungspunkt Verschiedenes während der Kreissynode Bochums von 1945 die fortdauernden Fälle des Mordens und Plünderns gegen die "wehr- und waffenlose Bevölkerung durch Ostarbeiter"[6] anzuprangern. Der Antrag, die Kreissynode solle bei der Militärregierung vorstellig werden, um diese Überfälle baldigst zu unterbinden, wurde einstimmig angenommen. Allerdings löste sich dieses Problem sehr schnell, da in der Zeit zwischen Ende Juni und Mitte Juli die Zwangsarbeiter in ihre Heimat zurückkehren konnten. Das Engagement von Pfarrern und Kirchengemeinden zum Schutz der Zivilbevölkerung gegen Übergriffe ist nicht zuletzt deshalb von großer Wichtigkeit gewesen, weil die Kirchen als nahezu einzige deutsche Organisation mit Gewicht die Interessen der Bevölkerung vor den Militärbehörden vertreten konnten. Allerdings ist hier einschränkend daran zu erinnern, daß sich kirchliche Stellen um das Los der Zwangsarbeiter während der Kriegsjahre in keiner nachweisbaren Weise gekümmert haben.

Neubeginn im Zeichen von Dank und Buße

Ein sehr aufschlußreiches Beispiel für die Art und Weise, in der von Gemeinden im Ruhrgebiet das Kriegsende erlebt wurde, sind die Verhandlungen der ersten Bochumer Kreissynode nach dem Krieg, die am 8. Juli 1945 stattfanden. Unter dem Tagesordnungspunkt Zwei "Ein besonderes Wort zur Stunde" versuchte man, eine theologische Deutung der jüngsten Ereignisse zu wagen. Ein kurzes, von den Bochumer Pfarrern Cipp und Bach erarbeitetes Gebet bringt prägnant die Haltung jener Zeit zum Ausdruck: "Herr, nun hast du deiner Kirche Frieden gegeben und den schweren Druck von ihr genommen, der so viele Jahre auf ihr lastete. Dafür danken wir dir und bitten dich: laß deinen Frieden uns zum Segen werden, daß deine Gemeinde gebaut werde, wir in deiner Frucht wandeln und erfüllt werden mit dem Trost des heiligen Geistes."[7]

Interessanterweise nimmt dieses Gebet weniger auf die äußere Lage, sondern primär auf die Situation der Kirche bezug. Es sind vor allem das Ende des Kirchenkampfes und des Druckes der NS- Behörden, die Anlaß zum Danken geben. Somit wird hier noch einmal deutlich, in welcher innerlichen Zerreißprobe viele Pfarrer gestanden haben.

Demgegenüber geht der Berichterstatter zum oben genannten Tagesordnungspunkt, Pfarrer Bischoff aus Bochum-Hamme, vor allem auf die Lage des deutschen Volkes ein. Er sieht es "in ein abgrundtiefes, äußeres und inneres Elend gerissen", ohne daß es "über Wesen, Ursache und Tiefe dieses Elends"[8] Bescheid weiß. Sehr drastisch wird die Notlage der Bevölkerung beschrieben: "Es gibt kein Atmen des deutschen Volkes mehr, keine Regung deutschen Lebens. Man sieht nur noch Todeszuckungen, die anzeigen, daß das Ende da ist."[9] Mit dieser Beschreibung skizziert Bischoff nicht allein die katastrophalen Lebensumstände der Menschen gerade im Ruhrgebiet, sondern versucht vor allem die seelischen Notlagen nach dem Zusammenbruch mancher Ideale und der Erfahrung eigener Schuld aufzuzeigen. Den Ausweg aus dieser Situation sieht Bischoff allein darin, daß die Bevölkerung den Weg der Buße findet. Ausgehend von der Überzeugung einer Kollektivschuld des deutschen Volkes fordert er die klare Anerkennung der Schuld der vergangenen Jahre sowie die Aufarbeitung des "Schutthaufens zusammengebrochener menschlicher Lügen, Träume, Ideale, Illusionen und Vorurteilte"[10], die der Nationalsozialismus hinterlassen habe. Um den Prozeß solcher Trauerarbeit einzuleiten, fordert Bischoff die führenden Männer der evangelischen und katholischen Kirche auf, in einem gemeinsamen Wort "die Christenheit Deutschlands und das ganze deutsche Volk in gemeinsamer Anrede zu aktiver Buße"[11] aufzurufen und anzuleiten. Die Bitte um solch ein Schuldbekenntnis wird nach der ausgiebigen Diskussion von der Synode einstimmig als Antrag an die Landessynode überwiesen. Damit fordert die Kreissynode Bochum bereits im Juli 1945 ein öffentliches Schuldbekenntnis der Kirchen ein, das dann später im Oktober 1945 vom Rat der Evangelischen Kirche in Deutschland vor Vertretern ausländischer Kirchen abgelegt wird.

Abb. 22: Pfarrer Bischoff aus Bochum

Bischoff selbst hatte vergeblich versucht, die Kirchenleitung bereits vorher zu einem solchen Wort aus eigenem Antrieb zu bewegen. So besuchte er Ende August 1945 die Kirchenführerkonferenz in Treysa, um dort für die Ausarbeitung eines Schuldbekenntnisses einzutreten. Allerdings wurden seine Erwartungen enttäuscht und er sah in dem vergeblichen Bemühen Martin Niemöllers um solch ein Schuldbekenntnis, "daß sich eine Buße als tragender Grund deutscher Zukunft nicht durchsetzen konnte."[12]

Traugott Jähnichen

1. Kreissynode Dinslaken 1943, S. 29
2. Bei uns in Altenbochum. Kirchenkampf im 3. Reich, hrsg. v. E. Brühmann, S. 191
3. A.a.O., S. 196
4. W. Jähme, Am Karfreitag war in Bottrop der Krieg zu Ende, Beilage zur UK
5. Winkler, S. 251f
6. Kreissynode Bochum 1945 S. 17
7. Verhandlungsberichte der Kreissynode Bochum 1945 bis 1947, S. 8
8. Pfarrer Bischof, Ein besonderes Wort zur Stunde, Kreissynode Bochum 1945, S. 9
9. Ebenda
10. Ebenda
11. Bischof a.a.O., S. 11
12. Bischof, a.a.O., S. 10

Der Wiederaufbau der Gemeindearbeit

"Nichts als Not, Kummer und schwere Entbehrungen"[1], so lassen sich die Lebensbedingungen der meisten Menschen im Ruhrgebiet nach Kriegsende beschreiben. Die Ungewißheit über das Schicksal vieler Verwandter und Angehöriger, die Unsicherheit im Blick auf die Behandlung durch die Siegermächte, die Erschütterung über die zutage tretenden Greuel des NS-Regimes und vor allem die katastrophalen äußeren Lebensumstände lasteten auf der Bevölkerung.

Natürlich hingen die durchschnittlichen Lebensbedingungen auch davon ab, wo jemand lebte. In vielen kleineren, nur wenig zerstörten Städten im südlichen Ruhrgebiet oder auch in Krefeld an der westlichen Grenze des Ruhrgebiets lebte man unter beinahe normalen Verhältnissen - lediglich die Aufnahme von zwei oder drei Flüchtlingen verriet die außergewöhnliche Situation. Kaum zu vergleichen sind damit die Verhältnisse in Städten wie Witten oder Dortmund, die zu rund 70 % zerstört sind. Dort lebte ein Teil der Bevölkerung in Bunkern oder in Luftschutzkellern von zerstörten Häusern. Trotz all der Zerstörungen ist natürlich auch die soziale Lage für die konkreten Lebensumstände nach wie vor ausschlaggebend: größere Wohnungen, Sparguthaben oder vor allem auch Wertgegenstände, die zum Tausch geeignet sind, gaben immer noch die Aussicht auf ein besseres Durchkommen.

Die Infrastruktur der meisten Ruhrgebietsstädte war völlig zerstört. Beispielhaft sei hier

Abb.23: Der erste Markt nach Kriegsende in Essen

die Situation in Dortmund beschrieben: "Als alliierte Truppen Dortmund besetzten, war es eine tote Stadt, in der die primitivsten Voraussetzungen zum Leben fehlten. Es gab weder Wasser noch Gas, weder Strom noch Straßenbahnen oder Zugverbindungen. Jede Kontrolle fehlte; allen verbrecherischen Elementen standen Tür und Tor für Raub und Plünderungen und alle Untaten geöffnet."[2]

Trotz dieser chaotischen Hinterlassenschaft des NS-Regimes und der ungeklärten Zukunftsaussichten ging man im Ruhrgebiet entschlossen und pragmatisch an den Wiederaufbau. Als glücklicher Umstand erwies sich, daß der Sommer 1945 sehr sonnig und trocken war, so daß trotz der Wohnungsnot das Leben in den Ruinen einigermaßen erträglich war. Mit einem ungeheuren Improvisationsgeschick lernte man, unter den Bedingungen der Kriegszerstörungen zu leben und vor allem den Neuaufbau in die Wege zu leiten. So wurden etwa in Dortmund bereits 14 Tage nach der Besetzung der Stadt sämtliche Stadtteile wieder mit Wasser, Gas und elektrischem Strom versorgt. Auch das Straßenbahn- und Eisenbahnnetz wurde langsam wieder aufgebaut. Aufgrund der durch die Alliierten organisierten regelmäßigen Lebensmittelverteilung konnte der Gesundheitszustand der Bevölkerung im Sommer und Herbst 1945 als einigermaßen befriedigend angesehen werden[3].

Neues Leben in den Gemeinden

Auch in den Kirchengemeinden versuchte man sehr rasch, geordnete Zustände wiederherzustellen. So fand etwa in Gelsenkirche-Buer bereits am 3. Mai 1945, also rund einen Monat nach der Besetzung der Stadt, die erste Sitzung des Presbyteriums statt. In dieser Sitzung legten die beiden DC-Presbyter ihre Ämter nieder und wurden durch die Zuwahl zweier Männer ersetzt, die sich schon seit Jahren zur Bekennenden Kirche hielten[4].

In ähnlicher Weise konstituierte sich in der Kirchengemeinde Bochum-Ümmingen am 10. Mai 1945 ein Gemeindeausschuß, zu dem der amtierende Pfarrer die vier Presbyter der Bekennenden Kirche eingeladen hatte, um auf dieser Grundlage die Gemeindearbeit

Abb. 24: Wiederaufnahme der Kindergartenarbeit

fortzuführen und sobald wie möglich Neuwahlen durchzuführen[5]. Andernorts, wie zum Beispiel in Ickern, wo aufgrund der verworrenen Situation zwischen DC und Bekennender Kirche seit 1943 keine Presbyteriumssitzung mehr stattgefunden hatte, konstituierte sich der gemeindliche Bruderrat als Presbyterium.

Neben dieser Klärung der durch den Kirchenkampf entstandenen Fronten galt jedoch das Bemühen der Presbyterien vor allem dem Wiederaufbau der Gemeindearbeit. Zunächst mußte man sich um geeignete Möglichkeiten für die Gottesdienstfeier kümmern. Teilweise wurden halbzerstörte Räume wiederhergestellt, wobei die britischen Militärbehörden um die Freigabe von Glas und Ziegeln gebeten wurden. Häufig wich man in der ersten Nachkriegszeit in Gemeinde- oder Konfirmandenräume aus, um dort den Gottesdienst zu feiern. Eine große Hilfe für die Kirchengemeinden lag in dem zumeist sehr wohlwollenden Entgegenkommen der Besatzungsbehörden. Pfarrer erhielten in vielen Fällen Ausnahmebestimmungen, so daß sie sich etwa nicht an die Ausgangssperren halten mußten. Zudem wurden bereits bei der Besetzung der Städte die kirchlichen Gebäude, Pfarrhäuser und Wohnungen in der Regel vor dem Zugriff der Besatzungstruppen geschützt. So konnte man, wenn auch in sehr bescheidenem Rahmen, die kirchliche Infrastruktur wieder aufbauen[6].

Bei den Versuchen des Wiederaufbaus der Gemeinden ging es den meisten Pfarrern vor allem darum, auch nach außen Zeichen eines bescheidenen, aber wirkungsvollen Neuanfangs zu setzen. So beschloß etwa das Presbyterium der Kirchengemeinde Gelsenkirchen-Buer bereits in seiner Sitzung am 3.5., in einem freien Raum der Nähschule einen Kindergarten einzurichten[7]. Diese Wiederaufnahme der Kindergartenarbeit hatte in den meisten Ruhrgebietsstädten eine absolute Priorität, da man gerade für die Kinder möglichst bald halbwegs geordnete Zustände schaffen wollte. So haben es etwa in Oberhausen die Kindergärtnerinnen selbst in die Hand genommen, die dringendsten Reparaturen am zerstörten Kindergartenbau vorzunehmen, um noch im Spätsommer 1945 den Kindergarten wieder öffnen zu können. Ähnliche Beispiele, die das Bemühen um eine möglichst rasche Wiederaufnahme dieser Arbeit deutlich werden lassen, sind im Ruhrgebiet in großer Zahl zu finden.

Ein neues Arbeitsfeld ergab sich für die Kirchengemeinden und Pfarrer dadurch, daß ein Großteil derjenigen, die aus Überzeugung oder auch aus Karrieregründen während der NS-Zeit aus der Kirche ausgetreten waren, nun um eine Wiederaufnahme in die Kirche baten. Zunächst war es weitgehend in den Ermessensspielraum der einzelnen Pfarrer gelegt, in welcher Form eine vorangehende Klärung beziehungsweise Prüfung der Ernsthaftigkeit der Bitte um Wiederaufnahme zu geschehen hat. In Gelsenkirche-Buer hat das Presbyterium bereits im Juni 1945 eine Regelung der Wiederaufnahme früherer Parteimitglieder getroffen: Nach einer Bewährungsfrist von zwei bis drei Monaten wurden die Betroffenen in Gegenwart von zwei Presbytern mit einem Gelübde in die Gemeinde wiederaufgenommen. In ähnlicher Weise wurde diese Angelegenheit später für die ganze Synode Gelsenkirchen geregelt[8].

Eine gesamtkirchliche Regelung wünschte die Kreissynode Hattingen. Sie stellte für die westfälische Provinzialsynode im Juli 1946 den Antrag, daß "alle Personen, die den Antrag auf Wiederaufnahme in die Kirche stellen, ...durch den Bezirkspfarrer in einer

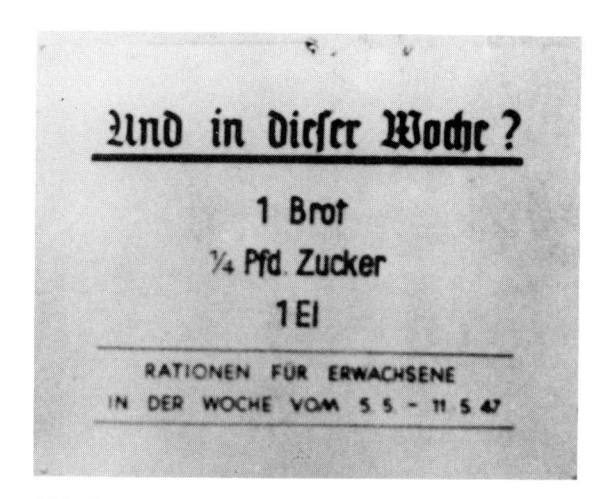

Abb. 25: Auch 1947 herrscht noch Hungersnot

mehrstündigen Unterweisung - mindestens sechs Stunden - auf ihren Wiedereintritt vorbereitet werden (sollen). Alle Wiedereintritte und Wiederaustritte aus der Kirche sind von der Kanzel bekannt zu machen."[9] Dieser Antrag wurde der Kirchenleitung überwiesen, allerdings nicht allgemein verbindlich gemacht. Insgesamt läßt sich hier die Tendenz feststellen, daß man auf eine möglichst ernsthafte Prüfung der Bitte um Wiederaufnahme gedrängt hat.

Eine ähnliche Aufarbeitung der Vergangenheit bedeutet die vielfach geäußerte Bitte um Nachkonfirmation. Einerseits konnten in den Kriegsjahren Konfirmationen zum Teil nicht mehr durchgeführt werden, andererseits haben aber auch viele Jugendliche bewußt auf diesen Akt verzichtet. Von ihnen wurden unter zum Teil provisorischen Umständen wieder aufgebaut. Die Kinder- und Jugendarbeit wurde nach der Rückkehr der evakuierten Kinder im Herbst 1945 in beinahe allen Gemeinden durch die tätige Mithilfe vieler ehrenamtlicher Helfer wieder begonnen. Da es kaum Materialien für diese Arbeit gab, lag hier sehr viel an der Improvisationsgabe der Gruppenleiter. Ähnlich schwierig gestaltete sich zunächst die Chorarbeit. Da vielerorts Chorbücher nicht mehr vorhanden waren, mußte man sich zunächst mit ausge-

Abb. 26: Hungerdemonstration in Essen

wollten nach Kriegsende sehr viele die Konfirmation nachholen. In der Regel wurde dieser Bitte nach einer verkürzten Unterrichtszeit entsprochen. Neben diesen, durch die Zeitumstände gegebenen besonderen Aufgaben, ging es in den Gemeinden natürlich auch darum, das "normale" Gemeindeleben wieder aufzubauen. Die durch Kriegsumstände und Evakuierungen meist zum Erliegen gekommene Kinder- und Jugendarbeit, aber auch Abendkreise, Bibelstunden und Chorproben liehenen Noten behelfen. Erst nach und nach konnten Gemeinden oder auch einzelne Mitglieder der Chöre sich die entsprechenden Noten selbst besorgen. Trotz dieser Schwierigkeiten erlebte die Chorarbeit in nahezu allen Ruhrgebietsgemeinden sehr schnell eine Blüte und konnte die Gottesdienste durch die Kirchenmusik bereichern. Ein besonderer Höhepunkt sowohl für die Gemeindeglieder als auch für den Chor war das bereits in den ersten Nachkriegsjahren wieder durchgeführte jährliche Gemeindefest, auf dem sehr viel musiziert und gesungen wurde.

Gerade diese Formen der Geselligkeit und des musikalischen Ausdrucks kamen dem Bedürfnis vieler Menschen nach einem Ausgleich zu der harten täglichen Arbeit und der Sorge um das Lebensnotwendigste sehr entgegen.

Traugott Jähnichen

1. Deutschland 1945. Alltag zwischen Krieg und Frieden, herausgegeben und eingeleitet von K.J. Rohl, Neuwied 1984, S. 135
2. Deutschland 1945, a.a.O., S. 197
3. Ebenda
4. Beiträge zur Stadtgeschichte. Band XIV 1988. Verein für Orts-und Heimatkunde Gelsenkirchen-Buer, S. 56
5. Vgl. "Pflüget ein Neues!" Der Kirchenkreis Bochum 1945-1947. Verhandlungsberichte der Kreissynode hrsg. v. W. Werbeck, S. 6
6. Vgl. A. Burgsmüller, Zehn Jahre Pastor in der Evangelischen Kirchengemeinde Ickern in Castrop-Rauxel (1942-1952), in: Kirche im Revier 1990, S. 54ff
7. Beiträge zur Stadtgeschichte, a.a.O., S. 56
8. a.a.O., S.58
9. Verhandlungsniederschriften der westfälischen Provinzialsynode von Juli 1946, Antrag 21, S.111

Gegen Not und Elend - Kirche in Aktion

Besondere Hilfsmaßnahmen für den Wiederaufbau in Europa wurden bereits während des Krieges vom vorläufigen Ökumenischen Rat der Kirchen in Genf geplant. Ausgehend von der "Abteilung für zwischenkirchliche Hilfe und Flüchtlingsdienst"[1] wurde ein Wiederaufbauausschuß eingesetzt, der Kontakt hielt zu verschiedenen nationalen Wiederaufbauausschüssen in den einzelnen europäischen Ländern. Bereits während des Krieges wurde in Genf beschlossen, daß nicht allein die Opfer des deutschen Angriffes, sondern auch die Deutschen selbst in dieses Hifswerk einbezogen werden sollten[2].

In Deutschland war es in erster Linie Eugen Gerstenmaier, der seit seiner Mitarbeit im Kirchlichen Außenamt enge Kontakte zum Leiter der Forschungsabteilung des vorläufigen Ökumenischen Rates, Hans Schönfeld, hatte. Der Aufbau des Hilfswerkes in Deutschland wurde im wesentlichen durch diesen Kontakt initiiert[3].

Parallel zu diesen ökumenischen Initiativen plante man in Deutschland bereits während des Krieges, ein kirchliches Selbsthilfewerk aufzubauen, um den besonders von den Kriegsfolgen betroffenen Menschen helfen zu können. Vor dem Hintergrund dieser Planungen ist es verständlich, daß gleichzeitig mit dem Beginn des Wiederaufbaus der Evangelischen Kirche in Deutschland (EKiD) im August 1945 in Treysa auch der Aufbau eines Hilfswerkes der EKiD beschlossen wurde[4].

Das Hilfswerk wurde zentralistisch geplant, bekam unter Leitung Gerstenmaiers seinen Sitz in Stuttgart und organisierte von dort aus die Verteilung der Hilfsgüter. In den Landeskirchen wurden jeweilige Untergliederungen des Hilfswerkes geschaffen, die ihrerseits den Kontakt zu den einzelnen Kreissynoden aufbauten.

Unklar blieb das Verhältnis des neuaufgebauten Hilfswerkes zu den Verbänden der Inneren Mission, die bisher die sozial - caritative Arbeit des Protestantismus geleistet hatten. Von der Konzeption her verstand man das Hilfswerk als "Einrichtung der verfaßten Kirche"[5], während die Innere Mission auf-

Abb. 27: Bei der Schulspeisung

grund ihrer vereinsmäßigen Organisation eine größere Unabhängigkeit von der Kirche besaß. Hinzu kamen Spannungen aus der Zeit des Kirchenkampfes, in dem die Innere Mission eine große Distanz zu den kirchenpolitischen Bewegungen hielt und vielfach relativ eng mit den staatlich, in der Regel nationalsozialistisch beeinflußten Behörden zusammenarbeitete[6].

Demgegenüber verstand sich das "Hilfswerk" stärker in der Tradition der Bekennenden Kirche, wie es insbesondere der Essener Superintendent und langjährige Bevollmächtigte des Hilfswerks im Rheinland, Heinrich Held, wiederholt zum Ausdruck brachte[7]. Held sah im Hilfswerk ein Zeichen sichtbarer Erneuerung der Kirche, das zu einem Neubeginn kirchlicher Liebestätigkeit führen müsse. Dementsprechend habe sich die Innere Mission dem Hifswerk unterzuordnen und sei stärker kirchlich einzubinden. Begründet wurde diese Option von Held durch eine theologische Neubewertung der Diakonie, die er als die Erfüllung der christlichen Dienstpflicht der Liebe verstand und die als solche Dienst der gottesdienstlichen Gemeinde im Raum der bürgerlichen Ortsgemeinde zu sein hat[8].

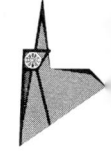

Vor diesem Hintergrund kam es mancherorts, so vor allem im Rheinland, zu Spannungen zwischen der Arbeit des Hilfswerks und der Arbeit der Inneren Mission. An anderen Orten ist jedoch eine reibungslose Zusammenarbeit zu verzeichnen, die in der Regel so aussah, daß Dienststellen der Inneren Mission vor Ort die Arbeit des Hilfswerks übernahmen. Ein solches Miteinander von Innerer Mission und Hilfswerk ist etwa aus Bochum zu berichten. An anderen Orten, wie etwa in Gelsenkirchen, wurden einzelne Gemeindepfarrer speziell für die Abwicklung der mit dem Hilfswerk verbundenen Aufgaben freigestellt. Trotz dieser Unterschiede und vereinzelter Spannungen ist im großen und ganzen im Ruhrgebiet ein enges Zusammengehen beider Organisationen im Kampf gegen Not und Elend der Bevölkerung festzustellen.

Hamsterfahrten und Care-Pakete

Im Unterschied zu den ländlichen Gebieten Deutschlands war die Ernährungslage in einer Industrieregion wie dem Ruhrgebiet noch lange nach Kriegsende äußerst schwierig. Von dieser Situation berichtet der damalige Gemeindepfarrer in Dortmund-Marten, Werner Danielsmeyer: "Bauern saßen hart auf ihren Vorräten an Fleisch, Fett und Kartoffeln, mußten es wohl auch, doch kam der aus der Frühzeit der Kultur bekannte Tauschhandel zu neuer Blüte. So gingen auch bei uns einige Raritäten den Weg allen Fleisches. Meine Frau sprang sogar einige Male über ihren Schatten, indem sie sich auf 'Hamsterreise' begab, nicht ohne jeden Erfolg, aber unter Überwindung äußerster innerer Widerstände".[9]

Solche Hamsterreisen sowie der Versuch, auf dem Schwarzmarkt die zum Leben notwendigen Dinge zu ergattern, gehörten für die meisten Menschen im Ruhrgebiet zum Alltag. Eine gewisse Ausnahme bildete die Situation der Begleute, die Sonderzulagen an Lebensmitteln, Tabak und Alkohol bekamen, um durch diese besonderen Anreize die Kohleproduktion wieder anzukurbeln. Demgegenüber gab es die Masse derer, vor allem der Flüchtlinge, die noch nicht einmal die zum Tauschen wertvolle Gegenstände besaßen. Diese Menschen mußten zumeist in Bunkern, Kellern oder anderen Elendswohnungen "hausen". Einen Eindruck von der Not und dem Elend gibt folgender Bericht einer Mitarbeiterin der Inneren Mission in Bochum: "Manchmal hatte man in diesen Elendswohnungen fast das Gefühl, man könne nicht mehr atmen. Der Raum war erfüllt von Rauch und dem Geruch schmutziger Wäsche, die in einer Ecke des Zimmers lag. Tief erschüttert war ich nach einem Hausbesuch in einer Familie mit zehn Kindern, die Kinder liefen im Monat Februar fast unbekleidet herum. So hatte zum Beispiel das zweijährige Mädchen lediglich ein Kleidchen an, weder Unterwäsche noch Schuhe oder Strümpfe."[10]

Es kann heute kaum noch ermessen werden, welche große Bedeutung die Maßnahmen des Hilfswerkes in den entbehrungsreichen Nachkriegsjahren gehabt haben. Das Hilfswerk hat sich in dieser Zeit "unbestreitbar ... zum größten Umschlagplatz für lebensnotwendige Bedarfsartikel entwickelt, auf die Millionen Menschen angewiesen waren, um ihre physische Existenz zu erhalten oder das Elend zu mildern."[11]

In lebendiger Erinnerung sind insbesondere die Care-Pakete gelieben. Diese Erinnerung läßt den Eindruck entstehen, daß der überragende Anteil der Hilfslieferungen "selbstverständlich" aus dem "sehr von Gott gesegneten Amerika"[12] stamme. Dies ist allerdings nicht richtig. Ein beträchtlicher Teil der Spenden des Hilfswerkes stammt nicht aus dem Ausland, sondern von der deutschen Bevölkerung selbst. Beispielhaft seien die Zahlen des Evangelischen Hilfswerks im

Abb. 28: Flüchtlings - Notunterkunft in Bochum

Rheinland genannt: in der Zeit von April 1946 bis zur Währungsreform erhielt man Sach- und Geldspenden aus dem Ausland in Höhe von rund 6 Millionen Mark. Dem stand der gleiche Betrag an Einnahmen, die aus Sammlungen, Kollekten und Spenden im Rheinland selbst gesammelt wurden, gegenüber[13]. Die im Rahmen des Hilfswerks durch einen Appell an die deutsche Bevölkerung erbrachte Selbsthilfe betrug somit 50 % des gesamten Spendenaufkommens. Damit kann und soll natürlich nicht der bedeutende Faktor der ausländischen Hilfe geschmälert werden. Unter dem Titel "Wer sind unsere Helfer?" begann im Sommer 1947 eine Artikelserie in den "Mitteilungen aus dem Hilfswerk", in der die kirchlichen und staatlichen Spender des Auslands vorgestellt wurden. Aufschlußreich ist hierbei, daß Spenden aus Schweden mit rund sechs Millionen Kilogramm gut knapp die Hälfte des gesamten Spendenaufkommens in der Zeit des Jahres 1946 ausmachte. Mit Spenden in Höhe von knapp fünf Millionen liegt die USA erst an zweiter Stelle. Berechnet man das Spendenaufkommen pro Kopf der Bevölkerung, liegen auch noch die Spenden aus der Schweiz über denen aus den USA[14].

Schweden und die Schweiz, Länder die im Zweiten Weltkrieg neutral geblieben waren, handelten im Sinn einer neutral - humanitären Hilfe, wie sie etwa für das Rote Kreuz typisch ist. Die Spenden aus den USA stammten im wesentlichen von kirchlichen Organisationen, die, wie die Lutherischen Kirchen, auf diese Weise ihre Verbundenheit mit den Christen in Deutschland zum Ausdruck bringen wollten. Ihre Gaben waren nicht selten mit Aufschriften signiert wie "In the name of christ" oder "lamps of love."[15]

Spenden aus weiteren Ländern, hier sind Brasilien, Kanada, Chile, Australien, Argentinien, Namibia (Süd-West Afrika) und Holland zu nennen, stammten im wesentlichen von deutschen Auswanderern beziehungsweise deren kirchlichen Organisationen.

Abb. 29: Kirchl. Hilfswerk verteilt Care - Pakete

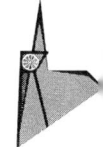

Die Arbeit des Rheinischen Hifswerks in Essen

Die konkrete Arbeit des Hilfswerkes sei nun im folgenden am Beispiel der Rheinischen Kirche beschrieben. Im Essener Hauptbüro des Hilfswerkes waren rund 15 Mitarbeiter hauptamtlich tätig, in den einzelnen Synodalbüros und in Kirchengemeinden bis zu 65. Ohne die weitere Mitarbeit von rund 5.000 ehrenamtlichen Helfern hätte die Arbeit jedoch nicht getan werden können. Dabei sind die extrem schwierigen Kommunikations- und Verkehrswege der Nachkriegszeit zu bedenken. So mußte beispielsweise Heinrich Held als Leiter des Hilfswerks und Superintendent in Essen sich lange Zeit darum bemühen, die Genehmigung zur Benutzung eines Kraftfahrzeuges zu erhalten.

Trotz solcher Schwierigkeiten gingen in den viereinhalb Jahren von Anfang 1946 bis Mitte 1950 im Hauptlager Essen 1.600 Sendungen ein, die in 8.000 Sendungen an die weiteren Verteilerstellen, die Synodalbüros, Heime, Anstalten und auch Freikirchen, weitergegeben wurden. Dies entspricht einem Warenumschlag von durchschnittlich täglich 150 Zentnern. Erwähnenswert ist, daß die Verluste durch Raub und Verderb weniger als 0,5 % betrugen, während das Landesernährungsamt mit einem Verlust von 35 % bei der Ausgabe der Lebensmittel rechnete[16].

Den Synodalen der Landessynode Rheinland von 1950 wurde detailliert Rechenschaft über die eingehenden und verteilten Waren sowie deren Wert gegeben. Die Empfänger dieser Spenden waren rund 300.000 Evangelischen Ostvertriebenen, im Gebiet der rheinischen Landeskirche vor allem Kriegsheimkehrer, Ausgebombte, kinderreiche Mütter, Rentenempfänger, Arbeitslose, Obdachlose, Jugendliche und Studenten.

An besonderen Hilfsaktionen sind folgende erwähnenswert: Eine Kleinkinderspeisung aus Mitteln des Church World Service und der Lutheraner in Nordamerika gab in Oberhausen knapp 10.000 Kindern mehrere Monate hindurch im Jahre 1947 eine wohlausgewogene Nahrung.

Im Frühjahr 1948 gelangte eine 300 Tonnen Weizenspende von nordamerikanischen Farmern ins Ruhrgebiet, um dort die Brotversorgung zu verbessern. Zudem wurden durch diese Spende alle Kindergartenkinder im rheinischen Ruhrgebiet mit einem Brötchen täglich versorgt.

Aufgrund eines dringenden Hilferufes des damaligen Essener Oberbürgermeisters Dr. Heinemann über die verzweifelte Versorgungslage im Ruhrgebiet wurde mit Hilfe einer Sonderzuweisung des christian rural overseas program eine besondere Altenspeisung vorgenommen.

Neben dieser drängenden Versorgung mit Lebensmitteln war das Hilfswerk in gleicher Weise bei der Beschaffung neuen Wohnraums von großer Hilfe. Aus diesem Grund hat man eine gemeinnützige Siedlungsgesell-

Abb. 30: Ankunft einer Spende aus der Schweiz

schaft des Evangelischen Hilfswerkes gegründet, um kleine Wohnungseinheiten mit Ein- und Zweifamilienhäusern zu bauen. Die Belastung der Siedler durch Miete und Erwerb wurde relativ gering gehalten. Zudem gab man Darlehen und Zuschüsse, um Notleidenden durch die Wohnung wieder eine Perspektive zu geben. Ferner wurden Medikamente aber auch andere Rohstoffe gespendet, wie Wolle, Baumwolle, Zellstoff und Leder. Um diese Materialien zu verarbeiten, wurde eine Veredelungswirtschaft GmbH gegründet.

Ein weiterer Schwerpunkt der Arbeit des Hilfswerkes war der Aufbau einer Erholungsfürsorge. Insbesondere für Kinder wurden wiederholt in ländlichen Gegenden Deutschlands Freizeiten und Erholungskuren durchgeführt. Dabei war es von besonderer Bedeutung, daß schweizer und schwedische Initiativen Patenschaften für einzelne Ferienmaßnahmen übernahmen. Diese Erholungsfürsorge galt nicht allein Kindern, sondern auch Müttern von Kleinkindern und zum Teil Kriegsheimkehrern.

Neben dieser sozial-caritativen Arbeit des Hilfswerkes wurde auch der kirchliche Wiederaufbau über die Arbeit des Hilfswerks koordiniert. Eine besondere Bedeutung bekamen in diesem Rahmen die Notkirchen, die nach Entwürfen der Bauabteilung des Zentralbüros des Evangelischen Hilfswerks in Stuttgart von Professor Bartning geleistet wurde. Eine solche vollständige Kirche mit Installation, Heizung und Inneneinrichtung kostete ungefähr 75.000,- DM. Im Ruhrgebiet wurden mehrere dieser Notkirchen aufgebaut, so unter anderem in Bochum-Hamme, in Essen-Haarzopf sowie in Dortmund und Duisburg (vgl. dazu 2.7).

Auch einzelne Gemeindezentren wurden auf diesem Weg durch das Hilfswerk errichtet. Eine weitere Tätigkeit des Hilfswerkes betraf die Verbreitung christlicher Schriften zu einer Zeit, in der größter Mangel an Papier herrschte. Durch Spenden der ausländischen Kirchen gelang es, Bibeln, Neue Testamente, Gesangbücher und andere Schriften herzustellen und zumeist zu verschenken. Da der Herstellungsprozeß von der Papierbereitstellung bis zum gebundenen Buch in Deutschland getätigt wurde, konnten auf diese Weise zudem wichtige Arbeitsplätze in den mit den Kirchen eng zusammenarbeitenden Druckereien geschaffen werden. Erwähnenswert ist ferner die Bereitstellung von Fahrrädern für den kirchlichen Dienst. Bis Ende des Jahres 1948 gingen allein im Hauptbüro der rheinischen Kirche in Essen mehr als hundert solcher Anträge aus Gemeinden ein. Das Hauptbüro in Essen hat in 75 Fällen aus Spendenmitteln mit einem Fahrrad helfen können, hinzu kamen 935 Fahrradbereifungen. An vielen Orten war ein Fahrrad für die Durchführung der seelsorgerlichen und diakonischen Arbeit unumgänglich.

Nicht unumstritten blieb demgegenüber eine andere Tätigkeit des Hilfswerkes. Quasi wie eine Postanstalt übernahmen die Verteilerstellen des Evangelischen Hilfswerkes auch die Aushändigung von Care-Paketen. Das Hilfswerk hatte allerdings keinen Einfluß auf die Art der Verteilung dieser Care-Pakete, sondern gab sie an die vorbestimmten Empfänger aus. Die Verantwortung für diese Vergabepraxis lag bei den ausländischen Organisationen. Das Hilfswerk hat diese Arbeit deshalb durchgeführt, um eine äußerst zuverlässige Verteilung der Pakete zu gewährleisten. Zudem wurde die Verteilung dem Hilfswerk durch eine bestimmte Anzahl von Care-Paketen vergütet und man kam ferner in den Genuß der in Form weiterer Pakete ausgeschütteten Überschußdividende.

Allein dem Hilfswerk in Essen sind auf diese Weise Lebensmittel und andere Materialien im Wert von rund 300.000,-. DM zugute gekommen. Allerdings ist kritisch anzumerken, daß die Organisatoren des

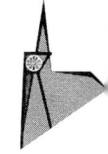

Hilfswerks, da sie auf die Verteilung der Pakete keinen Einfluß nehmen konnten, in der Bevölkerung dadurch heftiger Kritik ausgesetzt waren. Die nach Meinung vieler oft ungerechte Verteilung der Güter an bestimmte Personen wurde der Kirche angelastet, obwohl sie in diesem Fall nur ausführendes Organ gewesen ist[17].

Es ist vor dem Hintergrund der damaligen Notsituation allzu verständlich, daß Kritik an der Verteilungspraxis laut wurde. Vielfach speiste sich solche Kritik jedoch aus Gerüchten und Fehlinformationen. So verbreitete sich in Essen das Gerücht, Pastor Niemöller würde eine große Anzahl Hilfsgüter von seinem Besuch in den USA mitbringen. Viele

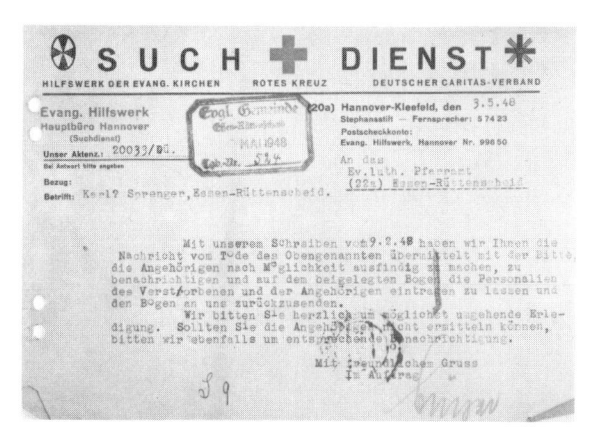

Abb. 31

Familien meldeten sich daraufhin bei ihren Gemeindepfarrern, um den Bedarf gerade ihrer Familien anzumelden. Natürlich war die Enttäuschung groß, da sich dieses Gerücht als Falschmeldung erwies. Dies zeigt, mit welchen Schwierigkeiten gegenüber den Empfängern und Bittstellern der Spenden die Mitarbeiter des Hilfswerkes zu kämpfen hatten.

Neben diesen materiellen Hilfsmaßnahmen rief das Evangelische Hilfswerk gemeinsam mit dem Caritas-Verband und dem Roten Kreuz den "Suchdienst" ins Leben. Durch die hervorragende kirchliche Infrastruktur, die bis in jeden Stadtteil hineinreicht, gelang es in unzähligen Fällen, Familien wieder zusammenzuführen oder über das Schicksal von Vermißten Auskunft zu geben. Bis zu Beginn der fünfziger Jahre gehörte die vom "Suchdienst" koordinierte Recherche nach Kriegsgefangenen und Vermißten zu den alltäglichen Aufgaben eines Pfarramtes.

Der Anteil des Hilfswerkes am Wiederaufbau in der unmittelbaren Nachkriegszeit kann kaum hoch genug eingeschätzt werden. Wichtig war vor allem, daß man sich hier nicht allein auf ausländische Hilfe verließ, sondern auch zur Selbsthilfe in der Bevölkerung aufrief. Durch dieses Engagement hat sich die Evangelische Kirche in der Nachkriegszeit ein sehr hohes Ansehen erworben und damit auch die Basis für die wichtige Stellung der Diakonie im System der freien Wohlfahrtspflege der späteren Bundesrepublik gelegt.

Traugott Jähnichen

1. Vgl. E. Gerstenmaier, Reden und Aufsätze, Bd. II, Stuttgart 1962, S. 425
2. Vgl. E. Bethge, Dietrich Bonhoeffer, München 1967, S. 753
3. Vgl. zur Vorgeschichte des Hilfswerkes J. M. Wischnath, Kirche in Aktion, Göttingen 1986, S. 1-74
4. Vgl. J.M. Wischnath, a.a.O., S. 75ff
5. Bericht über die Arbeit des Hilfswerks der Evangelischen Kirche im Rheinland, Hauptbüro Essen, in: Verhandlungen der zweiten Rheinischen Landessynode. Tagung vom 12. bis 18. November 1950 zu Velbert, Mülheim 1951, S. 344
6. Vgl. J.M. Wischnath, a.a.O., S. 111. Hier wird insbesondere die umstrittene Position Fricks, der den Vorsitz im Centralausschuß der Inneren Mission hielt, angesprochen.
7. F. Mybes, Unter dem Kronenkreuz. 25 Jahre Diakonisches Werk der Evangelischen Kirche im Rheinland, Düsseldorf 1988, S. 9
8. Bericht über die Arbeit des Hilfswerks, in: Rheinische Synode 1950, a.a.O., S. 354
9. Vgl. W. Danielsmeyer, Führungen, Bielefeld 1982, S. 76
10. 25 Jahre Ortsverband für Innere Mission in Bochum, Bochum, o.J., S. 21f
11. H. Noormann, Protestantismus und Politik, Bd. I, S. 87

12. M. O. Dietrich, Genf, Die Hilfe der Auslandskirchen für Deutschland, in: Mitteilungen, Nr. 44/Nov. 1950, S. 9
13. Bericht über die Arbeit des Hilfswerks, a.a.O., S.357
14. Vgl. J. Degen, Diakonie und Restauration, S. 28f
15. Bericht über das Hilfswerk, a.a.O., S. 346
16. Vgl. Bericht über die Arbeit des Hilfswerks, a.a.O., S. 346
17. Vgl. Bericht über die Arbeit des Hilfswerks, S. 350

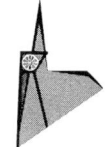

Rechtliche Neuordnung des kirchlichen Lebens

Die Neubildung der Presbyterien

Parallel zu dem Wiederaufbau von Gemeinden und kirchlichen Verbänden und Gruppen vor Ort wird die rechtliche Neuordnung der Kirche in Angriff genommen. Das wichtigste Dokument aus der unmittelbaren Nachkriegszeit ist hier der "Aufruf zur Bildung einer an Schrift und Bekenntnis gebundenen Kirchenleitung"[1] von Präses Karl Koch an die Gemeinden, Pfarrer und Kirchenvertretungen vom 13.6.1945.

Koch erklärt in diesem Aufruf, daß nach dem Zusammenbruch der nationalsozialistischen Kirchenpolitik das "einzige kirchenordnungs- und verfassungsmäßige Amt der provinzial - kirchlichen Selbstverwaltung... in Westfalen"[2] das Amt des Präses sei. Dieses Amt, von dem Koch durch Zwangsmaßnahmen der Deutschen Christen entbunden worden ist, nimmt er mit dem 13. Juni 1945 wieder auf und er bildet für die Übergangszeit bis zum Zusammentritt einer ordentlichen Provinzialsynode eine vorläufige Kirchenleitung.

Dieses Vorgehen geschieht in Absprache und im Einvernehmen mit dem Bruderrat der Westfälischen Bekennenden Kirche. Koch ruft alle Gemeinden dazu auf, seiner neuen Kirchenleitung zu folgen und in diesem Sinn "dem Neubau unserer Provinzialkirche"[3] zu dienen. Bis zur Einberufung der ersten Provinzialsynode nach dem Krieg im Frühjahr 1946 handelt die Kirchenleitung per Notverordnung. Dies betrifft insbesondere die Besetzung von Pfarrstellen, die vorher von Deutschen Christen besetzt gewesen sind. Gegen diese Praxis legten einzelne entschiedene Vertreter der Bekennenden Kirche Widerspruch ein und forderten, daß solch weitreichende Entscheidungen nur von der Provinzialsynode beschlossen werden könnten.[4]

In Entsprechung zu dieser vorläufigen Kirchenleitung der Provinzialkirche wurden auch "vorläufige" Kreissynoden noch im Jahr 1945 einberufen. Eine solche Kreissynode tagte bereits am 8.7.1945 im Wichern-Haus in Bochum. Mit der Selbstbezeichnung der Synode als einer vorläufigen wollte man den rechtlich noch ungeklärten Charakter dieses Entscheidungsorgans bezeichnen.

Die unterste kirchliche Handlungsebene, das Presbyterium, hatte sich, ungeachtet der genauen Rechtslage, an den meisten Orten bereits zuvor neu konstituiert. Eine vorläufige Rechtssicherheit bietet der folgende Beschluß der Kirchenleitung in Bielefeld vom 24.8.1945 zur Frage der Neubildung der Presbyterien: "1. Wo sich "Deutsche Christen" noch im Presbyteramt befinden, haben sie ihr Amt umgehend niederzulegen... 3. Wo ein Presbyterium nicht mehr besteht oder wo es beschlußunfähig wird, gehen seine Rechte auf einen Gemeindeausschuß über. Der Gemeindeausschuß führt die Geschäfte nach den für die Presbyterien geltenden Vorschriften der Kirchenordnung."[5]

Dem presbyterial-synodalen Aufbau der Evangelischen Kirche entsprechend mußte zunächst die Ebene der Presbyterien rechtlich geordnet werden. Der entscheidende Schritt hierzu war die bereits 1946 von der Provinzialsynode erarbeitete, von den Presbyterien und Kreissynoden verhandelte und dann schließlich von der Provinzialsynode verabschiedete Presbyterwahlordnung. Diese bildete die Grundlage für die kirchenrechtlich einwandfreie Bildung der weiteren synodalen Leitungsgremien.

Die Presbyterwahlordnung ist deutlich von der aus der Bekennenden Kirche herrührenden Idee der Bekenntnisgemeinde geprägt. So heißt es in der Präambel: "Das kirchliche Wahlrecht ist eine Ausübung der der Kirche von Christus gegebenen Vollmacht, in das Amt der Kirche zu berufen und so den Auftrag zu erfüllen, das Evangelium zu verkündigen. Darum gehört das Recht, die Presbyter zu wählen, der um Wort und Sakrament gesammelten Gemeinde."[6] Diese Präambel wird in § 1 näher konkretisiert, wo von den Presbytern eine ausdrückliche Erklärung zur Geltung des Wortes Gottes Alten und Neuen Testamentes als alleiniger Richtschnur des Glaubens gefordert wird. Ferner sollen sich Presbyter "treulich zu Wort und Sakrament halten" und einen christlichen Lebenswandel führen.[7]

Deutlich erkennbar versucht man hier die Erfahrungen des Kirchenkampfes aufzunehmen. Man will für die Zukunft vermeiden, daß in ähnlicher Form, wie es den Deutschen Christen im Jahr 1933 gelungen ist, kirchenferne Gruppen in Presbyterien und Synoden die Macht an sich reißen. Demgegenüber wird positiv versucht, so die Stellungnahme der Kreissynode Bochum, eine Ordnung der Kirche zu schaffen, die auf die Sammlung im Gottesdienst (Predigt, Taufe und Abendmahl) bezogen ist.[8]

Allerdings gibt es in der Synode auch kritische Stimmen zu diesem Entwurf. Die Konzentration auf die Kerngemeinde wird von einzelnen für eine "Überspannung" beziehungsweise "gefährliche sektiererische Verengung" gehalten. Eher pragmatisch argumentieren andere Synodale, die die in der Wahlordnung angelegte Scheidung von Gemeinde und Kerngemeinde problematisieren. Man befürchtet, daß die Zahl derjenigen Gemeindeglieder, die sich nicht so eng zur Gemeinde halten, durch eine entsprechende Wahlordnung brüskiert werden könnte.[9] Dennoch wird der Entwurf bei nur geringfügigen Änderungen in seiner Substanz angenommen.

Der Gottesdienst als Mitte des kirchlichen Lebens

Eine Weiterführung der im Rahmen der Presbyterwahlordnung deutlich gewordenen Linie ist in dem landeskirchlichen Proponendum für die Kreissynoden von 1947 "Die Verantwortung der Kirche für die Gestaltung des gottesdienstlichen Lebens" zu sehen. In dieser Ausarbeitung wird, im Unterschied zur besonderen seelsorgerlichen Begleitung einzelner Gemeindegruppen (Jugend-, Männer-, Frauenarbeit unter anderem), darauf hingewiesen, daß "der sonntägliche Gottesdienst den Schwerpunkt alles Lebens und Arbeitens in der Gemeinde ausmacht und daß in der Ausrichtung auf ihn das Gemeindeleben und die Gemeindearbeit vor Zersplitterung und leerer Betriebsamkeit bewahrt bleiben."[10]

Theologisch wird der Gottesdienst in Aufnahme der Barmer Theolgischen Erklärung als "Sammlung der Gemeinde"[11] unter

Abb. 32: Die 1. Barmer These

dem Wort Gottes verstanden. Auch die Sakramente sollen wieder verstärkt im Hauptgottesdienst ihren Ort finden. Von daher ist es einleuchtend, daß das Proponendum den Gottesdienst als den "eigentlichen Ort des Dienstes für den zur Verkündigung berufenen Amtsträger"[12] ansieht. Der Gottesdienst ist in dieser Sicht das eigentliche Zentrum einer Gemeindearbeit. Mit dieser betonten Ausrichtung auf den Gottesdienst als der Versammlung der ganzen Gemeinde will man ein Gegenmodell zu den "Spaltungs- und Auflösungserscheinungen"[13] der Gesellschaft setzen. Während dort Interessengegensätze, Klassenunterschiede und Bildungsgruppen sich gegeneinander abgrenzen, soll der Gottesdienst der Versuch sein, alle Menschen zu erreichen und zu versammeln. Um dies zu gewährleisten, soll der Gottesdienst gestaltet werden, daß sich nach Möglichkeit alle Gemeindegruppen an ihm beteiligen können und in ihn einbezogen werden. Alle Gemeindegruppen werden dementsprechend ganz und gar auf das Erleben, im Einzelfall auch auf die Mitgestaltung des Gottesdienstes ausgerichtet.

Nach Auffassung des Proponendums realisiert sich die tatsächliche Zugehörigkeit der einzelnen Gemeindeglieder zur Gemeinde im regelmäßigen Besuch des Gottesdienstes. Die Kirchenleitung hat sich daher bei den öffentlichen Stellen einzusetzen, den Sonntag von allerlei Veranstaltungen "sportlicher, politischer, gesellschaftlicher Art"[14] freizuhalten.

Die beiden genannten Vorlagen, die zur Presbyterwahlordnung sowie die zum Gottesdienst, werden in den Ruhrgebietssynoden mit einer großen Zustimmung beraten. Nach den Erfahrungen des Kirchenkampfes ist es allgemein einleuchtend, die Gemeinde verstärkt um Wort und Sakrament zu zentrieren. Ohne nennenswerten Widerspruch wird das Ideal der Bekenntnisgemeinde, das sich während des Kirchenkampfes unzweifelhaft bewährt hat, auch für die völlig andere Situation der Nachkriegszeit verbindlich gemacht.

Abb. 33: Der Gottesdienst steht im Zentrum aller Gemeindearbeit

Nur vereinzelt wird in den Beratungen die volkskirchliche Realität gerade in vielen Ruhrgebietsgemeinden einbezogen. Allerdings bleibt dies in der Regel unberücksichtigt; die kirchliche Entwicklung der Nachkriegszeit wird zunächst im wesentlichen von der oben genannten Konzeption bestimmt.

Traugott Jähnichen

1. Bildung einer an Schrift und Bekenntnis gebundenen Kirchenleitung, Aufruf des Präses vom 13. Juni 1945, in: Wort der Kirche. Beschlüsse, Vorlagen und Rundschreiben der Evangelischen Kirche von Westfalen 1945-1962, Bielefeld 1962, S. 11f
2. A.a.O., S. 11
3. A.a.O., S. 12
4. So der Dortmunder Superintendent Heuner in einem Schreiben an den Schwerter Pfarrer Kleinemeyer vom 25.3.1946, in: Archiv der Evangelischen Kirche von Westfalen in Bielefeld, Bestand 3/18/7
5. Dieser Beschluß der Kirchenleitung ist wieder abgedruckt in: "Pflüget ein Neues!" Der Kirchenkreis Bochum 1945-47. Verhandlungsberichte der Kreissynode, herausgegeben und kommentiert von W. Werbeck, Bochum 1988, S.6
6. Präambel des Entwurfs einer Ordnung für die Wahl der Presbyter in der Evangelischen Kirche von Westfalen und in der Evangelischen Kirche der Rheinprovinz, abgedruckt in: "Pflüget ein Neues", a.a.O., S. 43
7. Ebenda
8. Vgl. Stellungnahme der Kreissynode Bochum zum oben genannten Entwurf, a.a.O., S. 46
9. Vgl. zu dieser Diskussion a.a.O., S. 46-49
10. Die Verantwortung der Kirche für die Gestaltung des gottesdienstlichen Lebens, in: Wort der Kirche, a.a.O., S. 41
11. Ebenda
12. A.a.O., S. 42
13. Ebenda
14. A.a.O., S. 44

Versuche der Vergangenheitsbewältigung

Mit dem Kriegsende übernahmen Vertreter der Bekennenden Kirche die Kirchenleitung. Demgegenüber waren die Deutschen Christen hoffnungslos kompromittiert. "In ihrer ersten Sitzung am 29. Juni 1945 beschloß die Kirchenleitung, sämtliche westfälische Pfarrer der Thüringer Richtung Deutsche Christen von ihren pfarramtlichen Geschäften bis auf weiteres zu beurlauben. Zur Wiederherstellung eines an Schrift und Bekenntnis gebundenen Pfarrerstandes wurde ein Auschuß gebildet. Ihm lag ob, darüber zu unterrichten, ob deutsch-christlichliche Pfarrer sich in ihrer Lehre oder in ihrem Handeln gegen die Pflichten ihres Amtes vergangen hatten."[1]

Allerdings empfanden einzelne Gemeinden diesen Beschluß der Kirchenleitung als nicht weitgehend genug. In Bochum-Weitmar zum Beispiel, wo es während des Kirchenkampfes heftige Auseinandersetzungen zwischen der DC-Mehrheit in Presbyterium und Pfarrerschaft und der BK-Minderheit gegeben hatte, amtierte nach 1945 ein BK-treuer Gemeindeausschuß. Dieser beantragte auf der ersten Bochumer Kreissynode von 1945: "Synode wolle beschließen, daß die DC-Pfarrer, gleichviel welcher Schattierung, endgültig aus ihren Ämtern entfernt werden bei gleichzeitiger Sperrung der Gehälter bis zu dem Zeitpunkt, da die Provinzialsynode in dieser Angelegenheit ihre Beschlüsse gefaßt hat."[2]

Obwohl dieser recht weitgehende Beschluß von der Kreissynode angenommen wurde, ist die Kirchenleitung diesem Antrag nicht gefolgt. Statt dessen faßte man den Beschluß, auf der Grundlage der "Ordnung für das Verfahren bei Verletzung von Amtspflichten der Geistlichen" vom 2. August 1945 die betroffenen DC-Pfarrer nach ihren Motiven für ihr DC-Engagement sowie ihren konkreten Verhaltensweisen während des Kirchenkampfes zu befragen. Konnte eine Amtspflichtsverletzung festgestellt werden, so wurden die Betroffenen je nach Schwere des Vergehens mit der Entlassung aus dem Dienst der Kirche, der Entfernung aus dem Amte oder einer Versetzung bestraft.

Mit diesem Vorgehen konnte die Landeskirche Entnazifizierungsverfahren der betreffenden Pfarrer, die oft auch Parteimitglieder gewesen waren, verhindern, da man nun - in Absprache mit der britischen Militärregierung - eine Entnazifizierung in eigener Verantwortung durchführte. So bildete die evangelische Kirche von Westfalen zwei speziell für kirchliche Mitarbeiter dienende Entnazifizierungsausschüsse in Bielefeld und Dort-

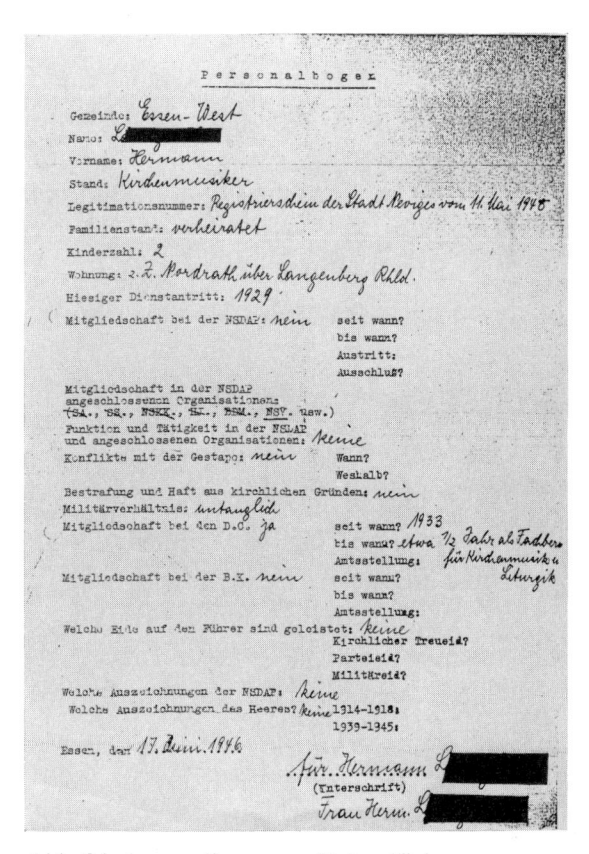

Abb. 34: Personalbogen zur Entnazifizierung

mund, vor denen sich die Betroffenen verantworten mußten.³

Abgesehen von den Pfarrern der radikalen Thüringer Richtung waren somit auch nach 1945 viele DC-Pfarrer weiterhin im Gemeindedienst aktiv. Die damit zusammenhängenden Spannungen innerhalb der Gemeinde, wie sie in dem Antrag des Gemeindeausschusses Bochum-Weitmar sichtbar wurden, versuchte die Kirchenleitung im Jahr 1946 dadurch abzubauen, daß man eine Verordnung über eine vorübergehende Änderung des Pfarrstellenbesetzungsrechtes in der evangelischen Kirche von Westfalen durchführte. Während der Julisynode von 1946 versuchte der Herforder Superintendent Kunst, gleichzeitig Personalreferent der Kirchenleitung, die Notwendigkeit dieser Verordnung den Synodalen deutlich zu machen. Nach ersten Erfahrungen mit Versetzungen und Neueinweisungen ehemals DC-Pfarrer äußert Kunst die Überzeugung, daß es einige von ihnen gibt, die den Gemeinden "noch wertvolle und auch gesegnete Dienste tun können."⁴ Kunst plädierte dafür, sachlich jeden einzelnen Fall zu prüfen und denjenigen DC-Pfarrern, "die einen größeren Teil ihrer Gemeinde zu sammeln vermochten, vor allem, wenn sie die Lehre nicht verfälschten und gute Gaben für den Dienst mitbrachten"⁵, eine weitere pfarramtliche Tätigkeit zu ermöglichen.

Die Verordnung über die vorübergehende Änderung des Pfarrstellenbesetzungsrechtes bot der Kirchenleitung somit die Handhabe, die entsprechenden DC-Pfarrer nach Abschluß ihres Verfahrens in anderen Gemeinden einzusetzen. In der Regel wurden die von einer solchen Prüfung betroffenen Pfarrer zunächst bis zum Abschluß ihres Verfahrens beurlaubt und dann in andere Gemeinden, zum Teil sogar in andere Landeskirchen, versetzt. Gänzlich aus dem Dienst der Kirche entlassen wurde nur eine Handvoll ehemaliger DC-Pfarrer, meistens solche, die der Thüringer Richtung angehört hatten. Die meisten der übrigen waren bereits in den Jahren 1947/48 wieder in einem festen Dienstverhältnis.

Solidarisierungsversuche von ehemaligen DC-Pfarrern gab es nur sehr wenige. Erwähnenswert ist die Initiative des Hagener DC-Pfarrers Friedrich Niemann, der Anfang Januar 1946 ehemalige Gesinnungsgenossen für den 16./17. Januar 1946 in die Nähe von Hagen-Dahl einlud. Die seinerzeit noch bestehende Unsicherheit über die eigene berufliche Zukunft sowie "das allgemeine Gefühl, ihnen geschehe bitteres Unrecht, ja nun werde in ungerechten Verfahren der BK das Recht gebeugt, schließlich auch die ernsthafte Überzeugung von der Berechtigung, ja Richtigkeit der eigenen theologischen Ansichten"⁶, führte diese Gruppe von Pfarrern zusammen. Vor dem Hintergrund der sehr sorgfältigen und fairen Prüfung des jeweiligen Einzelfalls seitens der Kirchenleitung war weiteren Versuchen eines organisatorischen Zusammenschlusses ehemaliger DC-Pfarrer allerdings kein Erfolg beschieden. Diese Zusammenkunft in Hagen-Dahl blieb eine Episode. Offenbar versuchte anschließend jeder auf eigene Faust, sich mit der Kirchenleitung zu arrangieren.

Nur in wenigen Gemeinden setzte sich der Konflikt zwischen DC-Pfarrern und BK-Pfarrern fort. In Mülheim verlief der Streit am längsten und schärfsten, wo vier zunächst suspendierte und dann 1947 wegen Amtsmißbrauchs entlassene Pfarrer dieses Urteil nicht anerkannten⁷. Drei von ihnen gründeten aus Protest 1948 "zusammen mit etlichen Gemeindegliedern die 'Protestantische Vereinigung' ", die für die "Freiheit des Gewissens" eintrat⁸. Die Kreissynode reagierte scharf: "Manche der jetzigen Verfechter der Gewissensfreiheit haben in jenen Jahren bei unserem Kampf um das öffentliche Bekenntnis unseres Glaubens auf der anderen Seite gestanden und damit die Kräfte unterstützt, die am Werk waren, unsere Kirche zu zerstören."⁹ In Oberhausen-Osterfeld kam es 1948 zu einer harten Auseinandersetzung zwischen dem Presbyterium und einem der Pfarrer, der die Wahl des Kirchenmeisters zu verhindern suchte. Die betreffende Person sei "im Jahre 1934 eifriger Gegner der bekennenden Kirche gewesen".[10] Dieser Streit, in den auch der Kreissynodalvorstand hineingezogen wurde, "hatte auch Auswirkungen auf die gesamte Kirchengemeinde, die in zwei Lager gespalten wurde".[11]

Ein Teil ehemaliger Deutscher Christen hielt sich nach 1945 dem Gemeindeleben fern, in Einzelfällen kam es auch zu Kirchenaustritten. Der Versuch, weiterhin kirchenpolitisch zu wirken und für die eigenen Ideale einzutreten, ist somit nur sehr selten und kurzfristig zu beobachten. Selbst die als Verein gegründete "Kirchengeschichtliche Arbeitsgemeinschaft" mit Sitz in Minden unternahm lediglich den Versuch der Sammlung von Erlebnisberichten und Briefen ehemaliger Deutscher Christen, ohne jedoch mit diesen Publikationen die Öffentlichkeit zu suchen[12].

Immerhin bestand jedoch für die Kirchengemeinden, in denen es zu harten Auseinandersetzungen während des Kirchenkampfes gekommen war, die Notwendigkeit eines gemeinsamen Neuanfanges. In der Tat gab es in einigen Gemeinden den ernsthaften Versuch, die durch die vergangenen Auseinandersetzungen entstandenen Fronten aufzulösen und sich unter dem Evangelium wieder zu versöhnen. Vielfach geschah dies im Rahmen einer gottesdienstlichen Handlung. In einigen Fällen, so etwa in Essen-Bergeborbeck, feierten der ehemals der DC zugehörige Pfarrer mit einem BK-Geistlichen gemeinsam das Abendmahl mit der Gemeinde und verstand dies als eine Manifestation der Versöhnung. Andernorts legten deutsche Christen, aber auch die BK ein jeweils spezifisches Schuldbekenntnis ab, das die eigenen Fehler, Irrtümer und Versäumnisse klar benannte. Im Vertrauen auf die Vergebung der Schuld feierte man anschließend gemeinsam das Abendmahl und demonstrierte so die Zusammengehörigkeit in Schuld und Vergebung.

Die in der Regel mündlichen Berichte solcher Versöhnungsgottesdienste sind sehr eindrucksvoll. In vielen Gemeinden gelang auf der Basis dieser Versöhnung in der Tat ein Neuanfang, der die Fronten des Kirchenkampfes vergessen machte. Zu fragen bleibt allerdings, inwieweit solch ein Akt als ein einmaliges Geschehen verstanden wurde, das im folgenden nicht zu einer Aufarbeitung, sondern eher zur Verdrängung der Schuld führte. Die Auseinandersetzungen um das Stuttgarter Schuldbekenntnis lassen dies zumindest vermuten (vgl. dazu 2.7.).

Traugott Jähnichen/Gerold Vorländer

1. W. Danielsmeyer, Kirche im Aufbau, Witten 1969, S. 57
2. Der Antrag des Gemeindeausschusses Weitmar ist wieder abgedruckt in: Pflüget ein Neues! Der Kirchenkreis Bochum 1945-47. Verhandlungsberichte der Kreissynode hrsg. und kommentiert von W. Werbeck, Bochum 1988, S. 17
3. Vgl. Pflüget ein Neues, a.a.O., S. 17
4. Rede des Synodalen Kunst zur Begründung der Vorlage der Kirchenleitung betreffs Verordnung über eine vorübergehende Änderung des Pfarrstellenbesetzungsrechtes der evangelischen Kirche von Westfalen, 5. Sitzung der westfälischen Provinzialsynode vom Juli 1946, Bethel den 18. Juli 1946 in: Die Verhandlungsniederschriften der westfälischen Provinzialsynode vom Juli 1946, im Auftrag des Landeskirchenamtes hrsg. von E. Brinkmann und H. Steinberg, Bielefeld (o.J.), S. 87
5. Ebenda
6. D. Hey, Die kirchengeschichtliche Arbeitsgemeinschaft: Ein Solidarisierungsversuch ehemaliger deutscher Christen, in: Jahrbuch für Westfälische Kirchengeschichte, Bd. 80, hrsg. von E. Brinkmann, Lengerich 1987, S. 231
7. Kreissynode An der Ruhr 1946, S. 4; 1947, S. 28
8. Kreissynode An der Ruhr 1948, S. 43
9. A.a.O., S. 44
10. Gemeindegeschichte Osterfeld, S. 140
11. A.a.O., S. 143
12. Vgl. B. Hey, a.a.O., S. 234ff

Resonanz auf die Stuttgarter Schulderklärung

In Stuttgart fand vom 17.-19.10.1945 die zweite reguläre Sitzung des Rates der Evangelischen Kirche in Deutschland (EkiD) statt. Dieses leitende Gremium war zwei Monate vorher bei einer Kirchenversammlung in Treysa gewählt worden; denn nach den 12 Jahren NS-Diktatur und den Wirren des Zweiten Weltkrieges war auch organisatorisch ein kirchlicher Neubeginn erforderlich geworden.

Am 18. und 19.10. beriet man abweichend von der vorgesehenen Tagesordnung[1] mit Vertretern der Ökumene über die Schuld der Deutschen Evangelischen Kirche. Beide Seiten waren aus unterschiedlichen Gründen daran interessiert, daß Versöhnung zwischen den Kirchen der verfeindeten Nationen gestiftet werde.

Das Verhandlungsergebnis ist greifbar in einem Papier: der sogenannten "Stuttgarter Schulderklärung".

"Mit großem Schmerz sagen wir: Durch uns ist unendliches Leid über viele Völker und Länder gebracht worden."[2] Dieser Satz bedeutet eine epochale Wende im Denken des deutschen Protestantismus. Hier wird zum ersten Mal offiziell die deutschnationale Linie verlassen, der sich der deutsche Protestantismus bis dahin in seiner Mehrheit verpflichtet gefühlt hat. Die von Deutschen begangenen Verbrechen an den Menschen anderer Völker werden nicht, wie bisher üblich, gerechtfertigt, sondern mitgetragen ("Solidarität der Schuld"). Die Stuttgarter Schulderklärung zeigt insofern einen Weg in einen "neuen Abschnitt der Kirchengeschichte"[3].

Auch mit der eigenen Arbeit in der Bekennenden Kirche wird ins Gericht gegangen: "aber wir klagen uns an, daß wir nicht mutiger bekannt, nicht treuer gebetet, nicht fröhlicher geglaubt und nicht brennender geliebt haben."[4]

Insgesamt aber wird man sich dem Urteil Greschats nicht entziehen können: Die Väter der Stuttgarter Erklärung "waren, mehr als es bisweilen nach außen hin erscheinen mochte, natürlich auch Vertreter des nationalprotestantischen Erbes. In der Stuttgarter Erklärung hatten sie in einer besonderen Situation einen mutigen Schritt darüber hinaus getan, ohne alle Folgen zu bedenken."[5]

Die deutschen Interessen waren nämlich vielschichtig. Neben der echten Bereitschaft, die begangene Schuld öffentlich zu Fußnoteen, trat die taktische Absicht, "durch eine Art Schuldbekenntnis wenigstens die Kirchen der Feindmächte versöhnlich zu stimmen, um diese dann zugunsten Deutschlands bei ihren Regierungen intervenieren zu lassen."[6]

So ist dann auch die Wirkungsgeschichte des Stuttgarter Schuldbekenntnisses keineswegs eindeutig.

Zur Wirkungsgeschichte

Enttäuscht heißt es im Bericht der Religious Affairs Branch: "Wenn es nach den offiziellen Führern der Evangelischen Kirche gegangen wäre, hätten die Deutschen nie etwas von der Stuttgarter Erklärung gehört und die Schuldfrage wäre nie wieder erwähnt worden." Dem entspricht in der Tat eine Äußerung Hans Liljes in einem im November 1945 als Flugblatt verbreiteten Brief: Er schrieb, die Stuttgarter Schulderklärung sei "übrigens niemals für die Öffentlichkeit bestimmt gewesen"[7]. Es war aber kurzsichtig zu meinen, ein so brisanter Text lasse sich auf die Dauer unterdrücken. Am 27.10.1945 erschien der Text in mehreren Zeitungen der Britischen Besatzungszone u.a. in der "Ruhr-Zeitung". In den größeren Zeitungen wurde der vollständige Text abgedruckt, so daß sich jeder

Abb. 35: Die Stuttgarter Schulderklärung in der Dortmunder Ruhr-Zeitung vom 27.10.1945

Leser ein eigenes Bild machen konnte. Die Überschrift des Artikels greift einen zentralen Satz der Erklärung heraus: "Gemeinsame Schuld für endlose Leiden". Im Untertitel heißt es: "Evangelische Kirche zu Deutschlands Kriegsschuld". Das Wort "Kriegsschuld" war durch die Debatten nach dem Ersten Weltkrieg belastet. Die Angst vor einem "Super-Versailles"[8] grassierte.

Entscheidend für die negative Aufnahme war, daß das Vertrauen in die Tagespresse gering war. "Das gesprochene Wort war hoffnungslos kompromittiert"[9], so lehrte schon die Erfahrung von 12 Jahren Nationalsozialismus, und auch nach der Befreiung gab es in Westdeutschland erst ab 1949 wieder eine freie Presse[10].

Die "Ruhr-Zeitung" war eine Besatzungszeitung. Das Blatt entsprach dem Umerziehungsmodell der Amerikaner und Engländer, den "Vier D": "Demilitarisierung, Denazifizierung, Demontage und Demokratisierung", die auf der Potsdamer Konferenz (17.7.-2.8.1945) festgelegt worden waren.

"Daß die Demokratisierung im Zusammenhang mit drei eindeutigen Strafmaßnahmen begegnete, machte sie verständlicher Weise für viele Deutsche nicht allzu anziehend."[11] Der Boden für eine positive Aufnahme der Stuttgarter Schulderklärung aus der Tagespresse war denkbar ungünstig. Und die kirchliche Presse schwieg.

In einem Brief an Pastor Wilhelm Niemöller vom 27.10.1945(!) mahnt Karl Lücking eine bessere "Nachrichtenversorgung unserer Gemeinden" an: "Die Sache ist sehr wichtig."[12]

Innerkirchliche Auseinandersetzung in Dortmund

Am 29.10.1945, zwei Tage, nachdem in der "Ruhr-Zeitung" und anderswo die Stuttgarter Schulderklärung abgedruckt worden ist, fand in Dortmund im Gemeindehaus der Martinsgemeinde eine Pfarrkonferenz statt; die erste, die Superintendent Fritz Heuner nach dem Kriege wieder leiten konnte. Eine Rede mit dem Titel "Die kirchliche Lage und ihre Ausrichtung", die Karl Lücking gehalten hat, ist in Stichworten erhalten. Lücking war während des Dritten Reiches Pfarrer in der Dortmunder Melanchthongemeinde. Als Leiter des Bruderrates der westfälischen Bekenntnispfarrer, wurde er 1938 nach mehrmaliger Inhaftierung von den Nazis aus Westfalen verbannt. Er wurde am 13.6.1945 von Präses Koch in die vorläufige Kirchenleitung berufen. Für unseren Zusammenhang von Bedeutung ist ein Abschnitt, in dem Lücking stichwortartig zur Stuttgarter Schulderklärung und ihrer Veröffentlichung in der Presse Stellung bezieht.

"Begriff der Schuld nicht damit erschöpfen 'Wir sind allzumal Sünder'. Es herrscht Unklarheit darüber und darf doch nicht schillern. Die Ratstagung der Evg. Kirche (18.-20.10.45 in Stuttgart) fand klares Wort zur Schuldfrage, das die Zeitung entstellt wiedergab. Echte Gerichtspredigt und klares Schuldbekenntnis sind entscheidend."[13]

Von Lückings Vortrag auf der Dortmunder Pfarrkonferenz ist ein wesentlicher Anstoß für die Diskussion der folgenden Wochen in Dortmund und Westfalen ausgegangen. "Stuttgart" stand auf der Tagesordnung. Es führt von hier ein Weg zu Heuners Initiative, im Januar 1946 die Stuttgarter Schulderklärung in Dortmunder Presbyterien diskutieren zu lassen und von dort bis zu dem Wort der Westfälischen Provinzialsynode im Juli 1946, das meines Wissens wiederum entscheidend von Lücking geprägt worden ist.

Um "Stuttgart" ist es in den folgenden Wochen nicht still geworden. Der "Nachrichtendienst der Evangelischen Kirche von Westfalen" veröffentlicht am 1.12.1945 in seiner ersten Ausgabe an herausgehobener erster Stelle eine Erklärung, die in den inhaltsarmen Satz mündet: "Der Rat übergab der Ökumene eine Erklärung."[14] Konnte der Inhalt als bekannt vorausgesetzt werden?

Hervorzuheben ist, daß das Blatt, die Formulierung der Stuttgarter Erklärung weiterführend, ein eigenes Schuldbekenntnis zur Judenfrage formuliert: "In dem namenlosen Elend, welches heute über Deutschland geht, erinnern wir uns des Unrechts, das wegen der Nichtarier auf uns liegt. Aus der Ökumene erhalten wir folgende Nachricht: Nach in Genf vorhandenen Nachrichten beläuft sich die Zahl der in Europa ermordeten Juden auf 5.700.000. Allein in Auschwitz wurden 4.000.000 vergast. Theresienstadt hat 160.000 Juden gesehen, von denen 10.000 gerettet werden konnten. Wenn wir heute sehr selten noch einem Juden begegnen, so wird es doch unsere besondere Pflicht sein, an jedem von ihnen wieder gut zu machen, was wir am ganzen Volke gesündigt haben. [...]"[15]

Die Nr.2 des Nachrichtendienstes, die am 15.12.1945 erscheint, berichtet sehr ausführlich über die Aufnahme der Stuttgarter Schulderklärung in der Ökumene. Ein beschwichtigender Unterton ist in dieser Zeit in vielen kirchlichen Äußerungen zur Stuttgarter Schulderklärung nicht zu überhören. Dabei herrschen zwei merkwürdig verquickte Argumentationslinien vor. Auf der einen Seite soll dem Stuttgarter Bekenntnis jede politische Bedeutung genommen werden. Dafür steht der zitierte Brief Liljes: " Die erwähnte Erklärung ist keine politische, sondern eine kirchliche Erklärung."[16] Auf der anderen Seite wird dann doch wieder politisch argumentiert, wenn ausländische Stellungnahmen zitiert werden, um nachzuweisen, daß die Stuttgarter Schulderklärung letztlich doch den nationalen Interessen Deutschlands geholfen habe. Es geht dann darum, zu zeigen, daß das Bekenntnis im Ausland auf vorbereitete, vergebungsbereite Ohren getroffen ist. Oder aber es wird massiv auf die vergangene und gegenwärtige Kriegsschuld des Auslands hingewiesen.

Einen Höhepunkt erfährt diese Argumentationslinie in dem Wort des Rates der EKiD "An die Christen in England" vom 14.12.1945: "Will man die vorsätzliche Brandstiftung von 1939 noch strenger bestrafen, so kann es doch niemandem zum Heile gereichen, wenn Unrecht durch größeres Unrecht überboten wird. Das deutsche Volk auf einen noch engeren Raum zusammenzupressen und ihm die Lebensmöglichkeit zu beschneiden, ist grundsätzlich nicht anders zu bewerten, als die gegen die jüdische Rasse gerichteten Ausrottungspläne Hitlers."[17]

Die Doppelgesichtigkeit solchen Argumentierens wird endgültig durchschaubar als Rückfall in nationalprotestantisches Rechtfertigungsdenken. Nicht nur, daß hier Reste der nationalsozialistischen Ideologie eines "Volkes ohne Raum" an die Oberfläche gespült sind, man scheut sich nicht, mit der Zerteilung Deutschlands den Völkermord am jüdischen Volk gleichzusetzen. Der Weg, den "Stuttgart" aufzeigt, ist hier wieder verschüttet.

Am 24.11.1945 hat Landesbischof Wurm den Kirchenleitungen empfohlen, Erläuterungen zur Stuttgarter Schulderklärung von Hans Asmussen zu verbreiten. Dort, wo dies wie zum Beispiel in Westfalen geschehen ist, hat sie zur Klärung der Positionen geholfen.

Entscheidend ist, daß Asmussen das Mißverständnis durchbricht, das Geschehen des Bekennens von Sünde und ihrer Vergebung gehe individuell zwischen einem einzelnen und Gott vonstatten.

Asmussen füllt den in der Stuttgarter Schulderklärung verwendeten Begriff der "Solidarität der Schuld". Hier werden dann zugleich die Probleme seiner Position sichtbar: "Wir verteidigen die Parteiführer und Parteigefolgsleute nicht. Wir widersetzen uns nicht, wenn die dem Richter zugeführt werden. Aber wir verleugnen nicht, daß sie unsere Brüder sind. Wir schämen uns ihres Tuns, aber wir schämen uns nicht, sie Brüder zu heißen. Denn der

Ruf Jesu Christi geht dahin, daß wir Priester sein sollen [...]."[18] Der Priester übernimmt stellvertretend fremde Schuld. Dabei besteht die Gefahr, die eigene Verstricktheit aus dem Blick zu verlieren: "Wir schämen uns ihres Tuns." Die eigene Teilhabe an diesem Tun wird hier nicht mehr gesehen. Die Sünde gegen das erste Gebot, die Asmussen der Kirche anlastet, bleibt losgelöst von konkreter Schuld der Teilhabe und des Schweigens zu den Verbrechen des Deutschen Volkes.[19]

Zur Haltung Fritz Heuners

"Man kann [...] sagen, daß "nirgendwo so grundsätzlich eine Auseinandersetzung mit Stuttgart in den Kirchengemeinden erfolgt ist wie in Dortmund."[20]

Abb. 36: Pfarrer Heuner aus Dortmund

Daß es dazu gekommen ist, ist vor allem das Verdienst des Dortmunder Superintendenten Fritz Heuner. Heuner hat sich schon früh um eine breite Diskussion um die Stuttgarter Schulderklärung bemüht.[21]

Am 11.1.1946 lud Heuner für den 21.1. zu einer Tagung der Kreissynode Dortmund in das Evangelische Altenheim Hombruch ein. Unter Punkt 5 ("Antrag des Kreissynodalvorstandes") heißt es: "*betr.: 'Stuttgarter Erklärung'*. Die Presbyterien werden aufgefordert, die Stuttgarter Erklärung der EKiD vom 18./19.10.1945 an Hand der Erläuterungen von Hans Asmussen zum Gegenstand einer eingehenden Beratung zu machen und ihre Stellungnahme bis zum 1. März 1946 dem Superintendenten zur Weitergabe an die Kirchenleitung mitzuteilen."[22]

In einem "Bericht des Superintendenten zur Kreissynode am 21.1.1946"[23] findet sich eine ausführliche Stellungnahme Heuners zu den Grundgedanken der Stuttgarter Schulderklärung: "In dieser Erklärung spüren wir den Herzschlag der BK."[24]

Dem Text von Stuttgart korrespondiert in Heuners Stellungnahme ein ausführliches Zitat einer Rede von Karl Barth vor kriegsgefangenen deutschen Theologen aus dem Sommer 1945. Barth deutet die "Solidarität der Schuld" radikaler als Asmussen in seinen oben behandelten Erläuterungen aus dem November 1945. Heuner läßt in seinem Bericht die Stimme Barths zu Wort kommen, die ein kompromißloses Sündenbekenntnis für eine Schuld fordert, aus der sich kein Deutscher damit herausreden kann, daß er "vergleichsweise schuldlos" ist. Indem Heuner in seinem Bericht die Stuttgarter Schulderklärung mit Worten Barths kommentiert und so aufzeigt, wo die Wurzeln von "Stuttgart" liegen, bezieht er kritische Stellung gegen Versuche, dem Schuldbekenntnis nachträglich in nationalprotestantischer Manier die Spitze zu nehmen.

Dem entspricht, daß Heuner die gesellschaftliche und politische Verantwortung der Kirche in den Mittelpunkt rückt: Es gehe darum, "nach den besonderen Aufgaben zu fragen, die Gott unserer Kirche hic et nunc, jetzt im Jahre 1946 und hier in unserem Volke und in der Welt stellt."[25]

Auch die oben herausgearbeitete Gefahr, daß das Wort an die Christen in England zur Flucht aus der Verantwortung führen konnte, hat Heuner in aller Klarheit erkannt. In einem Brief Heuners an Asmussen vom 28.1.1946 heißt es: "Das Wort an die Christen in England haben wir mit vielem Dank zur Kenntnis genommen. Wir sind der Meinung, daß es nur solchen Gemeinden mitgeteilt werden kann, die das Anliegen der Stuttgarter Erklärung vom 18./19.10.1945 verstanden und anerkannt haben [...]."

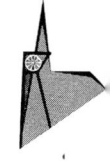

Die Diskussion in den Presbyterien

Van Spankeren legt eine Auswertung des von ihm gesammelten Materials von 31 Stellungnahmen Dortmunder Presbyterien zur Stuttgarter Schulderklärung vor: "Eine knappe, aber doch deutliche Mehrheit von 18 Presbyterien kann die Stuttgarter Erklärung nahezu vorbehaltlos billigen, nur in einer Kirchengemeinde - Dorstfeld - wird "Stuttgart" rundweg abgelehnt; eine erhebliche Anzahl von Presbyterien äußert starke Bedenken."[26]

Einige Beispiele seien vorgestellt. Das Dokument aus der Gemeinde in Bodelschwingh spiegelt eine ausführliche theologische Auseinandersetzung: "1) Es kann kein Zweifel darüber bestehen, daß durch uns unendliches Leid über viele Völker und Länder gebracht worden ist. [...] 4) Wir stehen darum mit dem gesamten deutschen Volk, auch mit seinen im Dienst des Nationalsozialismus führend oder untergeordnet aktiv tätig gewesenen Gliedern nicht nur in einer großen Gemeinschaft der Leiden, sondern auch in einer Solidarität der Schuld, aus der wir uns um Gottes, unseres Volkes und um unseres eigenen Heiles willen nicht herauslösen dürfen und können."[27]

Die Dorstfelder Gemeinde lehnt die Stuttgarter Schulderklärung ab: "2) Kriegsschuldfrage: Das Presbyterium hält die Stuttg. Erklärung in ihrer jetzig. allgemeinen Fassung ("Durch uns...") für unbegründet u. wegen ihrer Wirkung auf alle vaterländisch-treuen

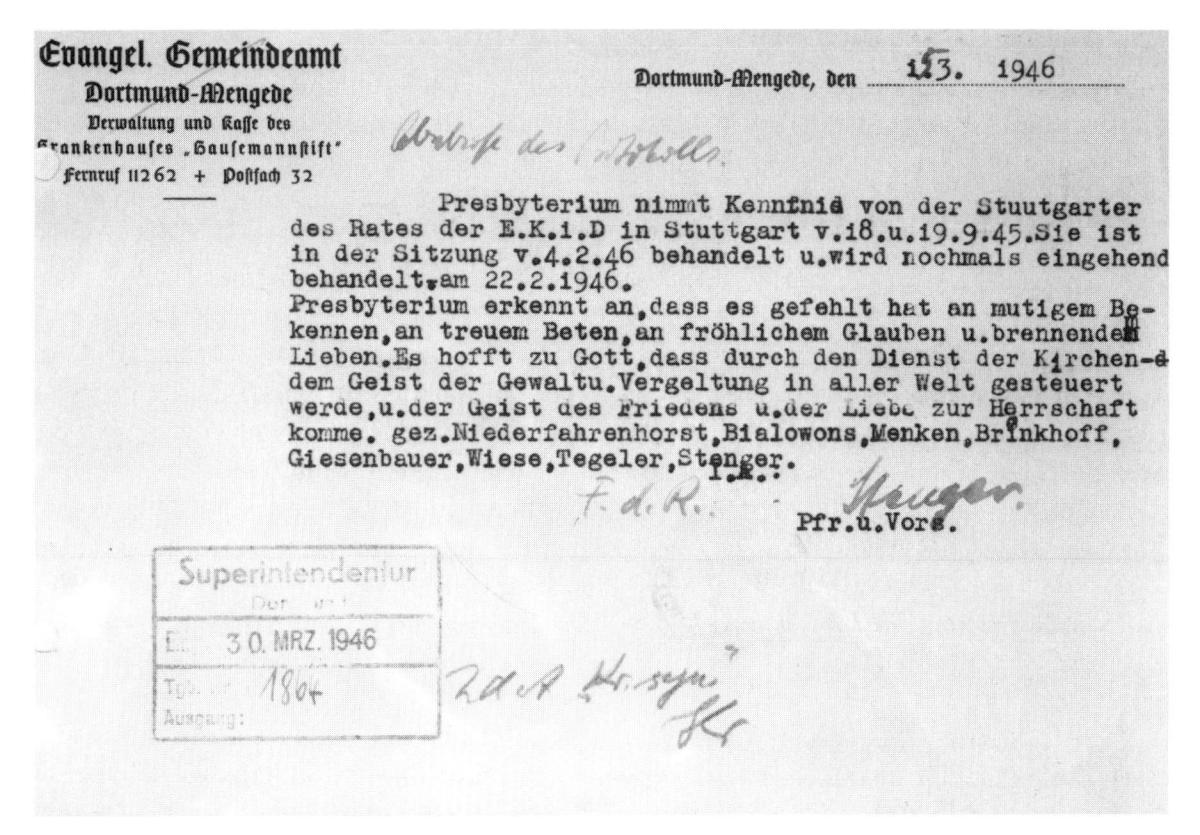

Abb. 35: Stellungnahme der Kirchengemeinde Dortmund - Eving

Kreise, die man hätte voraussehen müssen, für verhängnisvoll, da diese in ihrem Vertrauen zu ihrer Kirche dadurch schwer erschüttert sind. Das Presbyt. ist einstimm. der Meinung, daß die Stuttg. Erklärung, die notwend. Weise polit. verstanden werden mußte, überflüssig war, und verweist auf die kluge Haltung der Fuldaer Bisch.-Konfrz., die solch eine Erklärung nicht abgegeben hat."[28]

Herausgehoben zu werden verdient die Stellungnahme der Gemeinde in Mengede, die im Dritten Reich eine Hochburg der "Deutschen Christen" war. Hier hilft das Stuttgarter Wort, eigene Schuld zu formulieren: "Presbyterium erkennt an, daß es gefehlt hat an mutigem Bekennen, an treuem Beten, an fröhlichem Glauben und brennendem Lieben."[29]

Mit van Spankeren läßt sich zusammenfassend sagen: "Diese Diskussion in den Kirchengemeinden ist ein singuläres Ereignis, ein Vorgang, der an sich schon verdient, hervorgehoben zu werden. Ansatzweise gelingt hier die Verknüpfung von Gemeindeleben, kirchlicher Leitung und theologischer Wissenschaft [...]. Das Stuttgarter Schuldbekenntnis ist von den Dortmunder Presbyterien nicht ohne Wenn und Aber akzeptiert worden. Eine starke Minderheit äußert zum Teil erhebliche Bedenken. Ein vorbehaltloses Eingeständnis eigener Schuld, das doch wohl die Grundlage des erstrebten wirklichen geistlichen Wiederaufbaus hätte bilden müssen, fiel manchem offenbar schwer. Besonders deutlich ist hier die Bindung an die nationalkonservative Tradition des deutschen Protestantismus erkennbar."[30]

Die Stellungnahme der Kreissynode Bochum

Die Bochumer Kreissynode hat am 31.3.1946 einen Beschluß zur Stuttgarter Schulderklärung verfaßt, der mit dem Antrag endet, "die Provinzialsynode wolle sich im gleichen Sinne zu der Stuttgarter Erklärung bekennen"[31] wie die Kreissynode. Es ist die einzige Stellungnahme, die in positivem Sinne davon spricht, daß die Kirche in Stuttgart sich zu ihrer "*politischen* Verantwortung"[32] bekannt hat. Der Text der Stuttgarter Erklärung wird aufgegriffen und in einem zweifachen "auch wir[...]"[33] als eigenes Schuldbekenntnis angeeignet. Zugleich wird aus dem Bekennen der Schuld heraus auf die Verantwortung in Gegenwart und Zukunft hingewiesen: "Es darf nicht bei allgemeinen Erklärungen bleiben, sondern bis in die Einzelheiten des öffentlichen Lebens muß die Buße fruchtbar werden."[34]

Synoden in Westfalen und im Rheinland

Bemühungen wie die in Dortmund, Bochum und auch im Rheinland drängten auf eine Diskussion in der Provinzialsynode der jeweiligen Landeskirche. Diese fand in Westfalen am 19.7.1946 und im Rheinland am 20.9.1946 statt.

Ausgehend von einem Dank an den Rat der EKiD für das am 10.10.1945 gesprochene Wort, wird in 13 Sätzen begründet, daß die "Stuttgarter Erklärung ein lösendes und befreiendes Wort" sei. In formaler und inhaltlicher Anlehnung an die Barmer Theologische Erklärung von 1934 entsteht ein Bekenntnis, das "in die Verantwortung vor ihn [Gott, d. Verf.] und für unsere Brüder stellt"[35]. So wird eine Verinnerlichung vermieden.

"Wir verwerfen die leichtfertige Lehre, daß man mit Buße allein vor Gottes Angesicht genug getan hätte und sich loskaufen könnte von der Verantwortung vor dem Bruder, an dem wir gesündigt haben." Das wird dann konkretisiert: "Juden und andere Verfemte" kommen in den Blick, gegen deren "Ausrottung [...] wir [...] nicht laut genug unsere Stimme erhoben"[36] haben.

Am engsten ist die Beziehung zur Erklärung von Barmen, wo die 2. Barmer These zitiert wird, wenn der Zusammenhang zwischen "Gottes Zuspruch der Vergebung aller unserer Sünde" mit seinem "Anspruch auf unser ganzes Leben" herausgearbeitet wird. Von daher heißt es dann: "Wir verwerfen die Lehre, als ob die Botschaft des Evangeliums sich auf die Innerlichkeit der frommen Seele und auf ein bloßes Jenseits des Gottesreiches beschränke und wir die einzelnen Gebiete des öffentlichen Lebens einer vermeintlichen 'Eigengesetzlichkeit' überlassen dürften."[37]

Auch die Rheinische Provinzialsynode fand am 20.9.1946 zu einem "Wort an die Gemeinden". Im Zentrum steht hier eine intensive Auseinandersetzung mit dem Doppelgebot der Liebe. Dadurch wird erreicht, daß Gottes- und Nächstenliebe nicht auseinandergerissen werden. So wird vergangene aber auch gegenwärtige Schuld aufgearbeitet. Daraus erwächst die Erkenntnis: "Das ist unsere Schuld, unsere große Schuld! Wir alle sind in sie verstrickt."[38] Entscheidend ist, daß das Sündenbekenntnis aus der Engführung einer Frage des Gottesverhältnisses herausgenommen wird. "Wo wir aber an Menschen gesündigt haben, müssen wir unsere Schuld auch vor den Menschen bekennen, an denen wir schuldig geworden sind."[39] In diesem Sinne findet die Synode ein uneingeschränktes Ja zur Stuttgarter Schulderklärung. Die Notwendigkeit des Bekennens eigener Schuld wird anerkannt, ganz unabhängig vom Verhalten anderer Völker. "Aber die Tatsache, daß sich andere an uns versündigen und vielleicht selbst nicht zur Buße bereit sind, entbindet uns nicht von dem Bekenntnis der Schuld."[40]

Martin Röttger

1. D. Koch, Zur Geschichte des Stuttgarter Schuldbekenntnisses. Ein historischer Überblick. In: Schuld bekennen - Schuld vermeiden? M. Stöhr (Hrsg.),. Arnoldshain 1988, S. 3
2. M. Greschat, Die Schuld der Kirche. Dokumente und Reflexionen zur Stuttgarter Schulderklärung vom 18./19. Oktober 1945. München 1982, S. 102
3. D. Koch, a.a.O., S. 11
4. M. Greschat, a.a.O..S. 102
5. Greschat, a.a.O.,S. 119
6. H. Prolingheuer, Das "Stuttgarter Schuldbekenntnis". In: Junge Kirche, Jg. 46, 1985, S. 532
7. Greschat, a.a.O., S. 225
8. G. Besier/G. Sauter, Wie Christen ihre Schuld bekennen. Die Stuttgarter Schulderklärung 1945. Göttingen 1985, S. 20
9. H. Meyn, Massenmedien in der Bundesrepublik Deutschland, Berlin 1979, S. 37
10. Vgl. ebenda
11. M. Greschat, a.a.O., S. 121
12. Brief im Archiv des LKA Bielefeld, Bestand 5,1 865,2
13. Ein Typoskript findet sich im Archiv des LKA Bielefeld, Bestand 3,10,115
14. Archiv des LKA Bielefeld, Bestand W2234
15. Ebenda
16. M. Greschat, a.a.O.,S. 225
17. M. Greschat, a.a.O.,S. 130
18. M. Greschat, a.a.O.,S. 138
19. Vgl. M. Greschat, a.a.O.,S. 123f
20. R. van Spankeren, Verdrängen oder Bekennen? Die Diskussion um das Stuttgarter Schuldbekenntnis in Dortmunder Kirchengemeinden 1945/46. Dortmund 1987, S. 23. Van Spankeren beruft sich bei diesem Urteil auf ein Telefongespräch mit M. Greschat.
21. Aus einem Rundbrief F. Heuners vom 23.11.1945 geht hervor, daß der später als Flugblatt verbreitete Brief Liljes in Dortmund schon sehr früh verbreitet worden ist. (Archiv des LKA Bielefeld 5,1 90B,1)
22. Archiv des LKA Bielefeld 5,1 90B,1b
23. Vgl. R. Van Spankeren, a.a.O.,S. 42-45
24. R. van Spankeren, a.a.O.,S.44
25. R. van Spankeren, a.a.O., S. 43
26. R. van Spankeren, a.a.O., S. 25f
27. R. van Spankeren a.a.O., S. 48
28. R. van Spankeren a.a.O., S. 51
29. R. van Spankeren, a.a.O., S. 62
30. R. van Spankeren, a.a.O., S. 27
31. M. Greschat, a.a.O.,S. 258
32. Hervorhebung v.Verf. M. Greschat, a.a.O., S. 257
33. Ebenda
34. M. Greschat, a.a.O., S. 258
35. Ebenda
36. M. Greschat, a.a.O., S. 259
37. Ebenda
38. M. Greschat, a.a.O.,S. 266
39. Ebenda
40. Ebenda

Die Konzeption der Notkirchen

Otto Bartning und der Kirchbau im Industriegebiet

In der unmittelbaren Nachkriegszeit waren viele Kirchbauten im Ruhrgebiet teilweise oder völlig zerstört und konnten aufgrund finanzieller Nöte nicht gleich wieder errichtet werden. Hinzu kam, daß es den neuen Bauplanern primär um die Schaffung des neuen Wohnungsraumes und die Instandsetzung der wichtigsten städtischen Einrichtungen ging, um die vorerst existentiellsten Bedürfnisse der Bevölkerung zu regeln. Dennoch wurde gerade in dieser Zeit der Verwirrung und des Schmerzes aber auch der Hoffnung und des Neuaufbaus, der Ruf nach einem Ort christlicher Versammlung und Besinnung dringender denn je formuliert. Der große Zustrom vertriebener Menschen aus den ehemaligen Ostprovinzen ließ die Mitgliederzahlen der einzelnen Gemeinden vor Ort sprunghaft in die Höhe schnellen, so daß die Neuordnung der kirchlichen Bezirke zur notwendigen Konsequenz wurde. Der aus Karlsruhe stammende Architekt Otto Bartning[1], der schon zwischen den Weltkriegen neue Wege in der Kirchbaukunst beschritt, stellte sich dieser Aufgabe in überraschender Weise.

Er tendierte dazu, die kirchliche Architektur mit geistig-theologischen Inhalten und künstlerischen Mitteln zu verbinden. Er beabsichtigte, diese beiden Ebenen in ein neues Spannungsgefüge zu versetzen, welches die Gemeindeglieder erleben und beleben. Der Kirchbau hatte danach zwei zentrale Funktionen: auf der einen Seite war er Versammlungsraum, auf der anderen architektonische Abbildung der Gemeinschaft. Schon 1919 formulierte er dieses Anliegen in seinem Basiswerk 'Vom Neuen Kirchbau'.

"Ort dieser sichtbaren Gemeinschaft aber und ihrer stärkenden Wirklichkeit ist der Kirchbau, er ist nicht nur das Gehäuse der Versammlung, er ist die sichtbare Form und Gestalt der Gemeinschaft. Wie der Gang zu dieser Kirche ein sichtbarer Schritt zur Opferung des Ichs, so ist der Bau eine sichtbare und spontane Gebärde der Gemeinschaft, eine Selbstdarbringung durch die Baukunst um der Erlösung willen."[2]

Diese theoretischen Überlegungen hatten natürliche grundlegende Konsequenzen für die Gestaltung und Form der Bartning-Kirchen. Er verwirklichte als einer der ersten Architekten seiner Generation Kirchbauten mit zentralem Grundrißschema und variierte zwischen Rund- und Polygonalformen im Aufgehenden unter Verwendung moderner Materialien wie Glas, Stein und Beton. Dabei experimentierte er mit neuen aus der Industrie entlehnten Konstruktionsmöglichkeiten aus Stahlträgern. 1922 entstand das erste Modell der Sternkirche, dem die Stahlkirche in Köln 1928 und die Rundkirche in Essen 1930 folgten.

In einer Zeit, in der man immer noch den strengen Bauvorschriften des Eisenacher Regulativs von 1861 (Festlegung sämtlicher äußerer und innerer Architekturmerkmale im Sakralbau) verhaftet blieb und der Kirchbau eine Neuauflegung traditionell bewährter Formen und Inhalte ausmachte, mußten die Kirchbauten Otto Bartnings als revolutionäre Provokation auf dem Gebiet der sakralen Architektur anmuten. Angesichts fehlender liturgisch-theologischer Konzeptionen verhießen die inhaltlichen Überlegungen des Architekten einen hoffnungsvollen Neuanfang kirchlicher Baukunst.

Das Bedeutsame seiner Werke liegt in der Verquickung alter Bautraditionen mit einem modernen Architekturverständnis. Die Kombination traditioneller Raumvorstellung und der geistig-inhaltlichen Anlehnung an gotisches Formenverständnis bildet mit gleichzeitiger Nutzung technischer Konstruktionsmöglichkeiten des 20. Jahrhunderts eine wirkunsvolle Einheit.

Die Architektur der Notkirchen

1948 übernahm O. Bartning schließlich die Bauabteilung des Hilfswerkes der Evangelischen Kirchen in Deutschland. Man plante, die in Trümmern liegenden Kirchen der Gemeinden mit der Unterstützung ausländischer Partnergemeinden wieder aufzubauen. Notkirchen, Gemeindezentren und Diasporakapellen sollten geschaffen werden. Otto Bartning wurde dieser an ihn gestellten Aufgabe in völlig unkonventioneller Weise gerecht. Er erstellte ein Notkirchen-Projekt, das

Abb.38: Der Bau der Notkirche beginnt

vorsah, genormte, serienmäßig produzierte Holzkonstruktionselemente an die einzelnen Gemeinden zu liefern. Dieses Holzgerüst bildete die Basis für die neuen Kirchbauten. Dieses Typenbauprogramm umfaßte ein Schema von je vier verschiedenen Grund- und Aufrißformen, die je nach Bestimmungsort und Anzahl der Gemeindeglieder untereinander variiert werden konnten.

Mit der Entsendung der Holzgerüste war die Planungsarbeit des Architekten und der Bauämter abgeschlossen. An diesem Punkt setzte die konkrete Mitarbeit der Gemeinden ein, unter Mithilfe ortsansässiger Handwerker oder gar Architekten. Die Eigenleistung der einzelnen Parochien bestand in der Freilegung des vorgesehenen Grundstückes und der Erstellung eines Fundaments. Erst dann konnten das Kirchgerüst errichtet und die Mauern aus alten Trümmersteinen aufgeschichtet werden. Somit übernahm die Gemeinde eine maßgebliche Verantwortung zur Realisierung ihres Kirchbaus, der im sprichwörtlichen Sinne "ihren" eigenen Kirchbau darstellte. Es wurden 48 dieser Kirchen in Gesamtdeutschland errichtet, von denen heute noch 41 erhalten sind. Am 24.10.1948 fand die Einweihung der ersten Notkirche in Pforzheim statt, die fortan als Prototyp für die nachfolgenden Bauten galt.

Stellvertretend für die drei noch im Ruhrgebiet existierenden Kirchbauten soll die Baugeschichte und Konstruktion der Bochumer Notkirche im Stadtteil Hamme vorgestellt werden.

Nachdem die Kirche in Bochum-Hamme im Zweiten Weltkrieg völlig zerstört wurde, ging man auf die Spende der Evangelical und Reformed Church of USA ein, welche die Schenkung einer Bindendeckenkonstruktion und des Gestühls für einen der vier Notkirchentypen vorsah. Nach vielfachen Überlegungen hinsichtlich finanzieller Mittel und der Standortfrage konnte man mit der Planung einer Notkirche beginnen. Diese, so entschied das Presbyterium, sollte auf den Grundmauern des ehemaligen Gemeindehauses an der Amtsstraße gebaut werden, das heißt, die neue Kirche sollte eine Einheit von sakralem und gemeinnützigem Raum unter einem Dach darstellen. Als Material für den Gesamtkomplex sollten die Trümmer des zerstörten Gemeindehauses dienen. Unter Mitwirkung des kirchlichen Bauamtes wurde am 7.2.49 ein Kölner Architekt mit der konkreten Planung des Baus beauftragt. Wie auch bei den anderen Notkirchenbauten beteiligte sich die Hammer Gemeinde unmittelbar selbst an der Errichtung der neuen Kirche. Sie hatte in diesem Falle vorerst die Aufgabe, den Bauplatz von umliegenden Trümmern zu befreien, um den Neubau zu ermöglichen. Am 24.3.1949 übermittelte der Architekt die Konstruktionspläne von Gemeindehaus und Kirche. Durch Sammlung und Spenden sowie der kollektiven Eigenleistung der Gemeinde konnte das Projekt schließlich realisiert werden, so daß die Notkirche am 30.4.1950 eingeweiht wurde.[3]

Bei dem Bau der neuen Anlage ließ man sich nur scheinbar von der vergangenen Baukonzeption inspirieren. Die Kirche mit vorgelagertem Gemeindesaal wurde zunächst an der gleichen Stelle aufgebaut, an der das ehemalige Gemeindehaus stand und blieb somit weit hinter den Häuserfluchtlinien der Amtsstraße zurück. Der Haupttrakt und die seitlichen Anbauten schließen sich optisch zu einer neuen Einheit zusammen, der fünfachsige Mitteltrakt ragt nicht mehr optisch hervor, sondern harmoniert mit den seitlichen Anbauten. Ein übergreifendes Wohndach bekrönt den gesamten Komplex. In den beiden Anbauten befinden sich Anliegerwohnungen, während der Gemeindesaal den

Abb. 39: Typische Notkirche in Essen-Frohnhausen

Mitteltrakt ausfüllt. Der Kirchraum schließt sich rechtwinklig an das waagerecht zur Amtsstraße gebaute Haupthaus an, d.h. die Kirche liegt hinter dem Gemeindehaus und ist somit von der Straße aus nicht einsehbar. Damit unterscheidet sich diese Konzeption drastisch vom traditionellen Kirchbaudenken. Die Kirche steht nicht als herausragender Mittelpunkt im Zentrum urbanen Lebens, sondern liegt fernab der alltäglichen Welt inmitten einer ruhigen Enklave und bildet einen fast intimen Ort der Gemeinschaft der Versammlung und der Stille. Bei der Hammer Notkirche wählte man aus den vier Grund- und Aufrißtypen einen Langhausbau mit polygonalem Altarraum aus.

Bei der Kirche baute man allerdings zum Aufrißschema des polygonalen Altarraums nicht den dazugehörigen Langhaustypus mit 500 Sitzplätzen und abtrennbarem Gemeindesaal und Orgelempore, sondern realisierte den Typus des 350 Sitzplätze fassenden Rechteckbaus. Man fügte den 5-eckigen Chorraum an.

Ebenso erweiterte man die Kirche nach vorne um den vorgelagerten Gemeindesaal, den man in die Gottesdienstfeier einbeziehen konnte. Allerdings befand sich die Orgelempore nicht über dem Gemeindesaal. Der Innenraum ließ den Blick auf das Holzträger- und Deckenbindesystem frei, welches die gesamte Statik des Gebäudes ausmachte. Die Jochabstände im Langhaus sowie die Felder zwischen den Streben im Chorraum waren mit den Steinen des ehemaligen Gemeindehauses polygonal gefüllt worden. Dieses Mauerwerk hatte eine symbolhafte und niemals eine physikalisch-statische Bedeutung. Die Verbindung von Stein und Holz erzeugte im Innern ein wirkungsvolles Wechselspiel der Materialverwendung und verlieh dem Bau eine lichtere - ja leichtere - Komponente. Zwischen Holzgerüst und Holzabdeckung lagen die Glasfensterreihen, gleich einem strahlenden Lichterkranz erhellten sie den Raum. Damit ist schon eine zentrale Funktion der Fenster angesprochen, sie stellten die einzige natürliche Lichtquelle dar. Der zweite Aspekt lag in der Position der Fenstergalerie, sie ließ Assoziationen mit traditionellen gotischen Lichtvorstellungen anklingen: Das strahlenförmige Lichterband erfüllte den oberen Raum der Kirche so sehr, daß zeitweise der Eindruck entstehen konnte, als schien sich der Himmel zu öffnen und man wäre irdischer Nähe enthoben.[4]

Otto Bartnings Kirchen ließen aus einem Notbehelf ein allgemeingültiges kirchenbauliches Programm entstehen. In der Beschränkung auf das Wesentliche, den Gottesdienstraum, bei absolutem Verzicht auf Dekor

kratischen Leitprinzip beherrscht, welches einzigartig in dieser Form war.

Das Mit- und Nebeneinander von Architekten, Bauämtern, lokalen Handwerkern sowie Gemeindegliedern mit der finanziellen Unterstützung evangelischer Dependancen im Ausland verlieh dieser Intention gelebte Authentizität. Diese gemeinschaftlichen Bestrebungen fanden im Zentrum der gottesdienstlichen Feier ihre Entsprechung. Die Positionen von Altar und Gemeinde näherten sich durch die Aufhebung der Trennung von Al-

Abb. 40: Innenansicht einer Notkirche (Ende der 40er Jahre)

und bei Reduzierung der Formenvielfalt auf ein Minimum, entwarf er schlichte, meist trutzige Kirchbauten. Diese schienen von innen heraus konzipiert zu sein, in der Vereinigung zentraler Begriffe Bartningscher Baukunst wie Gemeinschaft und Versammlung. Auch der vorangegangene Prozeß architektonischen Schaffens wurde von einem demo-

tar- und Gemeinderaum an. Der Kirchenraum war im Sinne Bartnings Versammlungsort und als solcher Abbild der Gemeinschaft der Gläubigen und des Pfarrers vor Gott.

So entstanden in Deutschland nach und nach völlig neue Kirchbauten, die dem Prototyp der Ur-Notkirche in Pforzheim folgten. Aber jede einzelne für sich bildete ein unabhängiges eigenständiges Unikat, mit dem sich die Mitglieder als Produkt ihrer gemeinschaftlichen Aufbauarbeit identifizieren konnten.

Christiane Eidmann

1. Lebensdaten Otto Bartnings, s.u.
2. H.K.F.Mayer, Der Baumeister Otto Bartning und die Wiederentdeckung des Raumes, Heidelberg 1951, S. 12
3. Presbyteriumsprotokolle Bochum-Hamme, zusammengestellt A. Labusch, Baugeschichte der Bartning-Kirche in Bochum-Hamme,(unveröffentlichtes Manuskript)
4. B.Kahle, Rheinische Kirchen im Industriegebiet, in Landeskonservator Rheinland, Köln 1985, Heft 39, S. 82

Lebensdaten von Otto Bartning:

1883	geboren am 12. April in Karlsruhe
1904/08	Architekturstudien in Berlin und Karlsruhe
1906	Evang. Friedenskirche mit Pfarrhaus und Gemeindesaal in Peggau/Steiermark (1. Auftrag)
1918	Mitglied im Arbeitsrat für Kunst
1919	Veröffentlichung des Buches >Vom neuen Kirchbau<
1922	Modell der Sternkirche
1924	Theol. Ehrendoktor der Albertus-Universität Königsberg/Preußen
1926/30	Professor und Direktor an der neu gegründeten Bauhochschule in Weimar
1926	Mitbegründer der >Reichsforschungsgesellschaft<
1928	Stahlkirche auf der >Pressa< in Köln
1931/34	Gustav-Adolf-Kirche in Berlin-Charlottenburg
1941/48	Leitung der >Bauhütte< für die Heiliggeist-Kirche und die Peterskirche in Heidelberg
1946	Mitarbeit im Vorsitz des wieder gegründeten Deutschen Werkbundes
1948	Übernahme der Bauabteilung des Hilfswerkes der Evangelischen Kirchen in Deutschland
1950/59	Präsident des Bundes Deutscher Architekten (BDA)
1952	Ehrendoktor der Technischen Hochschule Aachen
1953	Gründung der >Otto-Bartning-Stiftung< mit Sitz in Darmstadt
1955	Städtebaulicher Berater der Stadt Berlin und Vorsitzender des Leitenden Ausschusses der >INTERBAU<
1959	gestorben am 20. Februar in Darmstadt

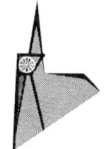

Aufgaben der Seelsorge

Der Wiederaufbau der kirchlichen Vereinsarbeit

In den Berichten vieler Kirchengemeinden aus der Nachkriegszeit wird sehr häufig der Aufschwung der Gemeindearbeit anhand der Neugründung von Gemeindegruppen, oft in Anlehnung an die früheren kirchlichen Vereine, verdeutlicht. Durch administrative Maßnahmen des NS-Staates gehindert, konnten meist nur die Frauenhilfen ihre Vereinsarbeit einigermaßen fortführen. Der Männerdienst konnte sich nur vereinzelt halten. Besonders eingeschränkt war während der NS-Zeit die kirchliche Jugendarbeit. Nach der gewaltsamen Eingliederung der kirchlichen Jugendverbände in die Hitlerjugend hatten sich die neu entstehenden Jugendgruppen von jeder Form des geselligen Lebens oder des Sportes zurückzuhalten. Zudem wurde durch die HJ ein starker Druck auf diese kirchlichen Gruppen ausgeübt.

Vor diesem Hintergrund ist die Vielzahl der neuen Gruppen und Vereine in den Jahren nach 1945 verständlich. In beinahe allen Gemeinden des Ruhrgebiets gelang es sehr rasch, schulpflichtige Jungendliche in Jungscharen bzw. Mädchenscharen zu sammeln.

Ferner wurden für junge Erwachsene, oft im Rahmen oder in Anlehnung an den CVJM, sogenannte Jungmädchen- und Jungmännergruppen aufgebaut. Überall ist dabei das Bestreben sichtbar, diese neuen Gruppen oder Vereine sehr eng an das Gemeindeleben anzugliedern. So wird, als durchaus typisches Beispiel, in Bockum-Hövel ein "erfreulicher Aufschwung" dieser Gruppen festgestellt, die sich in der Regel wöchentlich zu "Andacht, Bibelarbeit, Gesang und Spiel" zusammenfinden.[1]

Relativ schnell werden die Frauenhilfen wiederaufgebaut, die sich in der Regel über die Zeit der NS- Herrschaft hindurch eine relative Kontinuität sichern konnten. Sie nahmen einen rapiden Aufschwung und so kam ihnen als zahlenmäßig größter Gemeindegruppe bald eine besondere Bedeutung zu. Neben dem gemeinsamen Hören des Wortes Gottes und geselligen Stunden spielte vor allem die Hilfe für notleidende Familien eine besondere Rolle. Es waren in erster Linie die Bezirksfrauen, die bereits kurze Zeit nach

Abb. 41: Flüchtlinge mit ihrem letzten Hab und Gut

dem Krieg solche Hilfsdienste wiederaufnahmen. Sie kannten die Familien "ihres" Bezirks in der Regel sehr gut und konnten durch Aktionen der Frauenhilfen wie auch durch Hinweise an den Pfarrer gezielt und wirkungsvoll helfen.

Demgegenüber stand die kirchliche Männerarbeit vielerorts vor einem grundlegenden Neuanfang. Nur vereinzelt konnte auf den sogenannten "Rüstdienst" der Bekennenden Kirche zurückgegriffen werden, der orientiert an der Heiligen Schrift im Sinne einer "Gemeindemännerarbeit" gewirkt hat.[2] Von der biblischen Botschaft ausgehend hat man "den bewußten Kampf... gegen die nationalsozialistische Ideenwelt, wie sie sich (a) in Alfred Rosenberg, (b) in den Gedanken der Deutschen Christen äußerte"[3] aufgenommen.

Das Beispiel der Männerarbeit

Von dieser Tradition herkommend hat der Schwelmer Pfarrer Wilhelm Becker in der Nachkriegszeit den Aufbau der Männerarbeit im westfälischen Ruhrkohlengebiet (Grafschaft Mark) aufgebaut. Ihm ging es vor allem darum, "die dem Evangelium entfremdeten Männer aller Berufsgruppen für Christus wiederzugewinnen und sie als lebendige Gemeindeglieder in die Kirchengemeinden einzugliedern sowie sie als Laien für die tätige Mitarbeit in der Gemeinde zu mobilisieren und auszurüsten.[4]

Diese von Becker formulierte Intention wird in der Satzung des in Witten ansässigen "Verbandes Evangelisch-Kirchlicher Männerdienst von Rheinland und Westfalen e.V." wie folgt aufgenommen. Der Zweck des Verbandes ist "1. Den evangelischen Mann aufzurufen zum Dienst an seiner Kirche, ihn für diesen Dienst zu schulen, ihn in eine allein im Evangelium gegründete, das Bekenntnis der Kirche bejahende Gesinnungs- und Kampfgemeinschaft hineinzustellen."

In deutlicher Abgrenzung zur traditionellen Vereinsarbeit wird in der Satzung der besondere Gemeindebezug der neu aufzubauenden Männerarbeit betont.

Methodisch versucht Becker dieses beschriebene Ziel vor allem dadurch zu erreichen, daß er die Männerarbeit nach Berufsgruppen organisiert. Ihm geht es darum, die in dem jeweiligen Beruf gegebenen ethischen Fragestellungen aufzugreifen, um auf diese Weise in die konkrete Situation der Teilnehmer hineinzusprechen. Allerdings versteht Becker diesen berufsethischen Aspekt lediglich als "Anknüpfungspunkt", von dem her "der Stoß in das evangelistische Zentrum der persönlichen Glaubensentscheidung"[5] zu erfolgen habe. Dementsprechend habe die Bibelarbeit "in unserer Männerarbeit die Krone aller anderen Arbeiten"[6] zu sein.

Becker gesteht ein, daß mit diesem Konzept vor allem Arbeiter nur sehr schwer ansprechbar seien. Allerdings erwies sich diese Arbeitsform im Blick auf die sogenannten Gebildeten sehr erfolgreich. In Form von Tagungen, Mitarbeit in der Volkshochschule sowie in Gemeindevorträgen gelingt es, einen recht großen Teil dieser Bevölkerungsgruppe anzusprechen. So berichtet Becker, daß der Aufruf an die Gebildeten der Gemeinde, sich an Vortragsabenden zu beteiligen, von rund 75% der Angesprochenen angenommen wird.[7] Diesem Zweig der Männerarbeit widmet Becker eine große Aufmerksamkeit, da er in den "Gebildeten" wichtige Multiplikatoren sieht, die daran mitwirken können, das öffentliche Leben mit evangelischen Impulsen zu durchdringen.

Seelsorge an Flüchtlingen und Kriegsopfern

Durch die Vertreibung aus den ehemaligen deutschen Ostgebieten verloren rund 14 Millionen Menschen ihre Heimat. Ein beträchtlicher Teil von ihnen hoffte, im Ruhrgebiet einen neuen Anfang zu finden. Im Sommer 1947 befanden sich rund 600.000 Flüchtlinge aus den Ostgebieten im Ruhrgebiet. Die meisten von ihnen verließen landwirtschaftliche Höfe, die seit Generationen im Familienbesitz gewesen waren, und kamen mit ein paar Habseligkeiten im Ruhrgebiet an. In einer Region, die selbst in überdurchschnittlich hoher Weise von den Kriegsfolgen betroffen war, standen sie regelrecht vor dem

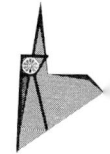

Nichts. Einen kurzen Eindruck gibt folgender Bericht einer Gemeindeschwester aus Essen-West: "Bei meinem Besuch der Ostvertriebenenfamilien G., K. und B. erschrak ich so sehr, daß ich erst eine Weile brauchte, um den Leuten vom Zweck meines Kommens zu sagen. Das Zimmer, das 6 Erwachsene und ein Kind bewohnten, ist vielleicht 3 x 4 Meter groß. Die waren gerade alle zuhause und saßen abwechselnd an dem kleinen Tisch zu drei Personen. Einige mußten sich erst eng an die Wand stellen, damit ich Platz zum stehen hatte. Ein Bett und eine Pritsche - das ist alles; und wer darauf keinen Platz findet, liegt auf dem Fußboden. Ich habe alles versucht, um Abhilfe zu schaffen, aber es geht nur sehr langsam, und die armen Menschen leiden unendlich..."[8]

Ähnlich dramatische Wohnverhältnisse waren für die Flüchtlingsfamilien die Regel. Zudem erschwerte sich ihre Situation, da sie kaum Gegenstände zum Tausch für Lebensmittel während der Flucht gerettet hatten.

Die kirchlichen Hilfsorganisationen versuchten in besonderer Weise, diesen Flüchtlingen zu helfen. Neben der Verteilung von Lebensmittelspenden und anderen Hilfsgütern aus der Ökumene waren vor allem Maß-

Abb. 42: Auf der Wohnungssuche

nahmen der Erholungsfürsorge sehr begehrt. Natürlich blieben vor diesem Hintergrund Konflikte zwischen Einheimischen und Flüchtlingen nicht aus. So äußerte die Westfälische Landessynode im Jahr 1948 in einem Wort an die Gemeinden die Sorge, daß sich "zwischen Einheimischen und Vertriebenen eine soziale Kluft aufzutun beginnt, die den inneren Frieden unseres Volkes ernsthaft gefährdet."[9]

Angesichts dieser Gefahr erinnert die Synode an das Liebesgebot Christi und ruft zu ganz konkreten Schritten des Aufeinanderzugehens auf: "Durch ein freundliches Wort, durch kleinste Handreichung, aber auch durch persönliches Opfer an Lebensgütern können wir eine echte Lebensgemeinschaft schaffen. Jede Gemeinde baut sich selbst und hilft den Heimatlosen zu neuer Beheimatung, wenn sie diese zur Mitarbeit heranzieht."[10]

Ein solcher Ort der Schaffung neuer Gemeinschaft von Einheimischen und Flüchtlingen waren in besonderer Weise die Kirchengemeinden. Obwohl es auch hier nicht immer einfach gewesen ist, unterschiedliche Temperamente und Traditionen zu integrieren, ist dieser Prozeß im großen und ganzen gelungen. Die Ostflüchtlinge brachten vor allem ihre besonderen Ausprägungen von Frömmigkeit in die Ruhrgebietsgemeinden mit ein. So schreibt ein Flüchtling: "Wir tragen die starke Kirchlichkeit Ostpreußens, die freudige Erweckung Pommerns, die innige Frömmigkeit der schlesischen Seele als treuestes Vermächtnis unserer Heimat in unsern Herzen."[11]

Diese neuen Impulse wurden in der Regel von den hiesigen Gemeinden angenommen. Erleichtert wurde dieser Prozeß ferner durch den Einsatz der sogenannten "Ostpfarrer". Es handelt sich hierbei um Pfarrer aus den deutschen Ostgebieten, die als Flüchtlinge in das Ruhrgebiet gekommen sind und hier von der jeweiligen Landeskirche einen neuen Dienstauftrag erhielten. Natürlich hatten sie gewisse Umstellungsschwierigkeiten auf die Mentalität der Gemeinden im Ruhrgebiet. Vielfach gewöhnten sich jedoch Pfarrer und Gemeinden während eines gemeinsamen Lernprozesses aneinander. Zudem konnten die Ostpfarrer in besonderer Weise auf die Flüchtlinge zugehen und diese seelsorgerlich begleiten: auch diese Pfarrer hatten große körperliche Anstrengungen und seelische Belastungen hinter sich. Finanziell wurden diese Pfarrer durch die gemeinsam von der Evangelischen Kirche von Westfalen und im Rheinland gegründeten "Nothilfe" unterstützt. Dieser Fonds wurde aus Kollektenmitteln bestritten und als erste Hilfeleistung für die Ostpfarrer verstanden. In den Jahren von 1945 bis 1947 haben insgesamt 25 Ostpfarrer in Bochum pastorale Dienste übernommen. Allerdings waren es lediglich vier Pfarrer, die in Bochumer Pfarrstellen gewählt und damit heimisch wurden. Die große Mehrzahl der Ostpfarrer verließ nach oft nur wenigen Monaten das Ruhrgebiet und fand häufig in ländlicheren Gegenden Westfalens und des Rheinlands eine Anstellung. Vor dem Hintergrund dieses für das Ruhrgebiet durchaus typischen Bochumer Zahlenverhältnisses wird noch einmal deutlich, wie schwer den Ostflüchtlingen insgesamt das Eingewöhnen und die Anpassung im Ruhrgebiet fallen mußte.

Eine weitere Herausforderung für das kirchliche Handeln stellte das Geschick der Kriegsversehrten dar. Auch hier hat sich die Kirche engagiert um die Beseitigung der größten Not bemüht. So hat das Kirchliche Hilfswerk etwa durch Kanzelabkündigungen darauf hingewiesen, daß "in dieser und jener Familie der Mann, der Vater, der Sohn aus dem Kriegsgeschehen zurückgekehrt ist und die Familie nicht besser und nicht christlicher danken" könnte als dadurch, daß sie einem Kriegsversehrten durch Übernahme einer Patenschaft zu helfen sucht. Ferner hat man Umschulungen für Schwerversehrte durchgeführt, damit auch sie die Möglichkeit erhielten, aus eige-

übernommen werden..."[12] In diesem Sinn hat eine Abordnung der Westfälischen Kirche am 21.10.1946 einer Delegation der Englischen Kirche gegenüber die Notlage von Kriegsversehrten und Hinterbliebenen als "Kulturschande" gebrandmarkt. Diese Bemühungen hatten in gewissem Umfang Erfolg, so daß im Jahr 1947 Kriegsversehrte bereits eine bescheiden monatliche Rente (im Durchschnitt 40,- RM) erhielten.

Neben der materiellen Notlage war es insbesondere die seelische Not der Kriegsversehrten, auf die die Kirche zu reagieren hatte. "Vergebliche Opfer, umsonst?" Diese Frage, die Kriegsversehrte und Kriegshinterbliebene am schlimmsten quälte, wird von der Westfälischen Kirchenleitung aufgenommen mit der Feststellung: "Ihr habe eure Gesundheit und eure Glieder eingebüßt oder habt das Kostbarste hergegeben, das euer war."[13]

Die Kirche versichert diesen Menschen, in besonderer Weise für sie dazusein. In seelsorgerlichem Ton spricht man die Betroffenen direkt an: "Laßt Euch nicht verbittern! Wir bitten Euch: tretet mit uns inmitten der Finsternis, die uns zu umnachten droht, vor den Herrn Christus, der von sich sagt: ich bin das Licht der Welt."[14] Es lag insbesondere an den Pfarrern, diesem Wort entsprechend auf die Kriegsversehrten zuzugehen und ihnen Trost und Mut zuzusprechen.

Abb.43: Heimkehr aus der Kriegsgefangensachaft

ner Kraft etwas zu ihrem Lebensunterhalt beizutragen. Daneben organisierte man viele Erholungsfahrten, so daß etwa im Jahre 1946 Kriegsversehrte aus Essen, Duisburg und Mülheim durch das Rheinische Hilfswerk zur Erholung nach Süddeutschland geschickt wurden. Auch auf der politischen Ebene wurde man tätig. So richtete die Provinzialsynode der Westfälischen Landeskirche bereits im Jahr 1946 die dringende Bitte an die maßgeblichen Behörden und an die Militärregierung, unbedingt folgende Regelungen zu treffen: "1. Das deutsche Volk muß das Recht haben, seine Kriegsversehrten nach dem Maß ihrer Erwerbsfähigkeit mit einer ausreichenden Rente zu unterstützen. 2. Den Amputierten sind die notwendigen Protesen kostenlos zur Verfügung zu stellen. Auch die vorkommenden Reparaturen müssen auf Staatskosten

Der "Kohlenklau"

Weitere seelsorgerliche Herausforderung lagen für die Kirche darin, unter den extremen Notlagen von Hunger und Wohnungsnot an die Geltung grundlegender ethischer Normen zu erinnern. In besonderer Weise bemühte man sich um die Geltung des sechsten und des siebten Gebotes. Vor dem Hintergrund vieler vermißter oder kriegsgefangener Männer sowie der katastrophalen Wohnumstände versuchten die Kirchen immer wieder, die grundlegende Bedeutung von Ehe und Familie zu verdeutlichen. Hingegen wird ein gewisses Verständnis für Übertretungen des siebten Gebotes in folgender Stellungnahme deutlich: "Im letzten schweren Winter hat bitterste Not die Menschen an Rhein und Ruhr zeitweise zu Taten der Verzweiflung getrieben. Um das Essen kochen und den Wohnraum etwas anheizen zu können, wurden in Zechen- und Güterbahnhöfen die Kohlenwaggons von jung und alt überfallen; an offizieller Zuteilung erhielt jeder Haushalt für den ganzen Winter einen Zentner Brennmaterial mitten im Kohlengebiet! Aus Not wird gestohlen und geplündert."[15]

Auch angesichts der Notsituation sprechen die Verfasser dieses Textes von einem Durchbrechen von Gesetz und Ordnung und dem daraus folgenden Chaos. Noch schärfer äußert sich Bischof Wurm im Namen des Rates der Evangelischen Kirche Deutschlands an die Evangelische Pfarrerschaft vom 25. Januar 1947, wenn er die letzten sittlichen Bindungen angesichts dieser Zustände zerbrechen sieht. Eine Verlautbarung des Kirchlichen Hilfswerkes im Rheinland spricht in diesem Zusammenhang sogar von einer "verwilderten, verführten" Jugend und appelliert an das Schamgefühl der Betroffenen, um diesen Vorgängen Einhalt zu gebieten.[16]

Demgegenüber zeigten Pfarrer im Ruhrgebiet vor Ort zum Teil größeres Verständnis für diese Taten. Natürlich sprachen auch sie von einem Verstoß gegen das siebte Gebot, das jedoch unter den besonderen Umständen verständlich und entschuldbar sei. Der Ton moralischer Überheblichkeit fehlt in solchen Stellungnahmen gänzlich.

Traugott Jähnichen

Abb.: 44 Kohlendiebstahl aus Not

1 Bericht der Evangelischen Kirchengemeinde Bockum-Hövel für die Kreissynode Hamm 1947, in: Archiv der Evangelischen Kirche von Westfalen, Bielefeld, Bestand 4, Nr. 14, 2.22
2 E. Buckert, Die Männerarbeit im Kirchenkreis Duisburg, S. 17
3 W. Becker, Bericht über Berufsgruppenarbeit in Westfalen, Archiv Ökmenischer Rat der Kirchen Genf, Studienabteilung 37g-150, Nov. 1947
4 ebenda
5 ebenda
6 ebenda, S. 6
7 W. Becker, Anlage 1 über die Arbeit an die Gebildeten, a.a.O., S. 3
8 Dieser Bericht ist zitiert in: Kreuz an Rhein und Ruhr. Ein Bericht im Namen Jesu Christi, hrsg. vom Hilfswerk der Evangelischen Kirchen in Deutschland, Hauptbüro Rheinland, Essen (o.J.)1947, S. 16
9 Wort der Westfälischen Landessynode an die Gemeinden zur Flüchtlingsfrage, in: die Verhandlungsniederschriften der ersten (ordentlichen) Tagung der ersten Westfälischen Landessynode vom November 1948, hrsg. v. E. Brinkmann und H. Steinberg, Bielefeld 1972, S.166
10 ebenda
11 Kreuz an Rhein und Ruhr, a.a.O., S.50
12 Zur Not der Kriegsversehrten und Kriegshinterbliebenen. Wort der Provinzialsynode 1946 (Herbsttagung), in: Wort der Kirche. Beschlüsse, Vorlagen und Rundschreiben der Evangelischen Kirche von Westfalen 1945-46, Bielefeld 1962, S.200
13 Zur Not der Kriegsversehrten und Kriegshinterbliebenen, a.a.O., S.201
14 ebenda
15 Kreuz an Rhein und Ruhr, a.a.O., S. 28f
16 Kreuz an Rhein und Ruhr, a.a.O., S.30

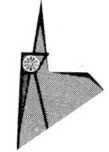

Kirche und gesellschaftlicher Neubeginn

Die evangelische Kirche sah sich nach den Erfahrungen des Nationalsozialismus und dem Bekenntnis eigener Schuld herausgefordert, in stärkerem Maße als bisher ihre Mitverantwortung für gesellschaftliche Fragen wahrzunehmen. Man wollte sich nicht noch einmal vorwerfen lassen müssen, die gesellschaftliche Entwicklung mit einem unkritischen Vertrauen auf die "Obrigkeit" geschehen zu lassen. Vor diesem Hintergrund ist es verständlich, daß sich die Kirche in der Nachkriegszeit zu den drängenden Zeitfragen zu Wort meldete und sich als Anwalt der Menschen zu profilieren versuchte.

Widerstand gegen die Demontage

Mehrfach hat die Westfälische Landeskirche die Not der deutschen Bevölkerung den alliierten Behörden vorgetragen. In einem Wort der Provinzialsynode von 1946 (Herbsttagung) "Zur Not unseres Volkes" wurden die unzureichenden Lebensmittelrationen, mangelnde Kleidung, die Unerträglichkeit der Wohnsituation, das Fehlen von Heizmaterial und anderes bemängelt. Diese Notlagen der Bevölkerung trug man neben den Militärbehörden insbesondere den Kirchen in der Ökumene immer wieder vor. Eine besonders wichtige Rolle für das Ruhrgebiet spielten dabei Kontakte zur anglikanischen Kirche in England, insbesondere zu George Bell, dem Bischof von Chichester, der sich engagiert mit deutschlandpolitischen Fragen befaßte. Bell stand an der Spitze einer Delegation der anglikanischen Kirche, die im Winter 1946 die britische Besatzungszone, vor allem das Ruhrgebiet, besuchte. Bell und seine Begleiter fühlten sich dem Kampf der Bekennenden Kirche in Deutschland sehr verbunden und so konnte die westfälische Kirchenleitung auf diesem Wege sehr eindrucksvoll die Nöte und Sorgen der Bevölkerung in die Weltöffentlichkeit bringen.

Als ein Beispiel dieser Haltung ist auf den Widerstand gegen die Maßnahmen der Demontage hinzuweisen, der auch von den Kirchen unterstützt wurde. Im Potsdamer Abkommen der vier Siegermächte des Zweiten Weltkriegs waren tiefgreifende Demontagemaßnahmen in Deutschland vorgesehen, um die Kriegsschulden zu begleichen. In besonderer Weise war natürlich das Industriegebiet an der Ruhr von solchen Maßnahmen betroffen.

Abb. 45: Überall regt sich Widerstand

Der Widerstand gegen die Demontage wurde in erster Linie von den Belegschaften der betroffenen Werke, den Gewerkschaften sowie der Unternehmerschaft getragen. Die evangelische Kirche unterstützte diesen Widerstand, wie es bereits die oben genannte Erklärung der Provinzialsynode von 1946 belegt, wenn sie kritisch bemerkt: "Der Wille zur Arbeit und zum Wiederaufbau wird gehemmt und zerstört. Wichtige Betriebe werden stillgelegt. Werke, die für die Gesundung unseres Lebens von entscheidender Bedeutung sind, werden abgebrochen oder zur Demontage bestimmt."[1] Der Widerstand gegen den Demontagebeschluß des Bochumer Vereins (für Gußstahlfabrikation Aktiengesellschaft) kann als ein Beispiel dieser Haltung beschrieben werden. Am 23. Dezember 1948 erhielt der Bochumer Verein die Nachricht, daß der zuständige Ausschuß in den USA es abgelehnt habe, große Teile des Bochumer Vereins (Stahlwerk II, die Elektroöfen u.a.) von der Demontageliste abzusetzen. Am 3.1.1949 sollte mit dem Abbau begonnen werden. Gegen diesen Beschluß regte sich in Bochum ein breiter, partei- und konfessionsübergreifender Protest. Auch der Kirchenkreis unter Leitung von Superintendent Bach wurde sofort in dieser Sache aktiv. Nach einer kurzen Anfrage beim Bochumer Verein teilte dieser dem Kirchenkreis die Auswirkungen der geplanten Demontage für die Stadt Bochum und ihre Bevölkerung mit: Die Belegschaft des Bochumer Vereins betrug zum Jahresende 1948 rund 11.000 Personen, wodurch insgesamt 60.000 Menschen ihren Lebensunterhalt bestritten. Unter Hinzunahme von Handel und Zulieferindustrie waren es rund 80.000 Menschen, die im Bereich der Stadt Bochum mittelbar oder unmittelbar von den Stahlwerken abhingen. Vor diesem Hintergrund befürchtete man dramatische Auswirkungen der angedrohten Demontage.

Die Aktivität des Kirchenkreises Bochum bestand in erster Linie darin, einen Brief an den Bischof von Chichester, George Bell, zu verfassen. In diesem Schreiben, das man als ein Schreiben an alle christlichen Gemeinden in England verstand, bat der Kreissynodalvorstand des Kirchenkreises Bochum den Bischof, "sich mit ganzer Kraft bei den verantwortlichen Stellen dafür einzusetzen, daß der Demontagebefehl noch einmal überprüft und nach Möglichkeit zurückgenommen wird".[2] Im Fall einer Demontage sieht der Kreissynodalvorstand die Bemühungen der Kirche, gegen Verzweiflung und Mutlosigkeit der Menschen anzukämpfen, erheblich erschwert und befürchtet eine allgemeine Verbitterung der Menschen, so daß diese sich auch "gegen das Evangelium der Christnacht von dem Frieden auf Erden den Menschen, die guten Willens sind"[3], verschließen werden. Der damalige Bochumer Oberbürgermeister Geldmacher bedankte sich in einem Schreiben vom 5.1.1949 an Superintendent Bach für das Engagement des Kirchenkreises. Die angedrohten Demontagemaßnahmen wurden übrigens nach intensiven Verhandlungen nicht in dem geplanten Umfang durchgeführt.

Abb. 46: Bei der Demontage

Allerdings wurden an verschiedenen Orten im Ruhrgebiet auch noch im Jahr 1949 weitgehende Demontagemaßnahmen vollzogen, so daß die Landessynode von 1949 speziell ein "Wort zur Demontage" verfaßte. Darin heißt es: "Es wird durch die jetzt in verstärktem Maße durchgeführte Demontage großes Leid über zahlreiche Familien gebracht, deren Ernährer durch die Demontage ihren Arbeitsplatz verlieren und brotlos werden...Um Christi willen weiß sich die Kirche gerufen, die Sache der Armen und Bedrängten zu vertreten und die Botschaft der Liebe und der Versöhnung ... zu verkündigen."[4] Die Landeskirche trat hier mit ihrer moralischen Autorität an die Besatzungsbehörden heran und profilierte sich erneut als Fürsprecherin der Bevölkerung.

Zur Neuordnung von Staat und Wirtschaft

Neben diesem eher punktuellen Einsatz der Kirche gegen die Demontage hat man sich auf der Provinzialsynode von 1946 auch grundlegend "zur Neuordnung von Staats- und Wirtschaftsleben" geäußert.[5] Dieses Wort enthielt zunächst eine klare Absage an den totalen Staat, den man aus der Abkehr von Gott erwachsen sah. Dementsprechend forderte man eine Neuordnung von Staat und Gesellschaft, welche die Autorität Gottes ehrt und seine Gebote achtet.

Folgerichtig hielt man eine positive Entwicklung des Wirtschaftslebens nur dann für möglich, "wenn im Gehorsam unter Gottes Gebote in der Gemeinschaft der Leitenden und Schaffenden der Wille zum Dienst für alle lebendig ist".[6] Nicht zuletzt an dieser Formulierung wird das weithin vorindustrielle Gesellschaftsbild der Verfasser dieser Erklärung deutlich: man spricht von "Leitenden und Schaffenden", an anderer Stelle von den "Schichten und Ständen" des Volkes und erweckt so den Eindruck einer organisch gegliederten, ständischen Gesellschaft. Das autonome und interessengeleitete Handeln von Verbänden und einzelnen, das durch Vertragsabschlüsse und rechtliche Regelungen bestimmt ist, kommt hier noch nicht in das Blickfeld.

Trotz dieser Defizite hat die Stellungnahme ihre besondere Bedeutung darin, daß die Evangelische Kirche sich zu brennenden Fragen des Wirtschaftslebens äußert. Konkret wird im weiteren das Recht auf Arbeit, die Frage der sozialen Gerechtigkeit, die Sonntagsheiligung sowie die Frage der Bodenreform thematisiert. Im Blick auf die Situation im Ruhrgebiet sind insbesondere die ersten beiden Gesichtspunkte von größter Bedeutung. Vor dem Hintergrund einer recht hohen Arbeitslosigkeit gerade in der Industrieregion Ruhrgebiet in den Jahren unmittelbar nach dem Krieg wird die Arbeitskraft als der wichtigste Faktor zum Aufbau von Wirtschaft und Gesellschaft gewürdigt. Dementsprechend richtet die Kirchenleitung an die staatlichen Autoritäten die Ermahnung, "alles daran zu setzen, daß unser Volk bald wieder fruchtbringende Arbeit leisten kann".[7] Um dies zu gewährleisten, wird ein Recht auf Arbeit eingefordert. An die Arbeitgeber appelliert man, "jetzt nicht darauf zu sehen, viel Gewinn zu erzielen, sondern alles zu tun, möglichst vielen Arbeit und ausreichenden Lohn zu schaffen."[8]

Erwähnenswert sind ferner die Ausführungen dieser kirchlichen Stellungnahme zum Thema der sozialen Gerechtigkeit. Grundsätzlich geht die Synode von der Notwendigkeit tief einschneidender Maßnahmen zur wirtschaftlichen Neuordnung aus. Ohne sich im einzelnen auf bestimmte Maßnahmen festzulegen, richtet man an die Verantwortlichen in Politik und Wirtschaft sowie an die Öffentlichkeit die Ermahnung: "Dabei lehnen wir die Auffassung ab, nach der grundsätzlich Privateigentum Diebstahl oder Sozialisierung Raub ist."[9] In dem seinerzeit erbittert geführten politischen Streit um die Notwendigkeit von Sozialisierungen im Wirtschaftsleben nimmt man hier zwar keine Stellung, schließt aber diese Maßnahme der Sozialisierung nicht von vornherein aus. Offenkundig wird hier das Bemühen der Kirchen, über den streitenden Parteien zu stehen und der äußerst kontroversen Diskussion die Schärfe zu nehmen. Die Stellungnahme schließt mit einem Verweis auf die zweite These der Theologischen Erklärung von Barmen und begründet von dieser Tradition her die Verantwortung der Kirche für alle Bereiche des menschlichen Lebens.

Zum Verhältnis von Kirche und Schule

Nach den Erfahrungen des Nationalsozialismus, der versucht hatte, die weltanschauliche Ausrichtung der schulischen Erziehung zu bestimmen und in einem kirchen- und religionsfeindlichen Sinn zu mißbrauchen, bekannte die westfälische Kirche während ihrer Provinzialsynode vom Herbst 1946 ihre Pflicht, "für die christliche Erziehung aller getauften Kinder auch in der Schule zu sorgen."[10]

Abb. 47: Kirche und Schule im Spannungsfeld

Dementsprechend sollte in erster Linie der Religionsunterricht als ordentliches Lehrfach gesichert werden. Da dieser Unterricht in Entsprechung zu den Bekenntnissen der Kirche erteilt werden sollte, forderte man für den Religionsunterricht eine kirchliche Aufsicht. Diese Aufsicht wollte man vor allem dadurch wahrnehmen, daß die Kirche für die Ausbildung und Prüfung des Lehrernachwuchses im Fach Religionlehre sowie für deren Weiterbildung mitverantwortlich wurde. Darüber hinausgehend äußerte man die Zielsetzung, einen besonderen "Katechetenstand"[11] heranzubilden. Um die kirchliche Einbindung der Religionslehre zum Ausdruck zu bringen, richtete man die "Vokation" als konkrete Berufung in das Amt des Religionslehrers ein. Diese kirchliche Berufung für die christliche Unterweisung in der Schule "verleiht dem Religionslehrer den Charakter eines kirchlichen Amtsträgers"[12]. Damit wurden die Religionslehrer/innen, obwohl qua Rechtstellung Staatsbeamte, als Träger eines besonderen kirchlichen Amtes qualifiziert.

Über diese Bestimmungen zum Religionsunterricht geht die Synode hinaus, wenn festgestellt wird, daß "von einer wahrhaft christlichen Schule nur da gesprochen werden (kann), wo das Evangelium im Mittelpunkt des ganzen Lebens der Schule steht. Deswegen bleibt unser Ziel die evangelische Bekenntnisschule".[13] Dementsprechend sprach man die Hoffnung aus, daß möglichst viele Eltern eine evangelische Bekenntnisschule wünschen, um diesen Schultyp einrichten zu können. Wenige Monate zuvor hatte unter anderem auch die Kreissynode Bochum diesen Wunsch ausgesprochen. Die britische Militärregierung hatte am 14.1.1946 in einer Erziehungsanordnung verfügt, daß per Abstimmung entschieden werden sollte, ob evangelische beziehungsweise katholische Bekenntnisschulen oder Gemeinschaftsschulen errichtet werden sollten. Die Kreissynode Bochum sprach sich eindeutig für eine konfessionelle Schule aus und bat die Pfarrer, diese Auffassung in ihren Gemeinden zu vertreten. Auch andere Kreissynoden des Ruhrgebiets sprachen sich für diese Regelung der Konfessionsschule aus. Diese gemeinsam mit der katholischen Kirche vertretene Position zahlte sich insofern aus, als bei der Elternabstimmung in den meisten Ruhrgebietsstädten die Befürworter einer Konfessionsschule eine deutliche Mehrheit erhielten.

Kirche und Entnazifizierungsverfahren

Die Entnazifizierungsverfahren der alliierten Siegermächte sorgten in weiten Teilen der Bevölkerung für Unruhe, da man durch Denunziationen und falsche Verdächtigungen ein von Mißtrauen geprägtes Klima befürchtete. Wie kritisch auch die Kirchen diesen Maßnahmen gegenüberstanden, dokumentiert eine Erklärung der Kirchenkonferenz der britischen Zone zur Entnazifizierung vom 10.2.1948. Diese Erklärung, unterschrieben vom westfälischen Präses Koch als dem Leiter der Kirchenkonferenz der britischen Zone, will "ein warnendes Wort zum Entnazifizierungsproblem sagen"[14]

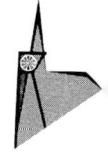

Grundsätzlich wird die Aufgabe der Überwindung und Ausmerzung des Nationalsozialismus anerkannt. Allerdings befürchtete man im Rahmen der Durchführung dieser Maßnahmen bedenkliche Konsequenzen. Als Beispiele werden insbesondere politische und persönliche Rache- und Vergeltungswünsche angeführt, die in der Bevölkerung Neid und Mißgunst hervorriefen. Zudem äußert man Bedenken im Blick auf die Wirkung dieser Verfahren: getroffen werden oft die "kleinen Sünder, während die großen Sünder frei ausgehen. Getroffen werden vielfach am schwersten die an den Verfehlungen unbeteiligten

verbreiteten Vorbehalte gegen die Entnazifizierungspraxis zum Ausdruck. Bedenklich ist im Rückblick, daß man den sogenannten "politischen Irrtum" recht verharmlosend darstellt und die Frage nach den Opfern dieses "politischen Irrtums" nicht thematisiert hat.

Trotz dieser kritischen Haltung haben die Kirchen im Rahmen der Entnazifizierungsverfahren kooperativ mitgewirkt und keineswegs generell die berüchtigten "Persil-Scheine" ausgestellt. Herausgegriffen sei das Verhalten der evangelischen Kirchengemeinde Holsterhausen in Wanne-Eickel, wo in der NS-Zeit Ludwig Steil gewirkt hat. Diese Gemeinde ist, wie die meisten anderen Kirchengemeinden auch, um eine politische

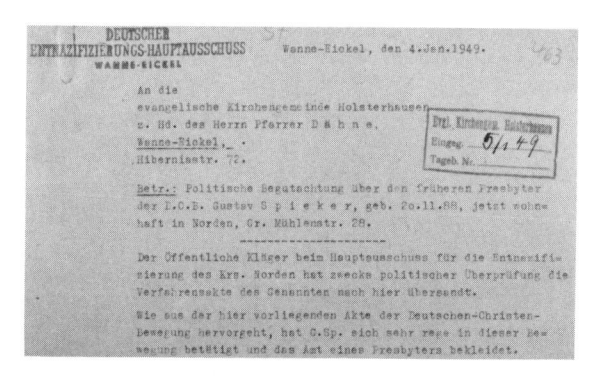

Abb. 48: Anfrage der Entnazifizierungsbehörde

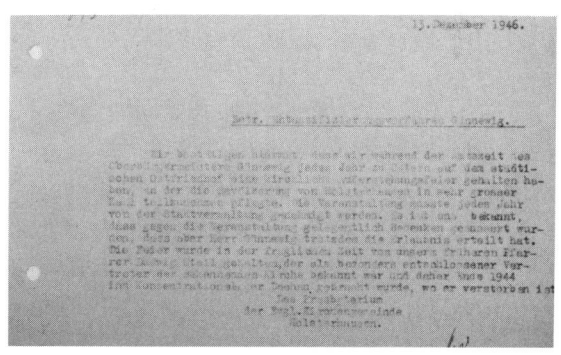

Abb. 49: Gutachten über den Bürgermeister

Familien, was sich als eine Wiederholung der von den Machthabern des Dritten Reiches eingeführten Sippenhaftung auswirkt".[15] Die Erklärung der Kirchenkonferenz kritisiert diese und andere Fehlentwicklungen, die es möglichst bald zu korrigieren gilt. Als Ausweg schlägt man "eine möglichst weitgehende Amnestie für allen politischen Irrtum"[16] vor. Von dieser Amnestie sollen nur diejenigen Personen ausgenommen werden, die "durch sittlich verwerfliches Verhalten persönliche Schuld auf sich geladen"[17] haben. Dies müsse juristisch eindeutig geklärt werden.

Mit dieser Stellungnahme bringt die Kirchenkonferenz die in der Bevölkerung weit

Begutachtung einzelner Gemeindeglieder und anderer Bürger der Stadt, die dem Nationalsozialismus nahegestanden haben, gebeten worden. Die Stellungnahmen dieser Gemeinde zu einzelnen Verfahren zeigt ein hohes Maß an Differenziertheit und Augenmaß.

Im Blick auf das Entnazifizierungsverfahren des ehemaligen Herner Oberbürgermeisters Günnewig bestätigt die Gemeinde, daß der Oberbürgermeister trotz gelegentlicher Bedenken nationalsozialistischer Gruppen jedes Jahr die kirchliche Auferstehungsfeier zu Ostern auf dem städtischen Ostfriedhof genehmigt habe. Diese Feiern wurden jeweils von Ludwig Steil gehalten. Da Steil von den Nationalsozialisten entschieden bekämpft wurde, fällt auf die Genehmigung der kirchlichen Feiern seitens des Oberbürgermeisters ein besonderes Licht.

Die differenzierten Stellungnahmen der Kirchengemeinde Holsterhausen im Rahmen von Entnazifizierungsverfahren wird insbesondere bei dem Vergleich ehemaliger Deutscher Christen deutlich. Recht positiv äußert sich das Presbyterium der Kirchengemeinde zu Gustav S. . Obwohl dieser zur Ortsgruppe der Deutschen Christen gehört habe, hat er sich an den Auseinandersetzungen des Kirchenkampfes nicht aktiv beteiligt. Stattdessen gehörte er ununterbrochen dem "bekenntnistreuen" evangelischen Männderdienst an, seine Ehefrau der "bekenntnistreuen" Frauenhilfe. Zudem haben die Eheleute S. ihren Sohn zu Pfarrer Steil in den kirchlichen Unterricht und nicht zu einem deutsch-christlichen Pfarrer nach Eickel geschickt. Somit bestätigt das Presbyterium der Familie S. , den Dienst von Ludwig Steil stets in Anspruch genommen und loyal zu ihm als Gemeindepfarrer gestanden zu haben.

Demgegenüber fällt die politische Begutachtung über Gustav Sp. eindeutig negativ aus. Seine entschiedenen Versuche, die Kirchengemeinde gleichzuschalten, werden klar benannt. "Er hat sich dabei in Gemeindeversammlungen, Sitzungen der größeren Gemeindevertretung und den Presbytersitzungen so aufgeführt, wie das bei Nationalsozialisten gegenüber ihren politischen Gegnern üblich war, innerhalb der Kirche und ihrer Körperschaften als überaus ungebürlich galt".[18] Auch die wiederholten Anklagen und Denunziationen gegen Pastor Steil und seine Mitarbeiter werden in der Begutachtung aufgeführt. Ohne Sp. eine direkte Mitwirkung bei der Verhaftung Steils unterstellen zu wollen, kommt das Presbyterium zu folgendem Abschlußurteil: "Mindestens mittelbar haben die boshaften und arglistigen Beschuldigungen Sp.s gegen Herrn Pfarrer Steil also zweifellos zu dessen Verhaftung beigetragen".[19] Damit wirft die Gemeinde Sp. eine zumindest indirekte Beteiligung an der Verhaftung und damit an dem Tod L. Steils vor.

Der Vergleich dieser beiden Stellungnahmen zur Rolle ehemaliger Deutscher Christen führt somit zu folgendem Ergebnis: Einer wohlwollend, sogar entschuldigend gehaltenen Stellungnahme steht eine den Beschuldigten belastende Stellungnahme gegenüber. Von einer Tendenz, unkritisch "Persil-Scheine" auszustellen, kann hier also nicht die Rede sein. Stattdessen hat man sich deutlich erkennbar darum bemüht, wahrheitsgetreue Auskünfte zu geben und den einzelnen Personen nach Möglichkeit gerecht zu werden.

Traugott Jähnichen

1. Zur Not unseres Volkes. Wort der Provinzialsynode 1946 (Herbsttagung), in: Wort der Kirche, Beschlüsse, Vorlagen und Runschreiben der Evangelischen Kirche von Westfaeln 1945-1962 , Bielefeld 1962, S.191
2. Schreiben des Kreissynodalvorstandes des Kirchenkreises Bochum an den Bischof von Chichester, Januar 1949, in: Archiv des Kirchenkreises Bochum
3. Ebenda
4. Evangelische Kirche von Westfalen, Wort zur Demontage, in: Verhandlungen der westfälischen Landessynode von 1949, Bielefeld, 1972, S. 147
5. Zur Neuordnung von Staats- und Wirtschaftsleben. Provinzialsynode 1946, in: Wort der Kirche, a.a.O., S. 193-196
6. Zur Neuordnung von Staats- und Wirtschaftsleben, a.a.O., S. 194
7. Ebenda
8. Ebenda
9. A.a.O., S. 194f
10. Zur Schulfrage. Beschlüsse der Provinzialsynode 1946, Entschließung der Provinzialsynode zur Schulform, in: Wort der Kirche, a.a.O., S. 95
11. A.a.O., S. 96
12. A.a.O., S. 97
13. A.a.O., S. 95
14. Erklärung der Kirchenkonferenz der britischen Zone zur Entnazifizierung (10.2.1948), in: C. Vollnhals, Entnazifizierung, S. 222
15. A.a.O., S. 222
16. A.a.O., S. 222f
17. A.a.O., S. 223
18. Schreiben des Presbyteriums der Evangelischen Kirchengemeinde Holsterhausen an den Entnazifizierungsausschuß Wanne-Eickel vom 10. Januar 1949, in: Archiv der Evangelischen Kirche von Westfalen, Landeskirchenamt, Bestand 9/3/17
19. Ebenda

Kirche und politische Parteien

Die Gründungsgeschichte der CDU ist sehr vielschichtig. So gab es, neben den anderen deutschen Ländern, auch im Rheinland und in Westfalen verschiedene Gruppierungen, die den Anstoß zur Parteigründung der CDU gegeben haben. Im Rheinland waren dies vor allem ehemalige Anhänger des Zentrums sowie der christlichen Gewerkschaften. Viele von ihnen standen dem Gedanken einer überkonfessionellen Parteigründung, wie er vereinzelt bereits in den letzten Kriegsjahren diskutiert wurde, sehr kritisch gegenüber. Insgesamt gesehen war der protestantische Einfluß im rheinischen Umfeld der CDU zunächst eher gering.

Protestantismus in der CDU

Demgegenüber waren in Westfalen von vornherein protestantische Einflüsse bei den Gründungsbemühungen um eine christlich demokratische Partei in höherem Maße wirksam. Neben den alten Zentrums- und christlichen Gewerkschaftstraditionen gab es hier auch bekannte Persönlichkeiten, die der Deutschen Volkspartei und den Deutschnationalen nahegestanden hatten, sowie einige Exponenten der von Stoecker geprägten sozial-konservativen Bewegung, die in den letzten Jahren der Weimarer Republik sich in der Regel im Christlich-sozialen Volksdienst (CSVD) organisiert hatten. Erwähnenswert ist hier insbesondere der erste Präses der Westfälischen Landessynode, Karl Koch aus Bielefeld. Aus dem Ruhrgebiet ist vor allem der frühere Landtags- und Reichstagsabgeordnete Otto Rippel aus Hagen zu nennen. Im Unterschied etwa zu dem deutsch-nationalen Koch gehörte Rippel vor 1933 zum CSVD und brachte somit das Stoeckersche Erbe in die Parteineugründung mit ein.[1]

Die Gründung einer christlichen demokratischen Partei Westfalens gelang schließlich auf einer Konferenz in Bochum am 21. September 1945. Diese Konferenz wählte einen 24köpfigen Vorstand, bestehend aus 15 katholischen und neun evangelischen Mitgliedern. Auch der bereits erwähnte Rippel wurde in den Vorstand gewählt. In Bochum gehörte der evangelische Presbyter und Synodale Friedrich Eickholt zu den Mitbegründern und führenden Persönlichkeiten der Union. Er wurde bei der ersten Kommunalwahl vom Oktober 1946 als Kandidat des Bezirkes Altstadt/Grumme in das Stadtparlament gewählt.

In dem weiteren Verlauf der Gründungsphase der CDU versuchte man, die rheinischen und westfälischen Initiativen zusammenzuführen. Dabei war der Anteil der Evangelischen bewußt verstärkt worden. In dem nun folgenden Diskussionsprozeß um die Aufstellung gemeinsamer rheinisch-westfälischer Leitsätze spielte vor allem ein aus der Tradition der Bekennenden Kirche kommender Wuppertaler Kreis, der im August 1945 die sogenannten Barmer Richtlinien für ein christdemokratisches Politikverständnis entworfen hatte, eine wichtige Rolle, da er explizit den evangelischen Standpunkt vertrat. Aufschlußreich ist schließlich die Präambel der rheinisch-westfälischen Leitsätze, die den Versuch bildet, evangelische und katholische Christen parteipolitisch zusammenzuführen. Diese Präambel lautet: "Gott ist der Herr der Geschichte und Völker, Christus die Kraft und das Gesetz unseres Lebens. Die deutsche Politik unter der Herrschaft des Nationalsozialismus hat diese Wahrheit geleugnet und mißachtet. Das deutsche Volk ist deshalb in die Katastrophe getrieben worden. Rettung und Aufstieg hängen ab von der Wirksamkeit der christlichen Lebenskräfte im Volke.

Deshalb bekennen wir uns zum demokratischen Staat, der christlich, deutsch und sozial ist."²

Die hier zum Ausdruck gebrachte Grundüberzeugung stimmt weithin mit der im protestantischen Bereich zu findenden Deutung des aktuellen Zeitgeschehens überein. So ist es nicht verwunderlich, daß auf dieser Basis ein nicht geringer Teil der protestantischen Eliten der Nachkriegszeit in der CDU seine politische Heimat fand. Als der für das Ruhrgebiet herausragende Exponent ist hier sicherlich Gustav Heinemann zu nennen, der im Jahr 1946 den Kommunisten Renner als Oberbürgermeister von Essen ablöste. Man vertrat in jener Zeit die Auffassung, das christliche Ethos durch die CDU in den Bereich des öffentlichen Lebens einbringen zu können. Als großen Gegenspieler sah man hier in erster Linie den Kommunismus. Verbürgt sind mehrere engagierte Auseinandersetzungen von Pfarrern mit kommunistischen Rednern im Ruhrgebiet. Als Beispiel sei ein Fall aus Ahlen, der Heimatstadt des damaligen KPD-Vorsitzenden Max Reimann, berichtet. In dieser Hochburg der KPD sah es einer der dort ansässigen Ortspfarrer, Pfarrer Gebhardt, als seine Pflicht an, öffentlich dem politischen Redner Max Reimann entgegenzutreten und mit ihm eine weltanschauliche und politisch-ethische Debatte zu führen. Die aus diesen und vielen ähnlichen Erfahrungen gewonnene Einsicht verdichtete sich im Prozeß der Gründung der CDU.

Dies ist sehr gut in dem Programm der CDU für die britische Zone von Neheim-Hüsten aus dem Jahr 1946 abzulesen. Dort legte man programmatisch großes Gewicht auf die Abgrenzung gegenüber dem Materialismus und betont entschieden die Grundsätze christlicher Ethik.³

So sehr man sich auch auf weltanschauli-

Abb. 50: Die Konfrontation von Christentum und Marxismus beherrscht die Nachkriegszeit

chem Gebiet von kommunistischen und sozialistischen Bestrebungen absetzen wollte, so hat die Union auf wirtschafts- und sozialpolitischem Gebiet eine gewisse Offenheit für sozialistische Forderungen bewiesen. Dies kommt insbesondere im Ahlener Programm der CDU von 1947 zum Ausdruck, das Vor-

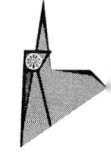

Abb. 51: Otto Rippel, Hagen - Mitglied des ersten Landesvorstandes der CDU Westfalen

schläge für eine strukturelle Neuordnung der Wirtschaft im Sinne der christlichen Gesellschaftsreform anbieten will. In der Präambel dieses Programmes heißt es, daß das kapitalistische Wirtschaftssystem "den staatlichen und sozialen Lebensinteressen des deutschen Volkes nicht gerecht geworden (ist). Nach dem furchtbaren politischen, wirtschaftlichen und sozialen Zusammenbruch als Folge einer verbrecherischen Machtpolitik kann nur eine Neuordnung von Grund auf erfolgen."[4]

Wie diese Neuordnung konkret aussehen soll, wurde durch das Schlagwort einer "gemeinwirtschaftlichen Ordnung" eher umschrieben als präzise festgelegt. Immerhin beinhaltet das Ahlener Programm unter anderem die Forderung nach der Überführung der Grundstoffindustrien in Gemeinbesitz: "ein erheblicher Teil des Bergbaus in der britischen Zone, der Saarbergbau ganz".[5] Diese Forderung spiegelt die Stimmung weiter Teile der Zechenbelegschaft im Ruhrgebiet wieder. Diese gemeinwirtschaftlichen Vorstellungen wurden jedoch recht bald aufgegeben und mit den Düsseldorfer Leitsätzen bekannte sich die CDU noch vor den Wahlen von 1949 eindeutig zum marktwirtschaftlichen Prinzip.[6]

Die evangelischen Kreise innerhalb der CDU haben diese Abwendung vom Ahlener Programm in der Regel weniger kritisiert als die mehrheitlich katholischen, ehemaligen christlichen Gewerkschaftler. Bedeutsam ist allerdings, daß die Kritik Heinemanns an der CDU nicht allein dem Konflikt mit Adenauer entspringt, sondern auch in der Abkehr der CDU vom Ahlener Programm mitbegründet ist".[7] Neben diesem parteipolitischen aktiven Engagement gab es auch eine Reihe von evangelischen Christen, die sich bemühten, theologisch Rechenschaft über die Möglichkeit einer christlichen Parteibildung abzulegen. Es war insbesondere der theologische Kopf der Bekennenden Kirche, Karl Barth, der das Engagement in einer "christlichen" Partei einer starken Kritik unterzog. Explizit gegen diese Parteigründungen gerichtet führte Barth aus: "Im politischen Raum können nun einmal die Christen gerade mit ihrem Christentum nur anonym auftreten."[8]

Mit dieser Kritik setzte sich insbesondere der aus Velbert kommende Industrielle und rheinische Synodale Friedrich Karrenberg auseinander. Karrenberg thematisierte insbeson-

2.11

87

Abb. 52: Friedrich Eickhoff, Mitbegründer der CDU Bochum

dere den Gebrauch oder Mißbrauch des Beiwortes "christlich". Er gestand zu, daß die Gefahr eines Mißbrauches besteht, insbesondere wenn das "Christliche" als Besitzanspruch geltend gemacht wird. Allerdings sah er in einem solchen Mißbrauch keine Zwangsläufigkeit. Er betonte, man würde den Anspruch Gottes auf das ganze Leben preisgeben, wenn man nicht mit der Möglichkeit einer christlichen Politik rechnete. Da nach seiner Meinung die säkularen politischen Parteien diesen Anspruch Gottes nicht genügend berücksichtigten, könnte in einer christlichen Partei eine positive Wendung liegen. Gegen Barth faßt er seine Argumentation daher wie folgt zusammen: "Man muß das "Christliche" nicht streichen, aber man muß dafür sorgen, daß das "Christliche" ernst, jedenfalls ernster genommen wird als bisher".[9]

Ebenfalls im Unterschied zu Barth unterstrich Karrenberg die Allianz von evangelischen und katholischen Christen in der CDU, die gerade im Angesicht des Säkularismus sich zu bewähren habe. Mit diesen, in der Auseinandersetzung und als Anfragen an Barth verstandenen Argumenten, wurde Karrenberg zum Sprecher nicht unbeträchtlicher Teile der Bekennenden Kirche, die sich nach 1945 parteipolitisch in der Union engagierten.

Begegnungen von Christen und Sozialisten

Gegenüber diesem recht breiten Engagement innerhalb der CDU waren es nur relativ wenige Christen, die sich innerhalb der Sozialdemokratie engagieren. Zunächst kam es auf vielen Ebenen lediglich zu ersten Kontaktaufnahmen zwischen Pastoren und sozialdemokratischen Amtsträgern. Die aus dem Kirchenkampf entstandene bekenntniskirchliche Arbeitsgemeinschaft an der Ruhr war es insbesondere, die solche Gespräche und Diskussionen anregte. Ihr Ziel war es, die gegenseitigen Barrieren und Vorurteile abzubauen und Möglichkeiten der Kooperation auszuloten. Wichtige Zusammenkünfte fanden im Augusta-Krankenhaus zu Bochum statt. In diesen Gesprächsrunden spielten insbesondere die Erfahrungen holländischer Christen in der dortigen sozialdemokratischen Partei der Arbeit eine wichtige Rolle. Wenn es auch auf dieser Ebene noch nicht zu einem direkten Engagement für die SPD kam, so wurde hier doch ein wichtiges Vorfeld bearbeitet, das eine Offenheit für andere Positionen als die der CDU ermöglichte[10].

Nur eine sehr kurze Episode blieb der im Frühjahr 1946 in Oberhausen gegründete Bund christlicher Sozialisten, in dem allerdings in der Mehrzahl Katholiken arbeiteten. In seinem Programm von 1948 forderte dieser Bund die Sozialisierung der Wirtschaft, wobei allerdings unterschiedliche Formen von der Verstaatlichung bis zum Genossenschaftswesen gefordert wurden.[11]

Bereits im Jahr 1949 war der Höhepunkt der Arbeit dieses Bundes überschritten. Auf evangelische Kirchengemeinden hat er nahezu überhaupt keinen Einfluß gewinnen können. Als Brückenbauer evangelischer Christen zur Sozialdemokratie kommen nur wenige in Betracht. Zu erinnern ist hier noch einmal an Hans Ehrenberg, der nach seiner Rückkehr aus England im Jahr 1947 wiederum in die Sozialdemokratie eintrat. Von Bielefeld aus versuchte er mehrfach, Kontakte zwischen Sozialdemokraten und Christen gerade auch im Ruhrgebiet zu vermitteln. Er selbst hat mehrfach seine ehemalige Gemeinde in Bochum sowie andere Gemeinden des Ruhrgebiets besucht und dort durch Vorträge und Diskussionsveranstaltungen gewirkt.

Der engagierteste Vertreter einer Öffnung der Kirche zur Sozialdemokratie war im Ruhrgebiet Pfarrer Hans Lutz. Nach einem Studium der Nationalökonomie und einer Tätigkeit als Syndikus in Dortmund und Bochum studierte er Theologie und war seit 1934 Pfarrer in Westfalen, zunächst in Bielefeld und dann in Unna. Dort trat er 1945 zunächst in die CDU ein, von der er sich jedoch recht bald wieder distanzierte. Im Jahr 1947 schloß auch er sich schließlich der SPD an; für einen Gemeindepfarrer in der damaligen Zeit ein außergewöhnlicher Schritt.

Besonders intensive Beziehungen entwickelte Hans Lutz zur Gewerkschaftsbewegung. Es ist ein Zeichen des besonderen Vertrauens, daß Lutz ab 1947 als Dozent an der Sozialakademie in Dortmund tätig wird. Ab 1954 erhält er dort eine Professur sowie einen Lehrauftrag für Sozialethik an der Universität Marburg, wo er in enger Verbindung mit Georg Wünsch Fragen der Sozialethik thematisiert. Seine intensive geistige Auseinandersetzung mit der Sozialdemokratie findet ihren ersten wichtigen Niederschlag in den 1949 herausgegebenen gesammelten Schriften unter dem Titel "Protestantismus und Sozialismus heute"[12].

Der theologische Ausgangspunkt der Überlegungen Lutz's ist die fünfte These des Darmstädter Wortes des Bruderrates von 1947: wir sind in die Irre gegangen, als wir übersahen, daß der ökonomische Materialismus der marxistischen Lehre die Kirche an den Auftrag und die Verheißung der Gemeinde für das Leben und Zusammenleben der Menschen im Diesseits hätte gemahnen müssen. Wir haben es unterlassen, die Sache der Armen und Entrechteten gemäß dem Evangelium von Gottes kommendem Reich zur Sache der Christenheit zu machen. Gegen die Kritik, die insbesondere diese These erfahren hatte, wendet Lutz ein, daß es sich dabei um keine Anerkennung des ökonomischen Materialismus handelt, sondern daß dieser allein als ein Bußruf an die Kirche, die Verachtung der materiellen Bedürfnisse der Menschen aufzugeben, zu verstehen sei. In einer kritischen Analyse der klassischen Schriften des Marxismus kommt Lutz zu dem Ergebnis, daß Christen die historischen Bedingtheiten von Staat, Eigentum und anderen irdischen Ordnungen ohne weiteres anerkennen kön-

Abb. 53: Pfarrer Hans Ehrenberg tritt 1947 erneut in die SPD ein

nen. Auch die Realität der Klassenkämpfe in der bürgerlichen Gesellschaft sei als solche zu erkennen. In der Aufnahme dieser Einsichten könne der ökonomische Materialismus gerade Christen zu wichtigen politischen und wirtschaftlichen Einsichten verhelfen, ohne daß die gesamte Geschichts- und Weltdeutung des Marxismus übernommen wird. Damit setzt Lutz gegen die pauschale Ablehnung marxistischer Theorien, wie sie in der CDU vorherrschend war, eine kritische Prüfung und bedingte Übernahme derselben. Lutz Ziel ist es dabei, die Kirche aus ihrer zu engen Bindung an die bürgerliche Gesellschaft zu lösen und Verständnis für die Belange der Arbeitnehmerschaft zu wecken. In diesem Sinn ist Lutz ein wichtiger Pionier der Evangelischen Kirche im Dialog mit der Arbeiterbewegung und der Sozialdemokratie geworden.

Traugott Jähnichen

1. Vgl. A. Gurland, Die CDU/CSU. Ursprünge und Entwicklung bis 1953, hrsg. v. D. Emig, Frankfurt 1980, S. 28-30
2. Die Präambel ist zitiert in A. Gurland, a.a.O., S. 118
3. Das Neheim-Hüstener Programm der CDU ist abgedruckt bei J.Hohlfeld (Hrsg.), Dokumente der deutschen Politik und Geschichte von 1848 bis zur Gegenwart, Berlin o.J. (1953) Band 6, S. 46-49
4. Das Ahlener Programm ist abgedruckt in B. Dörpinghaus/K. Witt, Politisches Jahrbuch der CDU/CSU, hrsg. vom Generalsekret der Arbeitsgemeinschaft der CDU/CSU für Deutschland, Frankfurt, 1.Jg., 1950, S. 226 ff; Präambel ebenda S. 226
5. Das Ahlener Programm, Abschnitt 1, a.a.O., S. 226
6. Vgl. A. Gurland a.a.O., S. 145ff
7. Vgl. Gustav Heinemann zum Ahlener Programm, in: ders., Reden und Schriften, 3. Band, Es gibt schwierige Vaterländer, S. 67ff; vgl. auch: Der soziale Verrat der CDU (1959), in: Reden und Schriften Band 3, Seite 228-230, Frankfurt 1977
8. Karl Barth, Christengemeinde und Bürgergemeinde, Zürich 1945, S. 48
9. F. Karrenberg, Über grundsätzliche Möglichkeiten und Grenzen christlicher Parteibildung. Beitrag zur Kommission 3 der Vollversammlung des ÖRK, "Die Kirche und die Auflösung der gesellschaftlichen Ordnung, 1949 in: Archiv ÖRK Genf, Study Departement, Books 180, S. 5
10. A. Burgsmüller, Zehn Jahre Pastor in der evangelischen Kirchengemeinde Ickern in Castrop-Rauxel (1942-1952), in: Kirche im Revier, Heft 1990, S. 64
11. Vgl. Der Bund christlicher Sozialisten- Programm, Mülheim 1948, S. 5
12. Vgl. Hans Lutz, Protestantismus und Sozialismus heute. Schriften zur Zeit, Berlin 1949

Wiederaufbau und Wirtschaftswunder

Wenn der Herr nicht das Haus baut, so arbeiten umsonst, die daran bauen Ps. 127, 1

Im Zeichen des Wirtschaftswunders -
Die Normalisierung des kirchlichen Lebens

Angesichts der verworrenen kirchlichen Situation während der Zeit des Dritten Reiches und der vielfach unüberwindlich erscheinenden Schwierigkeiten in der Nachkriegszeit ist es erstaunlich, in welch kurzer Zeit sich das kirchliche Leben wieder normalisiert hat. Dies gilt sowohl für den Aufschwung des kirchlichen Lebens vor Ort in den Gemeinden, für die geregelte pastorale Versorgung der Gemeinden, für die schrittweise Einführung von Kirchenordnung und Leitungsstrukturen sowie für die Stabilisierung der Kirchenmitgliedschaft.

Während für den Gottesdienstbesuch kaum Zahlen aus den Jahren 1943/44 bis Anfang der 50er Jahre vorliegen, sind immerhin die Zahlen der Ein- und Austritte bemerkenswert. In den Kriegsjahren 1943 und 1944 übertrafen die Zahlen der Austritte noch deutlich die der Eintritte: Kirchenkreis Hattingen/Witten 1943: 10 Austritte - einen Eintritt; Kirchenkreis Schwelm: 78 Austritte - 29 Eintritte; Kirchenkreis Dortmund: 538 Austritte - 228 Eintritte: Demgegenüber ändert sich mit dem Jahr 1945 die Situation grundlegend. Im Jahr 1945 vermelden alle Kirchenkreise, die hier Angaben machen konnten, ein deutliches Übergewicht der Eintritte im Vergleich zu den Austritten: Kirchenkreis Hattingen/Witten 31 Eintritte - zwei Austritte; Kirchenkreis Unna 165 Eintritte - einen Austritt; Kirchenkreis Schwelm 57 Eintritte - 31 Austritte; Kirchenkreis Essen 357 Eintritte - keine Angaben zu Austritten. Dieser starke Trend zum Eintritt beziehungsweise Wiedereintritt in die evangelische Kirche hält in den Jahren 1946 und 47 unvermindert an. Das deutliche Übergewicht der Eintritte über die Austritte schwächt sich in einigen Kirchenkreisen im Jahr 1948 ab, in Schwelm und in Bochum sind zeitweilig sogar mehr Austritte als Eintritte zu verzeichnen. In Essen und Mülheim ist dies insbesondere in den Jahren 1949 und 1950 zu beobachten. Im Vergleich zu dieser recht sprunghaften Entwicklung zwischen 1943 und 1950 kommt es zu Beginn der 50er Jahre zu einer relativen Angleichung der Ein- und Austrittszahlen, wobei in den meisten Kirchenkreisen die Eintritte die Zahl der Austritte noch überwiegt. Allerdings sind hier bereits erste, jedoch noch relativ geringe gegenläufige Tendenzen zu beobachten.

Neben dieser im Vergleich zu den Jahren des Dritten Reiches bedeutenden Stabilisierung der Mitgliedzahlen der Gemeinden wurde auch das Finanzwesen auf eine solide Grundlage gestellt. Bereits Ende der 40er Jahre erörterten die Rheinische und die Westfälische Landeskirche mit dem Land Nordrhein-Westfalen die Bedingungen der Einführung des Kirchensteuerabzugsverfahrens. Mit dem "Kirchengesetz über die Erhebung von Kirchensteuern in der Evangelischen Kirche von Westfalen und der Evangelischen Kirche im Rheinland" vom Oktober/November 1950 wurde in 17 die Kirchensteuererhebung durch die Finanzämter ermöglicht: "Soweit die Kirchensteuer als Zuschlag zur Einkommenssteuer (Lohnsteuer) oder zur Vermögenssteuer oder nach dem steuerpflichtigen Einkommen auf Grund eines besonderen Tarifs erhoben wird, kann ihre Veranlagung und Erhebung auf Antrag der beteiligten Presbyterien den Behörden der staatlichen Finanzverwaltung übertragen werden."[1] Der Staat zieht also mit den sonstigen Steuern auch die Kirchensteuern ein und überweist sie gegen eine entsprechende Aufwandsentschädigung an die Gemeinden oder Gesamtverbände, die die Steuerhoheit besitzen. Innerhalb der Pfarrerschaft gab es über dieses Verfahren scharfe Kontroversen. Insbesondere diejenigen Pfarrer, die von den Erfahrungen des Kirchenkampfes ausgehend den Gedanken der bekennenden Kerngemeinde stark vertraten, sahen in dem Kirchensteuerabzugsverfahren eine Inkonsequenz. Sie befürchteten eine zu große Nähe der Kirchen zum Staat, auf die man sich nach den Erfahrungen des Nationalsozialismus nur ungern einlassen wollte. Diese Stimmen blieben jedoch in der Minderheit, da vor allem sehr viele pragmatische Gründe für das neue Kirchensteuerabzugsverfahren sprachen. So wurde die für die Erfassung der Kirchensteuer notwendige Verwaltungarbeit sehr stark entlastet, nicht zuletzt weil die vielen Reklamationen der Steuerbescheide, die in der Regel auf älteren Unterlagen beruhten, wegfielen. Auch die Mehrzahl der Gemeindeglieder war mit diesem Verfahren offenbar einverstanden. Allerdings wäre es einer genaueren Prüfung wert, inwieweit der in einigen Kirchenkreisen sprunghafte Anstieg der Kirchenaustritte in den Jahren 1950/51 mit der Einführung dieses Kirchensteuereinzugssystems zusammenhängen. Immerhin hat dieses Verfahren den Kirchengemeinden und Kirchenkreisen eine bedeutende Steigerung und stetige Sicherung der Einnahmen beschert und somit die finanzielle Basis für den notwendigen Wiederaufbau von Kirchen, Gemeindehäusern und anderem gelegt.[2]

Neue Kirchenordnungen

Entscheidender als diese Regelungen der äußeren Bedingungen des kirchlichen Lebens war dem eigenen Selbstverständnis entsprechend die Arbeit an der Neufassung der Kirchenordnung sowie das durch die Proponenden der Landessynode veranlaßte intensive Nachdenken über die Grundlagen kirchlicher Arbeit. Die bereits 1947 auf allen kirchlichen Leitungsebenen begonnenen Diskussionen über die Konzeption des Gemeindeaufbaus, die zentrale Bedeutung des Gottesdienstes und das Amt des Presbyters wurden fortgesetzt durch die Reflexion der Amtshandlungen. Daneben beanspruchte aber vor allem die intensive Diskussion der Erstellung einer neuen Kirchenordnung das Engagement aller Beteiligten. Im Jahr 1953 trat die neue Kirchenordnung sowohl der Evangelischen Kirche von Westfalen als auch der Evangelischen Kirche im Rheinland in Kraft. Im Unterschied zu den stark konsistorial verfaßten Kirchenordnungen des neunzehnten Jahrhunderts gehen diese Kirchenordnungen nicht den Weg von der Kirche zur Gemeinde, sondern umgekehrt von der Gemeinde zur Kirche. Diese Grundentscheidung verdankt sich einerseits der traditionell presbyterial - synodalen Ordnung der Kirchen in Rheinland und Westfalen, andererseits aber sicherlich auch den Erfahrungen des Kirchenkampfes. Dementsprechend betont zum Beispiel die westfälische Kirchenordnung:"Das Gebiet der Evangelischen Kirche von Westfalen besteht aus fest umgrenzten Kirchengemeinden."[3] Damit sind die Gemeinden der entscheidende Bezugspunkt allen kirchenleitenden Handelns. Hinter dieser grundlegenden Aussage steht die Auffassung, die gleichsam natürliche menschliche Wohn- und Lebensgemeinschaft als Voraussetzung der Sammlung und Erbauung der Gemeinde zu verstehen. Folglich hat sich der missionarische Wille der Gemeinde auf alle Menschen zu richten, die in ihrem jeweiligen, festumgrenzten Bereich wohnen. Da der gesamte Bereich Westfalens wie auch des Rheinlands von Kirchengemeinden "abgedeckt" wird, soll auf diese Weise der universale Anspruch der Herrschaft Jesu Christi zum Ausdruck gebracht werden, wie es in den Grundartikeln der Kirchenordnungen angelegt ist.

Diese grundlegende Stellung der Gemeinden in der Kirchenordnung manifestiert sich vor allem auch in dem selbstverantworteten Bekenntnisstand jeder Gemeinde, dem lutherischen, reformierten oder unierten.[4] Ebenso wird dies im weiteren Aufbau der Landeskirchen, der ausgehend von den Gemeinden die Ebenen der Kirchenkreise und dann der Landeskirche umfaßt, deutlich. Aus den gewählten Vertretern der Gemeinden, den Presbyterien, wird in einem Filterwahlsystem die Zusammensetzung der Kreissynoden und schließlich der Landessynode ermittelt. Kreissynoden und Landessynode wählen jeweils ihr Leitungsorgan, so daß sich der von den Gemeinden ausgehende Aufbau der Kirchenordnung bis in die Wahl der Leitungsgremien hinein manifestiert. Auch hier ist somit das Neue gegenüber den Ordnungen der Vorkriegszeit deutlich: "An die Stelle der gesamtkirchlichen Organe in der Kirchenprovinz (Evangelisches Konsistorium, Generalsuperintendent) traten die von der Landessynode bestellten Organe."[5]

Während somit in den Kirchenordnungen die grundlegende Bedeutung der einzelnen Gemeinden festgelegt worden ist, spielt ein Faktor des kirchlichen Lebens, der vor 1933 insbesondere im Ruhrgebiet von Bedeutung gewesen war, kaum noch eine Rolle: das kirchliche Vereinswesen. Da man alles Gewicht auf die Ortsgemeinde gelegt hat, blieb für das Vereinswesen keine rechte Funktion in der Kirchenordnung. Die Vereine werden nur als Randphänomene der Kirchenordnung (als missionarische und diakonische Werke) berücksichtigt, denen eine deutlich untergeordnete, auf die Gemeinde bezogene Funktion zugewiesen wird. Hier äußert sich die rheinische Kirchenordnung deutlicher als die westfälische, wenn sie explizit auch auf die Jugend-, Männer- und Frauenarbeit sowie das Gustav-Adolf-Werk eingeht.[6] Dort, wo man das Vereinswesen schlechterdings nicht außer acht lassen konnte, wie im Bereich der Inneren Mission, wurde es stärker als bisher in kirchliche Bezüge hineingestellt. Zudem war ja mit dem kirchlichen Hilfswerk bereits unmittelbar in der Nachkriegszeit ein "kirchliches" Pendant zur Vereinsstruktur der Inneren Mission geschaffen worden. Die Vernachlässigung des Vereinswesens drückt sich nicht zuletzt darin aus, daß es auf diesem Gebiet vielfach erst in den 50er Jahren unter mühsamen Anstrengungen gelang, diese kirchlichen Arbeitszweige wieder aufzubauen (So insbesondere die evangelischen Arbeitervereine). In dieser Hinsicht ist im Blick auf den Neuaufbau der Kirche nach 1945 der Eindruck einer "Verkirchlichung" kaum von der Hand zu weisen.

Zum Schluß dieses kurzen Überlickes über die Neuordnung der Kirche sei auf die Konsequenzen für das Ruhrgebiet hingewiesen. Mit der bereits 1948 erfolgten Konstituierung der ehemaligen preußischen Provinzialkirchen Rheinland und Westfalen als selbständigen Landeskirchen blieb man den althergebrachten regionalen Grenzziehungen und Traditionen treu. Dies bedeutet jedoch für das Ruhrgebiet, daß sich die Grenze zwischen der Rheinischen und der Westfälischen Landeskirche mitten durch diese Region hindurchzieht. Kirchlich liegen somit zwischen den unmittelbar benachbarten Kirchenkreisen Essen und Gelsenkirchen "Welten". Man war, insbesondere in den 50er und 60er Jahren, im wesentlichen auf die jeweilige Landeskirche konzentriert, so daß es kaum zu Kooperationen über diese Grenze hinweg kam. Im nachhinein ist es wohl als eine verpaßte Chance zu bezeichnen, daß man nicht die Schaffung neuer Verwaltungsstrukturen in Erwägung zog, um der historischen Entwicklung der Region Ruhrgebiet gerecht zu werden. Somit setzte sich in dieser Beziehung in der Nachkriegszeit ein deutlich traditionalistischer Grundzug durch.

Zur Bedeutung der Amtshandlungen

Im Mittelpunkt des theologischen Nachdenkens in der Westfälischen Landeskirche stand zu Beginn der 50er Jahre die Frage der Amtshandlungen. Durch das Medium der landeskirchlichen Proponenden, die von den Kreissynoden erörtert werden sollten, wurde über die Taufe und die Konfirmation verhandelt, ferner gab es verschiedene Entschließungen zu Trauungen und Beerdigungen. Der Hintergrund dieser intensiven Erörterung der Amtshandlungspraxis liegt, so der westfälische Präses in einem Schreiben vom 20. Februar 1950 an die Kreissynodalvorstände und Presbyterien, in "der Krisis und Not unserer volkskirchlichen Gemeinden"[7]. Diese Krise wurde als Säkularisation des Lebens, die auch in die Kirche eindringt, interpretiert. Konkret geht es um das Problem, daß immer mehr Gemeindemitglieder zwar getauft und konfirmiert sind, am Leben der Kirche und an ihrer Verkündigung jedoch kaum noch Anteil nehmen.

In dieser Problemlage konzentrieren sich die unterschiedlichen Erfahrungen, wie sie einerseits aus der Bekennenden Kirche erwachsen sind und andererseits der volkskirchlichen Situation gerade im Ruhrgebiet entsprechen, wieder. Das theologische Ideal der bekennenden Kerngemeinde, die sich um Wort und Sakrament regelmäßig versammelt, war mit der in der Nachkriegszeit gewünschten volkskirchlichen Wirklichkeit nicht in Ein-

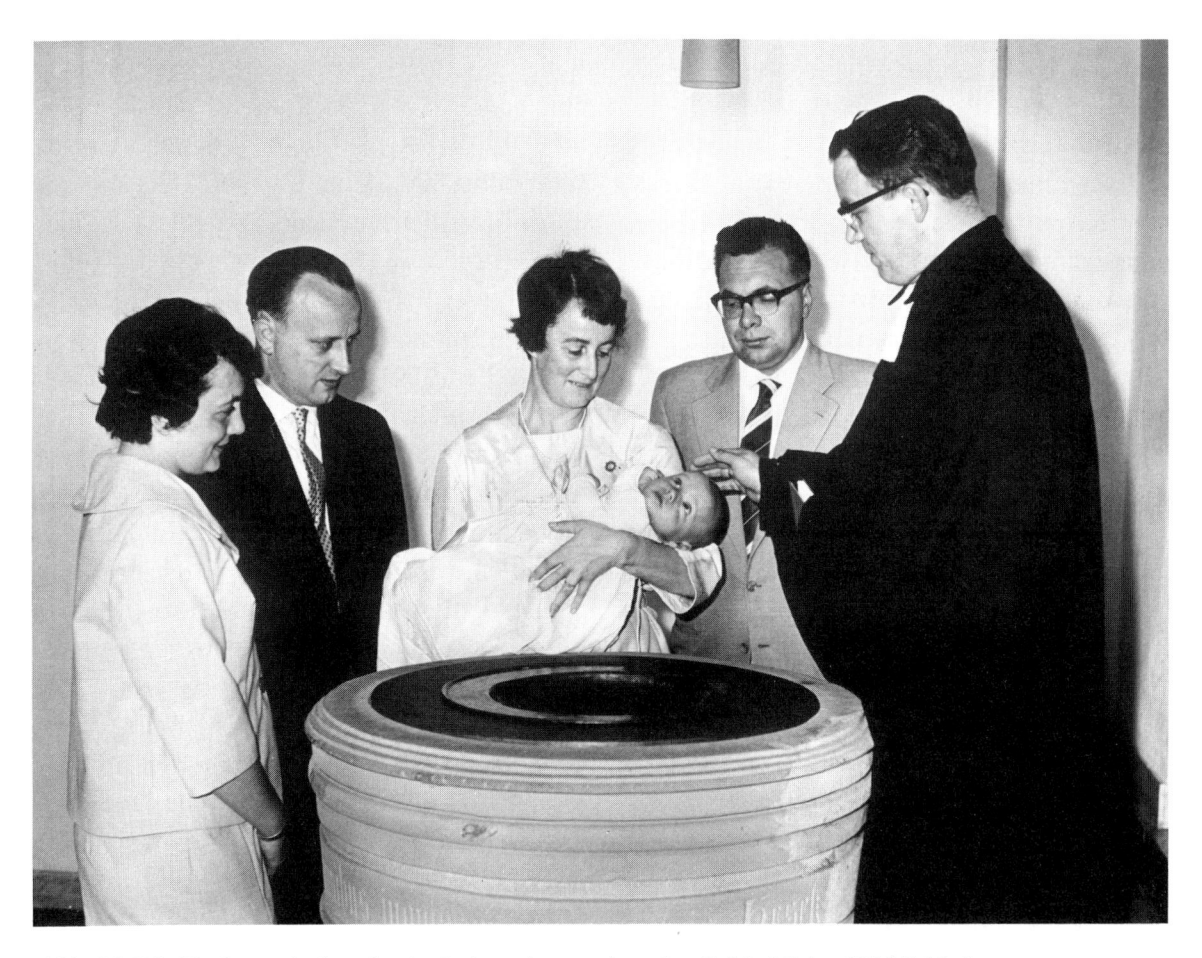

Abb. 55: Die Taufe - zwischen theologischem Anspruch und volkskirchlicher Wirklichkeit

klang zu bringen. Die Art und Weise der Kirchenmitgliedschaft derjenigen, die die Amtshandlungen in Anspruch nehmen und nur unregelmäßig, etwa zu besonderen Feiertagen, die Kirche besuchen, wurde zu Beginn der 50er Jahre als ganz und gar defizitär bezeichnet. Von der eigenen theologischen Deutung des Gemeindelebens her, wie sie sich bereits in der Presbyterwahlordnung manifestiert hat, konnte dies offensichtlich nicht anders wahrgenommen werden. Interessant ist nun, wie man diesen Konflikt, der sich bei der Frage der Amtshandlungen zuspitzte, zu lösen versuchte.

Grundlegend für das Verständnis der Amtshandlungen in dieser Zeit ist folgende Feststellung aus einer Entschließung des Kirchenmusikalischen Ausschusses der EKiW von 1953: "Nicht der einzelne Fall also, sein privates oder familiäres Gepräge stehen im Mittelpunkt..., sondern die Verkündigung des Evangeliums."[8] Die erste Ausarbeitung zur Erneuerung der Kasualpraxis befaßte sich mit der Taufe.

Ausgehend von einer grundlegenden Besinnung über die Taufe, die im Taufbefehl des auferstandenen Herrn (Matth. 28, 18-20) gründet, versucht man eine konkrete Ordnung der Taufe zu entwickeln. Ein besonderes Gewicht nimmt dabei der Gemeindebezug der Taufe ein: "Da der Herr den Taufbefehl seiner Gemeinde gegeben hat und der Täufling durch die Taufe ein Glied der christlichen Kirche wird, gehört die Feier der heiligen Taufe in den Gottesdienst der Gemeinde."[9] Im Unterschied zu der sehr häufig anzutreffenden, familienbezogenen Deutung der Taufe bei vielen Kirchenmitgliedern wird hier sehr deutlich die Gemeinde als Ort der Taufe herausgestellt. Dementsprechend werden alle anderen Formen der Tauffeier, so zum Beispiel in Krankenhäusern oder zu Hause, nur in begründeten Ausnahmefällen gewährt. Diese Taufen, an denen die Gemeinde nicht direkt mitgewirkt hat, sollen ihr zumindest in der Abkündigung bekannt gegeben und in das Fürbittengebet einbezogen werden.

Um den Ernst der Taufe als Sakrament der Kirche deutlich zu machen, werden ferner bestimmte Fälle aufgezählt, bei denen die Taufe eines Babys versagt werden muß. Dies trifft unter anderem dann zu, wenn kein Elternteil der evangelischen Kirche angehört, die Eltern das Taufgespräch ablehnen, die Eltern kirchlich nicht getraut sind oder es abgelehnt wird, die Verpflichtung einer christlichen Erziehung des Kindes zu übernehmen.[10] Deutlich wird erklärt, daß die Versagung der Taufe nur ein letztes Mittel und eine Zurückstellung sein kann bis zu dem Zeitpunkt, an dem die Gründe für diese Versagung hinfällig geworden sind. Zudem sollen die nicht getauften Kinder in den kirchlichen Unterricht und auf diese Weise in die Gemeinde einbezogen werden. Somit wird deutlich, daß man zwar einerseits an der Volkskir-

Abb. 56: Streit um die Trauung am Samstag

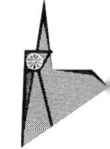

che festhalten will, indem man nach Möglichkeit alle neugeborenen Kinder taufen bzw. zur Konfirmation führen soll, andererseits aber auch den Ernst der Taufe im Sinn des oben genannten Gemeindeideals deutlich zu machen versucht. Auf Grund dieser doppelten Zielrichtung lebten viele Pfarrer mit einem permanent schlechten Gewissen.

Ebenfalls streng theologisch verstand man in einer Vorlage an die Kreissynoden von 1951 die Konfirmation von ihrer Stellung her zwischen Taufe und Abendmahl. In ähnlicher Weise wie in den Stellungnahmen zur Taufe klagte man über "die Not des volkskirchlichen Gewohnheitschristentums"[11] und versuchte, die Konfirmation in ihrer kirchlichen und gemeindlichen Bedeutung herauszustellen.

Wenn man die starke Herausstellung des kirchlichen Verkündigungsauftrages im Blick auf Taufe und Konfirmation wegen des sakramentalen Bezuges sicherlich verstehen kann, so wird die einseitige Betonung der Verkündigung im Blick auf Trauung und Beerdigung allerdings problematisch. Hier wäre eine größere "Barmherzigkeit" im Blick auf den einzelnen Fall wohl angebracht gewesen. Um jedoch auch hier den eindeutigen Vorrang der Evangeliumsverkündigung vor jeder privaten und familiären Deutung herauszustellen, verbot die Landessynode Anfang der 50er Jahre die Trauungen am Samstag. Dieser Beschluß stand zur kirchlichen Wirklichkeit speziell im Ruhrgebiet in krassem Gegensatz. Hier waren Trauungen am Samstag üblich, nicht zuletzt weil man am folgenden Sonntag nach den Feierlichkeiten ausschlafen konnte. Demgegenüber stand das kirchliche Ideal eines Gemeindebezuges auch der Trauung sowie der Zusammenkunft aller Gemeindeglieder am Sonntagmorgen zum Gottesdienst. Immerhin erhob die Mehrzahl der Ruhrgebietssynoden gegen diesen Beschluß einen Protest. In einem vom Dortmunder Superintendenten Heuner eingebrachten Antrag bat man um Ausnahmegenehmigungen für die Industrieregion, den die Synode jedoch ablehnte. Somit wird gerade an diesem auf den ersten Blick belanglosen Einzelfall deutlich, inwieweit theologische Entscheidungen die volkskirchliche Realität im Ruhrgebiet unzureichend und verzerrt wahrnehmen lassen.

Traugott Jähnichen

1. § 17 des Kirchengesetzes über die Erhebung von Kirchensteuern in der Evangelischen Kirche von Westfalen und der Evangelischen Kirche im Rheinland (Kirchensteuerordnung) vom 27. Oktober/November 1950, in: Die Verhandlungsniederschriften der 3. (ordentlichen) Tagung der 1. Westfälischen Landessynode vom Oktober 1950, hrsg. v. E. Brinkmann und H. Steinberg, Bielefeld 1973, S. 176. Das Gesetz wurde gegen 10 Stimmen bei 5 Enthaltungen angenommen.
2. Vgl. zu dieser Diskussion A. Burgsmüller, Zehn Jahre Pastor in der Evangelischen Kirchengemeinde Ickern in Castrop-Rauxel (1942-1952), in: Kirche im Revier, Heft 1/2/1990, S. 63
3. Artikel 6 der Kirchenordnung der Evangelischen Kirche von Westfalen, in: Kirchenordnung der Evangelischen Kirche von Westfalen. Vom 1. Dezember 1953, Bielefeld 1965, S. 9
4. Vgl. die Grundartikel II der jeweilig. Kirchenordnungen
5. W. Danielsmeyer, Die Evangelische Kirche von Westfalen, Witten 1965, S. 180
6. Vgl. die Artikel 212 und 214 der rheinischen Kirchenordnung, in: Evangelisches Kirchenrecht im Rheinland. Bd.I. Die Kirchenordnung und andere Grundgesetze, Düsseldorf 1964, S. 75
7. Schreiben des Präses an die Kreissynodalvorstände und die Presbyterien vom 20.2.1950 zum Proponendum über die heilige Taufe für die Kreissynode, in: Wort der Kirche. Beschlüsse, Vorlagen und Rundschreiben der EKvW 1945-1967, hrsg. von W. Rahe, Bielefeld 1962, S. 62
8. Musik bei Trauung und Beerdigung. Entschließung des Kirchenmusikalischen Ausschusses vom 10.9.1953, in: Wort der Kirche, a.a.O., S. 66
9. Entwurf eines Kirchengesetzes über die Verwaltung des Sakraments der heiligen Taufe in der Evangelischen Kirche von Westfalen. Anlage 9, in: Die Verhandlungsniederschriften der 3. (ordentlichen) Tagung der 1. Westfälischen Landessynode vom Oktober 1950, hrsg. von E. Brinkmann und H. Steinberg, Bielefeld 1973, S. 249
10. Vgl. Entwurf eines Kirchengesetzes über die Verwaltung des Sakraments der heiligen Taufe, a.a.O., S. 251
11. Handreichung zum Entwurf der "Ordnung des Katechumenen- und Konfirmandenunterrichts und der Konfirmation". Vorlage an die Kreissynoden 1951, in: Wort der Kirche, a.a.O., S.64

Die Theologin in der Kirche

Nur sehr zögernd hat sich in der evangelischen Kirche durchgesetzt, Frauen den Zugang zum Pfarramt zu ermöglichen. Obwohl bereits seit Anfang dieses Jahrhunderts Frauen die Möglichkeit hatten, ein Theologiestudium mit einer universitären Prüfung abzuschließen, wurde erst im Jahre 1927 mit dem sogenannten Vikarinnengesetz der evangelischen Kirche der altpreußischen Union ein dere an Frauen, ab. Jedoch ist den Vikarinnen untersagt, einen Gemeindegottesdienst zu halten, die Sakramente zu verwalten und Amtshandlungen durchzuführen.[1]

Der Dienst der Vikarinnen

Die beiden ersten Vikarinnen, die im Ruhrgebiet ihren Dienst taten, waren Erna

Abb.57: 'Gruppenbild mit Dame' - Die Pfarrerschaft Bochums im Jahre 1951

kirchliches Tätigkeitsfeld für wissenschaftlich ausgebildete Theologinnen geschaffen. Das mit diesem Gesetz neu begründete Berufsbild der Vikarin ist nur bedingt mit dem weiterhin den Männern vorbehaltenen Pfarramt zu vergleichen. So grenzte § 13 des Vikarinnengesetzes von 1927 das Amt der Theologinnen auf die Wortverkündigung im Kindergottesdienst, die biblische Unterweisung von Frauen und Mädchen, die Lehrtätigkeit in kirchlichem Unterricht und an Berufsschulen sowie auf die Seelsorge, wiederum insbeson-

Oertmann (seit dem 10.Juli 1931 in der Kirchengemeinde Mühlheim tätig) und die Dortmunderin Maria Weller, die noch an der Universität ihr Fakultätsexamen ablegen mußte, da ihr als Frau vor 1927 das kirchliche Examen rechtlich verweigert war. Die erste westfälische Theologin, die vor dem kirchlichen Konsistorium in Münster das erste theologische Examen ablegte, war die Dortmunderin Gerda Keller. Nach ihrem Lehrvikariat in Dortmund, das sie 1933 mit dem zweiten theologischen Examen abschloß, war sie allerdings zunächst zwei Jahre ohne eine kirchliche Beschäftigung.[2] Erst im Jahr 1935 erhielt sie eine Anstellung im Dortmunder Kreisverband der Frauenhilfe. Eine solche Anstellung von Theologinnen durch die freien kirchlichen Werke war in jener Zeit durchaus üblich. Insbesondere in diakonischen Einrichtungen waren viele Vikarinnen tätig, wie zum Beispiel Gusti Ederhof, die spätere Ehefrau des Holsterhausener Bekenntnispfarrers Ludwig Steil, die vor ihrer Eheschließung als Vikarin in den Orthopädischen Anstalten Volmarstein beschäftigt war.[3]

Nach und nach wurden weitere Vikarinnen in den Dienst von Kirchengemeinden übernommen, so z.B. Aenne Kaufmann 1935 in Essen, Gertrud Grimme in Hagen und Grete Schönhals in Bochum.

Während des Krieges, als viele Pfarrer und Hilfsprediger eingezogen wurden, mußten die Vikarinnen die Aufgaben in den verwaisten Gemeinden ihrer Amtsbrüder mit erfüllen. Beispielhaft sei hier über die Arbeit von Gertrud Grimme in Hagen berichtet: Nach ihrer "Ordination"[4] durch den Hagener Pfarrer van Randenborgh wurden ihr im wesentlichen Aufgaben der Jugendarbeit übertragen. Als jedoch der Hilfsprediger der Bekenntnisgemeinde von Hagen-Dahl eingezogen wurde, übertrug der Bruderrat Gertrud Grimme auch die dortige Arbeit. Somit hielt sie in Dahl neben der Christenlehre, dem Konfirmandenunterricht und den Bibelstunden auch die Gottesdienste ab. Nach einer Bitte der Gemeinde, ob Frau Grimme nicht auch Abendmahlgottesdienste halten dürfe, wurde dies vom Bruderrat des Kirchenkreises Hagen zugelassen. Somit übernahm Gertrud Grimme während der Kriegsjahre die volle pfarramtliche Tätigkeit ihres Amtsbruders.

Eine gewisse gesetzliche Grundlage dieser Praxis schuf die Bekenntnissynode der altpreußischen Union von 1942 in Hamburg. Dort wurde in Beschluß V festgelegt, daß "in Zeiten der Not, in denen die geordnete Predigt des Evangeliums aus dem Munde des Mannes verstummt, ... die Kirchenleitung (es) gestatten (kann), daß Frauen ... auch im Gemeindegottesdienst das Evangelium verkündigen".[5] So leisteten vor diesem gesetzlichen Hintergrund viele Vikarinnen einen vollen pfarramtlichen Dienst mit Predigten, Abendmahlsgottesdiensten und Amtshandlungen.

Das Vikarinnengesetz von 1949

Nach dem Zweiten Weltkrieg, als die männlichen Amtsbrüder ihren Dienst in den Gemeinden wieder aufnehmen konnten, wurden die Frauen jedoch wieder aus der vollen pfarramtlichen Tätigkeit zurückgedrängt. Zwar wird von der Kirchenleitung der Dienst der Vikarinnen gewürdigt, wie es das Schreiben der Leitung der evangelischen Kirche der Rheinprovinz an die Vikarin Aenne Kaufmann in Essen zum Ausdruck bringt: "Wir danken Ihnen, daß Sie um der Geltung von Schrift und Bekenntniswillen mancherlei Opfer freudig auf sich genommen haben und im Dienst unserer Kirche geblieben sind."[6] Aber das Tätigkeitsfeld der Vikarinnen ist nach 1948, trotz des Wunsches einzelner, weiterhin ein reguläres Pfarramt zu übernehmen[7], wieder auf die oben genannte frauenspezifische Gmeindetätigkeit eingeengt. Dies geschah, obwohl den sogenannten "illegalen Vikarinnen" der Bekennenden Kirche die Rechtmäßigkeit ihrer vor dem Bruderrat abgelegten zweiten theologischen Prüfung sowie ihre Einsegnung / Ordination bestätigt wurde. So betreute Aenne Kaufmann in Essen nunmehr die weibliche Jugendarbeit, Grete Schönhals in Bochum unterrichtete an höheren Schulen und leitete die Jungfrauen- und Frauenhilfsarbeit und Gertrud Grimme wurde katechetische Leiterin in Villigst.

Das Kirchengesetz über Ausbildung und Anstellung von Vikarinnen der Evangelischen Kirche von Westfalen vom 12.11.1949, dem ein nahezu identisches Gesetz der rheinischen

Abb. 58: Gertrud Grimme (rechts)
Katechetische Leiterin in Villigst

Kirche im Jahre 1950 folgte, legt das Aufgabenfeld einer Vikarin neu fest. Dort wird bereits in § 1 die vom Pfarramt deutlich unterschiedene Stellung der Vikarin hervorgehoben: "Die Mitarbeit der theologisch vorgebildeten Frau vollzieht sich innerhalb der durch die Weisungen der Schrift gegebenen Grenzen unter Berücksichtigung der schöpfungsmäßigen Unterschiedenheit von Mann und Frau und in Anerkennung der der Frau besonders verliehenen Gaben."[8] Wie die "den Frauen besonders verliehenen Gaben" näher zu verstehen sind, wird insbesondere in § 2 ausgeführt, wo als Aufgaben der Vikarinnen die "Wortverkündigung, Unterricht und Seelsorge vornehmlich an Frauen, jungen Mädchen und Kindern"[9] festgelegt werden. Somit unterstreicht dieses Gesetz die traditionelle gesellschaftliche Rollenzuweisung der Frauen, wie sie in den 50er Jahren wieder charakteristisch wird. Im Unterschied zu dem 1927 verfaßten Gesetz erlaubt das Vikarinnengesetz von 1949 den Vikarinnen lediglich im Rahmen ihres Dienstes das Recht zur Verwaltung der Sakramente. Ferner kann "auf Antrag des Presbyteriums oder der sonst zuständigen Dienststelle ... das Landeskirchenamt den Aufgabenkreis der Vikarin erweitern."[10]

Darüber hinaus wird der bleibende Unterschied zum vollen Pfarramt nach außen vor allem durch die § 14 und § 15 dokumentiert. § 14 legt für die erste Anstellung der Vikarin eine "Einsegnung im öffentlichen Gottesienst"[11] im Unterschied zur Ordination der Pfarrer fest. Dies ist insofern ein bedeutsamer Rückschritt, als während der Zeit der Bekennenden Kirche vor 1945 einige Theologinnen die volle Ordination erhielten.[12] Ferner verwehrt das Vikarinnengesetz von 1949 den Frauen als Amtstracht den Talar zu tragen. §15 legt demgegenüber fest: "Als Amtstracht der Vikarin gilt ein schlichtes schwarzes Kleid."[13] Ganz entscheidend ist schließlich die unterschiedliche Besoldung, die für die Vikarin als Diensteinkommen nur 75% des Pfarrgehaltes vorsah.[14] Die geringere Entlohnung wurde damit begründet, daß der Pfarrer im Unterschied zu der nach § 11 unverheiratet bleibenden Vikarin eine Familie zu ernähren habe. Durch ein Ergänzungsgesetz aus dem Jahr 1956 wurde den Vikarinnen schließlich die finanzielle Gleichstellung gewährt.

Eine weitere Diskriminierung der Vikarinnen ist darin zu sehen, daß im Jahr 1953 die rheinische, westfälische, hessische und lippische Kirche ein gesondertes Predigerseminar für Vikarinnen in Rengsdorf eingerichtet haben. Dort sollen die Theologinnen nach einem jahrelangen gemeinsamen Studium mit den Pfarramtskandidaten nun eine spezielle

Ausbildung erhalten. Allerdings war dieses Projekt inhaltlich wenig durchdacht und wirkte selbst auf die Dozentin für Katechetik, Gertrud Grimme, "recht improvisiert"[15].

Abb.59: Vikarin Aenne Kaufmann (mit Fahne)

Diese verschiedenen, zum Teil sehr weitreichenden Maßnahmen, die die benachteiligte Stellung der Vikarin gegenüber ihren Amtsbrüdern festschreiben, dokumentieren das Bemühen der Kirchenleitung, das Amt der Theologin von dem des Theologen deutlich zu unterscheiden. Das Engagement vieler Vikarinnen während der NS- und insbesondere während der Kriegszeit, das vielerorts eine volle pfarramtliche Tätigkeit der Theologinnen einschloß, wird in der Nachkriegszeit ungenügend in Rechnung gestellt. Insbesondere ist das Vikarinnengesetz von 1949 ein deutlicher Rückschritt selbst hinter das nur sehr vorsichtig formulierte Wort der Hamburger Synode von 1942. Die Stellung der Theologin in der Kirche entspricht damit deutlich der Stellung der Frau in der Gesellschaft der 50er Jahre. In das Aufgabenfeld der Frauen gehören wieder vornehmlich die Bereiche der Hausarbeit, Kindererziehung und anderer fürsorgerischer Berufe.

Birgitt Jähnichen/Traugott Jähnichen

1. Vgl. Kirchengesetz betrifft Fortbildung und Anstellung der Vikarinnen. Vom 9. Mai 1927, Kirchliches Gesetz- und Verordnungsblatt Jahrgang 51-1927, S. 228ff
2. Vgl.Gerda Keller, Inmitten einer Kirche von Männern - eine Frau entscheidet sich für die Theologie, in: Theologinnen in der evangelischen Kirche von Westfalen, Bielefeld 1990, S. 44ff, insbesondere S. 52, S. 55f
3. Vgl. G. Steil, Ludwig Steil - Ein westfälischer Pfarrer im Kirchenkampf, Herne 1990, S.49
4. Nach dem Vikarinnengesetz von 1927 wurde eine Vikarin zu ihrem Dienst "eingesegnet". In den Jahren seit 1936 wird vereinzelt von einer Ordination von Theologinnen gesprochen, wobei jedoch deren Rechtsstatus noch ungeklärt blieb. Vgl. I.Härter, Persönliche Erfahrungen mit der Ordination von Theologinnen in der Bekennenden Kirche des Rheinlandes und in Berlin/Brandenburg, in: G.v.Norden (Hrsg.), Zwischen Bekenntnis und Anpassung, Köln 1985, S.193 ff
5. Beschluß V. Auszug aus dem Protokoll der elften Bekenntnissynode der evangelischen Kirche der altpreußischen Union vom Oktober 1942, in: W. Niesel (Hrsg.), Um Verkündigung und Ordnung der Kirche. Die Bekenntnissynoden der evangelischen Kirche der altpreußischen Union 1934-43, Bielefeld 1949, S. 97
6. Schreiben der Evangelischen Kirche der Rheinprovinz an Frau Vikarin Aenne Kaufmann vom 9.8.1945 in: Archiv der Evangelischen Kirche im Rheinland Düsseldorf, Nachlaß Aenne Kaufmann
7. Vgl. G. Grimme, a.a.O., S. 18
8. Kirchengesetz über Ausbildung und Anstellung von Vikarinnen in der evangelischen Kirche von Westfalen. Vom 12. November 1949, Kirchliches Amtsblatt von Westfalen 1949, S. 83
9. Ebenda
10. Ebenda
11. A.a.O., S. 84
12. Vgl. I. Härter, a.a.O., S.193ff
13. Ebenda
14. 19 des Vikarinnengesetzes, ebenda
15. Vgl. G. Grimme, a.a.O., S. 14

Die Kirchliche Aufbauhilfe

"Unsere Gemeinde ist ein Kind des Industriezeitalters. Sie entstand mit dem Vordringen des Bergbaus. Sie lebte das Leben einer "durchschnittlichen" Gemeinde im westfälischen Industriegebiet. Sie litt stärker als andere unter den Folgen des Bombenkrieges. Sie ermüdete schrecklich in der Ausweglosigkeit der Nachkriegsjahre. Sie rief um Hilfe..."[1].

So beschreibt eine Gelsenkirchener Gemeinde im Jahre 1952 ihre Situation. Auf Grund der besonderen Belastungen des Ruhrgebietes durch die Kriegsfolgen waren auch die Kirchen und Gemeindehäuser an Ruhr und Emscher stark betroffen. ...Fehlende Geldmittel und somit ausbleibender Wiederaufbau im kirchlichen Bereich standen vielfach im Kontrast zu einem forcierten Wiederauf- und Neubau der Städte sowie einer ständigen Bevölkerungszunahme der Gemeinden. Aufgrund nicht vorhandener Kirchen, Gemeindehäuser, Jugendheime, Kindergärten, Pfarrwohnungen und so weiter sahen sich die Gemeinden nicht mehr in der Lage, ihrem missionarischen Dienst an weiten Kreisen der Bevölkerung gerecht zu werden.

Die Kirche im Industriegebiet

Eine Aufgabe, die angesichts der fortschreitenden Technisierung der Wirtschaft und Modernisierung der Gesellschaft ohnehin immer schwerer wurde. "Zwar bezeichneten sich 95 Prozent der Bevölkerung noch als zu einer Kirche zugehörig - eine erstaunlich hohe Zahl -, aber die übergreifende Mehrzahl der evangelisch Getauften lebt ohne lebendige Beziehung zur Kirche und nimmt am gottesdienstlichen Leben der Gemeinde keinen Anteil mehr"[2], heißt es in einem Bericht über die Lage der Kirche im Industriegebiet von 1954. Für dieses Auseinanderleben der Gemeinden und der Mehrzahl ihrer Glieder wird ein sozialer, ökonomischer, politischer und kultureller Strukturwandel vor allem in der Gesellschaft des Industriegebietes verantwortlich gemacht, dem die Kirche keine adäquaten Lebensalternativen entgegenzusetzen habe.

Um nun in der besonderen Lage der Industriestädte ihren Dienst an den ihr anvertrauten Menschen in angemessener Weise zu tun, sei es nötig, der Vermassung der Gesellschaft im Bereich der Kirche zu begegnen, indem sie wieder die Ortsgemeinden zum Mittelpunkt des Lebens des einzelnen Christen macht, aus dem er die Kraft für die vielgestaltigen neuen Aufgaben in der modernen Welt ziehen könne. Um so die Ortsgemeinde wieder zur Heimat der Christen zu machen, war die Verkleinerung der Gemeinden und der Neubau von Kirchen und Gemeindezentren unbedingt nötig.

In diesem Sinn führt der Präses D. Wilm in seinem Geleitwort zu einer Broschüre über die Arbeit der "Kirchlichen Aufbauhilfe" im Jahr 1954 folgendes aus: "Zweierlei treibt uns, dieses Werk anzugreifen... . Das eine ist die Verantwortung, die unsere Kirche für jeden einzelnen evangelischen Menschen hat. Sie hat ihm das selig-machende Evangelium von Jesus Chistus zu bezeugen; sie soll ihm die Möglichkeit geben, im Gottesdienst die Predigt des Wortes Gottes zu hören, das Sakrament zu empfangen und mit der Gemeinde Gott zu loben und zu Ihm zu beten; sie hat die Verantwortung, daß alle in unserer Kirche getauften Kinder im evangelischen Glauben erzogen und unterwiesen werden und hat also für solchen Unterricht zu sorgen... Um dieser Verantwortung willen ist unsere Kirche und sind alle unsere Gemeinden gerufen, sich überall da, wo neue Wohnsiedlungen entstehen oder wo die bisherigen

Abb. 60: Der kirchliche Wiederaufbau kommt nur langsam voran

Wohngebiete sich ausweiten, um die rechte kirchliche Versorgung... zu kümmern und auch mit großen Opfern alles dazu Notwendige zu schaffen... Damit komme ich zu dem anderen, das ist die Verantwortung, die wir als Gemeinden in unserer Evangelischen Kirche von Westfalen füreinander haben. Wir haben erkannt, daß manchen unserer Kirchengemeinden Aufgaben erwachsen sind, die viel zu groß sind, als daß sie sie, auf sich allein angewiesen, bewältigen können. Darum muß hier...der innerkirchliche Lastenausgleich eintreten und noch kräftiger helfen, als es bisher schon geschehen ist."[3]

So umschreibt der damalige Präses der westfälischen Landessynode das Prinzip der "kirchlichen Aufbauhilfe", die 1952 nach mehrfacher Visitation von Synoden im westfälischen Industriegebiet durch einen vom Präses geleiteten Arbeitsausschuß der Landessynode gegründet wurde: Teilfinanzierung von Neubauten durch einen westfälischen Lastenausgleich, der die Gemeinde zugleich zum Aufbringen des Restbetrages unter anderem durch Spenden motivieren sollte. Durch die kirchliche Aufbauhilfe, auch Großstadthilfe genannt, konnten die meisten der heute das kirchliche Bild des Ruhrgebietes prägenden Gemeindezentren errichtet werden.

Kirchenbau im Ruhrgebiet - Ein Beispiel

Die Architekten, die in den 50er Jahren mit dem Bauvorhaben der Kirche im Industriegebiet betraut waren, standen vor einem doppelten Problem: Zum einen setzten sie sich selbst die Aufgabe, einen festen Kirchbaustil des 20. Jahrhunderts zu manifestieren, zum anderen waren sie genötigt, sich den besonderen Umständen der Wiederaufbausituation in den Städten und der mageren Finanzsituation zu stellen. Als Prämisse für den gesamten Kirchbau im Ruhrgebiet galt die Angliederung an das bauliche Umfeld, die Bindung des kirchlichen Zentrums an das Wohngebiet der Menschen. Dabei sollte die angesichts der gesellschaftlichen Situation gebotene Sparsamkeit sich nicht zur Geschmacklosigkeit verirren.

Der westfälische Kirchenbauarchitekt Paul Gottschalk stellte dabei fest: "Die Technik mit ihren neuzeitlichen Konstruktionen ist die richtungsweisende Gestalterin des Bauens geworden. Auch im Kirchbau ist die Ausnutzung ihrer Mittel nicht abzulehnen."[4]

Abb. 61: Grundsteinlegung in Bochum-Stahlhausen

Die ständige Spannung, in der sich kirchliche Existenz vollzieht, in Skepsis gegenüber gesellschaftlicher Modernität, aber bei gleichzeitigem Anspruch einer zeitgemäßen Orientierung, wirkt sich somit auch auf den Bereich des Kirchbaus aus. Denn bei aller Ausrichtung auf das kreative Element der technischen Entwicklung sollte der Kirchbau gleichsam Heimat und Stätte der Besinnung auf Gott symbolisieren für den im Alltag von Technik und Modernität auf sich selbst geworfenen Menschen. Und noch ein theologischer Aspekt beeinflußte den Stil kirchlichen Neubaus: die Frage nach dem Verständnis von Gemeindeaufbau. Wie stehen alltägliches Gemeindeleben und sonntäglicher Gottesdienst zueinander? Wer unterliegt in dem Kompromiß angesichts begrenzter Finanzen?

Wer bildet den Mittelpunkt des Neubaus, die Kirche oder das Gemeindehaus? In vielen Fällen siegte die Vernunftsformel: Besser ein gutes Gemeindehaus als eine unzureichende Kirche!

Nicht wenige, vor allem außerkirchliche Stimmen mahnten angesichts dieser kirchlichen Baukonjunktur zu mehr Zurückhaltung. Wohnungen zu bauen sei wichtiger als die Neuerrichtung von Kirchen. Allerdings war der Bau von kirchlichen Einrichtungen ein sakrales Zeichen in einer säkularisierten Welt - eine Funktion von Kirchbau, die gerade in einer sich rapide modernisierenden Gesellschaft unverzichtbar ist. Jedoch darf nicht die äußere Gestaltung von Kirche zum Selbstzweck, der von der konkreten Aufgabe der christlichen Gemeinde ablenkt, entarten.

Der Dienst der Gemeinde an der Gesellschaft aber sei doch letzlich nur von Christen zu leisten, die Gelegenheit finden, spirituelle Kraft für ihre Arbeit zu suchen. "Auf solche Weise dient die Kirche jedem einzelnen. Aber indem sie ihn einlädt und in ihre Tore läßt, stellt sie ihn damit hinein in die Gemeinschaft. Darin besteht... der Dienst der kirchlichen Gebäude, daß sie in der modernen Massengesellschaft die entscheidende Hilfe zur Bildung echter Gemeinschaft bieten. Indem sie der Versammlung der Gemeinde eine würdige und wohnliche Stätte bereiten, bieten sie dem einzelnen einen Ort, wo Befreiung aus Einsamkeit und aus Vermassung erfolgt."[5]

Christiane Eidmann

1. F.Wiedemann, Bericht über die kirchliche Aufbauhilfe, in: Kirche im Industriegebiet, H.Bühler, Schwelm 1954, S. 27
2. Vgl. H.Krueger, Die Lage der Kirche im Industriegebiet, in: Kirche im Industriegebiet, S. 10
3. E.Wilm, Geleitwort, in: Kirche im Industriegebiet, a.a.O., S. 7/8
4. P.Gottschalk, Die Kirche baut im Industriegebiet, in: Kirche im Industriegebiet, a.a.O., S. 34
5. H.Thimme, Kirchbau und Gemeindeleben, in: Kirche im Industriegebiet, a.a.O., S. 48

Der Wiederaufbau der Reinoldikirche

Dortmund ist während des Zweiten Weltkrieges zu 65% zerstört worden. Die Innenstadt lag fast völlig in Schutt und Asche. Das Ausmaß der Zerstörung läßt sich schlaglichtartig an einer Liste der zerbombten Gemeindeeinrichtungen der Reinoldigemeinde aufzeigen: "3 von 4 Kirchen, 1 Kapelle, 6 von 7 Gemeindehäusern, alle 7 Kindergärten" waren gänzlich unbrauchbar geworden und "schwer beschädigt wurden: 1 Kirche, 1 Gemeindehaus, 4 Pfarrhäuser."[1]

Die Reinoldi-Kirche war die größte Kirche Dortmunds, das Lebenszentrum einer großen Gemeinde. Sie ist 1943/44 in vier schweren Bombenangriffen bis auf die Umfassungsmauern vernichtet worden. "Die ersten schlimmen Treffer erhielt St. Reinoldi bei dem zweiten Großangriff am 24. Mai 1943, der 629 Menschen das Leben kostete und rund 4.470 Brände verursachte. [...] Bei dem Großangriff vom 6. Oktober 1944, bei dem 1.015 Personen getötet und 60.000 obdachlos [wurden, wurde] die Reinoldikirche vollends zertrümmert."[2]

Das Dach und der Turm von 1701 waren angebrannt; die wertvolle Orgel ging dabei ebenfalls in Flammen auf, die Glocken waren herabgestürzt, die Gewölbe eingebrochen und hatten die barocke Kanzel zerstört. Die kostbaren Fenster waren einschließlich des Maßwerkes weitgehend vernichtet. Nur das große Triumphkreuz aus der zweiten Hälfte des 15. Jahrhunderts, hing, ein unheimlicher Anblick, wie Augenzeugen berichten, fast unbeschädigt in der zerstörten Kirche. Eine Reihe alter Kunstschätze, wie das Altartriptychon, waren durch Auslagerung gerettet worden.[3]

Rückblick auf eine tausendjährige Baugeschichte

"Die Zerstörung der Kirche im letzten Kriege hat den Weg zu einer eingehenden wissenschaftlichen Stadtkernforschung an dieser bedeutungsvollen Stelle Dortmunds geebnet."[4] Bei den Grabungen, die Museumsdirektor Dr. Albrecht seit dem Herbst 1949 in der zerstörten Kirche unternahm, war man auf Reste einer einschiffigen T-förmigen Saalkirche aus der zweiten Hälfte des 10. Jahrhunderts gestoßen, deren Grundriß dem des Patriklidom in Soest und der Kirche St. Pantaleon in Köln gleicht.[5] Diese archäologischen Untersuchungen haben damals ein großes Echo in der Tagespresse gefunden.[6]

Die im Zweiten Weltkrieg zerstörte Kirche stammt aus dem 13.-15. Jahrhundert. Das Langhaus ist mit seinen Seitenschiffen zwischen 1250 und 1270 errichtet worden. Es spiegelt den Übergang von der Romanik zur Gotik. Die Seitenschiffe sind außergewöhn-

Abb.62: Der zerstörte Chorraum

lich hoch, so daß sich im Innenraum der Eindruck einer dreischiffigen Basilika mit dem einer Hallenkirche mischt.

Von einzigartiger Schönheit war der Chorraum. Von Meister Roseir zwischen 1421 und 1450 errichtet, ist er mit seinen neun großen Fenstern und dem sich beträchtlich über das Langhaus erhebenden Netzgewölbe ein Werk der Spätgotik, das in Westfalen ohne Beispiel ist.[7] "Es ist ein heller, festlicher, fast prunkvoller Raum, durchflutet von Licht, das durch die riesigen Fenster hereinbricht."[8]

Ebenfalls im 15. Jahrhundert wurde auch der Turm erneuert. Es entstand 1454 das 112 m hohe "Wunder Westfalens". Dieser Turm stürzte 1661 auf die Kirche und zertrümmerte einen Großteil des Schiffes. Die unmittelbare Ursache ist in einem Erdbeben von 1640 zu suchen. Infolge des 30jährigen Krieges war man nicht in der Lage gewesen, das gefährdete Bauwerk zu retten. Der neue Turm war erst 1701 fertiggestellt, sehr viel bescheidener als sein Vorgänger, kaum 80 m hoch. Seine Spitze mit der barocken Doppelzwiebel war 250 Jahre lang das Wahrzeichen Dortmunds bis sie in den Bombennächten des Zweiten Weltkrieges verbrannte. "Als die Kampfhandlungen im April 1945 beendet waren, bot die St. Reinoldi-Kirche den Anblick einer schuttgefüllten Ruine."[9] Das wertvollste Zeugnis mittelalterlicher Baukunst in Dortmund schien für immer vernichtet.

Wiederaufbau der Reinoldi-Kirche 1945 - 1956

"Angesichts des Ausmaßes der Zerstörungen an der Reinoldikirche und wegen der damals herrschenden Knappheit an Arbeitskräften und Material konnte an einen Wiederaufbau des ganzen Gotteshauses vorläufig nicht gedacht werden."[10] Man fragte sich, ob man das, was in Jahrhunderten gewachsen war, überhaupt würde wieder aufbauen können und fürchtete, daß es wieder wie nach dem 30jährigen Krieg 40 Jahre dauern würde.

"Wenn Meister Roseir heute den Fuß auf die Trümmer des von ihm geschaffenen Hochchores setzen würde, müßte er tief erschüttert über den Wechsel des Schicksals sein."[11] "Wechsel des Schicksals" - Eine solche Schicksalsergebenheit spricht aus allen Zeitungsartikeln, die über die Zerstörung der Reinoldi-Kirche berichten. Der Krieg wird wie ein widriges Naturereignis behandelt. Das Wort "Krieg" bezeichnet die letzte unhinterfragte Ursache der Zerstörung. Von der Geschichte der Schuld, die in diese Verwüstung geführt hat, ist an keiner Stelle die Rede. Der Wiederaufbau der Reinoldikirche ist kein Akt der "Vergangenheitsbewältigung". Mitte der 50er Jahre kann die Kirche als "ein Symbol des Aufbauwillens unserer Stadt" gedeutet werden, so eine Bildunterschrift zu einem Foto, das zugleich das pulsierende Wirtschaftsleben des Westenhellwegs zeigt.

Dies deckt sich mit einer Beobachtung, die van Spankeren im Zusammenhang einer Untersuchung zur Stuttgarter Schulderklärung (18./19.10.1945) macht. Nachdem man sich Anfang 1946 auf Initiative des Superintendenten Fritz Heuner gerade in Dortmund bis in die Einzelgemeinden hinein intensiv mit der Schuldfrage beschäftigt hat, "fällt auf, daß das Darmstädter Wort vom August 1947 im Synodalbericht zwar erwähnt, in den Gemeinden aber offenkundig nicht mehr diskutiert wurde. Wiederaufbau, so scheint es, wurde nunmehr eher unter handfest-praktischen, denn unter theologischen Aspekten gesehen: Im traditionellen Schema der Kreissynodalprotokolle nimmt der § 3. B. 'Bauten und Ausmessung` immer mehr Raum ein, symptomatisch abnehmende Tendenz zeigt Punkt 1.A. 'Kirche, Allgemeines`."[12]

Am 4.6.1947 bschließt das Presbyterium der Reinoldi-Gemeinde, die geringer zerstörte Sakristei wiederherzustellen. Von Heilig Abend 1948 an bis 1953 fanden in diesem relativ großen Raum Gottesdienste statt.

Nachdem 1947 in der Presse immer wieder auf die Gefährdung der Ruine hingewiesen wurde, konnte man 1949 nach der Währungsreform mit dem behutsamen Forträumen des Schutts beginnen. Verwertbare Steine wurden aussortiert.[13] Die Vermessungsarbeiten des mit der Leitung des Wiederaufbaus betrauten Architekturbüros Herwarth Schulte waren komplizierter und langwieriger als erwartet.

Am 7.1.1950, dem Reinoldustag, trat der eigens gegründete Kirchbauverein mit dem Aufruf "Rettet Reinoldi!" an die Öffentlichkeit. Das Echo war groß, aber es fehlte trotzdem immer wieder an Geld. "Die Weiterführung der Arbeiten [...] hängt von dem Eingang weiterer Mittel ab. Noch fehlt die in Aussicht gestellte staatliche und gemeindliche Unterstützung, noch ist der Kirchbauverein allein auf die Opferbereitschaft der Bürger angewiesen. Jeder kann helfen! Auch die kleinste Gabe ist ein Baustein! Am Tage seines einjährigen Bestehens ergeht daher die Bitte des Kirchbauvereins: 'Jeder, der wöchentlich nur 5 Pfg. für St. Reinoldi übrig hat, trete dem Kirchbauverein bei!"[14]

Seit Juli 1950 hatte man das Traufgesims wiederhergestellt und die Mauerkronen mit einem "Betonrähm" zu sichern begonnen und auf diese Weise das Fundament für den Dachstuhl geschaffen.

Mit der Stahlkonstruktion des Daches konnte im Dezember 1951 begonnen werden. Schon am 19.1.1952 war dieser Arbeitsschritt vollendet. Endlich wurden die Wiederaufbauleistungen für alle sichtbar. In der Presse konnte man mit gigantischen Zahlen aufwarten: "120 t Moselschiefer für die Reinoldikirche" (11.6.1952) Von einer "Montagehalle im Hellwegdom" ist die Rede.

Diese Begrifflichkeit ist symptomatisch für das Vorgehen bei den Restaurierungsar-

Abb. 63: Die Rainoldi - Lotterie trägt zur Finanzierung des Wiederaufbaues bei

beiten, ging es doch darum, das alte Gebäude einerseits möglichst historisch getreu wiederaufzubauen. Doch andererseits war man stolz darauf, das unsichtbare Skelett des Bauwerks mit modernsten Mitteln zu erstellen. Konsequenterweise lehnte man es ab, das sichtbare Maßwerk und die Gewölberippen aus Beton zu gießen - die Gewölbe wurden nach mittelalterlicher Weise gemauert -, dafür aber wurde der statisch gefährdete Turm, der kein großes Geläut mehr tragen konnte, von innen ganz mit einer 0,5 m dicken Betonschicht verstärkt, und auch der Kern der barocken Turmzwiebeln und der 79,30 m lange Helm bestehen aus Stahlbeton, der mit Kupfer gedeckt worden ist. So konnte der Turm insgesamt auf eine Höhe von 104,45 m gebracht werden.

Abb. 64: Die Bauarbeiten kommen voran

Um die äußere Gestalt des Turms hatte es eine lebhafte Auseinandersetzung gegeben, die sich auch in den Äußerungen der Presse widerspiegeln. Ein Umfrage wurde gestartet. Schließlich aber waren 95 % der Befragten für eine Beibehaltung der barocken Form. Der neue Turm wurde dann aber deutlich höher als sein Vorgänger (um 25 m). Dies war ein Tribut, den man dem modernen Bedürfnis zollte, die Geschäftshäuser der Umgebung höher als vor dem Kriege aufzubauen. Außerdem ist eine gewisse Tendenz zur Regotisierung im 19. Jahrhundert veränderter Partien zu beobachten. Auf die neuromanischen Portale der Südfront verzichtete man. "Durch diese Veränderung ... wird der einheitlich gotische Stil gewahrt, gleichzeitig erhält der Kirchraum aber auch mehr Licht.",heißt es in einem Zeitungsartikel von 1954.

Die 660.000 DM der Turmrenovierung brachte auf Initiative von Oberstadtdirektor Hansmann die Stadt Dortmund auf.

Einen entscheidenden Anteil am Wiederaufbau hatten die seit 1952 jährlich bis 1955 im Sommer durchgeführten Reinoldi-Lotterien. "70.000 Gewinne warten auf uns - Fünf Autos für 50 Pfennig - Heute beginnt die Aufbau-Lotterie", heißt es am 28.6.1952. Die Dortmunder Geschäftswelt hatte viele Sachwerte gespendet. So wurde das Ganze auch zu einem werbewirksamen Spektakel der Euphorie des beginnenden "Wirtschaftswunders". "Zwischen den fünf Autos, PKW und LKW, und den genannten Schnürsenkeln, gibt es Fahrräder (100 oder mehr, wie man hört), Herde, Radioapparate, Möbel, Kleider, Anzüge, elektrische Geräte, kurz was man sich vorstellen kann. Und man kann sich viel vorstellen."[15] - 1953 lesen wir anläßlich der zweiten Lotterie: "Rund 600.000 DM wurden bis jetzt an dieser alten Kirche verbaut. 238.000 DM davon brachte die 1. Reinoldi-Lotterie auf."[16]

So kann 1953 das nördliche Seitenschiff soweit hergerichtet werden, daß seit Heilig Abend für die inzwischen wieder gewachsene Innenstadtgemeinde von Reinoldi hier Gottesdienste stattfinden konnten. 300 Menschen fanden auf der provisorischen Bestuhlung Platz.

Nach der Fertigstellung des Turms im Sommer 1954 werden die alten Glocken, die während des Krieges herabgestürzt waren, zum Umgießen zum Stahlwerk Bochumer Verein gebracht. Am 24.12.1954 findet die Glockenweihe statt. 1955 wird das Kreuzgratgewölbe im Langhaus vollendet und mit dem Netzgewölbe des Chorraums begonnen. Da inzwischen der Anschluß an das Fernheizungssystem erfolgt ist, kann man im Winter 1956 mit der Arbeit fortfahren.

Abb. 65: Eröffnungsgottesdienst in Reinoldi

Am 3. 6. 1956 kann die Kirche feierlich eingeweiht werden. "Sieg über Bomben, Brand und Schutt"[17] jubelt die Presse. Schon anläßlich der Vollendung des Turms schrieb man: "Damit wurde ein jahrelanges, zähes Ringen um die Fertigstellung eines ehrwürdigen Gotteshauses gekrönt, dessen Silhouette durch sieben Jahrhunderte das Wahrzeichen unserer Stadt ist."(2.9.1954) - Wahrzeichen durch sieben Jahrhunderte - Die Zeit der Nazi-Diktatur konnte man getröstet durch den raschen Wiederaufbau als bösen Traum vergessen. Daß sich diese 700jährige Kontinuität in jenen Bombennächten von 1943/44 als trügerisch erwiesen hatte, das wurde nicht mehr bemerkt. Das Alte war genauso und besser gar wiederhergestellt, ein Wahrzeichen auch des unerhörten wirtschaftlichen Aufschwungs der Stadt.

"Allmählich also fügt sich St. Reinoldi zu einem Ganzen, vernarbt eine der schwersten Kriegswunden der Innenstadt.", heißt es schon am 11.6.1952.

Zu erwähnen bleibt dann nur noch der Artikel, der unmittelbar unter den Einweihungstönen von 1956 abgedruckt ist: "In Bunkern, Kellern, Baracken und Gemeinschaftsunterkünften leben immer noch 2.495 Menschen, im April vorigen Jahres waren es 2.526. Hier ist nur ein geringer Rückgang zu verzeichnen."[18]

Martin Röttger

1. St. Reinoldi in Dortmund. Zur Wiedereinweihung der St. Reinoldi-Kirche im Auftrage des Presbyteriums, hrsg. v. H. Lindemann. Dortmund 1956, S. 52f
2. A.a.O., S. 36
3. A.a.O., S. 69
4. Die Welt vom 7.1.50
5. A.a.O., S. 64
6. Vgl. u.a. den ganzseitigen Artikel von Albrecht im Dortmunder Stadtanzeiger, 12./13.12.1959, Nr. 288.
7. St. Reinoldi in Dortmund, S. 82
8. A.a.O., S. 81
9. A.a.O., S. 69
10. Ebenda
11. Westfalenpost 1948
12. van Spankeren, S. 28
13. Vgl. Ruhrnachrichten vom 31.10.1950
14. Kaum 6 Wochen nach Erscheinen des Flugblattes waren 600 Mitglieder gewonnen. Aufgrund eines Presbyteriumsbeschlusses vom 23.9.1948 wurde am 21.12.1949 der Reinoldi-Kirchbauverein gegründet, um den Wiederaufbau finanziell zu ermöglichen. Insgesamt brachte der Verein 1.577.572,81 DM auf. Nachdem am 3.6.1956 die Kirche wiedereingeweiht war, 1958 die Orgel und 1967/68 die farbigen Fenster fertiggestellt waren, hatte der Kirchbauverein seine Aufgabe erledigt. So konnte er am 19.6.1972 aufgelöst werden. (Rechenschaftsbericht, Daub 1972, unveröffentlichtes Typoskript.)
15. Ruhrnachrichten vom 28.6.1952
16. Ruhrnachrichten vom 12.6.1953. Die Lotterien haben insgesamt einen Reinertrag von 969.939,29 DM erbracht. (Rechenschaftsbericht Daub)
17. Stadtanzeiger, Nr. 127 vom 4.6.1956
18. Ebenda

Für ihre freundliche Unterstützung dankt der Autor Herrn Pfarrer Daub und Frau Dr. Lindemann

Neuer Aufschwung der Jugendarbeit

Die Westbundarbeit des CVJM unter Johannes Busch

Die kirchliche Jugendarbeit im Ruhrgebiet wurde in den 50er Jahren wesentlich von zwei Brüdern geprägt, von dem westfälischen Landesjugendpfarrer und Bundeswart des CVJM-Westbundes, Johannes Busch, und von dem Essener Jugendpfarrer und Leiter des Weigle-Hauses, Wilhelm Busch.

Abb. 66: Johannes (r.) und Wilhelm Busch

Johannes Busch war seit 1930 Pfarrer in Witten und während des Kirchenkampfes dort Wortführer der Bekennenden Kirche. Unmittelbar nach seiner Zeit als Soldat und der Entlassung aus der Kriegsgefangenschaft, begann er im Jahr 1945 mit dem Neuaufbau der Jugendarbeit des CVJM in Westdeutschland. Das Gebiet des Westbundes, das Busch zu betreuen hatte, umfaßte in etwa das Gebiet der Landeskirchen von Westfalen, Rheinland, Lippe, Kur-Hessen und Hessen-Nassau. Busch gab sein Pfarramt in Witten auf und hat unter den schwierigen äußeren Umständen der Nachkriegszeit eine enorme Reisetätigkeit entwickelt, um so den Vereinen und Bünden des CVJM Hilfestellung leisten zu können. Vom Anfang 1947 bis zum Sommer 1948 hat er dabei nach eigener Aussage "eine Strecke zurückgelegt, die größer ist als der Erdumfang."[1] Es gab wohl nur sehr wenige der rund 1.000 CVJM-Vereine, die Busch nicht selbst besucht und gekannt hat.

Die Westfälische Landeskirche hat die Bedeutung des CVJM-Westbundes als die eines großen selbständigen Laienwerkes für die Kirche verstanden und Johannes Busch und damit dieses Werk durch seine Berufung zum Landesjugendpfarrer eng mit der Kirche verbunden.

Der Nierenhofer Pfarrer Heinz Riedesel[2], langjähriger Präses des CVJM-Kreisverbandes Hattingen/Witten, erinnert sich an die CVJM-Gruppenstunden Ende der 40er und zu Beginn der 50er Jahre: "Wir kamen mit den Gleichaltrigen in der Jungenschaft, so nannten wir die Gruppe damals, zusammen. Es war üblich, dort Gottes Wort miteinander zu lesen und zu besprechen, zu singen und auch Gebetsgemeinschaft zu halten. Dies gehörte zum Grundbestand jeder Zusammenkunft. Ferner haben wir des öfteren auch gemeinsam Bücher gelesen und diskutiert. Auch der Sport spielte von Beginn an eine wichtige Rolle. In unserem Verein im CVJM Witten-Bommern haben wir zum Beispiel zunächst mit selbstgemachten Tischtennisschlägern Tischtennis gespielt. Ich selbst kam dann sehr schnell in den Posaunenchor und habe das Trompetenspiel erlernt. Auch hier waren die Anfänge sehr erbärmlich. Wir hatten aber einen sehr geschickten Bassbläser im Chor, der von Beruf Schlosser war. Er konnte aus zwei nicht mehr verwendungsfähigen Trompeten eine neue bauen. Viele aus unserer Gruppe sind dann nach einer kurzen Zeit Helfer in der Jungschar geworden und haben damit auch selbst Verantwortung übernommen. Besonders erwähnen möchte ich schließlich, daß wir im Verein uns gegenseitig stets geholfen haben, soweit es irgend möglich war. Gerade in den schweren Nachkriegsjahren war dies von außerordentlicher Bedeutung."

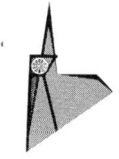

Für die jeweiligen Gruppen war es jedesmal ein besonderer Höhepunkt, wenn sich Johannes Busch als Bundeswart zum Besuch anmeldete. In einer besonders engen Verbindung stand er zum Wittener Verein, wo er trotz der vielen Reisen nach wie vor möglichst häufig anwesend sein wollte.

Neben der regelmäßigen Gruppenarbeit gab es als besondere Höhepunkte des Vereinslebens größere Treffen auf der Ebene der jeweiligen Stadt, bei Evangelisationen und vor al-lem bei verschiedenen Westbund-Treffen.

In Witten fand bereits im Jahre 1946 ein erstes Jahresfest des CVJM statt, an das sich Pfarrer Riedesel noch lebendig erinnert: "Es wurde ein Laienspiel zum Thema 'Der verlorene Sohn' aufgeführt. Es ist wohl sehr bezeichnend gewesen, daß in einer Zeit großer wirtschaftlicher Not alle daraufhin angesprochen wurden, daß wir heimkehren konnten zu unserem Vater im Himmel. Es ging darum, in dieser Geborgenheit auch den Alltag des Lebens meistern zu können. Darauf hat Johannes Busch in seinen Predigten immer wieder hingewiesen, indem er uns die Freude eines Lebens mit Jesus vor Augen führte."

Neben solchen Jahresfesten der Vereine vor Ort gab es in den meisten Kirchenkreisen

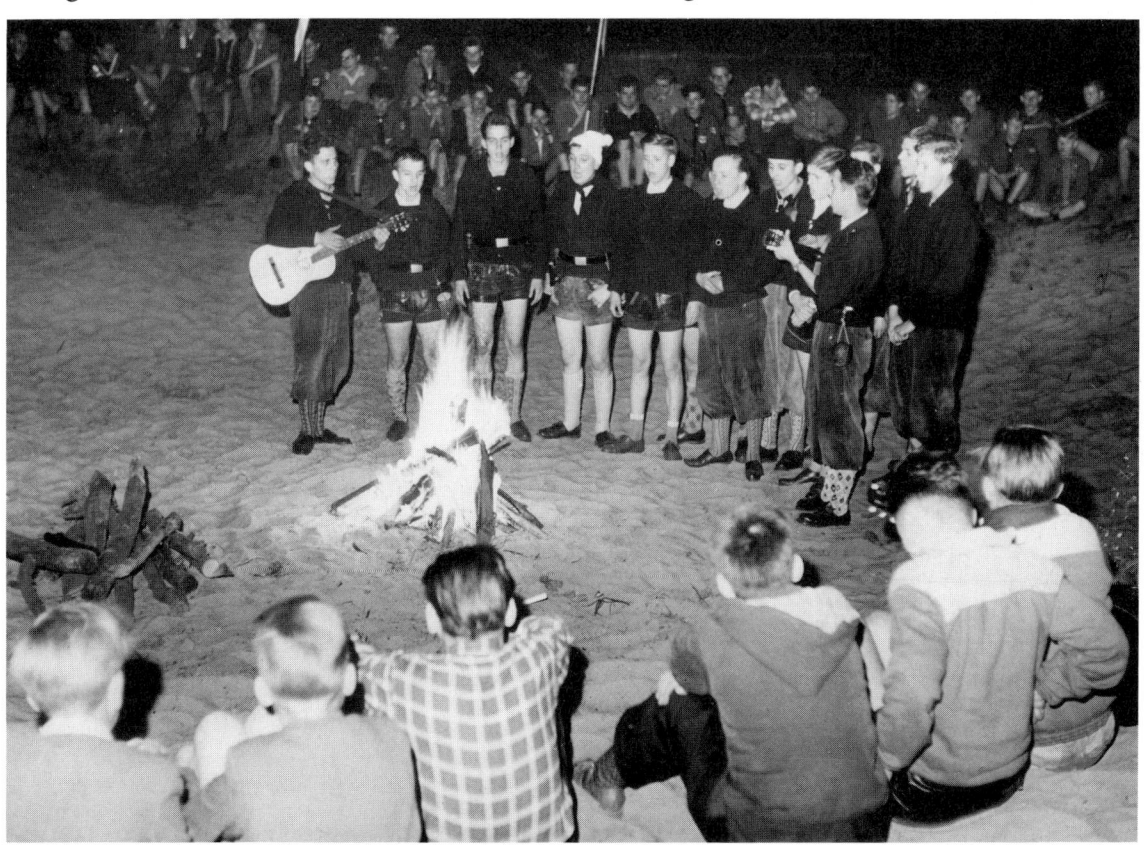

Abb. 67: Zeltlager des CVJM Oberhausen

des Ruhrgebietes besondere Jugendevangelisationen. So hat Johannes Busch zum Beispiel im Kirchenkreis Bochum stets in der Karwoche eine solche Evangelisation unter großer Beteiligung abgehalten. Solche in regelmäßigem Turnus stattfindenden Veranstaltungen gehörten sehr schnell zum festen Bestand der Arbeit.

Auf der Ebene des Westbundes gab es schließlich das jährliche Bundeszeltlager, die Bundesposaunenfeste, die Eichenkreuzsporttreffen sowie vor allem das Ostertreffen.

Das erste Bundeszeltlager fand 1949 in Meinerzhagen statt. Im Mittelpunkt für die Teilnehmer standen hier neben dem bündischen Leben vor allem die Bibelarbeiten von und mit Johannes Busch. Ebenfalls im Jahr 1949 begann die große Serie der Bundesposaunenfeste, wo zum Teil mehr als 4.000 Bläser zusammenkamen. Von besonderer Bedeutung für den CVJM waren stets auch die Bundessportfeste. Von einer gottesdienstlichen Feier umrahmt, die auch die sportliche Betätigung als Ausdruck der Freude an Gottes Schöpfung deutlich machen sollte, wurde im fairen Wettstreit um die den Siegern winkenden Eichenkränze gekämpft. Johannes Busch hat an den Dreikämpfen in seiner Altersgruppe selbst teilgenommen, um damit den Stellenwert des Sportes für die Gesamtarbeit zum Ausdruck zu bringen.

Die wohl größten und wichtigsten Bundestreffen waren die jährlich stattfindenden Ostertreffen. Hier nahmen nach Möglichkeit alle CVJM-Gruppen des Westbundes, dazu die Bläser ebenso wie die Sportler teil. Eines der ersten Treffen nach dem Krieg fand in Gelsenkirchen-Ückendorf statt. Darüber berichtet Pfarrer Riedesel:"Wir fuhren von Witten aus mit Sonderwagen der Straßenbahn nach Ückendorf. Das Treffen begann mit einem Gottesdienst in der Ückendorfer Kirche. Ich selbst war im Posaunenchor und wir haben nach dem Gottesdienst gleich weiter geübt, um die Nachmittagsveranstaltungen vorzubereiten. Gestaltet wurden diese Treffen insbesondere von den beiden Brüdern Busch. Ihre eindringliche Art der Predigt rief uns in die Nachfolge Jesu hinein. Ein Beispiel ist mir besonders lebhaft in Erinnerung geblieben: Pfarrer Busch erzählte von seinem Auto, das beim Fahren einen großen Lärm erzeugte. Er fuhr zur Tankstelle, um den Schaden beheben zu lassen. Da lief ihm der Tankwart entgegen und rief: Sofort aussteigen, sofort stehenbleiben, sonst ist gleich das Differential kaputt. Diese Situation bezog Busch gleichnishaft auf das menschliche Leben und fragte, bei wievielen Menschen in ähnlicher Weise eine sofortige Reparatur nötig sei."

Für die Arbeit des CVJM-Westbundes war es ein schwerer Schlag, als Johannes Busch am 14. April 1956 nach einem Autounfall verstarb. Mehr als 10.000 Menschen, zumeist Jugendliche, fanden sich am 18. April 1950 zu seiner Beerdigung in Witten ein. Viele von ihnen verstanden es als ein Vermächtnis Buschs, in seinem Sinn weiterhin im CVJM zu wirken und Jugendliche zu Jesus hinzuführen.

Wilhelm Busch und das Weigle-Haus in Essen

Als erster Jugendpfarrer in ganz Deutschland wurde Wilhelm Weigle am 31.10.1894 nach Essen berufen. Ihm gelang es sehr schnell, eine vorbildliche Jugendarbeit mit rund 2.700 regelmäßig die verschiedenen Veranstaltungen besuchenden Jugendlichen zwischen 10 und 20 Jahren aufzubauen. Recht bald konnte er auch ein Jugendhaus für seine Arbeit errichten. Im Herbst 1929 ging Weigle aus Krankheitsgründen in den Ruhestand, im Jahre 1931 übernahm Wilhelm Busch seine Nachfolge.

Eine schwere Bedrohung brachte die Zeit des Nationalsozialismus, in der die Freizeitarbeit des Weigle-Hauses auf Betreiben der

Abb. 68: Die Sporttreffen - Höhepunkte bei der Arbeit des CVJM

"Gestapo" fast völlig zum Erliegen kam. Busch selbst erhält am 7.7.1939 Redeverbot für das ganze Reichsgebiet. Trotz vieler Schwierigkeiten und auch nach den schweren Bombenangriffen auf Essen konnten dennoch regelmäßig Veranstaltungen stattfinden. Der wöchentliche Gottesdienst fand nach der Zerstörung des Weigle-Hauses zum Ende des Krieges und in der Nachkriegszeit in dem Hospiz "Herberge zur Heimat" statt. Sehr bald konnte wieder das Weigle-Haus, wenn auch sehr notdürftig, bezogen werden. Die langjährige Mitarbeiterin im Weigle-Haus, Frau Ingeborg Camphausen, erinnert sich an die schwierigen äußeren Bedingungen: "Sehr bald haben wir wieder im großen Saal des Weigle-Hauses angefangen, mit Regenschirmen. Wir haben die Gottesdienste gehalten bei offenem Dach."[3]

Bei der Gestaltung der Gottesdienste stand für Busch stets die Predigt im Mittelpunkt. Die Liturgie wurde demgegenüber sehr kurz gehalten. Neben der Predigt nahm das gemeinsame Singen während des Gottesdienstes einen besonderen Stellenwert ein. Da im Weigle-Haus sehr laut und kräftig gesungen wurde, bezeichnete Busch dieses Singen häufig als "Gottesgebrüll".[4]

So ging vor allem von dem Prediger Wilhelm Busch eine besondere Anziehungskraft aus. Er hat seine Predigten sehr sorgfältig vorbereitet und, obwohl er das Manuskript stets dabei hatte, immer frei gesprochen. Seine Predigten waren sehr bilderreich und dementsprechend leicht verständlich. Es gelang ihm, eine große Personalgemeinde in Essen um sich zu sammeln. Immer wieder konnte man die Aussage: "Ich gehe zu Busch!"[5] hören. Zu den regelmäßigen Gottesdienstbesuchern im Weigle-Haus zählte auch der Oberbürgermeister von Essen und spätere Minister Gustav Heinemann. Busch besaß die seltene Gabe, mit seinen Predigten Jugendliche und Erwachsene, Lehrlinge und

Akademiker gleichermaßen anzusprechen.

Nach dem Krieg behielt das Jugendhaus den bereits im Jahre 1934 angenommenen Namen "Weigle-Haus" bei. In Eigenhilfe wurde es von den Jugendlichen wieder aufgebaut. Trotz der großen materiellen Not wuchs die Arbeit rasch wieder an, und es gelang, die während der NS-Diktatur stark eingeschränkte Gestaltung der Jugendarbeit in der bewährten Form fortzusetzen.

In den einzelnen Stadtbezirken trafen sich die Ortsgruppen ('Abteilungen') zu Gruppenstunden, Bibelkreisen, Sport- und Spielveranstaltungen. Die Verantwortung hatten jeweils zwei Leiter im Alter von 18 bis 25 Jahren. Neben diesen gruppeninternen Veranstaltungen gab es für die Jungen regelmäßig noch zwei weitere Veranstaltungen: Für mittwochs waren die Vereinsbibelstunden angesagt, und sonntags trafen sich alle Stadtbezirksgruppen im Weigle-Haus.

Das Sonntagsprogramm sah folgendermaßen aus: Ab 14 Uhr war das Haus offen und es herrschte der Spielbetrieb, bei dem den Jungen in ihren Gruppen pädagogisch vertretbare Spiele angeboten wurden. Von 15.30 bis 16.30 Uhr folgte dann die Hauptversammlung, die Wilhelm Busch gestaltete. Von 17.00 bis 18.00 Uhr schloß sich die Bibelstunde an, die von den Leitern der 'Abteilungen' durchgeführt wurde. Busch legte großen Wert darauf, daß die jungen Leiter die frohe Botschaft an die in direktem Kontakt zu ihnen stehenden Jungen weitergaben. Von 18.00 bis 19.00 Uhr fand die gemütliche Unterhaltung statt, die wiederum von Busch und später auch von älteren Mitarbeitern gestaltet wurde. Das Programm bestand hauptsächlich aus Fahrtenliedern und selbsterfundenen Geschichten, die immer wieder fortgesetzt wurden. Nach 1953 wurde dann parallel zur gemütlichen Unterhaltung der sogenannte 'Intelligenz-Club' eingeführt. Referate und Diskussionen über Literatur, Politik, Technik und anderes standen auf dem Programm. Zusätzlich wurde einmal im Monat ein Film gezeigt, was für damalige Verhältnisse eine Sensation war.

Nach dem Programm gingen die Jungen gemeinsam zurück in ihren Stadtbezirk. Auf dem Rückweg fand noch manches Gespräch statt. Wichtig war auch, daß die Jungen bis vor der Haustür in Gemeinschaft zusammenblieben.

In den 50er Jahren erlebte diese Arbeit einen enormen Aufschwung. Das Weigle-Haus drohte zu 'platzen'. Von 1950 an gab es für alle Abteilungen zentral organisierte Freizeiten, die ab 1955 regelmäßig im Sauerland, in der Nähe des Sorpesees, stattfanden. Übernachtet wurde in Schützenhallen. Bei diesen Lager-Ferien fuhren bis zu 500 Jungen mit. Die Organisation und Durchführung übertrug Busch an ehrenamtliche Mitarbeiter in der Zentrale des Weigle-Hauses. Über Ostern und an den Wochenenden führten die einzelnen Abteilungen Freizeiten in eigener Regie durch.

Zur damaligen Zeit existierten 27 'Abteilungen' in ebenso vielen Stadtbezirken und bis zu 20 Jungscharen. Besucherzahlen bis 40 Jungen je Bezirk galten als normal.

Die gesamte Struktur der Arbeit wurde zwar von Busch unter Mithilfe seiner ehrenamtlichen Mitarbeiter geleitet, aber die Arbeit leisteten die Leiter und Helfer vor Ort. Um die Leiter zu schulen, anzuleiten und zu begleiten, fanden jede Woche Leiterstunden unter Buschs Regie statt. Die Leiter wiederum gaben ihr Wissen an die Helfer in den abteilungsinternen Helferstunden weiter. Busch führte auch Leiter-Freizeiten durch, die mit Einladungen zu Evangelisationen verbunden waren. Die Leiter sollten dadurch selbst einmal zur Ruhe kommen.

Bevor Busch jemanden als Leiter in die Verantwortung nahm, mußte er, nachdem er als Christ in den Helferkreis aufgenommen worden war, im Glauben und in der Verbindlichkeit wachsen. Nur wer in der "Treue im Kleinen" (vgl.Mth. 25,21) sich bewähren konnte, das heißt, wer bereit war, die unangenehmen, nicht besonders hervortretenden Aufgaben zu übernehmen, durfte Leiter werden. Ab 1954 führte Busch dann eine sogenannte 'Leiter-Uni' ein, in der die bisherige Praxis einmal theoretisch durchleuchtet wurde. Vor allem ging es hier um Fragen der Jugendpsychologie und -seelsorge.

Warum so viele Jungen ins Weigle-Haus kamen, läßt sich insbesondere dann erklären, wenn man sich die Hausbesuchspraxis vor Augen führt. Jeden Sonntagmorgen nach dem Gottesdienst im Weigle-Haus, der von 8.30 bis 9.15 Uhr stattfand, blieben die Mitarbeiter zu einer Besprechung und zur Gebetsgemeinschaft im großen Saal des Weigle-Hauses, um sich auf die Hausbesuche vorzubereiten. Kurz danach machten sie sich auf den Weg zu den Jungen in sämtlichen Stadtbezirken von Essen. Dabei spielte es keine Rolle, ob der betreffende Junge schon einmal gekommen war oder nicht. Wenn erwünscht, hielten die Mitarbeiter ein Gespräch über den Glauben ab. Bis zu 2.500 Antrittsgespräche führten die 'Weiglianer' in den 50er Jahren auf diese Weise wöchentlich durch. Ziel war es, persönliche Kontakte auf- und auszubauen. Für diese Hausbesuche wurde oftmals nicht nur der Vormittag geopfert, sondern auch das Mittagessen.

Pro Bezirk von Essen wurden zwischen 15 und 25 Jungen von zwei Helfern aufgesucht. Immer wieder gern erzählt man im Weigle-Haus die Geschichte von Klaus Teschner: "Drei Jahre lang wurde er besucht, einmal ging er mit, dann wollte er Schluß machen. Er blieb und wurde Pastor!"[6]

Diese Mitarbeit forderte natürlich große Opfer von den Leitern und Mitarbeitern, doch dadurch, daß sie von der Liebe Jesu motiviert waren und die Gruppen sich selbstverantwortlich leiten durften, waren sie bereit, diesen Dienst voller Engagement zu übernehmen.

Auch die Bibelkreisarbeit an den Schulen setzte nach dem Krieg wieder ein. An den Samstagen fanden im Weigle-Haus die 'BK-Stunden' statt. Hier standen vor allen Dingen die geistlichen Auseinandersetzungen im Vordergrund. Dementsprechend gestaltete Busch auch das Programm. Die Bibelkreisarbeit war eine eigenständige Einrichtung neben den Jungenschafts-Abteilungen mit den 14 bis 18jährigen Jungen. Dennoch wurden viele Veranstaltungen gemeinsam abgehalten, wie zum Beispiel der Bibelkurs zwischen

Abb. 69: Beim CVJM Ostertreffen in der Gruga

Weihnachten und Neujahr.

Busch führte die Arbeit Weigles fort. Unzeitgemäß gewordene Dinge wurden weggelassen und neue Elemente, die die Arbeit bereicherten, wurden aufgenommen. Im großen und ganzen hat sich aber das Angebot in dem Jungen-Haus nicht verändert, weil nichts, was sich bewährt hatte, aufgegeben wurde. Zudem blieb das Ziel stets dasselbe. Wilhelm

Busch blieb bis zu seiner Pensionierung 1962 Jugendpfarrer im Weigle-Haus. Ihm folgte Herbert Demmer in der Leitung des Hauses. Neben der arbeitsintensiven Jugendarbeit fand Wilhelm Busch die Zeit, mehrere Bücher zu schreiben und auf Evangelisationen in ganz Deutschland zu reden. So wurde dieser Mann nicht nur ein Segen für das Weigle-Haus und die Stadt Essen.

Dies war möglich, da Busch im Worte Gottes tief verwurzelt war. Von hier, so hat Busch immer wieder bezeugt, bekam er die Kraft und die Vollmacht für seine Verkündigung und den Dienst an den Jungen seiner Stadt. Nur der von Gott gesegnete Dienst konnte ein Segen für andere sein.

*Traugott Jähnichen/Marian Pontzen/
Diether Posser*

1. W. Busch, Johannes Busch, ein Botschafter Jesu Christi, Wuppertal 1956, S. 183
2. Die folgenden Ausführungen beziehen sich auf ein Gespräch, das Pfarrer Heinz Riedesel mit Traugott Jähnichen am 08.02.1991 führte.
3. So Frau Ingeborg Camphausen im Gespräch mit Marian Pontzen am 16.10.1990.
4. Ebenda
5. So Wilhelm Bangert im Gespräch mit Marian Pontzen am 16.10.1990
6. So Jürgen Nephuth im Gespräch mit Marian Pontzen am 16.10.1990

Der Dienst der Evangelischen Frauenhilfen

In den 50er Jahren werden die Frauenhilfen - parallel zum Anwachsen der Gemeinden insgesamt - zu den größten und wohl auch aktivsten Gemeindegruppen. Ihre Entstehung verdanken diese Vereine einer Initiative der Kaiserin Auguste Viktoria im Jahre 1899. Gerade auch im Ruhrgebiet gründeten sich bereits um die Jahrhundertwende in vielen Gemeinden Frauenhilfen, wodurch das kirchliche Vereinswesen um eine starke Säule erweitert wurde.

Die Arbeit der Frauenhilfe in den 50er Jahren war sehr stark durch die äußere Not geprägt. Die größte Aufgabe, die sich zu Beginn der 50er Jahre stellte, war die Hilfe für Flüchtlinge und ihre Integration. Viele Flüchtlingsfrauen fanden in den Frauenhilfsgruppen Gemeinschaft und Beratung. Dies war sicherlich eine entscheidende Hilfe nach den leidvollen Zeiten der Vertreibung und Flucht, um in der fremden Umgebung und unter größten Entbehrungen neu anfangen zu kön-

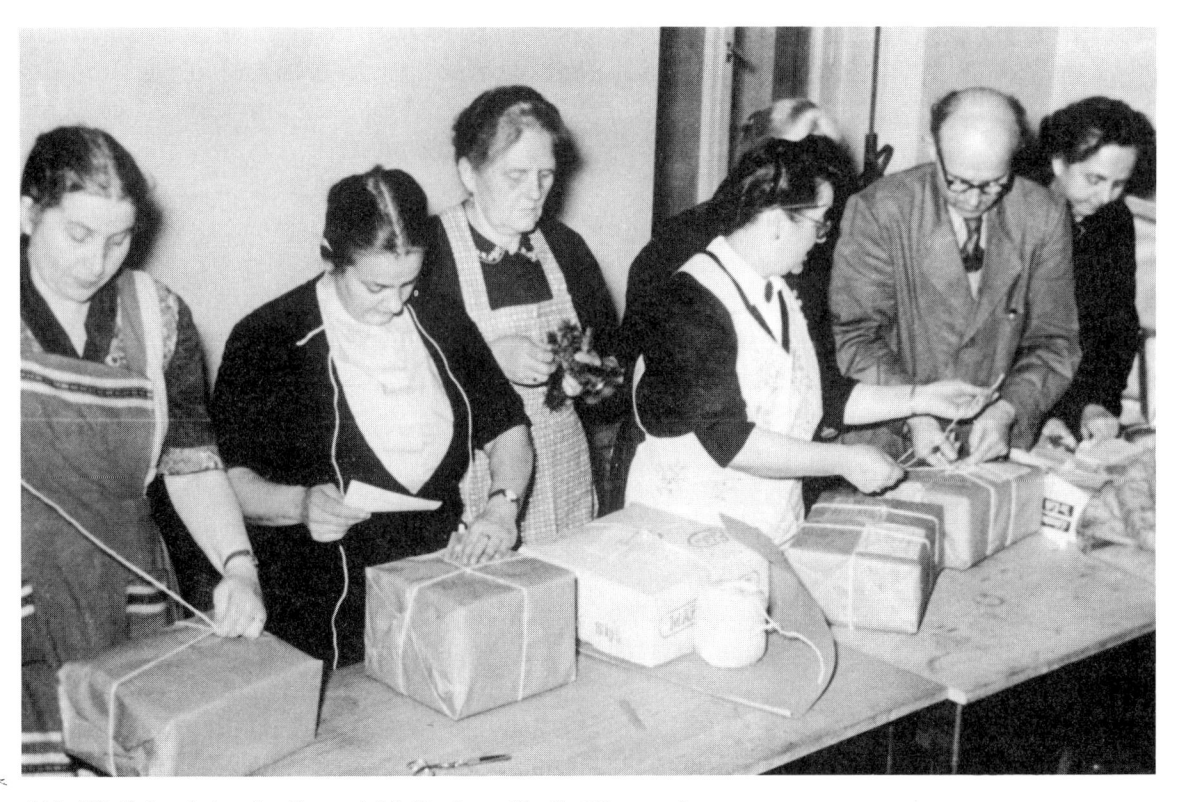

Abb. 70: Paketaktion der Frauenhilfe Bochum für die "Ostzone"

So sind seit beinahe 100 Jahre die Frauenhilfen unentbehrlich für die Gemeinde geworden. In Nachmittags- und Abendkreisen kommen die Mitglieder wöchentlich oder 14tägig "zu Gespräch und Gemeinschaft, Bibelarbeit und Weiterbildung, Vorbereitung von Aktionen und Initiativen, Kontakt-, Lern- und Dienstgruppen"[1] zusammen.

nen. Um die materielle Not zu lindern, wurden seit Ende der 40er/Anfang der 50er Jahre regelmäßig Sammlungen in den evangelischen Gemeindebezirken durchgeführt. Diese Arbeit lag insbesondere bei den Bezirksfrauen der Frauenhilfe. Sehr bald wurden diese Sammlungen durch das kirchliche Hifswerk (vgl. dazu 2.4) institutionalisiert und in jedem Jahr erneut von den Sammlerinnen durchgeführt. Ohne den Einsatz der vielen Frauenhilfen wäre diese Arbeit kaum möglich gewesen. Vereinzelt übernahmen die Frauenhilfen auch die Verteilung von Gütern und Spenden des Evangelischen Hilfswerkes.

Anfang der 50er Jahre setzte ein weiterer Flüchtlingsstrom aus der DDR ein. Wieder waren es die Frauenhilfen, die mit Haushaltsgegenständen, Wäsche und anderen, für das tägliche Leben notwendigen Dingen die gröbste Not linderten.[2] Darüberhinaus wurden durch zahlreiche Geld- und Sachspenden und Patenschaften unterstützt. Außerdem wurde zum Zeichen der gegenseitigen Verbundenheit vielerorts in der Weihnachtszeit eine große Paketaktion für die Christen "drüben" gestartet. Auch hier lag die Hauptarbeit bei den Frauenhilfen: Sie sammelten und besorgten die zu verschickenden Spenden, und führten schließlich die Verschickung der Pakete durch.

In besonderer Weise fühlten sich die Frauenhilfen des Ruhrgebiets der großzügig und planvoll angelegten Flüchtlingssiedlung im westfälischen Espelkamp verbunden. Viele Gruppen haben Espelkamp besucht und diese Flüchtlingssiedlung durch langfristig geplante Aktionen unterstützt.

Eine weitere Hilfeleistung vieler Ruhrgebietsfrauenhilfen bestand darin, durch Spenden zum Wiederaufbau und zur Gestaltung der kirchlichen Räume beizutragen. So stiftete z. B. im Jahr 1950 die Frauenhilfe I in Bottrop die nach den Zerstörungen des Krieges neu gestalteten Chorfenster der Martinskirche.[3] Auch für die erst im Jahr 1965 eingeweihte neue Orgel der Martinskirche hatte sich die Frauenhilfe I in besonderer Weise eingesetzt und beinahe ein Jahrzehnt lang Spenden gesammelt.[4] Diese großzügigen Spenden resultierten wesentlich aus den Einnahmen der alljährlich stattfindenden Basare, wo die von den Frauen gebastelten und gehandarbeiteten Gegenstände meistbietend verkauft wurden.

Über diese durch die Nachkriegssituation bedingten Hilfsmaßnahmen hinaus engagierten sich die Frauenhilfen in hohem Maß für zusätzliche diakonische Aufgaben. Auch jetzt besuchten die Bezirksfrauen regelmäßig alte und kranke Gemeindeglieder ihres Bezirks und informierten bei Bedarf ihren Pfarrer oder die Gemeindeschwester. Ferner wurden vielerorts die Kinderheime der Gemeinde in besonderer Weise gefördert. In Nähstunden wirkten etwa die Frauenhilfen in Bottrop erheblich an der Ausstattung der Kinder des gemeindlichen Wichernhauses mit.[5]

Gemeinsam unterstützten alle westfälischen Frauenhilfen das Mädchenheim des westfälischen Frauenhilfsverbandes in Wengern bei Witten. In Wengern finden rund 120 Frauen und Mädchen Aufnahme, die "zum Teil ihr Leben lang hier beschäftigt, bewahrt und geborgen, zum Teil in Fürsorgeerziehung...auf einen guten neuen Anfang"[6] vorbereitet werden. Diese seit dem Ersten Weltkrieg von der Frauenhilfe getragene diakonische Einrichtung war gerade in den 50er Jahren auf die Hilfe der einzelnen Frauenhilfsgruppen in besonderer Weise angewiesen, da in diesen Jahren nur eine sehr begrenzte Unterstützung solchen Häusern zuteil wurde.

Die Aufzählung des diakonischen Engagements der Frauenhilfen wäre sicherlich unvollständig, wenn nicht ihre Unterstützung von Missionsschwestern in den Ländern der dritten Welt genannt würde. Auch hier entwickelten sich vielfach feste Patenschaften, die durch regelmäßige Besuche der Missionsschwestern in den einzelnen Frauenhilfen gefestigt wurden. Engere Kontakte gab es beispielsweise zwischen der Frauenhilfe der Christuskirche in Bochum und einer Missionsschwester in Namibia (Süd-West Afrika).

Die Höhepunkte im Jahresturnus

Zu den jährlichen Höhepunkten der Frauenhilfsvereine zählen vor allem die Alten-

und Adventsfeiern sowie das Jahresfest. Zur Bedeutung der Adventsfeiern heißt es in einem Jahresbericht der Frauenhilfe I der Christuskirche Bochum: "Am 1. Dezember bereitete die Fauenhilfe den Alten ihre Adventsfeier. Und wenn ich sage 'die Frauenhilfe' dann meine ich sie alle und nicht nur die Frauen, die in dankenswerter Weise an diesem Nachmittag helfen und die Alten betreuen. Sie alle, durch die Zahlung ihrer Beiträge, machen eine solche Feier möglich...(und)...es wurde deutlich, wie unter der Verkündigung von Gottes Wort und dem gemeinsamen Beten und Singen unversehens...aus den erst steif und fremd dasitzenden Alten eine betende, lobende und singende Gemeinde wurde." Mit diesen Feiern, die mit Geselligkeit und Verkündigung aufwarten, gelingt es den Frauenhilfen, zum Teil über 50 Prozent der in Frage kommenden Gemeindeglieder zu erreichen und ihnen eine zumindest punktuelle Anbindung an die Gemeinde zu ermöglichen.

Im Rahmen der Jahresfeste wird die Bilanz des vergangenen Jahres vorgelegt und gleichzeitig die Planung für das neue Jahr in Angriff genommen. Häufig wird durch die Einladung einer Referentin oder eines Referenten versucht, grundsätzliche Fragen der Arbeit der Frauenhilfen zu thematisieren. Daneben werden in diesem Rahmen auch die Jubilarinnen geehrt.

Ein weiterer jährlicher Höhepunkt der Frauenhilfsarbeit ist der "Weltgebetstag der Frauen". Hier handelt es sich um die wohl früheste ökumenische Initiative, die auf der Ebene der Gemeinde verankert werden konnte. Zum Weltgebetstag treffen sich Frauen aller Konfessionen weltweit zum gemeinsamen Gottesdienst, mit gemeinsamer Ordnung. Die Gottesdienstordnung wird jeweils von Frauen einer Kirche eines bestimmten Landes vorbereitet. So stellten im Jahr 1959 ägyptische Frauen aus der koptischen Kirche Liturgie und Lieder zusammen. Auf diese Weise haben Frauen in aller Welt Anteil an der gottesdienstlichen Tradition der Kirche des vorbereitenden Landes. In rund 140 Ländern wird bereits in den 50er Jahren der Gottesdienstvorschlag aufgenommen.[7] In den Frauenhilfen vor Ort wird sich vor der Gottesdienstfeier mit den gesellschaftlichen und kirchlichen Problemen des jeweiligen Herkunftslandes beschäftigt und es werden die oft fremden Lieder einstudiert. Insofern handelt es sich hier um eine ökumenische Initiative im doppelten Sinn des Wortes: einerseits geht es um die Verbundenheit der weltweiten Christenheit und andererseits um das praktizierte Miteinander der Konfessionen vor Ort.

Von ganz besonderer Bedeutung für die Gemeinschaft innerhalb der Frauenhilfen sind die in der Regel ein bis zweimal jährlich stattfindenden Ausflüge zum Beispiel in die nahegelegenen ländlichen Regionen des Sauerlandes, des Münsterlandes oder des Bergischen Landes. Bei diesen Ausflügen nahmen seinerzeit rund 150 Frauen pro Gemeindebezirk teil. Sehr häufig wurde versucht, den Besuch bei kirchlichen Einrichtungen (zum Beispiel Bethel oder die Diakonischen Anstalten in Düsseldorf-Kaiserswerth) mit der Besichtigung der Sehenswürdigkeiten der näheren Umgebung zu verbinden. In vielen

Abb. 71: Ausflug der Frauenhilfe Bottrop

Jahresberichten der Frauenhilfen werden diese Ausflüge von den aktiven Frauenhilfsfrauen als geselliger Höhepunkt des Jahres ausführlich beschrieben.

Am 7. Juli 1956 fand in der Dortmunder Westfalenhalle das 50jährige Jubiläum der westfälischen Frauenhilfen statt. Sowohl am Vortag als auch am Festtag selbst waren jeweils 25.000 Frauen nach Dortmund gekommen. Umrahmt wurde diese Festveranstaltung durch einen rund tausendköpfigen Frauenchor und einen Posaunenchor. In Grußworten der westfälischen Kirchenleitung sowie der Vorsitzenden der westfälischen Frauenhilfe und der Vorsitzenden aller deutschen Frauenhilfen wurde der besondere Beitrag der Frauenhilfen zum Gemeindeleben gewürdigt. Allerdings wurde auch selbstkritisch festgestellt, daß der Kontakt zu den berufstätigen Frauen verstärkt zu suchen ist. Daneben sah man es als ein besonderes Ziel an, junge Menschen zu bitten, sich in den diakonischen Dienst, insbesondere den Dienst der Krankenpflege, zu stellen. Vor dem Hintergrund des eigenen diakonischen Engagements sahen es die Frauenhilfen als ihre besondere Aufgabe an, diesen Dienst der Kirche auch in der Zukunft wesentlich zu sichern.

Mit den vielfältigen Aufgabenbereichen, die die Frauenhilfen ehrenamtlich ausfüllen, ihren regelmäßigen Veranstaltungen, Hausbesuchen und Hilfeleistungen, sind sie ein unentbehrliches Glied der Gemeindearbeit und prägen im Ruhrgebiet das Bild der Kirche wesentlich mit.

Birgitt Jähnichen

1. H. Reinartz, Liebe liebend weitergeben - Die evangelische Frauenhilfe, in: Kirche zwischen Ruhr und Weser, hrsg. v. G. E. Stoll, Bielefeld 1980 (4. Aufl.), S. 60
2. Vgl. W. Jähme, 100 Jahre evangelische Frauenhilfe in Bottrop 1890 - 1990, Bottrop 1990, S. 68
3. Vgl. zur Martinskirche in Bottrop auch 1.2.
4. Vgl. W. Jähme, a.a.O., S. 72
5. Ebenda
6. H. Reinartz, a.a.O., S. 61
7. Vgl. W. Jähme, a.a.O., S. 80

Abb. 72: 50jähriges Bestehen der Westfälischen Frauenhilfe in Dortmund 1956

"Rettet den Menschen!"

Evangelischer Kirchentag 1950 in Essen

"Rettet den Menschen!", so lautete der Leitspruch des Deutschen Evangelischen Kirchentages 1950 in Essen. Sein Motiv war es, den Menschen zur Verantwortung zu rufen für das, was zu diesem Zeitpunkt jüngste Geschichte geworden war, und ihn dadurch in die Pflicht zu nehmen für das, was die Aufgabe der kommenden Jahre werden sollte: nämlich die Freiheit, die Heimat, die Familie und den Glauben wieder in den Mittelpunkt des Lebens zu stellen.

"Vor allem wollen wir uns auf das besinnen, was uns von Gott als Aufgabe gestellt worden ist"[1], ermutigte der Präsident des Essener Kirchentages, Dr. von Thadden, in einer ersten Rede.

Hierbei stellte von Thadden seine Ansicht zur Diskussion, wonach in Zukunft das einzelne Gemeindemitglied zu aktivieren und damit das Ziel der Reformation mit neuem Geist zu füllen sei. So könnten die vielfältigen Bestrebungen der Gemeinden in der Öffentlichkeit wirksam werden, und der praktizierende Laie aus der Rolle eines bloßen kirchenpolitischen Mitläufers losgelöst werden, ohne sich dabei in einem kirchenpolitischen Kräftespiel zu verzehren.

Umgekehrt entstünde, wenn jeder Christ dem Worte Gottes folgen würde, eine eigenständige politische Dynamik. Denn wer wirtschaftlich- und sozial-christliche Maßstäbe in das öffentliche Leben einbringt, könne über kurz oder lang mit einer reinigenden und heilenden Wirkung auf das gesamte öffentliche System Einfluß nehmen.

Die Eröffnung des Kirchentages

Zur Eröffnung des Kirchentages am 23. August erschienen sämtliche evangelischen Kirchenführer und mit Bundespräsident Heuss und Bundeskanzler Adenauer auch die Staatsspitze.

Theodor Heuss ermutigte zu christlichen Taten: "Christen geben unbegrenzt, Christen wollen helfen. Aber sollte nicht auch der Staat barmherzige Gesetze machen?"[2]. Nach einer gerade beendeten Schreckenszeit der Propaganda und Willkür sah Heuss jetzt erst recht ein wertgebundenes Handeln in Politik und Gesellschaft als unabdingbar an.

Abb.73: Kirchentagslosung am Hauptbahnhof

Ganz andere Schwerpunkte setzte Bischof Dibelius als Ratsvorsitzender der EKiD. Er betonte, daß über 2.000 Menschen mit Interzonenpässen aus der "Ostzone" zum Kirchentag in Essen erwartungsvoll angereist waren. Denn für die Evangelische Kirche gäbe es weder "Eiserne Vorhänge" noch staatliche oder halbstaatliche Grenzen, wie sie durch die Proklamierung der beiden deutschen Staaten BRD und DDR Wirklichkeit geworden waren. "Deshalb", so rief Dibelius unter Beifall aus, "sei auf diesem Kirchentag ganz Deutschland vertreten"[3].

Konrad Adenauer überbrachte anschließend die Grüße der Bundesregierung. Mit Politik und Ratio allein sei es nicht möglich, das deutsche Volk wieder aufzubauen. "Dazu ist die Kraft der christlichen Güte und die Kraft der christlichen Nächstenliebe von Nöten"[4], führte er aus. "Wenn wir diese Kräfte nicht freimachen können, werden wir das deutsche Volk nicht zu einem glücklichen Volk machen können. Nur im Vertrauen auf Gott können wir wieder an die Arbeit gehen. Lassen Sie mich hinzufügen, daß es mir eine besondere Freude ist, als katholischer Christ bei dieser Tagung weilen zu können"[5], beendete er seine Rede.

Organisatorisch waren bei diesem zweiten Nachkriegs-Kirchentag immer noch besondere Anstrengungen zu überwinden:

Zwischen Trümmern und den zerstörten Krupp-Werken, rollten die Züge in den gerade fertiggestellten Essener Hauptbahnhof ein. Nur wenige Gotteshäuser und Kirchsäle waren auferstanden aus Ruinen, in den Schulen wurden Strohlager aufgeschüttet. Das Stadion in der Nähe des Gruga-Parks war mit einem Zwanzigstel des Kriegsschuttes von Essen unterfüllt und aufgebaut worden. Es wurde das Zentrum des Kirchentages.

Eine übergroße Aufschrift "Rettet den Menschen" wies an der Häuserfront gegenüber dem Essener Hauptbahnhof unübersehbar auf das Motto des Kirchentages hin.

Trotz der schwiergen äußeren Umstände fand diese protestantische Veranstaltung ein großes Echo: Rund 150.000 Besucher waren

Abb. 74: Bibelarbeiten finden starken Zuspruch

aus allen Teilen Deutschlands angereist. Etwa 300 Journalisten sorgten darüber hinaus für die Übertragung in die Rundfunk- und Fernseh-Empfänger, weit über Deutschland hinaus. Das war ein Zeichen der Hoffnung, ein deutlicher Wille zum Neuanfang - persönlich und gesellschaftlich.

Sodann nahm der Kirchentag 1950 seine Arbeit in den vier Schwerpunktgruppen 'Glaube`, 'Freiheit`, 'Heimat` und 'Familie` auf.

Die Arbeitsgruppe "Rettet den Glauben"

Den größten Zulauf fand die Arbeitsgruppe "Rettet den Glauben!". Überfüllte Räume und unzählige Fragen zum Glauben ließen das Suchen nach einem festen Halt im Leben bei vielen Menschen jener Zeit deutlich werden. "Was sollen wir denn tun nach all dem Bösen, das uns widerfahren ist?" lautete die wohl am häufigsten gestellte Frage, die man in dieser Arbeitsgruppe an die Kirche stellte. Für die Zukunft erwarteten viele Teilnehmer als erstes eine gemeinsame Predigtvorbereitung durch den Pfarrer in Zusammenarbeit mit dem Presbyterium, wobei die konkrete Alltagssituation der Gottesdienstbesucher miteinzubeziehen sei. In diesem Zusammenhang wurde die Kirche daran erinnert, die Arbeiterschaft nicht erneut zu vergessen. Des weiteren sollten Begegnungen zwischen Wissenschaft und Kirche durch die gerade gegründeten "Evangelischen Akademien" gefördert werden.

Die Arbeitsgruppe "Rettet die Familie"

Angesichts von 1.5 Millionen Arbeitslosen in der BRD und West-Berlin und weithin chaotischen Wohnverhältnissen konnte sich die Arbeitsgruppe "Rettet die Familie!" über geringe Teilnehmerzahlen nicht beklagen.

Entfremdete Arbeit (Akkord, Fließband), die häufig unvereinbare Zeit von Privatleben und Beruf (Schichtarbeit), der Teufelskreis der Arbeitslosigkeit - allein die Zahl der arbeitslosen Jugendlichen stieg 1950 hunderttausendfach an - sowie Inflation, Währungsreform und Wohnungsnotstand zeigten die zu bewältigenden Aufgaben an.

Noch zu Zeiten der Großeltern waren Beruf und Familie keine Gegensätze. Mann und Frau blieben auch während der Arbeitszeit in Verbindung. Durch die immer mehr voranschreitende Arbeitsteilung sowie die vermehrte Erwerbsarbeit von Frauen änderten sich die Verhältnisse grundlegend. Man arbeitete nicht mehr mit der eigenen Ehefrau beziehungsweise dem Ehemann, sondern mit anderen Kollegen/innen zusammen. In dieser Trennung von Berufs- und Privatleben sah die Arbeitsgruppe eine echte Gefahr für Ehe und Familie. Um dieser Gefahr zu begegnen, regte der Kirchentag 1950 eine stärkere Ehe- und Familienberatung in den Gemeinden an (vgl. dazu 4.9). Um die nunmehr vielfach berufstätigen Frauen zu entlasten, sollten vermehrt Kinderbetreuungsbeihilfen und Müttererholungsfreizeiten angeboten werden. Auch die Verkürzung der Arbeitszeit verstand man als wichtige Bedingung zur Sicherung der Familie. Hier bekannte die Kirche ihre Mitschuld, im jahrzehntelangen Kampf um die Verkürzung der Arbeitszeit, die Gewerkschaften nicht ausreichend unterstützt zu haben.

Auch den in Essen immer wieder zu hörenden Aufruf zur Selbsthilfe sollten die jeweiligen Ortsgemeinden zukünftig konkret umzusetzen versuchen. Nach dem Grundsatz, daß die gegenseitige Hilfe eine gottgegebene Aufgabe ist, regte die Arbeitsgruppe an, daß alle Gemeindeglieder, die an bestimmten Tagen und zu bestimmten Stunden frei von beruflichen und anderen Pflichten waren, sich an jedem Morgen bei den in ihrer Gemeinde stationierten "Bruderhilfen" melden sollten. Vom Einladen und Besuchen, vom gegenseitigen Betreuen der Kinder bis hin zur notwendigen Organisation der Müttererholung reichte das Aufgabengebiet. Allerdings konnte dieses anspruchsvolle Programm in der praktischen Tat nur teilweise verwirklicht werden.

"Wie sollen wir jemanden in unserer Wohnung aufnehmen, wenn diese uns selbst schon zu eng ist?", war aus mutigem Munde zu hören. Aus dieser Not heraus befürwortete der Kirchentag die Forderung, sobald wie möglich viele evangelische Kindergärten einzurichten. Dadurch sollte den Kindern zumindest zeitweilig eine schönere Umgebung geboten werden. Dem Ruf nach Lehrwerkstätten und Lehrlingsheimen, die Staat und Wirtschaft schaffen sollten, schloß sich die Arbeitsgruppe ebenfalls an. In eigener Regie erwog sie die Einrichtung eines Jugendaufbauwerks. Dieses sollte als freiwillige Selbsthilfeaktion der Jugend entstehen, die zwar von der Kirche unterstützt, aber nicht von ihr verwaltet werden sollte.

Das Fazit dieser Arbeitsgruppe lautete: Die Familie ist in Gefahr. "Die Not und die Gefahr darum kennen wir sehr wohl", führte Kirchenpräsident Martin Niemöller auf der Schlußfeier des Kirchentages aus. Und weiter: "Die tausend guten Vorsätze und schönen Programme aber auch! Der Retter für unser Beieinanderleben als Menschen läßt uns aber auch hier nicht allein. Gott will Familie, und je eher der Geist Jesu Christi an Gestalt gewinnt, um so eher wird auch die christliche Familie an ihr Ziel gelangen!"[6].

Die Arbeitsgruppe "Rettet die Heimat"

"Rettet die Heimat!" hieß nun die dritte Arbeitsgruppe. Angesichts der Tatsache der Zerstörung des Landes und der Städte als Folge des Krieges waren von 15 Mio. Heimatvertriebenen 12 Mio. direkt nach Westdeutschland gekommen. Der Pastor Heinrich Albertz, damals Staatsminister in Niedersachsen, beschrieb die Situation dieser Menschen mit den Worten: "Sie sind arme Deutsche, die den totalen Krieg total verloren haben"[7]. Inmitten des Kalten Krieges beschränkte diese Arbeitsgruppe ihre Frage nach "Heimat" jedoch nicht nur auf die Bundesrepublik und West-Berlin. Sie dachte vielmehr an die 18 Mio. evangelischen Christen, die im Gebiet der DDR geblieben waren.

Die Kirche hat es nicht erreicht, "bei ihren Gliedern den Geist der selbstverständlichen Solidarität zu wecken", brachte der Vertreter einer Landeskirche besorgt zum Ausdruck. Nur wenn die Frage der Heimatvertriebenen ein zentrales Anliegen würde, könne über eine neue soziale Gerechtigkeit nachgedacht werden. In Zukunft müsse so gehandelt werden, als ob es für die Vertriebenen keine Rückkehr in die Heimat mehr gäbe. Die Wiederaufrüstung Deutschlands, das klang in diesem Zusammenhang ebenfalls an, sei für die Wiederherstellung der sozialen Sicherheit in Deutschland völlig überflüssig. Deutschland könne nicht durch einen Sicherheitsetat oder durch Wiederaufrüstung, sondern nur durch soziale Gerechtigkeit verteidigt werden. Das gesellschaftliche Problem war deutlich: auf der einen Seite standen die Entwurzelten, Besitzlosen und Fremden. Sie hatten sich nun gegenüber den Einheimischen und Besitzenden zu behaupten. An das allgemeine Chaos von Überlegenheits- und Unterlegenheitsgefühlen, Geltungssüchten, Mißverständnissen und plumpen Vorurteilen, das häufig zwischen Vertriebenen und Einheimischen vom Zaune brach, sei an dieser Stelle nur knapp erinnert.

Die problematischste Gruppe der Vertriebenen, etwa ein Drittel von ihnen, war die, die fortan unter dem ständigen Eindruck einer baldigen Rückkehr in ihre angestammten Gebiete "vor sich hin" lebte. Ein weiteres Drittel hatte die Wiedereingliederung vollzogen oder war von einem unbändigen Vertrauen in die eigene Zukunft gepackt. So konzentrierte sich das Augenmerk der christlichen Nächstenliebe und Fürsorge auf jenes Drittel der Vertriebenen, das sich vor allem aus Alten, Kranken und langfristig Arbeitslosen rekrutierte.

Nach diesem Kirchentag wollen wir "in eine starke Gemeinschaft vor Gott treten, wo wir weder Vertriebene noch Einheimische sind", so lautete der Appell in der Arbeitsgruppe "Rettet die Heimat!".

die entsprechenden äußeren Bedingungen gegeben sein müssen. Dr.Dr. Gustav Heinemann, Bundesinnenminister und Präses der Synode der EKiD, krönte die Entschließung der Arbeitsgruppe "Rettet die Freiheit!" mit dem Ausspruch: "Unsere Freiheit wurde durch den Tod des Sohnes Gottes teuer erkauft. Niemand kann uns in neue Fesseln schlagen,

Abb. 75: Überall muß improvisiert werden - so auch beim Glockengerüst

Die Arbeitsgruppe "Rettet die Freiheit"

Die Arbeitsgruppe "Rettet die Freiheit!" bezog ihr Thema, der Situation in der Stadt Essen entsprechend, vor allem auch auf Fragen der Arbeitswelt. Neben der Diskussion um die Mitbestimmung (vgl. dazu 3.9) prägen die Bekämpfung der Wohnungsnot und das Schaffen von Erholungsstätten das Gespräch dieser Arbeitsgruppe. Allen wurde deutlich, daß zur Sicherung der Freiheit auch

denn Gottes Sohn ist auferstanden. Laßt uns der Welt antworten, wenn sie uns furchtsam machen will: Eure Herren gehen, unser Herr aber kommt!"[8].

Die Beendigung des Kirchentages

In seinen letzten Stunden versammelte der Kirchentag in Essen noch einmal 180.000 Menschen im Stadion an der Gruga-Halle. Diese Schlußveranstaltung blieb wie der gesamte Kirchentag eine ernsthafte, fromme Manifestation. Die hier vorgetragenen Berichte und Zeugnisse aus den vier Arbeitsgruppen spiegelten das Bild dieses Kirchentages wider. Zwei Männer und zwei Frauen verlasen die Entschließung ihrer Arbeitsgruppen. Je vier Männer des Rates der Kirche sprachen dazu das rufende Wort des Evangeliums. Die Stille unter dem Kreuz der 180.000 Besucher beeindruckte nicht nur die Berichterstatter aus dem In- und Ausland. Alle westdeutschen Sender übertrugen die Veranstaltung in Städte und Dörfer, so daß jeder teilhaben konnte an der Botschaft dieses feierlichen Abschieds von Essen 1950: "Wo in Christi Namen Gottes Herrschaft verkündet wird, kann sich das Herz des Menschen, aber auch das Antlitz der Erde ändern!".

Das Geheimnis dieses Kirchentages der Stille in Essen lag auch in der provisorischen Handhabung seiner Gestaltung begründet. Keine Aufmarschbefehle und keine Führer waren zu hören und zu sehen. Keine Parolen und keine Sprechchöre behinderten die Arbeit und die Predigten im Stadion. Nur das alles überragende Kreuz zog die Blicke an. Das Vaterunser und das Lied der singenden Gemeinde war verklungen, als Hunderttausende die Schlußveranstaltung verließen. Die Menschen kehrten mit der Ermutigung dieses bewegenden Kirchentages in ihren Alltag zurück: "Ich bin das Licht der Welt; wer mir nachfolgt, wird nicht im Finstern wandeln, sondern das Licht des Lebens haben!" (Joh. 8,12).

Marian Pontzen

Abb. 76: 150.000 unter dem Kreuz auf den Trümmern

1. Kirchentagspräsident D. Dr. Reinold von Thadden-Trieglaff, Programmatische Erklärung, in: Kirchentag 1950, Das offizielle Organ, S. 1
2. Bundespräsident Prof. Theodor Heuss, Eröffnungsrede, in: Kirchentag 1950, Das offizielle Organ, S. 2
3. Ratsvorsitzender der EKiD Bischof D. Dr. Dibelius, Eröffnungsrede, in: Kirchentag 1950, Das offizielle Organ, S. 2
4. Bundeskanzler Dr. Konrad Adenauer, Eröffnungsrede, in: Kirchentag 1950, Das offizielle Organ, S. 2
5. Ebenda
6 Kirchenpräsident D. Martin Niemöller, Entschließungsrede, in: Kreuz auf den Trümmern, S. 4
7. Staatsminister Pastor H. Albertz, Referat des Flüchtlingsministers, in: Kreuz auf den Trümmern, S. 52
8. Bundesinnenminister Dr. Dr. Gustav Heinemann, Entschließungsrede, in: Kreuz auf den Trümmern, S. 36

"Schon wieder zum Krieg gerüstet"

Stellungnahmen der Kirche zur Remilitarisierung

Mit der Gründung zweier deutscher Staaten im Jahre 1949, der Bundesrepublik Deutschland und der Deutschen Demokratischen Republik, hatten die Bemühungen um ein vereinigtes Deutschland einen weiteren Rückschlag erlitten. Die Rede vom "Eisernen Vorhang", die Heraufbeschwörung der Gefahr eines von den Kommunisten ausgehenden Krieges hier, sowie die Antwort gegen den dem Imperialismus verfallenen Teil Deutschlands dort, brachten das Thema einer Wiederaufrüstung der BRD ins Blickfeld der Politik. Als dann im Juni 1950 der Korea-Krieg ausbrach und dies in der westlichen Welt als ein weiteres Zeichen für die angestrebte Weltherrschaft eines aggressiven Kommunismus gewertet wurde, machte sich die Bundesregierung die so geartete Stimmung zunutze, indem sie mit den westlichen Siegermächten in Remilitarisierungsverhandlungen trat. Auch Männer wie Alfred Krupp, der Chef des gleichnamigen Konzerns, hatten ihr Versprechen aus dem Jahre 1945 vergessen, sie würden sich hinfort mitsamt ihrem Unternehmen jeglicher Rüstung widersetzen.

Die Situation der Evangelischen Kirche war in dieser Zeit vor allem dadurch gekenn-

Abb. 77: Demonstration gegen die Remilitarisierung in Essen 1952

127

zeichnet, daß sie nach wie vor die evangelischen Landeskirchen in beiden deutschen Staaten vertrat. Sie war zuerst am Erhalt der Einheit interessiert und konnte allein deswegen einer einseitigen westlichen Wiederaufrüstung nur schlecht das Wort reden. Drei Äußerungen die Remilitarisierung betreffend fallen in das Jahr 1950: Auf der Synode der Evangelischen Kirche in Deutschland (EKiD) in Berlin-Weißensee, also im Ostsektor der Stadt, vom 24. bis 27. April 1950 beschloß man eine Kanzelabkündigung, in der es u.a. heißt: "Ungezählte geängstigte Menschen in der ganzen Welt schreien heute nach Frieden...Noch ist der letzte Krieg nicht beendet, und schon wird wieder zum Krieg gerüstet...Kriege entstehen nicht von selbst. Menschen sind es, die den Krieg beginnen...Als solche, die an den Friedensbund Gottes mit der Welt glauben, wissen wir uns berufen, Frieden zu suchen mit allen Menschen und für den Frieden der Völker zu wirken...Wir rufen allen Gliedern unseres Volkes im Westen und im Osten zu: Werdet eindringlich und unermüdlich vorstellig bei allen, die in politischer Verantwortung stehen, daß sie nicht in einen Krieg willigen, in dem Deutsche gegen Deutsche kämpfen. Wir legen es jedem auf das Gewissen, zu prüfen, ob er im Falle eines solchen Krieges eine Waffe in die Hand nehmen darf...Wir begrüßen es dankbar und voller Hoffnung, daß Regierungen durch ihre Verfassung denjenigen schützen, der um seines Gewissens willen den Kriegsdienst verweigert. Wir bitten alle Regierungen der Welt, diesen Schutz zu gewähren. Wer um des Gewissens willen den Kriegsdienst verweigert, soll der Fürsprache und der Fürbitte der Kirche gewiß sein."[1]

Einem Krieg wird mit diesen Sätzen grundsätzlich, vornehmlich aber unter der besonderen Gefahr eines Bruderkriegs "Deutsche gegen Deutsche" eine Absage erteilt. Neu und bemerkenswert ist allerdings die ausdrückliche Inschutznahme der Kriegsdienstverweigerer aus Gewissensgründen durch die Evangelische Kirche.

Ende August 1950 sah sich dann der Rat der EKiD auf dem Kirchentag in Essen zu einer Äußerung verpflichtet, mit der er auch auf die Rede des Kölner Kardinals Frings vor dem Deutschen Katholikentag in Bonn Ende Juli 1950 reagierte. Joseph Kardinal Frings hatte sogar die Pflicht der Völker betont, eine gestörte Ordnung mit Waffengewalt wiederherzustellen und fuhr fort, "daß eine Propaganda für eine uneingeschränkte und absolute Kriegsdienstverweigerung mit dem christlichen Gedanken nicht vereinbar ist". Alle, die solches lehrten, befänden sich auf einem Irrweg. Damit kritisierte Frings indirekt auch die Weißenseer Sätze der EKiD.

Am Anfang der Essener Ratserklärung stand die Bitte an die Vereinten Nationen, auf das Ende der Spaltung Deutschlands hinzuwirken. "Einer Remilitarisierung Deutschlands können wir das Wort nicht reden, weder was den Westen, noch was den Osten anlangt." Die Kirche könne nur unablässig darum bitten, "dem heillosen Wettrüsten ein Ende zu machen und friedlich Wege zur Lösung der politischen Probleme zu suchen. In jedem Fall aber muß derjenige, der um seines christlichen Gewissens willen den Dienst mit der Waffe verweigert, die Freiheit haben, sein Gewissen unverletzt zu erhalten."[2] Gerade dieses Wort ist später oft als Beleg dafür zitiert worden, daß die EKiD 1950 in der Frage der Wiederaufrüstung noch klar gesprochen habe.

Aber schon auf der Sondersitzung der Kirchenführerkonferenz und des Rates der EKiD am 17. November 1950 in Berlin-Spandau, die im Kontext des Rücktritts Heinemanns als Bundesinnenminister und der Reaktionen hierauf zu sehen ist, gab der Rat seine Klarheit in der Frage der Remilitarisierung wieder auf: "Der Rat weiß, daß die Gemeinschaft im Glauben nicht die Einheitlichkeit der politischen Urteile einschließt.

Auch die Frage, ob eine wie immer geartete Wiederaufrüstung unvermeidlich ist, kann im Glauben verschieden beantwortet werden. Wir ermahnen alle, die im Osten oder im Westen Verantwortung tragen, in dieser Frage mit letztem Gewissensernst zu handeln und sie nicht gegen den Willen des Volkes zu entscheiden..."[3]

Die Entwicklung ist deutlich: Anfänglich war man in der EKiD mehrheitlich gegen eine Wiederaufrüstung (Weißensee, Essen); aber nach dem Ausscheiden Heinemanns als Bundesinnenminister hatte man sich mehrheitlich an die Linie der Regierung angepaßt (Spandau): Man war überzeugt von der Unvermeidlichkeit eines militärischen Beitrags der Bundesrepublik, obgleich man Heinemanns und Niemöllers Gewissensentscheidungen gegen eine Wiederaufrüstung ausdrücklich respektierte.

Der Rücktritt Heinemanns

Gustav Heinemann, Präses der Synode der EKiD und Bundesinnenminister im Kabinett Adenauers, sah in der Remilitarisierung der Bundesrepublik eine Gefahr für den Frieden in Europa. Vor allem erkannte er, daß bei einer Wiederbewaffnung des westlichen Teils Deutschlands und seiner dann folgenden Eingliederung in die Europäische Verteidigungsgemeinschaft (EVG) die Spaltung Deutschlands zementiert würde.

Am 9. Oktober 1950 trat Heinemann als Bundesinnenminister zurück. Was war geschehen? Der zur Alleinherrschaft neigende Adenauer hatte sich im Sommer 1950 in der amerikanischen Presse positiv zu einem Wehrbeitrag der Bundesrepublik im westlichen Verteidigungsbündnis ausgesprochen, ohne den dafür zuständigen Innenminister Heinemann zu informieren, der in der Außen-, Deutschland- und Sicherheitspolitik eine andere Meinung vertrat. Während Adenauer zum Teil mit antikommunistischen Vorurteilen eine Westintegration der Bundesrepublik selbst dann zu forcieren bereit war, wenn die Teilung Deutschlands die Folge sein würde, ging es Heinemann in erster Linie um den Erhalt der Einheit Deutschlands: "Wenn ich nach Dresden oder Rostock oder Berlin will, steige ich nicht in einen Zug nach Paris oder Rom ein. Wenn gegenwärtig kein Zug nach Berlin fährt, so muß ich halt warten. Es ist gar nichts gewonnen, wenn ich in entgegengesetzter Richtung abfahre, nur um zu fahren...Ich fasse zusammen, daß ich also in der Außenpolitik so, wie die Bundesregierung sie betreibt, eine Gefährdung des Friedens und keinen Weg zur Wiederherstellung der deutschen Einheit sehen kann."[4] Darüberhinaus lehnte er einen Verteidigungsbeitrag entschieden ab.

Am 13. Oktober 1950 begründete Heinemann seinen Rücktrittsentschluß: "Wo die dem Kanzler obliegende Bestimmung der politischen Richtlinien so verstanden wird, daß eine gemeinsame echte Willensbildung nicht stattfindet, und wo jeder nur mit Vorwürfen zu rechnen hat, der sich den Richtlinien nicht willig fügt, möchte und kann ich keine Mitverantwortung tragen."[5] Heinemanns Begründung seines Rücktritts wurde, obgleich an alle Tageszeitungen gesandt, lediglich von zwei Blättern ganz abgedruckt. Lag das wirklich nur an der damals herrschenden Papierknappheit, wie später gesagt wurde?[6] Oder war nicht vielmehr die Mehrheit der westdeutschen Presseorgane mit der westlich orientierten, eine Spaltung Deutschlands in Kauf nehmenden Außenpolitik Adenauers und seinem autoritären Führungsstil einverstanden?

Über die Funktion, die Adenauer Heinemann zuwies, als er ihn in sein Kabinett holte, hatte er sich von Anfang an keine Illusionen gemacht: "Ich war ihm als Person oder als Fachmann für das Innenministerium längst nicht so wichtig wie als Stimmenfänger für den evangelischen Teil."[7]

In den folgenden Jahren gründete Heinemann die "Notgemeinschaft für den Frieden Europas" und die "Gesamtdeutsche Volkspartei" mit und wurde zu einem der schärfsten Kritiker der Adenauerpolitik.[8] 1952 ist er aus der CDU ausgetreten. Seine politisch-demokratischen Vorstellungen fanden in dieser Partei, die er einst mitgegründet hatte, keinen Raum mehr: "An die Stelle der Freiheit zum politischen Handeln aus christlicher Gewissensentscheidung des einzelnen tritt in der CDU in steigendem Maße der Zwang unter eine Einheitsmeinung, in der die Unterstützung der Politik des Bundeskanzlers zum entscheidenden Maßstab der Christlichkeit erhoben wird."[9]

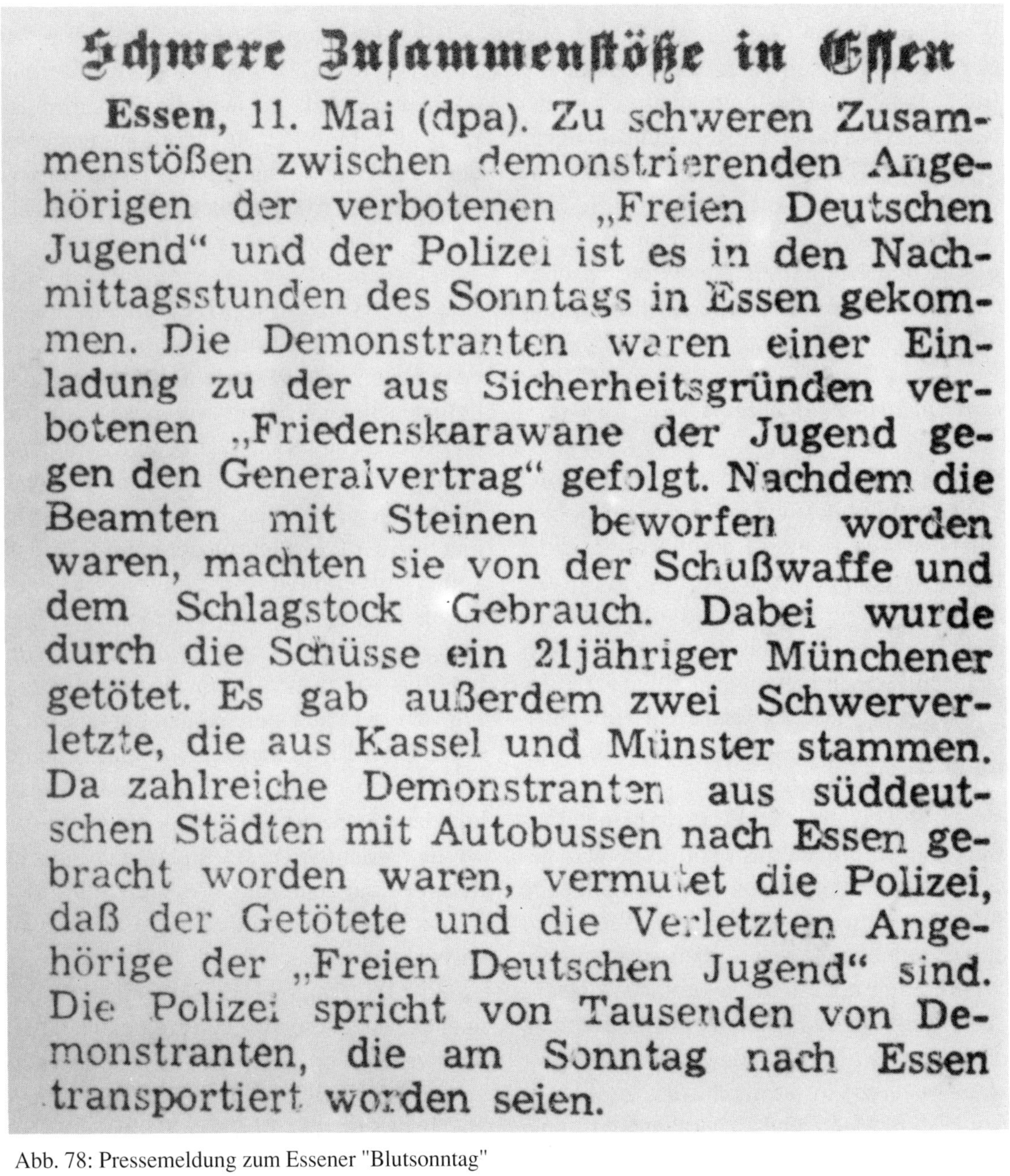

Schwere Zusammenstöße in Essen

Essen, 11. Mai (dpa). Zu schweren Zusammenstößen zwischen demonstrierenden Angehörigen der verbotenen „Freien Deutschen Jugend" und der Polizei ist es in den Nachmittagsstunden des Sonntags in Essen gekommen. Die Demonstranten waren einer Einladung zu der aus Sicherheitsgründen verbotenen „Friedenskarawane der Jugend gegen den Generalvertrag" gefolgt. Nachdem die Beamten mit Steinen beworfen worden waren, machten sie von der Schußwaffe und dem Schlagstock Gebrauch. Dabei wurde durch die Schüsse ein 21jähriger Münchener getötet. Es gab außerdem zwei Schwerverletzte, die aus Kassel und Münster stammen. Da zahlreiche Demonstranten aus süddeutschen Städten mit Autobussen nach Essen gebracht worden waren, vermutet die Polizei, daß der Getötete und die Verletzten Angehörige der „Freien Deutschen Jugend" sind. Die Polizei spricht von Tausenden von Demonstranten, die am Sonntag nach Essen transportiert worden seien.

Abb. 78: Pressemeldung zum Essener "Blutsonntag"

Enttäuschend blieb für ihn, daß die Evangelische Kirche ihn nach seinem Rücktritt als Innenminister und nach seinem Austritt aus der CDU als Präses ihrer Synode nicht wiederwählte. Damit bewiesen ihre Vertreter auf der Synode zu Espelkamp 1955 einmal mehr ihre Verhaftung in autoritäre Strukturen als ihre Reife zur Demokratie. Es muß peinlich für Heinemanns Gegner gewesen sein, als er ihnen nachwies, mit zweierlei Maß zu messen: "Verehrte Synodale, und das bitte ich nun in aller Freundlichkeit mir jetzt abnehmen zu wollen: So geht es keinesfalls! (Beifall) Die erste Synode besetzte dieses Amt 1949 wissentlich mit einem Mann, der zugleich in der Parteipolitik stand, und sie ließ es unbeanstandet, ja sie begrüßte es in der Fülle ihrer Mitglieder, daß sich mit diesem kirchlichen Amt alsbald darauf ein regierendes Amt im politischen Feld verband. Darf nun solche Verkoppelung nicht mehr sein, wenn die politische Betätigung in die Opposition führt? Darf sie nicht mehr sein, so frage ich weiter, wenn sich der politische Wahlerfolg in die Wahlniederlage verwandelt?"[10]

Der Essener Blutsonntag

Daß die autoritäre Politik Adenauers ihre Opfer forderte, zeigten die Geschehnisse am 11. Mai 1952, dem sogenannten Essener Blutsonntag[11]. Viele Teile der deutschen Jugend aus Kirche, Politik, Gewerkschaft und freien Jugendverbänden waren gegen den sogenannten Generalvertrag, mit dem die Wiederaufrüstung der Bundesrepublik und ihre Eingliederung ins westliche Militärbündnis vertraglich geregelt wurde. Sie forderten eine Volksabstimmung zur Frage der Remilitarisierung.

Zumindest die kirchliche Jugend konnte sich hier auf die Spandauer Ratserklärung von 1950 berufen, in der die verantwortlichen Politiker ermahnt wurden, sich gerade in dieser Frage "nicht gegen den Willen des Volkes zu entscheiden..."

In der Konsequenz dieser Erklärung lud der Deutsche Jugendkongreß (ein Zusammenschluß verschiedener demokratischer Aktionsgruppen gegen den Generalvertrag) zu einer Protestkundgebung für den 11. Mai 1952 nach Essen ein. Koordinationsleiter dieser "Jugendkarawane" war der westfälische Theologe Arnold Haumann, seinerzeit Vorsitzender des Volksbefragungsausschusses in Nordrhein-Westfalen.

Haumann organisierte die Kundgebung in ständiger Absprache mit der Essener Polizei, die ihm versicherte, ein eventuelles Verbot der Demonstration nicht später als drei Tage vor ihrer Durchführung zu erlassen. Aber der Verfassungsschutz überrollte im Einvernehmen mit Verantwortlichen der nordrhein-westfälischen Landesregierung die Essener Politiker und ihre Polizei. Erst am Samstagnachmittag um 16.00 Uhr, also zu einer Zeit, da sich bereits Tausende Jugendlicher aus Westdeutschland auf dem Weg nach Essen befanden, wurde Arnold Haumann das Verbot der Kundgebung mitgeteilt. Der Rundfunk warnte die Eltern sogar davor, ihre Kinder zu dieser "kommunistischen Angelegenheit" gehen zu lassen. Die antikommunistische Propaganda verhalf schließlich auch, das Vorgehen der Polizei am folgenden Sonntag, dem 11. Mai 1952, in der Öffentlichkeit zu legitimieren. Der Veranstaltungsleiter Haumann sagte in einem Polizeilautsprecherwagen durch: "Wir bedauern dieses Verbot und werden mit allen Rechtsmitteln dagegen protestieren. Aber die Veranstaltung kann leider nicht stattfinden". Somit fügte er sich dem Verbot. Währenddessen kam es bei den verwirrten Jugendlichen zu Schlägereien, die von einigen hundert Mitgliedern des neonazistischen "Bundes Deutscher Jugend" und der antikommunistisch eingestellten "Deutschen Jugend des Ostens" angestiftet wurden. Haumann schreibt in seiner Autobiographie dazu: "Dabei wird deutlich, wie die Polizei die angreifenden Jugendlichen schützt und auf unsere Leute nach geschicktem Abwarten, wie sie sich äußern, einschlägt."[12]

Haumann selbst mußte folgende Erfahrung machen: "Als ich mich einem der übelsten Polizeischläger nähere und ihn nach seinem Namen frage, schlägt dieser sofort so heftig, daß ich stürze und besinnungslos bin."[13] Im Laufe der Schlägereien bricht Panik aus, Jugendliche werfen Steine, und die Polizei antwortet mit Schießbefehl und zielt direkt in die Masse. Das Resultat: Mehrere Jugendliche werden verwundet, der 21jährige Philipp Müller aus München wird getötet. Er ist das erste Opfer einer Demonstration für den Frieden in der Bundesrepublik Deutschland.

Obwohl die Versammlungsleitung etliche Zeugen benennt, darunter auch Pfarrer, die das oben geschilderte Geschehen bestätigen, lautet die Pressemeldung der Rheinischen Post am 12. Mai 1952: "Jungkommunisten schossen auf die Polizei". Im folgenden Text wird behauptet, die Jugendlichen hätten zum einen überhaupt und zum anderen zuerst geschossen. Diese Pressemeldung stützt sich auf den offiziellen Polizeibericht. Die Kirchenleitungen, die sich in Spandau 1950 praktisch für eine Volksbefragung bei der Remilitarisierung ausgesprochen haben, schweigen. Aber die Versammlungsleiter des Deutschen Jugendkongresses geben nicht auf.

Arnold Haumann, der später Gemeindepfarrer in Essen und Mitglied der rheinischen Landessynode wird, bereitet eine neue Kundgebung für den 25. Mai unter tatkräftiger Mithilfe des Duisburger Pfarrers Kurt Essen vor. Diese Jugendkarawane verläuft friedlich. Die Veranstaltungsleitung schätzt die Teilnehmerzahl auf 20.000, die Polizei auf 15.000. Hauptredner ist der Düsseldorfer Pfarrer Hans Meier. Auch der Ingenieur-Student Heinz Krämer spricht.

Ein bezeichnendes Licht auf die Hintergründe jener Auseinandersetzungen wirft folgende Begebenheit: Während der Vorbereitung dieser Protestkundgebung treffen Haumann und Krämer im Bonner Innenministerium mit Staatssekretär Thediek und seinem wichtigsten Mitarbeiter zusammen. Als man auf den 11. Mai und die gegen den Jugendkongreß vorgebrachten kommunistischen Verleumdungen zu sprechen kommt, sagt der Mitarbeiter des Staatssekretärs: "Meine Herren, Sie müssen nicht glauben, daß wir überzeugt sind, daß sie kommunistisch gesteuert werden. Aber wir sind gegen Ihre Aktivitäten und Demonstrationen, und welches Mittel ist da wirksamer, als Sie in der Öffentlichkeit als kommunistisch unterwandert oder gesteuert darzustellen."[14] Haumann kommentiert diese Sätze mit folgenden Worten: "Ich muß sagen, dieses ist die offenste, aber gleichzeitig infamste Aussage, die ich je zu dem Thema gehört habe."[15] Einige

Abb. 79: Haumann kritisiert den Polizeieinsatz

Tage nach der Kundgebung erhielt Haumann Drohbriefe: "Sie Kommunistenschwein, wir werden Sie schon erledigen."[16] Die "Öffentlichkeitsarbeit" des Bonner Ministeriums zeigte Wirkung.

Matthias Schreiber

1. Zitiert nach: Kirchliches Jahrbuch, 1950, S. 7ff. Zum ganzen siehe K. Herbert: Kirche zwischen Aufbruch und Tradition. Entscheidungsjahre nach 1945, Stuttgart, 1989, S. 148-219.
2. Zitiert nach: Kirchliches Jahrbuch 1950, S. 165f. vgl.zum Kirchentag in Essen: Kreuz auf den Trümmern. Zweiter Deutscher Evangelischer Kirchentag in Essen 1950, Hamburg/Berlin, 1950.
3. Kirchliches Jahrbuch 1950, S. 222ff.
4. G.Heinemann, Reden und Schriften III, München 1986, S. 118.
5. A.a.O., S. 106f.
6. So H. Lindemann, Gustav Heinemann. Ein Leben für die Demokratie, München 1978, S. 109.
7. Zitiert nach: H.Lindemann, a.a.O., S. 96.
8. Vgl. D. Koch, Heinemann und die Deutschlandfrage, München 1972, S. 267ff; 374ff.
9. G.Heinemann, a.a.O., S. 191.
10. Espelkamp 1955. Bericht über die erste Tagung der zweiten Synode der Evangelischen Kirche in Deutschland vom 6. bis 11. März 1955, Hannover, o.J., S. 68ff.
11. Vgl."Die Wahrheit über den Essener Blutsonntag". Tatsachenbericht über die Vorgänge in Essen am Sonntag, dem 11. Mai 1952 - Zusammengestellt an Hand von Zeugenaussagen, Dokumenten, Pressenotizen und Photos.
12. A. Haumann, Wortmeldung. Politik, Gesellschaft und Kirche in Deutschland und darüber hinaus 1923 bis 1990, unveröffentlichtes Manuskript, S. 101, Privatbesitz A.Haumann.
13. A.a.O., S. 103.
14. A.a.O., S. 113.
15. Ebenda
16. A.a.O., S. 114.

Seelsorge in der Industriegesellschaft

Das Ruhrgebiet kann als die "Geburtsstätte" der Montanmitbestimmung bezeichnet werden. Diese gleichberechtigte, weil im Aufsichtsrat der Unternehmen paritätisch besetzte Form der Arbeitnehmer-Mitbestimmung war im Jahr 1947 in der Montanindustrie von den englischen Besatzungsbehörden im Einvernehmen mit dem Deutschen Gewerkschaftsbund und zunächst auch den Unternehmern eingeführt worden. Nach der Konstituierung der Bundesrepublik Deutschland stand die Montanmitbestimmung zur Disposition. Teile der Arbeitgeber versuchten, eine Übernahme dieser Mitbestimmungsform in die deutsche Gesetzgebung zu verhindern. Somit prägten die Auseinandersetzungen um die Sicherung der Montanmitbestimmung weithin die damalige gesellschaftspolitische Diskussion.

Eine besondere Bedeutung erlangte in diesem Zusammenhang der Deutsche Katholikentag, der 1949 in Bochum unter dem Motto "Gerechtigkeit schafft Frieden" stattfand. Der Katholikentag stellte sich auf die besonderen Bedingungen der Gastgeberregion sowohl in thematischer als auch in formaler Hinsicht ein. So wurde in der größten Werkshalle des Bochumer Vereins ein Hochaltar für die Hauptmessen aufgebaut, um die Verbindung von Kirche und Arbeitswelt zum Ausdruck zu bringen.

Engagiert debattierte man während des Katholikentages auch das Thema der Mitbestimmung. Die schließlich verabschiedete Erklärung bezeichnete "das Mitbestimmungsrecht aller Mitarbeitenden bei sozialen, personalen und wirtschaftlichen Fragen (als) ein natürliches Recht in gottgewollter Ordnung."[1]

Abb. 80: Der Katholikentag in Bochum 1949 in der Werkshalle des "Bochumer Vereins"

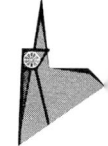

Damit gab man insbesondere der katholischen Arbeitnehmerbewegung einen starken Auftrieb, die sich für die Sicherung der Montanmitbestimmung stark machte.

Abb. 81: Meßfeier in der demontierten Werkshalle

Vor diesem Hintergrund ist es beinahe zwangsläufig, daß sich auch der Evangelische Kirchentag des Jahres 1950 in Essen in der Arbeitsgruppe 1 "Rettet den Menschen" unter dem Motto "Der Mensch im Kollektiv"[2] mit dem Thema der Mitbestimmung beschäftigte. Als Ergebnis dieser und auch vorangehender Diskussionen gab der Rat der EKiD noch während des Essener Kirchentages eine Erklärung "Zur Frage der Mitbestimmung"[3] ab. Der Rat unterstrich hier den Willen der Kirche, "dem Aufbau einer neuen sozialen Ordnung zu dienen" und beschrieb den Sinn des Mitbestimmungsgesetzes dahingehend, das "bloße Lohnarbeitsverhältnis zu überwinden und den Arbeiter als Mensch und Mitarbeiter ernst zu nehmen."[4] Wenn es die Ratserklärung auch vermied, konkret im Streit zwischen Gewerkschaften und Unternehmern Stellung zu beziehen, so wurde dennoch die grundsätzliche Bedeutung der Mitbestimmung betont und immerhin im Sinn einer reformorientierten Position für eine "Erweiterung des Betriebsräterechtes von 1920"[5] votiert.

Die im Jahre 1951 schließlich gesetzlich gesicherte Montanmitbestimmung zählt zum sozialen Grundkonsens der frühen Bundesrepublik und ist insofern eine der Ausgangsbedingungen des sogenannten Wirtschaftswunders. Sie hat sich in den folgenden Jahrzehnten gerade im Ruhrgebiet bewährt. Die seit dem Ende der 50er Jahre einsetzenden tiefgreifenden Umstrukturierungen der Ruhrgebietswirtschaft konnten dank der institutionalisierten Mitwirkung von Arbeitnehmern und Gewerkschaften relativ sozialverträglich gestaltet werden.

Gemeinsame Sozialarbeit der Konfessionen

Beide Konfessionen haben speziell im Ruhrgebiet versucht, im Sinn der Erklärungen des Bochumer Katholikentages beziehungsweise des Essener Evangelischen Kirchentages die Menschen auch in der Arbeitswelt zu begleiten und sie dabei zu unterstützen, die "Würde der Arbeit"[6] zu verteidigen. In besonderer Weise geschah dies durch den Aufbau eines Sonderdienstes, der "Gemeinsamen Sozialarbeit der Konfessionen im Bergbau" (GSA).

Die Gemeinsame Sozialarbeit ist im Jahre 1950 auf Anregung und in Zusammenarbeit mit der deutschen Kohlebergbauleitung entwickelt worden.[7] Der Kohlebergbauleitung unter ihrem Generaldirektor Heinrich Kost ging es um eine neue "Sozialordnung im Bergbau", an deren Entwicklung Hauptvertreter beider Kirchen beteiligt werden sollten. Der von Kost vorgeschlagene Entwurf versuchte die Grundidee einer partnerschaftlichen Kooperation durch Information, Mitsprache und Mitwirkung der Belegschaften zu verwirklichen. Damit blieb diese Idee bei weitem hinter der Montanmitbestimmung zurück und verlor nach der gesetzlichen Sicherung dieser Mitbestimmungsform ihre Bedeutung. Das Grundanliegen Kosts jedoch, die betrieblichen Interessengegensätze durch Gespräch und gemeinsame Beratungen zu überwinden, konnte in Zusammenarbeit mit kirchlichen Bildungseinrichtungen dennoch aufgenommen werden.

Aus der Überzeugung heraus, daß die menschlichen Probleme im Arbeitsleben von den Sozialparteien alleine nicht gelöst werden können, bat Kost die beiden Kirchen, eine entsprechende soziale Bildungsarbeit aufzubauen. Diese begann noch im Herbst des Jahres 1950 mit je einer Tagung in der katholischen Bildungsstätte Kommende in Dortmund und in Haus Villigst, wo auch das Sozialamt der Evangelischen Kirche von Westfalen aufgebaut wurde. Für die katholische Seite zeichnete Franz Hengsbach verantwortlich, für die evangelische Seite der Leiter des Sozialamtes in Villigst, Klaus von Bismarck.

Die Grundsätze und der organisatorische Rahmen der gemeinsamen Sozialarbeit wurden bereits im Jahr 1950 von einem Koordinierungsausschuß und Vertretern der Bergwerksgesellschaften und beider Kirchen festgelegt. Recht schnell gelang es dann, die GSA organisatorisch zu festigen: Es wurde eine Geschäftsstelle gegründet, ferner ein Arbeitsausschuß, der die einzelen Tagungsformen, Konzeptionen und das Ansprechen der Zielgruppen organisierte. Daneben baute man einen Arbeitskreis von Bergbaureferenten sowie einen festen Stamm von Verbindungsleuten in den Betrieben auf. Von besonderer Bedeutung war schließlich der Kommende - Kreis der Bergwerksdirektoren, der sich zweimal im Jahr mit den Mitgliedern der anderen Ausschüsse traf und die Richtlinien sowie den finanziellen Rahmen der Arbeit festlegte. Daneben wurden zu diesen Zusammenkünften namhafte Theologen wie zum Beispiel Oskar von Nell-Breuning und Helmut Gollwitzer eingeladen, um der Arbeit eine sozialethische Fundierung zu geben.

Die GSA entwickelte sich mehr und mehr zu einer betriebsorientierten Bildungsarbeit, in der es darum ging, durch offene Aussprachen sowie Sachinformationen bessere Formen des Zusammenarbeitens und damit ein besseres Betriebsklima zu schaffen. Man versuchte auf diese Art und Weise, autoritäres Führungsverhalten der leitenden Angestellten aufzubrechen und die Mitarbeiter zu mehr Mitverantwortung zu motivieren. Dementsprechend wurden sogenannte Grundtagungen eingerichtet, bei denen die Fragen der

Abb. 82: Friedrich Karrenberg aus Velbert, Vorsitzender der Sozialkammer der EKiD

Zusammenarbeit im Betrieb im Mittelpunkt standen. Daneben gab es Sachtagungen, die die Auswirkungen von Rationalisierungen, Betriebs- und Arbeitsorganisation sowie den innerbetrieblichen Informationsfluß thematisierten. Ziel der jeweiligen Seminare war es, die gewonnenen Einsichten im konkreten Betriebsalltag umzusetzen.

Mit diesem Profil ist es den Kirchen gelungen, eine eigenständige Form der Bildungsarbeit mit Bergbaubetrieben einzurichten. Nach den Anfängen im Bergbau wurde dieses

Konzept auf die Textilindustrie, Unternehmen des metallverarbeitenden Gewerbes (seit 1971 Opel) und der Post übertragen. Nach anfänglichem Zögern wirkten auch die Gewerkschaftsvertreter in diesem Rahmen bald mit. Im Jahr 1956 wurde ein Arbeitsdirektor gewonnen, später beteiligten sich auch Mitglieder der IG-Bergbau.

Die GSA versuchte, sich auf neue Problemlagen schnell einzustellen, so daß zum Beispiel bereits im Jahre 1960 eine Tagung für fremdsprachige Mitarbeiter durchgeführt wurde. Die bis heute institutionalisierte Gemeinsame Sozialarbeit der Konfessionen hat sich nach Auskunft von Teilnehmern, aber auch nach Einschätzung von Unternehmerseite und Gewerkschaften, zu einem wichtigen Faktor entwickelt, der zu einer Humanisierung der Arbeit beiträgt.

Neben der GSA waren es das bereits erwähnte Sozialamt der Evangelischen Kirche von Westfalen in Villigst sowie der von Friedrich Karrenberg angeregte Sozialethische Ausschuß der Evangelischen Kirche im Rheinland, die sich kontinuierlich mit den Fragen des Verhältnisses von Kirche und Arbeitswelt auseinandersetzten. Allerdings überließ man es nicht allein diesen Sondereinrichtungen, sondern versuchte auch auf Gemeinde- und Kirchenkreisebene dieses Thema aufzunehmen. Eine relativ kontinuierliche Beschäftigung mit diesen Fragen findet sich in der Kreissynode Oberhausen. Im Anschluß an die EKiD-Synode von Espelkamp "Die Kirche und die Welt der Arbeit" beschäftigt sich auch die Oberhausener Kreissynode im selben Jahr mit diesem Thema. Als Ergebnis der Beratungen beschließt man, einen hauptamtlichen Sozialsekretär einzustellen und einen ständigen Arbeitskreis einzurichten, "der die Arbeit der sozial-ethischen Ämter, der evangelischen Akademien... durchdenkt und in seinem eigenen Erfahrungsbereich weiterentwickelt."[8] Es gelingt, in diesen Arbeitskreis Vertreter von Unternehmen und Gewerkschaften einzubeziehen; dennoch bleibt die Wirkung nach außen relativ gering. Auch der 1957 eingestellte Sozialsekretär hat nur mühsam die Kontakte zur Arbeiterschaft intensivieren können.

Wie groß der Abstand zwischen Kirche und Arbeitswelt geworden ist, verdeutlichen die kirchlichen Aussagen zur Frage der Sonntagsheiligung. Der Hauptreferent zu diesem Thema auf der Oberhausener Kreissynode von 1957 sieht den Sonntag einerseits durch die kontinuierliche Arbeitsweise und die gleitende Arbeitszeit, andererseits aber auch durch das veränderte Freizeitverhalten der Bevölkerung in Frage gestellt. Ausgehend von einer Unterscheidung zwischen Freizeit und Feiertag versucht die Kreissynode die besondere Bedeutung des Sonntags ihren Gemeindegliedern deutlich zu machen: "Der Sonntag will eine heilige Zeit sein. Er ist ein Geschenk Gottes an die Menschen."[9] Allerdings gelingt es kaum, diese Aussage für die Menschen in der Industrieregion positiv zu entfalten. Über den Gottesdienstbesuch hinaus werden zur Gestaltung des Sonntags keine Anregungen gegeben.

Diese Versuche der Beschäftigung mit Themen der Arbeitswelt lassen eine gewisse Hilflosigkeit der Kirche deutlich werden. Dennoch bleibt hier das Bemühen bemerkenswert, diesen für einen Großteil der Gemeindeglieder entscheidenden Lebensbereich in die kirchliche Arbeit einzubeziehen und sich kontinuierlich mit diesen Fragen der Arbeitswelt auseinanderzusetzen.

Evangelische Arbeitervereine

Auch die evangelischen Arbeitervereine sind von ihrer Gründung her eng mit dem Ruhrgebiet verknüpft. Der erste Arbeiterverein wurde am 29. Mai 1882 im Althofschen Saal in Gelsenkirchen durch Ludwig Fischer gegründet. An dieser ersten Versammlung nahmen 57 evangelische Arbeiter teil, die

Fischer zum ersten Vorsitzenden wählten. Rasch breiteten sich die Vereine zunächst im Ruhrgebiet, dann in Westfalen und im Rheinland und schließlich im ganzen Reichsgebiet aus. Nach einer Blüte im Kaiserreich und einer Stagnation in der Weimarer Zeit wurden die Vereine 1933 gleichgeschaltet.

Abb.83: Fahne des Arbeitervereins Meiderich

Nach 1945 gelang es nur unter großen Mühen, evangelische Arbeitervereine wieder aufzubauen. Von Seiten der Kirchenleitungen gab es hierbei keine Unterstützung, im Gegenteil bedeutete die neu errichtete Männerarbeit eher eine Konkurrenz für die Arbeitervereine. Dennoch gelang vor allem durch das Engagement alter Mitglieder aus der Zeit vor 1933 ein Wiederanknüpfen an die alte Tradition.

In Gelsenkirchen-Schalke konstituierte sich der Arbeiterverein erst im Jahr 1951. Mit 15 Personen nahm der Ortsverein am 20. Mai 1951 das Vereinsleben wieder auf. Zum ersten Vorsitzenden wurde Ludwig Hain gewählt, unter dessen Leitung sich der Verein allmählich festigte.

Ähnlich bescheiden war auch der Anfang des Arbeitervereins Meiderich in den Nachkriegsjahren. Zunächst war es der Rektor Straßburger, der den Verein wieder ins Leben rief, bevor seit 1953 Johannes Hasley den Verein leitete. Immerhin gelang es hier recht schnell, mehr als 100 Mitglieder zu sammeln. Die Arbeitervereine legten großen Wert auf ihre Nähe zur jeweiligen Kirchengemeinde. So wurde in den meisten Fällen, unter anderem auch in Schalke und Meiderich, der ortsansässige Gemeindepfarrer zum Vereinspräses gewählt, der damit die Verbindung zur Gemeinde sicherstellte.

Einen großen Aufschwung der Arbeitervereinsbewegung erhoffte man sich, als am 8. Juni 1952 in Gelsenkirchen das 70jährige Bestehen der evangelischen Arbeitervereine gefeiert und aus diesem Anlaß die Evangelische Arbeitnehmerbewegung Deutschlands (EAB) neu gegründet wurde. Es gelang, mit dem nordrhein-westfälischen Ministerpräsidenten Arnold sowie dem Leiter des Hilfswerks und MdB Gerstenmeier (beide CDU) prominente Gastredner für diesen Festakt zu gewinnen. Beide Redner betonten die Notwendigkeit starker christlicher Arbeitervereine für das gesellschaftliche Leben und wünschten der EAB ein schnelles Wachstum.

Unter dem ersten Landesverbandsvorsitzenden Otto Klein stellte man sich als Aufgaben die Bildungsarbeit, die Mitarbeit in der Kirchengemeinde, gesellschaftsdiakonisches Engagement, und Familien- sowie Altenarbeit.

Die Mitarbeit in den Kirchengemeinden ist bis heute eine wesentliche Aufgabe der EAB. Diese Aufgabe wird in den Ortsverbänden und ihren Gemeinden unterschiedlich durchgeführt. Daneben werden charakteristische Höhepunkte des Vereinslebens, wie zum Beispiel eine Fahnenweihe, bewußt in einen gottesdienstlichen Rahmen gestellt. Die Familienarbeit wird vor allen Dingen in den Eltern- und Erziehungsseminaren deutlich. Die EAB versteht die Familie als das grundlegende Element unserer Gesellschaft, das es zu schützen und stärken gilt.

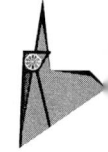

Die Altenarbeit in der EAB ist aufgrund der Struktur der Mitglieder wichtiger denn je. Die EAB versucht gerade bei älteren Menschen, ihr Selbstbewußtsein zu stärken. Sie bietet für sie Bildungs- und Erholungsurlaub an. Die Bildungsarbeit geschieht im Rahmen von Fortbildungsveranstaltungen und Seminaren aber auch Studienfahrten und Bildungsreisen.

Eine wichtige Aufgabe der Arbeitervereine besteht ferner darin, eigene Vertreter in die Selbstverwaltungsorgane von Krankenkassen, Versicherunganstalten und der Industrie- und Handelskammer zu entsenden. Des weiteren beraten die Vereine ihre Mitglieder in Fragen des Sozial- und Arbeitsrechtes.

Insgesamt gesehen ist es den Arbeitervereinen nach 1945 jedoch nicht mehr gelungen, ihre frühere Bedeutung innerhalb des Protestantismus zu erlangen. Insbesondere konnten keine neuen Jugendabteilungen gegründet werden. Vor dem Hintergrund dieser Nachwuchsschwierigkeiten ist eine starke Überalterung der Vereine festzustellen.

Traugott Jähnichen/Uwe Schwabe/ Gerold Vorländer

1. Gerechtigkeit schafft Frieden. Der 73. Deutsche Katholikentag vom 31.8.-4.9.1949 in Bochum, S. 213
2. Vgl. die Sammlung der gehaltenen Referate "Der Mensch im Kollektiv", in: Kirche im Volk, Heft 6/1950
3. Rat der EKiD "Zur Frage der Mitbestimmung", in: Kirche im Volk, Heft 6/1950, S. 60
4. Ebenda
5. Ebenda
6. So eine weitere Formulierung der o.g. Ratserklärung, ebenda
7. W. Krämer, Die gemeinsame Sozialarbeit der Konfessionen, in: ders., Konzepte kirchlicher Arbeiterbildung, Mainz 1985, S. 99ff
8. Kreissynode Oberhausen, 1.10.1956, S. 25
9. Kreissynode Oberhausen, 30.6./1.7.1957, S. 45; vgl. auch a.a.O.,S.35ff

Neue Herausforderungen für die Diakonie

Krankenhäuser in kirchlicher Trägerschaft

"Zu einer evangelischen Gemeinde gehört auch irgendwie ein evangelisches Krankenhaus, damit deutlich werde, daß sie dem Herrn dient, der sich gerade der kranken und schwachen Glieder sonderlich angenommen."[1]

Bei einer Betrachtung der rein medizinischen Aspekte ist diese Gleichstellung berechtigt und in Bezug auf die Leistungsfähigkeit evangelischer Krankenhäuser angemessen. Die Bereitschaft, diese Leistungsfähigkeit zu schaffen und zu erhalten, indem der Anschluß an neue Formen medizinischer Behandlungsmöglichkeiten gesucht wird,

Abb. 84: Das Evangelische Krankenhaus in Hagen - Haspe

Konfessionelle Krankenhäuser und so auch die evangelischen Krankenhäuser sind für den Außenstehenden ein nahezu selbstverständlicher Bestandteil der Stadtlandschaft des Ruhrgebiets, sie werden als medizinische Einrichtungen in eine Reihe mit Kliniken anderer Trägerschaften gestellt.

zeigt beispielhaft die Entwicklung des evangelischen Krankenhauses in Hagen-Haspe.

An dieses 1889 in Trägerschaft der evangelisch-lutherischen Kirchengemeinde in Haspe gegründete Krankenhaus sind ein Altenheim und ein Kinderheim angeschlossen, um im Sinne des Gründungsgedankens

"...Kranke, Altersschwache, Waisenkinder und Säuglinge, deren Mutter gestorben ist, aufzunehmen und unter der Leitung von Gemeindediakonissen pflegen zu können."[2] Heute verfügt es neben einer HNO-Belegabteilung über fünf Fachabteilungen: Chirurgie, innere Abteilung, Gynäkologie (seit dem Einzug in den Neubau 1964), Anästhesie/Intensivmedizin (seit 1975) und Rheumatologie (seit 1984), sowie seit 1989 über die noch nicht selbständige Abteilung für Psychosomatik.

Hinzuzufügen ist außerdem noch die nach dem Ausscheiden der Diakonissen aus Haus Sarepta/Bethel notwendig gewordene Pflegeschule (1961), welche seit dem 1.1.1981 zur "Gemeinschaftsschule Hagen-Schwelm" mit Zuständigkeit für die Krankenhäuser Hagen-Haspe, Verbandskrankenhaus Martfeld/Schwelm, Verbandskrankenhaus Gevelsberg, evangelisches Krankenhaus Esley und St. Marien Krankenhaus Schwelm umgebildet wurde.[4]

Somit ist zwar das evangelische Krankenhaus Hagen-Haspe mit einem Bestand von 265 Betten nicht eines der größten Krankenhäuser Hagens, jedoch leistet es durch den konsequenten Ausbau der einzelnen Fachabteilungen in Verbund mit anderen Kliniken einen wichtigen Beitrag zur medizinischen Betreuung der Region.

Die Entwicklung zur jetzigen Stellung wurde nach Ende des Krieges durch das Bemühen der Landessynode um den Wiederauf- bzw. Um- und Neubau der evangelischen Krankenhäuser in die Wege geleitet. Im Mittelpunkt dieser Bemühungen stand jedoch auch die Sorge um den Erhalt der Wirtschaftlichkeit dieser Einrichtungen.

Neben den finanziellen Lasten aufgrund der Beseitigung von Kriegsschäden - das Krankenhaus Hagen-Haspe hatte hierbei den Krieg mit relativ leichten Schäden, zerstörten Stallungen und der ausgebrannten Isolierstation, überstanden - und den bald notwendig werdenden Ausbauten verursachten vor allem die hohen Personalkosten diese Lage. Wegen dieser Schwierigkeiten evangelischer Krankenhäuser wurde von der Landessynode im Jahr 1953 ein "Ausschuß für Krankenhausfragen"[5] eingesetzt. Dieser beschrieb die Situation so: "Nach dem Verlust aller Reserven der Krankenhäuser durch zwei Inflationen und nach umfangreichen Kriegszerstörungen steht das evangelische Krankenhaus vor der nahezu unlösbaren Aufgabe, bei unzulänglichen Pflegesätzen die Patienten gut zu versorgen und zugleich die Mitarbeiter sozial so zu stellen, wie dies einer christlichen Dienstgemeinschaft entspricht."[6]

Da wegen der starken Inanspruchnahme der Krankenhäuser ein Personalabbau ohnehin nicht möglich war, wurden andere Lösungen gesucht.

Neben der Einrichtung eines Sonderfonds aus Kirchensteuerüberschüssen in Höhe von 200.000 DM, der hauptsächlich für kleinere Diaspora-Krankenhäuser verwendet werden sollte, wurden die Gemeinden und Synodalverbände aufgefordert, die jeweils in ihrem Bereich liegenden Krankenhäuser aus Etatmitteln zu unterstützen und gegebenenfalls Patenschaftsverhältnisse zu solchen Kirchenkreisen herzustellen, welche ihre Krankenhäuser nicht ausreichend unterstützen konnten.[7] Dies betraf gerade auch Krankenhäuser im Ruhrgebiet.

Neben dieser finanziellen Stärkung sollte zudem, wie es auf der Landessynode von 1955 ausdrücklich hervorgehoben wurde[8], eine Festigung zwischen der Gemeinde und ihrem Krankenhaus erreicht werden. Dieser Gedanke sollte später bei der Einführung des "Diakonischen Jahres" erneut eine wesentliche Rolle spielen.

Eine weitere Entlastung der angespannten Lage brachte das Anstaltenhilfsprogramm amerikanischer Kirchen, in das alle 52 evangelischen Krankenhäuser im Bereich der Westfälischen Landessynode eingebracht werden konnten. Dies erbrachte zunächst eine Versorgung mit hochwertigen Lebensmittelspenden, welche angesichts eines Warenwertes von 45,- DM pro Bett bei insgesamt 10.087 Betten eine indirekte Geldspende von 455.915,- DM ausmachte.[9]

War damit ein erstes, zwar improvisiertes, aber doch rasch greifendes Hilfsprogramm geschaffen worden, so gestaltete sich das Entgegenkommen von außerkirchlicher Seite schwieriger.

räumt[10]. Dagegen stieß das Bemühen der Krankenhausverbände um eine Erhöhung der Pflegesätze zur Deckung der gestiegenen Selbstkosten bei den Krankenkassen auf starken Widerstand. Der Vorschlag einer Unterstützung seitens kommunaler Behörden wurde indes von kirchlicher Seite abgelehnt, da eine solche Hilfe als unzureichend angesehen wurde. So bezuschußte zum Beispiel die Stadt Dortmund im Jahr 1952 die städtischen Kliniken mit ungefähr 3.000 Betten mit 5 DM pro

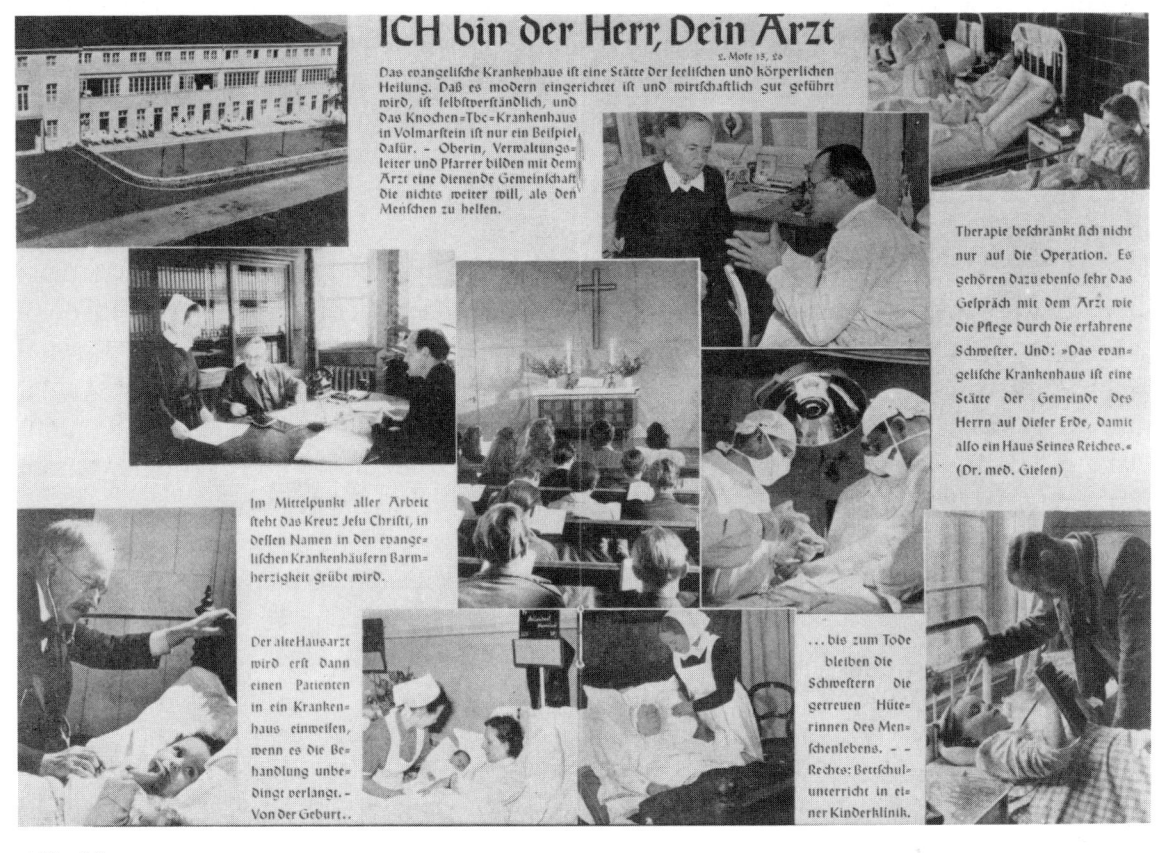

Abb. 85

Immerhin wurde dem Landesverband der Inneren Mission und dem Evangelischen Hilfswerk in Westfalen als Vertreter der anerkannten Spitzenverbände der freien Wohlfahrtspflege bei dem für die Gesamtplanung des Krankenhausbettenbedarfs zuständigen Ministeriums in Düsseldorf, dem Ministerium für Arbeit, Soziales und Wiederaufbau, ein Mitsprache- bzw. Anhörungsrecht eingeräumt.

Bett und Tag. Demgegenüber mußten sich die konfessionellen Krankenhäuser - 2.128 Betten - mit 13 Pfennig pro Bett und Tag begnügen.[11] Andererseits spielte auch die Sorge hinein, die Kommunen könnten aus dieser finanziellen Beteiligung ein Mitspracherecht ableiten.[12] Erst nach einer ersten Erhöhung der Pflegesätze um 35 Pfennig entspannte sich die Lage. Die bald darauf erlassene Bundespflegesatzverordnung konnte dann auch die Kirche als gute Grundlage für weitere Verhandlungen über die Festlegung der Pflegesätze nach dem Grundsatz der Selbstkostendeckung auffassen.[13] Einhergehend mit dieser Aufbauarbeit, der Stabilisierung der wirtschaftlichen Lage und Leistungsfähigkeit der evangelischen Krankenhäuser, wurde stets auch auf den diakonischen Auftrag der Kirche hingewiesen und somit die Besonderheit eines evangelischen Krankenhauses hervorgehoben. Diese besteht darin, daß die Arbeit im Krankenhaus, das selbst zu einer Gemeinde gehört oder auch eine eigene Gemeinde bildet, Teil der Gemeindearbeit ist. Die reine medizinische Krankenbetreuung ist demnach nicht die einzige Aufgabe, sondern die Versorgung des Patienten ist umfassender zu verstehen. Der Dienst am Kranken als Auftrag des Evangeliums macht so das Krankenhaus gleichzeitig zu einem Ort der Verkündigung des Evangeliums: "Wer das Evangelium mit offenen Augen liest, kann gar nicht daran vorübergehen, daß der Herr Christus uns in den Dienst an dem kranken Menschen gewiesen hat. Damit steht die Arbeit am Einzelnen vor uns; und in einer rechten Gemeinde wird sich der diakonische Dienst dem Kranken zuwenden müssen... Wohlgemerkt - daß wir es ja beachten: Er selber, Christus der Herr, soll und muß die Mitte aller solcher Arbeit sein, und alles, was in einem evangelischen Krankenhaus geschieht, sollte seine innere Beziehung zu ihm haben."[14]

Diese Forderung schlägt sich zwangsläufig im Verständnis der Situation des Patienten und der Rolle des behandelnden Arztes nieder: "Wir sehen in der Krankheit ... ein Anklopfen des Herrn Christus bei diesem einzelnen Menschen. Wir dürfen dieses kranken Menschen Diener sein, dürfen ihm zu helfen versuchen, daß er diese Zeit recht verstehe und erlebe als Führung seines Herrn und Heilandes, der ihm durch diese Zeit nicht nur die frühere Gesundheit wiederschenken, sondern ein Neues in seinem Leben schaffen will... . Der Arzt wird in einem evangelischen Krankenhaus am sachgemäßesten arbeiten, dem es nicht darauf ankommt, daß sein ärztliches Können glänze, sondern daß er Wegweiser wird zu dem großen Arzt Christus."[15]

Indem der Arzt seine Arbeit in Verbindung mit der durch Christus garantierten Gewißheit sieht, hilft er dem Kranken, diese Möglichkeit zur Besinnung zu nutzen bzw. überhaupt erst zu erkennen: "Krankheit ist immer ein Weg zur Vollendung, zum Tode hin. Ärztliches Handeln kann nur Handlangerdienst des einen Arztes Jesu Christi sein."[16]

Wie jedes Mitglied der "Dienstgemeinschaft" in einem evangelischen Krankenhaus dient auch der Arzt auf seinem Spezialgebiet dem gemeinsamen Ziel, dem ganzen Menschen zu helfen und nicht nur sein körperliches Leiden zu heilen. So gewinnt bereits die medizinische Betreuung einen seelsorgerlichen Akzent, schafft dadurch eine Atmosphäre, in welcher die "professionelle" Seelsorge durch einen Krankenhauspfarrer nicht als Fremdkörper erscheint.

Insofern steht eine missionarisch ausgerichtete Krankenseelsorge gleichrangig neben der medizinischen Krankenpflege oder ist dieser gar übergeordnet.[1]

Die gegenwärtige Entwicklung ist demgegenüber von anderen Fragestellungen geprägt. Die aktuellen Probleme - Pflegenotstand, Strukturreform - fordern gerade von einem kleineren, spezialisierten Krankenhaus wie Hagen-Haspe eine größtmögliche wirtschaftliche Unternehmensführung. Diese Forderung ließ Überlegungen laut werden, das Krankenhaus aus der Einbindung in die kirchlichen Leitungsgremien herauszulösen, um dadurch eine effektivere Unternehmensleitung zu gewährleisten.[18]

Dieses Schwinden der Eigentümlichkeit evangelischer Krankenhäuser beschränkt sich jedoch nicht nur auf den verwaltungstechnischen Bereich, sondern berührt vor allem das Feld der Krankenpflege selbst. Neue Therapieformen, so auch die in Hagen-Haspe eingeführte Psychosomatik, treten mit dem Anspruch auf, den ganzen Patienten zu erreichen und machen so eine Seelsorge im weiteren Sinne zum Ziel der Therapie.[19]

Somit stellt sich heute die Aufgabe einer Klärung des Verhältnisses von Seelsorge, psychosomatischen Therapieformen und medizinischer Betreuung im Horizont des diakonischen Auftrages der Kirche.

Aufruf der Landeskirche zum "Diakonischen Jahr" (1957)

"...Auch Du im Büro, in der Fabrik, im Geschäft, in der Werkstatt, in der Familie, auf der Schule oder Hochschule, löse Dich heraus und gib ein Jahr Deines Lebens denen, die auf Deine Hilfe warten. Dir sind Gaben und Kräfte gegeben, die in diesem Dienst zu besonderer Entfaltung kommen. Du erlebst etwas von der großen Freude des Helfens. Du lernst das Leben von einer anderen Seite kennen: Leidenden wird geholfen, Traurige werden getröstet, Mutlose aufgerichtet, und Du selbst bist der Beschenkte..."[20]

Mit diesem auf der Landessynode vom 24.10.1957 in Einklang mit dem "Aufruf zum Dienen" der Synode der EKiD im März desselben Jahres beschlossenen Aufruf wurde offiziell zum 1.11.1957[21] im Bereich der Westfälischen Landeskirche das Diakonische Jahr (DJ) eingeführt. Damit wurde die Möglichkeit geschaffen, diakonische Einrichtungen in größerem Maße für einen auf ein Jahr begrenzten vollwertigen Dienst von Laien zu öffnen. Mit dieser Maßnahme schloß die Landessynode zu einer Entwicklung auf, welche bereits in den Jahren zuvor ein Großteil der anderen Landeskirchen vollzogen hatte[22], und die auf die Initiative des Rektors der Diakonissenanstalt Neuendettelsau/Bayern Hermann Dietzfelbinger zurückging.

Dieser rief am 9.5.1954 im Rahmen seiner Festrede zum 100jährigen Bestehen der Diakonissenanstalt die "evangelische weibliche Jugend" zu einem "Wagnis der Diakonie" auf.[23] Dieser Anstoß zu einer befristeten diakonischen Arbeit wurde bis zum Ende der 50er Jahre von allen evangelischen Landeskirchen aufgegriffen und fand auch in der Einrichtung ähnlicher freiwilliger sozialer Dienste in Trägerschaft der katholischen Kirche seinen Niederschlag[24]. War jedoch in Bayern und später auch in anderen Landeskirchen die Initiative von Einrichtungen der Diakonie ausgegangen und erst danach von der jeweiligen Landeskirche unterstützt worden, so ist in Westfalen die Landeskirche Trägerin des DJ, welche zur Durchführung den "Ausschuß für das Diakonische Jahr" bildete, und so das jetzige "Diakonische Jahr der evangelischen Kirche von Westfalen" als Amt der Landeskirche begründete. Sitz dieses Amtes ist damals wie heute Münster.[25]

Anlaß für diesen Schritt war ein dramatischer Personalmangel, besonders in den Einrichtungen der geschlossenen Fürsorge der Diakonie, da die Zahl der dort Betreuten seit 1945 von 19.000 auf 40.605 angestiegen war[26]: "All diese Aufgaben fordern den Einsatz einer großen Zahl von Fachkräften...Viele Dienste können aber auch von angeleiteten "Laien" getan werden. Und eine Kirche, die sich zum "Priestertum aller Gläubigen" bekennt, hat allen Grund, darüber zu wachen, daß auch im "Zeitalter der Funktionäre" in der Kirche Raum bleibt für den Dienst aller Gemeindeglieder, zur Betätigung der Gaben, die der Herr der Gnade ihnen gab."[27]

Dieser Situation entsprechend waren wie in den anderen Landeskirchen Krankenhäuser, Alten- und Pflegeheime, Kinder- und Säuglingsheime, sowie Heime für geistig und körperlich Behinderte sowie Müttergenesungsheime die Haupteinsatzgebiete, wobei in Westfalen noch zusätzlich an eine Arbeit in Einrichtungen der halboffenen oder offenen

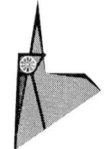

Fürsorge gedacht wurde.[28] Indienstnahme und fortlaufende Betreuung der diakonischen Helferinnen übernahm in Zusammenarbeit mit den jeweiligen diakonischen Einrichtungen die Leitung des DJ, der seit dem 16.1.1958 Vikarin Delia Häpke vorstand. Die diakonischen Helfer hingegen - der Aufruf von Präses Wilm war an die "evangelischen Mädchen und Frauen, Männer und jungen Männer"[29] ergangen - wurden den drei Westfälischen Brüderhäusern Nazareth/Bethel, Martineum/Volmarstein und Haus Wittekindshof zur eigenständigen Betreuung zugewiesen. In diesen Einrichtungen erfolgte auch ihr Einsatz. Grund hierfür war der geringe Anteil von Männern an den freiwilligen Helfern, so standen zum Beispiel im September 1959 den 95 Helferinnen lediglich 24 Helfer gegenüber.[30]

Ein erstes Vertrautmachen mit der zu erfüllenden Aufgabe fand im Rahmen von 14tägigen Einführungsfreizeiten statt, welche für die Helferinnen im Ruhrlandheim Bochum-Stiepel, hauptsächlich aber in Haus Husen Dortmund stattfanden. Gegenstand dieser "Rüstzeit" sollte eine Einführung in die praktischen und theologischen Grundlagen der späteren Pflege oder erzieherischen Tätigkeit sowie in die Geschichte und die Arbeitsfelder der Diakonie sein.[31]

War das Ruhrgebiet durch die Wahl dieser Tagungsstätten von dem Programm des DJ direkt berührt, so nahm diese Region in der weiteren Durchführung in Bezug auf die Herkunft der Helfer/innen und deren Einsatzort keine Sonderstellung ein. Lediglich ein Drittel aller Meldungen ging aus dem Ruhrgebiet ein - stärkste Kirchenkreise waren

Abb. 86: Der Aufruf zum "Diakonischen Jahr" 1957

hierbei Dortmund und Gelsenkirchen - und nur 13 von 82 Helferinnen taten Dienst in Krankenhäusern oder anderen Pflegeeinrichtungen des Ruhrgebiets (Stand Juni 1958).[32]

Die Beteiligung im Rahmen des DJ ließ sich nach folgender Regel beschreiben: "Je größer die Einwohnerzahl, um so kleiner die Zahl derer, die Dienst tun wollen im Diakonischen Jahr...Die Bewohner der kleinen Landgemeinden und Kleinstädte sind, soweit es sich um Protestanten handelt, doch eher zu gewinnen für den diakonischen Dienst bzw. ist ihr Herz und Ohr eher zugänglich für den Ruf zum diakonischen Hilfsdienst."[33]

Zudem war durch die damals strikt geübte Praxis, die Helferinnen zumeist ohne näheres Eingehen auf eigene Wünsche in der Regel nicht im Heimatkirchenkreis einzusetzen, jeder Entwicklung von regionalen Besonderheiten die Grundlage entzogen.[34]

Angesichts dieser Zahlen und trotz der im Laufe eines Jahres 100 - 120 verfügbaren Hilfskräfte[35] konnte von einem Beheben des Personalmangels in den Einrichtungen der geschlossenen Fürsorge durch ungelernte Kräfte keine Rede sein. Dies war jedoch auch nicht das eigentliche Anliegen des DJ, das Ziel wurde wesentlich weiter gesteckt.

Ausgangspunkt der Überlegungen war zunächst der Gedanke, die Helfer/innen wertvolle Lebenserfahrungen sammeln zu lassen: "In erster Linie wird dieses 'Diakonische Jahr' denen, die es wagen, selbst eine Gabe vermitteln, nämlich die Erfahrung, daß im Dienst am Nächsten Reichtum und Erfüllung eines Lebens liegen."[36] Damit wurde wiederum die Hoffnung verbunden, daß die ehemaligen Teilnehmer des DJ nach der Rückkehr in ihre Heimatgemeinden auch dort ein verstärktes Engagement für die Diakonie zeigen und so das Interesse der gesamten Gemeinde an der Diakonie wecken würden. "So will das 'Diakonische Jahr' letztlich zur Verlebendigung der Diakonie in der Gemeinde helfen, und die Gemeinden an dem Dienst, den die Anstalten und Einrichtungen der Inneren Mission stellvertretend für sie tun, in persönlicher Verantwortung wieder teilhaben lassen."[37]

Um sicherzustellen, daß das im Rahmen der Arbeit im DJ gestärkte oder erst neu entwickelte Bewußtsein im Alltagsleben nicht ungenutzt versickerte, bemühte sich die Leitung des DJ während und nach der Jahrestätigkeit um eine Verbindung mit den jeweiligen Heimatgemeinden, welche gegebenenfalls über die Rückkehr der Teilnehmer am DJ informiert werden sollten.[38]

Eigentlicher Zweck des DJ war daher auch das Bemühen um eine stärkere Bindung zwischen Gemeinde und diakonischen Einrichtungen. Dies wurde immer wichtiger, da die Diakonie aufgrund einer Institutionalisierung der kirchlichen Sozial- und Wohlfahrtspflege in von Diakonissen und Verbandsschwestern betreuten Häusern zunehmend aus dem unmittelbaren Gesichtsfeld der Gemeinden herausfiel.[39]

So setzte man nun auf eine mit Hilfe des DJ in Gang gebrachte Wechselwirkung zu beiderseitigem Nutzen. Einerseits wird den Gemeindemitgliedern der Sinn, aber auch der persönliche Gewinn diakonischer Arbeit deutlich, andererseits lösen sich die Pflegeeinrichtungen aus ihrer Isolierung und öffnen sich so zwangsläufig stärker der Gemeinde.

Trotz der zu erwartenden Probleme ging man letztlich von einem für beide Seiten fruchtbaren Aufeinanderzugehen aus: "Es wird dabei klar herausgestellt, daß das diakonische Jahr nicht nur Hilfe bedeutet, sondern auch beanspruchende Forderungen an eine Hausgemeinschaft stellt...Das Angleichen, hier vor allem auch der diakonischen Helferinnen an die von ihnen vorgefundene Hausgemeinschaft, ist weitgehend sehr bereitwillig vollzogen worden, auch da, wo Kritik an dem einen oder anderen Vorgefundenen wachbleibt...Dabei ist die Kritik hin und wieder sehr berechtigt und muß gehört werden...Die Bindung der diakonischen Helferinnen an das "normale" Leben, die stärker bewahrt werden kann als bei anstaltsgebundenen, berufsmäßigen Pflegekräften, schärft den Blick für festgefahrene oder zu eng gezogene Grenzen, wie zum Teil auch für Vorzüge des Gemeinschaftslebens mit seinem geregelten Rhythmus in Arbeit, eigener und gemeinsamer Freizeit. Gleicherweise kann unberechtigte Kritik gemildert oder aufgehoben werden durch eine Erklärung, die ihr entgegengesetzt wird."[40] Die Resonanz auf die Erfahrungen während des diakonischen Jahres waren in der Regel außerordentlich positiv. Eine Vielzahl von Briefen diakonischer Helferinnen und Helfer zeigt, wie tief sie von der Begegnung mit der Diakonie berührt wurden.

So heißt es beispielsweise in einem Brief zweier Helferinnen aus Wanne-Eickel, die im evangelischen Krankenhaus in Bünde tätig waren: "Gib ein Jahr", so lautete die Aufforderung zum Dienst an Kranken, Alten und Kindern. Besser hätte man gesagt:"Nimm ein Jahr", denn in erster Linie wird es für alle diakonischen Helfer und Helferinnen ein Nehmen sein... Beobachtet man sich selbst bei dieser Arbeit, so merkt man recht deutlich, daß in uns eine innere Veränderung vorgeht. Sprachen und dachten wir selbst auch einmal über diese Arbeit lächerlich, so erfüllen wir sie jetzt mit einer Selbstverständlichkeit, die uns selbst wundert... Dieses Jahr ist ein Jahr des Dienstes am Menschen, der uns ganz fordert, und die oft brachliegenden persönlichen Kräfte entdeckt und entwikkelt...".[41]

Interessant ist hierbei auch ein Blick auf die Zeit nach dem DJ, da von den im Zeitraum vom 1.1.1958 bis 1.8.1960 beschäftigten diakonischen Helferinnen und Helfer 50% der Helfer und 45% der Helferinnen im Anschluß an das DJ einen sozialpädagogischen oder sozialpflegerischen Beruf ergriffen.[42] Diese Tatsache muß deshalb hoch bewertet werden, da es sich bei den Teilnehmern am DJ nicht wie heute größtenteils um Schulabgänger, sondern in der überwiegenden Mehrheit um Berufsunterbrecher handelte.

Diese sicher auch für die Initiatoren des DJ erstaunliche Entwicklung wirft ein bezeichnendes Schlaglicht auf die Motive für die Teilnahme.[43]

Das Spektrum reicht hierbei vom Willen zum Dienst am Nächsten über einen spontanen Hilfewillen ohne unbedingt christlichen Hintergrund bis zum Wunsch, das DJ als ein "Jahr der Klärung für sich selbst"[44] zu verstehen, um "die eigenen Fähigkeiten und Neigungen zu erproben"[45]. Dies führte auf Seiten der Kirche zur Vermutung: "Die jungen Menschen denken häufig nicht von der Gemeinde her, sondern individualistisch."[46] Diese Tendenz setzte sich bis zur Mitte der 60er Jahre fort. Erst danach trat der Wunsch nach einer Veränderung der Mißstände der Gesellschaft verstärkt in den Vordergrund und ließ die Teilnahme am DJ auch im Licht eines persönlichen Protestes gegenüber einer materiellen Wohlstandsgesellschaft erscheinen.[47]

War es die ursprüngliche Absicht, mit Hilfe des DJ eine Begegnung von Gemeinde und Diakonie zu schaffen, so mußte nun festgestellt werden, daß neben dem gewünschten Erfolg[48] das DJ auch als eine willkommene Gelegenheit für ein soziales Engagement aufgefaßt wurde. Dieser Situation wurde Ende der 60er Jahre und nicht zuletzt angesichts eines deutlichen Teilnehmerschwundes Rechnung getragen, indem nun das DJ als "Außerschulisches Bildungsjahr" neu definiert wurde. Dies äußerte sich vor allem in einer verstärkten Pädagogisierung in Form vermehrter Seminararbeit.[49] Gleichzeitig bedeutete dies aber auch eine Öffnung und teilweise Angleichung an die freiwilligen sozialen Dienste anderer Trägerschaften, zumal Befürchtungen laut geworden waren, daß sich angesichts dieses Angebots zahlenmäßige Einbußen abzeichneten.[50]

Seit der Gründung mußte sich das DJ immer wieder gegen von außen herangetragene Kritik zur Wehr setzen. Dies zeigt sich in der immer wieder aufflammenden Diskussion um ein Pflichtjahr für Mädchen, mit welchem das DJ, zumal es Pflegetätigkeiten beinhaltet, die als klassische Frauentätigkeit angesehen werden, in Verbindung gebracht wurde.[51] Daneben sah sich das DJ mit den freiwilligen sozialen Diensten anderer Trägergemeinschaften vermehrt sehr scharfer Kritik von politischer Seite ausgesetzt. Häufig wurde hier von einem "mißbrauchten Idealismus" zu Lasten eines ungelösten Krankenschwesternproblems gesprochen.[52]

Dennoch hat sich das DJ in seiner bisher über 34jährigen Geschichte in Westfalen als erfolgreich genutzte Chance zur Entwicklung sozialen Bewußtseins und Verantwortung auf dem Feld der Diakonie bewiesen und trägt auch heute dazu bei, in einer von gegenseitiger sozialen Entfremdung geprägten Gesellschaft ein Signal der Nächstenliebe zu geben.

In diesem Sinne äußerte sich Erika Stein, die seit 1966 amtierende Leiterin des "Diakonischen Jahres in Westfalen":

"Ich träume davon, daß die Liebe zu unserer Arbeit uns immer neu und phantasievoll nach Möglichkeiten suchen läßt, junge Menschen zum Dienst für den Nächsten zu gewinnen und sie gut und verständnisvoll zu begleiten. Denn auch heute bieten wir jungen Menschen mit dem Diakonischen Jahr ein unschätzbar großes Erfahrungsfeld... Ja, ich träume davon, daß wir in den Herausforderungen unserer Zeit eine Chance für die Weiterentwicklung des Diakonischen Jahres erkennen."[53]

Hanns Neidhardt

1. 60 Jahre evangelisches Krankenhaus, Hagen 1949, S. 18
2. 100 Jahre evangelisches Krankenhaus Hagen-Haspe 1889-1989, Hagen 1989, S. 5
3. Vgl. 100 Jahre, a.a.O., S. 36ff
4. Vgl. 100 Jahre, a.a.O., S. 22f, S. 37
5. Sitzungsprotokolle der theologischen Mitarbeiter der Inneren Mission und des Evangelischen Hilfswerks in Westfalen vom 3.11.54 Punkt 2, Krankenhausförderung (Bestände des ADWW)
6. W. Eichholz, Dienstgemeinschaft vom Heizer bis zum Chefarzt, in: Hand am Pflug Nr. 2, 1953, S. 14
7. Bericht über die Tätigkeit des Ausschusses für Krankenhausfragen der Landessynode seit der Landessynode im Oktober 54 bis zur Berichterstattung bei der Landessynode im Oktober 55, in: Sitzungsprotokolle a.a.O., 1953-1963, Bestände des (ADWW)/ vgl. Anm. 5
8. Vgl. Anm. 7
9. Bericht über die Tätigkeit des Ausschusses für Krankenhausfragen a.a.O.
10. Sitzungsprotokolle der theologischen Mitarbeiter, a.a.O., vom 4.1.54, Punkt 2
11. N.N., Es wird uns nur zu schwer gemacht, in: Hand am Pflug Nr. 2, 1953, S. 16
12. Sitzungsprotokolle der theologischen Mitarbeiter, a.a.O., S. 6.63
13. Wie Anm. 7
14. Superintendent Weiss, Evangelisches Krankenhaus, in: Hand am Pflug Nr. 2, 1953, S. 2
15. Warum "evangelisches" Krankenhaus, in: 60 Jahre evangelisches Krankenhaus, a.a.O., S. 17
16. Dr. Giesen, Wirken und Wesen unserer Arbeit, in: Hand am Pflug Nr. 2 1953, S. 3
17. Superintendent Weiss, a.a.O., S. 3 Dr. Hochstetter, Gesund oder heil werden?, in: Hand am Pflug Nr. 2 1953, S. 7
18. Vgl. 100 Jahre... , a.a.O., S. 62f
19. Vgl. 100 Jahre... , a.a.O., S. 63
20. So danket ihm - indem ihr dient! Aufruf zum Diakonischen Jahr in der evangelischen Kirche von Westfalen, in: Mitarbeiterbrief der Jugendkammer der Evangelischen Kirchen im Rheinland und in Westfalen Nr.34, 1958, S. 4f
21. Vgl. Bericht der Inneren Mission und des Hilfswerks der evangelischen Kirche, in Deutschland über das Diakonische Jahr, S. 7, nach anderen Angaben begann das DJ am 1.2.58 mit der ersten Einführungsfreizeit. Die zweite folgte am 15.4.58. Danach sollte der Arbeitsbeginn am Anfang eines jeden Vierteljahres stattfinden. Vgl. Vorschlag des Vorbereitenden Ausschusses für das Diakonische Jahr, S. 8

22. Vgl. Bericht der Inneren Mission. , a.a.O., S. 2-5
23. Vgl. Bericht der Inneren Mission..., a.a.O., S. 2, E. Stein, unveröffentlichter Aufsatz über die Geschichte des Diakonischen Jahres, S. 1f
24. Vgl. Bericht der Inneren Mission..., a.a.O., S. 3-5, E. Stein, a.a.O., S. 2
25. Vgl. Vorschlag des vorbereitenden Ausschusses..., a.a.O., S. 3ff
26. Vgl. Vorschlag des vorbereitenden Ausschusses..., a.a.O., S. 2
27. Schreiben des Ausschusses des Diakonischen Jahrs an alle evangelischen Religionslehrer der höheren Schulen, Realschulen, Beruf- und Berufsfachschulen vom 28.1.58, S. 2
28. Vgl. Bericht der, inneren Mission..., a.a.O., S. 13, E. Stein, , a.a.O., S. 5f
29. Siehe Anm. 1
30. Vgl. Bericht über die Durchführung des Diakonischen Jahres der Evangelischen Kirche von Westfalen 1957/1958, S. 3
31. Vgl. Vorschlag des vorbereitenden Ausschusses..., a.a.O., S. 8
32. Vgl. Hand am Pflug Nr. 3, 1958, S. 7
33. Das diakonische Jahr. Statistische Erhebung nach dem Stand vom 1. August 1960, S. 6, vgl. Bericht über die Durchführung..., a.a.O., S. 3, vgl. Statistische Übersicht: 1. August 1960, S. 1
34. Vgl. E. Stein , a.a.O., S. 8
35. Vgl. Das Diakonische Jahr. Statistische Erhebung..., a.a.O., S. 1
36. Vorschlag des vorbereitenden Ausschusses. , a.a.O., S. 2
37. Vgl. Nachtrag zum Bericht über das Diakonische Jahr vom 2. Sept. 1958, in: Bericht über die Durchführung..., a.a.O.
38. Vgl. Vorschlag des vorbereitenden Ausschusses..., a.a.O., S. 6. Ein entsprechendes Briefformular an die betreffenden Gemeinden befindet sich, in den Beständen des ADWW
39. H. Schmidt, Das Diakonische Jahr als Dienst der Gemeinde für die Gemeinde, in: Bericht über den Erfahrungsaustausch über das Diakonische Jahr am 14./15. Januar 1958, in Wiesbaden Anlage 2, S. 2f
40. Bericht über die Durchführung..., a.a.O., S. 6f
41. Und was tun wir? Erstes Echo aus dem Diakonischen Jahr. Die beiden Helferinnen aus Crange und Wanne-Süd schreiben, in: Bestand des ADWW, S. 1
42. Vgl. Statistische Übersicht..., a.a.O., S. 2
43. Vgl. Bericht über den Erfahrungsaustausch.. , a.a.O., S. 2
44. Bericht über den Erfahrungsaustausch... , a.a.O., S. 2
45. Bericht der, inneren Mission... , a.a.O., S. 19
46. Bericht über den Erfahrungsaustausch... , a.a.O., S. 2
47. Vgl. E. Stein, a.a.O., S. 8f
48. Vgl. Bericht der, inneren Mission... , a.a.O., S. 22f
49. Vgl. E. Stein, a.a.O., S. 18f
50. Das Diakonische Jahr Statistische Erhebung... , a.a.O., S. 1
51. Vgl. E. Stein, , a.a.O., S. 4f; 17/ Bericht der, inneren Mission... , a.a.O., S. 24
52. Mißbrauchter Idealismus - Freiwillige Hilfe löst nicht das Krankenschwesternproblem, in: Solidarität, Juni 1962
53. E. Stein, a.a.O., S. 22

Mit Konflikten leben

Laß dich nicht vom Bösen überwinden, sondern überwinde das Böse mit Gutem Röm. 12, 21

Die "Schonzeit" für die Kirche ist vorbei

Insbesondere die zweite Hälfte der 50er Jahre ist eine Zeit ungebrochenen wirtschaftlichen Wachstums. Die Stahlkonzerne des Ruhrgebiets verzeichnen eine Hochkonjunktur, die Essener Kruppwerke erzielen erstmals in ihrer Geschichte einen Umsatz von über 4 Milliarden DM, die August-Thyssen-Hütte in Duisburg mehr als 1 Milliarde DM. Dennoch sind gerade im Ruhrgebiet erste Krisenanzeichen zu erkennen: Feierschichten im Bergbau läuten einen tiefgreifenden Umstrukturierungsprozeß der gesamten Region ein.

Für die Menschen im Ruhrgebiet bedeutet dies nach den schweren Aufbaujahren erneut große Umstellungen: die Bereitschaft zum Wechsel des Arbeitsplatzes und ggf. zum Umzug.

Auch für die Kirchen gilt es, nach dem Ende der Aufbaujahre sich auf neue Problemstellungen und Herausforderungen einzustellen. "Die Schonzeit" für die Kirche ist vorbei, so resümiert der westfälische Präses Ernst Wilm im Jahr 1964 die ersten Eindrücke der sich abzeichnenden Wandlungen. Immer deutlicher werden kirchenkritische Stimmen laut. Die Kirche selbst gerät zunehmend in Konflikt mit kulturellen Trends, wie vor allem Auseinandersetzungen um Fragen der Sexualität zeigen.[1] Dennoch ist im großen und ganzen in der Zeit von 1958 bis 1966 eine bemerkenswerte Stabilität der Gemeinden im Ruhrgebiet festzustellen.

Durch das rasche Bevölkerungswachstum in den 50er Jahren sahen sich die Kirchen vor eine Anzahl von organisatorischen Aufgaben gestellt. Den weitestgehenden Schritt vollzog hier die römisch-katholische Kirche mit der Errichtung des Ruhrbistums Essen im Jahre 1958. Damit kamen jahrzehntelange Bemühungen, das Ruhrgebiet mit seinem zahlenmäßig starken Zuwachs katholischer Zuwanderer kirchlich einheitlich zu verwalten, zu einem erfolgreichen Abschluß. Franz Hengsbach wird am 1.1.1958 als erster Ruhrbischof in sein Amt eingeführt, 25.000 Menschen jubeln ihm auf dem Essener Burgplatz zu. Zum Bistumsgebiet, in dem damals 1.3 Millionen Katholiken lebten, gehören die Städte Bochum, Bottrop, Duisburg, Essen, Gelsenkirchen, Mülheim und Oberhausen sowie der Ennepe-Ruhr-Kreis und der Sauerlandkreis Altena. Obwohl also nur ein Teil des Ruhrgebiets zu diesem neuen Bistum gehört, gelingt es dem "Ruhrbischof" recht schnell, in der hiesigen Öffentlichkeit eine wichtige Rolle zu übernehmen, indem er sich als Sprecher der Kirche im Ruhrgebiet profiliert hat. Mit dem Ruhrbistum Essen ist erstmalig eine auf die seit der Industrialisierung entstandene Region Ruhrgebiet bezogene kirchliche Struktur geschaffen worden.

Demgegenüber nehmen sich die organisatorischen Maßnahmen der evangelischen Kirche bescheiden aus. Hier steht man vor allem vor der Aufgabe, angesichts der Bevölkerungsentwicklung große Kirchengemeinden zu teilen beziehungsweise neue Gemeinden zu errichten. Sehr häufig ist mit solch einer Teilung oder Neuerrichtung die Einweihung von neu erbauten Kirchen und Gemeindezentren verbunden. Allein im westfälischen Teil des Ruhrgebiets wurden in der Zeit vom Herbst 1963 bis Herbst 1965 knapp 20 Kirchen oder Gemeindezentren eingeweiht. Dies verdeutlicht, daß gerade in jenen Jahren erneut organisatorische und vor allem Bauvorhaben in starker Weise das kirchliche Leben prägten.

Auch auf der Ebene der Kirchenkreise werden vielerorts neue Verwaltungseinheiten geschaffen. So wurden bereits im Jahr 1954 die Gemeinden des Stadtgebietes Oberhausen, die bisher zu dem Kirchenkreis an der

Ruhr sowie den Kirchenkreisen Dinslaken und Recklinghausen gehörten, zu einem einheitlichen Kirchenkreis vereint.² Damit gelang es, einen kirchlichen Ansprechpartner für die gesamte Stadtebene zu schaffen. Demgegenüber wurde die mit dem Stadtgebiet von Essen identische Synode Essen im Jahre 1956 in die Teilsynoden Nord, Mitte und Süd geteilt, um die Verwaltung zu vereinfachen und die synodale Arbeit zu erleichtern.³ Ebenfalls auf Grund einer unüberschaubar gewordenen Größe wurde im Jahr 1960 die Region Gladbeck/Bottrop als neuer Kirchenkreis aus dem Kirchenkreis Recklinghausen ausgegliedert. Hier ist bemerkenswert, daß in einer ehemals nahezu ausschließlich katholischen Region nach der ersten größeren Zuwanderung evangelischer Christen im Gefolge der Industrialisierung nun vor allem durch den großen Strom von Flüchtlingen und Kriegsvertriebenen die Zahl der evangelischen Christen so stark angewachsen war, daß diese Teilung des Kirchenkreises nahelag.

Mit diesen vielfältigen Verwaltungsmaßnahmen hat zwar auch die evangelische Kirche auf die Bevölkerungsentwicklung und das Wachstum des Ruhrgebiets reagiert und versucht, eine Nähe zu den Menschen zu halten. Allerdings gibt es keine Anzeichen dafür, daß man in dieser Zeit ähnlich wie die katholische Kirche im Blick auf die Gesamtregion Ruhrgebiet angemessene kirchliche Strukturen zu entwickeln versuchte.

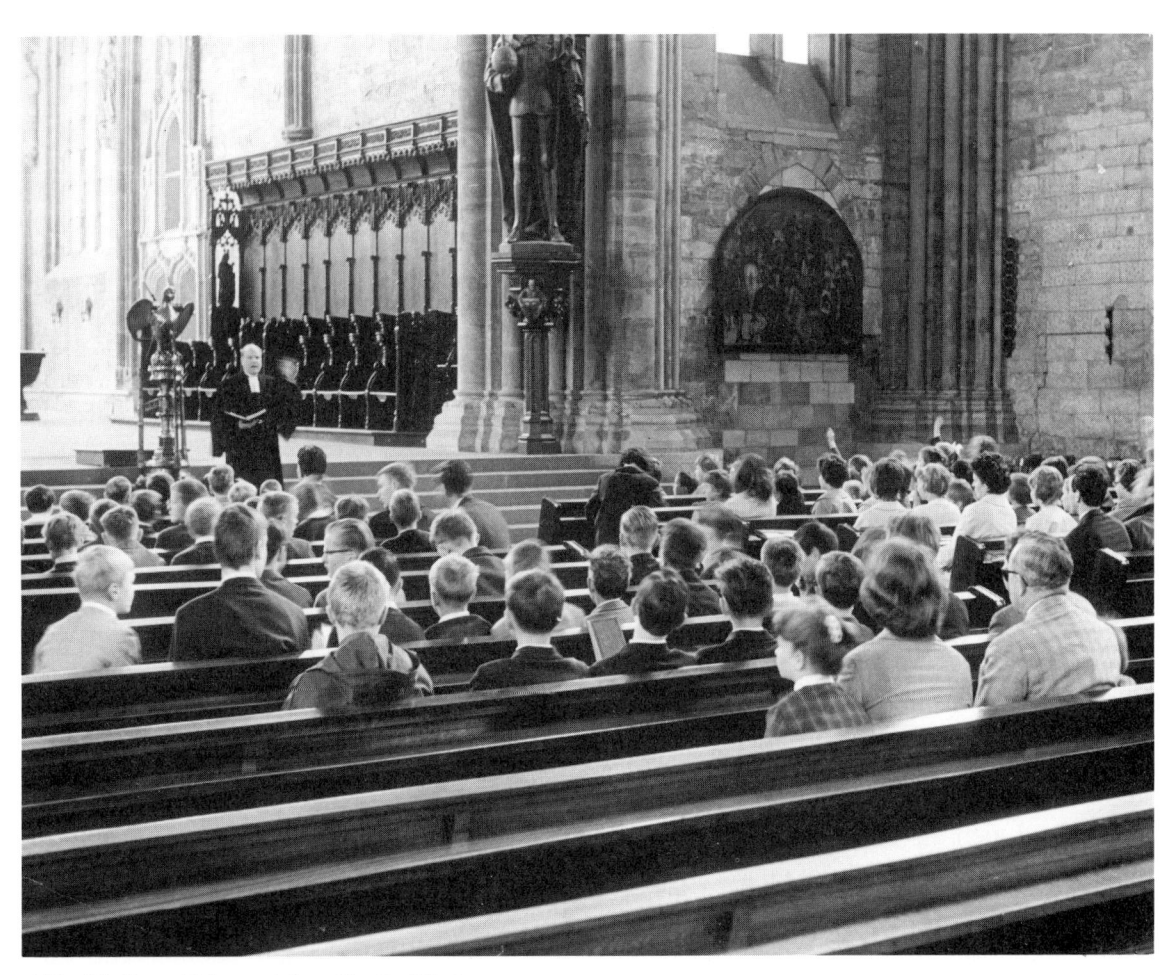

Abb. 88: Erste Krisenzeichen für die Kirche

Herausgefordert zur Mission

Im Mittelpunkt der kirchlich-theologischen Arbeit jener Jahre steht immer häufiger die Frage, wie die Gemeinden ihrem missionarischen Auftrag gerecht werden können. Das bereits zu Beginn der 50er Jahre gesehene Problem einer schwindenden Kirchlichkeit wird als immer dringender empfunden. So stellt etwa die rheinische Kirchenleitung in einem Proponendum im Jahr 1959 die Gemeinden vor die Frage, was zu geschehen habe, "damit die Gemeinden ihren Aufgaben gerecht werden, die ihnen heute gestellt sind."[4] Selbstkritisch wird etwa im Einleitungsreferat zur Diskussion dieses Proponendums auf der Kreissynode Oberhausen festgestellt, daß die Kirche gegenwärtig weithin keine missionierende Gemeinde mehr sei.[5]

Auch in den kommenden Jahren läßt dieses Thema die Gemeinden nicht los. So diskutiert die Kreissynode Oberhausen im Jahr 1962 den Bericht der Sektion "Zeugnis" der dritten Vollversammlung des Weltkirchenrates in Neu-Delhi und kommt, in ähnlicher Weise wie bereits drei Jahre zuvor, zu dem Ergebnis: "Wir erkennen die missionarische Aufgabe der Gemeinde und wissen, wie weit wir noch davon entfernt sind."[6]

Angesichts dieser durchaus selbstkritisch wahrgenommenen Defizite kommt es zu einer ersten Phase vorsichtigen Experimentierens und Suchens nach neuen Wegen kirchlichen Arbeitens. Sehr bald stellt man die Rolle des Pfarrers in den Mittelpunkt der entsprechenden Überlegungen. Ausgehend von der Feststellung, daß die Kirche weithin immer noch eine Pastorenkirche ist, entstehen vielerorts Anregungen einer weitergehenden Mitarbeit der Laien als bisher. Man hinterfragt das häufig von einem traditionellen Amtsverständnis geprägte autoritäre Pfarrerbild und erhofft ein neues Miteinander von Pastoren und Laien: "Wenn der Herr Pastor zugunsten des Bruders Pastor abdankt, ist das Signal zum selbstgewählten Miteinander in jedem Augenblick gesetzt."[7] Wenn dieser Vorschlag auch noch sehr unbestimmt bleibt, so zeigt er doch die Zielrichtung der entsprechenden Überlegungen an. Eine Konkretion versucht der Oberhausener Superintendent Munscheid in seinem Jahresbericht vor der Kreissynode von 1964, der die Zielvorstellung entwickelt, "daß sich viele kleine selbständige Missionsgruppen ... bilden, bei denen der Pfarrer

Abb. 89: Präses Beckmann besucht Stahlwerk

nur noch einen Dienst der Zurüstung versieht, die aber im übrigen über die Art und Weise ihres gemeinsamen Lebens und ihres Einsatzes in der Welt selbst bestimmen."[8] Munscheid entwickelt noch weitergehende Vorstellungen, wenn er von diesem Ideal her das traditionelle Gemeindeleben in Frage stellt: "Ich kann mir nicht denken, daß unser parochiales Gemeindeleben bei der sich rapide wandelnden Gesellschaft noch irgend eine Verheißung hat."[9]

Mit diesem Hinweis nimmt er die seinerzeit intensiv geführte Diskussion um die sogenannten "Paragemeinden" auf. Damit sind die Formen des Zusammenkommens von Christen gemeint, die sich, zum Teil auch nur kurz- oder mittelfristig, aufgrund einer ähnlichen Lebenssituation oder gemeinsamer Aufgaben in Politik und Gesellschaft zusammenschließen. Man hofft, auf diese Art und Weise über den Rahmen der Ortsgemeinde hinaus neue Formen von Gemeinde aufbauen und gleichzeitig stärker in die Öffentlichkeit hineinwirken zu können. Solche Gruppen sollten, so fährt Munscheid in seinen Überlegungen fort, "ihr gemeinsames Leben selbst gestalten bis hin zu Gottesdienst und Abendmahl. Sie müssen ihre Aufgaben erkennen und anpacken, nicht nur gemeindlichen Dienst im engeren Sinn..., sondern auch Abordnung zu öffentlichen Diensten in Kommune, Wirtschaft, Gewerkschaft und wo sonst."[10]

Die Umsetzung dieses Vorhabens bleibt hinter den hochgesteckten Erwartungen bei weitem zurück. Immerhin sind, wie das weiter unten behandelte Beispiel der Bochumer Eheschule zeigt (vgl. 4.9), solche neuen Formen von Gemeinden entstanden, die auch einen großen Zulauf hatten. Allerdings ist einschränkend zu sagen, daß diese Ansätze von den Kirchenleitungen und Synoden im allgemeinen nur wenig unterstützt worden sind. Der Maßstab kirchlichen Handelns gerade auch im Ruhrgebiet ist nach wie vor die Ortskirchengemeinde. Sie gerät spätestens seit Mitte der 60er Jahre mit ihren traditionellen Arbeitsformen und der nach wie vor einseitig dominierenden Position der Pastoren sowohl innerkirchlich als auch von außen immer stärker unter Kritik.

Traugott Jähnichen/Gerold Vorländer

1. Vgl. Anlage 7 der Landessynode der Evangelischen Kirche von Westfalen 1965. Mündlicher Bericht des Präses auf der Tagung der Landessynode 1965. Ergänzungen und: Nach 20 Jahren, in: Verhandlungen der 5. Westfälischen Landessynode, 22. Tagung Oktober 1965, Bielefeld 1966, insbesondere S. 130ff
2. Vgl. Gründungsversammlung der Synode Oberhausen 1954, S. 7ff
3. Aus Vergangenheit und Gegenwart unserer Kirche in Essen, Schriftenreihe des Vereins für Rheinische Kirchengeschichte 54, Köln 1978, S. 156ff
4. Proponendum der rheinischen Kirchenleitung von 1959: "Was hat in den Gemeinden zu geschehen, damit sie den Aufgaben gerecht werden, die ihnen heute gestellt sind."
5. Vgl. Kreissynode Oberhausen 1959, S. 28
6. Kreissynode Oberhausen 1963, S. 48
7. Anlage 22. Laien-Wort des Tagungsausschusses "Ordnung und Gestalt der Kirche", in: Verhandlungen der 5. Westfälischen Landessynode 1964, Bielefeld 1965, S. 223
8. Kreissynode Oberhausen 1964, S. 27
9. Ebenda
10. Ebenda

Das Pastorinnengesetz

Ein erster Schritt zur Gleichstellung der Theologinnen

Das Vikarinnengesetz von 1949 gab den Theologinnen immerhin eine gesicherte Berufsperpektive, trotz vieler Einschränkungen und Benachteiligungen. So steigt die Zahl der Theologinnen in den 50er Jahren stetig an. Zum 31.12.1961 arbeiten in der Westfälischen und der Rheinischen Landeskirche insgesamt 60 Vikarinnen. Gemessen an der Gesamtzahl der geistlichen Stellen bedeutet dies jedoch nur einen Anteil von weniger als 3%.[1]

Der Dienst der Vikarinnen wurde von den Gemeinden und anderen kirchlichen Gruppen in der Regel sehr positiv bewertet. Dementsprechend wurde die mit dem Vikarinnengesetz von 1949 festgeschriebene Diskriminierung (vgl. dazu 3.2) der Theologin immer stärker hinterfragt. Die von Frauen, aber auch die von Männern vorgetragenen Änderungswünsche betreffen insbesondere die Amtsbezeichnung "Vikarin", da sich der Titel "Vikarin" bei den männlichen Theologen lediglich auf seine Ausbildungszeit beschränkt. Ferner wurde das durch das Vikarinnengesetz eingeschränkte Tätigkeitsfeld der Vikarin kritisiert und es wurde gefragt, inwieweit diese Beschränkungen mit der Ordination der Vikarinnen in Einklang zu bringen sind.[2]

Vor diesem Hintergrund und nicht zuletzt auch aufgrund personalpolitischer Engpässe, die sich gerade im Ruhrgebiet der Nachkriegszeit durch die Bildung neuer Gemeinden häuften, erließ die Evangelische Kirche der Union am 3.7.1962 eine "Verordnung über das Amt der Pastorin in der Evangelischen Kirche der Union". Diese Verordnung geht bereits in der Präambel deutlich über das Vikarinnengesetz von 1949 hinaus. Dort heißt es: "Auch Frauen sind berufen, die Botschaft von der Versöhnung auszurichten. Dies soll in der ganzen Mannigfaltigkeit der Dienste geschehen, die ihren Gaben und Fähigkeiten entsprechen, auch im öffentlichen Amt der Verkündigung."[3] Mit dieser Feststellung ist Frauen grundsätzlich die volle pfarramtliche Tätigkeit eröffnet worden, wie es weiter in § 1 ausgeführt wird: "Frauen, welche die erforderliche Eignung besitzen, ... können als Pastorinnen zur Wortverkündigung und Sakramentsverwaltung, zum Unterricht und zur Seelsorge berufen werden."[4]

Die neue kirchliche Amtsbezeichnung der Theologin lautet nun "Pastorin". Sie ist jetzt grundsätzlich von keiner pfarramtlichen Tätigkeit ausgeschlossen, so daß sie in ein reguläres Pfarramt berufen werden kann, wie es § 4 festschreibt.[5] Ferner wird die Besoldung der Pastorinnen der der Pfarrer gleichgestellt.[6] Jedoch bleibt nach wie vor die Regelung bestehen, daß "das Dienstverhältnis der Pastorin endet, wenn sie heiratet"[7], was die völlige Gleichstellung der Theologin zu ihrem männlichen Amtsbruder zum Nachteil der Frauen entscheidend relativiert.

Dennoch ist mit dieser Verordnung ein wichtiger Schritt hin zur Gleichstellung der Theologin in der Kirche vollzogen. Erwartungsgemäß waren heftige Widerstände seitens männlicher Theologen gegen diese Verordnung in einzelnen Synoden zu verzeichnen. So blieb das Pastorinnengesetz, das die Evangelische Kirche im Rheinland bereits am 18. Januar 1963 für ihr Kirchengebiet in Kraft setzte, in Westfalen zunächst umstritten. Erst nachdem alle anderen Gliedkirchen der Evangelischen Kirche der Union dieses Gesetz in Kraft gesetzt hatten, wurde es auf der westfälischen Herbstsynode von 1964 verhandelt.

Zuvor waren die Kreissynoden Westfalens von der Kirchenleitung um Stellungnahmen zu diesem Thema gebeten worden. Die Kreissynoden Dortmund-Süd, Dortmund-Nordost und Lünen haben keine Stellungnahme zur Landessynode eingereicht. Von den übrigen 29 Kreissynoden haben 21 für eine Inkraftsetzung des Pastorinnengesetzes gestimmt, während 6 Kreissynoden ein ablehnendes Votum abgaben. In der Kreissynode Gütersloh ist aufgrund einer großen Anzahl von Nein-Stimmen und Enthaltungen kein Ergebnis zustande gekommen. Interessant ist schließlich das Votum, das die Kreissynode Dortmund-Mitte formuliert hat. Dortmund-Mitte sieht in den Beschlußvorlagen der Kirchenleitung "zwar ... gute Schritte, dem Dienst der Pastorin in der Westfälischen Kirche den ihm gebührenden Raum zu geben, bittet aber die Landessynode"[8], eine rechtliche Gleichstellung des Pfarrers und der Pastorin vorzunehmen: "Was rechtens für den Pfarrer gilt, soll auch für die Pastorin gelten."[9]

Mit diesem Beschluß stellte sich der Kirchenkreis Dortmund-Mitte, der auf eine lange Tradition der Arbeit von Vikarinnen zurückblicken konnte, an die Spitze um eine Gleichstellung der Theologinnen. In ähnlich zustimmender Weise votierten die Kirchenkreise Recklinghausen und Hattingen/Witten für eine weitere Angleichung der Stellung der Theologin, indem sie sogar den Titel Pastorin "durch den konsequenteren Titel 'Pfarrerin' erhöht und angehoben"[10] sehen wollten.

Während der Synode selbst wurde jedoch vor allem von den Gegnern dieses Gesetzes noch einmal eine Grundsatzdebatte angestrengt. So wurden nach Abschluß dieser Debatte 2 Anträge gestellt, die das Pastorinnengesetz zumindest vorläufig zu Fall bringen sollten. Ein Synodaler beantragte, eine erneute Lesung des Pastorinnengesetzes auf die nächste Landessynode zu vertagen. Der andere Antrag schlug die Schaffung eines eigenständigen vom Pfarramt unterschiedenen Pastorinnenamtes vor. Beide Anträge wurden schließlich abgelehnt, so daß die Landessynode am 23. Oktober 1964 den Beschluß faßte, die Verordnung der Evangelischen Kirche der Union auch für die Evangelische Kirche von Westfalen in Kraft zu setzen. Dieser Beschluß wurde mit 147 Ja- gegen 44 Nein-Stimmen bei 2 Enthaltungen angenommen.[11] Gemeinsam mit diesem Beschluß wurde das Kirchengesetz zur Ergänzung und Ausführung der Verordnung über

Abb. 90: Ingeborg Noltzen

das "Amt der Pastorin" von der Landessynode verabschiedet. Dieses Gesetz schränkt die Verordnung der Evangelischen Kirche der Union in zweierlei Hinsicht ein. Nach § 2 wird jedem Gemeindeglied das Recht eingeräumt, eine Amtshandlung durch die zuständige Pastorin abzulehnen und somit einen Nachbarpfarrer zu konsultieren. Gravierender ist jedoch die Einschränkung, durch § 3: Danach kann eine Pastorin nur in den Kirchengemeinden in denen mehr als 2 Pfarrstellen vorhanden sind, in eine Pfarrstelle berufen werden. Ausnahmen sind nur auf Antrag des Presbyteriums und nach Anhörung des Kreissynodalvorstandes durch die Kirchenleitung zuzulassen.[13]

Auch nach dieser eingrenzenden Beschlußfassung verstummten die Diskussionen nicht. 23 Landessynodale haben bereits während der Synode zu Protokoll gegeben, daß sie an der Ordination und Einführung einer Pastorin und an der Beschlußfassung eines Presbyteriums über die Einrichtung einer Pastorinnenstelle nicht mitwirken können.[14] Dieser Erklärung haben sich nach der Synode weitere Pfarrer angeschlossen. Allerdings spielten diese Diskussionen im Ruhrgebiet nahezu keine Rolle, obwohl die Synoden Hamm, Unna und Hagen während der Landessynode eine ablehnende Position vertraten.

Pastorinnen im Ruhrgebiet

Eine der ersten Pastorinnen, die aufgrund der neuen gesetzlichen Regelungen in eine Pfarrstelle eingeführt wurde, war die Dortmunderin Renate Krull. Sie hatte bereits aufgrund einer Vakanz in der Zeit von 1960 bis 1961 in der evangelischen Kirchengemeinde Dortmund-Martin die Verwaltung einer Pfarrstelle inne. In einer erneuten Notsituation im Februar 1964 wurde sie ein weiteres Mal in die Martingemeinde eingewiesen. Am 7. Januar 1965 - also knapp drei Monate nach der Landessynode - wurde sie schließlich in geheimer Pfarrwahl einstimmig in die Gemeinde gewählt und am 21. Februar 1965 durch Superintendent Dr. von Stieglitz in ihr Amt eingeführt.[15] Das einstimmige Ergebnis ihrer Wahl zur Pastorin belegt, daß die Gemeinde vor Ort offensichtlich keine Vorbehalte gegenüber dem Dienst einer Pastorin hatte. Bereits hier kam es zu der oben beschriebenen Ausnahmeregelung, daß auch in einer Gemeinde mit nur zwei Pfarrstellen eine Pastorin gewählt werden konnte.

Im Rheinland waren es auch die Ruhrgebietsgemeinden, die als erste innerhalb der Landeskirche Frauen als Pastorinnen in Gemeindepfarrstellen beriefen. Hier war es Ingeborg Nolzen, die als Theologin offiziell in ein Pfarramt eingeführt wird, nämlich in die "avantgardistische Gemeinde"[16] Sterkrade - so die Titulierung während der Oberhausener Kreissynode - .

Abb. 91: Renate Krull

Nur wenig später, am 28. April 1963 wird Hildegard Barwin in der Essener Gemeinde Ebel als Pastorin gewählt. Sie war nach ihrer Einführung am 9. Juni 1963 sehr schnell in Ebel und Umgebung als "die Pastorin" bekannt, denn in dieser Zeit bedeutete es beinahe noch eine Sensation, wenn in einer Gemeinde eine Pastorin "den Dienst tat".[17]

War das Pastorinnengesetz ein erster wichtiger Schritt hin zur Gleichberechtigung der Theologinnen, so konnte es natürlich nicht der Endpunkt der Entwicklung bleiben. In der Westfälischen und Rheinischen Landeskirche sind die Theologinnen seit 1974 den männlichen Pfarrern nach dem Gesetz völlig gleichgestellt. Die Amtsbezeichnung lautet nun "Pfarrerin" und sie können ihr Amt auch nach der Heirat fortführen. "Sie haben die gleichen Rechte und Pflichten; alle Einschränkungen, die das Gesetz von 1964 vorsah, sind weggefallen. Haben sie auch die gleichen Chancen?"[18]

Birgitt Jähnichen/Traugott Jähnichen

1. Vgl. Kirchliches Jahrbuch 1961, Gütersloh 1962, S. 390
2. Vgl. Anlage 8. Inkraftsetzung der Verordnung über das Amt der Pastorinnen in der Evangelischen Kirche der Union für den Bereich der Evangelischen Kirche von Westfalen (Pastorinnengesetz), in: Verhandlungen der westfälischen Landessynode von 1964, Bielefeld 1965, S. 150
3. Verordnung über das Amt der Pastorin in der Evangelischen Kirche der Union. Vom 3. Juli 1963, in: Verhandlungen der westfälischen Landessynode 1964, S. 153
4. Ebenda
5. Vgl. ebenda
6. Vgl. § 9 der Verordnung über das Amt der Pastorin, a.a.O., S. 155
7. § 8 der Verordnung über das Amt der Pastorin, a.a.O., S. 154
8. Bericht von Oberkirchenrat Niemann zum Pastorinnengesetz, in: Westfälische Landessynode 1964 S. 18
9. Ebenda
10. A.a.O., S. 20
11. Vgl. Beschluß Nr. 5 der westfälischen Landessynode von 1964, a.a.O., S. 36
12. Vgl. § 2 des Kirchengesetzes zur Ergänzung und Ausführung der Verordnung über das Amt der Pastorin, in: a.a.O., S. 37
13. Vgl. § 3, ebenda
14. Vgl. Anlage 6: Bericht über die Tätigkeit der Kirchenleitung der Evangelischen Kirche von Westfalen, erstattet für die Landessynode von 1965, in: Verhandlungen der westfälischen Landessynode von 1965, Bielefeld 1966, S. 41
15. Vgl. R. Krull, Vom Obstbau in die Gemeinde - die erste Pfarrerin der Martingemeinde in Dortmund, in: Theologinnen in der Evangelischen Kirche von Westfalen, Bielefeld 1990, S. 67ff
16. So auf der Kreissynode Oberhausen 1963, S. 32
17. 50 Jahre evangelische Kirchengemeinde Essen-Bergeborbeck, 1928 bis 1978, Essen 1978, S. 75f
18. R. Krull, a.a.O., S. 70

Der Neuaufbau der Christuskirche in Bochum

Schon immer waren demographische Veränderungen, die sich in Zeiten politischer und wirtschaftlicher Umwälzungen ergaben, der Anlaß für eine erhöhte Bautätigkeit. Unter dem Aspekt zunehmender Landflucht gegen Ende des letzten Jahrhunderts, bedingt durch industrielle Entwicklungen, entstanden Zentren urbanen Lebens an Rhein und Ruhr. Die Heimat des Kohlebergbaus und der Stahlverarbeitung ließ die Menschen aus den dörflichen Gemeinden zuwandern und das "Ruhrgebiet" zu ihrem neuen Lebensraum wählen. Der Bevölkerungszuwachs wirkte sich natürlich auf sämtliche Bereiche menschlichen Lebens aus. Auch die Kirchen sahen sich gezwungen, architektonisch zu erweitern, denn die ehemaligen Gotteshäuser konnten den Ansturm der Gläubigen nicht mehr aufnehmen. Eines dieser neu errichteten Sakralgebäude entstand 1875 mit dem Bau der Christuskirche in Bochum. Innerhalb von fünf Jahren waren Planung, Grundstückserwerb, Ausschreibung und Errichtung abgeschlossen, so daß das Werk der Architekten Hartel und Quester 1879 eingeweiht wurde.[1]

Die Kirche mit ihrem herausragenden Turm an der Westseite des Langhauskomplexes und einer polygonalen Chorraumausbildung weist vorwiegend "neugotische" Tendenzen auf. In diesem Zeitraum, den man kunsthistorisch mit dem Begriff "Historismus" bezeichnet, wählte man entsprechend zur Bauaufgabe "Kirche" die Gotik als favorisierten Stil. Die Weiterführung historischer, das heißt gotischer Formen wurde gemäß evangelischer Baurichtlinien von 1861 auf der Eisenacher Tagung festgelegt und war somit verpflichtend.[2]

Erst viel später konnten sich die Architekten von diesen Vorgaben lösen. Die inhaltlichen Aspekte dieser Gotikrezeption lagen in der Anknüpfung an theologische Vorstellungen, die in der Entrückung des Einzelnen von allem Irdischen gipfelten. Dies wurde als zentrales Erlebnis kirchlichen Raumverständnisses empfunden.[3] Dieses theologisch-ideelle Moment sollte bei jedem Gläubigen beim Anblick der lichtdurchfluteten sakralen Innenräume erzeugt werden. Konkret architektonisch umgesetzt, wie am Beispiel der Christuskirche, bedeutet das: eine filigrane Auflösung der Mauerfläche mittels nachempfundener gotischer Maßwerkfenster und eine Aufwärtsbewegung in der Gesamtarchitektur durch die vertikalen Strebepfeilerkonstruktionen.

Abb. 92: Die Christuskirche in Bochum nach dem ersten Bombenangriff 1943

Die "Rummelsberger Richtlinien"

Im Zweiten Weltkrieg wurde diese Kirche bis auf den Kirchturm völlig zerstört. Wiederum waren es - fast achtzig Jahre später - demographische Veränderungen, die einen neuen Kirchbau notwendig erscheinen ließen. Die Bevölkerungszahlen der Städte stiegen nach dem Kriege sprunghaft an. Nach einer Übergangszeit, in der die Notkirchen entstanden, wurden viele Kirchen neu ausgeschrieben, geplant und teilweise erhaltene auf unterschiedlichste Weise neu errichtet. Zwischen 1945-1951 widmete man sich konsequent und programmatisch auf evangelischer Seite der Gestalt evangelischer Gotteshäuser. Auf der evangelischen Tagung zu Rummelsberg 1951 entstanden schließlich die "Grundsätze für die Gestaltung des gottesdienstlichen Raumes der evangelischen Kirchen"[4], die eine Neuorientierung in liturgischer sowie in formaler Hinsicht bedeuteten und damit auf eine Loslösung von alten Ordnungen schließen ließen. Somit begann die zweite Phase der sogenannten "liturgischen Bewegung", die schon vor dem Ersten Weltkrieg entstand und Tendenzen einer liberalen, stark auf den einzelnen Gläubigen konzentrierten Liturgieauffassung forderte. Sie proklamierte eine aktive Teilnahme der Gläubigen an der Gottesdienstfeier.[5]

Mit den Baurichtlinien war man diesen Forderungen entgegengekommen. Sie setzten inhaltlich neue Schwerpunkte. Gemeinde und Altar näherten sich in ihren Dispositionen an. Das Kirchgebäude wird primär Versammlungsraum. Es ist der Ort der gemeinsamen Begegnung von Pfarrer und Gläubigen mit Gott.[6]

Diese inhaltlich-theologischen Gedanken hatten natürlich direkte Konsequenzen für Form und Ausgestaltung der neuen sakralen Gebäude. Die Architekten konnten um so mehr ihre individuellen Vorstellungen in dieser Hinsicht zum Ausdruck bringen, da sie von starren, bis in die Baudetails gehenden Regulativen, die noch vor dem Zweiten Weltkrieg existierten, entbunden waren. Die Rummelsberger Sätze appellierten lediglich an die gesonderte Bedeutung dieser Bauaufgabe: "Kirche innerhalb der urbanen Zentren". Sie hatte sich demzufolge von profanen Gebäuden in ihrer äußeren Gestalt zu unterscheiden.[7]

In den 50er und 60er Jahren existierten neben langhausgebundenen auch die zentralen Grundrißtypen, obwohl später die zentrale Form vorherrschte als architektonischer Ausdruck für die Gestalt gewordene Gemeinschaft der Gläubigen. Moderne Materialien wie Beton, Glas oder Stahl kamen, wenn auch zaghaft, zur Anwendung und belebten die Formen- und Farbenvielfalt der Kirchbauarchitektur zusätzlich.

Neugotik und Stahlbeton -
Die Christuskirche in Bochum

Eine der wohl interessantesten Kirchen in der Nachkriegszeit, die innovative Konzepte mit traditionellen Elementen verbindet, ist die neue Anlage der Bochumer Christuskirche. Nachdem dieser Komplex aufgrund fehlenden Kirchraumes im Zentrum der Stadt wiederaufgebaut werden sollte, machte man es den Architekten zur Auflage, den Turm in ihre Entwürfe einzugliedern.[8]

Prof. Dr. Dieter Oesterlen, dem die Planung des neuen Gebäudes von 1957-1959 oblag, verwirklichte diese Aufgabe, indem er durch einen einstöckigen Verbindungstrakt den neugotischen Turm und einen Stahlbeton-Neubau zu einer architektonischen Einheit zusammenschloß. Der atriumförmige Nebentrakt, in dem sich Sakristei und Gemeinderäume befinden, ist seitlich angelagert. Er bleibt durch seine verdeckte Position im Hintergrund und stört die harmonische Einheit von Kirche und Turm nicht. Der Baukörper des neuen Gebäudes ist um 25 Grad in seiner Mittelachse von der Position des alten Langhauses nach Osten versetzt worden. Oesterlen schuf einen in sich geschlossen wirkenden Kirchbau, der sich durch seine außergewöhnliche formale Erscheinung von den urbanen Profanbauten im Zentrum Bochums völlig abhebt und somit den Rummelsberger Richtlinien Folge leistet.

Abb. 93: Die "neue" Chistuskirche in Bochum

Der Entwurf geht von einer minimal trapezoiden Grundrißform aus, deren Seitenlängen durch diagonal gestellte Mauersequenzen aufgebrochen sind.

Die zwangsläufig bei dieser Konstruktionsweise entstehenden freien Flächen füllte der Architekt mit Buntglasfenstern aus, so daß ein polygonaler Baukörper entstand, der durch die vieleckig angeordnete Dachform seine Vollendung findet. Die aus Rauten- und Dreiecksflächen zusammengesetzte Dachstruktur entspricht im Innern einer ähnlich gefalteten Holzdeckenkonstruktion, die, obgleich jegliche Wölbung fehlt, an die gotischen Kreuzgratgewölbe erinnert.

Dieser innere Deckenbereich ist kein Dekor, sondern direktes Pendant zur äußeren Dachstruktur. Ebenso verhält es sich mit dem gesamten Gebäude: Die äußere Gestalt zeichnet das Abbild der inneren Raumzone. Den Anregungen der Rummelsberger Richtlinien hinsichtlich einer allgemeinen Reduktion von Material und Dekor zugunsten einer einfachen Formgebung wurde Oesterlen durch diese gemauerte Ummantelung des kirchlichen Innenraumes gerecht.

Hier deutet sich ein Prinzip seines Architekturdenkens an. Oesterlen konzentriert sich grundsätzlich auf das Wesentliche, sowohl hinsichtlich der Materialverwendung und Formgebung als auch bezüglich der inhaltlichen Aussagekraft. Im Innern der Christuskirche läßt sich diese Intention eindeutig weiterverfolgen. Sämtliche gestalterischen Elemente stehen in einem innerem Zusammenhang. Hierbei kommt gotikisierenden Tendenzen, wie den "Kristallen" der Deckenstruktur, eine maßgebliche Funktion zu.

Die Bestuhlung der Kirche nimmt in ihrer Anordnung die Form des Kirchengrundrisses auf. Sie ist so ausgerichtet, daß sie einen Mittelgang freiläßt. Damit bleibt das Prinzip der "Wegkirche" gewahrt, das heißt durch die Plazierung des Kirchengestühls unter Miteinbeziehung der Grundlinienform wird das liturgische Zentrum betont. Diese Akzentuierung verstärkt sich durch die Lichtführung der seitlich angebrachten Buntglasfenster.

Die Einfallswinkel der einzelnen Lichtfelder sind so angeordnet, daß sie ebenfalls auf den Altarbereich hinweisen und die konische Form imitieren. Sie erfüllen also nicht nur die Funktion natürlicher Lichtquellen. Ihre Existenz bleibt dem Eintretenden vorerst durch die schräggestellten Mauerflächen verdeckt.

Darüber hinaus kommt den Fenstern noch eine symbolische Aufgabe zu. Beim Durchschreiten des Kirchmittelgangs werden die anfänglich verdeckten Glasfenster plötzlich sichtbar und verleihen dem Innenraum eine überraschende Transparenz. Lichtstrahlen in tausendfacher Brechung, bedingt durch die bläulichen Glasflußstücke, ergießen sich in den Raum.

Der Wechsel von Fenster- und Mauerfläche verhilft dem statischen Betongehäuse zu einer rhythmischen Eigendynamik. Hinter diesem, in die moderne Architektursprache übersetzten Lichtverständnis, verbirgt sich eine interpretatorische Lichtsymbolik, die an die Gotik erinnert. Diese überlieferten Strukturen waren sicherlich die Basis der Oesterlenschen Planungen, dennoch kann man hier lediglich von gotischen Reminiszenzen sprechen, nicht aber von einer Übernahme traditioneller Raumkonzepte.

In diesem Punkt unterscheidet sich die Kirche Oesterlens von ihrem Vorgängerbau. Sie orientierten sich zwar beide am gotischen Architekturschaffen, dennoch versuchten Hartel und Quester gotische Elemente formal in die Baukunst des 19. Jahrhunderts zu übernehmen, während es Oesterlen gelungen ist, formale Strukturen aufzulösen und in eine moderne zeitgemäße Architektursprache umzusetzen, um ein neues Raumverständnis zu prägen.

So konstruiert er in Abkehr von traditionellen Typologien eine sich schon im Grundriß ankündigende Form der Ein-Raum-Kirche. Der überlieferte Raumgedanke, die Trennung von Altar- und Gemeindebereich, ist hier zugunsten der neueren Fassung aufgegeben worden, in der sich die Positionen von Pfarrer und Gläubigen annähern, wenn auch

Abb. 94: Portal der Christuskirche

eine völlig zentralisierte Plazierung des Altars noch nicht erreicht ist. Die trapezoide Grundform wiederholt sich in der Gestalt des Altarraumes, dessen Seitenwände, gleich Flügeln eines monumentalen Triptychons, sich zum Gemeinderaum öffnen. Der Blick der Gemeindeglieder wird durch die Lichtfelder auf das liturgische Zentrum gerichtet.

Zusammengefaßt heißt das: Oesterlens Konsequenz ist die Synthese aller gestalterischen Mittel, die den Kirchraum als einen Ort der Versammlung der Gemeinde ausweisen, wobei die Gemeinde und der Pfarrer im Miteinander der gottesdienstlichen Feier Gott loben und sein Wort hören.

Abschließend ist zu sagen, daß die Christuskirche seit ihrer Entstehung gleich mehrere Funktionen erfüllt. Im letzten und zu Beginn dieses Jahrhunderts diente sie der Gemeinde als religiöser Zufluchts- und Versammlungsort, der die Wirren der Industrialisierung vergessen lassen sollte. Für die Menschen nach dem Zweiten Weltkrieg war sie christliche Heimstätte zwischen Neuaufbau und religiöser Suche und Hoffnung. Anstelle einer kleinen, intimen Kirche entschloß man sich zu einem Großraumkomplex mit fast 1.100 Sitzplätzen.

Vereinzelt wurde dieses Fassungsvermögen in den ersten Jahren nach der Einweihung sogar überstiegen. Schließlich erwiesen sich jedoch die Raumkapazitäten der Christuskirche als überdimensioniert. Dennoch büßte sie die Funktion, einen Ort der Stille und Besinnung inmitten städtischer Betriebsamkeit zu bieten, nicht ein. Außer zu den Gottesdienstfeiern der Gemeinde wird sie zu kirchlichen, vor allem zu kirchenmusikalischen Großveranstaltungen genutzt. Insbesondere die Stadtkantorei Bochum, oft in Begleitung der Bochumer Symphoniker, gibt hier ihre Konzerte, die weit über Bochum hinaus einen großen Zuspruch finden.

Christiane Eidmann

1. Vgl. Festschrift Christuskirche Bochum 1979
2. Vgl. G. Langemaack, Evangelischer Kirchbau im 19. und 20. Jahrhundert. Geschichte-Dokumentation-Synopse, Kassel 1971, S. 15ff. Die Baumeister wurden instruiert, nach mittelalterlichen Vorlagebüchern zu arbeiten und gotische Stilelemente im modernen Sinne weiterzuentwickelen.
3. Vgl. B. Kahle, Rheinische Kirchen des 20. Jahrhunderts, in: Landeskonservator Rheinland. Köln 1985, Heft 39., S. 32 u. 39
4. Vgl. G. Langemaack, a.a.O., S. 286 - 289
5. Vgl. B. Kahle, a.a.O., S. 11, S. 58f
6. Vgl. G. Langemaack, a.a.O., S. 286f
7. A.a.O., S. 287
8. Festschrift, a.a.O.

"Mit Konflikten leben"

Evangelischer Kirchentag 1963 in Dortmund

Von Essen nach Dortmund ist es auf der Landkarte nur ein Katzensprung. Doch zwischen den Inhalten der beiden Kirchentage im Ruhrgebiet, 1950 in Essen und 1963 in Dortmund, liegen Welten.

Abb. 95

Inzwischen ist das Ruhrgebiet die Heimat für fünf Millionen Menschen geworden. Kaum eine andere Region in Deutschland mußte so viele Vorurteile über sich ergehen lassen wie das Ruhrgebiet. Zu Klischees verkommene Bilder von rußverschmierten Bergmännern, schäbigen Eckkneipen, häßlichen Hinterhöfen und einem ständig grauen Himmel reichten der deutschen Nation, um diese Gegend mit Begriffen wie 'Rußland' oder 'Kohlenpott' herabzuwürdigen. Interessanterweise waren aber die Städtenamen des Reviers den meisten Ortsunkundigen während des Kirchentages ein Begriff. Danach befragt, ob sie Städte des Ruhrgebiets mit Namen nennen könnten, führten die meisten Befragten fast die komplette Liste der Ruhrgebietsstädte an. Irgendwie war dieser wirtschaftliche Ballungsraum - der Motor des Wirtschaftswunders - jedem Deutschen mehr als ein Begriff.

Doch die ersten Krisenanzeichen waren unübersehbar. Die Spannung in den Betrieben hatte zugenommen, es gärte überall. Aber zum offenen Ausbruch in Form von großen Streiks kam es 1963 noch nicht.

In Gesprächen in 65 Dortmunder Betrieben, die noch vor Beginn des Kirchentages zwischen Vertretern der Kirche und den verantwortlichen Führungskräften stattfanden, ging es vor allem darum, die typischen betrieblichen Spannungsfelder zu ermitteln. Im Verlauf dieser Gespräche meldete die Kirche erneut ihre Mitverantwortung für die Existenz der Menschen in ihrer Arbeitswelt an, was die Gesprächspartner der Industrie durchweg begrüßten.

Der 11. Deutsche Evangelische Kirchentag in Dortmund zählt zu den letzten eher improvisiert als professionell organisierten Großereignissen seiner Art. Ein Novum in der Geschichte des Kirchentages war es, daß die Dortmunder Gemeinden bereits in der Vorbereitungszeit eine sogenannte "Rüstwoche" veranstalteten. Unter dem Motto "Mitdenken - mitmachen - mitbeten" versammelten sich bereits ein halbes Jahr vor dem Kirchentag Zehntausende von Menschen aus der Bundesrepublik in Dortmund, um an Diskussionsveranstaltungen und an Betabenden in Dortmunder Kirchengemeinden teilzunehmen.

Die Eröffnung des Kirchentages

Am Mittwoch, den 24. Juli 1963, war es dann soweit: "Herzlich willkommen beim 11. Deutschen Evangelischen Kirchentag in Dortmund! Sie werden gebeten...", begrüßte eine Stimme aus dem Lautsprecher die ankommenden Gäste im Dortmunder Hauptbahnhof. Im großen Empfangszelt an der Kampstraße, wo sich vor dem Zweiten Weltkrieg das Zentrum von Dortmund befand, bekamen die Gäste ihre Quartierzuweisung, kauften Verpflegungsbons und kümmerten sich gleich um Karten für die Abendveranstaltung.

Bis zum Abend des ersten Tages sind fast 10.000 Besucher mit Bahn oder Bus in Dortmund eingetroffen. Wenige Stunden später verbindet alle Teilnehmer eine kleine Plakette. Es ist dies das äußere Kennzeichen des Kirchentages in Dortmund: Ein Abzeichen aus Kohle, das an einem roten Bändchen hängt und abfärbt. Aber nicht nur auf Blusen und Hemden, sondern auch im übertragenen Sinne: die Menschen kommen durch das gemeinsame Stückchen Kohle ins Gespräch.

Beim Eröffnungsgottesdienst auf dem neuen Markt der Stadt Dortmund grüßte der Kirchentagspräsident D. Reinold von Thadden eindrücklich auch die Christen im anderen Teile Deutschlands, denen nach dem Bau der Mauer erstmals die Teilnahme an einem Kirchentag unmöglich gemacht worden war.

Am Abend folgte die erste Großveranstaltung. "Aufbruch ins Revier" - so lautete der Titel des Eröffnungsabends, bei dem sich von 13.000 erhofften Besuchern nur 4.000 Gäste im weiten Rund der Westfalenhalle I versammelt hatten. Nach der festlichen Eröffnung durch eine Bergmannskapelle, dem Dortmunder Jugendchor und einer Schauspielergruppe aus Bochum brandete zum ersten Mal auf diesem Kirchentag großer Beifall auf. Anlaß dazu gab Dortmunds Oberbürgermeister Dietrich Keuning, der das Bild seiner Stadt wie folgt charakterisierte: "In unserer rastlosen Arbeitswelt, den großen Hüttenwerken und in den Bergwerken bis tausend Meter tief unter der Erde, da dröhnen die Maschinen, da pochen die Hämmer, da stöhnen die Arbeiter im Schweiß unter Ruß und Staub in harter, gefahrvoller Arbeit Tag und Nacht und über alle Sonn- und Feiertage. Der Arbeitsrhythmus gibt sie nicht frei. Im Menschenwerk sind sie angespannt, und trotzdem gilt auch für jeden von ihnen das Gebot: Du sollst den Feiertag heiligen. Das ist nur einer der Konflikte, in denen Menschen hier leben. Für sehr viele der rund fünf Mio. Menschen hier im Revier durchbebt die industrielle Arbeitswelt das ganze Leben".

Abb. 96: Posaunen erklingen zur Ehre Gottes

"Bewegten Herzens", fuhr der Oberbürgermeister fort, "werden Gläubige hier fragen, suchen, antworten, und es werden Herzen bewegt werden. Denn darauf kommt es an in unserer Zeit, in dieser Welt des messerscharfen Verstandes und der Elektronenhirne. Nur wer die Herzen bewegt, bewegt die Welt."[1]

Als weiterer politischer Vertreter meldete sich anschließend der Ministerpräsident von NRW, Franz Meyers, zu Wort, der es sich trotz einer Krankheit nicht nehmen ließ, an dieser Veranstaltung teilzunehmen. In seiner Rede griff er das Leitwort des Kirchentages "Mit Konflikten leben" auf. Er führte aus: "Die Menschen des rheinisch-westfälischen Industriegebietes wissen, was es heißt, mit äußeren und inneren Konflikten zu leben. Sie erfahren es Tag für Tag, was es bedeutet, unter den Bedingungen einer modernen industriellen Massengesellschaft leben und arbeiten zu müssen."[2]

Die drei Hauptarbeitstage

An den kommenden drei Hauptarbeitstagen des Kirchentages wurden in den vier unterschiedlich großen Westfalenhallen und in Zelten insgesamt 25 Referate gehalten. Dabei zählte man im Tagesdurchschnitt etwa 26.000 Zuhörer. Die meisten von ihnen hatten am Vormittag in den fast 100 Diskussionsräumen inmitten und am Rand der Stadt über die vorgegebenen Tagesthemen "Isoliert in der Welt", "Organisiert in der Welt" und "Gehalten in der Welt" diskutiert und sie wollten am Nachmittag hören, ob die Referate ihnen Antworten auf ihre Fragen geben können.

Anders als bei früheren Kirchentagen wurden in Dortmund die Referate nach vorausgegangener Diskussion gehalten. Die Referenten hatten somit Gelegenheit, vormittags an den Diskussionen teilzunehmen, in der Mittagspause das Gehörte zu verarbeiten, um dann bis zum Nachmittag einige besonders wichtige Probleme in ihre Arbeiten aufzunehmen.

Die Anzahl der Referate wurde in Dortmund erstmals von früher über 40 auf 25 Referate gekürzt. Aber immer noch waren viele Zuhörer - das ergab eine Befragung am Ende des Kirchentages - überfordert, wenn sie zwei Grundsatzreferate von je 45 Minuten gehört hatten.

Stellvertretend für die vielen engagierten Vorträge von Professoren, Leitern verschiedener Akademien, Pfarrern und auch Laienvertretern seien an dieser Stelle drei Beiträge exemplarisch hervorgehoben.

Das Tagesthema "Isoliert in der Welt"

Zum Tagesthema "Isoliert in der Welt" hielt der Unternehmer Wolf von Wolff ein Referat mit dem Titel "Schaffst du was, dann bist du was", wobei er insbesondere auf die Konflikte in der Arbeitswelt einging: "Der unabstreitbare Konflikt, aber auch die große Herausforderung für die Führungskräfte liegt heute darin, die mit der Arbeit an spezialisierten und isolierten Arbeitsplätzen gegebenen Schwierigkeiten zu überwinden. Die moderne Unternehmensleitung muß über die Beachtung der Gesetze von Betriebs- und Volkswirtschaft hinaus die Verpflichtung und Verantwortung für den Mitmenschen so verstehen, daß der Mensch sich für das Du des anderen öffnen kann und beide aneinander wachsen...Gerade mit dem Anwachsen der Bedeutung der Wirtschaft erlebt der Unternehmer ununterbrochen die menschliche Grundsituation der Unvollkommenheit. Es kann zuweilen bis zur sozialethischen Ratlosigkeit führen, in der Wirtschaft die Würde des Menschen christlich zu bezeugen. Unter dem täglichen Druck von Tatsachen und Kräften, die nicht immer zu kontrollieren sind, gilt es dennoch, das Bild des Menschen im Betrieb zu retten und zu festigen... Wir haben bei aller Sachlichkeit der Welt der Technik eine wohlausgewogene Vorstellung von der Rangordnung der Werte zu finden. Das Gesetz des Ökonomischen und das Gesetz des Menschlichen werden trotzdem im Konflikt bleiben. Aber es gibt keine Ökonomie und keinen Menschen ohne den Grundbezug zu Gott, zu seiner Schöpfung und Erlösung der Welt.[3]

chen am nachteiligsten bis in unsere Gegenwart hinein geprägt hat, stammt aus den zwei Jahrhunderten nach Luthers Tod, aus der Zeit des fürstlichen Absolutismus. In dieser Zeit nämlich geschah die Umwandlung des Amtsbegriffs. Während das Amt des Geistlichen für Luther durchaus noch den Charakter eines Dienstes, nämlich an der Gemeinde, hatte, gewann es unter dem Einfluß des fürstlichen

Abb. 97: Die Ruhr-Nachrichten vom 29. 7. 1963 eröffnen mit dem Kirchentag auf Seite 1

Das Tagesthema "Organisiert in der Welt"

Am folgenden Tag lautete das Tagesthema: "Organisiert in der Welt". Unter diesem Thema verhandelte man vor allem die Frage der Kirchenreform. Dazu führte der Historiker Rudolf von Thadden unter anderem aus: "Es wird kaum jemanden hier geben, der nicht irgendetwas gegen seine Kirche auf dem Herzen hätte. Ob schlechte Erfahrungen mit ihren Pfarrern, mit der Form des Gottesdienstes oder der Gemeindearbeit, über allen Klagen steht doch zumeist die eine Hauptklage: die Gemeinden bieten keine Geborgenheit... Das, was die Institution unserer Kir-

Herrschaftsanspruches die Bedeutung eines mit Vorrechten ausgestatteten Staatsamtes. Aus dem kirchlichen Amtsträger wurde ein weltlicher Beamter, der in Vorstellungen von guter Verwaltung und bürgerlicher Wohlanständigkeit denkt.

In der Tat herrscht das Schema der Verwaltung, wie es das Zeitalter des Absolutismus geprägt hat, noch in unseren Kirchen vor: lieber eine reibungslose Ordnung, die von einer Behörde garantiert ist, als eine sich frei im Spiel der Kräfte bildende Ordnung mit möglichen Störungen...

Unsere Gegenwart ist die von 96% bezahlte und von 6% aller Bürger besuchte Volkskirche ... Um dem abzuhelfen, müßten drei konkrete Forderungen gestellt werden: schafft überschaubare Gemeinden; befreit die Pastoren von der Verwaltungsarbeit; gewinnt Laien für freiwillige Dienste in der Gemeinde!"[4]

Das Tagesthema "Gehalten in der Welt"

Das letzte Tagesthema am Sonnabend lautete schließlich: "Gehalten in der Welt". Hier hielt der Pfarrer und Redakteur Heinz Zahrnt unter dem Titel "In der Welt habt ihr Angst" ein viel beachtetes Referat: "Was hat unsere Angst mit der Losung dieses Kirchentages zu tun: Mit Konflikten leben? - Beinahe alles. Denn vor allen Konflikten steht der Konflikt mit sich selbst. Der Grund ist der Mensch als 'das fragende Wesen' in der Welt. Was ist der Grund und Sinn alles Seins? Warum ist überhaupt etwas da, und wofür bin ich da? Mit dem Fragen kommt die Angst ins Leben. Der Grund des Seins kommt vom Ursprung. Gott ist der Ursprung, der Grund und die Macht alles Seins. Aber der Mensch ist getrennt von dem Ursprung seines Lebens. Noch ist er nicht völlig los vom Grund des Seins. Er bleibt gebunden an den Grund des Seins ... Auch der verlorene Sohn in der Fremde bleibt an den Vater gebunden, getrennt von der Quelle seines Lebens ... Auch wir Menschen heute haben noch Angst vor Schicksal und Tod, vor Sünde, Schuld und ewiger Verdammnis. Aber alle diese Ängste gipfeln in der einen Angst vor der Leere und Sinnlosigkeit des Lebens ... Auch die Frage nach Gott steht im Zusammenhang mit der allgemeinen Sinnfrage. Wir fragen nach Gott schlechthin: wo bist du, Gott?... Die Tat Gottes besteht nun darin, das Jesus Christus sich in diesen Riß gestellt hat. Damit ist er in einen Konflikt hineingestellt, der ihn zu zerreißen droht. Er steht auf beiden Seiten - das ist die entsetzlichste Weise, wie man überhaupt in einen Kampf hineingezogen werden kann. Jesus Christus ist wie unsereiner ein Mensch, zwischen Geburt und Tod gespannt. Er ist in die Existenz geworfen, unter den gleichen Bedingungen wie wir, jedoch ohne Sünde. In ihm gibt es keine Trennung und Entfremdung, sein Leben ist in jedem Augenblick von Gott bestimmt. Er ist eins mit Gott, dem Grund und Sinn des Seins, darum ist er eins mit sich selbst und eins mit den Mitmenschen. Diese dreifache Einheit hält er durch bis in den Tod...

Werden nun die Konflikte in der Welt im Namen Jesu Christi aufhören? Nein! Mit der Erscheinung Jesus Christus wird die Welt nicht schlagartig in eine konfliktfreie Zone verwandelt. Aber wir können jetzt in der Welt mit Konflikten leben. Die Losung des Kirchentages ist keine resignierende Feststellung, sie will uns nicht dazu verführen, uns mit der Welt abzufinden, wie sie ist. Sie enthält vielmehr eine Aufforderung, und sie macht uns Mut, die Konflikte in der Welt zu sehen und sie zu bestehen."[5]

Das Neue Lied in der Kirche

Konflikte ganz anderer Art gab es um das neue geistliche Liedgut, das in Dortmund verstärkt in das Programm einbezogen wurde: Besonders die älteren und mittleren Jahrgänge meinten, ein religiöses Lied müsse in erster Linie kunstvoll sein. Die Jugend wollte demgegenüber einfache Lieder, die sich leicht singen und mit eigenem Erleben füllen ließen. Ihr Wunsch waren Glaubenslieder mit einem starken Rhythmus, der mitreißt und den ganzen Menschen mit Leib und Seele anspricht.

Die Hauptveranstaltung zu dem Thema "Neue Musik in der Evangelischen Kirche, Choräle und neue geistliche Lieder" gestaltete der bekannte Fernsehmoderator Peter Frankenfeld. Mit Spannung erwartet, mit Vorurteilen und Vorschußlorbeeren bedacht, lockte die erste Veranstaltung dieser Art 14.000 Besucher in die Westfalenhalle I.

Bereits im Vorfeld des Kirchentages in Dortmund wollte man die an den bekannten Fernsehconferencier ausgesprochene Offerte zum Stein des Anstoßes machen. Würde nun der Kirchentag 1963 eine Gaudi für die Massen? Nein, so sollte man später feststellen! Man hatte für die teilweise erhitzt geführte Diskussion um 'die neuen Töne in der Kirche' den Mann mit dem richtigen Ton bestellt. Peter Frankenfeld machte das Neue in der Kirche zur leicht erträglichen Selbstverständlichkeit. Gut vorbereitet erinnerte der Conferencier zum Beispiel an jene Zeiten, als die allererste Orgel in der Kirche eingebaut wurde. An diesem Tag begann der große Streit um die Musik im Gotteshaus.

Der Kirchentag geht in die Stadt

Der Kirchentag 1963 in Dortmund war keine bloße Kirchenschau im Kongreßgelände. Überall in Dortmund, auf den Wochenmärkten und auf den Straßen, an dem Eingang des Hüttenwerkes, in Krankenhäusern und auf Kinderspielplätzen, in den neuen Siedlungen und in dem Kanalhafen, selbst im Zentrum des Dortmunder Nachtlebens, wurden auch die der Kirche entfremdeten Dortmunder ein paar Tage lang aus ihrer Lethargie gerissen. Neben den vielen Straßenpredigten und der von 2.700 "Kumpels" großartig angenommenen Predigt über Betriebslautsprecher auf der Dortmunder Zeche "Hansa" ging besonders ein Ereignis in die Kirchentagsgeschichte ein: Es war die die Halbzeit-Predigt während des Fußball-Pokalspiels Borussia Dortmund - Sportfreunde Saarbrücken in der Kampfbahn "Rote Erde".

In der Halbzeitpause sprach Pfarrer Karl Zeiss aus Frankfurt am Main zu den Fußballfans: "Im Auftrag des Präsidenten des Evangelischen Kirchentages grüße ich sie sehr herzlich. Ich bin gern hierher gekommen und möchte der Dortmunder Bevölkerung für die freundliche Aufnahme, die wir hier in ihrer großen Stadt gefunden haben, von Herzen Dank sagen. Nun haben sie seit Wochen das rote Plakat mit dem Stacheldraht gesehen, auf dem die Worte stehen:"Mit Konflikten leben" ... Mit diesem Plakat und mit diesem Thema wird ausgedrückt: Wir sind nüchtern, wir sind nicht weltfremd und leben nicht etwa abseits von allem Geschehen. Wir leben in den Schwierigkeiten dieser Welt; wir wollen aber leben, nicht nur existieren; wir möchten helfen, daß Konflikte erkannt und manchmal auch gelöst werden... Wir möchten durch die Arbeit des Deutschen Evangelischen Kirchentages als evangelische Christen mithelfen, daß der Stacheldraht beseitigt wird zwischen den Menschen, zwischen den Rassen und zwischen den Völkern. Dieses rote Plakat mit dem zusammengewickelten Stacheldraht erinnert uns aber zugleich an die Dornenkrone des einen, den wir alle kennen, der es mit allen Menschen gut meinte, der uns helfen wollte in allen Nöten: Jesus Christus, der Dornengekrönte. In seinem Namen waren wir in Dortmund und haben darüber nachgedacht, wie man mit Konflikten leben kann. In seinem Namen gehen wir auch wieder auseinander. Gott segne auch sie alle hier!"[6]

Der Kirchentag reagiert spontan

Während sich die Stadt Dortmund auf die Schluß- und Hauptversammlung am Sonntag, den 28.7.1963 vorbereitete, starteten im Dortmunder Hauptbahnhof freiwillige Mitarbeiter des Kirchentages und des Technischen Hilfswerks eine einmalige unbürokratische Hilfsaktion. In zwei Nachtschichten wurden hier 37.140 Portionen Verpflegung in Waggons verladen und in ein jugoslawisches Katastrophengebiet gesandt. Die Nachricht von der durch ein Erdbeben zerstörten Stadt Skopje in Mazedonien hatte den Kirchentag im Laufe der Woche erreicht. Von den ursprünglich 85.000 Portionen Kaltverpflegung für die Kirchentagsbesucher wurde umgehend ein Drittel abgezweigt und traf noch vor Beendigung des Kirchentages im Krisengebiet ein. Auch auf die Bitte um eine Spende reagierten die Kirchentagsteilnehmer mit großer Selbstverständlichkeit. Es wurden zusätzlich 34.750,- DM für Skopje gesammelt.

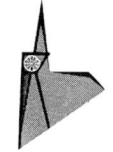

Die Beendigung des Kirchentages

In der weitläufigen Anlage der Dortmunder Rennbahn Wambel treffen zur Abschlußveranstaltung am Sonntag weit über 300.000 Menschen ein. Der größte Teil von ihnen kommt mit Straßenbahnen, Zügen oder Bussen, die mit einer Zeitfolge von einer halben Minute vorfahren. Eine Viertelstunde lang läuten die Glocken am großen Glockenstuhl. Während immer noch Menschen auf das Gelände strömen, spielen die Posaunen Punkt 15 Uhr die Intrade 'Lobe den Herren, den mächtigen König der Ehren'. Um 15.03 Uhr stimmen über 300.000 Menschen, die mittlerweile auf der Rennbahn stehen oder sitzen, das Lied an.

Pastor Gerald Klijn aus Driebergen in Holland entbietet den Gruß aus der Ökumene: "Es grüßt sie die Ökumene, hier vertreten durch beinahe 1.000 ausländische Teilnehmer aus vielen anderen Kirchen, Ländern und sogar Erdteilen."

Vor dem Bundespräsidenten Wilhelm Lübke und dessen Frau, den Kirchenpräsidenten, Bischöfen, Vertretern der Katholischen Kirche und dem Präsidium des Deutschen Evangelischen Kirchentages ruft der niederländische Pfarrer aus: "Wie die bewohnte Welt heute aussehen kann, das heißt, wie Millionen Menschen in unserer modernen Zeit gezwungen sind zu leben, das haben wir in Ihrem größten Industriegebiet wieder in erschütternder und beschämender Weise erfahren. Die Welt braucht Kohlen, die Welt braucht Stahl, aber der Mensch braucht frische Luft, der Mensch braucht ein Stückchen blauen Himmel und seine Kinder ein Plätzchen an der Sonne. Hier liegt eine unmittelbare Aufgabe für die Kirchen, die mitten im Alltag stehen wollen. Denn das heißt Christ sein in der modernen Welt: sich vor den Mitmenschen stellen, wo seine Menschlichkeit, wie in unserem industrialisierten und technischen Zeitalter, bedroht wird. Das ist wirklich Ökumene: sich um Christi Willen kümmern um die bewohnte Welt von heute."[7]

Mit dem anschließenden Grußwort von Kirchentagspräsident D. Reinold von Thadden schalten sich Rundfunk und Fernsehen live zur Direktübertragung ein. Um 15.45 Uhr wird noch einmal die Losung "Mit Konflikten leben" entfaltet. Neun Sprecher stehen vor drei Mikrofonen. Noch einmal, über eine Stunde lang, ist die Rede von den Konflikten, über die in den vergangenen vier Tagen so ausgiebig und auch ergiebig gestritten wurde: vom Unglück und vom Glück; der Ohnmacht und der Macht; vom Frieden und vom Krieg; vom Sterben und vom Leben.

Der Kirchentag 1963 geht dem Ende zu mit der Predigt von Präses D. Ernst Wilm. "Was kommt eigentlich bei einem solchen Kirchentag heraus? Kommen nachher mehr Menschen in die Kirche? Wird in unserem Land etwas anders dadurch, daß sich Tausende viele Tage lang intensiv mit der Bibel befaßt haben? ... Wohin gehen wir jetzt? Gibt es denn wirklich nur diesen einen müden Weg in das alte bisherige Leben zurück? Ja, wir kehren in ein Leben zurück mit den gleichen Konflikten - aber wir wollen sie jetzt nicht mehr überdecken oder überspielen, sondern annehmen und ernstnehmen und an ihrer Lösung arbeiten, wir wollen mit Konflikten leben...

Christ sein hebt nicht einfach alle Konflikte auf, es schafft sogar neue Konflikte, denn am Ende des Weges Jesu Christi in die Welt steht zunächst das Kreuz. Aber das Kreuz, in Dortmund und überall, wo wir hinfahren, heißt: Gott ist für uns in Jesus Christus. Wir haben das Leben durch ihn! Da können wir

Abb. 98:

wunderbare Entdeckungen machen, wenn wir in der Gemeinschaft mit unseren Mitmenschen bekennen: Gottes Liebe gehört allen, wenn wir nicht immer zwischen Gott und der Welt hin- und herpendeln und an diesen Konflikten zerbrechen, sondern mit Gott in der Welt leben und für die Welt leben.

Siehe, Jesus Christus ist doch da! Er ist in der DDR und in der UdSSR, er ist in Asien und Afrika, er ist in Dortmund und Amsterdam, in Bonn und Berlin, in Westfalen und in Schlesien. In ihm ist das Leben - er ist das Leben. Auf seinem Weg sind wir als die Sterbenden, und siehe, wir leben!"[8]

Daraufhin bekennen 350.000 gemeinsam ihren christlichen Glauben. Während die Gemeinde "Allein Gott in der Höh sei Ehr" singt, bringen die Schwestern die Kollekte zu den drei Kreuzen mitten auf der Rennbahn.

Präses D. Kurt Scharf, der Ratsvorsitzende der Evangelischen Kirche in Deutschland, spricht das Fürbittengebet. Mit dem Vaterunser und dem Segen schließt die Abschlußveranstaltung.

Um Punkt 17 Uhr ertönen die Glocken. Die große Kirchentagsgemeinde singt 'Nun danket alle Gott!` Der 11. Deutsche Evangelische Kirchentag in Dortmund ist zu Ende.

Marian Pontzen

1. Oberbürgermeister D. Keuning,in:Mit Konflikten leben, Stuttgart/Berlin 1963, S. 73f
2. Ministerpräsident F. Meyers, a.a.O., S. 74
3. W. von Wolff, a.a.O., S. 94ff
4. R. von Thadden, a.a.O., S. 141ff
5. H. Zahrnt, a.a.O., S. 152ff
6. Pfarrer K. Zeiss, a.a.O., S. 226f
7. Pastor G. Klijn, a.a.O., S. 282f
8. Präses D. E. Wilm, a.a.O., S. 288ff

Die Gründung der Bekenntnisbewegung
"Kein anderes Evangelium"

Am 12.1.1966 wurde in Hamm die Bekenntnisbewegung "Kein anderes Evangelium" gegründet. Diese Bewegung führte am 6.3.1966 eine Großkundgebung in der Dortmunder Westfalenhalle durch, an der über 20.000 Menschen teilnahmen. Auch der damalige Präses der Evangelischen Kirche von Westfalen, Ernst Wilm, sprach dort. Wie und warum kam es zu der Gründung der Bekenntnisbewegung? Was war und ist ihr Anliegen? Welche Reaktionen gab es? Auf diese Fragen wird im folgenden in aller Kürze eingegangen.

Die Entstehung der Bekenntnisbewegung 1966

Auszugehen ist hier von Rudolf Bultmanns Programm der Entmythologisierung und existentialen Interpretation, das von den Vertretern der Bekenntnisbewegung scharf angegriffen wurde.

Rudolf Bultmann (1884-1976), Professor für Neues Testament in Marburg, versuchte einen neuen Zugang zum christlichen Glauben zu finden, um ihn auf zeitgemäße Weise zu verstehen. Dabei wandte er die historisch-kritische Methode der Bibelauslegung an und benutzte in formaler Weise Kategorien der Existenzphilosophie Martin Heideggers. Er legte dar, daß es keine göttliche Wahrheit gibt ohne Bezug zur konkreten existentiellen Situation des Menschen. Die Aussagen der Bibel werden dabei auf das je eigene Leben des Menschen bezogen. So bleibt die Möglichkeit des christlichen Glaubens bestehen, obwohl die Geschichts- und Naturwissenschaft das antike Weltbild, das auch dem Neuen Testament zugrunde liegt, zerstört hat und für den Menschen von heute nicht mehr nachvollziehbar ist: "Man kann nicht elektrisches Licht und Radioapparat benutzen ... und gleichzeitig an die Geister- und Wunderwelt des Neuen Testaments glauben".[1]

Wir Menschen können uns nicht auf objektives Wissen von Gott berufen, genauso wenig wie auf gute Werke. Rudolf Bultmann bezeichnet dabei seine Theologie als Übertragung der paulinisch-lutherischen Lehre von der Rechtfertigung auf das Gebiet des Wissens und Erkennens.[2]

Die in mehreren Punkten umstrittene Theologie Rudolf Bultmanns war vielen Theologiestudenten eine Hilfe zum Glauben und zum Verstehen der christlichen Botschaft, für andere bedeutete sie jedoch eine Anfechtung. Einige seiner Schüler radikalisierten Rudolf Bultmanns Ansätze und Ansichten und erregten damit noch stärkeren Widerspruch. Als einer dieser Schüler, Professor Wilhelm Marxsen aus Münster, in die Examenskommission der Evangelischen Kirche von Westfalen berufen wurde, war dies der Anlaß zur Gründung der Bekenntnisbewegung, die diese Berufung rückgängig gemacht haben wollte.

Im Herbst 1960 schlossen sich einige Theologen[3] zusammen, die beunruhigt waren durch das Eindringen ihrer Meinung nach unbiblischer Lehren in die Verkündigung.[4] Denn durch die Lehre Rudolf Bultmanns würde der christliche Glaube zerstört, wenn zum Beispiel die leibliche Auferstehung Jesu oder seine Jungfrauengeburt in Frage gestellt werden.

So wurden von diesen Theologen viele Gespräche über den Glauben geführt und Eingaben an Kirchenleitungen verfaßt, die sich über das Glaubensfundament ihrer Kirche äußern sollten. In den nächsten Jahren erweiterte sich dieser Kreis und bezeichnete sich als "Bethel-Kreis", weil er wiederholt zu Tagungen in Bethel zusammentraf.

1965 beschlossen die westfälischen Mitglieder dieses Kreises, auf einer eigenen Konferenz ihre Aufgaben in der Westfälischen Landeskirche zu besprechen. Rund 30 dieser Westfälischen Mitglieder versammelten sich am 12.1.1966 in Hamm und wählten als offiziellen Namen ihres Kreises "Bekenntnisbewegung Kein anderes Evangelium" nach dem Brief des Paulus an die Galater 1,6. Außerdem beschlossen sie, am 6.3.1966 eine Großveranstaltung in der Dortmunder Westfalenhalle durchzuführen.

Dortmund kamen. Der CVJM war mit rund 1.000 Bläsern vertreten und stellte den Ordnungsdienst.

Nach dem Eröffnungswort von Rudolf Bäumer - bis 1987 Vorsitzender der Bekenntnisbewegung - sprach der Präses der Evangelischen Kirche von Westfalen Ernst Wilm. Dieser wies auf die Bekenntnisgebundenheit der westfälischen Kirche hin und sprach sich für die wissenschaftliche Theologie aus. Aber keine Theologie darf die großen Taten Gottes, die geschehen sind, erschüttern und der Gemeinde rauben. Denn die Gemeinde gründet auf dem Bekenntnis zu Jesus Christus, dem lebendigen Sohn Gottes.[5] Wilm sah sein Erscheinen als Präses bei der Kundgebung als

Abb. 99: Die erste Großkundgebung der Bekenntnisbewegung in Dortmund 1966

Die Großkundgebung am 6.3.1966 in Dortmund

Die Zeit bis zum 6. März wurde von den Mitgliedern der Bekenntnisbewegung genutzt, um auf die Großkundgebung hinzuweisen. Das geschah durch das Drucken und Verteilen von Einladungen und über die Zeitung "Unsere Kirche". So kam es, daß über 20.000 Teilnehmer zu der Großveranstaltung nach

Garantie dafür an, daß diese nicht von radikalen Kräften bestimmt würde.[6]

Nach einigen kurzen Grußworten hielt Professor Walter Künneth aus Erlangen einen Vortrag zum Thema "Kreuz und Auferstehung Jesu Christi". Dieses sei das Urbekenntnis des christlichen Glaubens, an dem die ganze Verkündigung hänge. Der Auferstehungsbotschaft von 1. Kor. 15 komme eine unvergleichliche historische Qualität zu. Weil die Auferstehung Jesu von einigen Theologen nur noch als deutendes Zeichen gesehen werde, sei eine neue Bekenntnisbewegung notwendig, die das unverkürzte und unveränderte Evangelium bekenne.

Nach dem Vortrag Künneths folgte noch eine Kurzansprache Paul Deitenbecks, daraufhin ein Schlußwort von Rudolf Bäumer und ein Gebet.

gekreuzigten und auferstandenen Herrn, und wir tun es insbesondere gegenüber der Verfälschung des Christuszeugnisses innerhalb unserer eigenen Kirche, wenn an den Heilstatsachen nicht mehr festgehalten wird. Die Bibel ist Gottes Wort, Jesus ist für meine Sünde gestorben, er ist am 3. Tag von den Toten auferstanden, er wird wiederkommen, zu richten die Lebenden und die Toten."[7]

Abb. 100: Im Mittelpunkt steht das Bekenntnis zur Auferstehung

Das Anliegen der Bekenntnisbewegung

Die Bekenntnisbewegung betrachtet es als ihre Aufgabe, das geistliche Wächteramt in der Kirche wahrzunehmen. Es soll gewacht werden für die Erhaltung des unverkürzten Bekenntnisses gegen die Verfälschung der Botschaft von Christus in der eigenen Kirche.

"Als Bekenntnis - Bewegung 'Kein anderes Evangelium' bekennen wir uns zu dem

Die Mitglieder der Bewegung kämpfen gegen den Pluralismus in der Evangelischen Kirche und besonders gegen die historische Bibelkritik der Universitätstheologie. Dabei treibt sie das Motiv der Sorge um die Kirche, ihre Verkündigung und Lehre an. Denn die biblischen Wahrheiten und Tatsachen werden in Gefahr gesehen dadurch, daß sich die christliche Wahrheit auflöst in subjektive Wahrhaftigkeit.

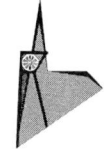

Ausgangspunkt der Bekenntnisbewegung ist die Frage nach der sachgemäßen Schriftauslegung. Dabei geht es besonders um das Festhalten an den Heilstatsachen als objektiv konstatierbaren Fakten von unvergleichlicher historischer Qualität. So wird an den Aussagen der Bekenntnisse unbedingt festgehalten. Wer dagegen Zweifel äußert oder nach "modernen" Verstehensmöglichkeiten der Bibel in der heutigen Zeit sucht, wurde und wird dabei schnell als Irrlehrer bezeichnet und es wird ihm der Glaube an den einen Herrn Jesus Christus abgesprochen. Dabei bedienen sich Vertreter dieser Bewegung drastischer Ausdrucksmittel, die die allen Christen aufgetragene Suche nach einem tiefgreifenden Verständnis des Evangeliums oft erschweren. Die Position der Bekenntnisbewegung wurde von dem Bochumer Professor Gottfried Hornig als "gesetzlicher Bibelpositivismus, der mit einem generellen Geltungsanspruch ... vertreten wurde"[8] charakterisiert.

Reaktionen

Durch die Großkundgebung in Dortmund wurde die Frage der Schriftauslegung und der Verkündigung zu einem Diskussionsgegenstand in vielen Gemeinden: Theologische Fakultäten, Kirchenleitungen, Synoden, Pfarrer und Gemeinden äußerten ihre Meinung in dieser Frage.[9]

31 Theologieprofessoren der Kirchlichen Hochschule in Bethel und der Evangelisch-Theologischen Abteilungen in Münster und Bochum[10] veröffentlichten eine Erklärung zur Bekenntnisbewegung. Darin wiesen sie darauf hin, daß wir über das Evangelium nicht in festen Formen verfügen. Denn das Evangelium ist uns nicht in einer zeitlos gültigen Weise überliefert, sondern von verschiedenen Zeugen in der Sprache ihrer Zeit, wobei nicht in allen Fragen bei den Zeugen Übereinstimmung besteht. Außerdem ist eine vorgefaßte Begrenzung von Fragen und Antworten hinsichtlich des Verstehens der Heiligen Schrift nicht möglich, denn wer im voraus Grenzen festlegt, der erhebt sich zum Richter über das Wort Gottes. Die Kirchenleitungen versuchten mit Erfolg, eine zeitweilig drohende Spaltung der Evangelischen Kirche zu verhindern. In Presse, Funk und Fernsehen kam es zu Diskussionen zwischen Vertretern der sogenannten 'modernen Theologie' und der Bekenntnisbewegung. Die Fragen und Probleme wurden bei all den Gesprächen weniger geklärt, sondern sie sind im Laufe der Jahre eher verstummt.

Die Bekenntnisbewegung gründete schon im Jahre 1966 weitere Landesgruppen und Arbeitskreise und weitete sich aus. Auch heute existiert sie noch als eine Bewegung innerhalb der Landeskirchen.[11]

In diesem Zusammenhang ist es bemerkenswert, daß die Resonanz im Ruhrgebiet vergleichsweise gering ist. An der Gründungsversammlung in Hamm nahm zum Beispiel keiner der Hammer Pfarrer teil. Auch aus den Synoden und Kirchenkreisen des Ruhrgebiets waren - im Unterschied zu den ländlichen Gebieten Ostwestfalens und des Siegerlandes - kaum Reaktionen zu verzeichnen. Dies läßt einen bemerkenswerten Unterschied der Kirchlichkeit des Ruhrgebiets im Vergleich mit anderen Regionen erkennen. Im Ballungsraum "Ruhrgebiet" ist die Traditionsbindung der Gemeinden offensichtlich weniger stark ausgeprägt.

Joachim Waltemate

1. R. Bultmann, Neues Testament und Mythologie, in: H.-W. Bartsch (Hrsg.), Kerygma und Mythos, Bd. 1, Hamburg ⁴1960, S. 18
2. Vgl. R. Bultmann, Jesus Christus und die Mythologie, in: ders., Glauben und Verstehen, Bd. 4, Tübingen ¹1965, S. 188
3. Dazu gehören die Pastoren Bäumer, Deitenbeck, Sundermeier, Kreling und Professor Frey aus Bethel
4. Vgl. R. Bäumer (Hrsg.), Kein anderes Evangelium, Wuppertal 1966, S. 4
5. Vgl. Ernst Wilm, in: R. Bäumer (Hrsg.), Kein anderes Evangelium, Wuppertal 1966, S. 13
6. Vgl. H. Stratmann, Kein anderes Evangelium, Hamburg 1970, S.71
7. J. Vetter, Geistliches Wort, in: Informationsbrief der Bekenntnisbewegung "Kein anderes Evangelium", Nr. 141/August 1990, S. 2
8. G. Hornig, Rückblick auf die Entstehung der Evangelisch-Theologischen Abteilung an der Ruhr-Universität Bochum, in: Jahrbuch Ruhr-Universität, Bochum 1986, S. 34
9. Vgl. dazu Kirchliches Jahrbuch 1966, Gütersloh 1968, S. 77ff
10. Diese Erklärung wurde von allen damaligen Bochumer Professoren unterschrieben, vgl. Kirchliches Jahrbuch 1966, a.a.O., S. 79f
11. Die Geschäftsstelle hat ihren Sitz in der Worthstraße 49, 5880 Lüdenscheid

Das "Zechensterben" im Ruhrgebiet

Die Ortsbeschreibung "Kirche im Ruhrgebiet" ruft unwillkürlich das Bild von Kirch- und Fördertürmen hervor. Dennoch haben sich Pfarrer nur selten auf die konkrete Lebenswirklichkeit von Bergleuten eingelassen. So blieb das 1956 von Gerhard Leipski und Helmut Disselbeck in eigener Initiative entwickelte Modell "Pfarrer unter Tage" eine Ausnahme. Sie versuchten, für ein Jahr die Arbeit unter Tage mit der Gemeindearbeit zu verbinden:

"Als wir am 15. November 1956 unsere Arbeit auf der Schachtanlage Nordstern in Gelsenkirchen-Horst und Matthias Stinnes 3/4 in Gladbeck-Brauck aufnahmen, geschah das aus mehreren Gründen. Einmal lag uns daran, in einem kleinen Bereich deutlich zu machen, daß die vielfachen Erörterungen im Raume der Kirche über "Kirche und die moderne Arbeitswelt" nicht nur theoretische Verlautbarungen sind, sondern daß es der Kirche ernst damit ist. Es ging darum, die Einheit von Wort und Tat zu bezeugen und zwar so nachdrücklich, daß die Arbeiterschaft selbst, um die sich die Kirche bemüht, etwas von der Echtheit und Wahrhaftigkeit kirchlichen Denkens und Handelns spürt. Von diesem Motiv unseres Tuns her mußte unser Zeugnis wesentlich Arbeit, Dabeisein, Miteinanderleben sein und nicht Rede"[1].

Abb. 101: Bergleute gehen auf die Straße

Wenn sich auch eine Verstetigung dieses Modells nicht verwirklichen ließ, so gelang es beiden immerhin, durch ihr Beispiel die Forderung nach einem Industriepraktikum für Theologiestudenten verpflichtend zu machen. Zudem halfen sie zum Abbau des Mißtrauens zwischen Bergleuten und "Kirche" beizutragen. Andere Pioniere dieses Versuches im Ruhrgebiet waren Wilhelm Huft, Christian Schröder, Peter Walter und Karl-Heinz Bekker.[2]

Eine neue Herausforderung für die Kirche im Ruhrgebiet bedeutete schließlich die Ende der fünfziger Jahre einsetzende Kohlekrise, die Kirche wie Politik und Öffentlichkeit recht unvorbereitet traf.

Völlig überraschend für die breite Öffentlichkeit fahren am Morgen des 22.2.1958 16.000 Bergleute der Zechen Katharina und Theodor-Heinrich in Essen, Dalhauser Tiefbau in Bochum, Rosenblumendelle/Wiesche in Mülheim und Alter Hellweg in Unna die ersten Feierschichten. Damit ist die Bergbaukrise, die sich seit Mitte der 50er Jahre in Folge eines Überangebotes an Öl abgezeichnet hatte, für jedermann greifbar. Vor Beginn des Jahres 1958 lagen bereits 12,3 Millionen Tonnen Kohlen, etwa 10% der Jahresförderung im Ruhrgebiet, auf Halde. Damit waren Alarmsignale gegeben, nach einer Lösung der Bergbaukrise zu suchen. Im weiteren Verlauf des Jahres 1958 und auch 1959 verschärfte sich die Krise, ohne daß sich Lösungsmöglichkeiten abzeichneten. Bis Sommer 1959 hatte die Zahl der verfahrenen Feierschichten bereits die 5 Millionen-Grenze überschritten. Am 30.6.1959 war die Großschachtanlage Friedrich-Thyssen IV/VIII in Duisburg-Hamborn stillgelegt worden. Weitere Stillegungen wurden angekündigt beziehungsweise befürchtet. Der Vorsitzende der IG Bergbau Heinrich Gutermuth sprach auf

4.6

179

einer Kundgebung in Bochum am 25.1.1959 von einem "wirtschaftlichen Stalingrad". Auf Druck der Belegschaften organisierte die IG Bergbau und Enegie (IGBE) schließlich am 26.9.1959 einen Protestmarsch unter dem Motto "Sicherheit statt Chaos" nach Bonn, an dem sich über 60.000 Bergleute beteiligten.[3]

(im Bergbau) die Arbeitnehmer in eine stärkere Abhängigkeit bringt und die innerbetriebliche Zusammenarbeit stört..."[4].

Auf Anregung der Ruhrgebietssynoden veröfentlichte die Landeskirche während der Landessynode im Herbst 1959 ein Wort des Präses zur Lage im Bergbau. Im Vergleich

Abb. 102: Auch Pfarrer unterstützen den Protest

Auch die kirchlichen Gremien verfolgten mit Besorgnis die Entwicklung im Kohlebergbau und erklärten durch den Sozialausschuß der Evangelischen Kirche von Westfalen bereits im Januar des Jahres 1959: "Entlassungen und Feierschichten gefährden den Arbeitsplatz und schmälern das Einkommen einer beachtlichen Anzahl von Arbeitnehmern und ihrer Familien. Hinzu kommt die Gefahr, daß der Druck der Arbeitsmarktlage

zum Januar des Jahres sah der Präses die Lage noch dramatischer und äußerte die Befürchtung, daß gerade viele derjenigen Menschen, die nach dem Krieg und jahrelanger Heimatlosigkeit aufgrund des Bergbaus im Ruhrgebiet eine neue Heimat gesucht und sich erarbeitet haben, am schwersten von dieser Krise betroffen sind. Gegen das Argument, es handele sich bei der Kohlekrise lediglich um einen wirtschaftlichen Bereinigungsprozeß, verwies der Präses auf das Schicksal der einzelnen Betroffenen und ihrer Familien. Die Gemeinden und Kirchenkreise des Ruhrgebiets rief er dazu auf, "Augen und Ohren für echte menschliche Not und Verantwortlichkeit in diesem Bereich offen zu halten."[5] Gerade die Gemeindepfarrer seien hier in besonderer Weise in der Wahrnehmung ihres seelsorgerlichen Amtes in die Pflicht genommen.

Die Kirche bezieht Stellung

Besonders dramatisch entwickelte sich im Spätherbst des Jahres 1959 die Situation in Bochum. Die Gelsenkirchener Bergwerks AG (GBAG) kündigte die Schließung der Zechen Engelsburg, Friedlicher Nachbar und Prinz-Regent an. Drei Tage, bevor die endgültige Entscheidung seitens der GBAG fallen sollte, versammelte sich am 17.11.1959 der Kreissynodalvorstand des Kirchenkreises Bochum zu einer außerplanmäßigen Sitzung, um eine kirchliche Stellungnahme zu erarbeiten. Insgesamt waren durch die angedrohte Schließung die Arbeitsplätze von 7.000 Bergleuten und Angestellten gefährdet, hinzu kamen Arbeitsplätze der Zubringerindustrie sowie des Handels. Nach einer grundlegenden Erörterung des Themas einigte sich der Kreissynodalvorstand darauf, einen offenen Brief an den Vorsitzenden des Aufsichtsrates sowie den Vorsitzenden des Vorstandes der GBAG zu verfassen.

In diesem Schreiben betonte man die Solidarität der Kirche mit den "zu einem großen Teil bodenständigen Bergleuten"[6], deren Zukunft durch den möglichen Beschluß der GBAG in Frage gestellt sei. Im Namen aller Bochumer Kirchengemeinden, Frauenhilfen, Jugendkreise und auch der Akademie richtete der Kreissynodalvorstand folgende Bitte an Aufsichtsrat und Vorstand der GBAG: "Wir bitten ernsthaft, bei den bevorstehenden Entscheidungen jeden Verdacht zu vermeiden, einem auch nur irgendwie gearteten und begründeten Zeitdruck erlegen zu sein, der die in vielen Jahrzehnten geleistete und in schweren Zeiten bewährte bergmännische Aufbauarbeit unserer Zechen mit einem Federstrich liquidiert. Ferner bitten wir, Betriebseinschränkungen, falls unvermeidbar, in einem gezielten Zeitablauf unter Vermeidung unbilliger Härten vorzunehmen"[7].

Dem Kreissynodalvorstand, in Absprache mit den politischen Gremien der Stadt Bochum, ging es somit zunächst darum, bis zur endgültigen Entscheidung Zeit zu gewinnen, um mögliche Alternativen zur Sicherung der Zechen zu suchen. Sollte dies nicht gelingen, erwartete man zumindest einen regulierten, sozial verträglichen Abbau der Belegschaften.

Im weiteren Verlauf der sich hinauszögernden Verhandlungen über die Schließung der Zechen engagierte sich die evangelische Kirche in Bochum auch weiterhin. So verfaßte die evangelische Akademie in Bochum

Abb. 103: Hat der Bergbau noch eine Zukunft?

Abb. 104: Die letzte Schicht auf Prinz-Regent

anläßlich einer öffentlichen Veranstaltung am 3. Dezember 1959 ebenfalls eine Erklärung zur Situation des Bergbaus in Bochum, wo eine mögliche Stillegung als "ein großes Unglück für unsere Stadt"[8] beklagt wurde. Auf Anregung der Kirchengemeinde Bochum-Stiepel wurde für den Bochumer Raum ferner ein Vorschlag für einen Einschub in das sonntägliche Fürbittengebet formuliert: "Siehe in Gnaden an unsere Stadt und ihren Bergbau. Erbarme dich über alle, die jezt um ihren Arbeitsplatz auf der Zeche bangen. Bewahre sie und ihre Familien vor der drohenden Arbeitslosigkeit. Hilf uns allen aus der Ungewißheit und Angst um sie und unsere ganze Stadt. Schaffe uns und allen Verantwortlichen Rat und Hilfe ..."[9] Dieser Abschnitt wurde von vielen Gemeindepfarrern in Bochum in das Fürbittengebet eingefügt und an mehreren Sonntagen hintereinander zur Jahreswende 1959/1960 als Bitte vor Gott gebracht.

Die vielfältigen Proteste der betroffenen Bergleute, der politisch Verantwortlichen sowie der kirchlichen Stellen konnten die geplanten Zechenschließungen nicht mehr stoppen. Immerhin war die Öffentlichkeit im Ruhrgebiet und darüber hinaus für die Probleme der entlassenen Bergleute sensibilisiert und man versuchte, durch Ansiedlung neuer Industrien Arbeitsplätze im Ruhrgebiet zu schaffen. In Bochum gelang dies durch die Ansiedlung von Opel/GM, die im Jahre 1962 die Fabrikation des Opel Kadett aufnahmen.

Die Auseinandersetzungen um "Graf Bismarck"

Seit Mitte der 60er Jahre wurden vermehrt auch Zechen im nördlichen Bereich des Ruhrgebiets geschlossen. Beispielhaft sei hier die Situation in Gelsenkirchen-Buer/Erle beschrieben, wo durch die Schließung der Zeche Graf Bismarck ein ganzer Stadtteil unmittelbar betroffen war.[10]

Die Zeche Graf Bismarck galt seinerzeit als eine der technisch fortschrittlichsten Bergwerke und aufgrund der großen Kohlenvorräte als sicherer Arbeitsplatz. Da jedoch die Deutsche Erdöl AG, Eigentümerin der Zeche Graf Bismarck, zu Beginn des Jahres 1966 Übernahmeverhandlungen mit der Texaco AG in den USA führte, entschloß man sich aus Rationalisierungsgründen zur Schließung dieser Zeche. Als im Februar durch eine vorzeitige Mitteilung von Hans Alker, Aufsichtsratsmitglied von Graf Bismarck und gleichzeitig Bezirksleiter der IGBE Essen, die zum 1. Juli des Jahres geplante Schließung bekannt wurde, war die Empörung in der Bevölkerung groß. Ein Großteil der Menschen in Buer und Erle stand vor einer ungewissen Zukunft. Ersatzarbeitsplätze vor Ort waren zunächst nicht absehbar. Zwar versuchten die Bayer-Werke aus Leverkusen durch Werbebusse auf dem Erler Markt junge Bergleute anzuwerben, aber für ältere Kollegen war dies in der Regel keine Perspektive. Zudem waren die Bergleute gezwungen, bis zur Schließung der Zeche die Arbeitsplätze nicht zu verlassen, da sie andernfalls ihre Werkswohnungen hätten räumen müssen und zudem keine Abfindung bekommen hätten. Vor diesem Hintergrund war die große Empörung, die sich vor allem bei der letzten Belegschaftsversammlung der Zeche in einem Kino in Buer entlud, zu verstehen. Aus Verärgerung über die Auskünfte der Werksleitung wollten einige Bergleute - wie man im Ruhrgebiet sagt - "einem Direktor an die Wäsche".

Es war vor allem dem resoluten Eingreifen der Betriebsräte zu verdanken, daß es nicht zu Handgreiflichkeiten kam.

Die evangelischen Pfarrer in Buer und Erle, die schon immer in einer guten Verbindung zu den Bergleuten und ihren Familien standen, haben sich sofort nach Bekanntgabe der Schließungspläne mit der Belegschaft, mit ihren Gemeindegliedern, solidarisiert. Die Aufgabe der Koordination der kirchlichen Aktivitäten lag im wesentlichen bei Christian Schröder, dem Sozial- und Industriepfarrer in Buer-Hassel. Er konnte sich auf den Sozialausschuß des Kirchenkreises stützen, den der Wirtschaftsredakteur Friedrich Spiegelberg, ein Experte für Energiefragen, leitete. Gemeinsam mit ihm koordinierte Schröder die Kontakte der Pfarrer zur IG Bergbau aber auch zur Unternehmensseite.

Als Ergebnis dieser Gespräche verfaßte der Superintendent des Kirchenkreises Kluge am 11.2.1966 ein Kanzelwort, das am darauffolgenden Sonntag, dem 13.2.1966, in allen Kirchen des Kirchenkreises verlesen wurde. Darin heißt es unter anderem: "Eine große Anzahl von Familien kommt durch die Stillegung in erhebliche Not, die teilweise durch keinerlei Hilfemaßnahmen gelindert werden kann... Wir wissen, daß trotz der noch herrschenden Wirtschaftskonjunktur für viele Familien die Not einer Arbeitslosigkeit unabwendbar bleibt ... Ihnen gilt in besonderer Weise unsere Sorge. Wir bitten alle Gemeindeglieder, ...die Not dieser Familien dadurch mitzutragen, daß wir als Gemeinde Jesu Christi ihre Last vor Gott bringen in der Zuversicht, daß wir ihn nicht umsonst bitten werden."[11] Ferner sandte der Kirchenkreis ein Telegramm an den Vorstand der Deutschen Erdöl AG, der gerade in diesen Tagen die Verhandlungen zur Übernahme durch die Texaco AG führte. Zudem wurde eine Delegation des Kirchenkreises unter Leitung des Superintendenten bei der Landesregierung in Düsseldorf vorstellig. Vor allem aber vor Ort in Gelsenkirchen engagierten sich viele Pfarrer im Rahmen der Protestdemonstrationen gegen die Stillegung.

Trotz der vielfältigen Proteste konnte auch diese Zechenstillegung nicht mehr rückgängig gemacht werden. Immerhin wurde eine breiteste Öffentlichkeit mobilisiert, so daß das Thema der Zechenstillegungen endgültig in die Schlagzeilen der bundesdeutschen Presse geraten war. Im Rückblick bewertet Christian Schröder das Engagement um die Schließung der Zeche Graf Bismarck wie folgt: "Ich glaube, daß wir dazu beigetragen haben, daß es zur Gründung der Ruhrkohle AG gekommen ist. Es hat dann zwar weiterhin Stillegungen gegeben, aber die Bergleute mußten nicht mehr um ihren Arbeitsplatz fürchten oder sie waren über Sozialpläne abgesichert."[12]

Auch die Kirchenleitung in Bielefeld sah sich durch das Engagement des Gelsenkirchener Kirchenkreises erneut mit dem Problem des Kohlebergbaus konfrontiert. Wenn die Kirchenleitung zunächst auch das Vorgehen der Gelsenkirchener mißbilligte und man die Befürchtung aussprach, durch diese Aktionen die Kirche bei den Unternehmern in Mißkredit zu bringen, akzeptierte man schließlich das Verhalten der dortigen Pfarrer. Superintendent Kluge konnte es durch Verhandlungen in Bielefeld sogar erreichen, daß die Landeskirche den Werkskindergarten der Zeche Graf Bismarck gekauft hat. Dadurch konnte dieser von der Schließung bedrohte Kindergarten in kirchlicher Trägerschaft weitergeführt werden.

Das hier aus Bochum und Gelsenkirchen beispielhaft geschilderte Engagement von Kirchenvertretern angesichts drohender Zechenschließungen zeigt, daß die Pfarrer vor Ort aufgrund ihrer Nähe zu den Menschen sich auch auf für sie ungewohnte Handlungsfelder eingelassen haben. Außerdem fühlten sie sich vom Sozialamt in Villigst bei ihren Aktionen zu wenig unterstützt. Auch von der Kirchenleitung gab es damals nur wenig oder gar keine Rückendeckung für dieses Vorgehen. Somit zeigt sich, daß die konkret betroffenen Gemeindepfarrer trotz unzureichender Vorbereitung beziehungsweise Unterstützung ihre Verantwortung als Seelsorger in einer von der Arbeitswelt stark geprägten Umwelt durchaus erkannt und nach ihren Möglichkeiten wahrgenommen haben. Allerdings war dieses Engagement stark auf die konkrete Situation bezogen und blieb dementsprechend vereinzelt. Dennoch sind hier wichtige Pionierarbeiten im Blick auf die Bearbeitung des Themenfeldes "Kirche und Arbeitswelt" geleistet worden.

Traugott Jähnichen

1. G. Leipski/H. Disselbeck, Erfahrungsbericht über den Einsatz im Untertagebetrieb, Gladbeck (Manuskript) o.J. (1957), zitiert nach: M. Schibilsky, Alltagswelt und Sonntagskirche. Gemeindearbeit im Industriegebiet, München/Mainz 1983, S. 106
2. Vgl. M. Schibilsky, a.a.O., S. 106ff
3. Vgl. Chronik des Ruhrgebiets, Ein WAZ-Buch, Dortmund 1987, S. 505 und 509
4. Erklärung des Sozialausschusses der Evangelischen Kirche von Westfalen im Januar 1959: "Zur Bergbaukrise im Ruhrgebiet" in: Archiv des evangelischen Kirchenkreises Bochum, Haus der Kirche
5. Wort des Präses zur Lage im Bergbau, Landessynode Herbst 1959 der Evangelischen Kirche von Westfalen, in: Archiv des evangelischen Kirchenkreises Bochum, Haus der Kirche
6. Offener Brief des Kreissynodalvorstandes des Kirchenkreises Bochum an die Vorsitzenden des Aufsichtsrates und des Vorstandes der Gelsenkirchener Bergwerks AG vom 17.11.1959, in: Archiv evangelischer Kirchenkreis Bochum, Haus der Kirche
7. Ebenda
8. Erklärung der Evangelischen Akademie Bochum vom 3.12.1959, in: Archiv des Evangelischen Kirchenkreises Bochum, Haus der Kirche
9. Einschub in das sonntägliche Fürbittengebet, November 1959, in: Archiv evangelischer Kirchenkreis Bochum, Haus der Kirche
10. Die folgenden Ausführungen beruhen auf einem Interview des Verfassers mit dem Sozialpfarrer des Kirchenkreises Recklinghausen Christian Schröder und dem Pastor i.H. Dieter Rothardt vom 3.12.1990
11. Kanzelwort des Superintendenten des Kirchenkreises Gelsenkirchen vom 11.2.1966, verlesen am Sonntag Sexagesimae dem 13.2.1966, in: Privatunterlagen Christian Schröder
12. Interview mit Christian Schröder am 3.12.1990

Jugend zwischen Rock'n'Roll und Kirche

Jugendliche machen auf sich aufmerksam

In der zweiten Hälfte der 50er Jahre registriert die deutsche Öffentlichkeit ein auffälliges Verhalten der Jugendlichen, das mit dem Bild der aufstrebenden Wohlstandsgesellschaft nicht zu vereinbaren ist. Als besonders bedrohlich werden die Jugendlichen in der Zeit der ersten Welle von Großkrawallen 1956/57 wahrgenommen. In der Hälfte aller Großstädte der Bundesrepublik kommt es meist nach 20 Uhr[1] entweder spontan[2] oder nach Veranstaltungen[3] oder infolge der Tatsache, daß am gleichen Ort zuvor ebenfalls ein Krawall stattgefunden hat[4], zu einer nicht organisierten Versammlung vieler Jugendlicher, bei der nichtkonformes Verhalten gegenüber der Gesellschaft ausgelebt wird.

In mehreren Städten des Ruhrgebiets haben Großkrawalle stattgefunden. In Gelsenkirchen vom 9. bis 14.11.1956 allein sechs Krawalle mit 300 bis 1.500 beteiligten Jugendlichen, in Dortmund vom 1. bis 3.12. drei Großkrawalle mit 800 bis 1.000 Jugendlichen. In Duisburg, Oberhausen und Essen sind ebenfalls ungeplante Aktionen von mehreren hundert Jugendlichen durch Polizeiberichte dokumentiert.[5]

Zumeist fanden diese Krawalle im Anschluß an die Vorführung des Filmes "Außer Rand und Band" (1. Teil) statt, in dem Bill Haley mitwirkte.[6] In Dortmund läuft der Film am 30.11.1956 an.[7] Eine Jugendgruppe, die den Film im Capitol in der Innenstadt besucht hat, hat im Verlaufe des Abends durch provokantes Verhalten die handfeste Auseinandersetzung mit berittenen und mit Gummiknüppeln bewaffneten Polizeieinheiten gesucht.

Zu Folgekrawallen ist es gekommen, weil in den nächsten Tagen der Film in Erwartung ähnlicher Vorkommnisse von an einer solchen Randale interessierten Jugendlichen erneut besucht wurde.[8] Die Tatsache, daß der Dortmunder Krawall zum Zweck der Zuschauerwerbung in einem Inserat für die Erstaufführung des Filmes in einem Kino in Cuxhafen beschrieben wird, zeigt den Versuch, die ziellosen Aktionen der Jugendlichen für andere Interessen zu instrumentalisieren. In ähnlicher Weise versuchen auch die tagesaktuellen Medien den Unmutsäußerungen der von ihnen als Halbstarke bezeichneten Jugendlichen gesellschaftspolitische Forderungen zu unterstellen.[9] Die empfindliche Reaktion der deutschen Öffentlichkeit auf die Halbstarken ist ersichtlich daran, daß sich der Bundestag am 25. und 26. Oktober 1956 mit dem Problem beschäftigt und daß am 5. Juni 1956 in einem bayerischen Regierungserlaß betont wird, daß das Motorradfahren aus Spaß, nicht aber zur Erreichung eines Verkehrszieles gegen die Straßenverkehrsordnung verstößt.[10] Offenbar ist die bundesdeutsche Wohlstandsgesellschaft damit beschäftigt, die erkämpfte Lebensweise zu festigen, so daß jedes abweichende Verhalten als Gefährdung wahrgenommen wird.[11] Für die Jugendlichen sind die Werte dieser Gesellschaft auf Grund ihrer Lebensgeschichte nicht unmittelbar einsichtig.

In einem Bericht des Jugendpfarrers der Synode Herne aus dem Jahr 1958 wird zum Ausdruck gebracht, daß die Jugendlichen in ihrer Kindheit ja erlebt haben, wie nach dem Motto "Not kennt kein Gebot" beispielsweise Kohlen und Kartoffeln geklaut werden durften. Die Wende, die die Erwachsenen nach der Währungsreform so erlebten, als würde das gesellschaftliche Leben nun wieder in geordneten Bahnen verlaufen, mußte für die Jugendlichen unvermittelt erscheinen und als doppelte Moral bewertet werden.[12]

Das hatte zur Folge, daß die Jugendlichen nun ein "Doppelleben" führten.[13] In der Schule und im Berufsleben haben sie sich als vorbildlich, das heißt angepaßt an die Erwartungen der Erwachsenen, erwiesen.[14] Weil das Potential von Arbeitskräften Ende der 50er Jahre für die expandierende Wirtschaft geringer wurde, sind in vielen Berufsbereichen erstmals Jugendliche "gefragt und umworben" worden. Dadurch, daß ihnen zum Teil schon recht gute Gehälter gezahlt werden, erhalten sie auch eine ökonomische Kraft.[15] Sie werden aber andererseits in ihrer Familie, obwohl sie im Berufsleben die Rolle der Erwachsenen einnehmen, wie Kinder behandelt. Im Rahmen einer wiedergewonnenen Familienidylle müssen sie sich einer nunmehr erstarkten Autorität des Vaters unterwerfen und meist ihren Lohn abgeben. In ihrer Freizeit eröffnen sich besonders für die männlichen Jugendlichen gewisse Auswege, um sich der Kontrolle ihrer Erziehungspersonen und den Werten der Erwachsenenwelt zu entziehen.

Da Freizeiteinrichtungen in dieser Zeit von Erwachsenen überwacht werden, bleiben nur öffentliche Treffpunkte wie Parkbänke, Spielplatzecken oder Kinos, um Freiräume der Freizeitgestaltung zu erhalten. Die öffentliche Bambule ist dabei für viele Jugendliche eine Randerscheinung. Die meisten versuchen lediglich, symbolisch mit Kleidung, Frisur und speziellen Umgangsformen ihre Distanz zur Welt der Erwachsenen auszudrücken.[16] Ihre harmlosen Formen der Aufsässigkeit bestehen darin, diese öffentlichen Plätze zu verteidigen, indem Passanten angepöbelt werden, oder indem, etwa durch das Tragen von Jeans, die bis in die 60er Jahre an Schulen verboten bleiben[17], Vertreter der älteren Generation zu autoritären Mißfallensäußerungen getrieben werden. Besonders geeignet, um eine eigene Identität als Jugendlicher zu finden, erweist sich der Rock'n'Roll.

Der erste Titel dieser kommerziellen Musikrichtung ist "Rock around the clock", von Bill Haley und den Comets im April 1954 aufgenommen.[18] Der Weg seines Erfolges ist nicht denkbar ohne seine Verbreitung durch den Film "Blackboard Jungle" (Saat der Gewalt), der im September 1955 in den Kinos anläuft.[19] Im amerikanischen Slang beinhaltet der Ausdruck Rock'n'Roll die Umschreibung von Geschlechtsverkehr. In den Musiktexten des Rock'n'Roll wird mit Schweiß, Dreck, Hunger und Sex all das angesprochen, was gesellschaftlich tabuisiert wurde.[20] Mit dem neuen Tanzstil kann ferner der Protest gegenüber den Normen eines männlichen Verhaltens der Ritterlichkeit gegenüber Frauen zum Ausdruck gebracht werden.[21] Dennoch ist Rock'n'Roll in seiner massenmedialen Vermittlung weniger ursprünglich und naturverbunden, als seine körperbetonte und einen unkonventionellen Tanzstil ermöglichende musikalische Ausdruckskraft dies suggeriert.[22]

Somit kann anhand der Verbreitung des Rock'n'Roll auch dargestellt werden, wie ein Stilelement der neuen Jugendkultur, das eigentlich von der Gesellschaft abgelehnt wird, aufgrund von kommerziellen Interesssen durch die Film- und Schallplattenindustrie mit spezieller Bekleidungsmode bis hin zur Vermittlung des Tanzstils über Tanzschulen vermarktet wird.[23] Ausdrucksformen der Halbstarken werden also genutzt, um für den Bedarf der Jugendlichen an einem eigenen Stil ein industriell vorgefertigtes Angebot bereitstellen zu können. Der um 1960 offerierte und als eine Erscheinung des Konsumkapitalismus zu wertende Typ des Teenagers demonstriert auch eine Wende des Umgangs der Gesellschaft mit ihren Jugendlichen.

Sie galten zuvor als schutzbedürftige Menschen in einer besonders labilen Übergangsphase. Der moralische Anspruch an die für sie bereitgestellten Erfahrungen, die behutsam in die Erwachsenenwelt einführen sollten, konnte gar nicht hoch genug veranschlagt werden. Nun werden Jugendliche durch ihre Kaufkraft als Geschäftspartner verstanden, denen man alles anbieten will, was sie zu kaufen bereit sind.[24]

Diese Wende wird auch dadurch markiert, daß Jugendliche Anfang der 50er Jahre an Veranstaltungen zum Zweck der Selbstdarstellung der Großverbände teilnehmen, bei denen sie Mitglied sind. Ende der 50er Jahre sind die Anlässe, bei denen sich die Heranwachsenden versammeln, kommerziell veranstaltete Rockkonzerte oder Kinofilme.[25] Auch für die Vertreter kirchlicher Jugendarbeit wird diese Wende deutlich. Insgesamt war in Nordrhein-Westfalen von 1953 bis 1959 ein Rückgang der innerhalb der Verbände der Evangelischen Jugend Organisierten von 19 Prozentpunkten beobachtet worden.[26]

Evangelische Jugendarbeit

Mit den überkommenen Formen und Inhalten, die für die Aufbauphase der Jugendarbeit nach dem Krieg charakteristisch waren, konnten immer weniger Heranwachsende angesprochen werden. Der synodale Jugendsekretär des Kirchenkreises Bochum, Fritz Zaretzke, beschreibt insgesamt einen Rückgang aller Aktivitäten, mit denen Jugendliche erreicht werden sollten, ab Mitte der 50er Jahre. Eine "ohne-mich"-Haltung habe sich auch gegenüber allen Verbindlichkeiten geäußert und damit Auswirkungen auf alle Formen organisierter Jugendarbeit gehabt. Ehrenamtliche Mitarbeiter seien kaum noch zu aktivieren gewesen und Großveranstaltungen für Jugendliche mit mehreren Tausend Teilnehmern, wie sie Anfang der 50er Jahre im Ruhrgebiet stattgefunden hatten, blieben aus.[27] Wenn Jugendliche im Freizeitbereich zugänglich waren, dann gegenüber den immer attraktiver werdenden Vorgaben von kommerziellen Anbietern. In der Folge wird den Heranwachsenden unterstellt, "eher rezeptiv als aktiv eingestellt" zu sein.[28]

Die Jugendarbeit im Kirchenkreis Herne stellt sich beispielsweise so dar: Der synodale Jugendpfarrer ist hier gleichzeitig Vorsitzender des Christlichen Vereins Junger Männer (CVJM). Auf der Ebene der Synode organisiert er hauptsächlich die Schulung der ehrenamtlichen Mitarbeiter und die jährlichen "Jugendmissionstreffen" am Himmelfahrtstag in Herne-Sodingen mit Jugendgottesdienst und Vorträgen von Referenten jährlich wechselnder Missionsgesellschaften. Auf der Ebene der Gemeinden und der freien Verbände existieren feste Gruppen, die sich entweder völlig der Bibelarbeit widmen oder, wie die Handballabteilung des CVJM, Freizeitgestaltung in Form von sportlicher Aktivität anbieten.[29] Innerhalb der Bearbeitung eines Fragebogens der Jugendkammer der Evangelischen Kirche von Westfalen von 1959, mit dem die einzelnen Gemeinden Angaben zu ihrer Jugendarbeit vorlegen sollen, werden erste Zweifel an der der Verkündigung verhafteten Jugendarbeit artikuliert, denn es war deutlich geworden, daß ältere Jugendliche für solche Geselligkeitsformen gar nicht mehr zu gewinnen waren.[30] Der Bericht des synodalen Jugendpfarrers von 1959 enthält die Schlußfolgerung, daß trotz der "Müdigkeit" innerhalb der Jugendkreise und obwohl die Jugendlichen "erwarten, daß ihnen etwas geboten wird", Verkündigung immer noch im Mittelpunkt stehen soll.[31] Auch im Rückblick des Jugendpfarrers der Synode Gelsenkirchen wird Bedauern darüber ausgedrückt, daß die "Sammlung unter dem Wort" nicht mehr gefragt ist, sobald Jugendarbeit ungewollt der Konkurrenz der "Vergnügungs- und Genußmittelindustrie" ausgesetzt wird.[32]

Nicht nur die Fragestellung, ob Jugendarbeit nur unter dem Anspruch der Verkündigung möglich ist, sondern auch die Problemstellung der erzieherischen Verantwortung der Jugend gegenüber, bestimmt die Debatte in den 50er Jahren. Es herrscht die Vorstellung, Jugendschutz sei notwendig, um Jugendlichen Schonräume zu erhalten, in denen sie vor den schädigenden Einflüssen der säkularisierten Welt bewahrt werden sollten.

Ein Indiz dafür, daß die kirchliche Jugendarbeit überwiegend diesem Jugendschutzgedanken verhaftet ist, bieten die Leitsätze der Schulkammer der Evangelischen Kirche von Westfalen, die anläßlich eines Antrages der Kreissynode Lüdenscheid in die westfälische Landessynode 1961 eingebracht wurden.[33]

Mit ihnen wird eine fürsorgende Haltung zum Ausdruck gebracht. Die Verbreitung des Fernsehens wird als unabwendbar eingestuft. Dennoch votiert man gegen den Trend, indem denen moralische Unterstützung zuteil wird, die sich kein Fernsehen anschaffen. Die Einschätzung, daß bei Fernsehprogrammen "die Bilder das Wort verdrängen" und daß eine zu große Anzahl von Bildern seelisch nicht zu verkraften ist, hat die Schulkammer bewogen, konkrete Maßnahmen vorzuschlagen. Erwachsenen Zuschauern legt man eine Selbstzucht in Bezug auf exzessive Fernsehnutzung nahe. Jugendliche und Kinder müssen mit Hilfe des Korrektivs von Gemeindegruppen, in denen das Verhalten in den Familien erörtert werden soll, vor den Auswirkungen des Fernsehkonsums bewahrt werden.

Das neue Medium Fernsehen gehörte 1960 erst zur Ausstattung von einem Viertel der bundesdeutschen Haushalte.[34] Dennoch wird die Gefahr vermutet, es werde "in den Raum des Privaten und Personalen, (...) in das letzte Refugium kirchlichen Wirkens einbrechen".[35]

Eine Reaktion, die Bedrohung, die von dieser Freizeitbeschäftigung ausgeht, abzuwenden, besteht darin, Fernsehgeräte in kirchlichen Räumen aufzustellen und auf eine verantwortliche Nutzung zu achten. Diese Form des Umgangs mit Massenmedien hat Vorbilder in der evangelischen Filmarbeit, mit der nach dem Krieg versucht wurde, die Filme zu zeigen, die in den kommerziellen Kinos keine Chance hatten, aber als sehenswert eingestuft wurden. Ferner sollte eine Filmvorführung in einer Form veranstaltet werden, durch die unerwünschte, insbesondere emotionale Wirkungen, mit anschließenden Gesprächen oder einer Andacht aufgefangen werden konnten.[36]

Grundlage für dieses Engagement war die Einschätzung, daß ein Film aufgrund der in ihm übermittelten Inhalte Veränderungen von Einstellungen und Verhaltensweisen der Zuschauer erwirken könne. Anläßlich der Ausschreitungen der Halbstarken nach Rock'n'Roll-Filmen hatte sich in der Öffentlichkeit die Vorstellung gebildet, daß man lediglich den entsprechenden Film abzusetzen brauche, um das Problem des jugendlichen Protestverhaltens zu lösen.[37] So lag es nahe, Jugendliche über die Produktionsvorgänge, die zu einem Filmprodukt führen, aufzuklären, um den Filmen die Faszination zu nehmen, die offenbar zu wirklichkeitsverändernden rauschähnlichen Zuständen nach einem Kinobesuch bei Jugendlichen geführt hatten.

In diesem Bereich medienpädagogischen Engagements hat Harry Rexin von 1952 bis 1959 innerhalb des Reisedienstes des CVJM-Westbundes gewirkt. Für die Eichenkreuz-Bildkammer in Kassel hat er die Lichtbildserie "'Herrscher Film'. Ein Blick hinter die Kulissen" erarbeitet. Zu Studienzwecken hat er mehrere Filmproduktionen, wie beispielsweise 1953 die des Films "Königliche Hoheit", als Vertreter der evangelischen Jugend beobachtet. In Lehrlings- und Jugendwohnheimen, Flüchtlingslagern und Jugendgruppen ist er innerhalb des Vortrags- und Lichtbilderdienstes des CVJM tätig gewesen.[38]

Im Rahmen der Fortbildung von Mitarbeitern in der evangelischen Jugendarbeit hat er Seminare über Film- und Medienkunde angeboten[39]. Mit Filmkritiken in mehreren Zeitschriften, insbesondere im "Evangelischen Filmbeobachter", hat auch er versucht, durch positive Kritik Einfluß auf den Filmmarkt zu nehmen. Ebenfalls zum Instrumentarium des Jugendschutzes hat die freiwillige Selbstkontrolle der Filmwirtschaft gehört, mit der Filme für die öffentliche Vorführung unter Anwendung der Jugendschutzbestimmungen zugelassen werden. Auch hier hat Harry Rexin als Vertreter des Jugendringes mitgewirkt und damit ein umfassendes Wissen über die Filmproduktionen der Zeit gewonnen. Von der Evangelischen Zentralbildkammer in Witten, bei der Harry Rexin Referent für den Lichtbilddienst wurde, ist ein Filmvorführdienst tätig geworden, mit dem bestimmte Filme mit Vorführgeräten, Leinwand und Filmvorführer den Gemeinden und Jugendgruppen angeboten wurden. Alle Filme sind von den Filmstellen geliehen worden und in periodisch erscheinenden Programmheften den Interessenten vorgestellt worden. Es sollte damit die Möglichkeit eröffnet werden, nach einer Filmvorführung ein weiterführendes Gespräch der Zuschauer anzuregen.[40] 1968/1969 ist dieser Filmvorführdienst eingestellt worden.[41]

Die Nutzung von Massenmedien als Freizeitbeschäftigung stellt eine der Entwicklungen dar, durch die deutlich wird, daß das Leben in einer Wohlstandsgesellschaft von nachhaltigen Veränderungen geprägt ist. Diese kritisch zu begleiten und Hilfen für ihre Bewältigung anzubieten, ist ein Beweggrund, um auf Jugendliche zuzugehen.

Weil deutlich geworden ist, daß die Organistaion der Jugendarbeit auf der Basis freiwilliger Helfer, die vielfach selbst Jugendliche waren, nicht mehr den Aufgaben gewachsen war, hat es mit der Westfälischen Landessynode von 1963 eine Umorientierung gegeben, mit der zunächst strukturelle Neuerungen gefordert wurden. Für die Ebene der Kirchengemeinden ist verfügt worden, daß "die Presbyterien einen Presbyter als Beauftragten für die Zusammenarbeit mit der Jugend und im Einvernehmen mit dieser benennen sollen". Ferner sollen sich Presbyterium und Vertreter der Jugendarbeit mindestens

Abb. 105: Harry Rexin (im Bildhintergrund mit Brille) als Beobachter zum Film "Königliche Hoheit"

einmal jährlich über "die Lage der Jugend im allgemeinen" aussprechen, um eine geeignete kirchliche Förderung einzuleiten. Auf der Ebene der Kirchenkreise soll durch die Bildung von Arbeitsgemeinschaften und Ausschüssen gewährleistet werden, daß die Einzelaktivitäten aufeinander abgestimmt werden.[42]

Damit wird eine Professionalisierung der Jugendarbeit eingeleitet, die auf die Grundlage eines partnerschaftlichen Umgangs mit den Jugendlichen gestellt wird.[43] So gesehen können Bedürfnisse der Jugendlichen stärker ins Blickfeld gerückt werden.

lich wird, ist das Ferien- und Freizeitprogramm. Nach dem Krieg ist es darum gegangen, auf freiwilliger Basis Ferienmaßnahmen mit Erholungswert zu konzipieren.[44] Sie galten den in den Trümmern spielenden und schlecht ernährten Kindern der Großstädte. Auf dieser Grundlage sind unter anderem die Zeltlager des Kirchenkreises Gelsenkirchen in dem etwa 40 km entfernten Gahlen entstanden. Ein Tagesprogramm, das täglich Bibelarbeit und sportliche Ertüchtigung vorsah, beinhaltete auch das Ziel, bei gutem Essen ein unbeschwertes Spielen in der intakten Natur zu ermöglichen.[45]

Abb. 106: Pfarrer Richwin beim Richtfest des 'Hauses am Ebbehang' in Valbert

Ferien- und Freizeitmaßnahmen der evangelischen Jugend

Ein Aufgabenbereich, an dem der Wandel innerhalb der Jugendarbeit besonders deut-

1956 stehen insgesamt noch Fragen der Ernährung, der Unterbringung und der notwendigen Gepäckstücke für die Erholung der Kinder im Vordergrund.[46] 1960 wird stärker Wert gelegt auf die Umgangsformen und besonders auf die Bewahrung der Autorität der Freizeitleiter.[47] In der Anfangsphase ist die Form der Zeltlager vorherrschend, weil es gar keine andere Möglichkeit der Unterbringung gibt. Durch den Wunsch nach gesicherten festen Unterkünften werden in den 50er Jahren von vielen Synoden Freizeitheime gebaut. An der Entwicklung der Freizeitsätte Gahlen, die nach und nach über Baracken zu festen Wohntrakten ausgebaut worden ist, kann am Einzelfall das verfolgt werden, was für den Standard der meisten Ferienmaßnahmen im Verlaufe dieser Aufbauphase charakteristisch ist. Wurde hier aus einem Provisorium eine feste Einrichtung,[48] so entstand das Haus am Ebbehang in Valbert (bei Meinerzhagen), daß der Kirchenkreis Bochum für seine Bildungs- und Urlaubsmaßnahmen nutzt, auf der Grundlage einer interessanten Planung: Um die Kapazität einer Freizeitstätte voll ausnutzen zu können, wurde es 1955 bis 1957 von einem Verein Bochumer Schulen und dem Kirchenkreis Bochum gebaut. Die Schulseite hat das Nutzungsrecht des Heimes in den Schulwochen, die Kirchenseite dagegen an den Wochenenden und in den Ferien.[49] Impulse sind von den Aktivitäten im Haus am Ebbehang besonders im Hinblick auf die Einführung von Konfirmandenfreizeiten ausgegangen. Pastor Werner Richwin hatte 1953 für seine Konfirmanden eine Freizeit in einer Jugendherberge, drei Tage für die Jungen und drei Tage für die Mädchen, angeboten. Nachdem 1957 das Haus am Ebbehang zur Verfügung stand, führte er erstmals im Winter eine koedukative Konfirmandenfreizeit durch. Dieses habe sich schnell herumgesprochen, so daß schon bald auch für Konfirmanden anderer Gemeinden Freizeiten angeboten wurden.[50]

Eine Umorientierung innerhalb der Konzeption von Freizeitmaßnahmen findet meist erst dann statt, wenn deutlich wird, daß die üblichen Ferienangebote für die Jugendlichen nicht mehr attraktiv genug sind. Bei-

Abb. 107: Pfarrer Richwin kocht mit Konfirmanden

spielhaft sind hierfür die Erholungsmaßnahmen, die für junge Bergarbeiter und Bergwerkslehrlinge konzipiert wurden. In mehreren Ruhrgebietssynoden wurden Bergmannsmissionare des westdeutschen Jungmännerbundes in ihrer Arbeit finanziell unterstützt. In der Synode Herne besucht der Bergmannsmissionar Oskar Westphal die Jugendlichen der Bergberufsschulen und wirbt mit Lichtbildervorträgen für Skifreizeiten. Das Interesse der Bergleute und Berglehrlinge an diesen Angeboten ist gering und wird erst dann größer, als eine Zeche jedem Teilnehmer einen beachtlichen Zuschuß bezahlt.[51] In seinem Arbeitsbericht für Mai 1959 beschreibt Oskar Westphal eindrucksvoll, daß die Heranwachsenden den üblichen Vorstellungen einer Urlaubsgestaltung nicht folgen: "In der Bergberufsschule sagte mir ein Junge nach den Lichtbildern: "Das muß prima sein!" Darauf ich: "Dann komm doch mit." Er: "Nein, ich fahre in den Urlaub." Ich: "Mensch, Freizeit ist doch Urlaub." Er: "Nein in der Freizeit steht man unter Aufsicht. Ich fahre alleine mit dem Moped fort." Der Junge war 16 Jahre alt."

Als Konsequenz wird die Freizeit im gleichen Jahr nach Riccione an die Adria verlegt und es fahren Ehepaare und unverheiratete Jugendliche mit.[52] Eine ähnliche Ausrichtung der Ferien- und Freizeitmaßnahmen hat Pastor Werner Richwin in der Kirchengemeinde Altenbochum durchgesetzt.

Abb. 108: Altenbochumer Jugendliche in Venedig

Die erste gemischtgeschlechtliche Jugendfreizeit hat 1956 nach Bozen geführt. 1958 fuhr man per Liegewagen in das Jugenddorf Magliaso. Auf einem geschlossenen Grundstück waren die Teilnehmer in Holzbaracken in der Nähe des Luganer Sees untergebracht. Obwohl auch hier die Andacht vor dem Frühstück, die Bibelarbeit und der Gottesdienst am Seeufer zu selbstverständlichen Programmpunkten gehörten, lag man mit dem Urlaubsziel und den übrigen Freizeitbeschäftigungen ganz auf der Höhe der Zeit. Es beginnt gerade die Reisewelle nach Italien; für ein Fußballspiel am Strand reicht der Platz noch aus. Kurze Ausflüge nach Venedig, Ancona oder Rom haben den Reiz des Neuen. 1960 wurde dann erstmals eine Pension für die Fahrt nach Riccione gemietet und 1962 wurde Spanien das zeitgemäße Reiseziel.[53] Die Urlaubsfotos dieser Freizeiten vermitteln den Eindruck, daß die Teilnehmer Gelegenheit hatten, auch ihren persönlichen Bedürfnissen nachzugehen.

Christine Schönebeck

1. vgl. G.Kaiser, Randalierende Jugend. Eine soziologische und kriminologische Studie über die sogenannten "Halbstarken". Heidelberg 1959, S.105, 107
2. vgl. dazu die Beschreibung des Krawalls in Duisburg vom 15.09.56 in C.Bondy, Jugendliche stören die Ordnung. Bericht und Stellungnahme zu den Halbstarkenkrawallen. München 1957, S.33ff
3. vgl. C.Bondy, a.a.O., S.37ff
4. vgl. C.Bondy, a.a.O., S.47ff
5. vgl. G.Kaiser, a.a.O., S.103ff
6. vgl. dazu die Beschreibung der Krawalle in Gelsenkirchen vom 9. bis 15.11.1956 in:G.Kaiser, a.a.O., S.29f
7. vgl. H.J.v.Wensierski, "Die anderen nannten uns Halbstarke" - Jugendkultur in den 50er Jahren -, in: H.Krüger (Hrsg.): "Die Elvis-Tolle, die hatte ich mir unauffällig wachsen lassen". Lebensgeschichte und jugendliche Alltagskultur in den fünfziger Jahren. Opladen 1985, S.103 -128, S.104
8. vgl. dazu das Interview mit einem beteiligten Jugendlichen, in Auszügen veröffentlicht bei H.Krüger/ H.J.v.Wensierski, James Dean und die "Wilden Engel" vom Borsigplatz. Die "Halbstarken" der 50er Jahre, in: L.Niethammer, (Hrsg.): "Die Menschen machen ihre Geschichte nicht aus freien Stücken, aber sie machen sie selbst." Einladung zu einer Geschichte des Volkes in NRW. Berlin/ Bonn, 2. Aufl., 1985, S.205-209, S.208. Zum Verhältnis von Lebensgeschichte, Zeitgeschichte und Sozialisation, in: H.Krüger (Hrsg.), "Die Elvis-Tolle, die hatte ich mir unauffällig wachsen lassen", a.a.O., S.152-193, S.176; Rock-and-Roll-Rummel auf dem Höhepunkt, in: Westfälische Rundschau, Lokalausgabe Dortmund vom 03.12.1956; "Rock-and-Roll"-Rummel auf der Hansastraße, in: Westfälische Rundschau, Lokalausgabe Dortmund vom 01.12.1956
9. vgl. C.Bondy, a.a.O., S.67ff
10. vgl. G.Kaiser, a.a.O., S.25, 116
11. vgl. H.Kluth, Die "Halbstarken" - Legende oder Wirklichkeit, in: Deutsche Jugend 1956, S.495-502, S.495
12. Manuskript "Liegt unsere Jugendarbeit schief?", archiviert im Synodalarchiv des Kirchenkreises Herne, Akte Jugend bis 1959
13. R.Dorner, Halbstark, in: E.Siepmann (Hrsg.), Bikini. Kalter Krieg und Capri-Sonne. Reinbek 1983,

S.233-243, S.238 Anm. 13
14. vgl. G.Kaiser, a.a.O., S112
15. P.Spengler, Rockmusik und Jugend. Bedeutung und Funktion einer Musikkultur für die Identitätssuche im Jugendalter. Frankfurt 1985, S.145
16. vgl. T.Ziehe, Die alltägliche Verteidigung der Korrektheit, in: W.Bucher/K.Pohl(Hrsg.), Schock und Schöpfung. Jugendästhetik im 20. Jahrhundert, Darmstadt/ Neuwied 1986, S.254-258, S.257f; H.Krüger, "Es war wie ein Rausch, wenn alle Gas gaben". Die "Halbstarken" der 50er Jahre, in: W.Bucher/K.Pohl (Hrsg.),a.a.O., S.269-374, S.272f; H.Krüger/H.J.v.Wensierski, a.a.O., S.205f
17. vgl. P.Zimmermann, Rock'n' Roller, Beats und Punks. Rockgeschichte und Sozialisation. Essen 1984, S.83
18. vgl. P.Zimmermann,a.a.O., S.66
19. vgl. H.Bamberg, Beatmusik. Kulturelle Transformation und musikalischer Sound. Pfaffenweiler 1989, S.68f
20. vgl. A.Brauer, "Schaukeln & Wälzen", in:E. Siepmann, a.a.O., S.244-258, S.255, 251; H.Krüger, a.a.O.,S. 274
21. vgl. V.Schmidt-Linsenhoff, Informationsblätter zu der Ausstellung "Frauenalltag und Frauenbewegung in Frankfurt 1890-1980". Historische Dokumentation 20. Jahrhundert. Frankfurt 1981, S.122
22. vgl. R.Fender/H.Rauhe, Popmusik. Aspekte ihrer Geschichte, Funktionen, Wirkung und Ästhetik. Darmstadt 1989, S. 87ff
23. vgl. H.Krüger, a.a.O., S. 274; P.Zimmermann, a.a.O., S.80ff
24. vgl. R.Lindner, Teenager. - Ein amerikanischer Traum, in: W.Bucher/K.Pohl(Hrsg.), a.a.O., S.278-283; H.J.v.Wensierski, "Raser", "King" und "Messer Alfred". Von den Halbstarken der 50er zu den Rockern der 60er und 70er Jahre, in: W.Breyvogel/ H.Krüger(Hrsg.), Land der Hoffnung - Land der Krise. Jugendkulturen im Ruhrgebiet 1900-1987. Berlin/ Bonn 1987, S. 172-185, S.173
25. vgl. J.Zinnecker, Jugendkultur 1940 - 1985. Opladen 1987, S.85
26. vgl. Synodalarchiv Herne, Akte Jugend bis 1959
27. Gespräch mit Fritz Zaretzke vom 09.01.1991
28. M.Müller, Evangelische Jugendarbeit in Deutschland, in: Kirchliches Jahrbuch 1958, S.257-264, S.262
29. vgl. Synodalarchiv Herne, Akte Jugend bis 1959 und Akte Synodales Jugendpfarramt 1960; Gespräch mit dem damaligen Jugendpfarrer Johannes Iburg vom 06.02.1991
30. vgl. Synodalarchiv Herne, Akte Synodales Jugendpfarramt 1960
31. vgl. Synodalarchiv Herne, Akte Synodales Jugendpfarramt 1960
32. Becker, Wilhelm: Zwanzig Jahre Jugendpfarramt. Bericht von 1965, in: Evangelisches Jugendpfarramt (Hrsg.): Ev. Jugendfreizeitstätte Gahlen 1948/ 1988. Marl 1988, S.78f
33. vgl. "Gefahr und Gebrauch des Fernsehens". Leitsätze, verfaßt von der Schulkammer der Evangelischen Kirche von Westfalen, in: Evangelische Unterweisung 4/ 1962, S.55-57
34. vgl. S.Zielinski, Telewischen. Aspekte des Fernsehens in den fünfziger Jahren, in: E.Siepmann, a.a.O., S.333-367, S.352
35. K.W.Bühler, Die Kirchen und die Massenmedien. Intentionen und Institutionen konfessioneller Kulturpolitik in Rundfunk, Fernsehen, Film und Presse nach 1945. Hamburg 1968, S.88
36. vgl. Synodalarchiv Herne, Akte Jugend bis 1959; Focko Lüpsen, Direktor des Evangelischen Presseverbandes in Westfalen und Lippe, ordnet die Arbeit des Filmdienstes einem "volksmissionarischen Zweck" zu. Vgl. F.Lüpsen, Fünfzig Jahre im Dienst der evangelischen Publizistik. Ein historischer Rückblick, in: ders. (Hrsg.): Mittler zwischen Kirche und Welt, Witten 1957, 11-76, S.64
37. vgl. beispielsweise den Kommentar zum Rock-and-Roll-Rummel "Absetzen!",in: Westfälische Rundschau, Lokalteil Dortmund vom 03.12.1956
38. Gespräch mit Harry Rexin vom 14.01.1991; vgl. Westdeutscher Jungmännerbund-CVJM (Hrsg.), "Laßt uns nicht allein!" Die sozialen Dienste, Wuppertal 1956, S.34f
39. vgl. H.Rexin, Der Film, und immer wieder der Film. Erfahrungen aus der Filmerziehungsarbeit, in: Wir helfen unserer Jugend 3/ 1958, S.37-39, S.38
40. Beispiele von Angeboten solcher Lehrgänge und ihrer nachdrücklichen Empfehlung durch die Ev. Jugendkammer Westfalen sind archiviert im Synodalarchiv Herne, Akte Jugend bis 1959 und Akte Synodales Jugendpfarramt 1960; Gespräch mit Harry Rexin vom 14.01.1991
41. vgl. Evangelische Publizistik in Westfalen. Tätigkeitsbericht des evangelischen Presseverbandes für Westfalen und Lippe 1968/ 1969, vorgelegt zur Mitgliederversammlung am 24.November 1969 in Bielefeld, S.27
42. Kirche und Jugend. Verfügung des Landeskirchenamtes vom 13. Januar 1964, in: Jugendarbeit in der Evangelischen Kirche von Westfalen. Materialsammlung. Hemer o.J. D.8
43. vgl. G.Czell, Evangelische Jugendarbeit in kirchlichen Strukturen, in: M.Affolderbach(Hrsg.), Praxisfeld: Kirchliche Jugendarbeit. Soziales Umfeld. Arbeits- und Lebensformen. Beiträge zur Konzeption. Gütersloh 1978, S.35 -54, S.43ff
44. vgl. A.Klönne, Romantik und Protest in Trümmerstädten-Erinnerung an Jugendgruppen und Politik in den Nachkriegsjahren, in: W.Breyvogel/H.Krüger(Hrsg.), a.a.O., S.140-151, S.142
45. vgl. W.Heller, Die Jugendfreizeitstätte Gahlen von 1948-1970, in: Evangelisches Jugendpfarramt (Hrsg.): Evangelische Jugendfreizeitstätte Gahlen 1948/1988 a.a.O., S.8-17, S.9
46. vgl. Centralausschuß für die Innere Mission der Deutschen Evangelischen Kirche (Hrsg.): Richtlinien für die Ferienerholung. Bethel 1956. Archiviert im Synodalarchiv Herne, Akte Jugend bis 1959

47. vgl. Ferienhilfswerk der Inneren Mission Westfalen. Regeln, Gesetze und Anregungen für Ferienhilfswerkfreizeiten. Archiviert im Synodalarchiv Herne, Akte Synodales Jugendpfarramt 1960
48. vgl. Evangelisches Jugendpfarramt (Hrsg.): Evangelische Jugendfreizeitstätte Gahlen 1948/ 1988, a.a.O.
49. Gespräch mit Robert Lux vom 14.02.1991
50. Gespräch mit Werner Richwin vom 08.02.1991
51. vgl. Synodalarchiv Herne, Akte Jugend bis 1959; Unsere Kirche 35/ 1957, S. 7 (Rubrik: Aus der Heimatkirche)
52. Arbeitsbericht für Mai 1959 von Oskar Westphal vom 29.05.1959. Archiviert im Synodalarchiv Herne, Akte Jugend bis 1959; vgl. auch die Mahnung von Walter Posth (Beobachtungen und Auswertungen einer Freizeitbesuchsreise, in: Mitarbeiterbrief 71/ 1965 S.1-6, S.4), daß eine Freizeit für berufstätige Jugendliche mit dem Jahresurlaub übereinstimmt und daher der Anspruch auf Erholung beachtet werden sollte.
53. Gespräch mit Ute und Ernst Schlotz, langjährigen Teilnehmern an Freizeiten von Pfarrer Richwin, vom 04.02.1991; Gespräch mit Pfarrer Richwin vom 08.02.1991

Die Gründung der Ruhr-Universität

Zu Beginn der 60er Jahre gab es einen heftigen Streit um den Standort der geplanten neuen Universität zwischen den Städten Dortmund, Bochum und Essen. Das schließlich die Standortwahl auf Bochum fiel, war nicht zuletzt dank der Mithilfe der Evangelischen Akademie Bochum geschehen, die als bedeutende kulturelle Institution eine starke Anziehungskraft auch auf Besucher aus anderen Revierstädten ausübte.

der "Gesellschaft der Freunde der Ruhr-Universität", Rudolf Krüsmann, eine wichtige Rolle.

Die Gründung der Ruhr-Universität Bochum im Jahr 1965

Neben der Ansiedlung des Opel-Zweigwerkes 1960 in Bochum, das als damals modernste Automobilfabrik mit rund 16.000

Abb. 109: Die erste Universität im Ruhrgebiet entsteht

Wichtig war, daß die Akademie auf verschiedene Großveranstaltungen zu wissenschaftlichen und kulturellen Themen hinweisen konnte. Durch die Gründung der "Gesellschaft der Freunde der Ruhr-Universität" sollte der Kampf der Revierstädte um den Standort abgebaut werden und eine gemeinsame Förderung des Projektes verwirklicht werden. Wichtig für die Gründung theologischer Fakultäten war unter anderem, daß es in Bochum durch die Mithilfe der Akademie gelang, einen Teil der Öffentlichkeit zugunsten theologischer Fakultäten zu mobilisieren. Hier spielte vor allem der Vorsitzende des Arbeitskreises Bochum der Evangelischen Akademie Westfalen und späterer Geschäftsführer

Beschäftigten geplant war, stellt die Gründung der Ruhr- Universität einen weiteren besonders für Bochum wichtigen Meilenstein des Strukturwandels Anfang der sechziger Jahre dar. Denn Gründung und Ausbau der Universität begleiteten den Prozeß des Wandels der Stadt Bochum, die nicht mehr nur auf Kohle und Stahl, sondern auf neue Industrie- und Wirtschaftszweige setzen mußte.[1] Bis zum Jahr 1962 waren schon sechs Zechen in Bochum stillgelegt worden,[2] 1973 wurde die letzte Bochumer Zeche geschlossen.[3]

Zur ersten Neugründung einer Universität in Nordrhein-Wesfalen nach dem Zweiten Weltkrieg kam es, weil die Studentenzahlen in den fünfziger Jahren sprunghaft angestiegen waren, die bestehenden Hochschulen in Köln, Bonn, Aachen und Münster waren überfüllt. Es bestand ein immer größer werdender Bedarf an qualifiziertem Nachwuchs. Die Angst, gegenüber anderen Ländern den Anschluß in der Forschung zu verlieren, man denke zum Beispiel an den Sputnikschock von 1957, führte im gleichen Jahr zur Gründung des Wissenschaftsrates, der die Maßnahmen des Bundes und der Länder zur Förderung der Wissenschaften koordinieren und Empfehlungen abgeben sollte, wie die zur Verfügung stehenden Haushaltsmittel von Bund und Ländern am sinnvollsten zu verwenden wären.

Im November 1960 empfahl der Wissenschaftsrat eine Universitätsneugründung im nordrhein-westfälischen Industriegebiet. Doch schon am 10.3.1960 hatte der Landtag des Landes Nordrhein-Westfalen Vorarbeitskosten für die Errichtung einer "Hochschule als wissenschaftliche Forschungs- und Lehrstätte im westfälischen Raum" in den Haushalt des Jahres 1960 aufgenommen. Diese ursprünglich als Technische Hochschule geplante Lehrstätte sollte im Ruhrgebiet beheimatet sein, weil es dort trotz der hohen Bevölkerungsdichte noch keine Hochschule gab. Das war vor allem darauf zurückzuführen, daß Kaiser Wilhelm II. angeordnet hatte, im Revier keine Universitäten zu gründen, damit es in der "Waffenschmiede des Reiches" keine Unruhen durch Studenten und ihre akademischen Lehrer gebe. Durch die Ansiedlung einer Universität in einem Industriegebiet wollte man in den 60er Jahren zudem insbesondere Arbeiterkindern den Zugang zu einer Hochschule eröffnen.

Da die Universität im westfälischen Teil des Ruhrgebiets errichtet werden sollte, sprach vieles dafür, Dortmund als Standort zu wählen, denn dort bemühte man sich schon seit den zwanziger Jahren um den Bau einer Universität. Außerdem sprach für Dortmund die gute verkehrsgeographische Lage, da die Stadt innerhalb des Schienennetzes mit allen Städten des Reviers direkt verbunden war. Im Herbst 1960 kam auch Bochum ins Gespräch als Standort der neu zu errichtenden Hochschule. So entspann sich bis zur endgültigen Entscheidung am 18.7.1961 im Düsseldorfer Landtag für Bochum ein regelrechter "Städtekampf". Für Bochum sprachen vor allem die Vorzüge des Querenburger Geländes, das groß genug für die zu errichtende Universität war und sich schon fast ganz im Besitz der Stadt befand.

Abb. 110: Grundsteinlegung mit OB Heinemann

Wichtig war ferner die Mithilfe der Evangelischen Akademie Bochum.[4] Diese hatte zur damaligen Zeit über 2.000 Mitglieder und übte als bedeutende kulturelle Institution eine starke Anziehungskraft auch auf Besucher aus anderen Revierstädten aus. Zudem war die Akademie in der Bochumer Bevölkerung verankert, so daß die vom Wissenschaftsrat veröffentlichte Empfehlung, eine wechselseitige, geistige und kulturelle Bereicherung zwischen Universität und Bevölkerung zu fördern,[5] gegeben war. Die Akademie konnte auf verschiedene Großveranstaltungen zu wissenschaftlichen und kulturellen Themen verweisen.

Die Evangelische Akademie Bochum hatte ebenso wie der evangelische Pfarrkonvent Bochum in dem "Städtekampf" Stellung bezogen, weil sich hartnäckig Gerüchte gehalten hatten, die Universität solle auf Wunsch des Ruhrbischofs Hengsbach in Bochum entstehen, der die Universität in seinem Bistumsbereich beheimatet wissen wolle. Bochum wurde in diesem Zusammenhang als katholische Vorstadt des Bischofsitzes Essen gehandelt. Diese Überlegungen sollten die evangelischen Landtagsabgeordneten bewegen, für Dortmund zu stimmen. Auch die Leitung der Evangelischen Kirche von Westfalen hatte am 23.11.1960 den Beschluß gefaßt, für Dortmund zu stimmen, diesen Beschluß aber später wieder zurückgenommen. Der Pfarrkonvent Bochum und die Evangelische Akademie Bochum verwahrten sich gegen jegliche konfessionellen Argumente bei der Diskussion um den Sitz der Universität und stellten klar, daß die Bevölkerung Bochums ebenso wie die Dortmunds überwiegend protestantisch war.[6]

Abb. 111: Große Beteiligung der Öffentlichkeit

Die Entscheidung für Bochum wurde nicht zuletzt durch seine Lage im "Herzen des Reviers" und die sich abzeichnende Bergbaukrise, die zuerst Bochum erfaßte, begünstigt. Der Vorsitzende der Evangelischen Akademie in Bochum, Rudolf Krüsmann, war es, der schon einen Tag nach der entscheidenden Landtagssitzung vom 18.7.1961 dazu aufrief, eine "Gesellschaft der Freunde der Ruhr-Universität Bochum" zu gründen.[7] Die enge Verzahnung von Evangelischer Akademie und Gesellschaft der Freunde wurde auch dadurch deutlich, daß die Akademie in der Anfangszeit Büroräume und Verwaltungskräfte für dieses Vorhaben bereitstellte. In dieser Gesellschaft waren zeitweilig über 2.800 Mitglieder aus dem gesamten Revier vertreten, die gemeinsam das Projekt Ruhr-Universität förderten.

Wichtiger für den Aufbau der Hochschule war der aus 17 Mitgliedern bestehende Gründungsausschuß unter dem Vorsitz von H. Wenke, der "Empfehlungen zum Aufbau der Universität Bochum" veröffentlichte. Leitgedanke beim Aufbau war die allseitige Verflechtung der wissenschaftlichen Disziplinen: Die einzelnen Abteilungen (achtzehn an der Zahl) wurden einander zugeordnet, um einen intensiven Forschungsaustausch zu ermöglichen. Die äußeren Voraussetzungen wollte man durch eine einheitliche räumliche Gestaltung der Universität schaffen.[8] Außerdem sollte die Universität besonders ausgerichtet sein auf die Bedürfnisse der Bevölkerung und der Wirtschaft des sich wandelnden Ruhrgebiets.

Schon am 30.6.1965 wurde die Universität eröffnet, der erste Rektor war der evangelische Theologe Greeven. Der Vorlesungsbetrieb begann im Wintersemester 1965/66. Lange Jahre blieb das Universitätsgelände noch die zwischenzeitlich größte Baustelle Europas. Ursprünglich für 10 -12.000 Studenten konzipiert, studieren im Wintersemester 1990/91 über 37.000 Studenten an der architektonisch einheitlich und überschaubar angelegten Universität.

Die Errichtung theologischer Abteilungen

Bei der Gründung der Universität in Bochum ging es zuerst einmal darum, die anderen überfüllten Hochschulen zu entlasten. So stand das Prinzip der "Nützlichkeit" und der Effektivität der Ausbildung im Mittelpunkt der Überlegungen. Darum waren auch in dem Strukturplan für die neue Universität, den der Kultusminister Schütz am 18.4.1961 dem nordrhein-westfälischen Landtag vorlegte, keine theologischen Fakultäten vorgesehen.

Das erste Votum für die Errichtung theologischer Fakultäten gab der evangelische Pfarrkonvent Bochum schon am 14.12.1960 ab. In dem Gutachten zur Kontroverse über den Standort der Ruhr-Universität heißt es unter Punkt V:

"1. Bemühung um eine theologische Fakultät: Die evangelische Kirche sollte sich ernstlich dafür einsetzen, daß die neue Universität, wo immer sie ihren Platz bekommt, eine volle theologische Fakultät erhält, um einerseits Abiturienten des Ruhrgebiets das Theologiestudium zu erleichtern und andererseits Studenten aus anderen Teilen Deutschlands die Möglichkeit zum Theologiestudium im Herzen des Ruhrgebiets und an diesem modernsten Typ der Universität zu geben. Dazu gehört auch, daß man jetzt schon Ausschau hält nach guten Professoren und Dozenten und rechtzeitig an einen geeigneten Studentenpfarrer denkt." [9]

Doch die beiden Kirchen erklärten dagegen, daß die bestehenden kirchlichen Hochschulen, Priesterseminare und Fakultäten zur Ausbildung der Theologen ausreichen. Allerdings sollte die volle Ausbildung von Religionspädagogen gewährleistet sein. Mitglieder der Kirchenleitung der Evangelischen Kirche von Westfalen haben sich in diesem Sinn gegenüber dem Kultusminister Schütz noch wenige Tage vor der ersten Sitzung des Gründungsausschusses am 15.9.1961 geäußert [10].

So wurde auf dieser Sitzung nicht über die Errichtung theologischer Fakultäten beraten. Allerdings bemerkte Kultusminister Schütz bei der Gelegenheit, es "sei ihm persönlich nicht ganz wohl zumute, da die theologischen Fakultäten grundsätzlich zum Bestand einer Universität gehörten" [11]. Dieses Argument, daß zum Bestand einer Universität grundsätzlich die Theologie gehöre, weil sie unverzichtbar sei, um den Einzeldisziplinen aus den Natur- und Geisteswissenschaften die Integration in die Universität zu ermöglichen, wurde von Prof. Antweiler in die Diskussion um die theologischen Fakultäten gebracht [12]. Darauf bezog sich J. Ritter in der zweiten Sitzung des Gründungsausschusses am 6.11.1961 und legte dar, daß die Theologie an der Universität auch vom Standpunkt der Forschung aus notwendig sei. So wurde beschlossen, je einen wissenschaftlichen Gutachter von beiden Konfessionen zur Frage der Errichtung theologischer Abteilungen an der neuen Universität zu hören. Es waren dies die beiden Münsteraner Professoren Ratschow und Volk.

Obwohl er die Wichtigkeit der Theologie an der Universität darlegte, hielt Ratschow, der Gutachter für die evangelische Seite, drei Lehrstühle für die Ausbildung der Religionslehrer für ausreichend, da ja für die Ausbildung von Pfarramtskandidaten genügend Ausbildungsstätten vorhanden seien [13]. Der katholische Gutacher Volk betonte dagegen die Notwendigkeit, vollständige theologische Fakultäten zu errichten, auch ohne Bedarf an einer neuen Ausbildungsstätte.

Nachdem sich schon der evangelische Pfarrkonvent Bochum für die Errichtung einer vollen theologischen Fakultät ausgesprochen hatte, und sich auch die Kirchenleitung der Westfälischen Landeskirche mehr und mehr dieser Meinung angeschlossen hatte, versuchte insbesondere die Evangelische Akademie Bochum diese Bestrebungen zu unterstützen. So wurde der Hannoversche Landesbischof Lilje gebeten, in einem öffentlichen Vortrag in Bochum am 19.2.1962 auch auf die Frage der theologischen Fakultäten einzugehen. In seinem Vortrag "Von der Freiheit des Geistes"[14] stellte Lilje die Notwendigkeit theologischer Fakultäten nicht so sehr von der Kirche - denn die kann ihre künftigen Prediger auch an kirchlichen Hochschulen ausbilden - sondern von der Universität her dar, um eine wissenschaftliche Gesamtschau zu ermöglichen. Denn die Theologie muß die aufgesplitterten Wissenschaften zusammenfassen. Nur so ist die Universität wirklich Universität und nicht nur berufliche Ausbildungsstätte von Spezialisten. Denn das Gespräch, das eine Universität führen soll, "ist nicht vollständig, wenn nicht die Auseinandersetzung mit dem, was die Theologie ist, ständig geführt wird ..." [15]. Zudem stellte die Theologie noch in beispielhafter Art zweckfreies Studium dar.

Der Text dieser bischöflichen Rede wurde trotz technischer Schwierigkeiten umgehend den Mitgliedern des Gründungsausschusses zugeschickt, die sich vom 6.-8.3.1962 zu ihrer sechsten Sitzung trafen. Dort wurde dann die Errichtung zweier vollständiger theologischer Abteilungen beschlossen und es wurden die Berufungsausschüsse gebildet. Im Dezember 1962 legte der Gründungsausschuß eine Denkschrift "Empfehlungen zum Aufbau der Universität Bochum" vor. Hierin war, der klassischen Rangfolge der Fakultäten entsprechend, die Evangelische Theologie als Abteilung I und die Katholische Theologie als Abteilung II mit jeweils 15 Lehrstühlen vorgesehen. Somit ist Bochum die einzige Universitätsneugründung seit 1960, die eine evangelisch - theologische Abteilung erhalten hat, weil es gelang, einen Teil der Öffentlichkeit für die Errichtung theologischer Fakultäten zu mobilisieren. [16]

Die Evangelisch - theologische Abteilung

Die im März 1962 vom Gründungsausschuß gebildete Berufungskommission für Evangelische Theologie umfaßte fünf Mitglieder: J. Ritter, Professor für Philosophie in Münster, H. Coing, Professor für römisches Recht in Frankfurt und damals Präsident des Wissenschaftsrates, die evangelischen Theologen C.-H. Ratschow, G. Bornkamm und W. Schneemelcher, damals zugleich Vorsitzender des Theologischen Fakultätentages.

Die Berufungskommission hatte die Aufgabe, unter den Professoren und habilitierten Dozenten der evangelisch-theologischen Fakultäten die für die neue Universität geeigneten Kandidaten auszuwählen und über den Gründungsausschuß dem Minister vorzuschlagen. [17]

Abb. 112: 1. Rektor ist der Theologe Greeven

So konnte auch die Evangelische Theologie mit Beginn des ersten Bochumer Semesters im November 1965 mit vier Professoren, sechs Assistenten und etwa 30 Studenten ihre Arbeit aufnehmen. Da der Neutestamentler Greeven der erste Rektor der Ruhr-Universität war, standen für den Vorlesungsbetrieb nur die Professoren Hornig für die Systematische Theologie, Elliger für Kirchengeschichte und Grässer für das Neue Testament zur Verfügung. Dennoch konnten vom ersten Semester an schon in allen fünf Hauptdisziplinen Lehrveranstaltungen abgehalten werden, da Graf Reventlow im Alten Testament und J. Schreiber in Praktischer Theologie bereits Lehrveranstaltungen abhielten, obwohl beide ihre Ernennungsurkunde erst während des ersten Semesters in Bochum erhielten.

Der Ausbau der Evangelisch-theologischen Fakultät und damit auch die Ausbildungskapazität nahmen rasch zu. Es konnten neben den fünf klassischen Hauptdisziplinen auch besondere Lehrstühle eingerichtet werden:

Innerhalb der Systematischen Theologie ist der Lehrstuhl für Ökumenik einbezogen, die Praktische Theologie ist durch einen Lehrstuhl für Pastoralpsychiatrie ergänzt. Dem Verhältnis des Christentums zu den Weltreligionen ist der Lehrstuhl für die "Theologie der Religionsgeschichte" gewidmet. Die Situation im Ruhrgebiet nimmt in besonderer Weise der Lehrstuhl für Christliche Gesellschaftslehre auf. Dieser wurde 1972 eingerichtet und bezieht die Theologie auf die gesellschaftliche Situation unserer Gegenwart und der Sozialethik besonders im Bereich des Ruhrgebiets. So gehören die Probleme der industriellen Arbeitswelt, die Erforschung des Verhältnisses der Kirchen zu sozialen Fragen dieser Region und Kontakte zu den Gewerkschaften, Unternehmern und Betriebsräten der großen Werke und zur kirchlichen Sozialarbeit zur Arbeit dieses Lehrstuhls.

Joachim Waltemate

1. Laut dem Jahrbuch des Amtes für Statistik, Stadtforschung und Wahlen der Stadt Bochum bot die Ruhr-Universität mit den Fachhochschulen im Jahr 1989 7.400 Personen eine Arbeitsstelle. Rechnet man dazu noch die Zulieferer-Betriebe kommt man auf rund 14.000 Arbeitsplätze, die durch die Hochschulen in Bochum geschaffen worden sind.
2. Es waren dies die Zechen Prinz-Regent (1960), Friedlicher Nachbar (1961), Engelsburg (1961), Bruchstraße (1961), Klosterbusch (1961) und Mansfeld (1962).
3. Es war dies die Zeche Hannover-Hannibal.
4. Vgl. den damaligen Staatssekretär im Kultusministerium L. Adenauer , in: Materialien zur Geschichte der Ruhr-Universität Bochum. Die Entscheidung für Bochum, hrsg. v. der Gesellschaft der Freunde der RUB, Bochum 1971, S. 23
5. In den Empfehlungen des Wissenschaftsrates zum Ausbau der wissenschaftlichen Einrichtungen, die im November 1960 vorgelegt wurden, heißt es zur Wahl des Standortes einer Neugründung auf S. 56: "Die Aufnahme einer Hochschule in den Bereich einer Gemeinde hat eine Bereicherung des geistigen und kulturellen Lebens zur Folge. Diese Bereicherung sollte aber eine wechselseitige sein."
6. Vgl. hierzu besonders den damaligen Superintendenten Brühmann in den Materialien ,a.a.O. und R. Krümann, Die Gründungszeit der Ruhr-Universität Bochum Vom Hader zum Freundeskreis, Bochum 1971
7. Dieser Aufruf ist abgedruckt in den Materialien ,a.a.O., S. 107
8. Vgl. Empfehlungen zum Aufbau der Universität Bochum. Denkschrift des Gründungsausschusses, Dezember 1962, S. 6-9
9. Dieses Gutachten des Pfarrkonvents Bochum vom 14.12.1960 ist zu finden im Universitätsarchiv Bochum unter dem Aktenzeichen 007 - Sammlung Krüsmann - Band I, h.
10. Vgl. W. Huber , Kirche und Öffentlichkeit, Stuttgart 1973, S. 352
11. Die Sitzungsprotokolle des Gründungsausschusses sind im Universitätsarchiv nicht mehr vorhanden, da sie wahrscheinlich bei einem Brand vernichtet wurden. Dieses Zitat wurde übernommen von S. Herrmann/L. Hödl, in: Materialien , a.a.O., S. 75
12. Vgl. A. Antweiler, Universität ohne Theologie?, in: Rheinischer Merkur vom 3.11.1961
13. 1961/62
14. Eine autorisierte Fassung der Rede von H. Lilje vom 19.2.1962 vor der Evangelischen Akademie Westfalen, Arbeitskreis Bochum ist zu finden im Universitätsarchiv unter dem Aktenzeichen 007 - Sammlung Krüsmann - Band I, k
15. A.a.O., S. 15
16. Vgl. hierzu auch W. Huber, a.a.O., S. 358f
17. Zu der Arbeit und der wechselnden Zusammensetzung der Kommission vgl. G.Hornig, Rückblick auf die Entstehung der Evangelisch-Theologischen Abteilung an der Ruhr-Universität Bochum, in: Jahrbuch Ruhr-Universität 1986, S.25-35

Die Bochumer "Eheschule"

Im Jahr 1957 erhielten die Kirchengemeinden einen Aufruf der Westfälischen Landeskirche, Kurse für Verlobte einzurichten.

In einer Zeit, in der im Kirchenkreis Bochum seelsorgerliche Fragestellungen diskutiert wurden, ist die Idee des Krankenhausseelsorgers im Kirchenkreis Bochum, Alfred Ziegner, lockere Gesprächskreise zu Ehefragen zu veranstalten, aufgenommen worden. Superintendent Robert Bach beauftragte Alfred Ziegner für den Kirchenkreis Bochum, Verlobten- und Eheseminare einzurichten.[1]

In einer ersten Veranstaltung besprachen Alfred Ziegner und 32 Gäste im christlichen Hospiz[2] die Ziele und Inhalte, die zu dem zukünftigen Programm der Eheschule zu berücksichtigen waren.[3]

Abb. 113

Die Tonbandaufzeichnungen dieser und weiterer Veranstaltungen der Eheschule dienten dazu, die aktuellen Fragen zu Ehe und Familie festzulegen und daran orientiert, das Vortragsprogramm den Bedürfnissen der Zuhörer entsprechend zu gestalten. "Es fing erstaunlich lebendig an", beschreibt Alfred Ziegner den Auftakt der Eheschule im Arbeitsjahr 1957/58.[4]

Ohne über einen festen Raum oder einen Etat zu verfügen, sind im ersten Arbeitsjahr fünfzehn Gesprächsabende organisiert worden, an denen 600 Eheleute teilgenommen haben. Ferner konnten mit zwei Großveranstaltungen 1.100 Zuhörer erreicht werden.[5]

Die Eheschule ist bald darauf dem Bochumer Arbeitskreis der Evangelischen Akademie Westfalen angegliedert worden[6], wodurch ein großer Teil der Finanzierung gesichert wurde[7].

Damit hat die Eheschule als Bochumer Arbeitskreis für Ehe- und Familienfragen innerhalb der evangelischen Akademiearbeit einen Standort gefunden, durch den eine von den Strukturen der Kirchengemeinden unabhängige Arbeit unterstützt werden konnte.

Der damalige Geschäftsführer des Bochumer Arbeitskreises der Evangelischen Akademie Westfalen, Rudolf Krüsmann, konstatierte bezugnehmend auf die Eheschule: " Die "Gemeinden neuen Stils" sind im Etat einer Kirchengemeinde mit keinem Titel versehen", obwohl ihre Arbeit erfolgreich ist.[8]

Darüber hinaus ist es die Nutzung neuer Kommunikationsstrukturen innerhalb eines Kirchenkreises, die zunächst bei einigen Gemeindepfarrern auch zu Mißverständnissen und Konkurrenzgedanken führten.[9] Aber gerade diese Idee, aus der Kirchengemeinde herauszugehen und nach dem Motto der Bochumer Akademiearbeit das "Gespräch zwischen Kirche und Welt" an einem Ort zu eröffnen, der ohne kirchlichen Charakter "den vorurteilslosen mitmenschlichen Gedankenaustausch"[10] erst möglich macht, gehörte zu den Grundlagen der Arbeit der Eheschule. Zum Symbol für die Atmosphäre, in der Eheschüler sich den Sachthemen stellten, ist das Bahnhofscafe im damals neu erbauten Bochumer Hauptbahnhof geworden. Nachdem zunächst unter Schwierigkeiten verschiedene Räumlichkeiten ausprobiert worden waren[11], hat die Eheschule in dem Cafe Edgar Haupt oberhalb des Bahnhofs für mehr als zwanzig Jahre ihren Sitz erhalten.[12]

Abb. 114: Alfred Ziegner

Veranstaltungen zu innerfamiliären und zwischenmenschlichen Problemfeldern in ein modernes und durch seine zentrale Lage gut zu erreichendes Cafe zu verlegen, bewirkte, daß ein breites Publikum angesprochen wurde, und daß dieses Publikum auch angeregt werden konnte, sich bezüglich der vorgestellten Themen auf eine Diskussion einzulassen. Dabei wurde die Anzahl der Zuhörer in jedem Jahr größer und der Einzugsbereich, aus dem sich die Mitglieder der Eheschule rekrutierten, weitete sich auf andere Kirchenkreise aus.[13]

Jeden zweiten Mittwoch wurde ab 20 Uhr eine Veranstaltung angeboten. Diese wurde im Jahresprogramm der Eheschule[14], für Mitglieder der Evangelischen Akademie im Monats- beziehungsweise Zweimonatsprogramm der Akademie[15], in der Wochenzeitschrift "Unsere Kirche" und in den örtlichen Tageszeitungen angekündigt. Besonders die regelmäßige Vorstellung von Thema und Gastredner mit zeitweilig auch geleisteter Nachberichterstattung in den Tageszeitungen[16] erwirkte eine über den Rahmen kirchlicher Kommunikationsstrukturen herausgehende Öffentlichkeit. Nach Alfred Ziegners Vorstellungen sollten "Probleme, die Ernstfall werden können", in die Arbeit der Eheschule einbezogen werden, wobei sich Menschen aller sozialen Schichten, aller Altersstufen und aller Stadien der Ehe (verliebt, verlobt,...) ohne Rücksicht auf politische oder religiöse Herkunft eingeladen fühlen durften.[17]

Die durchschnittliche Anzahl der Teilnehmer bei den regelmäßigen Abenden der Eheschule stieg von hundert Gästen im Jahr 1959 über 120 im Jahr 1960 auf fast zweihundert 1961. Oft war das Bahnhofscafe nicht nur völlig belegt, wobei viele Zuhörer noch in Gängen und auf Treppenstufen stehen mußten, sondern so überfüllt, daß der Veranstalter etliche Gäste wieder nach Hause schicken mußte.[18]

Prominente Gastredner erhöhen die Attraktivität

Eine Voraussetzung für den Publikumszuspruch war es, nicht nur zeitgemäße Themen anzubieten, sondern auch prominente Gastredner zu verpflichten, mit denen neue Möglichkeiten, ein Thema zu präsentieren, ausprobiert wurden.

Alfred Ziegner konnte Adolf Sommerauer erstmals für den 12. Oktober 1960 zu einer Veranstaltung mit dem Titel "Die Hälfte allen Elends: Liebe" gewinnen.[19] Adolf Sommerauer war zunächst durch die Hörfunk-Sendereihe "Fragen und Antworten" im Bayerischen Rundfunk bekannt geworden, in der er die Form der Briefseelsorge für ein audiovisuelles Medium nutzbar gemacht hat.[20] Mit der Sendung "Pfarrer Sommerauer antwortet" des Zweiten Deutschen Fernsehens hat er diese Stilform auch im Fernsehen etabliert.[21]

Die Kabarettisten Lore und Kay Lorentz vom Düsseldorfer Kom(m)ödchen waren ebenfalls Gäste der Eheschule. Im April 1962 lautete der Beitrag von Lore Lorentz "Der Mann in der Sicht der Frau"[22] und im Oktober 1963 wurde das Pendant von Kay Lorentz unter dem Titel "Die Frau in der Sicht des Mannes" in der Eheschule präsentiert.[23]

sechs Abenden den zeitgemäßen Stil einer geselligen Freizeitgestaltung kennenlernen.[25] Als Angebot einer praktischen Erprobung der Geselligkeitsformen wurden mehrere Feste unter dem Titel "Spiel und Bewegung im Tanz" gefeiert.[26]

Die Eheschule hat in einer breiten Öffentlichkeit auch die Probleme alltäglicher zwischenmenschlicher Beziehungen ins Gespräch gebracht, die Ende der 50er Jahre gemeinhin nicht ausgesprochen wurden. Das Publikum war somit auch daran interessiert, zu erfahren, wie man darüber reden kann.

Abb. 115: Adolf Sommerauer zu Gast in der Eheschule

Diese publikumswirksamen Höhepunkte innerhalb des laufenden Programms mußten in größere Räumlichkeiten verlegt werden. Darüber hinaus wurde die Eheschule durch ihre Popularität wiederum vom Fernsehen entdeckt und eine erste Produktion entstand über den Zeitraum vom Oktober bis zum Dezember 1964.[24]

Neben diesem öffentlichen Programm der Eheschule begann 1961 unter Werner Platzek die Errichtung von Ehepaarkursen mit der Bezeichnung "Neue Formen der Geselligkeit". Je fünfzehn Paare sollten an fünf bis

Die Beiträge der rund fünfzig Referenten, von denen zwanzig kontinuierlich für die Eheschule arbeiteten, boten beispielsweise Informationen zu Fragen der Gestaltung einer partnerschaftlichen Ehe, zur Berufstätigkeit von Frauen, zu Sexualität, Aufklärung und Scham, zu Scheidung, Gewalt in der Ehe, zu Kinderlosigkeit und Geburtshilfe, zu Ehe im Alter ebenso wie zur Pubertät.[27] Menschen, die bewußt ihre Partnerschaft gestalten wollten und ihre Form der Kindererziehung als Lernprozeß begriffen hatten, gehörten ebenso zu den Eheschülern, wie in Kirchengemeinden ehrenamtlich mitarbeitende Eheleute, die sich deshalb informieren wollten, weil jeder von ihnen als "Multiplikator" auf Fragen in seinem sozialen Umfeld gut informiert reagieren wollte.[28] Damit diente die Eheschule einer präventiven Funktion, nämlich dem Konfliktfall durch Information und rechtzeitige Aussprache vorzubeugen.

Individuelle Beratung

Schließlich boten die Veranstaltungen aber auch den Ausgangspunkt dafür, daß Zuhörer aus Anlaß des Vortrags ihre bestehenden eigenen Probleme erkennen und benennen lernten. Dem häufig von Teilnehmern nach dem öffentlichen Programm vorgetragenen Wunsch nach einer Aussprache unter vier Augen, ist die Eheschule bald nachgekommen. Es wurde ein Vertrauensteam gebildet, dem 1959 ein Psychologe, ein Psychotherapeut, ein Frauenarzt, eine Hebamme, eine Hausfrau, ein Rechtsanwalt und ein Pfarrer angehörten. Nach den jeweiligen Veranstaltungen konnten die Zuhörer ihre vertraulichen Mitteilungen Alfred Ziegner geben, der sie dann dem jeweiligen für das benannte Problem geeigneten Mitarbeiter des Vertrauensteams übermittelte.[29]

Zum einen handelte es sich bei der persönlichen Beratung um oft einmalige Telefongespräche oder um briefliche Seelsorge, zum anderen um eine langfristige Betreuung.[31] Dabei hat Alfred Ziegner das Prinzip verfolgt, seinen festen Standpunkt als evangelischer Seelsorger ins Gespräch zu bringen.[32] Die Beratungen sollten unbürokratisch und von festen Zeiten unabhängig nach den Bedürfnissen der Ratsuchenden gestaltet werden und weder auf Menschen des Heimatkirchenkreises, noch überhaupt auf evangelische Eheleute beschränkt werden.[33]

Christine Schönebeck

1. Vgl. Synodalarchiv Bochum, Akte 335-3; Gespräch mit Superintendent Wolfgang Werbeck vom 21.1.1991
2. Das ist das heutige Gästehaus der Ruhr-Universität Bochum
3. Vgl. epd Ruhr vom 6.1.1982, S. 4
4. Gespräch mit Alfred Ziegner vom 5.1.1991
5. Vgl. Synodalarchiv Bochum, Akte 335-3
6. Der Bochumer Arbeitskreis der Evangelischen Akademie Westfalen ist 1953 eröffnet worden, nachdem Erfahrungen mit der 1948 gegründeten "Ev. Akademie Melanchthon", die von den Melanchthon Pfarrbezirken der Kirchengemeinde Wiemelhausen getragen wurde, gezeigt hatten, daß die Organisation solcher Vortragsreihen mit Aussprachen und breiter Öffentlichkeitswirkung besser auf einen "Groß-Bochumer Raum" bezogen werden sollten. Vgl. Schmidt, Wilhelm: Das war der Anfang, in: Welt im Prisma des Glaubens. 10 Jahre Evangelische Akademie Westfalen. Arbeitskreis Bochum e.V.. o.O., o.J., S. 6-8. S. 8
7. Vgl. Synodalarchiv Bochum, Akte 335-3
8. Vgl. Synodalarchiv Bochum, Akte 335-3, Schreiben von Rudolf Krüsmann vom 20.4.1991
9. Gespräch mit Alfred Ziegner vom 12.1.1991
10. Ziegner, Alfred: Gespräch zwischen Kirche und Welt. Evangelische Akademiearbeit und "Eheschule", in: Kreissynodalvorstand des Kirchenkreises Bochum (Hrsg.): Evangelische Kirche in Bochum, Frankfurt 1962, S. 80-83, S. 80
11. Vgl. Synodalarchiv Bochum, Akte 335-3
12. Nachdem das Bahnhofscafe von Edgar Haupt aufgegeben worden war, wurde die Eheschule noch zwei Jahre in der Bochumer Wirtschafts- und Verwaltungsakademie abgehalten (vgl. Gespräch mit Alfred Ziegner vom 5.1.1991)
13. Vgl. Synodalarchiv Bochum, Akte 335-3; Gespräch mit Alfred Ziegner vom 5.1.1991
14. Mehrere Jahresprogramme befinden sich im Synodalarchiv Bochum, Akte 335-3
15. Mit einem geringen Jahresbeitrag, der für die Mitgliedschaft im Bochumer Arbeitskreis der Evangelischen Akademie entrichtet wurde, war gleichzeitig die Mitgliedschaft in der Eheschule gegeben.
16. Gespräch mit Alfred Ziegner vom 5.1.1991
17. Dieses Vorhaben galt auch für die Arbeit der Bochumer Akademie insgesamt, so daß Alfred Ziegner die Grundzüge der Eheschule in einem Anmeldeformular für die Evangelische Akademie als "Modell einer Evangelischen Akademie 'en miniature'" beschreibt
18. Vgl. Schreiben von Rolf Krüsmann vom 20.4.1961, S. 2., archiviert im Synodalarchiv Bochum, Akte 335-3
19. Vgl. Programmübersicht der Bochumer Akademie in: Welt im Prisma des Glaubens. 10 Jahre Evangelische Akademie Westfalen. Arbeitskreis Bochum eV.. o.O., o.J., S. 52

20. Ein Beispiel einer Sendung ist abgedruckt als: Sommerauer, Adolf: Fragen und Antworten, in: Meyenn, Hans-Werner von/ Prager, Gerhard (Hrsg.): Jahrbuch der christlichen Rundfunkarbeit 1958. Witten 1958, S. 64-72
21. Vgl. Sommerauer, Adolf: Antworten, in: Breit, Herbert/ Höhne, Wolfgang (Hrsg.): Die provozierte Kirche. Überlegungen zum Thema Kirche und Publizistik. München 1968, S. 211-216
22. Vgl. Welt im Prisma des Glaubens a.a.O., S. 51
23. Vgl. Ergänzungen der Jubiläumsschrift 1953/1963: Welt im Prisma des Glaubens. Gesamtverzeichnis der Veranstaltungen vom Oktober 1963 bis einschließlich Juni 1965. o.O., o.J., S. 76
24. Vgl. Synodalarchiv Bochum, Akte 335-3, besonders das Protokoll der Mitarbeiterbesprechung des Arbeitskreises für Ehe- und Familienfragen vom 27.6.1963, S. 2f
25. Vgl. Anmeldeformular für diese Kurse aus dem Jahr 1961 im Synodalarchiv Bochum, Akte 335-3
26. Vgl. Welt im Prisma des Glaubens a.a.O., S. 53; Gespräch mit Alfred Ziegner vom 5.1.1991
27. Gespräch mit Alfred Ziegner vom 5.1.1991; Veranstaltungsprogramm im Synodalarchiv Bochum, Akte 335-3
28. Vgl. Dörre, Hildegard: 25 Jahre Eheschule, in: Westfälische Rundschau, Rundschau-Wochenend vom 30.1.1982)
29. Vgl. Manuskript von Hans Heinz Pollack vom 4.8.1959, S. 2, archiviert im Synodalarchiv Bochum, Akte 335-3
30. Gespräch mit Alfred Ziegner vom 5.1.1991
31. Vgl. den Tätigkeitsbericht von Alfred Ziegner ab Juni 1973 über die Beratungsstelle des Bochumer Arbeitskreises für Ehe- und Familienfragen im Privatbesitz Ziegners
32. Gespräch mit Alfred Ziegner vom 12.1.1991
33. Vgl. den Tätigkeitsbericht Ziegners a.a.O., S.1; Beratungsstatistik von Januar 1971 bis Juni 1973 im Privatbesitz Ziegners

4.9

Zeichen des Umbruchs

Alles ist erlaubt, aber nicht alles dient zum Guten 1. Kor. 20, 23

Neuorientierungen in Kirche und Gesellschaft

Ein weitgehender Konsens besteht in der Zeitgeschichtsforschung darin, die Mitte der 60er Jahre als eine Epochenzäsur zu verstehen. Dies gilt auch für den kirchlichen Bereich, wo seit dieser Zeit in starkem Maße neue Orientierungs- und Handlungsmuster entwickelt worden sind.

Der kulturelle Umbruch jener Jahre ist eng mit dem Entstehen der außerparlamentarischen Opposition (APO) und der Studentenrevolte verbunden. Nach einer Phase intellektueller Opposition ohne organisierte Gruppenbildung waren es insbesondere die Diskussionen um die Notstandsgesetzgebung sowie das Entstehen der großen Koalition im Jahr 1966, die zur Formierung der APO beitrugen. Die APO beklagte den Verlust demokratischer Willensbildung in der Bundesrepublik und verstand die eigenen Aktivitäten vor allem als Reaktion auf das Versagen der Parteien. Zunächst durch Protestaufrufe, Manifeste und Unterschriftenlisten, später vor allem durch große Massendemonstrationen versuchte man, die eigene Kritik an autoritären Entwicklungen zum Ausdruck zu bringen. Den Parteien wurde vorgeworfen, allein mit der Festigung und Erweiterung ihrer Machtpositionen beschäftigt zu sein, während selbst Parteimitglieder kaum noch Gelegenheit finden, auf politische Sachfragen einzuwirken.[1]

Im weiteren Verlauf der Proteste wurden immer mehr die Studenten/innen zu den Vorreitern der Gesellschaftskritik: "Die studentischen Proteste bringen oft genug erst zu Bewußtsein, was die offiziellen Instanzen absichtlich oder auch mit Vorsatz aus dem politischen Bewußtsein ihrer Bürger aussperren und vielleicht sogar aus ihrem eigenen Bewußtsein verdrängen."[2] Entzündete sich die Protestbewegung zunächst an dem noch recht antiquierten Hochschulwesen der sechziger Jahre, so verstanden die Studenten/innen ihre Forderung sehr bald in einem weiteren Rahmen: "Wir wollen autoritäre Herrschaftsformen in der Hochschule und in der Gesellschaft abbauen und hier wie dort Demokratie praktizieren!"[3]

Abb. 116b: Gegen die Notstandsgesetze

Eine neue Dimension bekamen die Auseinandersetzungen nach Ausschreitungen der Westberliner Polizei und der Erschießung des Studenten Benno Ohnesorg bei einer Anti-Schah-Demonstration am 2. Juni 1967. Durch dieses Ereignis wurden weite Kreise bisher unpolitischer Studenten/innen mobilisiert, zudem gewannen die Aktionen der APO an Militanz. Eng verknüpft waren diese politischen Auseinandersetzungen mit der Suche und Praktizierung neuer alternativer Lebensformen. Die Kritik galt hier insbesondere der autoritär geprägten Familienstruktur, die es durch "Kommunen" zu überwinden galt.

Auch die Theologiestudenten/innen waren bei diesen Protestaktionen in hohem Maße beteiligt. Der Theologe Ernst Lange charakterisierte sie im Jahr 1967 wie folgt: "So wächst gegenwärtig eine Generation von Kandidaten des Pfarramts nach, die dem Beruf, auf den sich ihr Studium bezieht, mit einer grundsätzlichen Kritik entgegensehen und die entschlossen sind, in diesem Beruf in einer

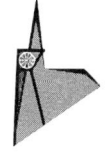

Art Dauerrebellion gegen eine überkommene Struktur zu handeln. Abgesehen vom Verkündigungsauftrag scheint ihnen zunächst einmal alles fragwürdig. Die Überlastung mit Verwaltungsaufgaben, der Papierkrieg, der Religionsunterricht, die Amtshandlungen, die Gemeindekreise, der Mangel an Privatleben, die selbstverständliche Vereinnahmung der Pfarrfrau, die Unbeweglichkeit der Gemeinden und besonders der Presbyterien und zuerst und zuletzt der Status des "Berufszeugen" als solcher, der fast automatisch in die Differenz zwischen amtlichem Handeln und persönlichem Zeugnis, zwischen Berufsanspruch und Berufswirklichkeit gerät."[4]

Obwohl die Ruhr-Universtiät Bochum gerade erst gegründet war, spielten die Bochumer Theologiestudenten hier bereits eine wichtige Rolle. Sie konstituierten sich als "Kollektiv 17 (Bochum)" und traten auf den sogenannten "Celler Konferenzen" mit radikalen kirchenkritischen Thesen hervor. Auf der ersten "Celler Konferenz" von 1968 kritisierten die Bochumer insbesondere die autoritären und bürokratischen Strukturen der Kirche, die Versuche einer kritischen Theoriebildung verhindern. Den Kirchenleitungen und Professoren warf man ein starres Festhalten an ihrer irrelevanten Theologie vor. Demgegenüber sei es möglich, die Pfarrer zu radikalisieren, "wenn man sie bei Amtshandlungen und den Seelsorgeproblemen behaftet."[5] Gerade hier werde die Unangemessenheit kirchlich theologischer Versuche deutlich und es gilt, ihnen eine praktische Alternative aufzuzeigen. Gemeint war hier in erster Linie die Umsetzung psychologischer und soziologischer Erkenntnisse. Auf der zweiten "Celler Konferenz" von 1969, die in Bochum stattfand, legte das Kollektiv 17 eine Weiterentwicklung seiner Thesen vor. Man stellte fest, daß die Kirche "als ein Veröffentlichungsinstrument generalisierender Ideologien so überflüssig geworden ist wie die politischen Parteien o.a.."[6] Die Funktion der Kirche nach dem vom Kollektiv 17 konstatierten Zusammenbruch der Theologie bestehe nun vor allem darin, Menschen in individuellen Lebenskrisen beizustehen sowie den noch nicht oder nicht mehr in den technokratischen Berufsprozeß integrierten Menschen beizustehen. In diesen Thesen sind sicherlich, trotz aller Einseitigkeiten und Verzerrungen, wichtige Beobachtungen verarbeitet, die Veränderungen der Rolle der Kirche in der Öffentlichkeit anzeigen.

Interessant ist die Atmosphäre, die diese Konferenzen prägte. Während der Celler Konferenz in Bochum zierte ein DIN A 1 großes Mao-Plakat die Stirnwand des Saales. Gerade auch unter den Theologiestudenten war die Lektüre der sogenannten Mao-Bibel üblich, einer systematisch geordneten Zusammenstellung von Zitaten Mao Zedongs. Die Konferenzen selbst waren geprägt von endlosen Theoriediskussionen, die nicht selten durchaus autoritär von wenigen Wortführern dominiert wurden.

Abb. 117: Die "Mao - Bibel"

Auch die universitären Lehrveranstaltungen wurden auf ähnliche Art und Weise zu Diskussionsveranstaltungen umfunktioniert. Aus Protest und auch aus Hilflosigkeit dieser Generation von Theologiestudenten gegenüber bat der Bochumer Kirchengeschichtler Walter Elliger um eine vorzeitige Versetzung in den Ruhestand. In einem offenen Brief an den Ministerpräsidenten des Landes Nordrhein-Westfalen vom 2. April 1970 brachte er seinen Widerspruch gegen die studentischen Versuche der Umgestaltung der Hochschulen zur politischen Universität zum Ausdruck: "Was ich in den beiden letzten Jahren hier erlebt habe, stellt die in der DDR gemachten Erfahrungen weit in den Schatten und läßt mich heute fast bereuen, dem Rufe an die Ruhr - Universität gefolgt zu sein."[7]

In einzelnen Fällen wurden auch Gemeindeveranstaltungen und Gottesdienste von Studenten/innen gestört oder es wurde der Versuch gemacht, mit Gottesdienstbesuchern und anderen Gemeindegliedern kritische Diskussionen zu führen. Insbesondere war natürlich die kirchliche Jugendarbeit durch diesen Umbruch betroffen. Es ist aufschlußreich zu sehen, wie sich die traditionelle Arbeit des Essener Weigle-Hauses (vgl. dazu auch 3.5) auf diese Situation eingestellt hat.

Abb. 118: Einladung zum 'Heaven - in'

"Heaven in" und APO - Die Jugendarbeit des Essener Weigle-Hauses zwischen Tradition und Neuaufbruch

Die Verantwortlichen der kirchlichen Jugendarbeit sahen es als ihre Aufgabe an, ihrerseit auf die Umbrüche in der Jugendkultur zu reagieren. Dementsprechend versuchte man, neue Formen zu entwickeln, um mit den Jugendlichen ins Gespräch zu kommen. Ein Beispiel hierfür ist das sogenannte "Heaven in", das zum ersten Mal im November 1968 in Essen stattfand. Veranstalter waren die evangelische Jugendallianz Essen, der CVJM und das Weigle-Haus. Für die erste Veranstaltung mieteten sie den Grand-Film Palast in Essen, ein damals regelrecht verrufenes Kino in der nördlichen Innenstadt. Auf den Flugblättern, die als Einladung verteilt wurden, heißt es:

"Glauben Sie,
-daß wir alle in den Himmel kommen?
　Wir auch nicht!
-daß der Himmel oben ist?
　Wir auch nicht!
-daß Gott schon längst gestorben ist?
　Wir auch nicht!
Deshalb laden wir Sie herzlich ein: Wenn Sie zwischen 14 und 30 sind. Wenn Sie tolerant genug sind, sich einen Pfarrer anzuhören. Wenn Sie mit uns nach den Veranstaltungen reden wollen. Offene Fragen - offene Antworten."

Bereits bei der ersten Veranstaltung erschienen eine mit Megaphon ausgerüstete Abordnung vom Burggymnasium Essen sowie eine Rocker-Gruppe, die die Abende störten. Pastor Vollmer schaffte mit knapp 7 Minuten seine längste zusammenhängende Rede während dieser Veranstaltungen. Wie schon das Plenum heftig gestört wurde, so ging es auch bei den anschließenden Diskussionen hoch her. Im nahegelegenen Gemeindehaus der Essener Altstadtgemeinde, das hoffnungslos überfüllt war, wurde zwischen 21 Uhr und 1 Uhr nachts um die Bedeutung der Religionskritik von Marx, Feuerbach und Freud gestritten. Die offene Diskussion wurde das beherrschende Stilmittel, die kritische Nachfrage war radikal. Dem damaligen Jugendpfarrer des Weigle-Hauses, Ulrich Parzany, war es wichtig, daß junge Christen im Rahmen dieser ideologischen Auseinandersetzungen sich als gesprächsfähig erwiesen. Dementsprechend standen mehrmals beim "Schülermeeting" die Theorien von Freud und Feuerbach auf dem Programm.

In diesem Zusammenhang wurden auch die "Offenen Mitwochabende (OMA)" eingeführt. Hiermit schuf man einen neuen Stil der Jugendarbeit nach außen und bewies die Bereitschaft, sich kritischen Einwänden zu stellen.Fragen nach dem gesellschaftlichen Engagement von Christen, sowie die Themen soziale Gerechtigkeit, Emanzipation, Gesellschaftsveränderung und Wohngemeinschaften beherrschten diese Diskussionen. Allerdings war, wie Ulrich Parzany im Rückblick feststellt, der Kern der politisch Bewußten relativ klein, trotz der allgemein großen Aufmerksamkeit für die oben genannten Themen. Die "68er" waren nicht unbedingt repräsentativ für ihre Generation. Nach wie vor gab es auch bei vielen Jugendlichen ein großes Desinteresse an sozialen und politischen Fragen sowie eine nur geringe Bereitschaft zum Engagement.

Neben diesem Versuch, sich mit politisierten Schülern und Studenten auseinanderzusetzen, bedeutete die in Amerika entstandene Bewegung der "Jesus People" eine neue Herausforderung für die Arbeit des Weigle-Hauses. Die Jesus-People verbanden eine radikale Gesellschaftskritik mit einem starken missionarischen Engagement. Durch Beiträge in den Medien entstand eine breite Welle der Sympathie. Viele Jugendliche in Essen fühlten sich von dieser Frömmigkeitsform angezogen und es entstanden schnell "Jesus People"-Gruppen. Der Zusammenhalt dieser Gruppen war oft nur recht gering.

Immerhin gelang es, auf diese Art und Weise, neue Gruppen von Jugendlichen zu gewinnen. Pfarrer Parzany erinnert sich in diesem Zusammenhang: "Da liefen Leute mit der Aufschrift auf dem Parka: "Jesus lebt!" herum, wo der Typ noch gar nicht glaubte, was sein Parka schon demonstrierte."[9]

Abb. 119: 'Jesus - Zellen - Presse'

Auch die charismatisch-sektiererische Gruppe der "Children of God" deren Interesse zunächst der Arbeit an Drogenabhängigen galt, versuchte, einen Einfluß auf das Weigle-Haus auszuüben. Bei einer offenen Diskussionsveranstaltung im großen Saal des Weigle-Hauses kam es einmal zu einer scharfen Kontroverse zwischen Mitgliedern der "Children of God" und der APO, die beinahe zu Handgreiflichkeiten geführt hätte. Recht bald entwickelten sich die "Children of God" zu einer äußerst gefährlichen Jugendsekte. Die Mitarbeiter des Weigle-Hauses standen vor der Aufgabe, Jugendliche, die von dieser

211

Gruppe beeindruckt waren, vor dem Abgleiten in diese Bewegung zu schützen.

Aus diesen verschiedenen Ansätzen heraus entwickelte sich zu Beginn der 70er Jahre eine neue jugendmissionarische Bewegung. Es begann die Zeit der sogenannten "Dachkammer-Kirchen" die stark charismatisch und der Amtskirche gegenüber kritisch eingestellt waren. Daneben entwickelte sich eine eigene Musikszene. Nach den neueren geistlichen Liedern der 60er Jahre wurden nun in kleineren Gruppen eigene Texte mit zeitgemäßer musikalischer Form entwickelt.

Um diesem geistlichen Aufbruch ein Profil zu geben, engagierten sich die Mitarbeiter des Weigle-Hauses bei der Vorbereitung zum "Christival 76". Dieses christliche Festival sollte die verschiedenen neuen geistlichen Bewegungen zusammenführen und zu einer Klärung der Ansätze und der weiteren Arbeit beitragen. Durch die Beteiligung an diesem Projekt konnte das Weigle-Haus gerade auch mit solchen Jugendlichen in Kontakt kommen, die man sonst wohl kaum erreicht hätte.

Neben all diesen Versuchen, auf den mit der Studentenrevolte verbundenen Umbruch zu reagieren, blieben die bewährten Grundsätze der Weigle-Haus Arbeit weiterhin bestehen. Nach wie vor wurden die Jugendlichen besucht und eingeladen, es wurden altersgemäße Gruppen aufgebaut und man versuchte, ihnen Freundschaft und Lebensgemeinschaft zu bieten. Nach wie vor erwies sich der Sport als eine wichtige Chance, solche Jungen zu erreichen, mit denen nicht in erster Linie gesprächs- und themenorientiert zu arbeiten ist.

Im Rückblick bewertet Ulrich Parzany die frühen 70er Jahre als eine Zeit der Klärung der Konzepte von Jugendarbeit im Weigle-Haus. Als wesentliche Aspekte benennt er ein klares missionarisches Ziel und eine methodische Weite der Arbeit. Dies gelte es unter den jeweiligen Bedingungen in der Jugendarbeit stets neu zu verwirklichen.

Traugott Jähnichen/Martin Limberg

1. Vgl. R. Seeliger, Die außerparlamentarische Opposition, München 1968, S. 15ff
2. Vortrag von Jürgen Habermas während des Kongresses "Bedingungen und Organisation des Widerstandes, Voltaire - Flugschrift 12, Berlin 1967
3. K. Nevermann, zitiert nach R. Seliger, a.a.O., S. 71f
4. E. Lange, Der Dienst am Wort in der Gemeinde heute, Witten 1967, S. 31
5. Die Radikalisierung kirchlicher Funktionäre. Vom Kollektiv 17 (Bochum) vorgelegt auf der 1. Celler Konferenz 1968, in: Kreuz und Quer, Heft 5+6/1988, S. 53
6. Die funktionelle Stabilisierung der Kirche nach dem Zusammenbruch der Theologie. Vom Kollektiv 17 (Bochum) vorgelegt auf der 2. Celler Konferenz 1969, in: Kreuz und Quer, Heft 5+6/1988, S. 60
7. Zitiert nach: J Wallmann, In Memoriam - Worte der Erinnerung an Walter Elliger (gest. 23.5.1985), in: Jahrbuch Ruhr-Universität Bochum 1987, S. 94
8. Die folgenden Ausführungen stützen sich auf Archiv-Materialien des Weigle-Hauses und ein Gespräch von Diether Posser und Martin Limberg mit Ulrich Parzany am 29.11.1990 im CVJM Gießen
9. Gespräch mit Ulrich Parzany am 29.11.1990

Neue Formen des Gemeindelebens

Gottesdienste in neuer Gestalt

Im Verlauf der 60er Jahre rückte eine sinkende Gottesdienstbeteiligung in den Gemeinden stärker ins öffentliche Bewußtsein. Publikationen mit Hilfen für die Gottesdienstgestaltung greifen zum Teil diese Probleme auf und versuchen, Lösungsansätze vorzustellen. Es werden erste Versuche unternommen, mit Gottesdiensten in neuer Gestalt auf die Menschen zuzugehen.

Als ein erster Schritt der Veränderung werden Gottesdienste mit anderen Präsentationsformen angeregt. So wird beispielsweise erprobt, die traditionellen liturgischen Stücke sprachlich zu überarbeiten oder in der musikalischen Gestaltung dem Musikgeschmack der Zeit näher zu kommen.[1] Berücksichtigt wird auch die Erkenntnis, daß die einseitige Kommunikationssituation, insbesondere während einer Predigt, überdacht werden sollte. Der Gemeinde kann die Möglichkeit einer Reaktion gegeben werden, etwa mit Hilfe von Briefen, auf die eine Antwort im nächsten Gottesdienst erfolgt, oder durch das Angebot von Diskussionsveranstaltungen und Predigtnachgesprächen direkt nach dem Gottesdienst.[2]

Ferner kann der Gottesdienst durch Formen des Predigtgesprächs zum Ort von Diskussionen und Lernprozessen werden. Mit bestimmten Gottesdienstformen werden Bezüge zu den Problemen des Alltags gesucht, von denen die Gemeinde betroffen ist. Dazu wird nach Bedarf der Gottesdienstverlauf auf das Problem hin themenzentriert jeweils neu entwickelt. Ziel eines solchen Gottesdienstes ist es, ein gestelltes Thema den Gemeinde-

Abb. 120: Neue Gottesdienstformen werden erprobt

gliedern bewußt zu machen und biblische Problemlösungen vorzustellen. Handlungsmöglichkeiten können die Gottesdienstbesucher für sich selbst in Phasen der Stille überlegen oder etwa in Rollenspielen auch schon einüben.[3]

Im Anschluß an die Feststellung, daß der Hauptgottesdienst durch die Zusammensetzung seiner Besucher eigentlich schon den Charakter eines Sondergottesdienstes für alte Menschen und insbesondere für alte Frauen bekommen hatte, entsteht die Idee, dieser Gottesdienstform weitere Gottesdienstangebote für andere Zielgruppen beizustellen[4]. Eine dieser Zielgruppen sind Familien mit kleinen Kindern, die mit Familiengottesdiensten, die schon längere Zeit in der Praxis erprobt wurden, angesprochen werden sollen. Mit einer Form wurde das Ziel verfolgt, daß alle Familienmitglieder, auch Mütter mit Säuglingen, die Gelegenheit haben, zur gleichen Zeit Gottesdienst zu feiern. Da der Hauptgottesdienst unverändert auf die Bedürfnisse der Erwachsenen hin ausgestaltet wurde, sollten Kinder und Jugendliche zeitweise in anderen Räumen altersgemäß versorgt werden.[5] Die Kreuzkirche, eine Predigtstätte der Kirchengemeinde Ennepetal-Voerde, ist im Dezember 1960 in einer baulichen Konzeption der Gemeinde übergeben worden, die auf diese Bedürfnisse ganz gezielt Rücksicht nimmt. Der Gottesdienstraum wird durch einen Seiteneingang betreten, denn in seiner Verlängerung befindet sich ein weiterer Raum, der durch zwei Glasscheiben den Blickkontakt seiner Benutzer mit dem gottesdienstlichen Geschehen ermöglicht. Der Raum sollte ein Angebot für Mütter mit unruhigen Kleinkindern sein. Sie konnten so über die Lautsprecheranlage und durch die Scheiben den Gottesdienst verfolgen; die Gemeinde wurde jedoch nicht gestört, wenn die Kleinkinder ihrem Bewegungsdrang folgten, oder von den Müttern in ihren elementaren Bedürfnissen versorgt wurden.[6] Ein weiterer Gemeindesaal, im rechten Winkel an den Gottesdienstraum angebaut und über eine Schiebetür in direkte Verbindung zu bringen[7], ermöglicht entweder eine zeitweilige Vergrößerung des Gottesdienstraumes, oder bietet Gelegenheit, Kinder mit parallel zum Hauptgottesdienst stattfindenden Gottesdienstelementen kindgerecht zu versorgen. Während diese Form des Familiengottesdienstes mit anschließendem Zusammensein bis in die Nachmittagsstunden gerne von der Gemeinde angenommen wurde[8], hat sich das Angebot für Mütter mit kleinen Kindern nicht bewährt.

Bald reduzierte sich die Nutzung des Vorraums auf Taufanlässe, bei denen die Funktion eines Warteraums für die Mütter mit den Täuflingen im Vordergrund stand. Die Toleranz der Gemeinde gegenüber unruhigen Säuglingen ist mittlerweile so weit entwickelt, daß der Raum auch in dieser Funktion kaum noch in Anspruch genommen wird.[9]

Mit einer anderen Form des Familiengottesdienstes wird angeregt, sowohl in den Inhalten, wie auch in der Darbietung eine Gottesdienstfeier für junge Familien, die ihre Kinder mitbringen, zu entwickeln.[10]

Die Landessynode der Evangelischen Kirche von Westfalen hat 1972 den Gottesdienst als Thema des Proponendums vorgeschlagen. Im März 1973 wurde es allen Presbyterien, Kreissynoden und kirchlichen Arbeitsgruppen vorgelegt. Zur gleichen Zeit wurde auch in der Evangelischen Kirche im Rheinland ein Proponendum zum Thema Gottesdienst bearbeitet[11].

Das Augenmerk richtete sich in Westfalen auf die Frage, ob neue Formen des Gottesdienstes ausprobiert werden, wie ihre Möglichkeiten eingeschätzt werden und wie es gelingen kann, den Gottesdienst stärker auf den Alltag der Menschen hin zu entwickeln.[12]

Für die Behandlung der Fragen war dabei besonders der Maßstab wichtig, den das landeskirchliche Proponendum von 1947 gesetzt hatte, nach dem der Hauptgottesdienst

Zentrum des Gemeindelebens sein sollte. Nicht der Gottesdienst selbst stand also zur Debatte, sondern seine zeitgemäße Gestaltung in einem ansprechenden räumlichen und zeitlichen Rahmen.[13]

Die Stellungnahmen auf das Proponendum von 1973 lösten eine gewisse Überraschung aus, da veränderte Gottesdienstformen schon häufiger probiert worden waren als erwartet und weil diese, was die Teilnehmerzahlen angeht, auch sehr erfolgreich waren.[14] Schlagworte wie "Improvisation", "Provokation" und "Experiment", die die neuen Gottesdienste charakterisieren, zeigen, daß hiermit vor allem der Ausnahmefall gekennzeichnet wurde. Damit Gemeinden nicht an ihnen zerbrechen, wurde der Fortbestand eines Hauptgottesdienstes in modifiziertem Rahmen gefordert.[15] Die Synode Bochum[16] hat auf die positive Wirkung auf den Gottesdienstbesuch hingewiesen, die von zentral in Wohngebieten gelegenen Gemeindezentren ausgeht. Ferner wäre es auch wichtig, viele Gemeindeglieder aktiv an der Gottesdienstgestaltung zu beteiligen und Werbemittel einzusetzen, um auf besondere Gottesdienste aufmerksam zu machen.

Verschränkung von kirchlichem Handeln und sozialem Engagement

Mehr und mehr wurde seit Ende der 60er Jahre die Bedeutung sozialer Fragen für die Gemeindearbeit erkannt. Wenn soziale Probleme eine Gemeinde dominieren und deshalb für die Gemeindeglieder praktische Hilfen für den Alltag bereitgestellt werden müssen, entsteht die Notwendigkeit, auch das kirchliche Handeln auf diese Probleme hin auszurichten. Zwei Beispiele sollen hier vorgestellt werden. Zunächst wird das Konzept der Gemeinwesenarbeit in der Gemeinde Duisburg-Bruckhausen in seiner Auswirkung auf die Kindergottesdienstarbeit beschrieben, und danach soll die offene Jugendarbeit von zwei Gemeinden im Kirchenkreis Gelsenkirchen dargestellt werden.

Besonders drastisch stellte sich der Westfälischen Landessynode der Rückgang der Besucherzahlen des Kindergottesdienstes dar. Besuchszahlen von 1972 mit knapp 58.000 Kindern war ein Rückgang um 34 % in 4 Jahren vorausgegangen.[17]

Ein geringerer Kindergottesdienstbesuch und das Bewußtsein, daß viele der noch teilnehmenden Kinder lediglich des ungestörten Sonntagsvormittags ihrer Eltern wegen von zu Hause fortgeschickt wurden, setzte eine Diskussion um neue Formen und Inhalte in gang. Dabei rücken die Bedürfnisse der Kinder, etwa zu spielen und sich zu bewegen, ebenso ins Blickfeld[18] wie die gesellschaftlichen Veränderungen, etwa das Fernsehprogramm am Sonntagmorgen oder Freizeitaktivitäten der Familie im Zuge der wachsenden Mobilität.[19]

Kindergottesdienst in Duisburg - Bruckhausen

Ausgangspunkt für die Arbeit des Ende 1971 in die Gemeinde Duisburg-Bruckhausen eingeführten Pfarrers Michael Höhn sind die schlechten Lebensverhältnisse, die für viele Gemeindeglieder unerträglich sind. Die Bewohner des Stadtteils waren überwiegend in den direkt angrenzenden Produktionsstätten der August-Thyssen-Hütte beschäftigt. Dadurch, daß auch achtzig Prozent des Bruckhausener Grund und Bodens und mehr als die Hälfte des Wohnbestands dem Thyssen-Konzern und seinen Tochterfirmen gehörte, war eine Abhängigkeit der Menschen gegeben, die nicht nur auf ihr Arbeitsverhältnis beschränkt war.[20] Durch den massiven Zuzug sozial Schwacher, Obdachloser und kinderreicher Familien und einem Ausländeranteil von 30 %, sowie einem verfallenden Wohnbestand, stand Bruckhausen in dem Ruf, ein sterbender Stadtteil zu sein. Da zudem ganze

Straßenzüge planiert wurden, drängte sich die Vermutung auf, daß hier Platz für neue Produktionsstätten geschaffen werden sollte.

Die Menschen in einem Stadtteil, in dem 70 % der über sechzehnjährigen Jugendlichen schon mit dem Gesetz in Konflikt gekommen waren, litten in dieser Zeit unter dem Verlust einer Zukunftsperspektive.[21]

aus dem Kindergottesdienst stellte sich im Sinne einer solchen Gemeinwesensarbeit die Aufgabe, Informationen über die sozial benachteiligten Menschen bereitzustellen und das Interesse der Betroffenen dafür zu wecken, sich mit den eigenen Lebensbedingungen auseinanderzusetzen und nach Veränderungen zu suchen.[22]

Abb. 121: Bruckhausen - Ein von der Industrie geprägter Stadtteil

Als Aufgabe der Kirchengemeinde konnte entweder eine fürsorgende Begleitung der Menschen mit Hilfestellungen für den Einzelnen in Angriff genommen werden, oder - und dies ist in Bruckhausen bis hin zur Gründung einer Bürgerinitiative erfolgreich geschehen - es konnten Anstöße gegeben werde, die der Gruppe benachteiligter Menschen helfen, sich für eine grundlegende Veränderung ihrer Lebenswirklichkeit einzusetzen. Michael Höhn und seinen Mitarbeitern

Ziel sollte sein, die schlechten Lebensverhältnisse nicht als persönliches Versagen zu empfinden, sondern das Selbstwertgefühl wiederzugewinnen und eigenverantwortliches Handeln im eigenen Interesse zu wecken. In Bruckhausen wurde das Bewußtsein für die Strukturen sozialer Benachteiligungen geschärft mit der Folge, daß "Druck auf kommunale Behörden, kirchliche Institutionen und auch die August Thyssen-Hütte ausgeübt" werden konnte.[23]

Dabei wurde auch die Arbeit des Kindergottesdienstes in die Ziele der Gemeinwesenarbeit mit einbezogen. Der Alltag der Kinder sollte bewußt im Kindergottesdienst zur Sprache kommen. Es ging darum, "Solidarität" einzuüben und ein "Instrumentarium der Kritik an gesellschaftlichen Mißständen" bereitzustellen.[24]

Im Kindergottesdienst kann den Kindern ein Angebot beispielsweise durch eine Textvorlage oder ein Lied gemacht werden, durch das den Kindern in verschlüsselter Form ein Spiegel vorgehalten wird. Die Kinder haben die Möglichkeit, ihre eigene Situation in verfremdeten Darbietungen wiederzuerkennen und besser zu verstehen. Ferner können den Kindern christliche Lösungsmöglichkeiten von Konflikten aufgezeigt werden. Dabei gilt es, die Besucher des Kindergottesdienstes dazu anzuregen, mit den ihnen eigenen Möglichkeiten des Gesprächs, des Spielens oder Malens Konflikte eigenständig zu bearbeiten.

Ziel des Prozesses ist es, die "unzulänglichen Lebensverhältnisse kritisch zu erkennen und gemeinsam sinnvoll umzugestalten."[25]

Projekte, die dann im Kindergottesdienst ihren Ausgang nahmen, wurden auch am Nachmittag fortgesetzt, und weil Impulse dieser Arbeit deutlich im Stadtteil spürbar waren, war der Kindergottesdienst bald überkonfessionell zusammengesetzt[26]. Ein Beispiel: Ein Kindergottesdiensthelferkreis, dem vorwiegend Konfirmanden angehörten, diskutierte regelmäßig die Situation der Kinder im Stadtteil, um deren Bedürfnisse zu erkennen. Ein Defizit wurde in den Spielmöglichkeiten für die Kinder in Bruckhausen gesehen. Wenn das Kind vor sein Wohnhaus trat, hatte es entweder den Straßenverkehr zu erwarten oder im Hinterhof Unrat, Ratten und Müllcontainer. Ein gut ausgestatteter Spielplatz stand in Bruckhausen nicht zur Verfügung. Gruppen von Kindern spielten in den zum Abbruch verlassenen baufälligen Häusern oder auf dem Bahndamm und auf Trümmergrundstücken. Aufgrund dieser Situationsanalyse werden Forderungen und Maßnahmen abgeleitet. So wird eine Verkehrserziehung durchgeführt, in der die Kindergottesdienstkinder mit primitiven Mitteln Situationen des Straßenverkehrs nachstellen. Der Wunsch nach einem Kinderspielplatz, der kommunikatives und kreatives Spielen ermöglicht, wird innerhalb der "Aktion Kinderspielplatz" artikuliert. Plakate dazu malen die Kinder im Kindergottesdienst, und ihre Forderung wird im Anschluß daran mit einem Demonstrationszug zum Ausdruck gebracht.[27]

In diesem Modell ist die Verschränkung von Gottesdienstpraxis und der Bezug zur Lebenswirklichkeit gelungen.

Häuser der Offenen Tür

Anfang der 70er Jahre wird das Defizit geeigneter Freizeitangebote für Jugendliche immer deutlicher. Gesellschaftliche Probleme und persönliche Krisen der Jugendlichen, wie Lehrstellenmangel, Arbeitslosigkeit, Alkohol- und Drogenmißbrauch, Kriminalität und Selbstmordgefährdung werden Gegenstand der öffentlichen Diskussion.[28]

Für die Kirchengemeinden ist es bedenk-

Abb. 122: Kein Spielplatz für Kinder

lich, daß gerade gefährdete Jugendliche am wenigsten mit dem Angebot von Gruppenarbeit, wie es üblicherweise von den Gemeinden ausgeht, erreicht werden. Diakonische Hilfe für Randgruppen unter den Jugendlichen wird zwar als christliche Aufgabe befürwortet, doch die konventionellen Gemeinden sind selten in der Lage, hier direkt aktiv zu werden.[29]

Das bedeutet, daß eine notwendige offene Jugendarbeit, die unverbindlich und absichtsfrei im Hinblick auf kirchliche Interessen ihre Angebote von den Bedürfnissen der Jugendlichen aus entwickelt, erst allmählich von den Gemeinden verwirklicht wird. Ein frühes Beispiel eines Hauses der Offenen Tür (HOT) stellt im Ruhrgebiet das Dietrich-Bonhoeffer-Haus der Lukas-Kirchengemeinde in Gelsenkirchen-Buer-Hassel dar. Es wurde bereits 1961 eröffnet, um Jugendliche aller Konfessionen aus ihrer Vereinzelung herauszuhelfen und zu selbstverantwortlicher Freizeitgestaltung anzuregen.[30]

Dabei war der Bedarf für eine solche Einrichtung schon deshalb gegeben, weil in den 50er Jahren im Stadtteil Hassel eine Bergarbeitersiedlung entstanden war, die lediglich den Wohn- und Schlafbedürfnissen, nicht aber den Kommunikationswünschen ihrer überwiegend von Umsiedlern und Flüchtlingen gebildeten Bewohner entsprach.[31] Die Aktivitäten dieser Kirchengemeinde bezogen sich direkt auf die Interessen der meist im Bergbau beschäftigten Menschen. Dem Beispiel anderer Pfarrer folgend, die die Lebenswirklichkeit der Bergarbeiter aus eigener Erfahrung verstehen wollten,[32] haben auch zwei Pfarrer der Lukasgemeinde durch Arbeitseinsätze unter Tage die Arbeitsbedingungen kennengelernt, die für ihre Gemeindeglieder bestimmend waren.[33] Mit der Arbeit des HOT wurde daraufhin in der Lukasgemeinde Anfang der 60er Jahre in ihrer Orientierung auf die Interessen der Jugendlichen vorweggenommen, was allgemein erst in den 70er Jahren für die Jugendarbeit charakteristisch wurde.[34]

Abb. 123: Verkehrserziehung im Kindergottesdienst

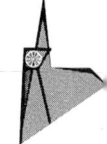

Als Erfolg kann gewertet werden, daß 1963 mehr als 400 Besucher täglich in der Jugendfreizeitstätte waren. Sie sollten mit einer Clubmitgliedskarte und der Entrichtung einer monatlichen Gebühr zu einer gewissen Regelmäßigkeit der Teilnahme gebracht werden. Es herrschte die Vorstellung, die Jugendlichen "den schädigenden Einflüssen der Straße und der Vergnügungsindustrie zu entziehen".[35]

Mit einer Integrationspädagogik der 60er Jahre wurde dann auch der Versuch unternommen, sozial auffällige Jugendgruppen, wie etwa Motorradrocker, einzubinden.[36]

Ein Wandel der pädagogischen Konzepte setzte ein, als die Leitung des HOT von akademisch ausgebildeten Pädagogen übernommen und die Jugendarbeit dann mit bewußt politischem Anspruch betrieben wurde. Ihre Toleranz gegenüber den Freizeitwünschen der Besucher, die die Akzeptanz auch aggressiven Verhaltens mit einschließt[37], beruhte auf dem Versuch, den Jugendlichen Autonomie zuzusprechen und ihnen Freiräume zu bieten, durch Mitbestimmung ihre Vorstellung von Freizeit durchzusetzen. Wenn in der Folge Phänomene wie die Zerstörung von Mobiliar, fest eingerichtete "Knutschecken" oder die ungewöhnliche offene Diskussion politischer Themen einem HOT einen aus bürgerlich etablierter Position heraus schlechten Ruf eintrugen, wenn deutlich wurde, daß Jugendarbeit durch Freiwilligkeit, Unverbindlichkeit und Ziellosigkeit geprägt war, verschärfte sich das Problem des Legitimationszwanges eines HOT vor den Vertretern der Kirchengemeinde als Träger der Einrichtung.[38] Dennoch kann in den 70er Jahren im Ruhrgebiet ein Ausbau der offenen Jugendarbeit betrieben werden.

Als Beispiel soll die Arbeit im HOT im Ludwig-Steil-Haus beschrieben werden. Mit dem Ludwig-Steil-Haus war Anfang der 50er Jahre ein Gemeindehaus für die Kirchengemeinde Wattenscheid gebaut worden. Der Souterrainbereich stand traditionell für Jugendarbeit zur Verfügung, die sich dann entsprechend den Richtlinien der Häuser der teiloffenen Tür herausbildete.[39]

Ende der 60er Jahre wurde deutlich, daß die Arbeit mit offenen Großgruppen schon deshalb unerläßlich war, weil hierdurch von den Jugendlichen die Kontakte geknüpft und Bedürfnisse ausgedrückt werden konnten, die dann in eine sinnvolle Spezialisierung der Arbeit innerhalb zeitlich begrenzter offener Hobbygruppen oder geschlossener Kursangebote und Bildungsseminare je nach Interesse münden konnten.[40]

Die Großgruppe als Basis der Jugendarbeit war ferner angemessen, um den im Einzugsbereich des Ludwig-Steil-Hauses lebenden Jugendlichen aus beengten Wohnverhältnissen Raum bereit zu stellen, in dem sie sich in ihrer Freizeit "von Eltern absetzen konnten, um ihre eigene Lebensgeschichte zu entwickeln".[41]

Darüber hinaus sollte bewirkt werden, daß sich drogen- und alkoholabhängige Jugendliche, Arbeitslose und Obdachlose nicht von vornherein ausgeschlossen fühlten. Auch ihre Bedürfnisse, etwa nach einem trockenen Aufenthaltsraum, sollten berücksichtigt werden. Hilfe für die konkreten Probleme des Einzelnen konnte daran anknüpfen.[42] Die jugendlichen Besucher wurden angeregt, in Eigeninitiative den Umbau des Ludwig-Steil-Hauses mitzutragen. Dadurch wurde im Mai 1971 in einem nunmehr vergrößerten Raum eine Diskothek eröffnet[43]. Weil das Ziel der Jugendarbeit mit "Emanzipation" umschrieben werden kann, wurde auch die Diskothek in den Verantwortungsbereich der Jugendlichen gestellt. Aus den Reihen der Besucher wurde jedes halbe Jahr ein Diskjockey gewählt, der sich, beraten von einem hauptamtlichen Mitarbeiter, dem schwierigen Prozeß einer Musikwahl nach dem Publikumsgeschmack stellte.[44] Ferner wurde der Versuch unternommen, in verschiedenen Gremien

5.2

Jugendliche auf demokratischer Basis an der Leitung des Hauses zu beteiligen. In der nach Presbyteriumsbeschluß seit dem 1.1.1973 als HOT geführten Einrichtung zeichnete sich ein Anstieg der Besucherzahlen ab. Gruppenarbeit in den Interssensbereichen Film, Foto und Kriegsdienstverweigerung etablierten sich. In Seminaren wurden Themen wie Werbung, Kreativität und Sexualität erarbeitet. Wochenendseminare in anderer Umgebung dienten auch der Erprobung eines intensiveren Zusammenlebens.[45]

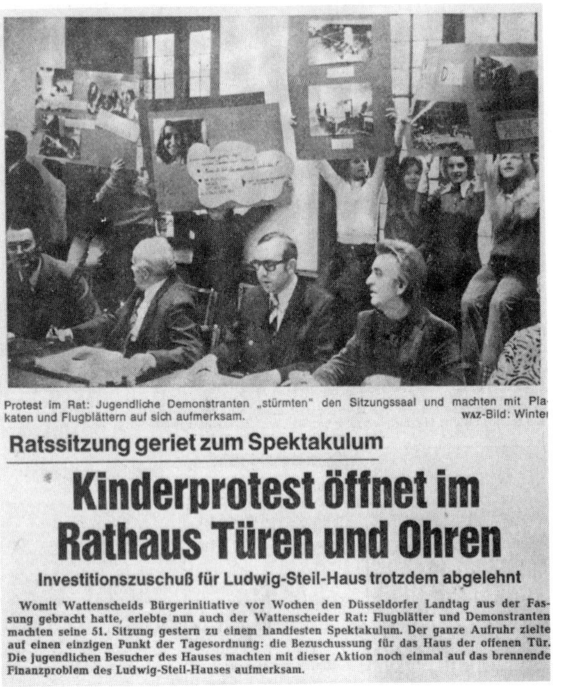
Protest im Rat: Jugendliche Demonstranten „stürmten" den Sitzungssaal und machten mit Plakaten und Flugblättern auf sich aufmerksam. WAZ-Bild: Winter

Ratssitzung geriet zum Spektakulum

Kinderprotest öffnet im Rathaus Türen und Ohren

Investitionszuschuß für Ludwig-Steil-Haus trotzdem abgelehnt

Womit Wattenscheids Bürgerinitiative vor Wochen den Düsseldorfer Landtag aus der Fassung gebracht hatte, erlebte nun auch der Wattenscheider Rat: Flugblätter und Demonstranten machten seine 51. Sitzung gestern zu einem handfesten Spektakulum. Der ganze Aufruhr zielte auf einen einzigen Punkt der Tagesordnung: die Bezuschussung für das Haus der offenen Tür. Die jugendlichen Besucher des Hauses machten mit dieser Aktion noch einmal auf das brennende Finanzproblem des Ludwig-Steil-Hauses aufmerksam.

Abb. 124: WAZ vom 20.10.1973

Ein Zeichen dafür, daß die Besucher des HOT in dieser Freizeiteinrichtung heimisch wurden und in der Lage waren, im konkreten Fall der Bedrohung ihrer Interessen durch solidarisches Handeln ihre Wünsche zum Ausdruck zu bringen, wurde im Oktober 1973 gesetzt. Ein Aktionskomitee der Jugendlichen machte mit Informationsständen in der Innenstadt Wattenscheids darauf aufmerksam, daß ohne die sofortige Aufhebung des die Auszahlung von städtischen Zuschüssen verhindernden Sperrvermerks ein Fortbestand ihrer Freizeiteinrichtung gefährdet war. In der Ratssitzung am 19.10.1973 meldeten die Besucher des Ludwig-Steil-Hauses mit Demontrationsplakaten ihren Protest an[46]. "Ungewöhnliche und exzentrische Aktionen" waren notwendig, denn es war noch nicht allgemein anerkannt, daß offene Jugendarbeit im gesamtgesellschaftlichen Interesse geschehe.[47] In diesen HOTs wurde ein Umdenkungsprozeß zu der Aufgabenstellung von Jugendarbeit hin zu einer Arbeit mit gesellschaftsdiakonischem Profil sichtbar.

Christine Schönebeck

1. Vgl. u.a. Kugler, Georg: Familiengottesdienste. Entwürfe - Modelle - Einfälle, Gütersloh 1971, S. 21ff
2. Vgl. Kugler, Georg: Zwischen Resignation und Utopie. Die Chancen der Ortsgemeinde, Gütersloh 1971, S. 97ff
3. Zwei veröffentlichte Gottesdienstprogramme von Gemeinden aus dem Ruhrgebiet vermitteln einen Eindruck: "Wir werden auferstehen!" Familiengottesdienst Ostersonntag 1973 in der Schalom-Gemeinde Scharnhorst und "Der Konflikt der Generationen", Gottesdienst vom 26.9.1971 in der Melanchthon- Kirchengemeinde Bochum. Abgedruckt in Völker, Alexander: Lebendige Liturgie. Zum Gottesdienst in überlieferter und in besonderer Gestalt, (Materialien für den Dienst in der Evangelischen Kirche von Westfalen. Reihe A Heft 3) Bielefeld 1975, S. 77-79, 81-84
4. Vgl. Kugler, Georg: Zwischen Resignation und Utopie, a.a.O., S. 93, 95
5. Vgl. Schlißke, Otto (Hrsg.): Veranstaltungen mit Eltern, Stuttgart 1963, S. 30f
6. Gespräch mit P. Manfred Berger, Voerde vom 25.2.1991
7. Vgl. Hirschberg, Hermann: 25 Jahre Evangelische Kreuzkirche in Ennepetal-Oberbauer, Schwelm 1985, S. 20
8. Vgl. Philipp, Wilhelm: 1781/ 1981 - 200 Jahre aus der Geschichte der evangelischen Kirchengemeinde Ennepetal-Voerde, 1981, S. 70
9. Gespräch mit Manfred Berger vom 25.2.1991; Gespräch mit Hermann Hirschberg vom 28.2.1991
10. Vgl. Kugler, Georg: Zwischen Resignation und Utopie, a.a.O., S. 104; Kugler, Georg: Familiengottesdienste, a.a.O., S. 18ff; Begemann, Helmut: Der Familiengottesdienst, in: Jugendarbeit in der Evangelischen Kirche von Westfalen, Materialsammlung. Hemer o.J., F.II.4.
11. Vgl. Stiewe, Martin: Referat vor der Landessynode, in: Danielsmeyer, Werner (Hrsg.): Gottesdienst heute,

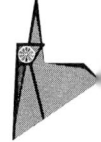

(Materialien für den Dienst in der Evangelischen Kirche von Westfalen. Reihe A Heft 2) Bielefeld 1974, S. 36-51, S. 36f

12. Vgl. Gottesdienst heute. Proponendum 1973, in: Danielsmeyer, Werner (Hrsg.): Gottesdienst heute, a.a.O., S. 4-14
13. Vgl. Stiewe, Martin: Referat vor der Landessynode, a.a.O., S. 36, 39
14. Martin Stiewe (Referat vor der Landessynode, a.a.O., S. 42) schildert das Beispiel des Kirchenkreises Recklinghausen, in dem 1972 320 Gottesdienste in neuer Gestalt gezählt wurden, bei denen doppelt, in Einzelfällen viermal so viele Besucher wie bei den üblichen Gottesdiensten gekommen waren.
15. Vgl. Stiewe, Martin: Referat vor der Landessynode, a.a.O., S. 42f
16. Es handelt sich um eine von der Kreissynode Bochum beschlossene These, zitiert bei Stiewe, Martin: Referat vor der Landessynode, a.a.O., S. 38
17. Vgl. Stiewe, Martin: Referat vor der Landessynode, a.a.O., S. 38; vgl. auch Westfälischer Verband für den Kindergottesdienst: Vorlage für die Landessynode 1972, in: Brinkmann, Ernst/ Stiewe, Martin (Hrsg.): Kindergottesdienst, (Materialien für den Dienst in der Evangelischen Kirche von Westfalen. Reihe A Heft 1) Bielefeld 1974, S. 17-23, S. 17
18. Vgl. Obendiek, Enno: Vergessene Reformen. Fragen zum Kindergottesdienst, Wuppertal 1971, S. 78; Obendiek, Enno: Kindergottesdienst - Gottesdienst der Kinder? In: Seidel, Uwe/ Zils, Diethard (Hrsg.): Werkbuch Kindergottesdienst, Berichte, Modelle und Kinderlieder, 1972, S. 10-18
19. Vgl. Spradau, Jürgen: Bedingungsfelder des Kindergottesdienstes, in: Seidel, Uwe/ Zils, Diethard (Hrsg.): Werkbuch Kindergottesdienst, a.a.O., S. 43-50; Bericht über eine Besprechung zur Lage des Kindergottesdienstes am 29. Mai 1972, in: Brinkmann, Ernst/ Stiewe, Martin (Hrsg.): Kindergottesdienst, a.a.O., S. 6-17, S. 6f
20. Vgl. Taudien, Reiner: Ein Stadtteil ringt um seine Zukunft, in: Deutsche Volkszeitung 48/ 1977, abgedruckt bei: Höhn, Monika/ Höhn, Michael: Bruckhausen - Stadtteil mit Zukunft? Neuss 1979, S. 71
21. Vgl. Höhn, Monika/ Höhn, Michael: Bruckhausen, a.a.O., bes. S. 18; Gespräch mit Monika Höhn vom 19.2.1991
22. Vgl. Weber, Gottfried: Was ist Gemeinwesenarbeit? In: Mitarbeiterhilfe 2/ 1972, S. 27-30
23. Vgl. Höhn, Monika/ Höhn, Michael: Bruckhausen, a.a.O., S. 16
24. Höhn, Michael: Duisburger Modell, in: Seidel, Uwe/ Zils, Diethard (Hrsg.), a.a.O., S. 211-228, S. 214
25. Vgl. Höhn, Michael: Duisburger Modell, a.a.O., bes. S. 214
26. Gespräch mit Michael Höhn vom 27.2.1991
27. Gespräch mit Monika Höhn vom 19.2.1991; vgl. Höhn, Monika/ Höhn, Michael: Bruckhausen, a.a.O., S. 26ff; ebenfalls die Verarbeitung des Stoffes im Kinderbuch: Höhn, Michael: Die Schüppenstielfete, Düsseldorf 1974
28. Gespräch mit Robert Lux, Geschäftsführer des Jugendpfarramtes Bochum und davor Leiter des HOT im Ludwig-Steil-Haus, vom 14.2.1991
29. Affolderbach, Martin: Konflikte in der Ortsgemeinde, in: ders. (Hrsg.): Praxisfeld: Kirchliche Jugendarbeit. Soziales Umfeld, Arbeits- und Lebensformen. Beiträge zur Konzeption, Gütersloh 1978, S. 21-24, S. 29
30. Vgl. Kratzenstein, Jürgen: Offene und Teiloffene Türen. Bericht des Dietrich-Bonhoeffer-Hauses, Gelsenkirchen-Buer-Hassel, in: Jugendarbeit in der Evangelischen Kirche von Westfalen, Materialsammlung. Hemer o.J., F. IV.3.
31. Vgl. Kaminski, Uli/ Kruschel, Karl u.a.: Da ist unheimlich Druck drauf. 25 Jahre Evangelische Jugendarbeit mit Arbeiterjugendlichen im Stadtteil, 2. Aufl., Gelsenkirchen, Villigst 1987, S. 20ff
32. Vgl. dazu z.B. die Berichte von P. Disselbeck: Kirche 1000 Meter unter Tage. Ein Pfarrer und Gedingeschlepper erzählt von seinen Eindrücken im Pütt, in: Unsere Kirche 11/ 1958, S. 4-5; Erfahrungsbericht über den Einsatz zweier evangelischer Pfarrer im Untertagebetrieb des Steinkohlenbergbaus, in: Thimme, Hans (Hrsg.): Neue Aufgaben der Seelsorge. Referate und Entschließungen auf der Landessynode 1958 der Evangelischen Kirche von Westfalen, Witten 1959, S. 83-107
33. Vgl. Krombach, Uwe: Na, Pastor, auch Kohle machen? - Die Lukas Gemeinde, in: Kaminski, Uli/ Kruschel, Karl u.a.: Da ist unheimlich Druck drauf, a.a.O., S. 69-73, S. 69
34. Vgl. Kaminski, Uli/ Kruschel, Karl u.a.: Da ist unheimlich Druck drauf, a.a.O., S. 10
35. Müller, Gerhard: Bericht über die Arbeit im Haus der offenen Tür (Dietrich-Bonhoeffer-Haus in Gelsenkirchen-Hassel), in: Mitarbeiterbrief 69/ 1964, S. 7f
36. Vgl. Kaminski, Uli/ Kruschel, Karl u.a.: Da ist unheimlich Druck drauf, a.a.O., S.27ff; vgl. auch die Entstehungsgeschichte des HOT Unterbarmen, das von vier Kirchengemeinden und der Kreissynode getragen wurde. Es entsteht, um nach provokantem Verhalten von Motorradrockern gegenüber der Gemeinde diese über die Taktik von Anerkennung von Autoritäten zur Umwandlung von destruktiven Aktivitäten in soziales Engagement zu bewegen. (vgl .Hellmann, Erika: Offene Tür für "Lederjacken", in: Diakonie. Mitteilungen aus dem diakonisch-missionarischen Werk und Hifswerk der Evangelischen Kirche im Rheinland 4/ 1967, S. 19-23)
37. Vgl. Kaminski, Uli/ Kruschel, Karl u.a.: Da ist unheimlich Druck drauf, a.a.O., S. 36f, 43ff, 60
38. Vgl. Heinrich, Rolf: Offene Jugendarbeit aus christlicher Sicht, in: Kaminski, Uli/ Kruschel, Karl u.a.: Da ist unheimlich Druck drauf, a.a.O., S. 99-106; vgl. auch den Konflikt um eine in einem Haus der Teiloffenen Tür in Gladbeck 1972 angestellte Sozialarbeiterin. Sie war auf die Bedürfnisse der Jugendlichen nach sozialen Kontakten erfolgreich eingegangen, erhielt 1973 aber die Kündigung, weil für die Gemein-

de keine speziell kirchlichen Ambitionen dieser Arbeit erkennbar waren und offenbar Nachwuchssicherung für die Gemeinde nicht betrieben wurde. (vgl. Benedikt, Hans-Jürgen: Pärchenbildung verboten. Probleme offener Jugendarbeit, in: Evangelische Kommentare 1974, S. 214-217, S. 216)
39. Gespräch mit Robert Lux vom 14.2.1991
40. Vgl. Tätigkeitsbericht der Katecheten und Jugendarbeiter Beate und Robert Lux über den Zeitraum Mai 1969 bis Winter 1970 in der Evangelischen Kirchengemeinde Wattenscheid. S. 3f, archiviert im Kreisjugendpfarramt Bochum
41. Gespräch mit Robert Lux vom 14.2.1991
42. Vgl. Offene Jugendarbeit im Ludwig-Steil-Haus, Entwicklung. Arbeit. Perspektiven. Ein Bericht vorgelegt vom geschäftsführenden Ausschuß der offenen Tür im Ludwig-Steil-Haus. S. 8, archiviert im Kreisjugendpfarramt Bochum
43. Vgl. Anlage zum Verwendungsnachweis über die Beihilfe aus dem Landesjugendplan 1971 für die Arbeit der "Teiloffenen Tür" im Ludwig-Steil-Haus der evangelischen Kirchengemeinde Wattenscheid. S. 1, archiviert im Kreisjugendpfarramt Bochum
44. Vgl. Jahresbericht Haus der offenen Tür im Ludwig-Steil-Haus 1975, S. 4, 31, archiviert im Kreisjugendpfarramt Bochum
45. Vgl. Arbeitsbericht '73. Offene Tür im Ludwig-Steil-Haus. S. 2, 28, 15ff
46. Vgl. Aktionskomitee ringt um Ludwig-Steil-Haus, in: Ruhrnachrichten 13.10.1973; Die "offene Tür" soll dicht gemacht weden, in: WAZ 15.9.1973.
47. Gespräch mit Robert Lux vom 14.2.1991

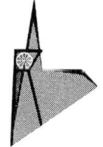

Die ökumenische Zusammenarbeit im Ruhrgebiet

"Die Ökumene muß ihre Tragfähigkeit 'zu Hause' erweisen. Die westfälische Landeskirche ist deshalb auf die Förderung der ökumenischen Arbeit in Deutschland und zumal in Westfalen bedacht. Sie legt Wert auf gute Zusammenarbeit mit den in ihrem Bereich vertretenen anderen Kirchen und kirchlichen Gemeinschaften."[1]

Historisch gesehen hat in der Bundesrepublik Deutschland erst die Gründung des ÖRK 1948 zu einer fundierten und organisierten ökumenischen Arbeit an der Basis den Boden bereitet. Das zeigt sich u.a. darin, daß die Basisformel des ökumenischen Rates von den Suborganisationen bis auf die lokale Ebene annähernd wörtlich übernommen worden ist.[2] In ihr ist das zentrale Kriterium der Mitgliedschaft in ökumenischen Arbeitsgruppen angegeben: "Der ökumenische Rat der Kirchen ist eine Gemeinschaft von Kirchen, die den Herrn Jesus Christus gemäß der Heiligen Schrift als Gott und Heiland bekennen und darum gemeinsam zu erfüllen trachten, wozu sie berufen sind, zur Ehre Gottes, des Vaters, des Sohnes und des Heiligen Geistes."[3]

So begreift der ÖRK, der heute 317 Mitgliedkirchen umfaßt, seine zentrale Aufgabe darin, die Einheit der Kirche zu bezeugen. "Er soll das gemeinsame Handeln der Kirchen erleichtern, das ökumenische Bewußtsein fördern und die Kirche in ihren weltweiten missionarischen und diakonischen Aufgaben unterstützen."[4]

Die erste Vollversammlung der KEK, der ökumenischen Organisation der Kirchen in Europa, der gegenwärtig 115 Kirchen aus 26 Ländern angehören, fand ungefähr eine Dekade nach der Gründung des ÖRK 1959 in Nyborg statt. Besonders in der Zeit des Kalten Krieges bestand eine wesentliche und schwierige Aufgabe der KEK im Dialog zwischen Ost und West. Außerdem wird das Gespräch mit dem "Islam in Europa" gesucht. Die Aufgaben der KEK sind - so wird sichtbar - verglichen mit denen des ÖRK in viel stärkerem Maße auf die Probleme einer bestimmten Region bezogen. In Westfalen ist die Arbeit der KEK durch Präses Wilm gefördert worden.

Die Arbeitsgemeinschaft Christlicher Kirchen in der Bundesrepublik Deutschland und Berlin (West) e.V.

Die "Arbeitsgemeinschaft christlicher Kirchen in Deutschland" ist 1948, im gleichen Jahr wie ÖRK und EKD, gegründet worden. Nachdem sich 1969 die acht EKD-Gliedkirchen in der DDR zum "Bund der Evangelischen Kirchen in der DDR" verselbständigt hatten, gab sich die Arbeitsgemein-

Abb. 125: Gründungsurkunde des AGCK

schaft 1974 eine neue Satzung und einen neuen Namen: "Arbeitsgemeinschaften christlicher Kirchen in der Bundesrepublik Deutschland und Berlin (West) e.V." In Frankfurt a.M. ist die ökumenische Zentrale, die Arbeits-, Studien- und Forschungsstelle der Arbeitsgemeinschaft.[5]

Aus dem ökumenischen Ausschuß der Evangelischen Kirche von Westfalen kam, angeregt durch Tagungen der ökumenischen Zentrale, der Vorschlag zu einer festen Organisation der ökumenischen Arbeit in Westfalen. Am 31.1.1966 fand in Dortmund eine Versammlung statt, die das weitere Vorgehen beschloß. Seit 1969 konnte die "Arbeitsgemeinschaft christlicher Kirchen und Gemeinden in Westfalen" kontinuierlich arbeiten. Sie wurde 1972 zur "Arbeitsgemeinschaft christlicher Kirchen in Nordrhein-Westfalen" erweitert.[6]

1966 wurde in Dortmund die erste lokale Arbeitsgemeinschaft in der Bundesrepublik gegründet. 1984 gab es im westfälischen Raum in "Bielefeld-Sennestadt, Bochum, Bottrop, Dortmund, Gelsenkirchen, Hagen, Münster, Ostwestfalen, Recklinghausen und Soest"[7] örtliche Arbeitsgemeinschaften.

Es fällt auf, daß besonders viele Arbeitsgemeinschaften im Ruhrgebiet gegründet wurden. Das hat verschiedene Ursachen. Entscheidend mag z.B. sein, daß die konfessionelle Statistik[8] in dieser Region sehr ausgeglichen ist:

	evangelisch
Bottrop	29,0%
Recklinghausen	40,5%
Hamm	47,9%
Gelsenkirchen	49,9%
Bochum	54,0%
Dortmund	56,3%
Hagen	58,2%
Ennepe-Ruhr-Kreis	67,3%

Zum Vergleich:
Minden-Lübbecke	87,9%
Coesfeld	12,0%
Bielefeld	75,3%

Cuius regio eius religio? - Wie die Personalpolitik der Großindustriellen die konfessionelle Statistik des Ruhrgebiets beeinflußt hat

Die Ursachen für die konfessionelle Prägung des Ruhrgebiets ist so vielfältig wie die politischen Territorien, aus denen es zusammengewachsen ist. Der Norden gehörte zur Reformationszeit zum Bistum Münster und zum Erzbistum Köln (Vest Recklinghausen). Diese Gebiete sind daher traditionell katholisch geprägt. Ähnlich war die Situation in Essen, das im Gebiet des Bistums Essen lag. Hier wurden allerdings nach der Reformation die Evangelischen toleriert. Dortmund war als freie Reichsstadt der Reformation gegenüber sehr früh aufgeschlossen. Im Süden des Ruhrgebiets (die frühere Grafschaft Mark, der heutige Ennepe-Ruhr-Kreis und Hagen) haben die Evangelischen das Übergewicht.

"Die Reformation hatte sich in der Ruhrregion nur teilweise durchsetzen können. An manchen Orten existierten zwei oder auch drei verschiedene Konfessionen nebeneinander in mehr oder weniger ausgeprägter Toleranz."[9]

Um die Jahrhundertwende wurden parallel zur Entstehung der Großbetriebe verstärkt Arbeitskräfte aus den ostelbischen Provinzen Preußens, aus Polen und auch aus Slowenien geholt. Interessant ist nun, daß viele "Unternehmer die 'Werbegebiete' nach ihrer eigenen Religionszugehörigkeit auswählten: die evangelischen Unternehmer Kirdorf und Grillo bevorzugten das evangelische Ostpreußen, die Katholiken Thyssen und Klöckner warben ... in den überwiegend katholischen Gebieten Westpreußens und Polens."[10]

Dadurch ist die konfessionelle Landschaft des Ruhrgebiets entscheidend geprägt worden. Die Integration der Eingewanderten gelang meist erst in der folgenden Generation. Dabei haben die Kirchengemeinden eine wesentliche Rolle gespielt.[11]

Abb. 126: Die Bochumer Gründungsmitglieder der AGCK

Das Bochumer Modell für die ökumenische Arbeit

Der Plan, der ökumenischen Zusammenarbeit in Bochum feste organisatorische Formen zu geben, ist ein Jahr vor der Gründung der Bochumer ökumenischen Arbeitsgemeinschaft in einer ökumenischen Woche entstanden. Diese lokale Veranstaltung war in erster Linie auf die Belange vor Ort bezogen, aber darin zugleich auch auf die weltweite Ökumene ausgerichtet. Dies wird etwa daran sichtbar, daß Philip Potter, der damalige Generalsekratär des ÖRK eingeladen war und in der Ruhrlandhalle eine Rede hielt.

Durch den Einsatz einzelner Christen, Gruppen und Gemeinden hat es in Bochum seit 1945 in zunehmendem Maße ökumenische Begegnungen und Zusammenarbeit gegeben. Doch "die ökumenische Woche 1974, die", wie es in einer Pressemeldung heißt, "weit in die Kirchen unserer Stadt ausstrahlt"[12], war ein kräftiger Schub nach vorn.

In den konfessionell gemischten Arbeitskreisen, die die ökumenische Woche vorbereitet und durchgeführt hatten, entstand der Wunsch, diese Zusammenarbeit künftig fortzusetzen. So kam der Anstoß zu einer festen ökumenischen Arbeitsgemeinschaft, wie sie in anderen Städten bereits existierte, vor allem von Vertretern der Ortsgemeinde. Diese Pläne wurden durch kirchenleitende Gremien nach Kräften unterstützt.

Der Gründungsgottesdienst der Arbeitsgemeinschaft in Bochum, der am 20.6.1975 in der Marien-Kirche stattfand, ist bewußt so konzipiert worden, daß in ihm der Geist des Bochumer Ökumenemodells sichtbar wurde. Der ökumenische Gottesdienst stand unter dem Motto "Der uns die Einheit gibt".

"Der lebendige Wechsel zwischen Einzelsänger, Chor, Posaunen, Orgel und Gemeinde bei den liturgischen Stücken war Sinnbild für die Vielfalt und das Miteinander der Oekumene."[13] Die Gottesdienstliturgie wird hier aus dem Gedanken der Ökumene heraus ganz neu verstanden und gelebt.

Im Zentrum des Gottesdienstes stand eine Auslegung von Eph. 2, 14 - 18: "Denn Er ist unser Friede, der aus beiden eines gemacht hat und den Zaun abgebrochen hat, der dazwischen war, nämlich die Feindschaft... Und er ist gekommen und hat im Evangelium Frieden verkündigt euch, die ihr fern wart, und Frieden denen, die nahe waren. Denn durch ihn haben wir alle beide in einem Geist den Zugang zum Vater."

Um das Neue zwischen den Menschen verschiedener Konfessionen und Gemeinden sichtbar werden zu lassen, wählte man einen Weg der Verkündigung, der das Gewohnte durchbrach. Es wurde versucht, den Bibeltext in einen fruchtbaren Dialog mit einem Kunstwerk, einem Linolschnitt des afrikanischen Künstlers Azariah Mbata zu bringen. So entstand ein komplexes Beziehungsgeflecht zwischen dem konkreten Situationsbezug der Predigt, den Worten des Epheserbriefes und dem Kunstwerk. Gerade dieses Gegeneinander und Ineinander verschiedener Medien und Perspektiven schien geeignet, die Grenzen zwischen Menschen und ihre Überwindung sichtbar werden zu lassen. Die Deutung des Bildes in seinem konkret-politischen Bezug ist zugleich eine Auslegung des zweitausend Jahre alten Bibeltextes und der Bochumer Situation vor Ort: "Das Antlitz des Gekreuzigten ist schwarz und weiß, d.h.: Er ist für alle da. Und wir alle brauchen ihn als den, der uns zusammenführt in seiner heiligen christlichen Kirche und der uns auch Kraft und Mut schenkt, in seinem Geiste miteinander zu leben und zu arbeiten. Der Gekreuzigte ist von der Sache her der Mittelpunkt des ganzen Bildes. In der Darstellung aber befindet er sich am Rande. Das könnte heißen: Er drängt sich nicht auf aber lädt uns ein. Seine Arme sind weit ausgebreitet."[14]

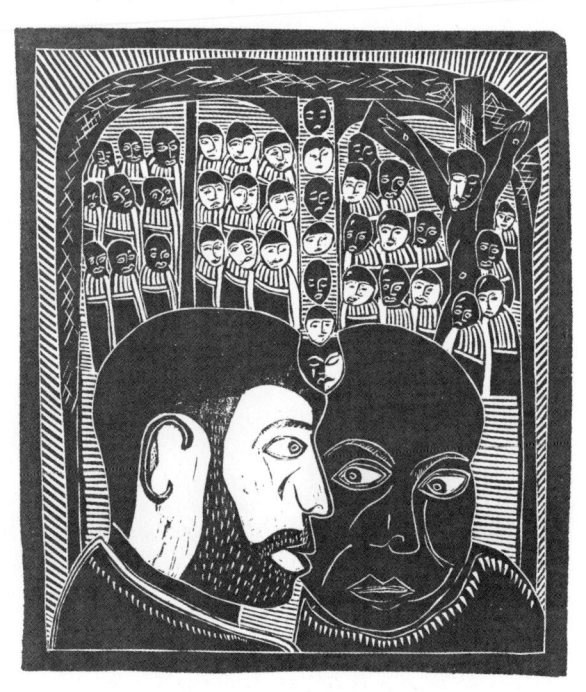

Abb. 127: Linolschnitt von Azariah Mbata

Angestrebt war eine freilich nicht unproblematische Gleichzeitigkeit des Blicks auf die Rassentrennung in Südafrika und auf die konfessionelle Spaltung Europas. "Die linke obere Hälfte des Bildes zeigt schwarze und weiße Menschen, die durch eine massive Mauer voneinander getrennt sind. Diese Anspielung auf das System der 'getrennten Entwicklung' in Südafrika erinnert an ähnliche Mauern in Deutschland, in Korea, auf Zypern und in anderen Ländern, aber auch an Mauern zwischen Ehepartnern, Kollegen und Nachbarn. Überall in der Welt geht man zunächst auf Abstand, es wird getrennt, es wird gemauert, wenn die Kraft fehlt, aufeinander zuzugehen und sich in Geduld um Gemeinsamkeit zu mühen..."[15] - So war beides im Blick: die lokale Situation in Bochum und die weltweite Ökumene.

Im Anschluß an diese Überlegungen, die das Bewußtsein für Trennung und deren Überwindung schärfen sollten, wurde in einem feierlichen Akt durch die Vertreter der Konfessionen, Gemeinden und Gruppen die Ordnung der Arbeitsgemeinschaft unterschrieben und so die Mitgliedschaft besiegelt. Vertreten waren: die Katholische, die Evangelische, die Evangelisch-Methodistische und die Selbständige-Lutherische Kirche, die Heilsarmee (die es in Bochum inzwischen nicht mehr gibt) und die Aktion 365. Von der Evangelisch-Freikirchlichen Gemeinde (Baptisten) war zunächst nur ein einzelner Gemeindeleiter Mitglied geworden.[16]

Die Besonderheiten des Bochumer Modells

"Auffallen wird ..., daß die Bochumer Arbeitsgemeinschaft in ihrem Namen die Gemeinden besonders erwähnt und an den Anfang setzt. Mancher mag das für eine anfechtbare Namensgebung halten. Es ging aber darum, schon an dieser hervorgehobenen Stelle deutlich zu machen, daß auch für eine solche Arbeitsgemeinschaft auf Stadtebene die Arbeit an der Basis, bei den Gemeinden ganz im Mittelpunkt steht."[17]

Der Anstoß von der ökumenischen Woche 1974, die Arbeitsgemeinschaft von unten zu gründen, setzte sich bis in die Struktur hinein fort. Neben dem monatlich tagenden Arbeitsausschuß, in den die katholische und die evangelische Kirche je drei, die übrigen Gemeinschaften je einen Vertreter entsenden, gibt es eine Gesamtvertretung, die sich zweimal im Jahr versammelt und in die jede beteiligte Gemeinde einen Vertreter schickt.

Laut Satzung hat die ökumenische Arbeitsgemeinschaft folgende Aufgaben:

"*1. Der ökumenische Dialog*
Die Arbeitsgemeinschaft gibt Anregungen und Anstöße zur Bildung verschiedener Kreise und Gruppen mit dem Ziel, daß unter den Christen der Stadt der ökumenische Dialog ständig geführt werde.

2. Das ökumenische Zeugnis
Die Arbeitsgemeinschaft fördert die praktische Zusammenarbeit unter den Gemeinden, Kirchen und Gemeinschaften in Bochum mit dem Ziel, daß die gemeinsame Botschaft auch gemeinsam bezeugt werde.

3. Das gemeinsame Handeln
Die Arbeitsgemeinschaft setzt sich dafür ein, daß aus ihrer Gemeinsamkeit Aktionen zur Hilfe für die Menschen erwachsen."[18]

In Schulze-Velmedes schon mehrfach zitiertem Bericht findet sich eine interessante Bemerkung zum Charakter dieser Ordnung, die sich die Arbeitsgemeinschaft gegeben hatte: "Die Ordnung ist immer noch als 'vorläufige Ordnung' bezeichnet. Dadurch soll unterstrichen werden, daß hier nichts für alle Zeiten festgelegt wird und kein Endzustand erreicht ist."[19]

Inzwischen hat sich die Tätigkeit der ökumenischen Arbeitsgemeinschaft eingespielt. Es werden Anregungen für ökumenische Bibelwochen, Gemeindefeste und Gottesdienste gegeben, der Weltgebetstag der Frauen und die ökumenische Gebetswoche vor Pfingsten werden gemeinsam vorbereitet und durchgeführt. Manchmal werden Prediger verschiedener Konfessionen ausgetauscht. Und doch stellt sich die Frage, wie es weitergehen soll. Gerade in den so sensiblen Bereichen der Abendmahlsgesellschaft und der konfessionsverschiedenen Ehen ist man auf höherer Ebene noch immer zu keiner Einigung gekommen. Das hemmt auch die Arbeit vor Ort. - So sind noch lange nicht alle Ziele erreicht auf dem Weg, eine Einheit in der Vielfalt, eine versöhnte Verschiedenheit zu finden.[20]

Das ökumenische Zentrum in Hagen-Helfe

In besonderer Weise manifestiert sich die ökumenische Zusammenarbeit in der Errichtung eines von beiden Konfessionen gemein-

Abb. 128: Das ökumenische Gemeindezentrum in Hagen - Helfe

sam zu nutzenden Kirchenzentrums. Im Ruhrgebiet geschah dies bisher an zwei Orten, dem Kirchenforum Bochum-Querenburg und dem ökumenischen Zentrum Hagen-Helfe.

Der Gedanke der Versammlung und Gemeinschaft der Gläubigen beschränkte sich in den 60er und 70er Jahren nicht nur auf das bauliche Gestaltungsprinzip des Protestantismus, sondern begriff sich als interkonfessionelles Anliegen. Schon gegen Ende der 50er und Anfang der 60er Jahre war diese inhaltliche Entwicklung abzusehen, deren Auswirkungen sich 1959 und 1962 in zwei Fachtagungen niederschlugen, die den ökumenischen Kirchbau als Schwerpunkt hatten. Sowohl 1961 in Hamburg unter dem Thema "Kirchenbau in der Ökumene" als auch 1959 auf der Tagung in Genf über "Kirchbau als Ausdruck der Gegenwart in der Welt"[21] zielten die Bemühungen dahin ab, die inhaltlich-theologischen Überlegungen in eine fachgerechte Architektursprache des 20. Jahrhunderts zu transformieren.

Als exemplarisches Modell eines interkonfessionellen Konzepts soll hier der Entwurf des Ökumenischen Gemeindezentrums in Hagen-Helfe stehen. Im Vergleich zu anderen Bauprojekten der 60er Jahre entstand in Hagen-Helfe auf einem vormals ländlichem Gebiet ein völlig neues Vorstadtviertel im Stil der Fertigbauweise dieser Zeit.

Auf eine vorhandene Infrastruktur konnte nicht zurückgegriffen werden. Sämtliche städtischen und kirchlichen Einrichtungen sowie Einkaufsmöglichkeiten und Verkehrsaufbindungen mußten erst geschaffen werden. Im Zuge dieser Entwicklung errichtete man 1966 eine Notkirche in Form einer alten Militärbaracke, die Jakobus-Notkirche, die in den ersten Jahren sowohl von der katholischen als auch von der evangelischen Gemeinde benutzt wurde und zusätzlich als gemeinnützige Einrichtung zur Verfügung stand.[22] Auf der Basis dieses sich mit der Zeit stabilisierenden interkonfessionellen Gemeinwesens konstituierte sich der Entwurf des späteren ökumenischen Zentrums. "Aus dieser guten Gemeinsamkeit erwuchs auf beiden Seiten der Wille, auch die weitere Arbeit nicht getrennt, sondern so weit wie möglich miteinander zu tun, als Zeichen dafür, daß das unter Christen Gemeinsame und Bindende stärker und wichtiger ist als das Kontroverse und Trennende."[23]

Diesem Wunsch nach Gemeinschaft und Versammlung versuchten die Architekten Funke, Krug und van der Minde zu entsprechen. Das Gemeindezentrum beherrscht den Mittelpunkt des Wohngebiets nicht nur geographisch, sondern auch durch die außergewöhnliche Struktur seiner architektonischen Gestalt.

Der Baukörper besitzt eine vieleckige Grundrißform, bestehend aus ineinandergeschobenen symmetrischen und asymmetrischen Mikrobausteinen, die zu flächendeckender Makrostruktur anwachsen.

Diese Grobstruktur beinhaltet drei Raumzonen:

Den katholischen Bereich, den evangelischen Bereich und das Gemeindezentrum. Der vielgliedrigen Komposition im Grund- und Außrißschema entspricht eine polygonal angelegte Dachzone, wobei der Mittelteil, der das Gemeindezentrum bedeckt, in seiner Höhe die anderen Bereiche übersteigt und somit akzentuiert wird. Durch die Plastizität der Außenarchitektur assoziiert der Betrachter sofort ein Moment der Bewegung, das die Geschlossenheit des Baukörpers nicht beeinträchtigt. Dieser Eindruck harmoniert im Innern des Gemeindezentrums mit einer vielschichtigen Raumstruktur, die eine Fülle an Perspektiven ermöglicht, eine Vielzahl an Ein- und Ausblicken gewährt. Die einzelnen Hauptbereiche liegen zwar getrennt voneinander, doch durch die variablen Raumabteilungen und durch das architektonische Spiel von offenen und geschlossenen Mauerflächen wird diese Abgrenzung teilweise reduziert. Diese formale Bewegungsstruktur reagiert auf die inhaltlichen Forderungen nach Begegnungs- und Versammlungsmöglichkeiten der vielschichtigen Ansprüche einer ökumenischen Gemeinde. Doch diese Konstruktion leistet noch mehr: Sie ist gleichzeitig Kommunikationszentrum der versammelten ökumenischen Gemeinde und als solches zukunftsweisend: "Es ist ein Weg lebendiger Begegnung, geistlicher Erfahrungen miteinander, theologischen Dialogs und gegenseitiger Korrektur, auf dem sich die jeweilige Besonderheit der Partner nicht verliert, sondern sich läutert, wandelt und erneuert und so für den anderen legitime Ausprägung des Christseins und des christlichen Glaubens sichtbar und bejaht wird. Die Verschiedenheiten werden nicht ausgelöscht. Sie werden auch nicht einfach konserviert und unverändert beibehalten. Sie verlieren vielmehr ihren trennenden Charakter und werden miteinander versöhnt."[24]

Christiane Eidmann / Martin Röttger

1. Handbuch für Presbyter der Evangelischen Kirche von Westfalen 1984. Informationen Texte Karten, Neukirchen-Vluyn 1984, S.235
2. So auch in Bochum
3. Zitiert in der Fassung von 1961 (Neu Delhi) nach a.a.O., S.236
4. Ebenda
5. A.a.O., S.237
6. A.a.O., S.238
7. A.a.O., S.239
8. Vgl. a.a.O., S. 240, (Stand: Volkszählung 1970)
9. T.Parent, Das Ruhrgebiet. Kultur und Geschichte im "Revier" zwischen Ruhr und Lippe, Köln 1984, S. 10
10. A.Schlieper, 150 Jahre Ruhrgebiet, Düsseldorf 1986, S.54. Zu erwähnen sind darüber hinaus auch die evangelischen Masuren aus Ostpreußen, die teilweise eine eigene Sprache mitbrachten.

11. Noch heute werden gebietsweise (z.B. in der Marien-Kirche in Recklinghausen-Süd) Gottesdienste in polnischer Sprache abgehalten, eine Tradition, die seit den 20er Jahren besteht.
12. biz (keine näheren Angaben vorhanden)
13. K.Schulze-Velmede, Bochums Modell für die ökumenische Arbeit. Die Gründung der Arbeitsgemeinschaft christlicher Gemeinden, Kirchen und Gemeinschaften in Bochum. (Unveröffentlichter Bericht, der als Grundlage für die Pressemeldungen gedacht war), S.1
14. Der Text der Bildmeditation ist zitiert nach a.a.O., S.2
15. A.a.O., S.1f
16. Vgl. Zeitungsartikel Ruhrnachrichten, 25.6.75
17. K.Schulze-Velmede, a.a.O., S.3
18. Vorläufige Ordnung der Arbeitsgemeinschaft christlicher Gemeinden, Kirchen und Gemeinschaften in Bochum, S.1
19. K.Schulze-Velmede, a.a.O., S.3
20. Wesentliche Informationen zur Geschichte, zur Struktur und zu der gegenwärtigen Situation der Arbeitsgemeinschaft verdanke ich einem Gespräch mit Pfarrer Schuch, Bochum-Eppendorf.
21. G.Langemaack, Evangelischer Kirchbau im 19. und 20. Jahrhundert, Geschichte-Dokumentation-Synopse, Kassel 1971, S.90
22. H.Geller, Ort der Ökumene, Hagen-Helfe - zum Einfluß eines ökumenischen Zentrums auf das Gemeindeleben, S.1
23. Präambel des Grundlagenvertrages in: H.Geller, a.a.O, S.1
24. Daressalam 1977, Offizieller Bericht, Genf 1977, in: H. Geller, a.a.O., S.6

Das Gemeindehaus -
Ort des Gottesdienstes und der Begegnung

Die 60er und 70er Jahre stellten eine neue Phase in der Entwicklung der Städte der Ruhrregion dar. Der Zeitabschnitt des grundsätzlichen Neuaufbaus, der sich auf die grundlegendsten Bedürfnisse bezog, war abgeschlossen. Wirtschaftliche Erweiterungen und organisatorische Veränderungen formten die Basis für eine neue Infrastruktur des Ruhrgebiets. Neue industrielle Großunternehmen wie Opel und auch vermehrt mittelständische Betriebe siedelten sich an und prägten das Bild der Region. Auf der einen Seite standen sie für den technischen Fortschritt und Wohlstand, aber auch für Arbeitslosigkeit und Anonymität. Sowohl in sozio-ökonomischer als auch in sozio-kultureller Hinsicht kommt es zu starken Umwälzungen, die in den Wirkungskreis und das Bewußtsein der Menschen eindringen. Ein Netz von sozialen Einrichtungen und bildungsfördernden Institutionen entsteht. Die Errichtung der Ruhr-Universität Bochum als erstem Hochschulzentrum der Region verdeutlicht die so wachsenden sozio-kulturellen Prozesse der Zeit. Auch der kirchliche Bereich bleibt von diesen Entwicklungen nicht unbeeinflußt.

In der Zeit des sogenannten Wirtschaftswachstums und des technischen Fortschritts zeichnen sich in allen Bereichen menschlichen Lebens Neuansätze ab. Eine allgemeine Infragestellung überlieferter Werte und Normen ist die Folge der Umwälzungen. Diese Verschiebung traditioneller Vorstellungen betrifft auch die religiösen Strukturen der Gesellschaft. Augenscheinlich wird diese Entwicklung in der Abnahme der Frequenz der Gottesdienstbesucher. Auf evangelischer Seite versucht man dieser Entwicklung zu begegnen, indem man sich theologisch auf mehreren Tagungen unter Einbeziehung von Architekten mit dieser Problematik beschäftigt. Sogar interkonfessionelle Versammlungen im Hinblick auf inhaltliche und formale Neugestaltung werden erstmals ins Leben gerufen.[1] Diese Bemühung bezüglich kirchlicher Neuorientierung findet in der Evangelischen Kirchbautagung unter dem Titel "Kirchbau in der Zivilisationslandschaft" in Essen 1963 ihren ersten Höhepunkt.[2]

Der Tenor der Tagung lag in der Neudefinition des kirchlichen Standpunktes auf der Basis der Auseinandersetzung mit der Tradition und der Moderne. Dieses inhaltliche Resultat, welches der Architekt Langemaack in seinen Ausführungen stellvertretend für kirchliche Amtsträger, Architekten und Gläubige formulierte, bedeutet einen völligen Neuanfang in sämtlichen kirchbaulichen Bereichen. Laut Langemaack besitzt die Kirche einen festen und zentralen Platz inmitten der Industrielandschaft:"Mitten zwischen den Hochhäusern, mitten zwischen den Zechen und Raffinerien, mitten zwischen Autobahnen und Bohrtürmen, mitten zwischen Erholungs-, Sport- und Vergnügungsbetrieben, mitten in Büro- und Universitätsvierteln. So muß die Kirche sich hineinmitten in die Landschaft."[3]

In dieser Position der "Mitte" kommen ihr eine Fülle neuer Aufgaben zu, die natürlich primär in der kirchlichen Verkündigung, aber auch in Verbindung mit dem konkreten Dienst am Menschen vor Ort liegen. Kirche übernimmt zunehmend soziale Funktionen in der Loslösung von der Tradition und erhält eine Chance für ein realitätsbezogenes Miteinander mit den Menschen: "Gegenüber einer Sentimentalität, die bis in unsere Tage noch

5.4

die Gemüter zu umfangen scheint, gewinnen wir eine neue Nüchternheit, die sich nicht scheut, alle Realitäten unseres irdischen Handelns miteinzubeziehen in die Zwiesprache von Gott und Mensch."[4]

Aus diesem Aufbruch ergeben sich zwangsläufig neue Perspektiven hinsichtlich der Bestimmung von Kirchbau, dessen Stellenwert eine neue Dimension enthält. Der Gestalt der Gotteshäuser kommt dabei eine übergeordnete Rolle zu. Man versucht durchgehend, die neuen Bauten den veränderten Bedürfnissen der Gemeinden anzupassen, die als kleinste Keimzellen der Kirche die Basis für die gemeinschaftliche Aufbauarbeit bilden. Es entstehen innovative Kirchbauformen, die in ihren Funktionen den Anforderungen der Gemeinden entsprechen. "Wir suchen die Mitten, wir bilden die Zellen, wir bauen die Nester inmitten der Zivilisationslandschaft, und die Kirche mittet sich ein durch uns und durchzellt die Welt."[5]

Das Gemeindezentrum wird die neue Bauaufgabe der 60er Jahre, da es diese Ansprüche an Funktionalität am besten erfüllt. Den kirchlichen Feiern und den sozialen Diensten am Menschen können in diesen räumlichen Strukturen Folge geleistet werden. Man verlangte kleine sakrale Kirchenräume, die die verringerte Anzahl an Gemeindegliedern aufnehmen konnten und die zum Ort der Gottesdienstfeiern wurden. Die Kirche war nach außen hin als solche sichtbar gemacht und im Innern parallel dazu als nichtsäkularisierter Bereich optisch ausgezeichnet.

In ihrer formalen Gestaltung hebt sie sich von den Profanbauten der Umgebung und im Innern von gemeinnützigen Räumlichkeiten ab. Dennoch, durch die Verwendung modernster und meistens für die Industrieregion typischer Baumaterialien harmonieren die Kirchen mit den übrigen Bauten und fügen sich deshalb in die städteplanerischen Srukturen ein. Es sollte eine völlig neue Bausprache entstehen, die nicht nur auf der Grundlage technisch-funktionsästhetischer Überlegungen basierte, sondern die den Menschen und seine Bedürfnisse ganzheitlich miteinbezog. Hier muß hinzugefügt werden, daß eine Loslösung von traditionellen Vorstellungen (im Sinne Langemaacks) nicht immer erreicht wurde.[6]

Die Paul-Gerhard-Kirche in Gelsenkirchen-Ückendorf

Eine Kirche, die stellvertretend für viele in ihrer Zeit steht, da sie neue Ansätze in sich vereinigt, ist die Paul-Gerhard-Kirche in Gelsenkirchen-Ückendorf. Die Entstehung dieser Kirche ist symptomatisch für viele Industriegemeinden: Nachdem der 2. Pfarrbezirk Gelsenkirchen-Ückendorfs 1961 im Süd-Osten sich aufgrund eines neuen Wohngebiets einer gemeinnützigen Wohnungsgesellschaft vergrößerte, entschloß man sich, den westlichen Stadtteil 1963 als zusätzlichen Pfarrbezirk abzuteilen und eine neue Kirche im Süd-Osten zu errichten. Kindergarten und Jugendheim waren schon 1957 entstanden, 1965 folgte das Pfarrhaus.

Im gleichen Jahr noch erteilte das Landeskirchenamt die Zusage zum Bau der neuen Kirche nach Plänen des Architekten Hartlauf. An diese Genehmigung war die Bedingung geknüpft, ein Gemeindezentrum bestehend aus Kirche, Kindergarten und Jugendheim als architektonische Einheit zu bilden. Ein Teil des Kindergartens sollte zur Sakristei umfunktioniert werden, darum mußte die Kirche direkt an dieses Gebäude anschließen. Im Oktober 1967 konnte sie schließlich eingeweiht werden.[7]

Die Bauaufgabe der 60er Jahre, das Gemeindezentrum, wird auch hier gewählt als Abbild der Gemeinschaft und des sozialen Auftrags der Kirche. Die Anlage steht inmitten des Wohngebiets, umgeben von einer Grünzone, die eine gewisse räumliche Distanz zum alltäglichen Lärm schafft. Der Kirchenkomplex besteht aus einem sechseckigen Hauptgebäude und einem Turm, der die sechseckige Grundrißform wiederholt. Wie bei vielen anderen Kirchbauten dieser Zeit verbannte man den Kirchturm nicht ganz, dennoch erwuchs er nicht im ehemaligen Sinne aus dem Kirchgebäude selbst, sondern befindet sich als freistehender Campanille direkt neben dem Haupttrakt. Turm und Gebäude sind durch eine Überdachung, die sich über den Eingangsstrukturen anschließt, miteinander verbunden.

terialgestaltung: Die Grobstruktur der klinkerverkleideten Stahlbetonwände der Eingangs- und Altarseite läßt die leicht spitzwinkligen Ausformungen ihrer Mauerflächen vergessen. Ost- und Westseite hingegen unterscheiden sich durch Hinzunahme von Glasfenstern. Die zur Sakristei gelegene Mauerfront wird von einer Fensterreihe im oberen Wandbereich durchzogen. Gleich eine ganze Betonglasfront ziert die Ostseite, eingerahmt von zwei Eckpfeilern, und von einer vertikalen Stahlbetonstütze in der Mitte zusätzlich gesichert. Durch diese verglaste Seite, die

Abb. 129: Die Paul - Gerhard Kirche in Gelsenkirchen Ückendorf

Die Höhe des Turms von 29 Metern und die außergewöhnliche kompakte Gestalt des Gebäudes lassen die Kirche als Zentrum das Wohngebiet beherrschen. Dennoch sind sie in ihrer Form und in ihrem Material der angrenzenden Bebauung ähnlich und gliedern sich ein. Das Äußere des Kirchengebäudes besticht durch seine schlichte Form und Ma-

gleichzeitig direkt der Straße zugewandt ist und sogar den architektonisch vorgesehenen Eingangsbereich akzentuiert, wirkt der gesamte Komplex transparent und einladend. Die weiß abgesetzten Konturen der Stuckkonstruktion des Turmes erhellen diese Gesamterscheinung zusätzlich. Dieser Eindruck wird im Innern bestätigt. Die Konzeption nimmt die schlichte Formgebung des Äußeren auf.

Zwei Eingänge führen in die Kirche und zu einer in drei Sequenzen aufgeteilten Bestuhlung. Damit ist das zentrale Mittelachsenschema zugunsten zweier konisch auf den Altar zuführender Gänge aufgegeben worden. Die Wände im Altarbereich sind in einem Winkel angeordnet, so daß eine breite Raumschicht entsteht. Die Stühle gruppieren sich um die Altarzone. Dadurch wird die Nähe von Altar und Gemeinde optisch betont, die Trennung von Pfarrer und Gläubigen ist aufgehoben. Die Breitenentwicklung des liturgischen Zentrums ermöglicht eine folgerichtige selbständige Trennung der Prinzipalstücke. Die Emporc im Rücken der Gemeinde und die gefaltete Deckenkonstruktion ordnen sich diesem Raumgefüge unter.

Mit diesem Kirchbau wurde der Gemeinschaftsgedanke in eine moderne Architektursprache umgesetzt. Das Gemeindezentrum übernimmt zwei Funktionen in der Industriegesellschaft der 60er und 70er Jahre: Es ist Gottesdienst- und Versammlungsraum zugleich. In der gesamten Ückendorfer Anlage wird die theologische Intention der Einheit der Gemeinschaft, sowohl in der äußerlichen Gestalt bei der Zusammenfassung der einzelnen Bereiche, als auch im Innern des Kirchgebäudes selber, veranschaulicht. Als letzteres ist es Versammlungsraum der Gemeinde vor Gott.

In einer Zeit, in der der Position der Gemeinde zunehmende Bedeutung beigemessen wird als kleinste Keimzelle der christlichen Kirche, erhält diese mehr Mitwirkungsrecht innerhalb der kirchlichen Strukturen.

Abb. 130: In den 60er Jahren dominiert eine schlichte Form

Das führt auch zu einer aktiven Teilnahme der Gemeindeglieder an der gottesdienstlichen Abfolge. Diese Akzentverschiebung schlägt sich natürlich auch architektonisch nieder. Das Problem der "Communio"[8] wird hier in Gelsenkirchen durch eine völlige Annäherung der Dispositionen von Gemeinde und Pfarrer anschaulich. Durch die Synthese von minimaler Raumausdehnung und gezielten Lichteffekten mittels Glaswandflächen wird die intime Raumatmosphäre geschaffen, die dem Eintretenden ein Gefühl von Wärme und Geborgenheit gibt. Ein Raumerlebnis, welches gemeinschaftliches Miteinander und persönliche Besinnung ermöglicht, ohne den Einzelnen dabei zu isolieren. Man kann sagen, daß hier auf die Bedürfnisse der Gemeinde als Teil der modernen Industriegesellschaft eingegangen und im Sinne der Denkschrift des Evangelischen Kirchbautages 1962 architektonisch geplant worden ist: "Jeder Kirchenbau ist einem Organismus vergleichbar, in dem alle Glieder sich zu einem einheitlich Ganzen zusammenfügen."[9]

Christiane Eidmann

1. G.Langemaack, Evangelischer Kirchbau im 19. und 20. Jahrhundert, Geschichte - Dokumentation - Synopse, Kassel 1971, S. 90
2. Arbeitsausschuß des Evangelischen Kirchbautages (Hrsg.), Kirchbau in der Zivilisationslandschaft, Evangelische Kirchbautagung in Essen 1963, Hamburg 1965
3. G.Langemaack, Die Situation des Kirchenbauers in der modernen Zivilisationslandschaft in: Kirchenbau in der Zivilisationslandschaft, a.a.O., S. 55
4. Vgl. G.Langemaack, Evangelischer Kirchbau im 19. und 20.Jahrhundert, S. 91
5. Vgl. G.Langemaack, Die Situation des Kirchenbauers in der modernen Zivilisationslandschaft, S. 56
6. B.Kahle, Rheinische Kirchen des 20. Jahrhunderts ,in: Landeskonservator Rheinland, Köln 1985, Heft 39, S. 124
7. Festschrift anläßlich der Einweihung der Paul-Gerhardt-Kirch in Gelsenkirchen-Ückendorf am 8.10.1967, S. 7ff
8. Vgl. B.Kahle, a.a.O., S. 58
9. Denkschrift des Arbeitsausschusses des Evangelischen Kirchbautages von 1962 in: Kirchbau in der Zivilisationslandschaft, S. 17

Theologie im Dialog mit den Humanwissenschaften

Es ist erstaunlich, wie schnell die Kirchenleitungen auf die studentischen Proteste reagiert haben, indem sie insbesondere die Forderungen nach einer verstärkten Berücksichtigung soziologischer und psychologischer Erkenntnisse für das kirchliche Handeln aufgriffen. Dies geschah im Ruhrgebiet vor allem durch die Gründung des Sozialwissenschaftlichen Instituts der EKD und durch die Neugründung der Fachhochschule Rheinland-Westfalen-Lippe. Beide Einrichtungen entwickelten sich schnell zu wichtigen Beratungs-, Ausbildungs- und Forschungsinstitutionen der Kirche.

Das Sozialwissenschaftliche Institut der Evangelischen Kirche in Deutschland

Bochum, der Standort, und 1969, das Gründungsjahr, scheinen bereits Intention und Programm des Sozialwissenschaftlichen Instituts der Evangelischen Kirche in Deutschland (SWI) zu signalisieren. Die Lage inmitten des Ruhrgebiets, des größten Stahlproduktions- und Kohlebergbau-Konglomerats Europas, das wie kaum eine Region Deutschlands vom Takt der Arbeits- und Industriegesellschaft geprägt ist, bot sich für das geplante wissenschaftliche Institut an, weil nicht zuletzt Themen der Arbeits- und Industriegesellschaft sein Arbeitsgebiet sein sollte und man sich Kooperationsmöglichkeiten mit der damals neugegründeten Ruhr-Universität ausrechnete. Außerdem befindet sich Bochum fast genau auf der Grenze zwischen den Landeskirchen von Westfalen und des Rheinlands, den damaligen Hauptinitiatoren zur Gründung des Instituts.

1969, das war auch die Zeit der Studentenbewegung, bestimmt durch gewachsenes gesellschaftliches Bewußtsein und Fundamentalkritik an der westdeutschen Gesellschaft,

Abb. 131: K. Lefringhausen

wovon auch Kirche und Theologie nicht unbeeinflußt blieben, ja, wovon sogar sie selbst zerrissen zu werden drohten. Klaus Lefringhausen, erster Leiter des SWI, beschreibt diese Situation in einem Rückblick auf die Gründungszeit des Instituts folgendermaßen: "Soziologie und politische Ökonomie genossen eine solche Anziehungskraft, daß die Gründungsväter [des SWI] nach Möglichkeiten eines Dialogs zwischen Theologie und Sozialwissenschaften suchten, nicht zuletzt aus der Befürchtung heraus, es könnte zu einer Soziologisierung der Theologie, statt zu einem Dialog ohne Identitätsaufgabe kommen."[1]

Um so erfreulicher ist es, wenn heute, mehr als zwanzig Jahre später, der Ratsvorsitzende der Evangelischen Kirche in Deutschland (EKD), Bischof Martin Kruse, dem Institut bescheinigen kann, "eine leistungsfähige sozialwissenschaftliche Arbeitsstelle [zu sein], die ihren Teil mit dazu beiträgt, daß unsere Expertenkreise, die Kammern und Kommissionen, die funktionalen Dienste, Werke und Einrichtungen mit ihren Fachausschüssen, die Erwachsenenbildung, der Kirchliche Dienst in der Arbeitswelt sowie die Fachreferate in den Kirchenleitungen sich den Fragen, Themen und Herausforderungen, die anstehen und zu denen sich die Kirche äußern muß, stellen können."[2]

Es war also kein Strohfeuer, das mit der Gründung des Instituts entzündet wurde, zumal die Idee dafür bereits lange zuvor im Schwange war. Umstritten sei damals nicht so sehr die Frage seiner Notwendigkeit gewesen, als vielmehr die nach seiner Zuordnung zu den Kammern der EKD, seiner Themenschwerpunkte, des Verhältnisses von wissenschaftlicher Autonomie und kirchenpolitischer Dienstleistung und dem Problem der Einflußnahme, landeskirchlicher Interessen auf Personalentscheidungen, berichtet Lefringhausen weiter.

Diese konflikträchtigen Unklarheiten bestanden auch nach Gründung des Instituts bis in die jüngste Zeit fort, zumal die Abgrenzung von solchen kirchlichen Institutionen unklar blieb, die sich ebenfalls dem sozialdiakonischen Auftrag der Kirche verpflichtet wissen. Hierzu zählen insbesondere die Kammern der EKD. Dies sind Gremien, die sich aus evangelischen Fachleuten von politischen Parteien, Gewerkschaften, Unternehmen und Verbänden zusammensetzen, bei deren Berufung der Rat der EKD neben der Fachkompetenz dem Grundsatz der politischen und gesellschaftlichen Ausgewogenheit besonders Rechnung tragen möchte. Durch eine möglichst heterogene und interdisziplinäre Zusammensetzung möchte die EKD nämlich sichern, daß die Themen von unterschiedlichen gesellschaftlichen und fachlichen Positionen her reflektiert und beurteilt werden und die Pluralität des Protestantismus hinreichend zum Ausdruck kommt.

Der Ertrag der Arbeit in den Kammern äußert sich hauptsächlich in Denkschriften, Studien und Stellungnahmen, die vom Rat der EKD approbiert werden und als Versuch der Kirche zu verstehen sind, ihrem Auftrag zur Förderung von gesellschaftlicher Versöhnung und sozialer Gerechtigkeit nachzukommen: nämlich Tabus zu durchbrechen, die eine sachgemäße Diskussion politischer Probleme hindern; auf Gesichtspunkte hinzuweisen, die jenseits der Interessenstandpunkte der beteiligten Gruppen liegen; ethische Zielvorstellungen in die öffentliche Diskussion einzuführen, die in der Auseinandersetzung der Interessen verdrängt werden; Beiträge zur öffentlichen Konsensbildung zu leisten, die an den Zielen des Friedens und der sozialen Gerechtigkeit orientiert sind.

Aufgrund solcher Zielvorstellungen bildete insbesondere die Frage des Verhältnisses des SWI zu den Kammern in den ersten Jahren der Sicherung und Selbstbehauptung einen besonderen Streitpunkt, der sich sowohl auf organisatorische wie thematische Aspekte bezog. Zumal im Arbeitsauftrag, den man bei Gründung des Instituts zwischen der EKD und mehreren Gliedkirchen vereinbart hatte, dies nicht eindeutig geklärt worden war. Danach ist das SWI als wissenschaftliche Beratungs- und Forchungseinrichtung der Kirche gehalten, durch sozialethische und sozialwissenschaftliche Studienarbeit der Verkündigung und dem Dienst der Kirche in einer sich wandelnden Gesellschaft die wissenschaftliche Grundlage zu geben. Es dient so dem Eintreten der Kirche für Gerechtigkeit und Frieden in der Welt. Zu diesem Zweck beobachtet und analysiert das Institut die politisch-gesellschaftlichen Entwicklungstendenzen und zeigt die für den Auftrag der Kirche bedeutenden sozialethischen Fragen auf.

Das Institut solle - so lautet der Arbeitsauftrag weiter - dem Rat der EKD und den Leitungen der Gliedkirchen sowie den Einrichtungen der kirchlichen Sozial- und Industriearbeit zur Beratung zur Verfügung stehen sowie mit seiner wissenschaftlichen Arbeit den Kammern der EKD für öffentliche Verantwortung, für soziale Ordnung und für kirchlichen Entwicklungsdienst dienen. Mit Recht bezeichnet rückschauend Horst Zilleßen, von 1970 bis 1980 Leiter des SWI, diesen damals formulierten Anspruch als unglaublich überzogen. "Wie maximal sechs wissenschaftliche Mitarbeiter ,der Verkündigung und dem Dienst der Kirche ... die wissenschaftliche Grundlage hätten geben können, bleibt schlechthin unerfindlich."[3] Glücklicherweise, so Zilleßen weiter, sei die Arbeit aber nie an der Vollmundigkeit dieses Auftrags gemessen worden.

Mit Übernahme der Institutsführung durch den jetzigen Leiter, Professor Dr. Günter Brakelmann, im Jahre 1983 hat sich der Themenschwerpunkt der Institutsarbeit vor allem auf Probleme der Arbeitswelt, der Technikentwicklung, der Wirtschaftsordnung, der Frauenpolitik und des Sozialstaats zugespitzt. Nicht zuletzt wegen der beschränkten Mitarbeiterzahl mußten dabei die ebenfalls relevanten Problembereiche des Umweltschutzes, der Lebensqualität und der Entwicklungspolitik ausgeklammert werden, für die man im Institut zuvor bedeutende Vorarbeiten geleistet hatte.

Die fünf heute im SWI tätigen wissenschaftlichen Referenten kommen aus verschiedenen Wissenschaftsdisziplinen und stehen neben ihrer Forschungs- und Publikationstätigkeit mit umfangreicher Beratungs- und Vortragstätigkeit einer Anzahl von außerkirchlichen und innerkirchlichen Gremien und Institutionen zur Verfügung. Ein besonderer Kontakt besteht mit der Kammer der EKD für soziale Ordnung, in der ein Mitarbeiter als Gast einen Sitz innehat.

Der Kontakt mit Personen, Institutionen und Verbänden ist für die laufende Arbeit des Instituts von besonderer Bedeutung. Denn im Dialog und in Konfrontation mit alternativen wissenschaftlichen und politischen Positionen und Standpunkten ergeben sich nicht allein gesellschaftsrelevante Fragestellungen, sondern lassen sich auch sozialwissenschaftliche und -ethische Argumente, Ansichten und Forschungsergebnisse überprüfen, korrigieren, modifizieren bzw. erhärten.

Als beispielhaft können dafür Themen der jüngsten Forschungsarbeiten des Instituts genannt werden. So untersuchte das abgeschlossene, von der gewerkschaftseigenen Hans-Böckler-Stiftung geförderte Projekt "Kirche und Gewerkschaften im Dialog" das traditionell durchaus nicht spannungslose Verhältnis dieser beiden ungleichen öffentlichkeitsrelevanten Institutionen an ihrer Basis. Dabei galt es, die zahlreichen im Lande verstreuten, meist nur regional begrenzten Kooperationen zu erfassen, sowie die Erfahrungen der daran Beteiligten auszuwerten. Eine kritische Sichtung des Genossenschaftswesens in der Bundesrepublik Deutschland, der Stellung von Frauen im Erwerbsleben, der Lebenslage von Langzeitarbeitslosen und der Probleme der Sonntagsarbeit waren einige der weiteren Themen.

In den zahlreichen SWI-Publikationen wird der Ertrag der Institutsarbeit der Öffentlichkeit nahegebracht. Angestrebt wird dabei, auch durch Hinzuziehen externer Autoren, verschiedene, oft gegensätzliche gesellschaftsrelevante Positionen zu Worte kommen zu lassen, aber auch aktuelle Probleme aufzugreifen. Dies ist nicht zuletzt als Beitrag dafür zu werten, die öffentliche Interessens- und Argumentationslage zu vertiefen und transparenter zu gestalten. Insofern können sie als Ergänzung zu den Veröffentlichungen der EKD-Kammern verstanden werden.

Dem direkten Gespräch mit der Öffentlichkeit dient die Veranstaltungsreihe SWI

Colloquien. In unregelmäßigen Abständen durchgeführt, sollen sie Interessenten aus Kirche, Wirtschaft, Politik und Wissenschaft Gesprächsforen für aktuelle, sozial-, wirtschafts- und gesellschaftspolitische Fragen bieten, die den fairen Austausch von Informationen und Argumenten erlauben. Zu diesen Gesprächsrunden werden jeweils kompetente Persönlichkeiten eingeladen.

Für die zukünftige Arbeit wird es notwendig sein, die wachsende Fülle von empirischen Daten und Literatur mehr als bisher mit Hilfe der neuesten Datentechnik zu erfassen. Denn gewandelt haben sich auch die Erwartungen an die Arbeit eines wissenschaftlichen Instituts in einer Informationsgesellschaft, werden doch zukünftig mehr noch als bisher jene über die Möglichkeiten zur Durchsetzung ihrer Interessen verfügen, welche die wachsende Flut von Informationen beherrschen und sie angemessen einzusetzen vermögen. Informationen werden also noch mehr als bisher zum prägenden Element unserer Gesellschaft werden. Verstärkt wird es deshalb zukünftig auch für das SWI um das Erfassen, Verwalten und Aufbereiten der Datenfülle gehen, um sie für die Entscheidungsträger und Multiplikatoren in Kirche und Gesellschaft sowie für die Wissenschaft besser verfügbar zu machen.

Die Evangelische Fachhochschule in Bochum

"Den Dialog zwischen Theologie und Humanwissenschaften zu fördern und selbst Bildung und Ausbildung im tertiären Bildungsbereich mitzugestalten, waren tragende Gründe für die Errichtung der Hochschule durch die Landeskirchen in Nordrhein-West-

Abb. 132: Sprecherziehung in der Fachhochschule

falen. Die Fachhochschule bildet im Auftrag der Landeskirchen für soziale und theologisch-pädagogische Berufe aus, die zu fördern in kirchlicher und diakonischer Verantwortung liegen, Sozialarbeit/ Sozialpädagogik/ Heilpädagogik/ Religionspädagogik. Sie erfüllt die Aufgabe als Fachhochule, indem sie durch anwendungsbezogene Lehre auf berufliche Tätigkeiten vorbereitet, die die Anwendung wissenschaftlicher Erkenntnisse und Methoden erfordern."[4]

Eine Fachhochschule dieser Art stellte für die Kirche, in deren Trägerschaft diese Einrichtung gegründet worden war, ein Novum dar. Wenn es auch bereits kirchliche Hochschule gegeben hatte, so wurde mit diesem Schritt erstmalig eine Hochschule für den sozial-pädagogischen Wissenschaftsbereich gebildet.[5]

Den Anstoß dazu gab der in einer Ministerpräsidentenkonferenz vom 31.10.1968 gefällte Entschluß zur Errichtung von Fachhochschulen und das daraufhin am 2.7.1969 erlassene Fachhochschulgesetz, welches die Umwandlung der höheren Fachschulen für Sozialarbeit zu Fachhochschulen vorsah. Damit war die Kirche vor folgendes Problem gestellt: "In Zukunft wird es keine Höheren Fachschulen mehr geben, sondern lediglich Fachhochschulen oder Fachschulen. Wenn die Evangelische Sozialschule ihren gegenwärtigen Status nicht verlieren will und erheblich in Niveau, Ausbildungsart und Ausbildungsziel absinken soll, ist eine Umwandlung in eine Fachhochschule erforderlich."[6]

Von der Kirche war somit die Bereitschaft gefordert, ihr Ausbildungsangebot für Sozialarbeiter und Sozialpädagogen auch unter den veränderten Bedingungen aufrecht zu erhalten. Als Grundsatz hierbei galt: "Es gehört zum diakonischen Auftrag der Kirche, Sozialarbeit und die Ausbildung hierfür nicht allein öffentlichen Stellen zu überlassen."[7]

Verfolgte die Kirche als einer der größen Arbeitgeber im sozialen Bereich damit eine alte Verpflichtung, so war auch die neugegründete Fachhochschule keine Neugründung im eigentlichen Sinne. Sie war durch eine Zusammenlegung von fünf zuvor meist getrennt arbeitenden Einrichtungen entstanden.

Das Kernstück bildete die 1927 von der Westfälischen Frauenhilfe in Bielefeld ins Leben gerufene Wohlfahrtsschule bzw. Sozialschule, welche 1930 nach Gelsenkirchen und 1960 endgültig nach Bochum verlegt wurde. Diese Sozialschule wurde fortan zum Fachbereich 1: "Sozialwesen" mit den eng verbundenen Studiengängen Sozialarbeit und Sozialpädagogik.

Bereits im Jahr 1930 wurde die Verlegung ins Ruhrgebiet damit begründet, "den Studierenden Gelegenheit zu geben, die sozialen Probleme mitten im Industriegebiet kennenzulernen". Dieser Grundsatz gilt noch heute.[8] Daher blieb es für den Fachbereich 1 beim Standort Bochum, der zudem zentraler Verwaltungssitz der Evangelischen Fachhochschule der Landeskirchen von Rheinland, Westfalen und Lippe ist.

Die mit dieser Standortwahl verfolgte Absicht, das Ausbildungsziel mit den speziellen Problemen dieser Region praxisnah zu verbinden, hatte sich schon vor der Gründung der Fachhochschule bewährt. Seit der Öffnung der Sozialschule für männliche Studenten im Jahr 1948 wurde diese mit zeitweilig 240 Studenten zu einer der größten Höheren Fachhochschulen in der Bundesrepublik.[9]

Auf Grund dieses starken Anwachsens mußte auch die Frage der Trägerschaft neu geregelt werden. Die Evangelische Frauenhilfe sah sich außerstande, diese stark expandierende Einrichtung weiterhin zu tragen, zumal das Ausbildungsprogramm der Sozialschule mit der nach dem Zweiten Weltkrieg stärker einsetzenden Betonung der Sozialpädagogik sich nach ihrer Ansicht nicht mehr mit deren Aufgabenbereich deckte.[10]

Die Übernahme der Trägerschaft durch die Landeskirchen wurde im wesentlichen mit der diakonischen Verpflichtung zu einer eigenständigen Sozialarbeit begründet.

Die weitere Umstrukturierung der Sozialarbeit gestaltete sich wie folgt: Die seit 1966 bestehende "Höhere Fachhochschule für Sozialarbeit des Diakonischen Werkes Düsseldorf - Kaiserswerth" wurde zum Fachbereich 2: "Sozialwesen" mit Beschränkung auf den Bereich Sozialpädagogik, dem das Heilpädagogische Institut in Senne angegliedert ist.

Abb. 133: Die Ev. Fachhochschule in Bochum

Der Fachbereich Theologie und Religionspädagogik fußt auf dem Seminar für Katechetik und Gemeindedienst in Bochum, einem ehemals 1960 verselbständigten Zweig der dort ansässigen Evangelischen Sozialschule. Mit seiner Gründung wechselte dieser neue Fachbereich 3 seinen Sitz von Bochum nach Düsseldorf.

War die Fachhochschule so durch die Zusammenlegung bzw. Umstrukturierung verschiedener Einrichtungen geschaffen worden, so hatte die neue Rechtsform als staatlich anerkannte Fachhochschule zwangsläufig Konsequenzen für den Lehrbetrieb: Durch die Auflösung der Klassenverbände wurde der Lehrbetrieb grundlegend verändert, die Eigeninitiative des einzelnen Studenten wurde der bestimmende Faktor. Daneben bleibt das Problem einer einseitig theoretischen Ausrichtung eine weitere Hauptsorge der Einrichtung, der man durch ein Bewahren des Kontaktes zu den Praxisstellen der Vorgängereinrichtungen zu begegnen versucht.

Bedeutung der Humanwissenschaften für die Ausbildung

"Da Kirche immer Kirche für andere ist, hat sie den Dialog zwischen Theologie und Humanwissenschaften besonders zu fördern, und zwar auf dem gleichen Niveau wie dem der sie umgebenden staatlichen Umwelt - oder sie muß sich selbst aufgeben".[12]

Die nach dem Zweiten Weltkrieg komplexer gewordene Tätigkeit eines Sozialpädagogen/arbeiters bedingte eine verstärkte Differenzierung der Humanwissenschaften in der Ausbildung.

Diese Ausweitung ist auf Grund des wissenschaftlichen Anspruchs einer Fachhochschule notwendig, ergibt jedoch im Fall einer Evangelischen Fachhochschule die Frage nach dem Verhältnis zwischen "evangelischer Zielsetzung" und Humanwissenschaften. Aus diesem Gegenüber von Theologie und Humanwissenschaften bezieht die Fachhochschule jedoch im wesentlichen ihr Selbstverständnis: "Nach innen kommt die evangelische Zielsetzung dadurch zum Ausdruck, daß ... der Dialog zwischen den Disziplinen so geführt wird, daß die gegenseitigen Anfragen, insbesondere zwischen Theologie und Humanwissenschaften mit gleichem Gewicht behandelt werden, ... Die Evangelische Fachhochschule hat also nicht weniger oder anderes als die staatliche Fachhochschule zu leisten, sondern mehr. Dieses 'Mehr' besteht in dem ständigen kritischen Dialog zwischen Theologie und Humanwissenschaften ... An der Evangelischen Fachhochschule ist also weder ein Humanwissenschaftler denkbar, der theologischen oder kirchlichen Fragen gegenüber nicht offen wäre, noch ein Theologe, der sich humanwissenschaftlichen Fragen verschlösse."[13]

5.5

241

Dieser Gedanke des kritischen Dialogs bzw. der gegenseitigen Durchdringung beschränkt sich "allerdings nicht nur auf den unmittelbaren Bereich der FH, sondern bezieht bewußt das spätere Arbeitsfeld mit ein, welches ja nicht zwangsläufig im kirchlichen Bereich liegen muß. Mit dieser Zielsetzung, auch "evangelisch orientierte Mitarbeiter für den nicht-kirchlichen Raum auszubilden"[14], schließt sich die evangelische FH RWL direkt an die evangelische Sozialschule in Bochum an. Auch danach war ein Leitgedanke der, daß sich eine mit evangelischen Gehalten erworbene Ausbildung auch auf einen nicht - kirchlichen Arbeitsplatz auswirken mußte[15].

Somit versuchte die Fachhochschule, einerseits durch ein breit gefördertes, wissenschaftlich fundiertes Lehrangebot den gestiegenen Anforderungen an einen Sozial-Beruf gerecht zu werden und sah andererseits die theologische Komponente ihrer Ausbildung als wertvolle Bereicherung an. Damit erhält nicht nur die Ausbildung eine zusätzliche Qualifikation, sondern man will den evangelischen Hintergrund sozialer Tätigkeit für die spätere Berufspraxis verdeutlichen.

Ulf Claußen /Hanns Neidhardt

1. Klaus Lefringhausen: Am Anfang war...Die Gründung des SWI, in: U. Claußen (Hrsg.), Moderne Zeiten - soziale Gerechtigkeit? 20 Jahre Sozialwissenschaftliches Institut der Evangelischen Kirche in Deutschland, Bochum 1989, S. 13
2. Vorwort in: Ulf Claußen, a.a.O., S.7
3. H. Zilleßen: Die ersten zehn Jahre, in: U. Claußen, a.a.O., S. 15
4. M. Neufelder, 1971 bis 1981 - 20 Jahre Evangelische Fachhhochschule Rheinland-Westfalen-Lippe - Grund und Anlaß für die Rückbesinnung und Bestandsaufnahmen, in: M. Neufelder (Hrsg.), Lehre, Forschung, Studium, Festschrift zum 10-jährigen Bestehen der Evangelischen FH RWL, Bochum 1981, Vorwort
5. S. Willemsen, 10 Jahre Evangelische Fachhochschule Rheinland-Westfalen-Lippe, in: Lehre, Forschung, Studium ..., a.a.O., S. 6
6. Beschlußentwurf des Landeskirchenamtes für die Landessynode - Fachhochschule - vom 30.9.69, S. 2
7. Beschlußentwurf des Landeskirchenamtes..., a.a.O., S. 2
8. Evangelische Sozialschule wird nach Bochum verlegt, in: Hand am Pflug, Nr. 4 1959 S. 15/vgl. S. Willemsen, Fachbereich I der Evangelischen Fachhochschule Rheinland- Westfalen-Lippe Abteilung Bochum, in: Diakonie im Rheinland, Nr. 1 1976, S. 33
9. Wie Anm. 2, S. 3
10. Vgl. Beschlußentwurf des Landeskirchenamtes..., a.a.O., S. 1
11. Vgl. Vorlage des Unterausschusses des Berichtausschusses, S. 2
12. H.-A. Siempel, Die kirchlichen und theologischen Aufgaben, in: Lehre, Forschung, Studium..., a.a.O., S. 31
13. H.-A. Siempel, a.a.O., S. 33
14. H.-A. Siempel, a.a.O., S. 31
15. Vgl. S. Willemsen, Fachbereich I..., a.a.O., S. 32

Erlebte Entwicklungshilfe - Die evangelische Jugend Gelsenkirchen zu Gast in Tansania

Auf der Herbsttagung des CVJM-Kreisverbandes Gelsenkirchen im Jahre 1973 in der Evangelischen Jugendfreizeitstätte Gahlen war der CVJM-Weltbundsekretär Fritz Pawelzik zu Gast.[1]

durfte, deshalb erwünscht gewesen, weil der Staat selbst nicht in der Lage war, ein umfassendes Bildungsangebot zu finanzieren.[3]

Schulprojekte in den Entwicklungsländern zu unterstützen habe bedeutet, den An-

Abb. 134: Pastor Erich Müller mit Schülern der Secondary School Kolila 1974

Fritz Pawelzik lebte damals in Nairobi, wo er in der Mitarbeiterschulung für Kenia, Tansania und Uganda tätig war. Er hat den Gelsenkirchenern berichtet, daß in Tansania Partner benötigt würden, um Schulen aufzubauen.[2]

Die Errichtung privater weiterführender Schulen war in Tansania mit der Auflage, daß nur geringes Schuldgeld eingefordert werden

satz einer "Hilfe zur Selbsthilfe" ernst zu nehmen. In einer Zeit, in der Entwicklungshilfe über die Regierung abgewickelt wurde und in Form von Großprojekten und finanziellen Zuwendungen ihren Ausdruck fand, haben Mitarbeiter des CVJM und des Jugendpfarramtes in Gelsenkirchen das erste Begegnungsprogramm mit Tansania ins Leben gerufen.[4]

Bei einer internationalen Jugendbegegnung mit dem "Tanzania National Y.M.C.A." mit Sitz in Moshi sollte mit einem Arbeits- und Begegnungsprogramm der persönliche Kontakt mit den Menschen dort auf einer Ebene geknüpft werden, auf der Entwicklungshilfe als eine Form von Partnerschaft sichtbar würde. Nicht die Geldspende der reichen Deutschen an ihre ehemalige Kolonie[5] war gefragt, sondern Mithilfe bei Projekten, die die Betroffenen in Tansania selbst leiten wollten.[6]

Abb. 135: Die Pastoren E. Müller und A. Nossit mit dem Direktor der Secondary School in Kolila

In Verhandlungen mit dem "Y.M.C.A. Tanzania" darüber, was eine Gruppe aus Deutschland durch einen sozialen Einsatz überhaupt bewirken könne, entstand die Idee, mit dem Projekt "Licht für Kolila" einen fest umrissenen kleinen Beitrag für bessere Lebensverhältnisse zu leisten. Die 240 Schülerinnen und Schüler der vom "Y.M.C.A. Tanzania" getragenen Internatsschule Kolila in Old Moshi am Fuße des Kilimandscharo lebten in äußerst primitiven Unterkünften.[7] Dem "Y.M.C.A. Tanzania" überließ man zwar die Häuser der ehemaligen deutschen Verwaltung, elektrisches Licht gab es aber nicht.[8] Erich Müller als Leiter des Jugendpfarramtes und Alfred Nessit, Jugendpfarrer aus Gelsenkirchen-Erle, begleiteten die 19 Teilnehmer der ersten Sudienbegegnungsfahrt vom 07. - 28. September 1974 nach Old Moshi, mit der die Elektroinstallation für die Secondary School Kolila vorgenommen wurde. Spenden in Höhe von 12.000,- DM wurden allein in Gelsenkirchen aufgebracht und zum größten Teil für Elektro-Material verbraucht, das in Tansania nicht erworben werden konnte. Die Fahrtkosten mußten von den Teilnehmern selbst getragen werden. Die Elektrizitätsgesellschaft Tanescu in Tansania hat den Gelsenkirchener Elektromeister anerkannt und somit die bevorstehenden Arbeiten genehmigt.[9] Dieser Vorgang macht deutlich, daß es nicht darum gehen konnte, mit Gedanken einer technischen Überlegenheit aufzutreten und die Arbeit vor Ort in die Hand zu nehmen. Der Lernprozeß habe vielmehr darin bestanden, die erfolgte Emanzipation der Afrikaner zu akzeptieren und sich auch bei der konkreten Arbeitssituation unter ihre Leitung zu stellen. Damit dies gelingen konnte, war es hilfreich, daß einige Teilnehmer das gemeinsame freiwillige und unentgeltliche körperliche Arbeiten in Gelsenkirchen bereits kennengelernt hatten. Dort war es nämlich schon bei der Renovierung und dem Ausbau der Evangelischen Jugendfreizeitstätte Gahlen darum gegangen, mit diakonischen Einsätzen an Wochenenden Arbeiten auszuführen, die anders gar nicht finanziert werden konnten. Dabei habe sich herausgestellt, daß man sich näher kommt und lernt, alles miteinander zu bereden, denn: "Das Miteinander-Arbeiten verbindet Menschen".[10] Während der ersten Fahrt nach Tansania im September 1974 konnte die Elektroinstallation auf dem Gebiet der Internatsschule nicht abgeschlossen werden, weil das nach Daressalam verschiffte Arbeitsmaterial nicht verfügbar war. Die Regierung hatte versucht, die hohe Arbeitslosigkeit mit einem Benutzungsverbot der Verladekräne im Hafen zu bekämpfen, wodurch die Schiffsladungen erst mit erheblicher Verspätung gelöscht werden konnten.[11]

Obwohl die Teilnehmer sich vor Antritt der Reise eingehend über die politischen, sozialen und kulturellen Bedingungen in Tansania informiert hatten,[12] konnten sie sich nur mit Schwierigkeiten auf diese Lebens- und Arbeitsbedingungen im Lande einstellen. Dabei habe man jedoch gelernt, daß eine technische Überlegenheit der Deutschen in Afrika weniger gefragt ist als die Fähigkeit der Afrikaner zur Improvisation.[13]

Die Abschiedsrede des Schulleiters von Kolila zeigte, daß der Arbeitseinsatz ein ideeller Erfolg war und seine Botschaft verstanden worden ist.[14]

Eine zweite Fahrt des Elektromeisters mit zwei weiteren Handwerkern aus Gelsenkirchen wurde vom 31.01. - 16.02.1975 vom Jugendpfarramt und dem CVJM Kreisverband Gelsenkirchen getragen, wodurch die Schülerhäuser mit einer kompletten elektrischen Installation versehen wurden.

Auf dieser Reise erfolgte auch eine spontane Einladung des Generalsekretärs des "Y.M.C.A. Tanzania", Jacob Georg Mallya, zu einem Besuch nach Gelsenkirchen[15], durch den die Beziehungen mit dem Kirchenkreis gefestigt werden konnten.

Um die Kontakte zu Tansania überall in Gelsenkirchen ins Gespräch zu bringen, ist eine Vortragsarbeit in Frauenhilfen und anderen Gruppen der Kirchengemeinde gestartet worden. Ferner wurden für die Kinder der Secondary School Kolila Brieffreunde gewonnen.[16] Unterrichtsmaterial, wie Schreibmaschinenpapier, Wolle und Stricknadeln, Stoff und Nähzeug, wurde von CVJM-Gruppen und dem Kreisverband Gelsenkirchen für eine Mädchenschule organisiert.[17] Im Laufe der Zeit sind auf Bitten der Afrikaner Hilfsgüter jeglicher Art, z.B. Brillen, Fahrräder oder Nähmaschinen, nach Tansania verschifft worden. Finanzielle Mittel wurden durch Gemeindefeste, Aktionen wie Weihnachtsmärkte des CVJM und Spenden von Privatpersonen und Firmen erwirkt.[18] Beim Kreiskirchentag, dem "Tag für alle" in Gahlen, wurden die laufenden Projekte bekannt und mehrfach zum zentralen Thema gemacht.[19] Somit habe diese Perspektive der unmittelbaren Entwicklungshilfe den Kirchenkreis lange Zeit geprägt.[20]

Wichtig war es auch, daß der Ausschuß für Weltmission der Synode Gelsenkirchen für diese praktische Arbeit gewonnen werden konnte. Damit schuf man wichtige Voraussetzungen, um über die Jugendarbeit im Kirchenkreis hinaus, durch die Einbeziehung anderer Altersgruppen in den Gemeinden, das Begegnungsprojekt mit Tansania auf eine breitere finanzielle Basis zu stellen.[21]

Abb. 136: Jugendliche beim Arbeitseinsatz für das Projekt "Licht für Kolila"

Gerhard Arndt, der Beauftragte für Weltmission hat 1976 die zweite Begegnungsreise mit 19 Teilnehmern geleitet. Sie ging auf einen Vorschlag des "Y.M.C.A. Tanzania" zurück, ein "work camp" in der Girl Secondary School Masama durchzuführen.[22] Ein Arbeitsbeitrag dort war besonders vordringlich, weil die Schule ihre bisherigen Gebäude in absehbarer Zeit zu räumen hatte und Fachkräfte für bestimmte Arbeiten fehlten. Die Teilnehmer wollten die Wasserversorgung der Schule durch den Ausbau einer Quelle sicherstellen und die Quelle über eine 1.500 Meter lange Leitung mit der Schule verbinden. Die Arbeiten an der Quelle wurden vom Wasseramt in Moshi geplant und überwacht, so daß auch bei diesem Projekt die Teilnehmer der Reise zusammen mit Schülerinnen aus Tansania lediglich ihre Arbeitskraft zur Verfügung stellten. Arbeitsmaterial war diesmal vor Ort gekauft worden. Gerhard Arndt beschreibt die Wirkung des körperlichen Arbeitseinsatzes der Gruppe eindrucksvoll: "Verwundert und belustigt sehen uns viele Dorfbewohner zu. Weiße Straßenarbeiter in Masama, das ist wahrhaftig kein Alltagsbild für sie. Und dann noch solche, die einen roten Kopf bekommen von der Anstrengung in der Hitze .... Hobbyarbeiter, die kein Geld wollen und kein Dankeschön, die Kontakt suchen ..., die ein sichtbares Zeichen für Bruderschaft und Nächstenliebe erproben wollen ...."[23]

Auf dieser Reise hat es schon erste Versuche gegeben, eine Kirchenkreispartnerschaft aufzubauen. Da in der Gegend um Moshi jedoch auf kirchlich-struktureller Ebene schon andere Kontakte bestanden, wurde erst 1984 eine Partnerschaft Gelsenkirchens mit einem anderen Gebiet in Tansania, nämlich der Ost- und Küstendiözese Morogoro begründet.[24] Auf der Ebene der Begegnungsfahrten der Jugend haben in der Folgezeit etwa alle zwei Jahre Arbeitseinsätze in Tansania stattgefunden, die wiederum der Schule Kolila und einem Berufsschulprojekt in Mwanga galten.[25]

Der Arbeitseinsatz der Gelsenkirchener kann aufgrund fehlender Fachkräfte in Tansania schon als wertvolle Hilfe gewertet werden. De ideellen Wert aber, der dadurch erzielt wurde, daß Weiße aus einer reichen Industrienation einmal nicht als Respektpersonen im weißen Anzug auftreten, wiegt um so höher. Die Gelsenkirchener, so Fritz Pawelzik, wären eben als richtige Arbeiter und Handwerker dort hingekommen, um den Afrikanern zu zeigen: "Wir machen auch die Drecksarbeit". Auch hätten sie nicht viel gepredigt, sondern sich beim Gottesdienst hinten hingesetzt und mitgesungen.[26]

Zu einem bleibenden Eindruck, so ein regelmäßiger Teilnehmer der Begegnungen, wurde für die Gelsenkirchener dagegen die Erfahrung, daß bei den Menschen in Afrika, ganz anders als bei den Deutschen, "der Glaube im Alltag eine Rolle gespielt hat".[27]

Bis heute werden die Kontakte gepflegt, und eine fruchtbare Zusammenarbeit in der Zukunft kann dann erwartet werden, wenn beide Seiten über persönliche Beziehungen Möglichkeiten und Grenzen der Zusammenarbeit immer wieder neu abstecken.

Christine Schönebeck

1. Vgl. Müller, Erich: Die Jugendfreizeitstätte Gahlen 1970 - 1979, in: Ev. Jugendpfarramt (Hrsg.): Ev. Jugendfreizeitstätte Gahlen 1948/1988. Marl 1988. S.18-24. S. 24
2. Vgl. Gespräche mit Fritz Pawelzik vom 9.2.1991
3. Vgl. Informationsmaterial "Projekt Massama. Wir bitten sie wieder um Mithilfe". S. 6, archiviert im Kreisjugendpfarramt Gelsenkirchen
4. Vgl. Gespräch mit Fritz Pawelzik vom 9.2.1991
5. Tansania gehörte von 1885-1918 zur Kolonie "Deutsch-Ostafrika"
6. Vgl. Gespräch mit Erich Müller am 8.2.1991
7. Vgl. Müller, Erich: Bericht über die internationale Begegnung der Ev. Jugend Gelsenkirchen ... vom 07.-28. September 1974 S. 1-2, archiviert im Kreisjugendpfarramt Gelsenkirchen
8. Vgl.Gespräch mit Fritz Pawelzik vom 9.2.1991
9. Vgl. Müller, Bericht über die internationale Begegnung, a.a.O., S. 1; N.N.: 19 junge Leute wollen Licht in afrikanische Schulen bringen, in: Ruhrnachrichten vom 16.08.1974

10. Vgl. Gespräch mit Erich Müller vom 8.2.1991
11. Vgl. Müller, Bericht über die internationale Begegnung a.a.O.,S. 1-2
12. Vgl. N.N., 19 junge Leute a.a.O.,
13. Vgl. Gespräch mit Otto Maletz, Kreisvorsitzender des CVJM Gelsenkirchen, vom 10.2.1991
14. Vgl. Speech by the headmaster, Kolila secondary school ... on 26/9/74, archiviert im Kreisjugendpfarramt Gelsenkirchen
15. Vgl. Kiesewetter, Herbert/Vogel, Gerhard/Maletz, Otto: Bericht über die zweite Tansaniafahrt vom 31.1. bis 16.2.1975. S. 6 und S. 8, archiviert im Kreisjugendpfarramt Gelsenkirchen
16. Vgl. Gespräch mit Erich Müller vom 8.2.1991
17. Vgl. Kiesewetter/ Vogel/ Maletz a.a.O., S. 7
18. Vgl. Gespräch mit Otto Maletz vom 10.2.1991
19. Vgl. Gespräch mit Gerhard Arndt vom 9.2.1991
20. Vgl. Gespräch mit Erich Müller vom 8.2.1991
21. Vgl. Gespräch mit Gerhard Arndt vom 9.2.1991
22. Vgl. Schreiben des Tanzania National Y.M.C.A. vom 11.3.1976, archiviert im Kreisjugendpfarramt Gelsenkirchen
23. Arndt, Gerhard: Bericht von einer Studienreise(...) vom 3.-25. September 1976. S. 5-6, archiviert im Kreisjugendpfarramt Gelsenkirchen
24. Vgl. Gespräch mit Gerhard Arndt vom 9.2.1991
25. Vgl. Gespräch mit Otto Maletz vom 10.2.1991
26. Gespräch mit Fritz Pawelzik vom 9.2.1991
27. Gespräch mit Otto Maletz vom 10.2.1991

Das Modell "Sozialer Friedensdienst" Dortmund

Die Anfänge des zivilen Ersatzdienstes

Am 16. März 1961 erscheint die "Bild-Zeitung" mit der Schlagzeile:"Ohne Tritt Marsch zum 12monatigen Ersatzdienst in Heil- und Pflegeanstalten des Ruhrgebiets heißt es jetzt für 300 von 2.800 bisher anerkannten Kriegsdienstverweigerern in Nordrhein-Westfalen."[1]

Tatsächlich melden sich am 10.4.1961 die ersten 300 Ersatzdienstleistenden bei ihren Einsatzstellen im gesamten Bundesgebiet. Grundlage für ihren Einsatz war das "Gesetz über den zivilen Ersatzdienst" vom 13.1.1960. Darin wird bestimmt, daß im zivilen Ersatzdienst "Aufgaben durchgeführt (werden), die dem Allgemeinwohl dienen. Die Ersatzdienstleistenden ... werden insbesondere zum Dienst in Kranken-, Heil- und Pflegeanstalten herangezogen."[2]

Relativ bekannt geworden sind jene 26 jungen Ersatzdienst leistenden Männer, die am 10. April in den Bodelschwinghschen Anstalten zu Bethel ihren Dienst antraten. Bethel war nicht irgendein Dienstort. Im Bewußtsein des Normalbürgers war Bethel wie auch andere Einrichtungen, die geistig und körperlich behinderte Menschen betreuten, wie z.B. auch die Landeskrankenanstalten in Do-Aplerbeck, nicht mehr als eine Abschiebeanstalt für Irre und Krüppel."Ein angenehmes Gruseln lief über manchen kerzengeraden Rücken:" -schreibt Gerhard Mauz in "Der Welt"- "In 'Bethel', unter Geisteskranken und Irren, da würde es den Burschen schon bange werden!"[3]

Und genau das war beabsichtigt. Mit der Ableistung des zivilen Ersatzdienstes sollte die Wehrpflicht genauso erfüllt werden, wie durch den Wehrdienst selbst.[4]

Abgeleitet wurde der Ersatzdienst - wie es damals noch hieß - vom Soldatendienst. Das Gesetz sei darum bemüht, "im Sinn des Gleicheitsgrundsatzes die Ersatzdienstleistenden zu einer Dienstleistung anzuhalten, die ein nicht größeres, aber auch nicht leichteres Opfer für das Gemeinwohl bedeutet, als der wehrpflichtige Soldat zu bringen verpflichtet ist."[5]

Abb. 137: Sozialer Dienst statt Wehrdienst

Ähnlich argumentierte auch die Evangelische Kirche. In einem Papier, dem sogenannten "Ratschlag zur gesetzlichen Regelung zum Schutze der Kriegsdienstverweigerer", das von einem eigens dafür eingesetzten Ausschuß unter Beteiligung des späteren Militärbischofs Kunst und des späteren Präses der Rheinischen Kirche Beckmann erarbeitet worden war und am 15.12.1955 vom Rat der EKD verabschiedet wird, heißt es: Der Kriegsdienstverweigerer kann, "...wenn er sich dazu bereit findet, zum waffenlosen Dienst in der

Truppe (z.B. Sanitätsdienst) einberufen werden. Andernfalls ist er zu einem, unter ziviler Leitung stehenden Ersatzdienst von gleicher Zeitdauer und gleicher Schwere wie der Wehrdienst einzuziehen. Die Möglichkeit der Ableistung eines "Friedensdienstes" zu gleichen Bedingungen in besonderen Einrichtungen kirchlicher oder freier Organisationen ist vorzusehen."[6]

In dieser ersten offiziellen Stellungnahme der Evangelischen Kirche zur Frage des Ersatzdienstes für Kriegsdienstverweigerer zeigt die aufgeführte Reihenfolge der möglichen Verwendungen eindeutig die damalige Zielrichtung kirchlicher Politik an: Vorrangig ging es ihr um den Schutz der Kriegsdienstverweigerer vor Ungleichbehandlung - wie der Titel des Ratschlages schon nahelegt -, nicht aber um die Aufwertung des Ersatzdienstes zu einem alternativen Friedendienst in Abgrenzung zum militärischen Dienst. Verständlich wird diese zurückhaltende eher passive Position zur Frage des Ersatzdienstes als Friedensdienst auf dem Hintergrund der inneren Zerrissenheit der Evangelischen Kirche selbst.

Im Grundgesetz war ausdrücklich das Recht auf Kriegsdienstverweigerung aufgenommen worden. Das entsprach durchaus der antimilitaristischen Stimmung jener Zeit in der deutschen Bevölkerung. Niemand konnte sich eine Remilitarisierung auf absehbare Zeit vorstellen. F. J. Strauß drückt diese Stimmung treffend aus, wenn er erklärt:"Wer noch einmal ein Gewehr in die Hand nehmen will, dem soll die Hand abfallen."[7]

Die Evangelische Kirche begrüßte in einem Wort der Synode in Berlin-Weißensee vom April 1950 ausdrücklich dieses verfassungsmäßig garantierte Recht auf Kriegsdienstverweigerung und versicherte all diejenigen, die von diesem Recht Gebrauch machten, der besonderen "Fürsprache" und "Fürbitte".[8]

Trotz erheblicher politischer Auseinandersetzungen innerhalb und außerhalb des Parlaments tritt die Bundesrepublik Deutschland im Oktober 1954 der Nato bei, im Februar 1955 werden die Pariser Verträge ratifiziert und im Juli 1956 das Gesetz zur allgemeinen Wehrpflicht verabschiedet, schließlich im März 1958 auch die atomare Bewaffnung der Bundeswehr gefordert. Die Evangelische Kirche in Deutschland stellt sich dieser Entwicklung zunächst massiv entgegen. Im Juli 1948 erklärt die Synode der EKD in Eisenach noch:"Auf Gewalt liegt kein Segen. Kriege führen nur tiefer in Bitterkeit, Haß, Elend und Verwahrlosung hinein. Die Welt braucht Liebe, nicht Gewalt. Sie braucht Frieden, nicht Krieg..."[9] Im August 1950 nimmt der Rat der EKD während des Kirchentages in Essen zum letzten Mal einmütig gegen eine Wiederaufrüstung Stellung: "Einer Remilitarisierung Deutschlands können wir das Wort nicht reden...In jedem Fall muß derjenige, der um seines christlichen Gewissens willen den Dienst mit der Waffe verweigert, die Freiheit haben, sein Gewissen unverletzt zu erhalten."[10]

Widersprüche innerhalb der Evangelischen Kirche

Doch diese Erklärung kann die inneren theologischen Widersprüche innerhalb der Evangelischen Kirche nur mühsam unterdrücken.[11] Bereits im November 1950 wurde diese innerkirchliche Zerrissenheit deutlich, als der Rat der EKiD erklärte , daß "...die Gemeinschaft im Glauben nicht die Einheitlichkeit der politischen Urteile einschließt".[12]

Während der leidenschaftlich geführten Diskussion um die Atombewaffnung eskalierte dieser kirchlich-theologische Streit derart, daß die Frage nach dem Bekenntnisstatus gestellt wurde und damit eine Kirchenspaltung in greifbare Nähe rückte. Die Synode in Berlin-Spandau 1958 konnte mit der berühmten "Ohnmachtsformel" die drohende Spaltung noch einmal abwenden:

"Die unter uns bestehenden Gegensätze in der Beurteilung der atomaren Waffen sind tief. Sie reichen von der Überzeugung, daß schon die Herstellung und Bereithaltung von Massenvernichtungswaffen aller Art Sünde vor Gott ist, bis zu der Überzeugung, daß Situationen denkbar sind, in denen in der Pflicht zur Verteidigung der Widerstand mit gleichwertigen Waffen vor Gott verantwortet werden kann. Wir bleiben unter dem Evangelium zusammen und mühen uns um die Überwindung dieser Gegensätze."[13]

Um der Kirche wieder eine Handlungsfähigkeit in friedenspolitischen Fragen zurückzugeben, wurde auf Anregung des Militärbischofs Kunst wenig später eine Evangelische Studienkommission in Heidelberg gebildet, die versuchen sollte, die konträren theologischen Positionen mit den daraus folgenden Handlungsanweisungen für Christen wieder zusammenzuführen. Die Kommission legt nach mehrmonatiger Arbeit 1959 11 Thesen mit einem Kommentar unter dem Grundthema der Beseitigung von Kriegen im Atomzeitalter vor, die unter dem Namen "Heidelberger Thesen"[14] bekannt geworden sind.

In ihren zentralen Aussagen wird der Weltfrieden als "Lebensbedingung des technischen Zeitalters" postuliert. Ein Krieg im Atomzeitalter sei nicht mehr zu rechtfertigen. Die klassische Lehre zur Rechtfertigung eines Krieges versage völlig. Die Folgerung daraus sei eindeutig: "Nicht die Ausschaltung der Atomwaffen aus dem Krieg, sondern die Abschaltung des Krieges selbst muß unser Ziel sein."(These 3)

Um dieses Ziel zu erreichen, können Christen dann allerdings recht unterschiedliche Entscheidungen treffen und verschiedene Wege gehen, die jeweils von der Kirche als "verantwortbar" anerkannt werden. Einerseits wird der "Waffenverzicht" (die Kriegsdienstverweigerung), andererseits der Wehrdienst in einer atomar bewaffneten Armee als "...eine heute noch mögliche christliche Handlungsweise"(These 8) von der Kirche anerkannt. Und beide Handlungsweisen werden in den Thesen als "komplementäres Handeln" verstanden.

Zwar wird über den Inhalt des waffenlosen Friedensdienstes für Kriegsdienstverweigerer nichts weiter gesagt, aber durch das kleine Wörtchen "noch" wird auf die Vorläufigkeit des militärischen Dienstes verwiesen. In der Dynamik der Thesen liegt die schließliche Überwindung des militärischen Dienstes zu einem alleinigen waffenlosen Friedensdienst.

Auf dem Kirchentag in Hannover 1967 trat an ihre Stelle schließlich die statische Formel des "Friedensdienstes mit und ohne Waffen", die wohl zurecht von politischer Seite als kirchliche Sanktionierung der Bundeswehr aufgefaßt werden konnte.

Zivildienst als Friedensdienst - erste Überlegungen

Gleichzeitig wurden aber auf dem Kirchentag auch Stimmen laut, den Ersatzdienst als spezifischen Friedensdienst zu gestalten und auszubauen. Erste Ansätze eines neu zu gestaltenden zivilen Ersatzdienstes zu einem "Friedensdienst" werden formuliert. So unterstreicht Klaus von Bismarck, der die entsprechende Arbeitsgruppe auf dem Kirchentag zu leiten hatte, daß noch niemand richtig erkannt habe, daß der zivile Ersatzdienst eine Friedensfunktion erfüllt. Der zivile Ersatzdienst könne auf "...längere Sicht seine Friedensfunktion nur dann erfüllen, wenn die sozialen Einsätze für die jungen Männer sinnvoll eingerichtet sind und wenn internationale Dienstformen nicht auf Dauer ausgeschaltet bleiben."[15]

Martin Schröter[16], der Vorsitzende der EAK, der Evangelischen Arbeitsgemeinschaft zur Betreuung der Kriegsdienstverweigerer, geht noch weiter. Er erklärt den zivilen Ersatzdienst zum zukunftgestaltenden Dienst, grenzt ihn ganz vom militärischen Dienst ab und qualifiziert ihn so zum eigentlichen Friedensdienst. Er erklärt: "Der Friedensdienst ohne Waffen will Dienst für morgen sein...Wir kennen die Feinde von morgen: Hunger und wirtschaftliche Unterentwicklung, Intoleranz und Diskriminierung, Analphabetentum und Bevölkerungsexplosion. Gegen diese Feinde helfen keine Waffen... Zweimal hat unser Jahrhundert eine Generalmobilmachung für den Weltkrieg erlebt. Die Mobilmachung für den Weltfrieden steht noch aus."[17]

Bereits 1962 hatte die EAK in ihren Leitsätzen ähnliche Überlegungen angestellt.[18] Ausgehend von der 2.Barmer These werden hier schon einige Grundelemente des später so benannten "Sozialen Friedensdienstes"(SFD) vorweggenommen:

- *Für die Kriegsdienstverweigerer ist Ersatzdienst Friedensdienst*
- *Die äußere Form des Ersatzdienstes soll dem christlichen Verständnis des Friedensdienstes entsprechen*
- *Die Kirche soll dafür sorgen, daß*
  a) der Ersatzdienst als Friedensdienst verstanden und geleistet werden kann
  b) Ersatzdienstleistende zusammen wohnen und arbeiten können
  c) die Ersatzdienstleistenden schon vor und während ihrer Dienstzeit zugerüstet und unterwiesen werden.

1969 skizziert die EKD mit einer Thesenreihe unter dem Titel "Der Friedensdienst der Christen"[19] ihren Beitrag zu einer neuen Friedensethik. Grundlegend ist die Aussage, daß Frieden nicht mit Abwesenheit von Konflikten gleichgesetzt werden kann. Daraus folgt die Erkenntnis, daß ein Frieden, dem Christen dienen sollen, keinesfalls als Abwesenheit von Krieg auf Kosten sozialer Gerechtigkeit verstanden werden kann. Demzufolge fordern sie, "nichtmilitaristische Formen des Friedensdienstes zu schaffen, die eindeutig den Zielen internationaler Solidarität dienen"(S. 21). Eindeutig ordnen die Thesen den Zivildienst in den Bereich der Friedensdienste ein:"Mit dem zivilen Ersatzdienst... sind neue Formen des Friedensdienstes geschaffen worden."(S. 27) Es stellt sich für die Kirche nun die Aufgabe, "einen ausreichenden institutionellen Rahmen für sinnvolle Friedensdienste bereitzustellen. Die Kirche wird diese Aufgabe der Öffentlichkeit bewußt machen und selbst konkrete Initiativen entfalten müssen."(ebd.)

Aber wie sollte dieser Friedensdienst konkret aussehen? Im März 1970 beschäftigt sich eine Tagung in der evangelischen Akademie Mülheim/Ruhr mit der Frage der Neugestaltung des Zivildienstes als Friedensdienst. Eingeladen ins Ruhrgebiet hatte die EAK Betroffene und Vertreter von Organisationen und Gruppierungen, die mittelbar oder unmittelbar mit den Fragen des zivilen Ersatzdienstes beschäftigt waren. Das Ergebnis war ein mit großer Mehrheit angenommener Vorschlag, der das "Wesen des zukünftigen Alternativdienstes" umreißen sollte:

"Der Staat hat die Verpflichtung ...(Kriegdienstverweigerern) einen Beitrag zur Friedensförderung zu ermöglichen. Ein alternativer Dienst... (muß) als Friedensdienst im Gegensatz zur Vorbereitung auf kriegerische Auseinandersetzungen gestaltet werden... Deshalb ist die bisherige gesetzliche Definition: 'Aufgaben, die dem Allgemeinwohl dienen', unzureichend. Der zivile Friedensdienst muß vielmehr Aggressionen der Menschen im individuellen, gesellschaftlichen und zwischenstaatlichen Bereich aufdecken, bewußt machen und im Rahmen seiner Möglichkeiten der Einübung von friedlichen Konfliktlösungen auf rationaler Basis dienen."[20]

Obwohl die Rahmenbedingungen des Mülheimer Modells ausdrücklich keine der beteiligten Organisationen auf ein verbindliches Konzept festlegen wollten, entstanden in der Folgezeit erste Modelle des SFD, die sich explizit auf die Mühlheimer Überlegungen stützten. Eins der ersten Modelle des SFD nach Darmstadt und Hannover war das sogenannte kleine "Dortmunder Modell".

Die Situation in Dortmund

Im Bereich der Vereinigten Kirchenkreise Dortmunds waren bis zum April des Jahres 1969 drei Synodalbeauftragte der Kirchenkreise für Kriegsdienstverweigerer und Ersatzdienstleistende benannt.[21] Ein wesentlicher Teil ihrer Arbeit bestand in der Beratung und der Betreuung von Kriegsdienstverweigerern vor dem Prüfungsausschuß. Hatten sie 1967 noch in 38 Fällen beraten und waren bei 13 Verhandlungen vor dem Prüfungsausschuß tätig gewesen, so stiegen die Zahlen im Jahr 1968 auf 64 Beratungen und 22 Vertretungen vor dem Prüfungsausschuß an. Die folgenden Jahre sollten weitere Steigerungen bringen. Das entsprach durchaus der allgemeinen Entwicklung der Zahl der Anträge auf Kriegdienstverweigerung.[22] Die Aufgaben der Synodalbeauftragten beinhalteten auch die Betreuung der im Dortmunder Raum tätigen Ersatzdienstleistenden, die verschiedenen Trägern der Stadt zugeordnet waren. Ihre Tätigkeitsbereiche erstreckten sich auf

a) das Westfälische Landeskrankenhaus in Do-Aplerbeck
b) die Altenwohnstätte der AWO in Do-Brünninghausen,
c) das Max-Planck-Institut, Do-Mitte und
d) das Evangelische Krankenhaus "Hausemannstift" in Do-Mengede.

Jeder Träger, der vom BfZ, dem Bundesamt für den Zivildienst, anerkannt worden war, bekam direkt Ersatzdienstleistende zugewiesen. Im Rahmen der groben Zielvorgabe des Ersatzdienstes - die Tätigkeiten sollten "dem Allgemeinwohl" dienen - konnten die Träger Art und Inhalt des Dienstes der Zivildienstleistenden im großen und ganzen selbst bestimmen. Das führte dazu, daß sie dort eingesetzt wurden, wo die größten Engpässe auftraten. Vornehmlich wurden sie zu solchen Arbeiten herangezogen, die sonst kaum ein anderer machen wollte, geschweige denn für eine solch geringe Entlohnung.

Eine theoretische Grundlegung oder eine Reflexion des Ersatzdienstes wurde von keinem Träger geleistet, geschweige denn der Ersatzdienst als Friedensdienst verstanden, weder vom Träger noch vom Zivildienstleistenden selbst.

Zunehmend empfanden die Kriegsdienstverweigerer den krassen Widerspruch zwischen ihrem Dienst und der Motivation ihrer Verweigerung. Hier war die Kirche gefordert, der "staatlichen Konzeptionslosigkeit"[23] eine Alternative entgegenzusetzen.

Anfänge des Sozialen Friedensdienstes (SFD) in Dortmund

Motiviert durch neue Überlegungen, die zuletzt in den EKD-Thesen "Der Friedensdienst der Christen" und den Vorschlägen des "Mülheimer Modells" einen aktuellen Ausdruck gefunden hatten, den Ersatzdienst zu einem echten Friedensdienst umzugestalten und ihm einen institutionellen Rahmen im Raum der Kirche zu geben und wohl auch wegen der rapide steigenden Zahl der benötigten Plätze für Zivildienstleistende, entschlossen sich die Vereinigten Kirchenkreise, in Dortmund ein Modell "Sozialer Friedensdienst" zu schaffen. So lud das Diakonische Werk Dortmund[24] im Jahre 1969 Vertreter des Jugendamtes, der Stadt Dortmund und des Caritas-Verbandes ein, um über ein neues Modell, das sogenannte "große Dortmunder Modell" zu diskutieren, das gemeinsame Voraussetzungen dafür schaffen sollte, daß Kriegsdienstverweigerer aus der "Negation - der Verweigerung - zur Position - zum Friedensdienst - kommen könnten"[25]. Ziel war, einen sozialen Friedensdienst unter einem Trägerverbund der oben genannten Träger einzuführen. Einsatz und Einweisung in die einzelnen Stellen sollte zentral von einem neu zu gründenden Verein erfolgen. Als man im Zuge der Entwicklung von der Phase der allgemeinen Erwägungen zur konkreten Realisierung schreiten wollte, scherte das Jugendamt aus dem Kreis der Interessenten aus.

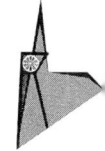

Ersatzdienst - leisten können. Die grundsätzliche Idee des einen Trägers für alle Zivildienststellen sollte beibehalten werden: Gegenüber dem Bundesverwaltungsamt sollte allein das Diakonische Werk als Träger und Ansprechpartner auftreten, dem pauschal eine

Abb. 138: Friedensmarsch der Zivildienstleistenden in Dortmund 1973

Als die Vertreter des Diakonischen Werkes dann bei der Diskussion über den ersten Satzungsentwurf auf der Mitsprache der Zivildienstleistenden in den zu schaffenden Gremien bestanden, zog sich auch der Caritas-Verband zurück. So blieb dem Diakonischen Werk bzw. den Vereinigten Kirchenkreisen nichts anderes übrig, als im Alleingang auf eine "kleine Lösung" des "Dortmunder Modells" zuzugehen Zivildienstleistende sollten unabhängig von den anderen Verbänden im Bereich der Kirche und ihrer Gemeinden eingestellt werden und dort einen alternativen sozialen Friedensdienst - keinen

Anzahl von Zivildienstplätzen zugewiesen werden sollte. Die Zuweisung der Friedensdienstleistenden in die Einsatzstellen sollte dann dem Diakonischen Werk allein vorbehalten bleiben. Um der Realisierung des "kleinen" Dortmunder Modells näher zu kommen, wurde eine Arbeitsgruppe "Sozialer Friedensdienst" ins Leben gerufen, die unter Beteiligung der Betroffenen ein Konzept für den Einsatz von Zivildienstleistenden im Raum der VKK Dortmund/Lünen erarbeiten sollte.

Im Sommer 1971 legt die Arbeitsgruppe dann einen ersten Entwurf vor, der am 2.11.

1971 zusammen mit den Synodalbeauftragten der Kirchenkreise und Zivildienstleistenden nach eingehender Diskussion abschließend verabschiedet wird.Der Entwurf gliedert sich in 2 Abschnitte. Im Abschnitt A: "Vorbemerkungen" wird eine kurze Begründung für den neu zu schaffenden SFD versucht:

Ausgehend von der Empfehlung EKD von 1970, in der sogenannten Sozialhilfe der ev. Kirchengemeinden und Kirchenkreisen vermehrt Arbeitsplätze für Kriegsdienstverweigerer zu schaffen und in Anbetracht der gängigen Praxis, die Kriegsdienstverweigerer auch im Raum der Kirche nur als Lückenbüßer einzusetzen, wird ein inhaltlich neu zu gestaltender Friedensdienst gefordert, der sich vom herkömmlichen unreflektierten Ersatzdienst unterscheiden soll. Dann wird auf die "besondere Verantwortung" der Kirche für den Einsatz der Zivildienstleistenden verwiesen.

Im Abschnitt B wird der organisatorische Rahmen umrissen:

Träger für alle Einsatzstellen und Verbindungsstelle zum BVA wird das Diakonische Werk. Um zu gewährleisten,daß der Zivildienst "als konstruktiver Friedensdienst verstanden wird" und um eine sinnvolle Einführung, Begleitung, Beratung und Weiterbildung der Zivildienstleistenden zu ermöglichen, wird ein Beauftragter bestellt und ein Fachausschuß "Sozialer Friedensdienst" gebildet. Als erster Beauftragter wird Dietrich von Bodelschwingh benannt. Seine Aufgaben sind neben der Begleitung der Zivildienstleistenden auch die Vorbereitung von Tagungen, Einführungskursen und Weiterbildungsangeboten.

Dem Fachausschuß obliegt die Auswahl der Zivildienstleistenden. Er unterstützt den Beauftragten bei seiner Arbeit, berät die Vorstände und Prebyterien und ist für die Öffentlichkeitsarbeit zuständig. In ihm sind neben dem Beauftragten der VKK je 2 Vertreter der Zivildienstleistenden und der Einsatzstellen, die Beauftragten der Kirchenkreise für Kriegsdienstverweigerer, je ein Vertreter des Diakonischen Werkes und des Jugendausschusses und der landeskirchliche Beauftragte für den zivilen Ersatzdienst vertreten.

Als Einsatzmöglichkeiten werden Gemeinden, übergemeindliche Dienststellen, Heime und Krankenhäuser aufgeführt.

Die Arbeit des SFD kann beginnen.

Nachdem am 3.12.1971 der engere Vorstand und der geschäftsführende Ausschuß der Vereinigten Kreissynodalvorstände dem Konzept zustimmten, konnte die Arbeit des SFD in Dortmund mit 8 Zivildienstleistenden am 1.1. 1972 beginnen.

Einzelne Gemeinden waren zwar noch nicht als Einsatzstellen für Zivildienstleistende von der BfZ anerkannt, aber die EAK führte zu dieser Zeit schon Verhandlungen mit dem Bundesbeauftragten für den Zivildienst, Herrn Iven, über Richtlinien für ihren Dienst in Kirchengemeinden und Gemeindeverbänden. Das Ergebnis dieser Verhandlungen war ein Leitblatt vom 16.10.1972, in dem das Bundesministerium für Arbeit und Sozialordnung den Gemeinden die Berechtigung zur Anstellung von Zivildienstleistenden rechtsgültig erteilte. Damit war auch der rechtliche Rahmen für die Arbeit des SFD in Dortmund gegeben.

Begann man Anfang 1972 mit 8 Zivildienstleistenden, so waren es im August 1974 bereits 57. Davon waren 41 Zivildienstleistende in Gemeinden eingesetzt, um "...den vom Evangelium gebotenen Friedensauftrag der Gemeinden zu beleben oder zumindest Zeichen dafür zu setzen". (D.von Bodelschwingh 1974).

Sie arbeiten dort vornehmlich in der Kinderarbeit (Kindergärten, Schulaufgabenbetreuung usw.), in der Jugendarbeit, in der Alten- und Behindertenhilfe (Altentagesstätten, Ausfahren von Körperbehinderten, Essen auf Rädern, Besuchsdienst, Hausbetreuung usw.) und in der sozialen Brennpunktarbeit in Do-Sölde (Maiglöckchenweg) oder Do-Lütgendortmund (Grevendiecksfeld). Bereits im März 1972 berichtet von Bodelschwingh in einem Brief an Pastorinnen und Pastoren der Kirchengemeinden Dortmund/Lünen von durchweg positiven Erfahrungen mit Zivildienstleistenden in den Dortmunder Kirchengemeinden Hörde, Wambel und Brakel und bittet die Kollegen/innen festzustellen, ob sie nicht auch in ihrer Gemeinde für ZDL Einsatzmöglichkeiten sehen.

Daß der Einsatz von Zivildienstleistenden in Gemeinden nicht in jedem Fall konfliktfrei sich gestaltete, zeigt eine Grundsatzdiskussion auf einer Sitzung der Ausschusses "Sozialer Friedensdienst". Hier werden bereits einige Kritikpunkte am Dortmunder Modell laut:[26]
- nach wie vor wird der ZDL als billige Arbeitskraft angesehen
- nur von wenigen in der Gemeinde wird der Zivildienst als Friedensdienst verstanden
- der ZDL bringt keine Ausbildung mit, was zu manchen Schwierigkeiten führt
- die ZDL werden mit dem Friedensanspruch überfordert
- der ZDL ist "Nonkonformist", die Gemeinde meist konservativ.

Zwei Meinungspole bilden sich heraus: Während die eine Seite jeden friedens(ideo-logischen) Anspruch des Dienstes in der Gemeinde ablehnt, lautet nach Martin Schröter die Gretchenfrage, ob man die ZDL als Störenfriede annehmen und heilsame Veränderungen auch in den Gemeinden zulassen will: "Ist eine Gemeinde...bereit, die ZDL anzunehmen: als Störenfriede eines reibungslosen Ablaufs der Gemeindearbeit, mit dem Ziel, 'heilsamer Veränderungen`...als Initiatoren eines problemorientierten Friedensverständnisses."[27] Erstmalig wird auf dieser Sitzung der Wunsch geäußert, inhaltliche Kriterien (über das erste Konzept hinaus) für den sozialen Friedensdienst zu fixieren, die das Anliegen des SFD in den Gemeinden verdeutlichen und zu konstruktiven Auseinandersetzungen führen könnten.

Selbstverwaltung und Soziales Lernen

Da sozialer Friedensdienst sich nur im gemeinsamen Handeln entwickeln kann, wurde von Anfang an Gruppenbildung und die Möglichkeiten zu friedenspolitischen Aktivitäten besonders gefördert.

So steht der Freitagmorgen vorrangig für verschiedene Aktivitäten zur Verfügung und war deshalb von der Dienststelle freizuhalten, sofern die Veranstaltung im Monatsplan festgehalten war. Hier werden u.a. Informationen und Erfahrungen ausgetauscht, Probleme mit den Dienststellen diskutiert und auch friedenspolitische Themenschwerpunkte wie Gewaltdarstellung auf Videos, Nicaragua u.a. bearbeitet. Der Monatsplan wird auf der monatlich stattfindenden Vollversammlung der Zivildienstleistenden festgelegt und an die Einsatzstellen verteilt. Auf den Vollversammlungen werden ein Sprecherrat und die Vertreter für den Ausschuß "Sozialer Friedensdienst" gewählt, sowie alle wichtigen Fragen besprochen (z.B. beabsichtigte Aktionen, aktuelle Konflikte u.Ä.). Im ersten Halbjahr des Dienstes findet jeweils im Haus Villigst ein dreiwöchiger Einführungskurs statt (erstmalig im Oktober 1972 im Haus Villigst), dessen Inhalte und Themen die Teilnchmer selbst bestimmen können. Federführend für diese Kurse sind Pfarrer Belitz vom Sozialamt der Evangelischen Kirche in Westfalen und der Landesbeauftragte für die Seelsorge an ZDL, Hans Helmig. Die ZDL nehmen die neuen Möglichkeiten gerne auf und werden in der Folgezeit mit einigen spektakulären Aktionen friedenspolitisch aktiv:

Ein Kindermanifest, von Pfarrer Schröter

verfaßt, wird von einigen Zivildienstleistenden zum Anlaß genommen, um in den Gemeinden die Problematik der Kinder in der Gesellschaft, besonders ihre Spiel- und Entfaltungsmöglichkeiten zur Sprache zu bringen. Um ein größeres Echo zu erzielen, starten sie eine Leserbriefaktion in den Dortmunder Tageszeitungen. Abschluß der Aktion und zugleich sichtbares Zeichen ist ein Spielberg in Do.-Scharnhorst. Weihnachten 1972 starten ZDL vom Dortmunder SFD eine Flugblattaktion und eine Leserbriefkampagne gegen die Flächenbombadierung Nordvietnams, initiieren im September 1973 eine Friedenswoche nach niederländischem Vorbild und solidarisieren sich im Dezember 1973 mit Arbeitern und Angestellten gegen die Stillegung der Zeche Hansa in Do-Huckarde.

Abb. 139: Der "Spielberg" in Do - Scharnhorst

Diese und ähnliche Aktivitäten sind als Ausdruck eines Prozesses gemeinsamen sozialen Lernens im Modell SFD angelegt und ausdrücklich gewollt. Der Einsatz für das allgemeine Ziel "Frieden" soll dort erfolgen, "wo der Friede gefährdet ist"(Schröter), nicht dort, wo Friede bereits herrscht... Indem die Zivildienstleistenden Konfliktursachen erkennen und auf ihre gesellschaftliche Bedingtheit zurückführen, ein sozialpolitisches Bewußtsein entwickeln und in Kooperation mit anderen aus diesem Bewußtsein heraus in gesellschaftlichen Handlungsfeldern tätig werden, um zu friedlichen und gerechten Lösungen beizutragen, werden sie zu Friedensarbeitern im Sinne des Modells."[28]

Durch sie soll auch in den Beschäftigungsstellen in der Kirche ein Lernprozeß in Gang gebracht werden, der mit "einer verstärkten Hinwendung zu gesellschaftlichen Problemen... die Kirche aus gesellschaftlicher Isolation"[29] herausführen soll. Die tätige Hilfe der Zivildienstleistenden ist demgegenüber sekundär.

1976 sind diese Überlegungen und die daraus folgende Praxis im SFD so weit entwickelt, daß sie erstmalig in "Leitlinien" schriftlich fixiert werden.

Die Leitlinien des SFD Dortmund

Gleich im ersten Punkt wird explizit ausgeführt, worum es im SFD geht:

"Der Dienst für den Frieden gehört zu den zentralen Aufgaben der Kirche. Von daher bejahen die Vereinigten Kirchenkreise von Dortmund und Lünen einen sozialen Friedensdienst, der es Kriegsdienstgegnern ermöglicht, überall dort einen Beitrag zu leisten, wo der Friede gefährdet ist und Unfriede herrscht... Bei der Zusammenarbeit zwischen Einsatzstellen und ZDL bietet sich die Chance des gemeinsamen sozialen Lernens."

Einsatzort ist im Gegensatz zu staatlichen Einsatzstellen ausschließlich der soziale Bereich. Als strukturelle Voraussetzung werden für die ZDL u.a. die fachliche Begleitung, arbeitsbezogene Lehrgänge und Rüstzeug, feste Zeiten für Zusammenkünfte zwecks Reflexion, das Mitspracherecht und für die Einsatzstellenleiter die kontinuierliche Mitarbeit am Modell SFD und die sorgfältige Arbeitsplatzbeschreibung genannt. Als Begrenzung des SFD wird der vom Gesetz vorgegebene "Zwangscharakter" erkannt.

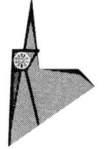

Erfahrungen und Grenzen

Die ersten Erfahrungen mit dem Modell SFD werden durchgängig als positiv beschrieben, so daß Pfarrer von Bodelschwingh die Gemeinden auffordern kann, ebenfalls die Möglichkeit zu nutzen, einen Zivildienstleistenden in der Gemeinde zu beschäftigen. Die positive Aufnahme dieses Ansinnens führt rasch zu einer Ausweitung der Einsatzstellen der VKK. Den Gemeinden sind die neuen Mitarbeiter willkommen, können doch mit ihnen bisher vernachlässigte Arbeiten in Angriff genommen werden. In einer der ersten Auswertungen Anfang 1974 heißt es hoffnungsvoll: "Die ersten Erfahrungen haben gezeigt, daß sich diese Arbeit lohnt. Wenn zudem auch von den ZDL diese 16 Monate als sinnvolle und weiterbildende Zeit angesehen werden, ist eine Teilaufgabe des Friedensdienstes erfüllt."[30]

Auch für die Zivildienstleistenden scheint der SFD eine attraktive Möglichkeit darzustellen. Werden doch hier ihre Verweigerungsmotive explizit aufgenommen und mit einem sinnvollen sozialen Dienst, Reflexionsangeboten und Selbstorganisation verbunden.[31] In einer unregelmäßig erscheinenden Broschüre, in dem die Zivildienstleistenden des SFD ihre Arbeit vorstellen, heißt es: "Trotz vieler Widersprüche in unserer Arbeit ist uns eines klar: Dieser Dienst ist sinnvoll, viel sinnvoller als 15 Monate Bundeswehr einschließlich Scharfschießen und Nahkampf."[32]

Eine Studie, die die Annahme und die Umsetzung der Leitlinien der modellhaften "Sozialen Friedensdienste" in Dortmund und Gelsenkirchen überprüfen soll, kommt zu dem Schluß, daß der in den Leitlinien der SFD formulierte Anspruch eines sozialen Friedensdienstes, überall dort einen Beitrag zum Frieden zu leisten, wo Frieden gefährdet ist und Unfrieden herrscht, bei über 90% der Einsatzstellen ausdrückliche Zustimmung findet. Die kommt Studie zu dem Ergebnis: "Trotz permanenter Veränderungen in der staatlichen Zivildienstpolitik haben sie sich als eigenständige Modelle auf kreiskirchlicher Ebene bewährt."[33]

Aber bei Martin Schröter, einem der Hauptinitiatoren und ehemaligen Vorsitzenden der EAK, stellt sich eine gewisse Ernüchterung ein. Nach drei Jahren SFD muß er feststellen, daß "Gemeinden und Einrichtungen, in denen Kriegsdienstverweigerer Zivildienst ableisten, ... in ihrer Praxis und Zielsetzung des Sozialen Friedensdienstes aufs Ganze gesehen nicht gefolgt (sind)".[34] Besonders vermißt er eine Öffnung der Gemeinden für das Anliegen des SFD und die Bereitschaft, dort Konflikte in einem gemeinsamen Prozeß mit dem Zivildienstleistenden zu lösen. Seiner Meinung nach ist in den Gemeinden eher eine Tendenz zur "Provinzialisierung und Privatisierung" zu erkennen.

In der Diskussion um die ersten Leitlinien 1976 meldet sich Schröter mit einem Diskussionspapier zu Wort: Nachdem er darin noch einmal klargestellt hat, was Anspruch, Ziel und Praxis des sozialen Friedensdienstes konkret bedeuten, nennt er die Gruppenbildung und die Kooperation aller als unabdingbare strukturelle Konsequenzen für eine erfolgreiche Arbeit des SFD. Während Gruppenbildung für ihn die umfassende Mitbestimmung der Zivildienstleistenden, ihre politische Unabhängigkeit und auch die fachliche Vorbereitung und Begleitung am Einsatzort beinhaltet, zielt seine zweite Forderung auf die Vertreter der Einsatzstellen. Auch sie sollen sich in regelmäßigen Abständen mit der Frage der Entwicklung einer Praxis des sozialen Friedensdienstes vor Ort auseinandersetzen.

Seiner Meinung nach steht der SFD vor der Entscheidung: Entweder den sozialen Friedensdienst in der "aufgezeigten Richtung" ernstzunehmen und ausdrücklich gemeinsam zu bejahen oder aber die "konzeptionellen Gedanken für einen überbau (zu halten), unter dem wir in der Praxis ganz etwas anderes tun".³⁵ Dann aber sollte nach Schröter die Bezeichnung "Sozialer Friedensdienst" und auch der Anspruch, der damit verbunden ist, gestrichen werden: "Ich persönlich ... habe die Hoffnung noch nicht aufgegeben, daß uns ein gemeinsames Ziel und eine gemeinsame Aufgabe verbindet, die in der Bezeichnung, die wir über unsere Arbeit gesetzt haben, zum Ausdruck kommt."³⁶

Abb. 140

Das seine Hoffnung nicht ganz unbegründet war, zeigen dann die ersten Leitsätze des SFD Dortmund, die wenig später verabschiedet werden und die in den wesentlichen Teilen die Handschrift Martin Schröters tragen.

Michael Nelson

1. Zitiert nach H.Schäufele, Die Anfänge des zivilen Ersatzdienstes in der Bundesrepublik, aus: WUB 1/2 1985 S. 6f
2. Vgl. ZDG vom 13.1.1961, § 1
3. G.Mauz, Bethel statt Kaserne, aus: "Die Welt" Nr. 101 vom 1/2 Mai 1961
4. Vgl. Wehrpflichtgesetz vom Juli 1956, § 3 (1)
5. Zitiert nach H.Schäufle, a.a.O., S. 5
6. "Wenn Christen den Kriegsdienst verweigern", Hrsg: EAK(Evangelische Arbeitsgemeinschaft zur Betreuung der Kriegsdienstverweigerer), Bremen 1982, S. 70
7. Zitiert aus: "Der Spiegel" vom 2.1.1957
8. Vgl. hierzu und zum folgenden 3.8. in diesem Band
9. Das Wort der Kirchenversammlung der Ev. Kirche in Deutschland zum Frieden vom 13.7.1948 in Eisenach, zitiert nach EAK, a.a.O., S. 67
10. Kirchliches Jahrbuch 1950, S. 165
11. Besonders aus den lutherischen Landeskirchen wurde massiv die Zurückhaltung in politischen Angelegenheiten und besonders in dieser Frage angemahnt. Damit waren kirchlich-theologische Fronten aufgebrochen, die unter dem Namen "Königsherrschaft Christ" und "Zwei-Reiche-Lehre" in den nächsten Jahren die Diskussionen und Stellungnahmen der Evangelischen Kirche bestimmen sollten.
12. EAK, a.a.O., S. 21
13. Entschließung der Ev. Kirche in Deutschland zur Atomfrage vom 30.4.1958 in Berlin-Spandau, zit. nach: EAK a.a.O., S. 71
14. Heidelberger Thesen, in: G.Howe(Hrsg.), Atomzeitalter, Krieg und Frieden, Witten/Hamburg 1962, S. 77-97
15. H.Schäufele, a.a.O., S. 9
16. Jahrgang 1918, Pfarrer in Dortmund, Sprecher der EAK auf dem Kirchentag 1967 in Hannover. 1970-1973 Vorsitzender der EAK
17. Zitiert nach Dokumentarband: Deutscher Evangelischer Kirchentag in Hannover 1967, Stuttgart-Berlin 1967, S. 181-185
18. Wenn Christen den Wehrdienst verweigern, Informationen für evangelische Christen, EAK, Hrsg., 1964, S. 18-20
19. Der Friedensdienst der Christen, Gütersloh 1970
20. Mülheimer Modell, in: H.Schäufele, a.a.O., S. 10
21. Dr. Niemöller, Do-Süd; Pfr. Putz, Do-Nordost; Pfr. Brüggemann, Do-Mitte
22. Waren es 1966 4431 Anträge gewesen, so waren es 1967 bereits 5963 und 1968 11952 Anträge.
23. M.Schröter, "Sozialer Friedensdienst" - Anmerkungen zur Konzeption, Arbeitspapier vom 24.2.1976
24. Das Diakonische Werk Dortmund ist eine Dienststelle der Vereinigten Kirchenkreise Dortmund und zugleich ein staatlich anerkannter Wohlfahrtsverband.
25. M.Schröter, Sozialer Friedensdienst der Kriegsdienstverweigerer, aus: "Junge Kirche" 5/6, 1978, S. 338
26. Protokoll des Ausschusses "Sozialer Friedensdienst" vom 23.7.1974
27. M.Schröter, a.a.O., S. 342
28. Vgl. Broschüre: Sozialer Friedensdienst, G.Hoffmann u.a., (Hrsg.), Frankfurt 1975 S. 9ff
29. R.Müller-Schwefe, Der soziale Friedensdienst - eine Studie, S. 14
30. Zitiert nach einem Bericht über das Dortmunder Projekt "Sozialer Friedensdienst", ohne Verfasser,o.J.
31. Ende 1973 waren bereits 48 ZDL bei den VVK im SFD beschäftigt und weitere 50 Bewerber standen auf der Warteliste
32. "Trotz vieler Widersprüche - ein sinnvoller Dienst", von K.Venjakob/D.Sieland, aus: Arbeit für den Frieden? Zivildienstleistende stellen ihre Arbeit vor, Hrsg: ZDL des Diakonischen Werkes Dortmund
33. C.Zeidler, Zivildienst in der Ev. Kirche und dem Diakonischen Werk von Westfalen - Bericht über eine Studie Sozialer Friedensdienst, Münster 1985
34. M.Schröter, Theorie und Praxis des "Sozialen Friedensdienstes" der Kriegsdienstverweigerer (Thesenpapier)
35. M.Schröter, "Sozialer Friedensdienst" - Anmerkungen zur Konzeption, 24.2.1976
36. Ebenda

Kirche auf dem Weg in die Zukunft

Suchet der Stadt Bestes Jer. 29,7

Volkskirche im Ruhrgebiet

Das Ruhrgebiet zählt heute insbesondere bei vielen jüngeren Theologen/innen als äußerst interessantes Aufgabenfeld. Die Wandlungsprozesse dieser Industrieregion mit ihren Auswirkungen auf das alltägliche Leben der Menschen stellen auch für kirchliches Handeln eine besondere Herausforderung dar.

Abb. 142: Ausstellung im Institut für kirchliche Zeitgeschichte Recklinghausen

Immer mehr Pfarrer/innen im Ruhrgebiet, die sich bewußt auf die alltäglichen Lebensbedingungen der Menschen einstellen, sehen es als ihre Aufgabe an, angesichts dieser Herausforderungen die Botschaft von der Liebe Gottes mit der Hoffnung auf ein gutes Leben der Menschen zu "versprechen". In diesem Sinn ist gerade die Kirche im Ruhrgebiet ein ideales Feld für die Entwicklung einer sozialethisch orientierten Gemeindearbeit.

Noch ist die Kirche im Ruhrgebiet eine weitgehend traditionslose Kirche. Die meisten Gemeinden sind kaum 100 Jahre alt. Dementsprechend ist nur an wenigen Orten ein unverwechselbares Profil einer Gemeinde entstanden. Um der damit verbundenen Gefahr der Gesichtslosigkeit zu wehren, ist gerade in den letzten Jahren das Interesse an der Geschichte der eigenen Gemeinde oder des eigenen Kirchenkreises gewachsen. Einen sehr vorbildlichen Schritt in diese Richtung wagte der Kirchenkreis Recklinghausen mit der Gründung eines "Instituts für kirchliche Zeitgeschichte des Kirchenkreises Recklinghausen". Die Arbeit des Institutes unter der ehrenamtlichen Leitung von Helmut Geck ist regionalgeschichtlich orientiert. Gegenstand der Forschungen ist die wissenschaftliche Aufarbeitung der Geschichte der evangelischen und der katholischen Kirche sowie der jüdischen Kultusgemeinde in Recklinghausen.

Um die geschichtliche Identität der Kirche im Ruhrgebiet insgesamt geht es dem im Jahr 1985 unter dem Vorsitz des Bochumer Theologen Günter Brakelmann gegründeten "Vereins zur Erforschung der Kirchen- und Religionsgeschichte des Ruhrgebiets". Der Verein hat sich zum Ziel gesetzt, die Bedeutung des neuzeitlichen Protestantismus bei der Entwicklung des industriellen Ballungsgebietes Ruhrgebiet zu erforschen. Erste Ergebnisse dieser Arbeit sind bereits in einer Schriftenreihe des Vereins publiziert.[1]

Durch den Zusammenschluß der entsprechenden Superintendenten zur Ruhrgebiets-Superintendentenkonferenz versucht man auch auf der amtlichen kirchlichen Ebene, das Ruhrgebiet als einen einheitlichen, für die Kirche bedeutsamen Handlungsraum zu verstehen. Durch gemeinsame Arbeitssitzungen und öffentliche Stellungnahmen will man auf die Probleme und Herausforderungen der Region einwirken. Dabei steht die evangelische Kirche allerdings immer noch im Schatten des Ruhr-Bistums Essen, das sich insbesondere im Rahmen des Strukturwandels mit seinem "Forum Ruhrgebiet der Katholiken im Bistum Essen" profilieren konnte.

Eine besondere Ermutigung in der Arbeit für die Menschen im Ruhrgebiet hat die katholische Kirche durch den Besuch von Papst

Johannes Paul II. am 2. Mai 1987 im Bistum Essen erfahren. Seine Botschaft in Bottrop war ein entscheidender Anstoß für viele Gespräche und Initiativen weit über den kirchlichen Raum hinaus. Eine Kernfrage lautete: Hat der Mensch noch Vorrang in der Welt der Maschinen und der modernen Kommunikation, in der Welt des Handels und der Werbung, in der Welt der Politik und Kultur? Gerade diese Aussagen gaben dem Diözesanrat der Katholiken mit den in ihm zusammengeschlossenen Verbänden und Katholikenausschüssen Anstoß, erneut zu einer großen Fachtagung einzuladen, um begründete Perspektiven für den Strukturwandel im Ruhrgebiet zu erarbeiten. Am 5. November 1988 versammelten sich 297 Delegierte aus den Verbänden und Räten und 206 Gäste aus den verschiedenen gesellschaftlichen Bereichen zum "Forum Ruhrgebiet der Katholiken im Bistum Essen". Das Motto des Forums Ruhrgebiet wies die Richtung: " Chancen erkennen - Zukunft gestalten"[2].

Um auch die evangelische Kirche stärker in der Öffentlichkeit des Ruhrgebiets präsent zu machen, ist von dem rheinischen Präses Peter Baier die Gründung eines Kirchenamts Ruhrgebiet ins Gespräch gebracht worden. Anläßlich einer Veranstaltung des kirchlichen Dienstes in der Arbeitswelt zur 100jährigen Wiederkehr des 1. Mai als Tag der Arbeit nahm er an einer Podiumsdiskussion zum Thema "Unterwegs zu einem gerechten Strukturwandel in Essen" teil. Dabei führte er aus, daß mit dem Strukturwandel im Ruhrgebiet auch nach einem Wandel der Kirche in dieser Region gefragt sei.

Diese Anregung ist inzwischen von der Ruhrgebiets-Superintendentenkonferenz positiv aufgenommen worden, die im Rahmen ihrer Sitzungen im Jahr 1991 das Thema einer "Kirchenkanzlei Ruhrgebiet" aufgegriffen hat.

Neue Formen kirchlicher Arbeit

Viele Reformmodelle der 70er Jahre sind heute in der kirchlichen Praxis bereits alltäglich geworden. Neue Gottesdienstformen, insbesondere Familiengottesdienste, die Jugendarbeit der Offenen Tür und vieles andere sind zum fest institutionalisierten Bestandteil der

Abb. 143: Dieses Schild gibt es (bisher noch) nicht

Gemeindearbeit geworden. Daneben gibt es natürlich immer wieder neue Versuche, zeitgemäße Formen der Verkündigung des Evangeliums zu finden. Einzelne solcher Beispiele sollen im folgenden kurz dargestellt werden.

In Aufnahme der Kirchentagserfahrungen ist in mehreren Kirchenkreisen des Ruhrgebiets bisher der Versuch unternommen worden, einen eigenständigen "Kreiskirchentag" durchzuführen. Eine der ersten Kreissynoden war hier der Kirchenkreis Dinslaken, der erstmalig seit September 1980 dieses Modell entwickelt hat. Die Erfahrungen waren so positiv, daß bereits im Jahr 1984 ein weiterer Kreiskirchentag durchgeführt wurde.

tesdienst sowie ein "Markt der Möglichkeiten" in der Stadthalle, der Abschlußgottesdienst im Burgtheater durchgeführt werden. Auch die Innenstadt Dinslakens war auf das Ereignis "Kreiskirchentag" eingestellt: Überall wehten die violetten Kirchenfahnen sowie die Flaggen der Stadt. Diese allseitige Bereitschaft zur Mitarbeit war von den Verantwortlichen kaum erwartet worden.

Zum Eröffnungsgottesdienst versammelten sich knapp 1.000 Besucher im Stadtsaal. Zum ersten Mal fanden sich seit vielen Jahren aus diesem Anlaß alle Kirchen- und Posaunenchöre des Kirchenkreises zur Gestaltung eines Gottesdienstes zusammen. Der folgen-

Abb. 144: Kinderbibelwoche - "Alle sind einmalig!"

Die Organisatoren verzeichneten ein überdurchschnittliches Engagement vieler Gemeindekreise und anderer Helfer sowie eine reibungslose Zusammenarbeit mit der Stadt Dinslaken. So konnte der Eröffnungsfestgot-

de Samstag war mit zahlreichen Gottesdiensten, Treffen und Seminaren gefüllt. Meditationsgottesdienste, evangelistische Vorträge sowie die Diskussion aktueller Fragen, wie der nach der Verantwortung der Christen auf dem politischen und sozialen Gebiet, hatten hier ihren Ort. Daneben wurde der "Markt der Möglichkeiten" stark besucht, wo etwa 30 kirchliche und gesellschaftliche Gruppen Angebote zum kreativen Gestalten machten oder über Probleme im eigenen Land und weltweit informierten. Zum Abschluß kamen etwa 3.000 Besucher aus allen Gemeinden des Kirchenkreises zusammen. Mit dieser Veranstaltungsform gelang es dem Kirchenkreis eindrücklich, die Rolle und Bedeutung der Kirchengemeinden in der Stadt zum Ausdruck zu bringen.[3] Auch andernorts, wie zum Beispiel 1989 in Bochum, hat man dieses Modell mit Erfolg aufgenommen.

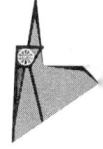

Bereits in den 70er Jahren waren die Verantwortlichen durch einen erheblichen Rückgang der Besucher der Kindergottesdienste alarmiert. Da trotz vieler Reformversuche eine Neubelebung des Kindergottesdienstes am Sonntagvormittag vor allem aufgrund des veränderten Freizeitverhaltens nur teilweise von Erfolg gekrönt war, hat man neue Formen der kirchlichen Arbeit mit Kindern entwickelt. Zu nennen sind hier insbesondere die sogenannten Kinderkirchentage und die Einrichtung der Kinderbibelwochen.

Kinderkirchentage sind bisher eher punktuelle Veranstaltungen geblieben, wo man auf Kirchenkreisebene alle Kinder zu spielerischen und altersgemäßen Formen der Verkündigung einlädt. Demgegenüber ist in vielen Gemeinden die Kinderbibelwoche zum festen Bestandteil geworden.

Die Kinderbibelwoche wird während der Schulferien, zumeist in den Herbstferien oder in einer Woche der Osterferien, durchgeführt. Jeden Tag werden die Kinder, meist vormittags, manchmal auch noch am Nachmittag, in das Gemeindehaus eingeladen. Zählungen, spielerische Elemente und die Arbeit in Kleingruppen wechseln einander stetig ab. Abgerundet wird die Kinderbibelwoche schließlich mit einer Gottesdienstfeier, zu der oft auch die Eltern eingeladen werden. Der ausgesprochen gute Zuspruch, den diese Form der Kinderarbeit bisher gefunden hat, ermutigt immer mehr Gemeindepfarrer, auch in ihrer Gemeinde eine solche Veranstaltung zu planen und durchzuführen.

Eine Kiste aus Holz und Gottvertrauen - Die "Arche Noah" in Bottrop

Ein bisher einmaliges Modell kirchlicher Arbeit mit Kindern ist das von Michael Schibilsky in Bottrop angeregte Projekt "Arche Noah". Die Geschichte begann mit zwei Kindern, die in ihrer Freizeit auf einer wilden Wiese Tiere versorgten und sich mit Pflanzen beschäftigten. Immer mehr Kinder kamen hinzu und wollten mithelfen. Inzwischen ist daraus ein vorbildliches ökologisch-pädagogisches Projekt im industriell geprägten Wohnbereich geworden.

Abb. 145: Die "Arche Noah" - ein Platz für Tiere

Nach der Grundsteinlegung am 1. Juli 1988 - "Grundholzlegung" wäre hier wohl der treffendere Ausdruck - ist inzwischen auf einem 4.000 qm großen Brachgelände der evangelischen Kirchengemeinde Bottrop-Altstadt ein pyramidenartiges Holzgebäude entstanden, in dem seither verschiedene Tierarten artgerecht unter einem Dach zusammenleben. Umgeben von Schwerindustrie, Hochspannungsleitungen und Autobahnen ist hier ein Projekt des ortsnahen Naturschutzes entstanden, das als ökologisches Lernfeld in die Nachbarschaft integriert ist. Unter der Leitung von sechs Mitarbeitern werden hier bisher Schweine, Kühe, Hühner, Pferde und Hunde gehalten, die regelmäßig von Kindern versorgt und gepflegt werden.[4]

Träger des Projektes ist der Gemeindedienst für Diakonie im Verband evangelischer Kirchengemeinden in Bottrop. Von Beginn an ließ man dabei die Kinder und Jugendlichen das Projekt selbst mitgestalten und mitbestimmen. Geplant ist ferner die Anlage eines kleinen Biogartens oder die Schaffung von Nistmöglichkeiten für Tiere in der freien Natur.

"Hier soll ein Holzgebäude entstehen, das als sichtbares Zeichen angesichts der drohenden ökologischen Sintflut unserer Zeit alle Menschen daran erinnern soll, daß wir die Schöpfung Gottes zu bebauen und zu bewahren haben"[5], heißt es in der Urkunde anläßlich der Grundsteinlegung. Ferner wurde in den Grundstein ein Stück Zedernholz aus Bethlehem eingelassen. Hiermit wollte man die innere Verbindung zwischen dem Stall in Bethlehem und dem Stall mit dem Namen "Arche Noah Bottrop" zum Ausdruck bringen.

In einer Kiste aus Holz und Gottvertrauen fand Noah einst Gnade vor dem Herrn. In einer ähnlichen Kiste lernen nun Kinder und Jugendliche das Überleben der Schöpfung.

Konfirmandenarbeit mit Behinderten

Der Umgang mit behinderten Menschen ist ein Prüfstein für die Glaubwürdigkeit jeder christlichen Gemeinde. Hierbei stellt sich u.a. die Frage, ob und in welcher Weise behinderte Kinder auf die Konfirmation vorbereitet und konfirmiert werden. In Bochum sind entsprechende Modelle vor allem auf das Engagement einer Lehrerin der Hilda-Heinemann-Schule für geistig Behinderte, Hermine Werk, zurückzuführen. Ihr fiel auf, daß ein großer Teil der geistig behinderten Schüler/innen gar nicht oder aber zuhause unter Ausschluß der Öffentlichkeit konfirmiert wurde. Daraufhin bemühte sie sich um Möglichkeiten, diese Jugendlichen auf die Konfirmation vorzubereiten bzw. zu konfirmieren. Zunächst holte sie sich die beim damaligen Superintendenten die Erlaubnis, ihre Schüler selbst auf die Konfirmation hinzuführen. Zudem erklärte sich Pfarrer Richwin aus Altenbochum bereit, die Konfirmation in seiner Gemeinde durchzuführen.[6]

Anfang der 70er Jahre ist die Aufgabe, auch geistig behinderte Menschen in das Gemeindeleben zu integrieren, noch nicht im Bewußtsein der meisten Lehrer und Pfarrer verankert. Dies kommt u.a. darin zum Ausdruck, daß bis zu dem Zeitpunkt kaum Publikation etwa zur Frage der Konfirmation Geistigbehinderter erschienen ist.[7]

Sicherlich hängt dies mit folgendem Umstand zusammen: Erst ein Jahrzehnt zuvor beginnen die einzelnen Bundesländer, geistig Behinderte als bildbare Menschen anzuerkennen und ihnen das Schulrecht zuzusprechen.[8]

Nun kommt Frau Werk die Aufgabe zu, den Konfirmandenunterricht nach eigenem Ermessen zu gestalten. Sie entschließt sich, die Konfirmanden einmal wöchentlich in der Schule zu unterrichten. Dies wird über eine Dauer von einem dreiviertel Jahr durchgeführt. Dadurch, daß sie gleichzeitig Religionslehrerin der Schüler ist und den Konfirmandenunterricht gestaltet, hat sie die Möglichkeit, die Vorbereitung auf die Konfirmation als Ergänzung zum Religionsunterricht zu konzipieren. So werden im Konfirmandenunterricht sowohl die Bedeutung der Konfirmation als auch der Ablauf des eigentlichen Gottesdienstes verständlich gemacht und die Möglichkeiten der Gestaltung des Konfirmationstages erörtert. Außerdem werden Inhalte der Botschaft Christi behandelt. Dazu gehört die Darstellung biblischer Geschichten mit Hilfe von Diareihen. Der Pfarrer sucht in der letzten Phase der Vorbereitung den

Kontakt zu den Konfirmanden und macht sie mit dem Kirchengebäude vertraut.

Der Konfirmationsgottesdienst schließlich wird zur regulären Hauptgottesdienstzeit der Kirchengemeinde gehalten und inhaltlich in enger Absprache mit Frau Werk vom Pfarrer und anderen Mitarbeitern der Gemeinde gestaltet. Er ist in Anlehnung an Konfirmationsgottesdienste Nichtbehinderter konzipiert.

zur Begleitung der Gottesdienstteilnehmer wird ein Programmblatt verteilt. Zum Teil erhält dieses Faltblatt auch eine zentrale Funktion in der Verkündigung. Auf den Gottesdienst folgt seit mehreren Jahren ein gemeinsames Mittagessen mit der Kirchengemeinde, das vom Kirchenkreis finanziell getragen wird. In dieser Form wird 1973 zum ersten Mal geistig behinderten Jugendlichen

Abb. 146: Die Konfirmierten nach dem Gottesdienst mit ihrem Lehrer Affeld und Pastor Bröckelmann

Der einzige größere Unterschied liegt darin, daß die Predigt durch einen Verkündigungsteil ersetzt wird. Dieser nimmt in besonderer Weise Rücksicht auf die Belange der geistig behinderten Konfirmanden, indem er bewußt anschaulich gehalten ist, sprachlich keine zu hohen Anforderungen an die Zuhörer stellt und die behinderten Jugendlichen in Aktionen mit einbezieht. Als Erinnerungsstück und

Konfirmandenunterricht erteilt und daran anschließend ihre Konfirmation gefeiert. Dies wird mit großer Regelmäßigkeit bis 1987 in der beschriebenen Art weitergeführt.

Durch den Umzug der Hilda-Heinemann-Schule von der Alsenstraße zur Eifelstraße liegt sie nun in dem Einzugsbereich der Hiltroper Kirchengemeinde. Auch dort erklärt sich der Pfarrer bereit, geistig behinderte

Menschen zu konfirmieren. Dies wird zum ersten Mal 1990 in die Tat umgesetzt.

Heute werden immer mehr geistig behinderte Jugendliche in ihren Heimatgemeinden zusammen mit Nichtbehinderten konfirmiert und nehmen dann entweder am Konfirmandenunterricht ihrer Schule oder an dem der Heimatgemeinde teil.[9]

Ähnliches ist über die Westfälische Schule für Körperbehinderte in Bochum-Langendreer zu berichten. Dort unterrichtet der Religionsleher Hartmut Affeld diejenigen Schüler/innen, die nicht in ihrer Heimatgemeinde unterwiesen und konfirmiert werden können. Das sind zum einen schwerstbehinderte Jugendliche, zum anderen all jene Schüler, die nicht rechtzeitig zum Konfirmandenunterricht in ihrer Heimatgemeinde zu eintreffen, weil Schulunterricht und Heimfahrt oft sehr lange dauern. Die Konfirmation führt Pfarrer Bröckelmann durch, der die evangelischen Kinder und Jugendlichen schon von verschiedenen Schulgottesdiensten her kennt. Während die schwerstbehinderten Schüler in einem besonderen Gottesdienst konfirmiert werden, an den sich ein gemeinsames Kaffeetrinken im Gemeindehaus anschließt, werden jene Schüler, deren Beeinträchtigung nicht so gravierend ist, zusammen mit den nichtbehinderten Jugendlichen der Kirchengemeinde Langendreer - Süd konfirmiert. Damit sich die nichtbehinderten und behinderten Konfirmanden besser kennenlernen, wird zuvor eine gemeinsame Konfirmandenfreizeit angeboten.[10]

Traugott Jähnichen/Marian Pontzen/
Tobias Schönebeck

1. Die "Schriften zur politischen und sozialen Geschichte des neuzeitlichen Christentums", die der Verein herausgibt, erscheinen im SWI- und im Luther-Verlag
2. Eine Dokumentation dieser Aktivitäten findet sich in: Diözesanrat der Katholiken im Bistum Essen (Hrsg.), ...und Vorrang hat der Mensch. Forum Ruhrgebiet der Katholiken im Bistum Essen, Essen o.J.
3. Berichte der Rheinischen Post vom 27. und 29.September 1980
4. Vgl. Stadtspiegel Bottrop vom 15.8.1987. In einem Schreiben vom 10.11.1986 an Pfarrer Schibilsky hat NRW-Umweltminister Klaus Matthiesen diesem Projekt eine finanzielle Unterstützung zugesichert.
5. Dokumentation zur Grundsteinlegung am 1.7.1988, Bottrop
6. Gespräch Tobias Schönebeck mit Hermine Werk vom 19.2.1991
7. Sehr frühe Veröffentlichungen zur Konfirmation geistig behinderter Jugendlicher sind u.a. folgende: A. Hoffmann, Die erste Konfirmation von geistig behinderten Kindern in Düsseldorf, in: A. Bach(Hrsg.), Dienst für Kirche und Schule, Festschrift für E. Boné, Dortmund 1968, S. 201-203; R.Krenzer, Feste und Feiern mit Behinderten, Freiburg 1974
8. Vgl. O. Speck, Daten zur Geschichte der Sonderpädagogik, in: H. Bach, Sonderpädagogik im Grundriß, Berlin 1987, S. 149-157
9. Gespräch mit Hermine Werk vom 19.2.1991
10. Gespräch Tobias Schönebeck mit Pfarrer Helwig Bröckelmann vom 17.2.1991

Frauen brechen auf

Der traditionelle Ort der Begegnung von Frauen in der Gemeinde war bislang die Frauenhilfe (vgl. 3.6). Bis heute treffen sich in allen Gemeinden des Ruhrgebiets regelmäßig die Frauen zur gemeinsamen Andacht und anschließendem Kaffeetrinken. Oft wird neben dem geselligen Teil auch ein Bildungsangebot wahrgenommen, daß durch ensprechende Medien (Dias, Video usw.) unterstützt wird. Insgesamt hat die Erwachsenenbildung in der Frauenhilfsarbeit zunehmend an Bedeutung gewonnen.

von oftmals weniger als 30 Frauen. Das Durchschnittsalter der Teilnehmerinnen liegt weit über 60 Jahre. Viele Frauen können bereits auf eine fünfzigjährige Mitgliedschaft in ihrem Verein zurückblicken.

Diese Entwicklung läßt das große Nachwuchsproblem deutlich werden, daß die Frauenhilfen haben. Jüngere Frauen fühlen sich von dem Angebot der Frauenhilfen nicht mehr angesprochen. Besonders für Berufstätige ist es kaum möglich, die Nachmittagstermine wahrzunehmen. Auch die vielfältigen diako-

Abb. 147: Das Motto einer Arbeitsgruppe auf der ökumenischen Versammlung in Dortmund 1989

Leider ist die Mitgliedschaft und der Besuch der Frauenhilfen stark zurückgegangen. Trafen sich in den 50er und 60er Jahren wöchentlich oder vierzehntägig mehr als 100 Frauen aller Altersstufen, so ist es in den 80er Jahren vielerorts nur noch eine kleine Schar

nischen Aufgaben, die einst die Frauenhilfen vor Ort ehrenamtlich erfüllt haben, werden heute zunehmend von hauptamtlichen Mitarbeiterinnen und Mitarbeitern übernommen.

Sehr häufig wird die Kritik laut, daß das Selbstverständnis der Frauenhilfe unzeitgemäß und unpolitisch sei. Insbesondere fehle es an emanzipatorischer, feministischer und aktionistischer Arbeit.[1] In den Leitungsorganen der Frauenhilfe werden diese Kritikpunkte konstruktiv aufgenommen. Es wird überlegt, wie neue Akzente in die Arbeit aufgenommen und die Frauenhilfen wieder eine attraktive Form des Engagements auch von jüngeren und älteren Frauen in den Gemeinden werden können. So hat gerade der Aufruf der "Evangelischen Frauenhilfe in Deutschland" zum Früchteboykott: "Kauft keine Früchte der Apartheid" in den Gemeinden des Ruhrgebiets regen Zuspruch gefunden.

Darüber hinaus haben sich Frauengruppen zusammengefunden, die sich in vielfältiger Weise für Gerechtigkeit, Frieden und Bewahrung der Schöpfung einsetzen. Auf zum Teil ökumenischer Ebene finden sie sich zusammen, um so an dem "konziliaren Prozeß" mitzuwirken. Auf der ökumenischen Versammlung, die in diesem Rahmen 1989 in der Dortmunder Westfalenhalle stattfand, waren es gerade die Frauen, die unter dem Motto: "Frauen brechen auf - weltweit" die politischen Aufgaben weltweit wahrnahmen und sich vor Ort dafür durch vielfältige Aktionen einsetzen.

Ein vorrangiger Beitrag der Frauen in den Gemeinden ist der Einsatz für die Verwirklichung der Gleichberechtigung und Gleichstellung der Frau. So fordert Hildegard Zumach, Leiterin der Evangelischen Frauenhilfe in Deutschland, daß es "eine der vornehmsten Aufgaben der Kirche sein (muß), von festgefahrenen Rollen Abschied zu nehmen und Befreiung zu proklamieren."[2]

Für viele gemeindliche Frauengruppen hat die Feministische Theologie entscheidende Anregungen für ihre Arbeit gegeben. Die von feministischen Theologinnen "neu gelesenen" Texte der Bibel, die z.B. Frauengestalten der beiden Testamente näher betrachten und das soziale Umfeld der biblischen Frauen in die Bibelauslegung miteinbeziehen, geben neue Impulse für Bibelarbeiten und Gottesdienstvorbereitungen. Frauengruppen gestalten Gottesdienste, die mit neuen liturgischen Formen, neuen Liedern und frauengerechteren Schriftauslegungen gefeiert werden.

Abb. 148: Emblem der "Frauenkirche e. V."

Dieser Weg, hin zu einer Kirche, in der sich die Frauen mit ihrem Selbstverständnis wiederfinden können und sich nicht als "Fußvolk der Kirche" abgedrängt wissen müssen, wird vielerorts gemeinsam begangen von den vielfältigen Frauengruppen und den Pfarrerinnen. Seit dem "Pfarrerinnengesetz" von 1974 in der Westfälischen Landeskirche ist es den Theologinnen nun in allen Bereichen der Gemeindearbeit möglich, gleichberechtigt mit ihren Amtsbrüdern tätig zu sein. So ist die Zahl der in der Evangelischen Kirche in Deutschland im Amt befindlichen Theologinnen seit 1973 von 5,2 % auf 11,3 % (1987) gestiegen. Noch deutlicher sind die Zahlen der landeskirchlichen Examina: Hier stieg der Anteil der Theologinnen beim Ersten Theologischen Examen von 8,3 % im Jahr 1964 über 15,1 % im Jahr 1975 auf 33,5 % im Jahr 1986. Beim Zweiten Theologischen Examen ist sogar ein Anstieg von 4,1 % 1964 über 9,4 % 1975 auf 29,7 % 1986 zu verzeichnen.[3]

Abschließend soll eine weitere Initiative, die "Frauenkirche e.V. im Ruhrgebiet", vorgestellt werden. Die Duisburger Kirchenmusikerin Ursula Jung rief diesen Verein ins Leben und stellt ihn wie folgt vor: "Organisatorisch versucht die Frauenkirche ... mit Hilfe von Mitgliedschaften und Spenden ...ein Zentrum für Frauen zu errichten, wo wir miteinander arbeiten, beten und alt werden können... Wir sind eine ökumenische Gruppe von Frauen, die in der patriarchalen Kirche keine Heimat finden. Wir suchen nach spirituellen Schätzen in unserer christlichen Tradition, lassen uns aber auch durch andere Religionen und die Matriarchatsforschung bereichern. Ebenso wichtig wie die Frauenforschung sind uns unsere eigenen Erfahrungen. Wir feiern Frauen-Liturgien, entwickeln Rituale mit meditativem Tanz und neuen Liedern...".[4]

Es gibt gegenwärtig ein breites Spektrum der gemeindlichen Frauenarbeit: Traditionelle Frauenhilfsarbeit mit neuen Akzenten, Friedens-, Umwelt-, "3.Welt"-Gruppen, Frauenbibelkreise, Bastelkreise, "Frauenkirchen" und Mutter-Kind-Gruppen. Angeregt und unterstützt werden sie von den Theologinnen vor Ort, die nun mehr und mehr die nach wie vor für eine Frau mit besonderen Schwierigkeiten behaftete Aufgabe der Pfarrerin wahrnehmen.

Abb. 149: Immer mehr Pfarrerinnen - wie hier in Essen - stehen im Gemeindedienst

Das Frauenreferat der EKvW in Villigst

Die Gemeinschaft von Frauen und Männern in der Kirche zu stärken, ist das Hauptziel des Frauenreferates der Evangelischen Kirche von Westfalen in Villigst. Der Plan, ein Frauenreferat einzurichten, wurde erstmals auf dem zweiten ganztägigen Treffen der Synodenfrauen im September 1985 laut. Auf der Landessynode desselben Jahres, an der Frauen aus unterschiedlichen Gruppen und Initiativen teilnahmen, nahm das Thema "Frauen" einen gewichtigen Raum ein. Es wurde eine Beschlußvorlage erarbeitet, in der die Kirchenleitung aufgefordert wurde, bei Berufungen Frauen stärker zu berücksichtigen und Gesetzestexte so umzuformulieren, daß Frauen und Männer gleichermaßen angesprochen sind. Außerdem beauftragte die Landessynode die Kirchenleitung, in Zusammenarbeit mit Frauenverbänden und Frauengruppen ein Konzept für ein Frauenreferat zu erarbeiten. Der Antrag wurde nach einer heftigen Debatte angenommen. Nun galt es, eine Konzeption für das Frauenreferat zu finden. Schon Anfang 1986 war man sich einig, daß das Frauenreferat in Form eines landeskirchlichen Amtes eingerichtet werden sollte. Man sah vor, dem Frauenreferat bei seiner Arbeit einen Beirat zur Seite zu stellen. Im Rahmen der Synode 1986 wurde u.a. beschlossen, daß die Mitglieder des Beirates bzw. die Teilnehmerinnen der den Beirat nominierenden Frauenversammlung aus Kirchenkreisen, verschiedenen Frauenverbänden und -gruppierungen stammen sollten. Am 23. Mai 1987 wurden auf einer Versammlung in Dortmund von insgesamt 99 Delegierten 18 Frauen gewählt, die bis heute den Beirat bilden. Am 1. September 1988 schließlich konnte die Arbeit des Frauenreferates aufgenommen werden. Es ist das erste in der EKD, Bayern und Nordelbien haben nachgezogen, und Hessen-Nassau und Berlin sind mit der Einrichtung beschäftigt. Im westfälischen Frauenreferat in Villigst arbeiten Christiane Begerau (Sozialwissenschaftlerin), Dr. Hanni Berthold (Theologin), Susanne Schüssler (Religionspädagogin) und Roswitha Steinbach (Verwaltung) als Team zusammen, wobei die Geschäftsführung rotiert und keine hierarchische Leitung besteht.

Abb. 150: Die Mitarbeiterinnen des Frauenreferates

Die Frage nach einer Gemeinschaft von Männern und Frauen schließt die Frage nach der Einheit der Kirche mit ein. Das alte kirchliche Frauenbild der Hausfrau und Mutter, der geduldigen Gehilfin und Dienerin prägt zwar teilweise noch das Bewußtsein von Frauen und Männern, aber es verblaßt doch zunehmend. Die Basisarbeit jedoch wird hauptsächlich von Frauen geleistet. Diese breite Mitarbeit spiegelt sich in den Leitungsgremien nicht annähernd wider. In der Landessynode liegt der Frauenanteil bei 18,8 %. Die Einheit der Kirche kann nur erreicht werden, wenn sie sich ihrer frauenausblendenden Tradition bewußt wird. Das Frauenreferat hat hier eine doppelte Aufgabe. Zum einen möchte es Frauen ermutigen, ihre Interessen in der Kirche eindeutiger zu vertreten, zum anderen will es Kirche als Institution für die Bedürfnisse und Teilhabewünsche von Frauen öffnen, d.h. Ansatzpunkte für Veränderungen finden, die die verantwortliche Beteiligung von Frauen ermöglichen. Reale Benachteiligungen von Frauen, die sie an der vollen Partizipation hindern, sollen aufgedeckt und möglichst bald behoben werden.

Das kirchliche Frauenreferat befindet sich in NRW in der Umgebung von vielen kommunalen Gleichstellungsstellen, die sehr an der kirchlichen Frauenarbeit interessiert sind. Aufgabe des Frauenreferates ist es, die Lebenswirklichkeit von Frauen in der Kirche zu beschreiben. In diesem Zusammenhang ist geplant, eine Beschäftigungsanalyse für haupt- und ehrenamtliche Mitarbeiterinnen in der Kirche durchzuführen. Im Mittelpunkt der Untersuchung sollen die Arbeitnehmerinnen im kirchlichen Dienst stehen. Auch in der Kirche gibt es Probleme wie geringfügige Bechäftigungsverhältnisse, fehlende Teilzeitarbeitsplätze in Leitungspositionen, mangelnde Möglichkeiten der Kinderbetreuung usw. Das Frauenreferat hat begonnen, Leitlinien für eine kirchliche Frauenförderung auszuarbeiten.

Ein weiterer Schwerpunkt ist die Zusammenarbeit mit Frauengruppen in Gemeinden und Kirchenkreisen. Dabei werden gerade Frauen, die sich selbst am Rande der Kirche ansiedeln, mit einbezogen. Die Mitarbeiterinnen des Frauenreferates übernehmen dabei Aufgaben als Referentinnen, geben Anregungen zu frauenpolitischen, kirchenpolitischen und theologischen Themen und begleiten kontinuierlich Frauenaktivitäten in regionalen Arbeitsgruppen.

Breiten Raum nimmt die Untersuchung der ehrenamtlichen Arbeit von Frauen in der Kirche ein. Sie hat als Folge des veränderten Frauenbildes an Selbstverständlichkeit eingebüßt. Vieles deutet darauf hin, daß die steigende Berufstätigkeit von Frauen (in den alten Bundesländern 54 %) mit der abnehmenden Neigung zu ehrenamtlicher Arbeit zusammenhängt. Das Frauenreferat hat sich zum Ziel gesetzt, Zusammenhänge und Hintergründe dieses Phänomens zu analysieren.

Die feministische Theologie stößt auf immer mehr Interesse gerade auch auf Gemeindeebene. Das Frauenreferat bekommt zu dieser Thematik so viele Anfragen, daß es kaum möglich ist, auf alle zu antworten. Die Mitarbeiterinnen bemühen sich jedoch, regionale und kreiskirchliche Einladungen anzunehmen. Das Frauenreferat kooperiert mit den Vertretungen der Theologinnen und beteiligt sich ebenso an der Diskussion über das Pfarrerinnen- und Pfarrerbild wie über die Probleme der inklusiven Sprache, d.h. einer Sprache, die eindeutig Frauen und Männer bezeichnet.

Das Frauenreferat hofft, daß die Diskussion über das Thema der Gemeinschaft von Frauen und Männern in der Kirche, die 1989 in der EKD - Synode begonnen hat, auch in der westfälischen Kirche fortgesetzt wird und arbeitet darauf hin, daß auf der kommenden Landessynode eine gerechte Beteiligung von Männern und Frauen gesetzlich verankert wird.

Birgitt Jähnichen/Bettina Brakelmann

1. Vgl. H. Vermeulen, Diakonie und Verkündigung, in: Diakonie im Rheinland, 6/1981, S.11
2. Diakonische und sozialpolitische Notizen, in: Diakonie im Rheinland, 4/1975, S.54
3. Vgl. Kirchliches Jahrbuch 1988, Gütersloh 1988, S.271
4. U. Jung, Frauenkirche als ein Ort, wo wir unsere Spiritualität leben können, in: Schlangenbrut 30/1990,S. 25

Die Diakoniestation -
Zwischen professioneller Pflege und Gemeindenähe

Der Ursprung der diakonischen Aufgabe der Kirche reicht bis in das Neue Testament zurück. Das Gleichnis vom barmherzigen Samariter (Lk. 10,25-37) und die Rede vom Weltgericht (Mt. 25,31-46) wurden von Anfang des Christentums an als Beispiele der christlichen Lebensführung in der Nächstenliebe gesehen. Schon früh gab es neben der Verantwortung des einzelnen Christen institutionalisierte Formen des diakonischen Handelns: Vom sogenannten "Witwenstand" in neutestamentlicher Zeit reicht der Bogen über das mittelalterliche Ordens- und Spitalwesen bis hin zu den modernen Einrichtungen der Gegenwart. Eine Neuorientierung erfolgte vor allem unter den Bedingungen der Industrialisierung im 19. Jahrhundert.

Damals entstand eine Reihe von Ansätzen zur Linderung und Überwindung von Krankheiten und sozialer Not durch die Gründung von evangelischen Krankenhäusern, Pflegeheimen und Anstalten der Fürsorge. Zu den Neugründungen im Bereich der Diakonie des evangelischen Christentums im 19. Jahrhundert gehören auch der "Diakonissenverein"[1] und ein Diakonissen-Mutterhaus für die Gemeinde-Diakonie[2]. So nahmen Diakonissen als Gemeindeschwestern die Aufgabe wahr, alten und kranken Menschen zu helfen. Dabei mußte sich eine Gemeindeschwester zumeist allein um eine ganze Kirchengemeinde kümmern.

Der personelle Rückgang der Schwesternschaften der Mutterhausdiakonie in den 60er

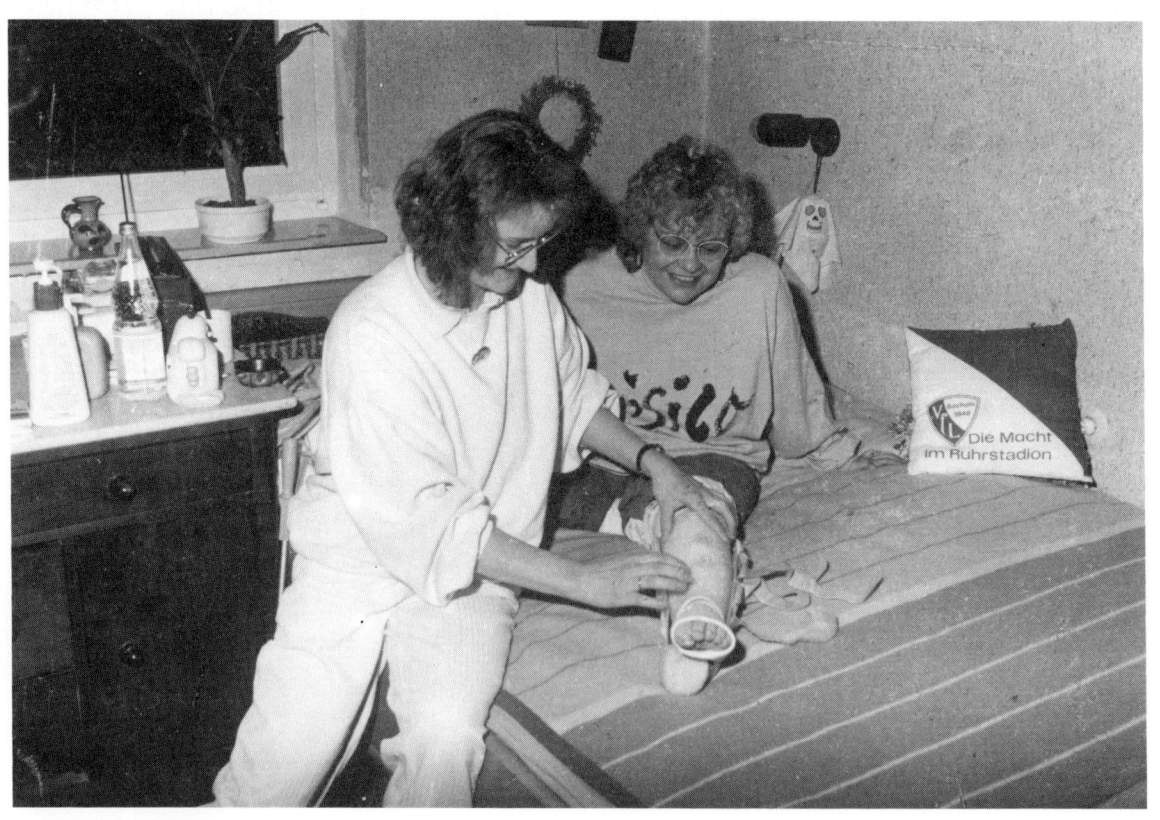

Abb. 151

Jahren dieses Jahrhunderts und der wachsende Anteil der altgewordenen und alleinstehenden Menschen in der Bevölkerung machten es erforderlich, nach einer neuen Organisationsform für die Gemeindekrankenpflege zu suchen. In Zusammenarbeit mit staatlichen Stellen wurde das Modell der Sozialstation/Diakoniestation entwickelt: Hier arbeitet eine Gruppe von examinierten Krankenschwestern, Krankenpflegern, AltenpflegerInnen sowie Haushaltshilfen und Zivildienstleistenden gemeinsam, um mehrere Gemeinden gleichzeitig zu versorgen. Durch diese Teamarbeit ist die flächendeckende ambulante Versorgung der Gemeindeglieder gewährleistet.

Die Aufgaben der Diakoniestation

"Der Aufgabenschwerpunkt einer Diakoniestation liegt im Bereich der ambulanten Kranken-, Alten- und Familienpflege. Diakoniestationen helfen älteren, kranken und behinderten Menschen, daß sie in der vertrauten Umgebung bleiben können und somit ihre Selbständigkeit erhalten bleibt."[3]

Qualifizierte Fachkräfte versorgen und betreuen die Menschen in ihrer eigenen Wohnung, sei es nach einem Krankenhausaufenthalt, im Fall einer Erkrankung oder bei der Pflege älterer Gemeindeglieder, auch zur Unterstützung der Familienangehörigen. Dabei setzen die Gemeindeschwestern und -pfleger Spritzen, verabreichen die verordneten Arzneimittel, wechseln Verbände, messen Fieber, kontrollieren den Blutdruck und legen Katheter an. Dazu kommt die Grundpflege, die aus dem Waschen, Baden, Betten und Anziehen besteht.

MitarbeiterInnen der Diakoniestationen helfen auch bei der Haushaltsführung oder stellen im Bedarfsfall Hilfsmittel zur Verfügung, wie Krankenbetten, Hebegeräte oder Gehhilfen, und beraten die Menschen in allen Fragen bzw. stellen Kontakte zu weiterführenden Gesprächen her. Neben den pflegerischen Tätigkeiten ist es wichtig, Zeit für einsame und alleingelassene Menschen zu haben. In vielen Fällen ist die Schwester/der Pfleger die einzige Kontaktperson, mit der die Menschen täglich in Berührung kommen. Die Arbeit der Diakoniestationen erfolgt in Zusammenarbeit mit den Evangelischen Kirchengemeinden des jeweiligen Einzugsbereiches. Dabei sollen die Gemeindeschwestern und -pfleger enge Verbindung zu den PfarrerInnen und Gemeindegruppen ihres jeweiligen Einsatzgebietes halten.

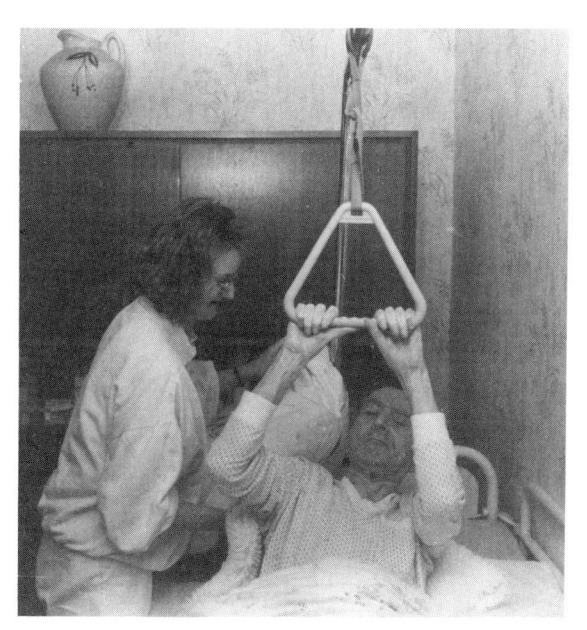

Abb. 152

Probleme und Lösungsversuche

Der personelle Rückgang der Schwesternschaften der Mutterhausdiakonie und die wachsende Zahl der zu pflegenden Menschen in der Bevölkerung machten eine Professionalisierung und Zentralisierung der diakonischen Arbeit auch in den Kirchengemeinden notwendig. So entstanden die Diakoniestationen, die in vielem einem Dienstleistungsunternehmen gleichen. Durch die Zusammenfassung mehrerer Gemeinden zu einer Diakoniestation ist eine immerwährende, flächendeckende ambulante Versorgung der in Not geratenen und kranken Gemeindeglieder gewährleistet. Ist eine Gemeindeschwester oder ein Pfleger krank, im Urlaub oder ähnliches, übernehmen die anderen Schwestern oder Pfleger den Dienst mit. Dadurch ist eine gleichbleibende Betreuung möglich.

Abb. 153

Die Probleme dieses Modells lassen sich mit dem Ruf nach "Mehr Gemeindenähe" umschreiben. Viele Gemeinden wünschen sich eine Gemeindeschwester, die möglichst ständig in der Gemeinde anwesend und verfügbar ist. Zudem soll sie sich stärker in die weitere Gemeindearbeit einbringen. Dieser Wunsch wird auch von den meisten Mitarbeitern/innen der Diakoniestationen geteilt.

Doch dieses stärkere Engagement in den Kirchengemeinden kann häufig aus zeitlichen und organisatorischen Gründen nicht geleistet werden: Der Pflegenotstand hat auch vor den Diakoniestationen nicht halt gemacht, und die Arbeitszeiten (Abend-, Wochendienst) verhindern häufig eine kontinuierliche Mitarbeit in der Gemeinde. In vielen Fällen sind die Gemeindeschwestern und Pfleger schon durch ihren "normalen" Pflegedienst voll ausgelastet. Dann bleibt wenig Zeit und Kraft für weitere Aufgaben. Dadurch kommt es häufig dazu, daß die Arbeit der Diakoniestationen recht unvermittelt neben der sonstigen Gemeindearbeit herläuft. Vor diesem Hintergrund hat die Forderung nach "Mehr Gemeindenähe" ihren Sinn.

Um diesem Problem zu begegnen, werden in jüngster Zeit verschiedene "Ansätze gemeindenaher Diakonie" konzipiert. Dabei wird versucht, die diakonische Arbeit mit der weiteren Gemeindearbeit wieder stärker zu verknüpfen. Das geschieht zum Beispiel in Modellversuchen durch die Schaffung neuer Arbeitsstellen, deren Inhaber/innen sich um die Verbindung zwischen den Kirchengemeinden und den Diakoniestationen kümmern sollen. So hat die Westfälische Landeskirche im Jahr 1989 ein Sonderprogramm u.a. für gemeindenahe Diakonie beschlossen.

In einem weiteren Lösungsversuch wird angestrebt, die persönlichen Kontakte zwischen den Kirchengemeinden und den diakonischen Einrichtungen zu intensivieren. Aus diesem Versuch hat das Diakonische Werk des Kirchenkreises Gelsenkirchen ein Konzept für die "Diakonie in den 90er Jahren" vorgelegt, das unter dem Stichwort "Partnerschaftsarbeit" steht: Dabei wird jeder Kirchengemeinde des Kirchenkreises Gelsenkirchen die Partnerschaft mit einer Fachkraft des Diakonischen Werkes angeboten. Diese Fachkraft steht der Partnerkirchengemeinde mit vier Wochenstunden zur Verfügung und soll informierende, beratende, vermittelnde und aktivierende Tätigkeiten ausüben[4].

Joachim Waltemate

1 Der "Diakonissenverein" wurde von Theodor Fliedner in Kaiserswerth begründet.
2 Ein Diakonissen-Mutterhaus für die Gemeinde-Diakonie wurde von Wilhelm Löhe 1854 in Neuendettelsau gegründet.
3 Zitat aus dem Faltblatt: Wir helfen, Diakoniestation, Ortsverband Bochum für Innere Mission e.V., Bochum o.J.
4 Näheres dazu vgl. K. Blätgen, Gemeindenahe diakonische Arbeit, in: Helfende Hände, Zeitschrift des Diakonischen Werkes Westfalen, 4/1990, S. 59-61

Kirchlicher Widerstand gegen Sondermüllverbrennungsanlagen

Wie wichtig gemeinsame Stellungnahmen der Kirche im Ruhrgebiet sein könnten, wird an dem Beispiel des kirchlichen Widerstands gegen Sondermüllverbrennungsanlagen deutlich. In den von diesen Planungen unter anderem betroffenen Städten Gelsenkirchen und Oberhausen regte sich vielfältiger Protest, bzw. Sondermüllverbrennungsanlagen (SMVA) im Ruhrgebiet beziehen sich auf die landesrechtlichen Vorgaben nach dem Landesabfallgesetz (LAbfG) und die in Kürze zu erwartenden Ausführungsbestimmungen der "Technischen Anleitung Siedlungsabfall" (TA Siedlungsabfall). Gemäß dem

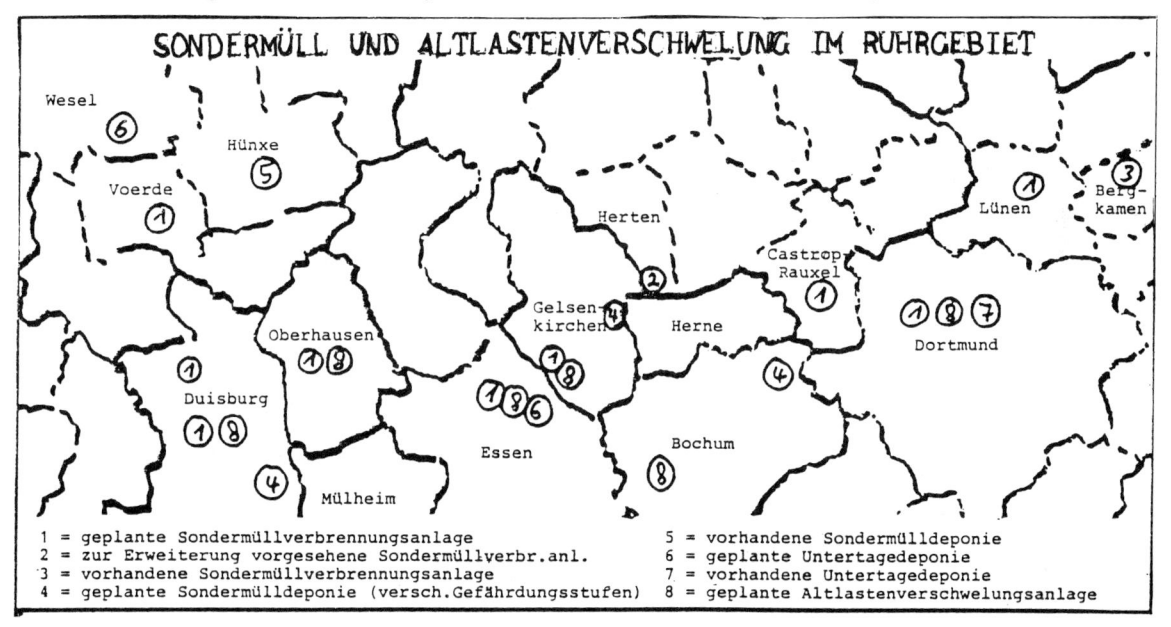

Abb. 154: Überblick über die Standorte der Müllverbrennungsanlagen im Ruhrgebiet

der sehr stark von den Kirchengemeinden mitgetragen wurde. Allerdings ist es zu keiner gemeinsamen Aktion der betroffenen Kirchengemeinden gekommen. Gerade angesichts solcher, das gesamte Ruhrgebiet betreffenden Problemen zeigt sich die Dringlichkeit, daß neben den Aktionen "vor Ort" die "Kirche im Ruhrgebiet" zu einem einheitlichen Reden und Handeln gelangen kann.

Das Problem der Müllverbrennung

Die rechtlichen Grundlagen für die Errichtung von Müllverbrennungsanlagen (MVA) vorliegenden Entwurf TA Siedlungsabfall dürfen Abfälle[1] nur noch dann deponiert werden, wenn vorher ihr organischer Anteil auf 10 % verringert wurde. Dies geht nach dem heutigen Stand der Technik nur durch Verbrennung, in welcher Form auch immer. Als Konsequenz daraus setzt die Landesregierung in NRW auf den rapiden Ausbau von Müll- und Sondermüllverbrennungsanlagen besonders im Ruhrgebiet.

Der Umweltausschuß der Evangelischen Kirche in Westfalen bestätigt in seiner Broschüre "Verantwortung für Gottes Schöpfung angesichts der Abfallproblematik" diese grundsätzliche politische Linie der Landesregierung: "Für die Landesregierung NRW ist die 'thermische Verwertung' ein unverzichtbarer Bestandteil, insbesondere bei der Haus-müllentsorgung... Die im Entwurf vorliegende TA-Abfall wird zur Konsequenz haben, daß die Zahl der Anlagen erhöht werden muß... Planungen der Landesregierung sehen vor, bis 1995 die Zahl dieser Anlagen auf 25 zu erhöhen."[2] Aus einem Schaubild in der gleichen Broschüre kann man entnehmen, daß im Ruhrgebiet zu den 12 bestehenden Verbrennungsanlagen weitere 14 Müllverbrennungsanlagen für die nächsten 10 Jahre geplant sind.

In der Emscherzone, wo nach Aussage von Prof. Dr. Oberholz "bereits jetzt die schmutzigste Luft der Republik"[3] gemessen werden kann, wird die Müllverbrennungskapazität weiter überproportional erhöht werden.

So sollen nach Aussagen der Landtagsabgeordneten in NRW Bärbel Höhn (Die Grünen) nördlich der Emscher auf einem Raum von 15 x 50 km zu den zwei "bestehenden größten Hausmüllverbrennungsanlagen der Bundesrepublik und der Giftmüllverbrennungsanlage in Herten nach den Plänen von Matthiesen weitere 7 Anlagen hinzukommen, Herten soll ausgebaut werden".[4]

Eine von diesen geplanten Anlagen ist die Sondermüllverbrennungsanlage in Gelsenkirchen-Heßler.

Die Sondermüllverbrennungsanlage in Gelsenkirchen-Heßler

Im Oktober 1988 beantragte die Veba Kraftwerke Ruhr (VKR) ein Planfeststellungsverfahren mit dem Ziel der Genehmigung zum Bau und Betrieb einer Sondermüllverbrennungsanlage in Gelsenkirchen-Heßler. In Kenntnis der landesgesetzlichen Vorgaben wurde ein solches Anliegen von regierungsamtlicher Seite ausdrücklich befürwortet. Um die Akzeptanz solcher Anlagen bei der Bevölkerung zu erhöhen, wenden sich die Regierungspräsidenten von Arnsberg, Düsseldorf und Münster flankierend mit einer Erklärung an die Presse, die die Müllverbrennung in der Emscherzone grundsätzlich befürwortet.[5] Darin wird die ökonomische Bedeutung von Müllverbrennungsanlagen für die gesamte Region positiv hervorgehoben und das "Engagement der Wirtschaft" bei der Errichtung dieser "Entsorgungsparks" ausdrücklich gewürdigt. Entsorgt werden soll nicht allein der hauseigene Sondermüll, sondern auch "die hochbelasteten Reststoffe aus der Chipherstellung", z.B. aus Baden-Württemberg.

Abb. 155: Gemeindeversammlung in Heßler

Auch über die "Verpackung" macht man sich Gedanken. Um die Zustimmung der Bevölkerung zu Sondermüllverbrennungsanlagen zu erhöhen, schlägt Regierungspräsident Behrens vor, neue Ideen der Architektur zu bedenken und Sondermüllverbrennungsanlagen als Schauspielhäuser zu tarnen: "Warum sollen Sondermüllverbrennungsanlagen nicht aussehen wie das Düsseldorfer Schauspielhaus?"[6]

Auch die regierende SPD-Ratsfraktion begrüßt und unterstützt grundsätzlich den Plan zum Bau einer Sondermüllverbrennungsanlage, bevor noch Gutachten erstellt sind und eine Bürgerbefragung stattgefunden hat. Planungschef Bergjohan kann sich die geplante MVA sogar als künftiges "Aushängeschild der Stadt Gelsenkirchen" vorstellen. Das geplante Vorhaben passe hervorragend in das "Konzept Emscherpark".[7]

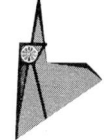

Aber die Bedenken auf Seiten der Bevölkerung werden durch solche Äußerungen eher erhöht als zerstreut. Bereits am 8.7.1988 war auf einer Bürgerversammlung vereinbart worden, eine Bürgerinitiative gegen die Giftmüllverbrennung in Gelsenkirchen - Heßler zu gründen. Am 29.9.1988 ist es dann soweit. Besonders die bei der Müllverbrennung entstehenden und zum großen Teil nicht analysierten Giftstoffe bereiten den Mitgliedern der Bürgerinitiative große Sorge. In der Gründungserklärung heißt es:

"Nach unserer Kenntnis ist das Vorhaben der VKR Bestandteil regionaler Planungen, die das Ruhrgebiet zum Müllzentrum der Republik oder sogar Europas machen würde... Wir befürchten eine weitere Belastung unserer Umwelt mit hochgiftigen Stoffen, insbesondere über die Abluft der Verbrennungsanlage, deren Auswirkungen auf unsere Gesundheit unübersehbar sind."[8]

Kirche vor Ort nimmt Stellung gegen die Müllverbrennung

Traf man sich im Dezember 1988 noch auf "neutralem Boden", so wird auf Beschluß des Presbyteriums der Evangelischen Kirchengemeinde Gelsenkirchen-Heßler erstmalig das Gemeindehaus der Bürgerinitiative am 12.1.1988 als Versammlungsort angeboten. Der Gemeindevorstand hatte sich mit dem Anliegen der Bürgerinitiative solidarisiert. Besonders Pfarrer Michael Schönberg wandte sich in Predigten, Briefen, Leserbriefen und öffentlichen Erklärungen entschieden gegen die geplante Anlage. Bereits im Oktober 1988 hatte er sich mit Empörung gegen die verharmlosende und beschwichtigende Erklärung der drei Regierungspräsidenten gewandt und er fand sich vor der Gewissensfrage, wie er als Theologe auf eine aktuelle Problematik reagieren sollte, die in der Bibel an keiner Stelle erwähnt wird.

"Daß das Ruhrgebiet, welchem die gesamte Nachkriegs - BRD wohl maßgeblich ihren Wohlstand zu verdanken hat, jetzt nur noch gut dafür ist, die 'hochbelasteten (!) Reststoffe aus der Chipherstellung'... zu 'entsorgen', treibt mir die Tränen der Wut ins Gesicht!

Wie soll ich am Sonntag über Jeremia 29,7:"Suchet der Stadt Bestes" unvoreingenommen predigen?"[9]

Er entscheidet sich, gegen die Müllverbrennung und ihre negativen Folgen für Mensch und Natur zu predigen, was ihm zwar Symphatie bei den Gegnern der Anlage, aber auch offene Ablehnung bei den Befürwortern einbringt. So bescheinigt ihm der SPD-Ortsvereinsvorsitzende Joachim Poß in einem Zeitungsartikel in der "WAZ" vom 24.2.1989, daß er weder zum Politiker noch zum Pfarrer tauge. Dies weist Pfarrer Schönberg in einem Beschwerdebrief an den Umweltminister Matthiesen "als ungeheure, zutiefst verletzende Beleidigung"[10] zurück. Auch weiterhin ergreift er in und außerhalb der Gemeinde Partei gegen die geplante Müllverbrennungsanlage. Als Bürger und Mitglied der Bürgerinitiative führt er in Vorträgen sachliche Argumente gegen die nach seiner Ansicht unheilvolle Anlage ins Feld: "Gefährliche organische Kohlenstoffverbindungen und Stickstoffoxide in Tonnenmengen, das lebensgefährliche Seveso-Dioxin und völlig unbekannte und damit nicht nachzuweisende Stoffe werden die Luft vergiften."[11]

Als Theologe und Seelsorger sieht er seine Aufgaben darin, die Bedeutung von Bibeltexten in die heutige Zeit sprechen zu lassen. Dabei läßt er auch die Sorgen und Nöte seiner Gemeindeglieder nicht außen vor. Im Verlauf seiner regelmäßigen Bibelstudien kommt Pfarrer Schönberg zu dem Schluß, daß er nicht schweigen und untätig sein darf:"Ich kann als Pfarrer nicht die wichtigsten Lebensabschnitte der Menschen (Taufe, Konfirmation, Trauung, Beerdigung) segnend begleiten, ohne zugleich gegen die Mächte zu predigen und zu kämpfen, die das Leben der Babys, des Jugendlichen, der jungen Eheleute, ja der Toten bedrohen."[12]

Unterstützt wird Pfarrer Schönberg durch den "Kreissynodalausschuß Umwelt"[14] des Kirchenkreises Gelsenkirchen, der parallel zu den Aktivitäten des Pfarrers auf kreiskirchlicher Ebene tätig wird. Der Synoda-

Abb. 156: Pfarrer Schönberg steht an der Spitze des Widerstandes gegen die SMVA

In Bezug auf das Problem der Müllverbrennung wird für ihn die theologische Grunderkenntnis immer wichtiger, daß Jesus Christus gerade den Kindern das kommende Reich Gottes zuspricht. Daraus folgt konsequenterweise, daß sich alle Grenzwerte von Belastungen gerade auf die schwächsten Glieder der Gesellschaft, auf die Kinder, zu beziehen haben: "Wenn Jesus Christus das Reich Gottes in besonderer Weise den Kindern zuspricht, dann darf sich die Festsetzung der Grenzwerte für Schadstoffbehandlungen der Luft nicht - wie heute üblich - am arbeitsfähigen erwachsenen Mann orientieren, sondern ausschließlich am Kind. Das freilich wäre das Ende all solcher technischen Großanlagen."[13]

lausschuß "Umwelt" unter dem Vorsitz von Pfarrer Elmar Linnemann[15] erarbeitet eine Beschlußvorlage zur geplanten Sondermüllverbrennungsanlage in Gelsenkirchen-Heßler, die gegen die geplante Errichtung der Anlage Stellung bezieht und nach eingehender Diskussion schließlich am 19.6.1989 mit deutlicher Mehrheit ein Beschluß der Kreissynode wird.[16]

Darin wird ausdrücklich befürwortet, daß sich Kirchengemeinden des Kreises der "Sorgen und Nöte der Menschen (in ihren Gemeinden) annehmen" und durch ihren Protest und ihren Widerstand "auf ein problematisches Verfahren der Beseitigung von Giftmüll" aufmerksam machen. Zustimmung erfährt auch, daß durch ihr Engagement alle Christen und Kirchengemeinden in Gelsenkirchen angehalten werden, "im eigenen innerkirchlichen Handlungs- und Entscheidungsbereich noch deutlicher zu machen, wie schöpfungserhaltendes Handeln aussieht".

Mit Verweis auf die schon bestehende Schadstoffbelastung in der Emscherregion, der überdimensionalen Größe der geplanten Anlage und der zu wenig diskutierten "andere(n) Wege und Weisen der Vermeidung und Verhinderung von Giftmüllproduktionen und Entsorgung bittet und fordert (die Synode) alle Beteiligten auf, den geplanten Bau einer Sondermüllverbrennungsanlage in Gelsenkirchen abzulehnen".

Im Beschluß wird allerdings auch das gegenwärtige Dilemma der "thermischen Entsorgung von Sondermüll (Giftmüllverbrennungsanlagen) angesichts der gigantischen Müllberge" anerkannt und grundsätzlich als "Folge der Industrie- und Konsumgesellschaft" und unserer "Art von Wirtschaften" gewertet. Ausdrücklich erkennt die Kreissynode ihre eigene Verstrickung, die Mitverantwortung und Mitverursachung der Kirche und ihrer Glieder für die Entstehung von Sondermüll an.

"Wir wollen innewerden und erkennen, wie sehr auch die Kirche in Gelsenkirchen Teil dieser Gifte produzierenden und konsumierenden Welt ist...Wir wollen damit anfangen, praktisch teilzunehmen an der Bewahrung der Schöpfung und theologisch daran mitarbeiten, daß thermische Entsorgung von Giftmüll nicht notwendig wird - in Gelsenkirchen nicht und auch nicht anderswo."

Kirchlicher Protest in Oberhausen

Seit 1988 regt sich auch im Kirchenkreis Oberhausen Protest gegen die Pläne, in Oberhausen eine "Hochtemperatur-Verbrennungsanlage" für Sondermüll zu bauen und mit dieser Art "Umwelttechnik" die Strukturkrise der Stadt zu überwinden. Die Schritte im einzelnen:

Im Laufe des Jahres 1987 entwickelt die SPD-Mehrheitsfraktion das Konzept "O. 2000 - Initiative zur ökonomischen und ökologischen Entwicklung Oberhausens". Herzstück der Planung ist es, Oberhausen als künftigen Standort der "Entsorgungstechnologie" zu etablieren. Zu diesem Zweck gründen die Babcock AG und die stadteigene Energie-Versorgung Oberhausen (EVO) die "Planungsgesellschaft Umwelt und Entsorgung".

- Nachdem es im Dezember 1987 im Rahmen des SPD-Projekts "Gespräche mit wichtigen gesellschaftlichen Gruppen" zu einem ersten Meinungsaustausch zwischen Sozialdemokraten und Vertretern des Kirchenkreises gekommen ist, werden im August 1988 Vertreter der Oberhausener Kirchen zu einem Gespräch mit NRW-Umweltminister Matthiesen hinter verschlossenen Türen eingeladen. Kritische Fragen des synodalen Sozialsekretärs Gerhard Kern führen zu einer scharfen Auseinandersetzung über das Vorhaben, entgegen früheren Planungen des Landes Oberhausen zum Standort einer Giftmüllverbrennungsanlage zu machen. Über den eigentlichen Verlauf des Gesprächs ist in der Presse nichts zu erfahren.

- Im folgenden Jahr organisieren einige Kirchengemeinden Informations- und Diskussionsabende zur Problematik von "Giftmüllverbrennungsanlagen" und ein Pfarrkonvent setzt sich intensiv mit diesem Thema auseinander.

- Die Kreissynode im Juni 1989 steht dann ganz im Zeichen der Schöpfungsverantwortung: Zunächst hält der Heidelberger Theologe und Naturwissenschaftler Prof.Dr.Dr. Altner ein Grundsatzreferat zum Thema "Bewahrung der Schöpfung - auf dem Weg zu Gerechtigkeit und Frieden", in dem er folgende Bilanz zieht: "Es ist Krieg zwischen uns und der Schöpfung, und nicht Frieden".

Nach ausführlicher Diskussion wird das

"Wort der Kreissynode zu der geplanten Sondermüllverbrennungsanlage in Oberhausen" verabschiedet, in dem "der Bau von weiteren Giftmüllverbrennungsanlagen, dazu noch im dichtbesiedeltsten Gebiet der Bundesrepublik" als nicht mehr verantwortbar abgelehnt wird. Es folgt eine Selbstverpflichtung, in den eigenen Einrichtungen und Gemeinden alles zu tun, "- um giftige Produkte durch ungiftige oder wiederverwertbare zu ersetzen oder ganz auf sie zu verzichten, - um kostbare Rohstoffe einzusparen und wiederzuverwerten, - um zu einem umweltbewußten Verhalten beizutragen, das unsere christliche Verantwortung für die Schöpfung ernst nimmt." Weiter wird die Absicht erklärt, "mit Umwelt- und Naturschutzverbänden in Oberhausen zusammenzuarbeiten und den Widerstand gegen die Giftmüllverbrennungsanlage gemeinsam zu verstärken", und es wird "zur Erfüllung dieser Aufgaben" ein ständiger Umweltausschuß eingerichtet.

Die "Püppchen"-Aktion

In einigen Gemeinden Oberhausens werden seit Ende 1989 durch den Verkauf kleiner, buntbemalter Holzfiguren-Minidemonstranten Gelder für ein Gegengutachten zur Sondermüllverbrennungsanlage zusammengetragen. So z.B. in der Christus-Kirchengemeinde, deren Umweltgruppe im September 1990 von ihren Aktivitäten berichtet. Sechs Gemeinden stellen aus Haushaltsmitteln insgesamt 10.000 DM für das Gegengutachten zur Verfügung.

Erste Erfolge?

Die Veba Kraftwerke Ruhr hat inzwischen bekanntgegeben, daß sie ihre Planungen für den Standort der Anlage in Gelsenkirchen-Heßler offiziell zurückgezogen hat. Ein Erfolg? - Wohl kaum. Schon sind Ersatzstandorte in Gelsenkirchen im Gespräch: Schalke,

Abb. 157: Holzfiguren - Demonstranten gegen die Sondermüllverbrennungsanlage

Horst, Hüllen und Scholven. Auch die geplante Giftmüllverbrennungsanlage im Essener Stadthafen ist nur knapp 2 km von Heßler entfernt. In Oberhausen hält der Umweltbeauftragte Pfarrer Kegel in seinem Bericht vor der Sommersynode 1990 auch schon "eine erhebliche Verzögerung" für einen Gewinn, weil dadurch Alternativen zur Giftmüllverbrennung bessere Chancen haben würden.

Das Problem bleibt somit erhalten und damit der Anspruch an Christen, Stellung zu beziehen und aktiv zu werden. Hilfreich bei der Entscheidungsfindung könnte der vom Umweltausschuß der EKiW bezeichnete "kategorische Imperativ zur Abfallproblematik" sein:

"Handelt so, daß die Ergebnisse Eures Handelns korrigierbar sind; die Prozesse, die Ihr anstoßt, überschaubar bleiben; und jeder an den Ergebnissen dieser Prozesse teilhaben kann."[17]

Michael Nelson/Gerold Vorländer

1. Nach der Definition des Entwurfes TA Siedlungsabfall gelten folgende Abfälle als Siedlungsabfälle: Haus-, Gewerbe-, Geschäfts-, Garten-, und Markt- und Parkabfälle, Sperrmüll, Straßenkehricht, Erdaushub, Bauschutt und Klärschlamm.
2. "Verantwortung für Gottes Schöpfung angesichts der Abfallproblematik", Broschüre des Umweltausschusses der Evangelischen Kirche von Westfalen, 1990
3. G.Oberholz, Giftmüllverbrennung in Gelsenkirchen - Alles spricht dagegen!, unveröffentl. Manuskript, Gelsenkirchen 1989
4. B.Höhn, Verscharrt, verbrannt, verschoben - Müllnotstand in NRW, in: GZ 4/1990, S. 4
5. Präsidenten: Entsorgung nützt dem Revier, in: "WAZ" vom 21.10.1988
6. Ebenda
7. Buersche Zeitung vom 25.10.1988
8. Zitiert nach der Bürgerinformation Nr. 1 der "Bürgerinitiative gegen Giftmüllverbrennung Gelsenkirchen"
9. M.Schönberg, Leserbrief zum Artikel: Präsidenten: Entsorgung nützt dem Revier, 21.10.1988
10. Zitiert aus einem Brief an den Minister für Umwelt, Raumordnung und Wirtschaft des Landes NRW vom 24.2.1989
11. Zitiert aus einem Vortrag zur geplanten Sondermüllverbrennungsanlage in Gelsenkirchen-Heßler, unveröffentlichtes Manuskript
12. M.Schönberg, in: botschaft aktuell-Nr. 40 vom 1.10.1990, S. 5, Schönberg zitiert hier M.Josuttis: Der Traum der Theologen, München 1988, S. 208
13. Ebenda
14. Der Kreissynodalausschuß "Umwelt" ist einer von mehreren Fachausschüssen des Kirchenkreises. Die Kreissynode setzt den Fachausschuß ein und wählt auch die Mitglieder. Der Umweltbeauftragte der Kreissynode ist geborenes Mitglied im Ausschuß. Die Mitglieder des Ausschusses wählen aus ihrer Mitte ihren Vorsitzenden bzw. ihre Vorsitzende.
15. Pfarrer Elmar Linnemann ist der Umweltbeauftragte der Kreissynode Gelsenkirchen.
16. Vgl. Beschlußtext der Kreissynode Gelsenkirchen vom 19.6.1989 zur Errichtung einer Sondermüllverbrennungsanlage in Gelsenkirchen-Heßler, in: Amos 3/4 1989, S. 17ff
17. Broschüre des Umweltschutzes der EKiW, a.a.O., S. 8

Das Ruhrgebiet heilt seine ökologischen Wunden

Kirche und IBA '97

Die "Internationale Bauausstellung Emscher-Park" (IBA '97) verdient innerhalb der weltweit bekannten Dauereinrichtung "Bauausstellung" eine große Beachtung. Vor über hundert Jahren in London (IBA 1851) zu bleibendem Ruhm gelangt, wurde seitdem das Bild einer "Bauausstellung" von der Diskussion über Bautechnologie und der Werbung für Architektur geprägt.

Vor vier Jahren rückte die IBA 1987 in Berlin die Erhaltung und Reparatur alten Baubestandes in den Vordergrund. In Anknüpfung an die Berliner Vorgaben von 1987 hat nun die IBA '97 damit begonnen, ein durchgehendes, bandförmiges Gebiet von vierzig Kilometern Länge zu 'reparieren' und zu erneuern, wo es noch möglich ist.

Hierbei fiel die Wahl auf den Emscherraum von Duisburg bis Dortmund, um zahlreichen Interessengruppen aus aller Welt den Versuch der "Erneuerung eines teils erhaltenen, teils zerstörten Industriegebietes"[1] beispielhaft vorzuführen.

Ziel ist die Kombination von Natur und neu gestalteter Umwelt, womit der Überbe-

Abb. 158: Hier entsteht ein Landschaftspark

griff "Park" verstanden wird. Natur, Freizeit und Arbeiten werden im Park ein zusammenhängendes Erlebnis. Davor steht die Aufgabe des Abbaus von Industrieschäden (vielfältige Belastungen des Bodens und des Wassers durch Schadstoffe, schmutzversiegelte Bodenoberflächen etc.). Ohne "ökologischen Umbau" wird es keinen ökonomischen Fortschritt mehr geben.

Der Emscherraum von Duisburg bis Dortmund ist in Europa die Landschaft mit der dichtesten Besiedlung, den größten Umweltbelastungen und der intensivsten Zerschneidung des Wohn- und Lebensraumes. Gleichzeitig sind aber im Emscherraum landschaftliche und bauliche Qualitäten aus der vorindustriellen Zeit erhalten geblieben. Sämtliche Industrie- und Technik-Denkmäler der Region werden auf Erhalt und zukunftsorientierte Nutzung geprüft. Architekten und Künstler lassen sich zu neuen Interpretationen von alten Bauformen stimulieren und setzen ihr Können zur neuen Nutzung ("Umnutzung") von stillgelegten, guterhaltenen Arbeitsstätten ein.

Lebendige Dokumente der mit der IBA '97 verbundenen Erneuerungsstrategie werden in der Parkanlage eine größere Zahl von "Werkstätten" sein, die dem Besucher ab 1994 erste Einsichten über Anfang und Fortschritt des Veränderungsprozesses einer Landschaft nahebringen.

Neben der miteinbezogenen Umgestaltung des Rhein-Herne-Kanals (Wasserqualität: gut bis sehr gut) zum Erlebnis für Freizeit und Sport sowie zur Schaffung von Lebensraum für Tier und Pflanzen entstehen Standorte für neue Wohnungen innerhalb des "Emscher-Parks". Bereits bestehende Wohnansiedlungen in der Region sollen bei Interesse unter Mitwirkung der Bewohner verbessert werden.

Die erwarteten privaten und öffentlichen Investitionen in Höhe von 3 Mrd. DM bis 1994 krönt ein zusätzlicher Beschluß der Landesregierung in Düsseldorf: "Sämtliche Projekte der IBA '97 genießen in NRW erste Priorität."[2]

Ein Landschaftspark mit naturnahen Wanderwegen, Fuß- und Radwegen sowie Flächen für den Bewegungssport und mehr gewinnt an Gestalt.

Kirchliches Engagement im Rahmen der IBA '97

In Zusammenarbeit mit dem Kirchenkreis Herne organisiert die Internationale Bauausstellung im Verlauf des Kirchentages 1991 im Ruhrgebiet einen "mobilen Umwelt-Brennpunkt". Wie sieht "Landschaft" in einer dicht besiedelten Industrieregion der Zukunft aus? Zwischen 11 Angeboten mit IBA-Projekten können die Kirchentagsbesucher wählen und an kommentierten Lehr-Spaziergängen teilnehmen.

Die Evangelischen Kirchen im Rheinland und in Westfalen steuern zu der IBA '97 - jeweils dezentral - mehrere Projekte bei. Die Angebote reichen von der Vollwertküche in Essen-Katernberg bis zum Frauenhaus in Recklinghausen. Zwei Projekte von besonderem Reiz, beide versehen mit der Prioritätsstufe 1, werden in den folgenden Abschnitten genauer untersucht.

Ein erster Besuch führte zu den Mitarbeitern des zukünftigen Landschafts- und Erholungsparks "Erin" in Castrop-Rauxel. Unter Berücksichtigung der Nutzungsansprüche von Landwirtschaft und Erholung plant hier eine gemeinnützige Gesellschaft die Errichtung einer Hochbaumschule.

"Neue Bäume braucht das Land!"

Frage: Frau Dolis, Frau Piecha, Herr Burchhardt[3]: Wie kam es zu der Idee, inmitten einer zerstörten Landschaft eine kultivierte Hochbaumschule zu errichten? Ist das eine Idee aus dem privaten Bereich oder ging dem eine öffentliche Diskussion voraus?

Antwort: Auf solch eine Idee kommt man, wenn man Zeitung liest. Die Internationale Bauausstellung will ja eine ökologische Erneuerung der Emscher-Region vorantreiben, also eine Begrünung, Bepflanzung, Renaturierung von Flüssen und so fort.

Frage: Da gibt es sicherlich viel zu tun?

Antwort: Bestimmt. Wenn sich ein Strukturwandel im Bereich der Emscher-Lippe-Zone jetzt tatsächlich vollzieht, sollte der einhergehen mit Blick auf Beschäftigungsförderung und Abbau von Arbeitslosigkeit.

Frage: Sie meinen, bei dem erhöhten Bedarf an Arbeitskräften für die Renaturierung von Industriebrachen sollte vorrangig auf Arbeitslose zurückgegriffen werden?

Antwort: Wir fordern im Moment mehr öffentliche Aufträge zugunsten einer Beschäftigungsförderung. Bei einem Umsatzvolumen von ca. 3 Milliarden DM, das die IBA im Bereich Bau und im Bereich Ökologie lostritt, sind wir an den Lenkungsausschuß der IBA herangetreten. Wir erwarten, daß von der genannten Summe 10 % für Beschäftigungsinitiativen freigestellt werden.

Frage: Haben andere Kräfte diese Forderung unterstrichen?

Antwort: Ja. Im Grunde genommen alle Kräfte, die die Arbeitslosigkeit nicht als erledigt ansehen. Das sind vor allem kirchliche Kräfte, aber auch Personen, die in kommunalen Bereichen arbeiten. Bei uns ist das vor allem die Evangelische Kirche im Emscher-Lippe-Bereich, also die Kirchenkreise Gladbeck-Bottrop, Recklinghausen und Herne.

Frage: Ist die 'Hochbaumschule' das erste Projekt?

Antwort: Nein. Wir haben in Gelsenkirchen die ehemalige Zeche 'Wilhelmine 1/4' wieder urbar gemacht, dort im Grunde genommen Gebäuderecycling betrieben. Wir haben die Zeche zu einem sozio-kulturellen Zentrum und zu einer Einrichtung für Jugendberufshilfe umgebaut.

Frage: Bei einer Aktion wie dieser haben bestimmt etliche Institutionen weitergehendes Interesse an Ihrer Arbeit gezeigt?

Antwort: Wir sind dadurch in Kontakt zur Landesentwicklungsgesellschaft gekommen, und auch zum Grundstücksfonds Ruhr. Diese beiden Landesgesellschaften verwalten jetzt die IBA-Brachen, kaufen sie auf, richten sie her und verkaufen sie wieder.

Frage: Und in Kooperation mit diesen beiden Landesinstitutionen wurde nun die Hochbaumschulen-Idee entwickelt. Aber der Träger ist doch der Kirchenkreis Gladbeck-Bottrop?

Anwort: Nein. Die Verbände von Gladbeck, Bottrop und Dorsten mit dem Kirchenkreis Gladbeck-Bottrop und dem Diakonischen Werk Gladbeck-Bottrop e.V. sind die Träger dieses Projekts. Alle zusammen haben eine Beschäftigungs-GmbH, die gemeinnützige 'Neue Arbeit GmbH' gegründet. Und die ist nun für alle Maßnahmen im Bereich Arbeitsmarktpolitik und Beschäftigungsförderung zuständig.

Abb. 159: Das Team der Hochbaumschule

Frage: Setzt sich die Gesellschaft 'Neue Arbeit' aus kirchlichen Mitarbeitern zusammen?

Antwort: Zum Teil. Wir sind zur Zeit sechs Mitarbeiter, die von der Planung, Konzeptionierung bis zur Umsetzung beteiligt werden. Dabei ist die 'Hochbaumschule' nur ein Teilbereich, den wir umsetzen. Wir betreiben im gleichen Stil eine Qualifizierungswerkstatt und sind beim Aufbau eines Schiffsbaubereiches sowie einer Textilwerkstatt tätig. Hier in Bottrop bauen wir gerade ein türkisches Kommunikations- und Frauenzentrum auf; daneben entsteht ein türkisches Café-Haus.

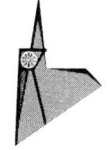

Frage: Sie bieten in erster Linie sogenannten Langzeitarbeitslosen eine Perspektive?

Antwort: Zuweisungsberechtigt sind erst einmal die örtlichen Arbeitsverwaltungen. Danach schauen wir uns um im Bereich Langzeitarbeitslosigkeit, ob es Leute gibt, die für unser Projekt qualifiziert sind, oder die im Grün-Bereich qualifiziert werden möchten. Wir bieten 15, später einmal 30 Leuten eine Beschäftigungsmöglichkeit.

Frage: War der Standort für die 'Hochbaumschule' leicht zu finden?

Antwort: Wir haben eine ganze Reihe Grundstücke hier in der Emscher-Lippe-Zone abgelehnt, weil die Altlastenproblematik so schwierig war, daß wir auf keinen Fall mit Menschen darauf arbeiten wollten. Das Gelände auf der ehemaligen Zechenanlage 'Erin' in Castrop-Rauxel wird nun mit EG-Förderung und Landesmitteln neu hergestellt und altlastenfrei an uns übergeben.

Frage: Eine Frage an die für das Projekt bestellte Landschaftspflegerin: Was dürfen wir uns unter einer 'Hochbaumschule' vorstellen, im Vergleich zu einer 'Baumschule'?

Antwort: In einer Baumschule wachsen Bäume, Sträucher, Heister, alles bunt durcheinander. In einer Hochbaumschule werden die Gehölze so aufgeschult, daß sich ein gerader Stamm entwickelt. Was wir als gängige Alleebäume kennen, das sind Hochbäume.

Frage: Welche Baumarten sollen angepflanzt werden?

Antwort: Eichen, Birken, Kastanien, Ebereschen und dergleichen werden hier auf Rohböden angesiedelt. Diese Bäume haben keine speziellen Standortansprüche und sind nicht so empfindlich gegen Oberflächenverdichtung.

Frage: Muß man für solche Bäume eine Hochbaumschule einrichten?

Antwort: Diese Bäume sind ausgesucht worden, um sie an Straßen, Kinderspielplätzen und dergleichen anzupflanzen. Dafür brauchen wir die Hochbaumschule. Denn in normalen Baumschulen gibt es diese Bäume gar nicht mehr. Sie spezialisieren sich vorwiegend auf exotische Züchtungen, wie zum Beispiel rotlaubige Gehölze.

Frage: Normalerweise ist das Betreten von Baumschulen verboten. Wird das bei Ihnen auch so sein?

Antwort: Unsere Hochbaumschule ist für die Öffentlichkeit zugänglich. Der Bereich, wo Maschinenpark und Schule stehen, wird sicherlich eingezäunt. Aber ansonsten planen wir einen Lehrgarten für Schulen und Kindergärten. Ferner soll ein Blindengarten entstehen, der den Behinderten Möglichkeiten schafft, an der Natur und an solchen Dingen durch Riechen, Fühlen, Tasten und Hören teilzunehmen.

Frage: Erwarten Sie hierfür noch weitere Fördermittel seitens der öffentlichen Hand oder von privater Seite?

Antwort: Wir würden uns freuen, wenn eine Einrichtung wie die ELA, die Emscher-Lippe-Agentur, gegründet von der Kommune zusammen mit der Industrie, sich dafür einsetzte, daß solche beschäftigungsfördernden Projekte von dort auch gesponsert würden.

Frage: Aber bis jetzt ist an dieser Stelle noch nichts geschehen?

Antwort: Im Gegenteil. Normale Grün-Betriebe sehen in uns erst einmal nur eine Konkurrenz. Es mag sich aber in den nächsten Jahren ändern, da ein hoher Arbeitskräftebedarf zu erwarten ist. Bestimmt wird man dann auf uns zugehen, weil wir bis dahin Arbeitskräfte qualifiziert ausgebildet haben.

Frage: Ihr Projekt 'Hochbaumschule' genießt Priorität 1 im Plan der IBA?

Antwort: Die IBA unterscheidet zwei Prioritäten. Priorität 2 bedeutet, daß ein Projekt noch weiter ausgefeilt werden muß. Priorität 1 bedeutet, daß ein Projekt umsetzungsreif ist und auch sofort umgesetzt werden soll.[3]

"Wir waren einfach nicht mehr zu bremsen!"

Altenessen ist ein typischer Ruhrgebiets-Vorort mit Zechensiedlungen und Industriebrachen. Dort treffen wir uns mit Pfarrer Wilhelm Overbeck. Durch die Arbeit seiner "Initiative Zentrum Zeche Carl" wandelte sich ein Stadtteil. Über Nacht ist Zeche Carl in Altenessen eine wichtige Adresse des Kulturbetriebs im Ruhrgebiet geworden.

Frage: Herr Overbeck[4], Sie sind durch ihr Engagement für die "Zeche Carl" über Essen hinaus bekannt geworden. Wie kommt es zu diesem Ruf?

Antwort: Ich bin 1975 als Vikar nach Altenessen gekommen und habe hier meine Erfahrungen gesammelt. Gegen Ende meines Vikariats bin ich durch einen Zeitungsartikel auf die stillgelegte "Zeche Carl" aufmerksam geworden.

Frage: Liegt Ihre Kirche hier in der Nähe?

Anwort: Ja, aber ich habe die Zeche hier vorher nie wahrgenommen, weil sie versteckt hinter dem damaligen Güterbahnhof lag. Ich dachte mir, das wäre etwas für Jugendarbeit. In Altenessen gab es überhaupt keine 'Offene Jugendarbeit', aber sehr viele Jugendliche, die ratlos hin- und herzogen. Das waren dann die sogenannten Altenessener Wandertage. Um das zu ändern, habe ich hier für den Erhalt dieser Zeche gekämpft.

Frage: Aber allein kämpft es sich so schlecht. Wo findet man für ein derartig großes Objekt, das sicherlich auch mit enormen Kosten verbunden ist, eine Lobby?

Antwort: Zuerst einmal bei den Jugendlichen. Ich traf glücklicherweise auf eine Gruppe von Jugendlichen, die ein selbstverwalte-

Abb. 160: Kultur statt Kohlen - Ein Stadtteil entdeckt seine Zeche neu

tes Jugendzentrum für Altenessen forderten. Das erste Treffen war bei einem Jungen, der bei seinen Eltern in einem kleinen Zechenhaus wohnte. An dem vereinbarten Abend standen plötzlich 70 Leute in dem kleinen Garten. Daraufhin haben wir seit 1977 regelmäßig mittwochs im Gemeindehaus getagt.

Frage: Sind dann die Jugendlichen mit Forderungen an Ihre Kirchengemeinde herangetreten, oder wurden die Forderungen direkt an die Stadt Essen gestellt?

Antwort: Wir haben uns umgehend als Verein konstituiert und sind gleich an die Stadt Essen herangetreten. Das Vorstellungsvermögen unserer Kirchengemeinde war damals noch nicht so weit.

Frage: Was geschah dann?

Antwort: Als erstes hat uns die Stadt Essen mitgeteilt, die Zeche sei baufällig. Ein Architekturbüro hat schließlich die Bausubstanz untersucht und für gut befunden.

Frage: Damit fängt aber die Arbeit noch nicht an. Mußten Sie jetzt in Ihrer Gemeinde verstärkt die Werbetrommel rühren, um freiwillige Aufbauhelfer zu finden?

Antwort: Zunächst haben Architekten in ehrenamtlicher Arbeit den gesamten Grundrißplan erstellt und die Baukosten ermittelt. Schließlich lenkte die Stadt Essen ein und stellte uns das Gebäude durch eine Bauvereinbarung zum Umbau zur Verfügung. Wir haben damals für den gesamten Bau, 3.200qm Grundfläche, Baukosten von 2,4 Mio. DM ermittelt. Diese Summe war auch ziemlich exakt. Letztendlich haben wir den Bau für insgesamt 3 Mio. DM fertiggestellt.

Frage: Das Geld kam von der Stadt Essen?

Antwort: Die Hälfte hat sich die Stadt über Städteförderungsmaßnahmen vom Land zurückgeholt. Damals wurden sozio-kulturelle Zentren zu 50 % bezuschußt.

Frage: Nun waren Genehmigung und Geld da. Kamen denn jetzt die ehrenamtlichen Helfer?

Antwort: In Scharen. Wir haben samstags in Arbeitseinsätzen von 11 bis 17 Uhr mit 50 bis 80 Leuten gearbeitet. Angefangen haben wir an einem Samstag, nachdem Altenessener Bürger jede Menge Handwerkszeug - Kellen, Speistrommeln, Schubkarren, Schaufeln - vorbeigebracht hatten. Der Architekt kam an dem Morgen eine halbe Stunde zu spät. Wir hatten schon den ersten Durchbruch durch eine Wand gehauen, da wo er gar nicht hin sollte. Aber das war egal, denn wir waren einfach nicht mehr zu bremsen.

Frage: Stand die Bevölkerung von Anfang an bis heute hinter dem Jugend-Projekt?

Antwort: Die Altenessener fanden es sehr bewundernswert, daß die Jugendlichen diesen Umbau selbst in die Hand nahmen. Heute kommen viele Altenessener zu unseren Tanz-Cafés für ältere Leute, die sich großer Beliebtheit erfreuen. Aber ein bißchen Schwellenangst hatte doch jeder beim ersten Mal.

Frage: Wie steht es um die kirchlichen Aktivitäten in der "Zeche Carl"?

Antwort: Das Behindertenreferat des Stadtkirchenverbandes nutzt gern die Räumlichkeiten, und so manche Betriebsfeier der Kirchengemeinde Altenessen fand schon in der "Zeche Carl" statt. Aber erst jetzt, wo es um den weiteren Ausbau des Ensembles geht, tritt eine Initiative in den Vordergrund, die einen starken Bezug zur Kirche hat.

Frage: Welche Initiative ist das?

Antwort: Sie setzt sich zusammen aus Altenessener Handwerkern. Der Kirchbaumeister unserer Kirchengemeinde zum Beispiel ist der 2. Vorsitzende, der stellvertretende Vorsitzende unseres Presbyteriums ist da-bei, und ein nebenamtlicher Organist mischt auch in diesem Verein mit. Alles, was den weiteren Ausbau betrifft, wird nun von diesen Kräften geregelt. Nur diesmal nicht mit ehrenamtlichen Helfern, sondern mit Leuten, die langzeitarbeitslos sind.

Frage: Im Laufe Ihrer Arbeit als Vorsitzender des Vereins "Initiative Zentrum Zeche

6.5

Carl" wurden Sie auch als Ehrenbürger der Stadt Essen vorgeschlagen. Sieht man da die Dinge etwas gelassener?

Antwort: Noch nicht. Der Prophet gilt ja nichts in seiner Heimatstadt. Das merkt man auch bei diesen neuen IBA-Projekten. Man denkt, man hat einmal das Gesellenstück hingelegt, und die Skepsis ist gewichen. Ich muß feststellen, auch bei den neuen Projekten hat man die alte 'Ochsentour' der Überzeugungsarbeit wieder zu leisten. Aber ich bin 1987 wirklich für den Rheinland - Taler vorgeschlagen worden, und den habe ich auch bekommen. Das ist eine Auszeichnung, die

Abb 161: Disco in der Zeche - Die Stimmung steigt

der Landschaftsverband für herausragende Kulturarbeit vor Ort vergibt. Das war natürlich eine Auszeichnung für uns alle.

Frage: Nun gibt es seit etwa vier bis fünf Jahren die offizielle Vorbereitungsphase für die Internationale Bauausstellung '97. Wann wurde die IBA auf Sie aufmerksam, oder haben Sie auf sich aufmerksam gemacht?

Antwort: Wir haben das Projekt selber eingebracht.

Frage: Geht es dabei um das Projekt, das jetzt schon besteht?

Antwort: Die "Zeche Carl" ist nur der Kristallisationspunkt. Wir haben ja hier in Altenessen das letzte und gegenwärtig größte Sanierungsgebiet Nordrhein-Westfalens. Da haben wir gesagt, daß wir alle Probleme bündeln wollen, die noch offen sind. Dazu gehört: Wir haben zwei Bäder in Altenessen. Wir wollen, daß das Freibad bestehen bleibt und kombiniert wird mit einem Hallenbad. Aus dem freiwerdenden Stadtbad im Zentrum Altenessens machen wir eine genossenschaftliche Frischmarkt-Halle, wo wir mit den Markthändlern zusammen eine Ernährungsberatung anbieten wollen.

Frage: Gibt es noch weitere Aktivitäten?

Antwort: Ja, unser Malakow-Turm steht leer. Nun gibt es eine Initiative, die darin ein Medienhaus einrichten will. Und in der leerstehenden Maschinenhalle bieten wir bildenden Künstlern Platz für ihre Großobjekte an.

Frage: Bestimmt war die Jury der IBA sehr angetan?

Antwort: Ja. Stadtentwicklung integriert zu betreiben, ist eine Intention der IBA. Deshalb ist unser neues Projekt 'Wohnen, Arbeiten und Freizeit in Altenessen' vom Lenkungsaussschuß bereits im ersten Durchgang mit der Priorität 1 versehen worden.

Frage: Können Sie uns noch einen Ausblick geben, der den Sinn und Grund Ihres Handelns aus Sicht eines Pfarrers umfaßt?

Antwort: Ich halte es immer für lohnenswert, sich um Stadtentwicklung zu kümmern, um die Lebensqualität zu erhöhen. Ich kann nur dazu ermuntern, daß sich die Kirchengemeinden mehr um Stadtentwicklung bemühen. Und ich kann jedem Stadtteil nur solch ein Zentrum wünschen wie dieses. Das Zusammengehörigkeitsgefühl wird größer, die Toleranz wächst. Dafür zu arbeiten und nicht auf bessere Zeiten zu warten, sehe ich im Einklang mit meinem Motto, das heißt: 'Suchet der Stadt Bestes!'(Jer. 29,7).

Marian Pontzen

1. Internationale Bauausstellung Emscher-Park, Memorandum zu Inhalt und Organisation, S. 13
2. Emscher Park Informationen, März 1990, S. 2
3. Gespräch Marian Pontzen vom 6.2.1991 in der Geschäftsstelle der 'Neue Arbeit gGmbH' mit Lilly Dolis, Mechthild Piecha und Vincent Burchhardt.
4. Gespräch Marian Pontzen vom 18.2.1991 im "Zentrum Zeche Carl" mit Willi Overbeck.

Auf dem Weg zu einem ökologischen Gemeinde - Zentrum

Frage: Herr Pastor Wennmann, Sie sind durch Presse und andere Medien als der Solar-Pfarrer oder auch Ökopfarrer aus dem Ruhrgebiet bekannt geworden. Können Sie bitte schildern, wie sich dieses Engagement bei Ihnen entwickelt hat? Wo gab es für Sie den ersten Anstoß?

Antwort: Ich befasse mich schon seit sehr vielen Jahren mit Fragen der Bewahrung der Schöpfung Gottes, mit Fragen der Ökologie und des Umweltschutzes. So habe ich vor mehr als zehn Jahren "Global 2000" gelesen, eine Untersuchung die von Jimmy Carter in Auftrag gegeben worden ist. Genauso wichtig war für mich die Studie "Grenzen des Wachstums" des "Club of Rome". Somit habe ich schon vor zehn Jahren eine Sensibilität für Fragen der Ökologie entwickelt.

Frage: Welche theologischen Impulse sind in diesem Zusammenhang für Sie prägend gewesen?

Antwort: Für mich ist der Text des zweiten Schöpfungsberichtes zentral wichtig. Dort wird im ersten Buch Mose, Kap. 2, Vers 15 gesagt: "Und Gott der Herr nahm den Menschen und sezte ihn in den Garten Eden", also in seinen ihm zugedachten Lebensraum, "damit er ihn bebaue und bewahre". Ich glaube, wir haben fast nur bebaut und so gut wie nichts bewahrt. Manchmal habe ich fast schon ein beängstigendes Gefühl, wenn ich daran denke, was wir, die Generation der Eltern, unseren Kindern hinterlassen. Ich denke, daß wir zur Zeit die Zukunft unserer Kinder und nachfolgender Generationen rücksichtslos ruinieren.

Frage: Diese Fragen und Ängste angesichts der drohenden ökologischen Katastrophe teilen Sie vermutlich mit vielleicht der Mehrheit der Pfarrer in unserer Region. Allerdings sind bisher nur sehr wenige diesen konsequenten Weg gegangen, den Sie und Ihre Gemeinde begonnen haben. Was war für Sie der erste konkrete Schritt der Umsetzung vor Ort in einer Kirchengemeinde im Ruhrgebiet?

Antwort: Dazu müßte man zunächst den Background meiner Kirchengemeinde und vielleicht auch meinen persönlichen Background kennen. Als ich vor zehneinhalb Jahren nach Duisburg-Essenberg in die Gemeinde kam, mußte ich im ersten Monat meiner Amtszeit feststellen, daß es möglich war, 10 bis 12 Meter vom nächsten Wohnzimmer entfernt Dünnsäuretanks zu errichten. Eine Chemiefirma, die in meinem Gemeindebezirk ansässig ist, hat den Aufbau dieser Dünnsäuretanks beantragt und dieses wurde auch bewilligt. Ich war damals sehr betroffen, und wollte nicht glauben, wie leicht diese Genehmigungerteilt worden ist und wie schnell alles von politischen Gremien, Organisationen und Parteien "glattgelogen" wurde. Doch dann regte sich Widerstand. Innerhalb kürzester Zeit bildeten wir in der Gemeinde, nach einem Beschluß des Presbyteriums, eine Umweltgruppe. Aus dieser Gruppe ist in weniger als 2 Monaten eine Bürgerinitiative geworden, die sich entschieden dagegen wehrte, daß diese Dünnsäuretanks in der nächsten Nachbarschaft eines Wohngebiets aufgestellt werden sollten.

Frage: Das heißt, Ausgangspunkt war der Protest der Menschen vor Ort angesichts einer Gefahr, die sie unmittelbar betroffen hat?

Antwort: Ganz genau. Wobei bei mir schon vorher eine besondere Empfindlichkeit für Fragen der Ökologie oder besser der Bewahrung der Schöpfung Gottes vorhanden war. Beides kam zusammen, aber auslösender Faktor war die Situation vor Ort.

Frage: Sie haben innerhalb des Presbyteriums sehr schnell eine breite Unterstützung für diesen Bürgerprotest gefunden, der sich dann über die Gemeinde hinaus auf den Stadtteil ausgeweitet hat?

Antwort: Ja. Wir haben sofort reagiert, an den Rat der Stadt Duisburg geschrieben und Protest gegen die Errichtung der Tanks erhoben. Ich selber habe am Anfang sehr intensiv in dieser Bürgerinitiative mitgearbeitet. Nach drei Jahren stellte ich dann fest, daß zu viel Zeit durch diese Arbeit absorbiert wurde und so habe ich mich langsam aus dieser Arbeit herausgezogen. Weiterhin bot aber unsere Gemeinde der Bürgerinitiative die Voraussetzung, sich im Gemeindezentrum treffen zu können.

Frage: Der Weg von dem Protest hin zu einer konstruktiven Alternative, wie Sie ihn zurückgelegt haben, ist ja doch nicht zwangsläufig. Es gibt viele Beispiele, wo Pfarrer sich ebenfalls an Umweltinitiativgruppen beteiligen, aber nicht ein konstruktives Gegenmodell schaffen. Wo war bei Ihnen der wichtige Einschnitt, daß Sie sich gesagt haben, wir setzen gegen die herrschende Umweltverschmutzung ein Zeichen, eine echte Alternative?

Antwort: Ungefähr vor 5 Jahren wurde mir klar, daß das Motto "Global denken, und lokal handeln" endlich umgesetzt werden muß. Ich war es einfach satt, nur "verbale" Umweltschutzarbeit zu betreiben und habe mir vorgenommen, in der Gemeinde zu zeigen, daß Bereiche des Umweltschutzes heute wirklich praktikabel sind, wenn mit Phantasie neue Wege ausprobiert werden.

Frage: Wie sah der erste Schritt aus? Schildern Sie bitte Ihren Versuch der Umsetzung ökologischer Alternativen. Welche Prozesse kamen in Gang, im Presbyterium, in der Umweltgruppe und bei anderen Mitarbeitern in der Kirchengemeinde?

Antwort: Der erste Schritt war vor vier Jahren die Bildung einer neuen Umweltgruppe. Die alte Umweltgruppe hatte sich ja in der Zwischenzeit, wie schon erwähnt, zu einer Bürgerinitiative entwickelt. Es wurde eine neue Umweltgruppe "Alternative Energieformen" gegründet. Mit den Mitgliedern dieser Umweltgruppe erarbeiteten wir dann Schritt für Schritt die Umwelt-Konzeption "Schritte auf dem Weg zu einem umweltfreundlichen Gemeindezentrum". Diese Konzeption war der Versuch, alle Bereiche der Gemeindearbeit, von der Arbeit mit den Allerkleinsten bis hin zum Seniorenkreis, daraufhin zu untersuchen, inwieweit Umweltverträglichkeit oder Umweltfreundlichkeit gewährleistet ist.

Frage: Gab es in Ihrer Gemeinde besondere Voraussetzungen für diese Arbeit? Wie konnten Sie zum Beispiel die Kosten für Ihr Engagement aufbringen?

Antwort: Wir sind eine extrem kleine Gemeinde mit ca. 750 Gemeindegliedern. Alle Bereiche der Gemeindearbeit, die über das Alltägliche hinausgehen, müssen durch besondere Veranstaltungen der Gemeindeglieder und andere Aktivitäten finanziert werden. Das heißt, alle Investitionen im Bereich des Umweltschutzes, die wir in der Zwischenzeit getätigt haben, sind auf diesem Wege zusammengekommen.

Frage: Können Sie ein Beispiel hierfür nennen?

Antwort: Da waren zum Beispiel die ganz Kleinen aus der Krabbelstube, die einen Tanz einstudierten. Bei Kinderfesten außerhalb der Gemeinde gaben sie eine Vorführung und bekamen dann ein kleines Honorar. Ähnliches unternahm die Frauenhilfe, die Mittagessen kochte. Ferner haben wir Umwelturkunden verkauft, Fahrten mit Solarfahrzeugen durchgeführt, Solardemonstrationen und anderes. Eine Fülle von ca. 30 Aktionen und Aktivitäten, mit denen wir unsere gesamte Umweltschutzarbeit langfristig finanzieren konnten.

Frage: Umweltfreundliches Gemeindezentrum, die Gruppe "Alternative Energien", ich nehme an, daß Sie das Energieproblem als eines der Schlüsselprobleme der Ökologiefrage erkannt und aufgenommen haben. Wie haben Sie diesen Gedanken in der Gemeinde verankern können?

Antwort: In allen Gemeindegruppen mußte zuerst eine intensive Information erfolgen, so daß Gemeindeglieder sagen: Ich bin bereit, mich dafür zu aktivieren. In einem zweiten Schritt habe ich versucht, deutlich zu machen, daß unser Umgang mit Energie eines der zentralen Umweltschutzprobleme der Zukunft ist. Deshalb führe ich Informationsarbeit über die Möglichkeiten alternativer Energien in allen Gemeindegruppen durch. Den letzten Anstoß bekam ich auf dem Kirchentag 1987 in Frankfurt, wo ich sah, daß sogar bei Nieselregen eine Solardemonstrationsanlage des Solarenergiefördervereins Aachen in Betrieb war, die mehrere elektrische Geräte betrieb. Als ich vom Kirchentag in Frankfurt wiederkam, war klar: Jetzt muß bei uns der Versuch gemacht werden, alle Gebäude unserer Kirchengemeinde nach Ausnutzung aller Energiesparmöglichkeiten nach und nach mit alternativer Sonnenenergie zu versorgen.

Frage: Das heißt, ab Sommer 1987 wuchs in Ihrer Umweltgruppe und bei Ihnen der Plan, dieses Vorhaben hier in Essenberg umzusetzen? Soweit ich weiß mit dem Bau der Solaranlage für das Gemeindehaus?

Antwort: Zunächst war noch ein längerer Vorlauf nötig. Wir haben mit der Umweltgruppe begonnen, Solarspielzeug zu bauen. Das war der erste Schritt. Wir haben gezeigt, daß man selbst mit kleinsten Zellen arbeiten kann. Der nächste Schritt war, ein Solarmodul zu besorgen und am Giebel des Gemeindehauses zu befestigen. Damit betrieben wir einen Solarspringbrunnen, der im Foyer aufgestellt und von der Umweltgruppe gebaut wurde. Dadurch war ein weiteres Anschauungsobjekt vorhanden. Daraufhin baten wir den Solarenergie-Förderverein Aachen, im Anschluß an einen Gottesdienst zum Thema "Gottes Schöpfung bewahren" mit einer Solardemonstrationsanlage den Gemeindegliedern zu zeigen, was alternative Energien, speziell die Solarenergie, heute leisten. Eine Woche später wurde in der folgenden Sitzung des Presbyteriums der Beschluß gefaßt, eine rund 600 Watt starke Photovoltaikanlage, also eine Anlage zur Teil-Stromerzeugung, am Giebel des Gemeindehauses aufzubauen und in Betrieb zu nehmen. Durch diesen langen Vorlauf an Informationsarbeit war in der Gemeinde eine Grundlage bereitet, um sich auf dieses Projekt einzustellen.

Abb. 162: Einweihung der Photovoltaikanlage

Frage: Gab es trotzdem noch gravierende Einwände oder Skepsis?

Antwort: Einwände und Skepsis hat es während der ganzen Zeit gegeben. Das muß man einfach dazu sagen. Allerdings ist im Presbyterium, nachdem wir eine einjährige Informationsarbeit mit Anschauungsmodellen hinter uns gebracht hatten, dieser Beschluß einstimmig gefaßt worden. Wir haben uns von Anfang an bewußt als ein Pilotprojekt verstanden, das anderen Gemeinden diese Möglichkeit aufzeigen wollte. Natürlich gibt es auch heute noch ein paar wenige, aber ich denke, es sind wirklich ganz wenige Gemeindeglieder, die meinen, daß Umweltschutzarbeit mit gemeindlicher Arbeit nichts zu tun hätte. Aber die Mehrheit der Gemeinde steht hinter dieser Arbeit, besonders seitdem viele positive Resonanzen in die Gemeinde zurückgekommen sind.

privat habe auf dem Pfarrhaus noch mal eine Anlage von 920 Watt. Somit kommen wir insgesamt auf eine Größenordnung von 2,7 kW. Wir erhoffen uns, langfristig einen Großteil unseres Energiebedarfs auf diese Weise zu decken. Eine wichtige Voraussetzung ist dabei jedoch der vermehrte Einsatz energiesparender Geräte.

Frage: Erläutern Sie bitte diesen Punkt noch genauer. Wie hoch ist der Spareffekt, wenn Sie die Stromrechnungen der letzten Jahre betrachten?

Abb. 163: Solar - Zelle auf dem Kirchendach

Frage: Mich interessiert, welche alternativen Energieanlagen bei Ihnen im Gemeindezentrum installiert sind. Können Sie in Prozenten angeben, welchen Energiebedarf Sie damit decken?

Antwort: Wir haben insgesamt drei Photovoltaikanlagen. Eine große, zweigeteilte Anlage auf der Kirche besitzt 1,8 kW . Ich

Antwort: Ich möchte dies an einem Beispiel deutlich machen: Das Einsparpotential ist ganz enorm. Wir haben 1988 im Gemeindezentrum einen Stromverbrauch von fast 10.000 Kilowatt-Stunden pro Jahr gehabt. Dann wurden Mitte 1989 im Gemeindezentrum die Energiespargeräte und -lampen eingesetzt. Ende des Jahres 1989 ergab dies einen Minderverbrauch von 2.200 KW-Stunden. Das bedeutet also 22 % in einem Halbjahr, hochgerechnet wären das 44 % im ganzen Jahr. Die Abrechnung von diesem Jahr haben wir noch nicht, darum können wir den genauen Verbrauch noch nicht benennen. Bei der Kirche ist sogar eine Einsparung von 28 % in einem Halbjahr zu verzeichnen. Hier wären sogar Einsparungen von über 50 % möglich. Langfristig, bei einer Erweiterung unserer Anlage, hoffen wir, 65 - 70 % unseres gesamten Strombedarfs durch unsere Photovoltaikanlagen zu erzeugen.

Frage: Sie haben im Vergleich zum Stand von 1988, dem Beginn Ihrer Aktivitäten, durch Energiesparmaßnahmen rund 50 % des Verbrauchs eingespart. Von der verbleibenden Hälfte hoffen Sie, gut zwei Drittel durch die Solaranlagen zu erzeugen. Wenn man dies hochrechnet, haben Sie Ihren Stromanteil aus dem öffentlichen Netz auf knapp 20 % des Verbrauchs von 1988 minimiert.

Antwort: Diese Zahl wird allerdings erst Ende des nächsten Jahres erreicht sein. Bis dahin sollen die Photovoltaikanlagen noch einmal erweitert werden. Zum anderen gibt es noch einige Geräte, die einen hohen Stromverbrauch haben und die durch neue Geräte, die Energie sparen, ersetzt werden müssen. Dann werden wir im Stromverbrauch in der Größenordnung liegen, die Sie hochgerechnet haben.

Frage: Das sind wirklich beeindruckende Zahlen. Wie steht es aber mit der finanziellen Seite? Sicherlich haben sie relativ teuer investieren müssen. Es ist ja der häufigste Vorwurf gegen Solaralagen, daß sie sich nach herkömmlichen Maßstäben nicht rechnen. Sie haben sich in der Gemeinde auch damit auseinandergesetzt.

Antwort: Vorweg muß man sagen: Solarstrom ist nach gängigen Kriterien zur Zeit noch teurer als der Strom, den wir aus der Steckdose beziehen. Aber ich halte diese gängigen Kriterien für sehr verlogen. Warum? In der KW-Stunde Strom, die wir beziehen, und deren Preis in der Tarifgruppe I bei Privatabnehmern mit Grundpreis ungefähr DM 0,25 kostet, ist kein einziger Pfennig für die Entsorgung und für die sozialen Folgekosten enthalten. Ironisch gesagt machen wir folgendes: Wir vergeuden heute den billigen Strom und übergeben die Folgekosten unseren Kindern. Bestimmte Kosten auf Grund von Krankheiten sind sogar jetzt schon da. Sie werden nur nicht im Strompreis berechnet. Man versteckt sie. Es müßte beim Energieverbrauch vorrangig darum gehen, volkswirtschaftlich zu rechnen. Es ist zu fragen, welche Kosten kommen mittel- und langfristig bei dem jetzigen Verbrauch an Energie auf uns und auf zukünftige Generationen zu. Nur dann bekommen wir das gesamte Problem in den Griff und nur dann werden wir zu einer umweltfreundlicheren Stromerzeugungsart kommen. Im Auftrag der EG hat ein Team unter der Leitung von Olaf Hohmeyer versucht zu berechnen, was eine Stunde Strom an sozialen Folgekosten mit sich bringt. Man kann nach dieser Studie ganz grob sagen, daß der gängige KW-Preis ungefähr verdoppelt werden müßte. Das heißt, langfristig gesehen würden sich alternative Energien auch ökonomisch rentieren; von den positiven ökologischen und sonstigen Folgen einmal abgesehen. Allerdings haben Sie als Gemeinde, die ihren Strom anders erzeugen will, dadurch natürlich gewisse Mehrkosten.

Frage: Wie wird das finanziert? Gibt es Zuschüsse seitens des Kirchenkreises bzw. der Landeskirche?

Antwort: Alle Investitionen, die im Umweltschutzbereich von uns getätigt worden sind, sind praktisch durch Veranstaltungen, Aktionen und Spenden von Gemeindegliedern finanziert worden. Einen kleineren Zuschuß erhielten wir von unserem Kirchenkreis, einen Zuschuß von der Landeskirche hat es bisher nicht gegeben. Ferner haben wir natürlich die üblichen Zuschüsse vom Land

Abb. 164

NRW für den Aufbau solcher Anlagen bekommen. Aber insgesamt ist es so, daß eben drei Viertel der gesamten Kosten für unsere Umweltschutzarbeit von Gemeindegliedern erarbeitet oder gespendet wurden.

Frage: Können Sie die Größenordnung Ihrer Investitionen nennen?

Antwort: Die Gesamtinvestitionen innerhalb des Umweltschutzbereiches betragen bei uns ca. 50.000,— DM.

Frage: Neben den Solaranlagen haben Sie einen Biotop in Ihrem Pfarrgarten angelegt. Erläutern Sie bitte kurz die Hintergründe? Welche anderen Aktionen gibt es?

Antwort: Wir haben einen Biotop in dem Bereich zwischen Gemeindehaus und Pfarrhaus angelegt, weil wir bestimmten Tierarten einen Lebensraum bieten wollten. Daneben sind noch einige andere Umweltschutzmaßnahmen getätigt worden, so haben wir ums Pfarrhaus herum Hochbeete angelegt. Einmal um bessere Hausbegrünungen zu gewährleisten, zum anderen als Dämmung und Wärmeisolierung. Ferner sind an allen Regenfallrohren Klappen angebracht worden, mit denen wir das Regenwasser für unsere Begrünungen auffangen. Es wurden weiterhin Trockenmauern angelegt, insgesamt fünf Komposter, drei Laub- und zwei Regenwurmkomposter gebaut. Zur Zeit bauen wir einen Steinofen für Vollwertkost. An allen Gebäuden sind zur Hausbegrünung Efeu, wilder Wein, Mispel und anderes angebracht worden. Auch sind wir zur Zeit dabei, Dachbegrünungen auf zwei Garagen durchzuführen.

Frage: Neben diesen vielfältigen Aktionsformen haben Sie auch eine Selbstverpflichtungserklärung für Gemeindeglieder bzw. kirchliche Mitarbeiter entworfen. Können Sie zu dem Erfolg und zu der Bereitschaft, sich auf diese Selbstverpflichtung einzulassen, einiges ergänzen?

Antwort: Unsere Selbstverpflichtung beinhaltet ca. 35 Punkte des Umweltschutzes. Ehrenamtliche und hauptamtliche Mitarbeiter unserer Kirchengemeinde erklären sich per Unterschrift bereit, diese Punkte strikt einzuhalten. Es sind ungefähr 70 bis 80 Mitarbeiter, die diese Erklärungen unterschrieben haben. Wir versuchen darauf zu achten, diese Punkte des Umweltschutzes bei uns in der Kirchengemeinde einzuhalten.

Frage: Das Gemeindezentrum als umweltfreundliche kleine Oase. Wie sieht es mit der Umsetzung dieser Selbstverpflichtung im Stadtteil aus? Die Menschen, die zu Ihnen ins Gemeindehaus kommen, werden ja zum Teil den Versuch unternehmen, in ihrem Alltag etwas hiervon umzusetzen. Gibt es da einige Beispiele?

Antwort: Natürlich, wir haben in der Gemeinde seit eineinhalb Jahren einen kleinen Umweltladen, in dem zum Beispiel umweltfreundliche Putz-, Reinigungs- und Waschmittel zu bekommen sind. Ferner gibt es die unterschiedlichsten Formen von Recyclingpapier, alle Formen von Energiesparlampen usw. Wir stellen natürlich fest, daß Gemeindeglieder, die diese Umweltschutzverpflichtung unterschrieben haben, soweit es ihnen möglich ist versuchen, Umweltschutzmaßnahmen auch in ihrem privaten Haushalt durchzuführen.

Frage: Ihr Modell strahlt also in den Stadtteil aus. Wie sieht es mit anderen Kirchengemeinden aus? Gibt es Gemeinden, die sich durch Ihr Modell anregen lassen, etwas ähnliches zu unternehmen? Haben Sie diesbezüglich schon konkrete Anfragen bekommen?

Antwort: Ja, sogar recht viele Anfragen. Bis Ende des nächsten Jahres wird es in acht bis zehn Gemeinden ähnliche Modelle im Energiebereich wie bei uns geben. Zudem könnte ich auch einige weitere Gemeinden benennen, in denen sich diese Frage zur Zeit in einem Beratungsstadium befindet. Es gibt also eine Fülle von Nachfolgeprojekten. Ferner bekommen wir viele Anfragen mit der Bitte um Informationsveranstaltungen. Unsere Informationsarbeit geschieht auf zwei Wegen, durch Vorträge und durch Solardemonstrationen. Wir fahren dann mit einer mobilen Solaranlage in andere Gemeinden und führen dort bei Gemeindefesten, Veranstaltungen, Straßenfesten unter anderem vor, was man mit Solarenergie heute bewirken kann. Neben dieser mobilen Anlage gibt es eine Fülle von Solarspielzeug, Infomaterialien und vieles andere mehr.

Abb. 165: Biotop im Pfarrgarten

Frage: Welche konkreten Projekte, neben den bereits genannten, haben Sie für die nächsten ein bis zwei Jahre geplant?

Antwort: Es sind mehrere. Zum ersten wollen wir eine Kollektorenanlage zur Warmwassererzeugung aufs Pfarrhaus, dann aufs Gemeindehaus setzten. Dann werden wir im nächsten Jahr die Verkehrspolitik in den Mittelpunkt unserer Informationsarbeit stellen. So wird sich vom 30.5. bis 2.6.1991 eine Solarmobilsternfahrt in Essenberg treffen. Wir werden mit unserer Umweltgruppe einen Trabbi zu einem Solarmobil umbauen und uns auf diese Weise selbst beteiligen. Das Ruhrgebiet ist eines der umweltbelastetsten Gebiete Deutschlands. Ich sehe es als ein besonderes Zeichen der Hoffnung für diese Region, daß vorbildliche Ökologiemodelle gerade hier auch von einer Kirchengemeinde umgesetzt worden sind.

Frage: Wie sehen Sie die Zukunftsperspektiven dieser Region im Blick auf den Umweltschutz?

Antwort: Es ist wohl richtig, daß in der Vergangenheit hier im Ruhrgebiet die Fragen der sozialen Sicherung im Mittelpunkt der Politik gestanden haben. Dies gilt auch für die Gemeinden: Da wäre vor allem die diakonische Arbeit zu nennen. Aber auch im Ruhrgebiet werden die Fragen nach einer heileren und gesünderen Umwelt immer häufiger gestellt. Ich persönlich erhoffe mir, daß immer mehr Menschen feststellen, wie entscheidend für unser Leben und Überleben eine heile Umwelt ist. Gerade wir als Christen, um noch einmal an den Beginn zu erinnern, haben die Verantwortung, neben dem Bebauen das Bewahren von Gottes Schöpfung vorzuleben.

Traugott Jähnichen/
Hermann Wennmann

Konflikte um Betriebsstillegungen in Hattingen und Rheinhausen

Als nach dem Zweiten Weltkrieg das sogenannte Wirtschaftswunder mit einem steilen Anstieg in allen wirtschaftlichen Bereichen begann und die Konjunkturlage ins Unermeßliche zu wachsen schien, wollte sich jeder gerne von der Sicherheit eines funktionierenden Wirtschaftssystems beruhigen lassen.

Die Bergbaukrise seit Ende der 50er Jahre bedeutete einen ersten Einschnitt. Allerdings wurde dies durch eine weiterhin noch gut florierende allgemeine Hochkonjunktur weitgehend aufgefangen. Den jüngeren Mitarbeitern wurden Umschulunsmaßnahmen angeboten, älteren "Kumpels" wurden Abfindungen gezahlt und/oder neue Einsatzbereiche vermittelt. So blieben die Auswirkungen der Kohlenkrise zeitlich nur kurz im öffentlichen Interesse. Bleibt man innerhalb des Wirtschaftszweiges Schwerindustrie, so trat Ende der 70er Jahre ein neues Problem auf:

Die Weltmarktpreise für Eisen und Stahl waren so weit gefallen, daß die heimische Eisen- und Stahlindustrie nicht mehr konkurrenzfähig war. Die Ursachen waren unterschiedlichster Art: zunächst ein weltweites Überangebot von Eisen und Stahl; der Verlust der Monopolstellung der klassischen Eisen und Stahl erzeugenden Länder; die internationale Konkurrenz; die billigeren Herstellungskosten der Niedrig-Lohn-Länder bzw. das höhere deutsche Lohnniveau; der weltweite Rückgang der allgemeinen Absatzmengen, weil eine gewisse Sättigung erreicht war; die Rezession im Eisenblech verarbeitenden Automobilsektor (Ölkrise) u.a. Für die westdeutsche Stahlindustrie war es noch ein Notnagel, einen der besten Stähle produzieren zu können, doch wirkte sich die stark einseitige Herstellung von Walzstahl bzw. Blechen ungünstig aus, da aus der Produktplatte weltweit vor allem Profilstahl und nicht Blech gefragt war. Eine schnelle Umstellung auf Profilstahl war wegen enormer Kosten nicht möglich. Außerdem trat eine allgemeine Rezession ein, die wiederum insbesondere durch die Ölkrise hervorgerufen worden war.

Während bei der Kohlekrise die entlassenen Arbeiter zumeist sozial abgesichert werden konnten, blieben die Aussichten auf eine baldige Weiterbeschäftigung nun wegen allgemein fehlender Arbeitsplätze stark eingeschränkt. Zum erstenmal nach dem Zweiten Weltkrieg standen wieder tausende Arbeiter mit einem Schlag auf der Straße. Zwei Beispiele für derartige Massenentlassungen sollen an dieser Stelle vorgestellt werden: Hattingen und Rheinhausen. Gezeigt werden soll vor allem das kirchliche Engagement in den jeweiligen Krisensituationen. Diese ausgewählten Industriestandorte sind beispielhaft für eine positive Problemlösung, weil es Menschen gelungen ist, füreinander einzustehen.

Das Beispiel Hattingen

Die Evangelische Kirche, d.h. ihre Gemeinden, ihre Mitglieder sowie ihre Pfarrer/innen, waren wesentliche Stützpfeiler in den Arbeitskämpfen. Zuerst soll die Situation in Hattingen erläutert werden. Diese Stadt am südöstlichen Rand des Ruhrgebietes wird hier zuerst genannt, da der Arbeitskampf an der Henrichshütte im Frühjahr 1987 eine wichtige Markierung in der Geschichte der Arbeitskämpfe in der Bundesrepublik setzt. Die herausragende Bedeutung ist verstehbar aus dem Umstand, daß zum erstenmal ein Arbeitskampf nicht nur solidarisch von den durch ihn direkt betroffenen Arbeitern getragen war, sondern auf einer erheblich verbreiterten örtlichen Basis stand. Dieser erste Widerstand verlieh dem Arbeitskampf den Namen "Das Beispiel Hattingen".

Abb. 166: Eine ganze Stadt demonstriert

Die Hütte bot bis zum Februar 1987 4.770 Arbeits- und 460 Ausbildungsplätze. In der Stadt mit 60.000 Einwohner/innen waren überhaupt nur 15.000 Arbeitsplätze vorhanden. Im statistischen Vergleich war Hattingen die "stahlabhängigste" Stadt in Westdeutschland. Der Februar 1987 wird deshalb als Zeitpunkt genannt, weil zu diesem Zeitpunkt eine Verlautbarung des Vorstandes des Thyssenkonzerns plötzlich den geplanten Abbau von 2.900 Arbeitsplätzen bekannt machte. Dieser Verlust hätte eine Verdoppelung der Arbeitslosigkeit auf 30 % bedeutet. Dem Schock folgte nach einer kurzen Lähmung ein engagierter Arbeitskampf, in dem vor allem die IG - Metall eine tragende Rolle spielte.

Unterstützung fand der Arbeitskampf auch in den umliegenden Kirchengemeinden. Ihr Engagement resultiert nicht nur aus dem hohen Maß an Betroffenheit, weil alle "irgendwie" vom Stahl lebten, sondern auch aus einem grundsätzlichen Eintreten gegen derartige Willkür. Die Berührungsängste bzw. Vorurteile zwischen Gewerkschaften und Kirchen konnten durch den gemeinsamen Kampf abgebaut werden. Betriebsräte der IG - Metall stellten anerkennend fest, daß Kirche "etwas zu sagen" hat. Leute, die vorher nicht zur Kirche kamen, sind auch heute noch dort.

Ziel allen Widerstandes war es, neue Arbeitsplätze einzufordern. Durch vielfältige Aktionen wurde auf die Situation vor Ort aufmerksam gemacht. Neben den Demonstrationen gab es Autokorsos, Mahnwachen und einen Hungerstreik der "Hüttenfrauen". Ein Höhepunkt war erreicht, als das "Dorf des Widerstandes" direkt auf dem Parkplatz vor dem Thyssen - Verwaltungsgebäude für 10 Tage stand. Es war ein besonderer Dorn im Auge der Thyssen-Leitung. Das Motto der verschiedenen Aktionen lautete: "Wer kämpft, kann verlieren. Wer nicht kämpft, hat schon verloren!" Im "Dorf" selbst wechselte täglich das Aktionsprogramm; es gab einen "Tag der Jugend", einen "Tag der Kinder", "Tag der Christen" u.a.

Eine Woche nach dem Bekanntwerden der Schließungspläne wurde bereits die Fraueninitiative gegründet. Ohne das Engagement der Frauen in Hattingen wäre dieser Arbeitskampf nicht denkbar gewesen. So wurde das Stahlwerk "ihrer" Männer in Hattingen besichtigt, um das Arbeitsumfeld der (Ehe-) Männer kennenzulernen.

Wichtigstes Organ im Widerstand war, quasi als Organisationsbüro, das Bürgerforum. Dieses bestand aus einem Querschnitt aller in der Bürgerschaft repräsentativ vertretenen Gruppen: Die Parteien (SPD, CDU, GRÜNE und DKP, außer FDP) waren ebenso vertreten wie fast alle ortsansässigen Vereine. Der evangelische Pfarrer Klaus Sombrowsky, zu dessen Gemeinde das Stahlwerk gehört, wurde als Sprecher in den dreiköpfigen

Sprecherrat gewählt; sein Kollege Fred Sobiech unterstütze ihn mit seiner Gemeinde. Vorrangiges Ziel war es, den weißen Flecken Hattingen auf der Landkarte bekannter zu machen. Stadtteilversammlungen in Hattingen selbst waren der erste Schritt. Größere Kreise wurden gezogen als es gelang, hochrangige Politiker nach Hattingen einzuladen. Die größte Demonstration in Hattingen fand die Unterstützung von 30.000 Menschen.

Das kirchliche Eintreten in der Zeit des Arbeitskampfes hat die traditionelle Gemeindearbeit und Verkündigung nicht vernachlässigt. Der Brückenschlag wurde jeweils durch einen Gottesdienst und daran anschließenden Beteiligung am Arbeitskampf erreicht. Verkündigt wurden die "normalen" Gottesdiensttexte, die in überraschender Weise in die Situation hineingesprochen haben.

Rheinhausen: Kampf um Brot und Rosen

Diese bis 1976 selbständige Stadt am westlichen Rand des Ruhrgebietes gehört seit der kommunalen Eingliederung zur Montanstadt Duisburg. Ganze Stadtteile von Duisburg waren und sind immer noch von der Schwerindustrie geprägt; seit einiger Zeit kann Duisburg einige Erfolge vorzeigen, die den Wandel von einer einseitig an der Stahlindustrie orientierten Stadt zu einer breiter gefächerten, mit vielfältigen neuen Industrieansiedlungen veränderten Stadt belegen. Paradebeispiel ist der Freihafen, der enorme Standortvorteile für die Industriestadt bringen wird.

Mit Beginn der "Eisenzeit" hatten sich vor allem die Stahlkonzerne Krupp, Mannesmann und Thyssen auf stadtteil-großen Industrieflächen niedergelassen. Viele der 70.000 Rheinhausener/innen sind direkt oder indirekt vom Arbeitgeber Krupp abhängig. Dem aktiven Arbeitskampf in Rheinhausen ging eine längere Vorgeschichte voraus. Nicht von einem Tag auf den anderen mußte hier kirchliches Engagement entstehen: es gab bereits gewachsene Strukturen. Jahre vorher hatte eine drohende Krankenhausschließung zum Schulterschluß verschiedenster Personen und Gruppen sowie evangelischer und katholischer Kirchengemeinden geführt.

Abb. 167: Das "Hüttendorf" in Hattingen

Was war der Auslöser der Proteste? Seit Juli 1987 verhandelten Firmenvertreter von Krupp und Gewerkschaftsfunktionäre, wie im Stahlstandort Rheinhausen auf die oben genannten vielfältigen Probleme der Stahlindustrie reagiert werden solle. Langfristig schien die wirtschaftliche Lage eine Schließung dieses Standortes erforderlich zu machen, und so einigten sich beide Seiten darauf, die Produktion langsam "zurückzufahren" und die Arbeitsplätze nach und nach abzubauen. Weitere Verhandlungen sollten vereinbart werden, um den Stellenabbau so sozial verträglich wie möglich zu gestalten.

Daraufhin spaltete sich die IG-Metall vor Ort in zwei Lager: Die eine Seite verhandelte über einen Stellenabbau, die andere Seite plädierte nicht nur für ihren Stahlstandort, sondern erhob die Maximalforderung "Erhalt aller Stahlstandorte". Viele dieser "Metaller" hatten das Gefühl, von ihrer Gewerkschaft vor Ort im Stich gelassen zu werden.

Plötzlich, im Mai 1988, sickerte durch, daß Krupp den Standort Rheinhausen endgültig und sofort schließen will. Es kam zu ersten spontanen Demonstrationen. Organisierte sowie nicht-organisierte Metaller, direkt wie indirekt von einer möglichen Schließung Betroffene, evangelische und katholische Geistliche fanden in diesem Arbeitskampf zueinander und organisierten erste Absprachen. Hinzu kam die Unterstützung auf kommunaler Ebene durch den Duisburger Oberbürgermeister Krings (SPD). Der sich daraufhin formierende Protest wurde von den Pfarrern der umliegenden evangelischen Kirchengemeinden, Kelp, Thiesbohnenkamp, Wallrich und Pfarrerin Beutelmann, sowie von der Kirchenleitung des zuständigen Kirchenkreises Moers unterstützt.

Sehr bald zeigten die Medien ein großes Interesse an der Situation in Rheinhausen. Vor allem berichteten sie über spektakuläre Aktionen der Bürger- und Arbeiterschaft. Nicht zuletzt dadurch bekam Rheinhausen einen hohen Bekanntheitsgrad. Aufgrund der langanhaltenden Proteste mit immer neuen,

Abb. 168: Von der Entlassung bedrohte Stahlarbeiter aus Rheinhausen blockieren die Rheinbrücke

herausragenden Aktionen dauerte die Berichterstattung über Rheinhausen an und unterstützte indirekt die Protestbewegung.

Die Mittel im von der evangelischen Kirche mitgestalteten Arbeitskampf waren nicht nur Demonstrationen, sondern auch die Errichtung des Bürgerkommitees, Mahnwachen vor dem inzwischen berühmt gewordenen Tor I, Gottesdienste im Walzwerk, ein politisches Mittagsgebet ("Brot und Rosen"), ein Solidaritäts-Rockkonzert im Walzwerk, die Besetzung der Rheinhausener Rheinbrücke und die Errichtung eines offenen Kanals "Arbeiter- und Bürgerfernsehen". Wie wichtig die Präsenz "der" Kirche bei diesen Aktionen war, wird an der Beteiligung am ökumenischen Gottesdienst im Walzwerk am 18. Dezember 1987 deutlich: 25.000 Menschen sangen mit dem christlichen Liedermacher Peter Janssens u.a. das Lied von "Brot und Rosen", den Symbolen des Arbeitskampfes.

Im Mittelpunkt aller Proteste und Überlegungen stand die Frage, welche Lösungsmöglichkeiten gefunden werden könnten. Wenn über 1.000 Arbeiter/innen entlassen werden sollten, dann mußten zur Entlastung entsprechend neue Arbeitsplätze geschaffen, ja ein Strukturwandel vollzogen werden. Diese Konsequenz ließ sich allerdings nur schwer in die Tat umsetzen.

Allen Beteiligten war jedoch der Weg klar, den es zu gehen galt. Nur gemeinsam mit der Stadt, die neue Gewerbezweige ansiedeln sollte, war ein Auffangen der wegfallenden Arbeitsplätze möglich. Die Stadt wurde aktiv und wies, da die Fläche zur Verfügung stand, ein neues Gewerbegebiet in Rheinhausen aus. Die Bauarbeiten, die für die notwendige Infrastruktur sorgen, sind so gut wie abgeschlossen; es haben sich inzwischen viele Firmen im "Business Park" niedergelassen.

Gegen diese Ansiedlung ausgerechnet in einer wichtigen städtischen Grünzone wurden ökologische Einwände erhoben. Die Frage, ob neue Arbeitsplätze um jeden Preis zu schaffen seien, wurde aufgeworfen. Auch die erwähnte Ansiedlung des Freihafens im größten Binnenschiffahrtshafen Europas bringt für Duisburg Gewerbevorteile und neue Arbeitsplätze. Fraglich ist nur, wie ehemalige Arbeiter/innen entsprechend ihrer Qualifikation eingesetzt werden können.

Überraschenderweise hat sich jedoch gezeigt, daß derartige Überlegungen zur Zeit überflüssig sind, denn die Stahlindustrie befindet sich immer noch (1991) in einer Zeit hoher Auftragsnachfrage. Von der Stillegung des Standortes Rheinhausen ist im Moment keine Rede. Wahrscheinlich ist man bei Krupp froh, in Rheinhausen noch Stahl produzieren zu können. Es bleibt aber abzuwarten, wann der nächste Einbruch in der Nachfrage kommt und ob bis dahin entsprechende Maßnahmen getroffen sind, um den Abbau von Arbeitsplätzen aufzufangen. Stellenweise finden schon jetzt Arbeitsplatzverlagerungen statt. Krupp-Rheinhausen kooperiert durch eine Fusion mit Mannesmann im Duisburger Süden und verlegt bereits Arbeitsplätze auf die andere Rheinseite.

Für die weitere kirchliche Arbeit ist der enge Kontakt zu dem Verein "HÜTTE. Leben und Arbeiten in Rheinhausen" eine wichtige Bereicherung. Wie der Diakonie-Beauftragte Mathias Mölleken beschreibt, ist die Einrichtung des "Bürgerhauses HÜTTE" ein Beitrag zur "diakonischen Lebensberatung und -hilfe". Beispiele des vielfältigen Engagements nach den Höhepunkten des Arbeitskampfes 1988 sind die Schuldnerberatung, der "Offene Bereich"/Bürgercafe und die traditionellen Talk-Shows "Menage Offen" bei Tor I. Auf synodaler Ebene wurde vom Kirchenkreis Moers eine Sonderdienststelle beschlossen: der Industriepfarrer Jürgen Widera beschäftigt sich seitdem schwerpunktmäßig mit dem Thema "Kirche und Industriearbeit" in Rheinhausen.

Kai Schäfer

Kirche im Kampf gegen die 'Neue Armut'

Der 'Armuts-Report' von Recklinghausen

Das Diakonische Werk im Kirchenkreis Recklinghausen e.V. beteiligte sich von März 1986 bis November 1989 am zweiten Programm der Europäischen Gemeinschaft zur Bekämpfung der Armut in Europa.

Vorgehen und Ergebnisse des inzwischen abgeschlossenen Projektes sollen hier in Kürze beschrieben werden.

Zu Beginn dieses mit EG-Mitteln unterstützten Forschungsprojekts im Februar 1986 stellte das Diakonische Werk im Kirchenkreis Recklinghausen zwei aktuelle Fragestellungen in den Mittelpunkt seiner dreijährigen Forschungsbemühungen:

1. "Wie kann es gelingen, daß Sozialarbeit die Ganzheitlichkeit des Menschen in seinem Umfeld stärker erfaßt, und welche Bedingungen müssen geschaffen werden, daß Sozialarbeit Multiplikatorenfunktion übernehmen kann, und die Selbstorganisation von Betroffenen möglich wird?"

2. "Wie können wir, wenn sich die Gruppe der Menschen mit schlechten wirtschaftlichen Bedingungen in unseren Gemeinden in den nächsten Jahren vergrößern wird, den Außenseitern und Randgruppen begegnen, und welchen Beitrag kann die Sozialarbeit der Diakonie hier leisten?"

Am Ende des dreijährigen Projekts sollte in den Kirchengemeinden und im Diakonischen Werk eine größere Sensibilität für das Problemfeld "Armut und Arbeitslosigkeit" erreicht werden. Jährlich vorzulegende Armutsberichte in Recklinghausen, Herten und Datteln sollten in kommunalen Gremien und kirchlichen Kreisen zu problembezogenen Gesprächen anregen und sozialarbeiterische Ansätze vertiefen helfen.

Die bestehenden ambulanten Einrichtungen der Diakonie wurden zur Diskussion gestellt. Dabei wurde im Verlaufe des Projekts eine neue Standortbestimmung vorgenommen, um den Ausbau der stadtteil- und gemeindebezogenen Diakonie voranzutreiben. Die stärkere Orientierung der Hilfsangebote in Richtung wohngebiets- und gemeindebezogener Diakonie, als Selbst- und Nachbarschaftshilfe verstanden, ließ sich im Rahmen des EG-Projekts jedoch nicht verwirklichen.

Dagegen führten die unternommenen Versuche, die Rolle der Sozialarbeit stärker in eine Multiplikatorenfunktion umzuwandeln, zumindest teilweise zu einem Erfolg. Die Wahrnehmung und Beschäftigung mit Armut und Arbeitslosigkeit konnte in den Kirchengemeinden der drei Städte intensiviert werden. Die Bereitschaft, auch in Form ehrenamtlicher Mitarbeit "Außenseiter" und "verschämte Arme" in den Gemeinden aufzunehmen, wuchs im Laufe der dreijährigen Forschungsarbeiten.

Um den Gedanken der gemeinde- und stadtteilbezogenen Diakonie- und Sozialarbeit voranzubringen, beschloß die Synode des Kirchenkreises Recklinghausen im Februar 1989 ein soziales Hilfsprogramm mit Mitteln des Kirchenkreises in Höhe von 2,9 Mio. DM. Von den hierdurch geschaffenen 17 Arbeitsstellen entfielen 13 auf den Bereich der Hilfen für Menschen, die von Arbeitslosigkeit und Verarmung betroffen oder bedroht waren.[1]

Die Laufzeit des EG-Projektes "Armut und Arbeitslosigkeit" war Ende 1989 beendet. Fakten und Daten über soziale Benachteiligung, Arbeitslosigkeit, die verschiedenen Formen von Armut und sozialer Not in Recklinghausen, Herten und Datteln waren erforscht, statistisch ausgewertet und der Öffentlichkeit zugänglich gemacht. Die gesellschaftliche Herausforderung, nach Wegen der Armutsbekämpfung und Hilfen für Menschen in Not zu suchen, ist geblieben. Das Diakonische Werk im Kirchenkreis Recklinghausen e.V. will über den Tag hinaus engagierter Partner in "Projekten gegen Armut und Arbeitslosigkeit" bleiben.

Angeregt durch diesen Vorlauf hat das nicht am EG-Projekt beteiligte Diakonische Werk in Marl/Haltern beschlossen, für die Stadt Marl im Jahre 1990 einen Armutsbericht für Marl in Verbindung mit einem neuen Projekt "Soziale Probleme und gemeindenahe Lösungswege" in Angriff zu nehmen.

Die beiden Städte Recklinghausen und Herten beschlossen 1990, eine regelmäßige Armuts- und Sozialberichterstattung als Instrument kommunaler Sozialplanung und Sozialpolitik einzurichten. Sollte dieses Vorhaben in die Tat umgesetzt werden, könnte der Kreis Recklinghausen einen langfristig im Bereich der Armutsbekämpfung und -linderung wirksamen Handlungsansatz auf kommunaler Ebene vorweisen.

Die Arbeit der Projektleiter Rudolf Rölleke und Theo Schlierkamp besteht aus drei einzelnen Berichten zur Sozialstruktur der Städte Datteln, Herten und Recklinghausen.[2] Des weiteren wurde eine Bestandsaufnahme der sozialen Dienste und Einrichtungen in Bezug auf Reichweite, Versorgungsdichte und Klientenstruktur unter besonderer Berücksichtigung der Zielgruppen Alleinerziehende, Arbeitslose und Sozialhilfeempfänger im Kirchenkreis Recklinghausen erarbeitet.[3] In dem zusammenfassenden und die drei Städte vergleichenden Abschluß-Report teilte das

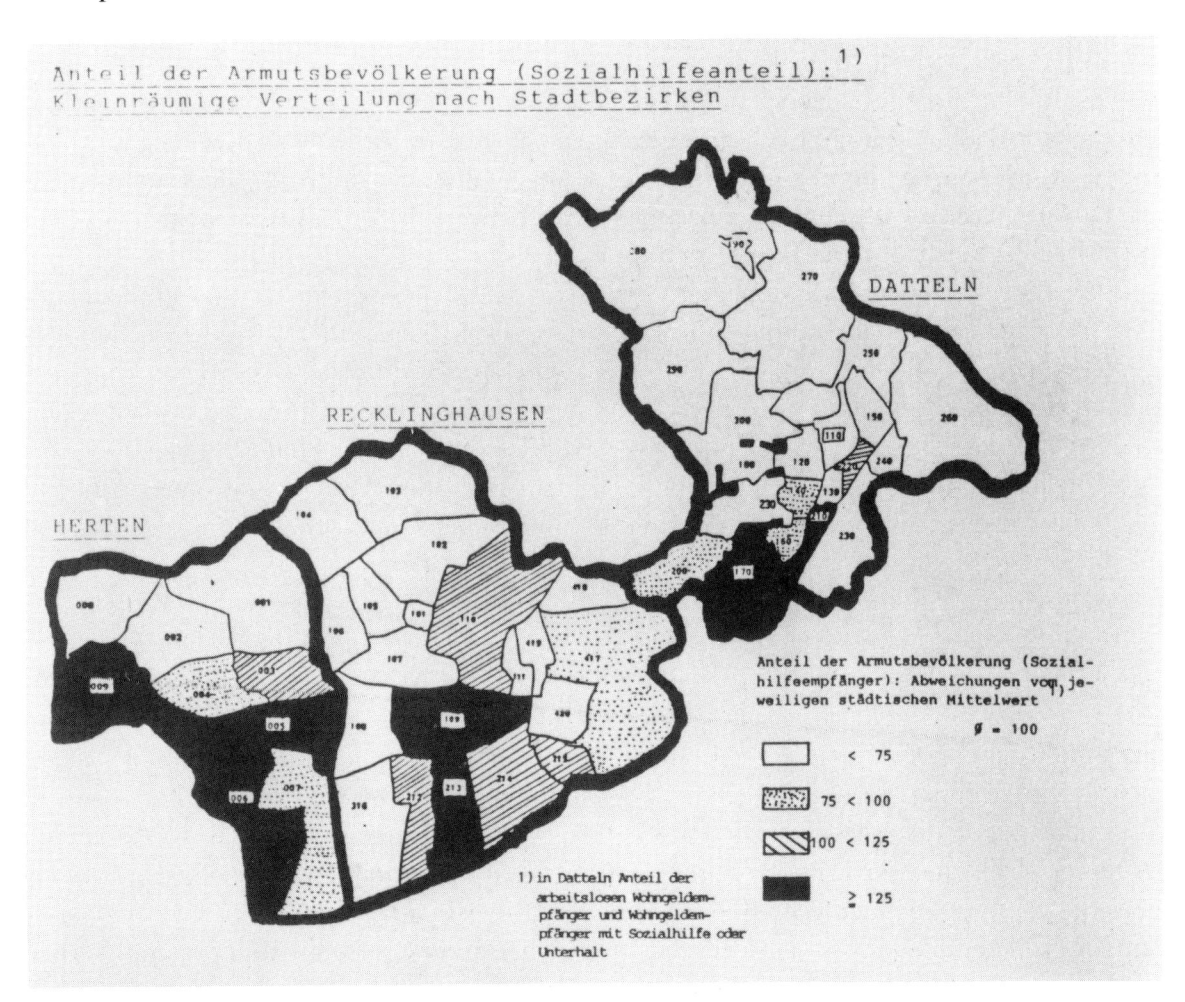

Abb. 169: Armut verteilt sich ungleichmäßig

Projekt-Team seine Untersuchungen in drei Sachgebiete auf:
> a. Arbeitslosigkeit - Umfang, Entwicklung, Struktur
> b. Einkommensarmut und Sozialhilfebedürftigkeit
> c. Soziale Ungleichheiten zwischen Stadtteilen.

Zum ersten Themenbereich ermittelte das Projekt-Team die Zahl der registrierten Arbeitslosen im Arbeitsamtsbezirk Recklinghausen. Für Recklinghausen im Jahre 1988 wurde die Arbeitslosenquote von 14,2 % errechnet. Dahinter stehen 26.382 Arbeitslose mit ihrem persönlichen Schicksal. Recklinghausen lag 1988 um 63,2 % über dem Bundesdurchschnitt an Arbeitslosen. Während die offiziellen Zahlen für den Arbeitsamtsbezirk Recklinghausen mit einem Anstieg von 1,4 % relativ harmlos anmuten, zeigt der detaillierte Blick auf die Arbeitslosenzahlen der drei untersuchten Städte Herten, Recklinghausen und Datteln das bedrohliche Ausmaß der gegenwärtigen Beschäftigungskrise. Demgemäß ist in Herten ein Zu-wachs an Arbeitslosen um plus 4,4 %, in Recklinghausen um plus 5,4 % und in Datteln um plus 5,8 % zu verzeichnen.

Das Risiko, arbeitslos zu werden, zu sein oder zu bleiben, ist nach Altersgruppen unterschiedlich verteilt. Besondere Problemgruppen sind die über 50jährigen und die unter 30jährigen, so stellte die Projektgruppe "Armut und Arbeitslosigkeit" fest.

Immer mehr Arbeitslose sind immer länger ohne Arbeit. Weit mehr als jeder dritte Arbeitslose in Recklinghausen ist bereits länger als ein Jahr ohne Arbeit. Von diesen Arbeitslosen wiederum ist über die Hälfte bereits über zwei Jahre arbeitslos. Die Projektgruppe im Diakonischen Werk Recklinghausen e.V. kommt zu dem Schluß, "daß ein immer größerer Teil der Arbeitslosen kaum noch eine Chance auf eine dauerhafte Wiedereingliederung in den Arbeitsmarkt hat".

Zur finanziellen Absicherung der Arbeitslosen stellte die Studie fest, daß immer weniger Arbeitslose Arbeitslosengeld oder Arbeitslosenhilfe erhalten. Immer mehr Arbeitslose sind völlig aus dem Leistungsbezug ausgegrenzt und auf Unterstützung durch die Familie oder auf Sozialhilfe angewiesen.

Im Arbeitsamtsbezirk Recklinghausen bekamen 1987 von den registrierten Arbeitslosen 60,1 % Arbeitslosengeld oder Arbeitslosenhilfe. Das bedeutet: Vier von zehn Arbeitslosen bekamen 1987 kein Geld vom Arbeitsamt.

Die Studie führt weiter aus, daß mangelnde Berufsausbildung die Chancen zur beruflichen Wiedereingliederung erschwert. Doch auch der Anteil der Arbeitslosen mit abgeschlossener Berufsausbildung ist in den letzten Jahren gestiegen. Die schlechten Wiederbeschäftigungsmöglichkeiten der unqualifizierten Arbeitslosen wirken sich ferner auf die Dauer der Arbeitslosigkeit aus: Der Anteil der ungelernten Langzeitarbeitslosen mit über zweijähriger Arbeitslosigkeit liegt bei 51,9 %.

Ebenso gravierend ist das Problem des Berufseinstiegs auf. Fast jeder sechste Arbeitslose im Arbeitsamtsbezirk Recklinghausen war 1987 ohne vorherige Berufstätigkeit. In den drei untersuchten Regionen lag 1987 der Anteil der Arbeitslosen ohne vorherige Berufstätigkeit zwischen 12,6 % (Herten) und 13,5 % (Datteln).

Besonders betroffen vom Problem des Berufseinstiegs sind Frauen: Der Frauenanteil an den Arbeitslosen ohne vorherige Berufstätigkeit lag 1987 mit 61,7 % über dem entsprechenden Frauenanteil im gesamten Land NRW (53,6 %).

Mit zunehmendem Alter ist bei einem ansteigenden Anteil der Arbeitslosen die Vermittlungsfähigkeit auf Grund gesundheitlicher Einschränkungen beeinträchtigt. Bei den Arbeitslosen über 55 Jahren traf dies auf mehr als die Hälfte (58,1 %) der Betroffenen zu.

Die Studie kommt zu dem Schluß, daß die Zunahme der Arbeitslosen mit gesundheitlichen Einschränkungen auf einen verschärften Leistungsdruck am Arbeitsmarkt schließen läßt, dem zunehmend mehr Arbeitnehmer nicht mehr gewachsen sind.

Vorurteil gegenüber Arbeitslosen. Die EG-Studie des Diakonischen Werks im Kirchenkreis Recklinghausen e.V. zeigt jedoch, daß bei der Relation "Arbeitslose - Offene Stellen" auf eine vom Arbeitsamt angebotene Stelle 40 Arbeitslose beziehungsweise Ar-

Abb. 170: Wohnen in Armut

Bei angespannter Arbeitsmarktlage und völlig unzureichendem Arbeitsplatzangebot im Arbeitsamtsbezirk Recklinghausen entwickelt sich der Personenkreis von Aussiedlern und Übersiedlern zu einer neuen Problemgruppe. Im Dezember 1988 waren in Recklinghausen insgesamt 1.357 Aus- und Übersiedler als arbeitslos registriert. Aufgrund des seit 1988 stark angewachsenen Zuzugs von Aussiedlern ist in den nächsten Jahren mit einem weiteren Anwachsen der Aussiedler-Arbeitslosigkeit zu rechnen.

"Wer Arbeit haben will, der findet eine Stelle", so oder ähnlich lautet ein gängiges

beitssuchende entfallen. Bei der Relation "Arbeitslose - Offene Stellen" ist zusätzlich die Differenz nach Region und Zeitpunkt zu berücksichtigen. In Recklinghausen ergibt sich hierbei für 1988 das noch relativ günstige Verhältnis von 16:1, in Herten jedoch läßt sich bei einem Verhältnis von 65:1 ein absoluter Negativ-Rekord feststellen.

Weitere Einschränkungen für den stellensuchenden Arbeitslosen ergeben sich dadurch, daß das Arbeitsamt nur 72,3 % der offenen Stellen unbefristet anbieten kann. Jede vierte Stelle im Arbeitsangebot ist mit zeitlicher Befristung verbunden.

Im zweiten Teil ihres Schlußberichts zeigt die Studie die wachsende Zahl der Sozialhilfeempfänger in Recklinghausen, Herten und Datteln auf.

Seit Beginn der 80er Jahre hat sich die Zahl der Menschen, die auf Sozialhilfe angewiesen sind, teilweise mehr als verdoppelt. Immer mehr Menschen liegen mit ihrer Einkommenssituation unterhalb der Armutsgrenze. Mit der starken Zunahme der Zahl der Sozialhilfempfänger und -empfängerinnen ist im gleichen Maße auch der Armutsanteil in der Bevölkerung stark angestiegen.

Abb. 171: Das Café des Arbeitslosenzentrums

Mehr als 23.000 Menschen lebten Ende 1988 im Kreis Recklinghausen von der Sozialhilfe. Von 1982 bis 1986 stieg die Zahl der Sozialhilfeempfänger im ganzen Land NRW um 37,5 %, in Recklinghausen um 39,2 %. In Herten war der Zuwachs der Sozialhilfeempfänger mit plus 69,8 % fast doppelt so hoch und in Datteln mit plus 102,0 % fast drei mal so hoch wie im Landesdurchschnitt.

Ein immer größerer Anteil kommunaler Finanzmittel muß für Sozialhilfeleistungen 'losgeeist' werden, wodurch die Kommunalpolitik unter starken finanziellen Druck gerät.

Neben der Arbeitslosigkeit als unmittelbare Ursache für die "Neue Armut" stellt auch die wachsende Zahl von Geschiedenen oder Getrenntlebenden - insbesondere Frauen mit Kindern als Alleinerziehenden - eine stark wachsende Gruppe von Sozialhilfeempfängern dar.

Im Kreis Recklinghausen lag der Anteil der Sozialhilfefälle unter der Rubrik "Ausfall des Ernährers" als Hauptursache bei 20,9 %. Beim Städtevergleich zeigt die Studie erneut regionale Unterschiede auf: Die Sozialhilfe-Ursache "Ausfall des Ernährers" trifft in Recklinghausen bei 17,3 %, in Datteln bei 24,8 % und in Herten bei 27,0 % aller Sozialhilfefälle zu.

Bei Alter und Geschlecht der Sozialhilfeempfänger kommt die Studie zu folgendem Ergebnis:

- *Frauen sind in erheblich stärkerem Maße betroffen als Männer*
- *etwa die Hälfte der Sozialhilfeempfänger ist im erwerbsfähigen Alter*
- *Kinder und Jugendliche sind überproportional betroffen.*

Der Frauenanteil unter den Sozialhilfempfängern über 18 Jahren lag 1986 in Datteln bei 61,7 %, in Herten bei 69,7 % und in Recklinghausen - nach vorliegenden amtlichen Statistiken - bei 46,7 %.

Bei den über 60jährigen Sozialhilfeempfängern unter den Frauen stieg der Anteil in Herten auf 78,6 % und in Datteln auf 76,9 %.

Während auf Herten bezogen insgesamt 3,9 % der Bevölkerung "Hilfe zum Lebensunterhalt" erhielten, waren dies von den 7 - 18jährigen Kindern und Jugendlichen 7,4 %. Das heißt, etwa jeder dreizehnte Hertener im

Alter von 7-18 Jahren mußte im Jahre 1986 unter den eingeschränkten Lebensbedingungen von Einkommensarmut heranwachsen.[4]

Zum behördlich registrierten Armutsanteil muß als "Dunkelziffer der Armut" eine große Zahl von sozialhilfeberechtigten Menschen hinzugerechnet werden, die keine Sozialhilfeleistungen in Anspruch nehmen.

Durch Erfahrungen aus den Beratungsstellen der Diakonie sind die Gründe für eine Nichtinanspruchnahme von Sozialhilfeleistungen bekannt. Zu diesen Gründen zählen insbesondere:
- *Angst vor Rückzahlungspflichten oder Heranziehung von Angehörigen*
- *Gewöhnung an die schlechte materielle Situation bis hin zur Resignation*
- *Unsicherheit im Umgang mit Behörden*
- *Stolz (trifft häufiger bei Rentnern und Arbeitslosen zu)*
- *Angst vor der "Abstempelung" als Sozialhilfeempfänger*

Armut ist ungleich verteilt

Im abschließenden Teil ihrer Studie ermittelt die Projekt-Gruppe, daß innerhalb der Stadtgebiete von Recklinghausen, Herten und Datteln eine deutlich ungleiche Verteilung von sozialen Problemlagen erkennbar ist: Sozialhilfeempfänger, Arbeitslose und Alleinerziehende sind nicht gleichmäßig über das jeweilige Stadtgebiet verteilt, sondern konzentrieren sich jeweils auf einzelne Stadtteile und Wohngebiete.

Wie groß das soziale Gefälle ist, zeigen an einem Beispiel die Unterschiede der Sozialhilfedichte zwischen den Stadtteilen Recklinghausen-Süd und Recklinghausen-Westviertel. In Recklinghausen-Süd (5,1 %) ist der Sozialhilfeanteil um 3,9 % höher als in Recklinghausen-Westviertel (1,2 %).

Noch krasser sind die Unterschiede des Sozialhilfeanteils bei Familien mit drei beziehungsweise vier und mehr Personen in Herten. Hier liegt der Unterschied zwischen den Stadtteilen Herten - Langenbochum (0,7 %) und Herten-Mitte (6,6 %) bei 5,9 %. Damit ist der von Armut betroffene Anteil bei den obengenannten Familiengrößen in Herten-Mitte neun mal so groß wie in Herten-Langenbochum.

Der vom Diakonischen Werk im Kirchenkreis Recklinghausen e.V. erarbeitete Armuts-Report zur aktuellen Lage in Datteln, Herten und Recklinghausen war ein erster Versuch, durch eine vierjährige Bestandsaufnahme über Umfang, Entwicklung und sozial räumlicher Verteilung von Einkommensarmut und Arbeitslosigkeit zu berichten.

Vergleichbar zur Einsetzung kommunaler Altenhilfepläne wäre nun auch eine zeitlich regelmäßige kommunale Armutsberichterstattung wünschenswert.

Die Handlungsverpflichtungen von Kommunen, Kirchen, Wohlfahrtsverbänden und Gewerkschaften könnten dann vielleicht in der öffentlichen Meinung 'leichter' begriffen werden.

Um eine solche Studie nicht als bloße statistische Bestandaufnahme verarmen zu lassen, sollten nach Ansicht des Diakonischen Werks Recklinghausen Berichte und Stellungnahmen von Selbsthilfegruppen (z.B. Arbeitsloseninitiativen, Sozialhilfegruppen) zum festen Bestandteil eines kommunalen Armutsberichts werden.

Eine fundierte örtliche Armuts-Sozialberichterstattung als Bestandsaufnahme von Lebensbedingungen in der Gesamtstadt wie in Teilbereichen (Stadtteilen) bliebe jedoch sozialplanerisch unter dem Gesichtspunkt praktischer Umsetzung folgenlos, wenn nicht in einem nächsten Handlungsschritt die Versorgung mit sozialen Diensten und Einrichtungen in den betroffenen Stadtteilen vorgenommen würde.

Abschließend wäre unter der Problemstellung "Armut und Arbeitslosigkeit" zu überprüfen, ob bestimmte Gruppen der Problem-

Betroffenen von institutionellen Maßnahmen gänzlich unerreicht bleiben; d.h., - welcher Anteil von Betroffenen nicht erreicht wird; - und in welchen Stadtteilen trotz ermittelter gehäuft auftretender sozialer Problemlagen nur unzureichende soziale Beratungs-, Unterstützungs- und Kommunikationsmöglichkeiten bestehen.

Das mit EG- und anderen Mitteln geförderte Projekt des Diakonischen Werks im Kirchenkreis Recklinghausen e.V. sollte in jeder Stadt im Ruhrgebiet und darüber hinaus Schule machen.

Ohne fundierte und detaillierte Auskünfte, wie sie der Armuts-Report von Recklinghausen vorgelegt hat, erscheint jede Sozial-Debatte in Zukunft haltlos und leer.

Es hat sich gezeigt, daß hinter dem statistischen Material mehr verborgen liegt als reines 'Zahlenmaterial'. Es sind mehr Menschen von Armut betroffen als vermutet. Und dies in einem der reichsten Länder der Welt.

Die 'Umwelt-Werkstatt' in Recklinghausen

Ausgehend von dieser Analyse der arbeitsmarkt- und sozialpolitischen Probleme engagiert sich das Diakonische Werk im Kirchenkreis Recklinghausen in hohem Maße.

Die im folgenden beschriebene "Umwelt-Werkstatt" ist eine dieser Initiativen im Kampf gegen die Arbeitslosigkeit. Dazu ein Situationsbericht vom Januar 1990:

Die Umwelt-Werkstatt ist eine soziale Beschäftigungsinitiative der Diakonie im Kirchenkreis Recklinghausen und neben dem Arbeitslosen-Zentrum Süd, das von den Gemeinden getragen wird, die wohl bekannteste kirchliche Initiative in diesem Problemfeld. Das am 1. August 1984 gegründete Projekt umfaßt drei Betriebe in Recklinghausen, Herten und Datteln. Dort arbeiten gegenwärtig 153 Frauen und Männer, die vorher mindestens ein Jahr, oft jedoch länger, ohne Beschäftigung waren.

Die ersten Jahre der Umwelt-Werkstatt können als Aufbau- und Konsolidierungsphase beschrieben werden. Im Vordergrund stand dabei die betriebswirtschafliche Aufbauorganisation an den drei Projektstandorten. Das Bewußtsein der politisch Verantwortlichen in der Region im Zusammenhang mit Armut und Langszeitarbeitslosigkeit war insbesondere zu Beginn des Projektes nicht so entwickelt, daß es der Diakonie als Wohlfahrtsverband möglich gewesen wäre, die Kommunen in eine aktive Rolle im Zusammenhang mit kommunaler Beschäftigungspolitik zu bringen. Deshalb galt für die Diakonie in dieser Phase das Prinzip, "den Fuß zwischen die Tür zu sctzen", d.h., mit der Umwelt-Werkstatt ein Beispiel praktischen Handelns zu schaffen.

Ein Arbeitsschwerpunkt der Umwelt-Werkstatt liegt im Recycling-Bereich, der im Mai 1985 eingerichtet wurde. Seitdem bietet die Umwelt-Werkstatt einen kostenlosen Abholservice für wiederverwertbare Stoffe aus dem Hausmüll. Dieses Angebot richtet sich an alle Privathaushalte im Stadtgebiet Hertens und in zwei Stadtbezirken Recklinghausens, insgesamt 120.000 Einwohner, und wird gegewärtig auf weitere Stadtteile Recklinghausens ausgedehnt.

Täglich sind mehrere Sammelgruppen von je sieben Mitarbeiter/innen mit ihren blauen LKW's unterwegs, um die jeweiligen Bezirke zu "entsorgen". So wird jeder Haushalt regelmäßig in 14tägigem Rhythmus erreicht.

Neben dem Bereich Wertstoff-Wiedergewinnung bietet die Umwelt-Werkstatt in Recklinghausen an der Herner Straße 95a auch andere Leistungen an. So arbeiten in allen drei Betrieben Mitarbeiter/innen im Bereich Transport- und Fahrdienst. Sie bieten der Bevölkerung in den drei Städten einen kostenlosen Abholservice für gebrauchte, noch gut erhaltene Möbel, Kleidung und Hausratsgegenstände. Die Sachspenden werden in den Werkstätten ausgestellt und gegen ein geringes Entgelt an Personen mit niedrigem Einkommen weitergegeben. Im Service enthalten sind die Anlieferung und der Aufbau der Möbel durch Mitarbeiter der Werkstatt. Der Transport- und Fahrdienst übernimmt außerdem Umzüge, Entrümpelungen und Wohnungsauflösungen. Den Kleiderkammern in Recklinghausen und Datteln sind jeweils Nähstuben angeschlossen.

Abb. 172: Die Helfer der "Umwelt-Werkstatt"

In der Schreinerei in Herten werden besonders schöne alte Möbel, die im Zuge des Abholdienstes abgegeben werden, fachgerecht repariert und aufgearbeitet. Die "Liebhaberstücke" finden im Rahmen von "Tagen der offenen Tür" und auf Basaren ihre Interessenten. Von Datteln aus ist eine Gruppe von Mitarbeitern dabei, kleine Rasenflächen zu pflegen und die Gärten vornehmlich älterer Bürger instand zu halten, soweit diese Bürger zu derartigen Pflegearbeiten nicht mehr selbst in der Lage sind.

Bis Ende 1988 konnten in allen drei Betrieben der 'Umwelt-Werkstatt' insgesamt 406 Frauen und Männer in befristeten Arbeitsverhältnissen eingestellt werden. Von den gegenwärtig insgesamt 153 Beschäftigten stellen die 26- bis 35jährigen mit 36 % die größte Altersgruppe dar. 27 % der Beschäftigten sind zwischen 18 und 25 Jahre, 28 % sind zwischen 36 und 49 Jahre, 9 % sind älter als 50 Jahre.

Um den Wieder- oder Neueinstieg ins Arbeitsleben zu erleichtern, wurde darüber hinaus ein sozial-begleitender Dienst eingerichtet. Die hier tätigen vier Mitarbeiter/innen kümmern sich in vielfacher Hinsicht um die Probleme ihrer Kollegen/innen. Sie helfen bei der Wohnungs- und Arbeitsplatzsuche, begleiten bei Amts- und Behördengängen, leisten Schuldner- und allgemeine Lebensberatung, bieten aber auch die Möglichkeiten sinnvoler Freizeitgestaltung an. Außerdem stehen den Beschäftigten die Beratungsstellen der örtlichen Diakonischen Werke offen.[5]

Marian Pontzen

1. Diakonisches Werk im Kirchenkreis Recklinghausen e.V. - EG-Projekt Armut und Arbeitslosigkeit, Abschlußbericht und Tätigkeitsbericht '89, 1990
2. Diakonisches Werk im Kirchenkreis Recklinghausen e.V. - Arbeitslosigkeit und Einkommensarmut im Kirchenkreis Recklinghausen am Beispiel der Städte Datteln, Herten, Recklinghausen, 1989
3. Diakonisches Werk im Kirchenkreis Recklinghausen e.V. - Reichweite, Versorgungsdichte und Klientenstruktur unter besonderer Berücksichtigung der Zielgruppen Alleinerziehende, Arbeitslose und Sozialhilfeempfänger innerhalb einer Bestandsaufnahme der sozialen Dienste und Einrichtungen des Diakonischen Werkes Herten e.V., Verfasser Rudolf Rölleke, 1989.
4. Diakonisches Werk im Kirchenkreis Recklinghausen e.V. - Bericht zur Sozial-Struktur: Einkommensarmut und Arbeitslosigkeit in Herten, 1988
5. G.Möllers/R.Voigt, 1.200 Jahre Christliche Gemeinde in Recklinghausen, 1990, hier: Initiative im Kampf gegen die Arbeitslosigkeit: Die Umwelt-Werkstatt, S. 310ff

"Wir kommen nur so weit, wie die Einzelnen die Idee tragen" - Solidarität mit den Ländern des Südens

Der Ökumenische Dritte-Welt-Laden in Essen-Borbeck

Das Brot ist der Himmel. Wie Du den Himmel nicht allein haben kannst, mußt Du das Brot mit anderen teilen.[1]
(Kim Chi Ha)

Seit fast zehn Jahren verkauft der Borbecker Dritte-Welt-Laden Kaffee aus Nicaragua, Jute-Taschen aus Bangladesh, Kerzen aus Soweto und viele andere Waren aus der sogenannten "Dritten Welt". Obwohl er an der Ecke Hülsmannstraße/Klopstockstraße etwas außerhalb des eigentlichen Stadtzentrums liegt und daher wenig "Laufkundschaft" locken kann, hat er sich mit einem Umsatz von rund 50.000 Mark jährlich und dreißig katholischen und evangelischen MitarbeiterInnen inzwischen fest etabliert. Dieses ökumenische Projekt "von unten", das mittlerweile aus dem Borbecker Stadt- und Gemeindeleben nicht mehr wegzudenken ist, soll im folgenden vorgestellt werden.

Praktizierte Ökumene

Die Idee zur Gründung eines Dritte-Welt-Ladens in Borbeck entstand 1981 aus Gesprächen in zwei Gemeindekreisen, die sich teilweise personell überschnitten: In einer Gruppe, die den jährlichen Weltgebetstag der Frauen vorbereitete, und im ökumenischen Gesprächskreis der evangelischen und der katholischen Kirchengemeinden. Fünf Menschen aus beiden Gruppen "wollten nicht mehr nur beten, sondern auch mal 'was Praktisches' tun." Gemeinsam wurde überlegt, was man unternehmen könne. Schnell war man sich darüber einig, daß es sich nicht um Spendenaktionen handeln sollte: "Wir wollten etwas machen, bei dem wir wissen, daß die Menschen davon selbständig leben können." So kam die "GEPA", die von "Misereor" und "Brot für die Welt" getragene "Gesellschaft zur Förderung der Partnerschaft mit der Dritten Welt", in den Blick. Diese kauft Waren aus der Dritten Welt zu einem gerechten Preis direkt bei den ProduzentInnen ein, um sie in der Ersten Welt über Dritte-Welt-Läden weiterzuverkaufen. Am bekanntesten ist sicherlich der von der GEPA vertriebene Nicaragua-Kaffee; aber unter dem Motto "Hilfe zur Selbsthilfe" werden auch Kunstgewerbe-Artikel und anderes vertrieben. Unterstützt werden von der GEPA ausschließlich Projekte, die genossenschaftlich organisiert sind. Diese können ihre finanziellen Überschüsse in Gemeinschaftseinrichtungen wie Schulen, Krankenhäuser, Brunnen u.ä. investieren.

Aller Anfang ist schwer...

Zunächst erwogen die BorbeckerInnen, die Waren regelmäßig auf Ständen in den Kirchen und Gemeindehäusern anzubieten. Da tat sich vollkommen unerwartet die Möglichkeit auf, ein Ladenlokal anzumieten. "Die Frage war bloß, wer es finanzieren sollte." Dieses und weitere Probleme mußten rasch geklärt werden: "Haben wir genug MitarbeiterInnen?" "Wen können wir zur Mitarbeit ansprechen?" "Welche Waren sollen vertrieben werden?" KeineR der InitiatorInnen hatte Erfahrungen mit einem solchen Projekt: "Wir waren ja alle blutige Laien." Skeptische Bemerkungen aus der Gemeinde blieben daher nicht aus: "Das wird ja nie was." "Eintagsfliege." "Nach einem halben Jahr habt ihr Schulden am Hals." "Ihr habt ja keine Ahnung von dem was ihr da vorhabt." Manche befürchteten wohl auch "eine rote Parzelle im schwarzen Borbeck". Entsprechende Blicke und Bemerkungen gab es dann auch, als im Laden das erste Ostermarschplakat ausgehängt wurde. "Heute ist das in vielen Borbecker Geschäften ganz selbstverständlich."

Abb. 173: Verkaufsstand der "Dritte-Welt-Läden"

Aber die InitiatorInnen ließen sich durch diese Ablehnung nicht entmutigen. Verschiedene Modelle, wie ein solcher Laden betrieben werden könnte, wurden durchgespielt. Schließlich beschloß man, einen Arbeitskreis der Gemeinden zu gründen. Finanziell konnte der Laden durch einen Kreis von PatInnen getragen werden, die durch regelmäßige Spenden bis heute die monatliche Miete von 650 DM aufbringen. MitarbeiterInnen wurden durch persönliche Ansprache gewonnen: "Willst du nicht bei uns mitmachen?" So kam die Sache trotz aller Unkenrufe ins Rollen. Das Presbyterium der evangelischen Kirchengemeinde Essen-Borbeck und der Pfarrgemeinderat der katholischen Kirchengemeinde St. Dionysius beschlossen, die Idee des Ladens zu unterstützen und die konkrete Arbeit einem übergemeindlichen Arbeitskreis zu übertragen. Die Befürchtungen von Teilen der Gemeinden, sich einen "Klotz am Bein" einzuhandeln, äußerte sich gleichzeitig darin, daß die Leitungsgremien beschlossen, der Dritte-Welt-Laden dürfe keine finanzielle Belastung für die Gemeinden sein. Der anhaltenden finanzielle Erfolg des Ladens zeigt, wie unbegründet diese Befürchtungen waren. Inzwischen haben sie sich auch gelegt. Dies ist u.a. daran abzulesen, daß die katholische und die evangelische Kirchengemeinde den Laden inzwischen regelmäßig finanziell unterstützen.

Viel Vorbereitungsarbeit

Von der vielfältigen Unterstützung ermutigt wagten die InitiatorInnen schließlich den Sprung ins kalte Wasser und mieteten das Ladenlokal an. "Bis zur Eröffnung war dann aber noch viel zu tun." Eine Theke war schon vorhanden, aber die Regale und vieles andere mußte erst noch in Einzelarbeit ausgebaut werden. Möbel, eine Kaffeemaschine, Geschirr und viele andere kleine und größere Gebrauchsgegenstände wurden ohne große Umstände gespendet, um Geld zu sparen. Waren wurden in Schwelm bei der GEPA gekauft, inventarisiert und eingeräumt, die Schaufensterauslagen liebevoll arrangiert. Für den neuen Laden wurde in der Lokalzeitung geworben, im Gemeindebrief wurde auf ihn hingewiesen und die Öffnungszeiten von den Kanzeln angekündigt. Am 1. März 1982 endlich konnte der Verkauf beginnen.

Der Laden läuft und läuft und läuft ...

Und die Borbecker Menschen kamen, sahen und kauften. Mit der Zeit bildete sich eine Stammkundschaft heraus, die regelmäßig im Laden Tee, Kaffee oder Honig für den eigenen Verbrauch und vor Geburtstagen und Festen Geschenke für Freunde und Bekannte einkauft. "Sicherlich trug auch mit dazu bei, daß von Anfang an "seriöse Erwachsene" hinter der Verkaufstheke standen und nicht "flippige Jugendliche"." Vorurteil oder nicht, nach Ansicht der MitarbeiterInnen hat dies wesentlich dazu beigetragen, daß "ganz normale Leute" im Borbecker Dritte-Welt-Laden einkaufen. Sicher bezahlen sie dabei für ihren Kaffee auch einiges mehr als im Supermarkt, weil sie wissen, daß auf diese Weise die HerstellerInnen in der Dritten Welt einen fairen Lohn erhalten. Nach und nach wurde das Warenangebot erweitert: Kostbarkeiten aus Umweltschutzpapier: Briefpapier, Schulhefte u.ä. kamen hinzu und fanden ihre KäuferInnen. Da alle Mitarbeit ehrenamtlich ist und die Kosten durch Spenden getragen werden, bleibt jedes Jahr ein kleiner Betrag übrig. Ihrem Motto "Hilfe zur Selbsthilfe" bleiben die BorbeckerInnen bei der Verwendung dieses Geldes treu und setzen es nach gründlichen Überlegungen gezielt für kleine Projekte ein, die sonst wegen ihrer geringen Größe durch die Maschen der großen Hilfswerke fallen würden. Ein großer Teil des Geldes ging beispielsweise an eine Bauernschule in Peru, die ihren SchülerInnen eine Ausbildung ermöglicht, mit der sie ihren Lebensunterhalt verdienen und ihre Familien ernähren können.

Jedes Jahr gebe es ein Loch im Sommer und einen besonders guten Verkauf um Weihnachten, meinen die MitarbeiterInnen. Zu keinem Zeitpunkt sei aber bei Ihnen das Gefühl aufgekommen, "nicht mehr weiter zu können und den Laden schließen zu müssen".

Ehrenamtliches Engagement

Die Grundlage für diesen dauerhaften Erfolg ist unzweifelhaft das kontinuierliche Engagement der Aktiven, die in ihrer "Freizeit" ohne jedes Honorar den Laden betreiben. Hausfrauen, SchülerInnen, StudentInnen, Teilzeitbeschäftigte und RentnerInnen stehen halbtags hinter der Ladentheke, verkaufen und informieren über die politischen Hintergründe in den Herkunftsländern der Waren. "Für viele war das eine ganz neue Erfahrung: Verkaufen, die KundInnen beraten und nach Geschäftsschluß den Laden saubermachen. Wer hat denn schon vorher so etwas gemacht?" Zusätzlich zum Verkauf im Laden nehmen sie an den Wochenenden Möglichkeiten wahr, Stände zu organisieren; hier kommen dann auch die Berufstätigen zum Zuge, die unter der Woche ihrer Erwerbsarbeit nachgehen. Bei Gemeindeveranstaltungen und auf Schul- und Stadtteilfesten sind die MitarbeiterInnen des Dritte-Welt-Ladens vertreten. "Bei solchen Gelegenheiten kann man Menschen erreichen, die sonst nicht in den Laden kommen." Alle vier bis sechs Wochen treffen sich die MitarbeiterInnen zum gemeinsamen Gespräch. Dann werden Erfahrungen ausgetauscht, Organisatorisches wird abgesprochen und Inhaltliches diskutiert. "Man muß ja erst 'mal selber wissen, wo die Sachen herkommen, wenn man den KundInnen was erzählen will." Das Gespräch kommt dann auch auf andere aktuelle Themen. Alle sind sich darüber einig, daß es wichtig ist, einen solchen Kreis zu haben, in dem man sich austauschen kann. Die Bedeutung die dieser Kreis für jedeN einzelneN hat und auch die Kontinuität der Borbecker Dritte-Welt-Arbeit läßt sich an der Tatsache ablesen, daß von den jetzigen MitarbeiterInnen zwei Drittel von Anfang an dabei sind.

Besonderen Wert legen sie darauf, daß der Laden im doppelten Sinn ökumenisch sei.

Zum einen kommen die MitarbeiterInnen aus den verschiedenen katholischen und evangelischen Borbecker Gemeinden. Zum anderen soll die Selbstbezeichnung "ökumenisch" darauf hinweisen, daß eine weltweite Verbundenheit mit den ChristInnen aller Länder, besonders mit den hungernden, ausgebeuteten und unterdrückten Menschen in Afrika, Asien und Lateinamerika besteht.

und der Armut dort. Deshalb ist ein Arbeitsschwerpunkt aller Dritte-Welt-Initiativen neben dem Verkauf die Informations- und Bildungsarbeit.[2] Die Länder der Dritten Welt werden u.a. durch die offene Konkurrenz mit den ökonomisch überlegenen Ländern, in einem Zustand der Nicht- bzw. Unterentwicklung gehalten. Ihre heimischen Produkte werden auf dem Weltmarkt niederkon-

Abb. 174: Stand der Essener "Dritte-Welt-Läden" auf dem Weihnachtsmarkt in Essen

Eine häufig geäußerte Kritik an diesem Engagement lautet, daß diese Arbeit keine Strukturen verändere und daher wirkungslos sei. Erst müsse die ungerechte Weltwirtschaftsordnung abgeschafft werden. Aber diese Kritik verfehlt ihr Ziel. Zu den wichtigsten Anliegen der Dritte-Welt-Bewegung in der Bundesrepublik zählt die Information über die Lage in der Dritten Welt sowie die Zusammenhänge zwischen unserem Reichtum hier

kurriert, weil die hochentwickelten Länder eine viel höhere Produktivität in allen Wirtschaftsbereichen aufweisen. Sie sind in der schwächeren Position: Um Devisen und westliche Industriewaren importieren zu können, sind sie gezwungen, ihre Rohstoffe und landwirtschaftlichen Produkte zu relativ niedrigen Preisen zu verkaufen. Umgekehrt erhalten sie dafür im Austausch teure Industriewaren aus dem Westen, die vielfach unter Verarbeitung der Rohstoffe aus der Dritten Welt entstanden sind. Dieses ungerechte Austauschverhältnis hat sich in den letzten Jahren kontinuierlich verschlechtert. Beispielsweise konnte Kuba vor 25 Jahren für 200 Tonnen Zucker eine Planierraupe kaufen, heute benötigt es dafür 800 Tonnen: die vierfache Menge.[3]

Allen Aktiven ist klar, daß Dritte-Welt-Läden nur punktuell helfen können. Aber irgendwo muß man anfangen, und es ist allemal besser, ein Licht anzuzünden, als nur über die Dunkelheit zu klagen. Auch die BorbeckerInnen sind sich darüber einig, daß der Verkauf nicht das wichtigste ist. "Unsere hauptsächliche Aufgabe sehen wir darin, mit den Menschen, die zu uns kommen, über die Probleme der Dritten Welt ins Gespräch zu kommen." Einmal jährlich werden Bildungswochenenden angeboten, die in den letzten Jahren unter den Themen "Christen und Gewalt", "Wirtschaften aus ethischer Verantwortung" und "Frauen in der Dritten Welt" stattfanden. Regelmäßig am Buß- und Bettag gestalten die MitarbeiterInnen und Freunde des Dritte-Welt-Ladens einen ökumenischen Gottesdienst. Verstärken wollen sie jetzt auch die Zusammenarbeit mit den anderen Essener Dritte-Welt-Läden. Bisher traf man sich unregelmäßig ein- bis zweimal im Jahr. 1990 gelang es sogar, einen gemeinsamen Stand der Läden auf dem Essener Weihnachtsmarkt zu organisieren. Ein enormer Kraftaufwand für alle Aktiven, da gleichzeitig die eigenen Läden "zuhause" offengehalten werden mußten.

The times they are a-changin'

Bei einem Besuch fragte Pastor Isaac aus Namibia, warum es "Dritte-Welt-Laden" heiße und machte die BorbeckerInnen auf den herabsetzenden Beigeschmack dieser Wortwahl aufmerksam, denn immerhin leben in der sogenannten "Dritten Welt" rund zwei Drittel der Weltbevölkerung. Die Zählung Erste, Zweite, Dritte Welt beinhalte außerdem eine Wertung, die ihn und andere verletze. Diese Kritik führte zu lebhaften Diskussionen unter den MitarbeiterInnen, in deren Verlauf sie bemerkten, daß sich im Laufe der Jahre ihre Vorstellungen verändert hatten. Begonnen hatten sie vor fast zehn Jahren mit dem Anspruch, anderen helfen zu wollen. Durch ihre Arbeit und die daraus erwachsenden Auseinandersetzungen entdeckten sie unerwartete Zusammenhänge und sahen, daß unsere Lebensweise in der Ersten Welt und die Not der Menschen in der Dritten Welt einander bedingen. "Daß es bei uns im Winter frische Erdbeeren oder Spargel zu kaufen gibt, ist nur möglich, indem in Afrika Menschen ihr Land weggenommen wird, weil dort die Anbauflächen besonders günstig sind." Das Wissen um diese Zusammenhänge konnte für sie nicht ohne Folgen bleiben, und so mußte ihr Engagement für die Menschen in der Dritten Welt auch ihr eigenes Leben verändern. "Wenn man das weiß, darf man solche Dinge im Winter nicht mehr essen." Einige verzehren sehr viel weniger Fleisch als früher, weil sie inzwischen wissen, daß man, um eine Kalorie Fleisch zu erhalten, sieben Kalorien Korn verfüttern muß. "40 % des Korns, das an unser Vieh verfüttert wird, kommt aus der Dritten Welt. Viele Menschen, die bei uns spenden, glauben irrtümlicherweise, daß wir die Menschen der Dritten Welt ernähren, aber letztendlich ernähren sie uns."

Diesen Veränderungen ihres Bewußtseins und ihrer Lebensweise wollen die BorbeckerInnen auch durch Neuerungen in ihrer gemeinsamen Arbeit Rechnung tragen. Als erster Schritt, und auch um diesen Umbruch nach außen deutlich zu zeigen, wird voraussichtlich auf einer der nächsten Mitgliederversammlungen der "Ökumenische Dritte-Welt-Laden Essen-Borbeck" in "Ökumenischer Eine-Welt-Laden Essen-Borbeck" umbenannt.

Ökumenische Partnerschaften

Eine weitere wichtige Form christlicher Solidarität mit den Ländern des Südens sind ökumenische Partnerschaften, wie es beispielhaft die Aktivitäten im Kirchenkreis Oberhausen zeigen. Ende der 70er Jahre wurden ökumenische Partnerschaft und Auseinandersetzung mit dem Rassismus zu einem bis heute charakteristischen Schwerpunkt in der Arbeit des Kirchenkreises.

immer wieder danach, wie wir als Christen dem Willen Jesu entsprechend in dieser Welt leben und miteinander umgehen."[4]

Diese Arbeit ist nicht zu verstehen ohne die ökumenischen Partnerschaften, die der Kirchenkreis anstrebt, ausbaut und auf sich wirken läßt. Seit 1976 vergeht kein Jahr, in dem nicht ökumenische Gäste in Oberhausen zu Besuch sind und umgekehrt Vertreter des Kirchenkreises in eines der Partnerländer reisen.

Abb. 175: Die Ökumenischen Partnerschaften werden im Kirchenkreis Oberhausen intensiv gepflegt

Synodalassessor Pfarrer Balling hebt 1988 in einem Rückblick auf die 12-jährige Amtszeit von Superintendent Deterding vor allem die theologische Motivation hervor: "Wenn wir uns so engagiert mit diesem Thema beschäftigen, dann begeben wir uns nicht etwa auf ein "politisches" Gebiet oder beschäftigen uns mit dem christlichen Glauben unangemessenen Dingen, sondern wir fragen

Im Jahr 1976 nimmt die ökumenische Partnerschaftsarbeit konkrete Gestalt an: Am 11. April wird der indonesische Pastor Binsar Purbar in die dritte Pfarrstelle der Kirchengemeinde Altstaden eingeführt. Im Rahmen des ökumenischen Pfarreraustausches, der durch die Vereinigte Evangelische Mission vermittelt wird, kommt die sechsköpfige Pfarrfamilie für dreieinhalb Jahre nach Oberhausen.

Im gleichen Jahr wird im Rahmen des Referats für Weltmission ein allgemeiner ökumenischer Hilfsfonds und ein besonderer Fonds für Hilfen in aktuellen Notlagen von Flüchtlingen aus Südafrika oder Südamerika eingerichtet.

Seit 1978 bestehen intensive Kontakte zur englischen Partnerstadt Middlesbrough, zur Mentawaikirche in Indonesien und zum Distrikt Soni in Tansania, ab 1980 auch zum "Belydenden Kring" ("Bekennender Kreis", eine Antiapartheid-Gruppe innerhalb der vier rassisch getrennten reformierten Kirchen) in Südafrika.

Die kreiskirchliche Reformationsfeier am 1.11.1980, die ganz im Zeichen der Ökumene steht, ist der offizielle Beginn der kirchlichen Partnerschaft mit der Batakkirche in Indonesien.

Im gleichen Jahr 1980 kommen einige südafrikanische Pastoren auf Einladung des Kirchenkreises zu einer zweiwöchigen Visitation der Gemeinden nach Oberhausen. Vorausgegangen war ein Pastoralkolleg zum Thema "Fragen der schwarzen Theologie an uns". Ihr Besuch hat einerseits die Funktion einer regelrechten Visitation, d.h. der aufmerksamen Analyse dessen, was in den Gemeinden vor sich geht. Andererseits ist aber in vielen Gemeinden das Interesse groß, sich über die Arbeit in Südafrika informieren zu lassen Vielleicht wollen sich die Gemeinden lediglich nicht zu sehr in die "Karten" schauen zu lassen, wie die Südafrikaner in ihrem sehr differenzierten zwanzigseitigen Visitationsbericht vermuten.[5] Dieser Besuch intensiviert die Beziehung des Kirchenkreises zu Südafrika deutlich. Aber zugleich müssen sich die Gemeinden in Oberhausen von den Gästen kritische Fragen stellen lassen. Vor allem im geistlichen Bereich empfinden die südafrikanischen Theologen große Defizite, kritisieren die Trennung von pastoraler und prophetischer Arbeit und mahnen eine missionarische Durchdringung aller kirchlichen Aktivitäten an. Was Dritte-Welt-Arbeit angehe, sei es "nicht so sehr die Aufgabe, etwas für uns zu tun, als vielmehr in einer besonderen Weise mit uns Christ zu sein.".

Streit um den Antirassismus-Sonderfonds

Bereits im Jahr 1979 erwarb die Synode Anteile bei der ökumenischen Entwicklungsgenossenschaft EDCS und beschloß die Unterstützung des Antirassismus-Sonderfonds des Ökumenischen Rates der Kirchen. Die deutliche finanzielle Unterstützung des Sonderfonds, und zwar zum Teil aus "Kirchensteuermitteln", führt zu einem Rechtsstreit mit der Landeskirche, der bis heute anhält.

Die Landessynode 1982 ruft zu Spenden für den Sonderfonds auf, bleibt aber bei Ihrem "Nein" zur Unterstützung des Sonderfonds aus Kirchensteuermitteln. Dadurch wird aber den Kirchengemeinden in diesem Bereich die Kirchensteuerhoheit entzogen mit der Begründung, daß "die Gemeinschaft der rheinischen Gemeinden und Kirchenkreise unterschiedliche Wege in dieser Frage nicht verkraften könne". Die Kreissynode empfindet dies als einen "unerträglichen Zustand", weil sie sich dadurch gezwungen sieht, ihre ökumenische Verbundenheit "ganz besonders (mit) den durch den Rassismus unterdrückten Brüdern und Schwestern im Südlichen Afrika" zu verraten. Immerhin wurden in den ersten drei Jahren bis Herbst 1982 in Oberhausen rund 88.000 DM an Spenden für den Sonderfonds gesammelt, was eine entsprechende Unterstützung aus Haushaltsmitteln rechtfertigen würde.

Am 19.11.1982 kommt die Kirchenleitung der rheinischen Kirche auf Einladung zur Sondersynode nach Oberhausen, um die strittigen Fragen zu diskutieren. Es kommt zu einer hitzigen Debatte, in der aber die Positionen geklärt werden. Präses Brandt signalisiert, daß die Kirchenleitung sehr wohl das Solidaritätsanliegen der Kreissynode gehört habe, und sagt zu, einen Antrag an die Landessynode 1984 zu unterstützen, durch den die Entscheidungsfreiheit der Gemeinden wiederhergestellt werden könne.[6]

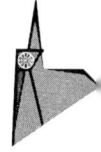

1983, auf der dritten Sondersynode innerhalb eines Jahres zum Sonderfonds, wirft der in dieser Frage besonders engagierte Pfarrer Heiermann der Landeskirche wegen ihrer Unbeweglichkeit und der rein juristischen Argumentationsweise "Verweigerte Solidarität" vor.[7] Im gleichen Jahr überweisen zwei Gemeinden je 1000,- bzw. 1.500,- DM aus Haushaltsmitteln an den Sonderfonds. Der Beschluß wird von der Kirchenleitung aufgehoben. Die Gemeinden legen Widerspruch ein, der allerdings abgelehnt wird.

Abb. 176: Streit um den Anti - Rassismus - Sonderfonds

Auf der Kreissynode im November 1983 herrscht Einigkeit darüber, daß es keine Alternative zur Unterstützung des Sonderfonds gibt, will man die ökumenische Solidarität nicht aufkündigen.[8] Es müsse, so Superintendent Deterding, in dieser Frage "ein Verstoß gegen einen Landessynodalbeschluß verstanden werden als das Bemühen und Ringen um den rechten Gehorsam gemäß Schrift und Bekenntnis. Es geht um nicht weniger, aber auch nicht um mehr"[9]. Auf der Landessynode 1984 wird schließlich die sogenannte Gemeindelösung beschlossen, d.h. Presbyterien können Spenden aus der Gemeinde für den Sonderfonds aus Kirchensteuermitteln verdoppeln. Damit wird immerhin der presbyterial-synodalen Struktur der Rheinischen Landeskirche endlich Rechnung getragen, indem die Steuerhoheit der Kirchengemeinden in dieser Frage wiederhergestellt wird. Aber hiermit können und wollen sich die engagierten Gruppen in Oberhausen nicht zufrieden geben.

Zur Reformationsfeier 1986 unter dem Thema "Führ uns zusammen, Herr!" wird der finnische Pastor Mikko Ihamäki eingeladen, der viele Jahre als Missionar in Namibia tätig war, bevor er als Apartheidsgegner ausgewiesen wurde. Sein Vortrag bringt den Christen in Oberhausen erneut das "Glaubens- und Leidenszeugnis namibischer Christen" nahe, nachdem es schon seit längerer Zeit persönliche Kontakte zwischen Mitgliedern der Luther-Kirchengemeinde, vor allem von Pfarrer Schorzmann, und einzelnen Personen aus Namibia gegeben hatte. Auch hier ist die Kollekte für den Sonderfonds bestimmt.

Die Kreissynode im Mai 1987 beschäftigt sich erneut mit Namibia. Neben Pastor Ihamäki, der zum zweiten Mal nach Oberhausen kommt, spricht das namibische Theologenehepaar Magdalena und Erastus Shamena zur Versammlung. Sie berichten von Menschenrechtsverletzungen wie Folterungen, die sie selbst durchlitten haben, von Verzweiflung und Hoffnung des namibischen Volkes und unterstreichen so die Notwendigkeit der Hilfe auch von den evangelischen Christen in Deutschland.

Nach langen Verhandlungen mit der Kirchenleitung und regelmäßigen Gesprächen mit ökumenischen Partnern in Namibia und Südafrika (Belydende Kring) entschließt sich die Kreissynode 1989 zur Überweisung der schon seit längerem zurückgestellten kreiskirchlichen Rücklage für den Sonderfonds in Höhe von 20.000,- DM, und zwar ungeachtet der anderslautenden Bestimmungen der Landessynode.[10] Den formaljuristischen Begrün-

317

dungen des Landeskirche wird erneut ausführlich mit einer ökumenisch-theologischen Argumentation begegnet.[11]

Der 1988 neugewählte Superintendent Schorzmann führt den Beschluß der Kreissynode unverzüglich durch, obwohl er deshalb mit Disziplinarmaßnahmen seitens der Kirchenleitung rechnen muß. Am 14. Mai 1990 findet ein Gespräch zwischen der Kreissynode und Vertretern der Kirchenleitung, u.a. dem im Januar neugewählten Präses Baier statt. Es kommt zwar zu einer inhaltlichen Annäherung[12], aber aufgrund der durch die Landessynode geschaffenen Rechtslage sieht sich die Kirchenleitung gezwungen, den Oberhausener Beschluß aufzuheben.[13] Allerdings wird dadurch die Überweisung nicht rückgängig gemacht und die Kirchenleitung verzichtet auf weitergehende Maßnahmen. Der Antrag der Kreissynode an die Landessynode, einen neuen Grundsatzbeschluß zur Frage des Sonderfonds zu fassen, wird auf der Landessynode in Bad Neuenahr im Januar 1991 nicht beraten.

Christian Illian/Gerold Vorländer

1. Motto eines Informationsblattes des ökumenischen Driite-Welt-Ladens Essen-Borbeck. Der Text beruht auf Gesprächen mit den MitarbeiterInnen des Ökumenischen Dritte-Welt-Ladens Essen-Borbeck. Bei ihnen möchte ich mich herzlich für ihre Gastfreundschaft und Offenheit bedanken.
2. Vgl. Der Dritte-Welt-Laden, hrsg. von der Arbeitsgemeinschaft Dritte Welt Läden e.V., Darmstadt 1980; Aktionshandbuch Dritte Welt, hrsg. v. Bundeskongress entwicklungspolitischer Aktionsgruppen, 7. Auflage 1986; W.Balsen/K.Rössel, Hoch die internationale Solidarität. Zur Geschichte der Dritte-Welt-Bewegung in der Bundesrepublik, Köln 1986
3. Vgl. J.Bortz u.a., Schuldenkrise - In der Dritten Welt tickt eine Zeitbombe. Frankfurt am Main 1987
4. Jahresbericht auf der Kreissynode Oberhausen, 11./12.11.1988, S.3.
5. Kreissynode Oberhausen, 28./29.11.1980, S.49 bzw. S.68
6. Kreissynode Oberhausen, 19.11.1982, S.30f.
7. Kreissynode Oberhausen, 5.11.1983, Anlage 1.
8. Kreissynode Oberhausen, 2./3.12.1983, S.40.
9. A.a.O. S.38.
10. Kreissynode Oberhausen, 3./4.11.1989, S.23.
11. A.a.O. S.27.
12. Kreissynode Oberhausen, 18./19.5.1990.
13. Kreissynode Oberhausen, 9./10.11.1990; Bericht des Superintendenten, S.6.

Die Kirche im "Konziliaren Prozeß"

Im Jahr 1983 während der 6. Vollversammlung des Ökumenischen Rates der Kirchen in Vancouver (Kanada) verlangen die Delegierten der Mitgliedskirchen der damaligen DDR angesichts der Ungerechtigkeiten in der Welt, des fortgesetzten Wettrüstens und der Zerstörung der Natur eine eindeutige Erklärung des Rates:

"In dem immer noch andauernden Wettrüsten, wie auch in der ausbeuterischen Zerstörung der Natur und der herrschenden Ungerechtigkeit sehen wir das "Gesetz der Sünde und des Todes" am Werk, aus dessen Knechtschaft uns der Leben schaffende Geist Christi befreit (Röm 8,2). Die Umkehr, zu der wir gerufen sind, muß im Bekenntnis und politischen Handeln, in Zeugnis und Dienst geschehen."[2]

Im folgenden werden dann die Herausforderungen der Kirchen in Bezug auf die zentralen Themen "Frieden, Gerechtigkeit und Ökologie" im Antrag näher erläutert, um dann mit dem Verweis auf Dietrich Bonhoeffers Fanö-Predigt von 1934 ein christliches Friedenskonzil zu beantragen:

"Um der Erfüllung all dieser Aufgaben näher zu kommen, sollte geprüft werden, ob die Zeit reif ist für ein allgemeines christliches Friedenskonzil, wie es Dietrich Bonhoeffer angesichts des drohenden 2. Weltkrieges vor 50 Jahren für geboten hielt."

Der Ökumenische Rat der Kirchen nimmt den Antrag positiv auf, verändert aber seine Zielrichtung: Von der direkten Einberufung eines Friedenskonzils wird abgesehen, stattdessen soll ein "Konziliarer Prozeß" gegenseitiger Verpflichtung für Gerechtigkeit, Frieden und Bewahrung der Schöpfung angestoßen werden.

Um dem oft geforderten Anliegen der Dritten Welt auf wirtschaftliche Gerechtigkeit Rechnung zu tragen, wird das Stichwort "Gerechtigkeit" bewußt an die erste Stelle der dreigegliederten Thematik gestellt, die in der folgenden Zeit der Arbeitsschwerpunkt des ÖRK sein wird. Im Juni 1984 beschließt der Zentralausschuß des ÖRK, dem Rat zu empfehlen, eine Weltversammlung für Gerechtigkeit, Frieden und Ganzheit der Schöpfung einzuberufen.

Parallel dazu, auf dem 21. Evangelischen Kirchentag in Düsseldorf im Juni 1985, entsteht eine Bewegung von der Basis her, als Carl Friedrich von Weizsäcker auf dem Forum "Wer Gerechtigkeit sät, wird Frieden ernten" ein Friedenskonzil fordert. Er appelliert an die Kirchen der Welt, "ein Konzil des Friedens" einzuberufen, um "ein Wort zu sagen, das die Menschheit nicht überhören kann".[5] Ein Jahr nach diesem Aufruf zählt man schon über 100.000 Unterstützungserklärungen von evangelischen wie katholischen Christen, von Gruppen, Verbänden, Synoden und Ordensgemeinschaften.

1987 lädt der Generalsekretär des ÖRK dann die Mitgliedskirchen und die katholische Kirche zu einer Weltversammlung für Gerechtigkeit, Frieden und Bewahrung der Schöpfung nach Seoul (Korea) ein. Anders als bei sonst üblichen ökumenischen Weltkonferenzen soll der Prozeß gegenseitiger Verpflichtung für Gerechtigkeit, Frieden und Bewahrung der Schöpfung von der Basis her getragen werden. So soll der konziliare Prozeß sich langsam von unten nach oben entwickeln, von der lokalen Ebene der Gemeinden und Gruppen vor Ort über die regionale Ebene der Landeskirchen zur nationalen und internationalen Ebene bis hin zur Weltversammlung in Seoul.

In diesem Sinne finden auf allen Ebenen zahlreiche ökumenische Versammlungen statt, verstanden als Wegschritte bzw. Zwischenschritte auf dem Weg nach Seoul. Zwischenschritte unter vielen auf diesem Weg waren die landesweite ökumenische Versammlung im Oktober 1988 in Dortmund und die zahlreichen sie vorbereitenden örtlichen und regionalen Versammlungen im Vorfeld.

Unterwegs zur Ökumenischen Versammlung in Dortmund

Zur Vorbereitung auf die große Versammlung im Herbst war bereits im April eine regionale ökumenische Versammlung in Dortmund[6] organisiert worden. Ein Trägerkreis, bestehend aus evangelischen, katholischen, freikirchlichen und orthodoxen Christen, erarbeitete selbstverantwortlich Inhalte, Ziele und die äußere Organisation. Durch die monatlich in verschiedenen Dortmunder Gemeinden stattfindenden "Ökumenischen Abendgebete für Gerechtigkeit, Frieden und Bewahrung der Schöpfung", durch einen zentralen Gottesdienst am Buß- und Bettag 1987 in der Dortmunder Petrikirche und nicht zuletzt durch zahlreiche Informationsveranstaltungen in Gemeinden und Gruppen wurden mehr als 1.000 Menschen angeregt, an der Ökumenischen Versammlung am 23. April 1988 teilzunehmen. Gearbeitet wurde in Gruppen an den vier Themenschwerpunkten:
- *Gerechtigkeit in unserer Stadt, in unserem Land*
- *Gerechtigkeit in der einen Welt*
- *Frieden*
- *Bewahrung der Schöpfung*

Neben den thematischen Schwerpunkten, die in vier kirchlichen Zentren in der Innenstadt am Vormittag diskutiert wurden, war die anschließende Buß- und Bittprozession durch die Innenstadt ein zentrales Element dieser Veranstaltung.

Nach der Eröffnung durch einen Kreuzesträger sammelten sich die TeilnehmerInnen der vier Zentren und weitere interessierte Menschen zu einem meditativen "Bitt- und Bußgang". An fünf Stationen, die exemplarisch für die aktuelle Leidensgeschichte von Menschen stehen, wurde verweilt. Im gemeinsamen Hören des Wortes Gottes, durch Besinnung und gemeinsames Beten und Singen sollte an Christi Zuspruch für die Leidenden der Welt und seinen Anspruch an uns erinnert werden, gegen diese Leiden und Ungerechtigkeiten anzugehen.

Bei der ersten Station, der Deutschen Bank, wurde an die Schuldensituation vieler Dritte-Welt-Länder erinnert und die Forderung nach einer gerechten Weltwirtschaftsordnung erhoben. Bei der 2. Station, der VEW-Hauptverwaltung, wurden Bedenken gegen die Atomenergie vorgebracht, weil durch sie die

Abb. 177: Auf dem Weg zur Ökum. Versammlung

Gefahr einer Vernichtung der gesamten Schöpfung gegeben ist. Bei der dritten Station, einem Atombunker, wurde betont, daß Sicherheit nicht in Bunkern und Waffen zu suchen ist, sondern in vertrauensbildenden Maßnahmen. An einer Gedenktafel am Theatervorplatz gedachten die ProzessionsteilnehmerInnen der Opfer der Nazi-Herrschaft. Die letzte Station schließlich war das Dortmunder Sozialamt. Hier wurde den ProzessionsgängerInnen deutlich, daß "Gerechtigkeit in unserer Stadt" menschenwürdiges Leben des einzelnen Menschen einschließen muß.

Die Prozession endete dort, wo sie begonnen hatte: in der Petrikirche. Der Abschlußgottesdienst mit dem Bibelwort "Suchet der

Stadt Bestes" nahm den roten Faden des Tages wieder auf. Die zentrale Aussage war zu Beginn des Gottesdienstes in Form einer Klage vorgetragen worden: 40.000 Menschen ohne Arbeit, Fremdenhaß und Unverständnis gegenüber Asylsuchenden, vergiftete Böden. Dann aber die weiterführenden Fragen: "Wann werden die Wunden geheilt? Wann werden wir gesund?"

Es sollten keine allgemeinen und unverbindlichen Antworten gegeben werden. Der Trägerkreis hatte eine Liste möglicher Handlungskonsequenzen in Form von Selbstverpflichtungen vorbereitet, die als Anregungen gedacht waren. Jedem Besucher, jeder Besucherin wurde dadurch die Gelegenheit gegeben, für sich allein oder mit anderen eine oder mehrere mögliche Handlungskonsequenzen auszuwählen und aufzuschreiben. Am Schluß stand die gegenseitige Bestärkung, daß der konziliare Prozeß weitergeht.

Die landesweite Versammlung in Dortmund - Oktober 1988

Waren bis Ende Juli 1988 erst 3.000 Anmeldungen eingegangen, schwoll die TelnehmerInnenzahl auf die Veranstaltung in den Dortmunder Westfalenhallen plötzlich auf 25.000 Menschen an. In der Mehrheit waren es ganz "normale" Gemeindeglieder, für die es hier zu einem ersten Kontakt mit dem konziliaren Prozeß kam. Einberufen zur ersten landesweiten ökumenischen Versammlung für Gerechtigkeit, Frieden und Bewahrung der Schöpfung hatte die Evangelische Kirche von Westfalen. Eingeladen waren nicht Delegierte aus den Kirchenkreisen, sondern alle ChristenInnen. Gekommen waren Menschen jeden Alters, auch viele katholische Gläubige, darunter der Bischof von Münster, Dr. Lettmann. Die Veranstaltungsstruktur war dem Kirchentag entlehnt: Thematische Aufteilung des dreigegliederten Themas der verschiedensten Gruppen auf dem Markt der Möglichkeiten. In jeder Arbeitsgruppe stand eine Bibelarbeit zu Beginn, danach Referate zur Information und der Einstieg in das Thema, Diskussion auf dem Podium, Nachfragen aus dem Publikum, zum Abschluß der Gottesdienst. So wurde diese Veranstaltung, wie wir es von den Kirchentagen gewohnt sind, ein Fest von ChristInnen für ChristInnen.

In allen Gruppen wurde mehr über den Bauch als über den Kopf Zugang zum Thema gesucht, am augenscheinlichsten wohl in der Arbeitsgruppe: "Gerechtigkeit in unserem Land": Hier sollten den BesucherInnen die regionalen Problembereiche: Strukturkrise in unserem Land, Arbeitsplatzvernichtung, Arbeitslosigkeit in Form eines großen Spiels mit Elementen des freien Theaters vermittelt werden:[7]

Gleich am Eingang bekam jede BesucherIn die Aufforderung, sich im "Weltdorf" einzurichten. Dazu wurden Identitätskarte, eine Nationalität und am Schminktisch eine Hautfarbe empfangen. Schauspieler übernahmen in dieser Phase die Aufgabe der Motivation und Animation. Im Publikum führen Laienschauspieler der Arbeitsloseninitiative Dortmund unterdessen das Leben eines Arbeitslosen als Hürdenlauf in Form des Aktionstheaters auf. In der anschließenden Bibelarbeit über den Auszug der Israeliten aus Ägypten wird dann völliges Neuland betreten. An sieben verschiedenen Stellen in der Halle sammeln ErzählerInnen die Besucher, um ihnen nach Art der orientalischen Erzähler die Auszugsgeschichte zu erzählen. Der Erfolg war überwältigend. In der Kirchenzeitschrift "Unsere Kirche" heißt es über den Verlauf dieses Elements: "Das geschah über eine Stunde lang mit einer Dichte, die nur wenige vorher so für möglich gehalten hatten."[8] Anknüpfend an die Bibelerzählung sollte "Ägypten heute" thematisiert werden: Oberflächlichkeit, Wohlstandslangeweile und Unterdrückung. Dazu trat die Spielwerkstatt in Aktion:

Auf der Bühne lautes abwechslungsreiches Spektakel in Form von Gruppenpantomime, agierenden Showmastern und Zauberern, Satire, Sketchen; über der Bühne ein überdimensionale Ägyptenprospekt mit Pyramiden, Sphinx und dem Gottesauge in Form des Dollarzeichens; in schroffem Gegensatz dazu Dias vom letzten Hochofenabstrich in Hattingen; mitten in der Halle unter den BesucherInnen irritierendes Aktionstheater.

"Wohnungen" zugeteilt wurden. Die MitarbeiterInnen leiten die Kinder an, sich mit dem Gegensatz: "Schönheit der Schöpfung Gottes" und "Heutiger Zustand der Welt" auseinanderzusetzen. Die Kinder nähern sich dem Thema gestalterisch und setzen es in Szene: Einer Klageprozession folgt das Nachspiel der Sint-flutgeschichte mit Sintflut, Arche Noah und dem Regenbogen als Zeichen der Treue Gottes zu seiner Schöpfung. Jede Gruppe hat Beiträge zu einer der sieben Farben des Regenbogens gestaltet, die auf dem Podium den anderen Kindern vorgestellt werden.

Abb. 178: Auf dem Kreuzweg für Frieden, Gerechtigkeit und Bewahrung der Schöpfung

Genau zur Mittagszeit verstummte der Lärm plötzlich. Ein Text des Alttestamentlers Jürgen Ebach unter dem Motto "Jedem nach seinem Essensbedarf" erinnert an das Mannah-Wunder in der Wüste. Das Essen wird auf Tischen verteilt und alle werden satt... .

Nicht weniger aktionsreich ging es in der Kinderhalle zu.[9] Hier hatten sich unter dem Motto "Leben unter dem Regenbogen" 1.400 Kinder eingefunden, die sofort bestimmten

Der Schlußgottesdienst

Der Gottesdienst am Ende der Veranstaltung war dann noch einmal eine Demonstration des Willens ökumenischer Zusammenarbeit zwischen katholischen und evangelischen

ChristInnen. Gemeinsam geleitet vom Präses der Evangelischen Kirche von Westfalen, Präses Linnemann und dem katholischen Bischof von Münster, Dr. Lettman, nahm er noch einmal die thematischen Schwerpunkte des Tages in Form der Klage auf, um dann in das Lob Gottes, in die Hoffnung überzuleiten:

"Wir glauben an Gott, der unsere Füße auf den Weg des Friedens richtet. Wir hoffen auf Gottes Geist, der uns Kraft gibt, Angst, Furcht und Widerstände zu überwinden. Wir vertrauen auf Gott, dessen Bund des Friedens und der Gerechtigkeit stärker ist als alle Mächte der Finsternis."[10]

Abb. 179: Mit dabei - Präses Linnemann und Bischof Lettmann

Schlußbewertung

Die ökumenischen Versammlungen in Dortmund waren insgesamt gesehen nur kleine Zwischenschritte auf dem Wege nach Seoul: Es gab keine Beschlüsse oder Schlußresolutionen, für die Oktoberversammlung nicht einmal eine Dokumentation. Aber es gab den Versuch, den konziliaren Prozeß in der Volkskirche zu verankern, ihn einfachen Gemeindegliedern nachvollziehbar und erfahrbar zu machen. Die Elemente des Spiels und des gemeinsamen Feierns waren dazu angetan, ChristInnen zu zeigen, daß der Einsatz für Gerechtigkeit, Frieden und Bewahrung der Schöpfung trotz der unübersehbaren Probleme fröhlich und kreativ gestaltet werden kann. Die sachliche Arbeit, den konziliaren Prozeß weiterzutreiben, persönliche Selbstverpflichtung und Kreativität müssen zwei Seiten der einen Medaillie sein, will man sich die Ausdauer und den langen Atem bewahren, die dieser konziliare Prozeß zweifellos erfordert.

Der konziliare Prozeß im Kirchenkreis Moers

Um die Arbeit im Rahmen des konziliaren Prozesses zu verstetigen, hat die Kreissynode Moers im Herbst 1989 den Beschluß gefaßt, einen Ausschuß "Konziliarer Prozeß" einzurichten. Dieser Ausschuß soll die Themen integrieren und auf eine breite Basis stellen. Damit soll die Formel "Frieden, Gerechtigkeit und Bewahrung der Schöpfung" auch im Kirchenkreis Moers auf eine gemeindebezogene Basis gestellt werden.

Unter dem Stichwort "Gerechtigkeit" sind im Kirchenkreis interessante Neuansätze innerhalb des diakonischen Handelns zu beobachten. So ist die Schuldnerberatung in Moers die größte entsprechende Einrichtung im Rheinland. Diese Arbeitsstelle entsendet zudem Vertreter in ein Gremium der EKD.

Um das Problem der Jugendarbeitslosigkeit zu bekämpfen, wurde in einer ehemaligen Rolladenfirma das Projekt "Neue Arbeit Niederrhein" eingerichtet. Hier erhalten Jugendliche eine qualifizierte Ausbildung, sie reparieren und verkaufen Haushaltsgegenstände jeder Art. Durch eine entsprechende Begleitung soll den Jugendlichen zudem geholfen werden, die Folgen ihrer zum Teil längerfristigen Arbeitslosigkeit zu überwinden.

Im Zusammenhang des kirchlichen Engagements während der Auseinandersetzungen um die Stillegungen der Rheinhauser Krupp-Hütte ist das Bürgerhaus "Hütte" entstanden. Nachdem die IG - Metall ihr ehemaliges Gewerkschaftsgebäude in der Friedrich-Alfred-

Straße verlassen hatte, übernahmen die Diakonie und der Verein "Leben und Arbeiten in Rheinhausen" dieses Gebäude. Damit wurde die "Idee zu einem Bürgerhaus, in der sich diakonische Lebensberatung und -hilfe neben bürgerschaftlichen Aktivitäten und Kulturangeboten ergänzen und Menschen zum gemeinsamen Tun angeregt werden"[11] tatsächlich in die Praxis umgesetzt.

Unter dem Stichwort Frieden ist von mehreren Projekten innerhalb des Kirchenkreises zu berichten. Eine besondere Bedeutung hat auch hier der christlich-jüdische Dialog, der vor allem von dem Homberger Pastor Kurt Lüngen begleitet wird. Lüngen organisierte seit 1981 mehrere Besuche von Jugendlichen in Israel und lud auch Gruppen von dort nach Moers ein. Höhepunkt im Jahr 1990 war anläßlich eines Besuches einer Jugendgruppe ein gemeinsamer christlich-jüdischer Gottesdienst in der Rhein-Kirche in Homberg.

Weitere, aus der jüngsten deutschen Geschichte erwachsene Verpflichtungen sind ökumenische Kontakte in die Sowjetunion. Im Jahr 1991 stehen im Kirchenkreis mehrere Aktionen auf dem Programm, die sich mit dem 50sten Jahrestag des deutschen Überfalls auf die Sowjetunion beschäftigen. Die Aussöhnung mit den Völkern der Sowjetunion ist ein langfristiges Ziel. Seit einigen Jahren findet im Kirchenkreis ein gegenseitiger Besuch von Christen aus Moers und der Sowjetunion unter dem Motto "Versöhnung mit den Völkern der Sowjetunion" statt. Für den 22.6.1991 ist geplant, zum 50sten Jahrestag des deutschen Überfalls auf die Sowjetunion in beiden Staaten parallel Gottesdienste stattfinden zu lassen.

Eine wichtige Rolle spielen im Kirchenkreis ferner die Begegnungen mit Vertretern der United Church of Christ (UCC) in den USA. Von besonderer Bedeutung ist hier der Beschluß der UCC, sich zu einer "Kirche des

Abb. 180: Kleiderkammer der "Neue Arbeit Niederrhein"

Friedens" zu entwickeln. Dabei will sie sich vor allem für Wehrdienstverweigerer einsetzen. Einen regen Zuspruch findet in diesem Rahmen insbesondere der Jugendaustausch mit der nordamerikanischen Partnerkirche.

Unter dem Stichwort "Bewahrung der Schöpfung" ist eine Vielzahl von Projekten erwähnenswert. Die wohl spektakulärste Arbeit wird von der Gemeinde Essenberg geleistet, die als erste Kirchengemeinde durch die Nutzung von Sonnenenergie Kirche und Gemeindeanlagen mit Strom versorgt. (vgl.6.6)

Mit diesen hier nur ausschnittweise genannten Aktivitäten unter Koordination des Ausschusses "Konziliarer Prozeß" ist es im Kirchenkreis Moers gelungen, dieses ökumenische Anliegen gemäß dem Motto "Global denken - regional handeln" in den Gemeinden zu verankern.

Michael Nelson / Kai Schäfer

1. Der "Ökumenische Rat der Kirchen" ist ein Zusammenschluß von christlichen Kirchen auf Weltebene. Er wurde 1948 gegründet und vertritt heute 311 verschiedene christliche Kirchen und Konfessionen. Die katholische Kirche ist nicht Mitglied.
2. Zitiert nach H.-G. Stobbe, Umkehr und Widerstand - der konziliare Prozeß als ökumenischer Lernprozeß, hrsg. von Schibilsky, Schlüter, Stobbe, "Gerechtigkeit - Frieden - Bewahrung der Schöpfung - Ein Werkbuch für die Gemeinde", Düsseldorf 1990, S. 15
3. Am 28.8.1934 hatte Dietrich Bonhoeffer als junger Pfarrer auf einer ökumenischen Konferenz in Fanö (Dänemark) in seiner Predigt angesichts des drohenden 2. Weltkrieges ein ökumenisches Friedenskonzil der Heiligen Kirche Christi gefordert.
5. Stobbe, a.a.O., S. 17
6. Vgl. zum folgenden die Dokumentation der ökumenischen Versammlung vom 23.4.1988 vom Trägerkreis, zu beziehen über Pfr. Dr. Kock, Jägerstraße 5, 4600 Dortmund 1
7. Vgl. zum folgenden L. Seifert/ W. Belitz, "Gerechtigkeit in unserem Land", in: Shalom 1/89 S. 5ff
8. Zitiert aus: "Unsere Kirche", Sonderbeilage ökumenische Versammlung Westfalen II/III
9. Vgl. hierzu den Bericht "Leben unter dem Regenbogen - Das Programm der Kinder in Halle 5" in: "Shalom" 1/89, S. 53ff
10. Zitiert nach: "Shalom" 1/89, S. 62
11. Gespräch Kai Schäfer mit Mathias Mölleken, Diakoniebeauftragter des Kirchenkreises Moers vom 8.12.1990

6.10

Kirche hat viele Gesichter

**Es sind verschiedene Gaben,
aber es ist ein Geist** 1. Kor. 12, 4

Gustav Heinemann -
Als Christ in der politischen Verantwortung

"Was ich geworden bin, bin ich trotz aller Schulerziehung geworden. Gar nicht ausmalen kann ich mir, was aus mir geworden sein würde, wenn man zu Hause ebenso mit mir verfahren wäre wie in der Schule. Ob ich wohl jemals gelernt hätte, durch geistige Freiheit und Unabhängigkeit alles zu überwinden?"[1]

Der diese Sätze gesprochen hat, stand auf der Seite der Jugend - eindeutig. Und doch hat ihn die Jugendhaftigkeit seines Denkens nicht davor bewahrt, vergessen zu werden. Zum Teil haben die Älteren dazu beigetragen. Denn seine Reden, so klassisch sie sein mögen, finden sich in keinem heutigen Schulbuch.

Offensichtlich ist Gustav Heinemann zu unbequem, wie folgendes Beispiel nahelegt: "Sieht man wirklich nicht, daß die dominierende Weltanschauung unter uns nur aus den drei Sätzen besteht: 'Viel verdienen - Soldaten, die das verteidigen - und Kirchen, die beides segnen'?"[2]

Wer war Gustav Walter Heinemann?

Am 23.7.1899 wurde er im südlichen Ruhrgebiet, in Schwelm, geboren. Sein Vater Otto Heinemann (1864-1944) war der Sohn eines Metzgermeisters, seine Mutter Johanna Walter (1875-1962) eine von sechs Töchtern eines Dachdeckermeisters. 1900 zogen die Heinemanns nach Essen, wo der Vater Angestellter bei der Firma Krupp wurde. Der Stadt Essen blieb Heinemann, sieht man von der Zeit seines Studiums einmal ab, stets treu. Hier lebte er und engagierte sich in Kirche und in Politik. Von 1933-1948 war er Presbyter der Altstadt-Kirchengemeinde, 1936-1950 Vorsitzender des CVJM und 1946-1949

Abb. 182: Heinemann (CDU) löst Renner (KPD) als Oberbürgermeister von Essen ab

Oberbürgermeister. In Essen starb er auch am 7.7.1976.

Gustav Heinemann studierte gerade an der Universität in Marburg Rechts- und Staatswissenschaften, als die junge Weimarer Republik gleich zu Beginn durch einen Putschversuch von Rechts erschüttert wurde. Der 'Kapp-Putsch' begann am 13. März 1920. Der Zwanzigjährige zeigte ein Bewußtsein für das, was es jetzt zu verteidigen galt. Er beteiligte sich in diesen Tagen an der Aufstellung einer "Volkskompanie", durch die Arbeiter gemeinsam mit Studenten die demokratische Republik in Marburg verteidigen wollten. Das Zusammengehen dieser beiden Gruppierungen war etwas Neues in der deutschen Geschichte.

Angesichts des deutlich spürbaren Rechtsdrucks, der auf eine Zerstörung der Weimarer Republik zielte, schrieb Heinemann am 31.12.1919 in sein Tagebuch: "Wir müssen die Demokratie und die Republik aufnehmen in unser Fühlen und Denken; wir müssen Demokraten und Republikaner sein, oder wir werden nicht mehr sein!"³

Und am 18.3.1920, fünf Tage nach Beginn des Kapp-Putsches, folgerte er: "Wir müssen den Übergang finden in den nicht geschichteten, klassenlosen Kulturstaat. Die Zukunft gehört ihm, denn die Arbeiterschaft, die Masse ist endgültig mitbestimmend, vielleicht gar ausschlaggebend in die Geschichte eingetreten."⁴

Ihm war offenbar klar, daß eine Demokratie, die zwar in der Verfassung verankert war, aber in der Lebenswirklichkeit ihrer Bürger keine Rolle spielte, nicht von Dauer sein konnte. Für einen Jurastudenten war es zu Beginn der Weimarer Republik eher ungewöhnlich, sich für "Mitbestimmung" einzusetzen und sich so deutlich für die Arbeiterschaft auszusprechen.

In weltanschaulicher Hinsicht war der junge Heinemann auf der Suche. Zwar nahm er, wie es sein Tagebuch zeigt, während seiner Studienzeit an Versammlungen des Monistenbundes⁵ teil, aber dennoch glaubte er, seine Kraftquelle noch nicht gefunden zu haben. Er fühlte sich "wie ein ruheloser Wanderer" und mußte "weiter suchen und suchen".⁶

Der Wegbereiter zum Verständnis des Evangeliums scheint für Heinemann der Essener Pfarrer Friedrich Graeber (1884-1953) gewesen zu sein. Während seiner Tätigkeit als Justitiar und Prokurist der Rheinischen Stahlwerke in Essen lernte er Pfarrer Graeber kennen: "Graeber konnte nicht nur predigen, daß die Fetzen flogen, er konnte auch einer Kuh beistehen, die Blähungen hatte. Er konnte nicht nur Gottesdienst halten, sondern auch bedürftige Bauern ansiedeln und kranke Kumpels verarzten... Graeber interpretierte das Evangelium so realistisch, daß es seinen Zuhörern nicht schwer wurde, ihre eigene Situation darin zu erkennen. Mich ergriff diese Nüchternheit, mit der der Mensch gesehen wird in der Bibel, diese totale Nüchternheit. Er ist für mich deshalb der Wegbereiter zum Verständnis des Evangeliums gewesen, weil er alles und jedes mit der Inanspruchnahme seiner Hörer für eigene Aktivität zu verbinden wußte."⁷

Aktiv im Kirchenkampf

Als Presbyter in der Essener Altstadtgemeinde arbeitete Heinemann zur Zeit des Nationalsozialismus gegen die national-völkische Theologie der "Deutschen Christen". Auf der Barmer Synode im Mai 1934 bekannte er mit der 'Barmer Theologischen Erklärung': "Jesus Christus, wie er uns in der Heiligen Schrift bezeugt wird, ist das eine Wort Gottes, das wir zu hören, dem wir im Leben und im Sterben zu vertrauen und zu gehorchen haben. Wir verwerfen die falsche Lehre als könne und müsse die Kirche als Quelle ihrer Verkündigung außer und neben diesem einen Worte Gottes auch noch andere Ereignisse und Mächte, Gestalten und Wahrheiten als Gottes Offenbarung anerkennen." Damit war dem Nationalsozialismus als mächtigem Ereignis und Hitler als dessen sichtbarer Führer-Gestalt jede Möglichkeit einer Vereinnahmung der christlichen Kirche und Theologie genommen.

Als Pfarrer Graeber am 20. Februar 1934 durch das deutsch-christliche Konsistorium in Düsseldorf gegen den Willen seiner Gemeinde samt dem Presbyterium von seinem Amte enthoben wurde, gründete man die 'Freie Evangelische Presbyterianer Gemeinde' und hielt die Gottesdienste im Kirchensaal der Börse ab⁸. Heinemann gehörte als Presbyter zu dieser der Bekennenden Kirche nahestehenden Basisgemeinde. Er erlebte die Bekennende Kirche als einzige Großorganisation dieser Zeit, die nicht mit dem Regime "gleichgeschaltet" war. Gerade in ihr blieben basisdemokratische Strukturen durch die Organisation von "unten", von den Kirchengemeinden her, erhalten⁹. Als die Leitungsgremien der Bekennenden Kirche ihre Basisnähe aufgrund konfessioneller Streitigkeiten zu verlieren drohten, trat Heinemann von seinen überregionalen Ämtern 1938/39 zurück und konzentrierte sich ganz auf den Kirchenkampf in Essen.

Nach 1945 sah Heinemann den Deutschen Evangelischen Kirchentag als wichtiges, gemeindenahes Forum an: "Es kommt darauf an, daß von unten, das heißt von den Gemeinden heraus die Kräfte aktiviert werden, die die kirchliche Restauration brechen wollen. In solchem Sinne betrachte ich beispielsweise den Evangelischen Kirchentag, von dem ja Meiser[10] genügend Unheil wittert."[11]

Bekanntlich ist der Kirchentag mit seinen demokratischen Strukturen auch vierzig Jahre später nach wie vor ein Dorn im Auge, von dem auch sie genügend Unheil erwarten[12].

Ein unbequemer Politiker

Gustav Heinemann war ein unbequemer Politiker. Im Laufe seines Lebens sympathisierte er mit fünf Parteien: In der Weimarer Republik mit der liberalen Deutschen Demokratischen Partei (DDP) und seit 1930 mit dem Christlich - Sozialen - Volksdienst (CSVD); nach 1945 mit der Christlich Demokratischen Union Deutschlands (CDU), der Gesamtdeutschen Volkspartei (GVP) und der Sozialdemokratischen Partei Deutschlands (SPD), die er zum Teil mitbegründete (CDU, GVP).

Darüber hinaus war er Mitbegründer und Mitglied verschiedener überparteilicher Organisationen, wie zum Beispiel der 'Notgemeinschaft für den Frieden Europas', die 1951 ins Leben gerufen wurde, um einer von der Regierung Adenauer intendierten Westintegration der BRD auf Kosten der Einheit Deutschlands und eines nicht ausschließbaren Krieges entgegenzuarbeiten. Obwohl ihm die Wechsel der Parteien oft zum Vorwurf gemacht wurden, sagte er 1968 an die Jugend gerichtet in einem Interview:

"Ich mache ihnen [den Jugendlichen] Mut, indem ich ihnen sage, habt doch nicht den Ehrgeiz, daß ihr, wenn ihr jetzt als 20jährige in eine Partei eintretet, als 70- oder 80jährige mit derselben Parteifahne beerdigt werden müßt. Das mag sich finden, Schritt für Schritt, ob ihr darin verbleibt oder, je nach dem, bitte, es ist ja nicht für alle Ewigkeit festgelegt, einmal überwechselt."[13]

Für Heinemann waren die Parteien ein Mittel zum Durchsetzen politischer Ziele, die eine Gruppe gemeinsam erreichen will. Par-

Abb. 183: Die Entfremdung zwischen Adenauer und Heinemann wächst...

teien sollten den Bürgern dienen und nicht die Bürger den Parteien. Von den Befürwortern einer repräsentativen Demokratie, die allein von Parteien getragen ist, wird Heinemann häufig durch folgendes Zitat aus dem Jahre 1951 wiedergegeben:

"Wenn der Christ an der Ausübung der Macht des weltlichen Regimentes beteiligt sein darf, so kann ihm auch der Weg zur Macht nicht verschlossen werden. In demokratischen Staaten führt dieser Weg über die Parteien und das Parlament. Ich halte die Beteiligung von Christen an politischen Parteien und ihren Kampf um die Macht deshalb nicht nur für erlaubt, sondern sogar für geboten, um gerade auch in der politischen

Führung der Völker und ihren Regierungen verantwortungsfähige Menschen zur Geltung zu bringen."[14]

Hier ist aber zu beachten, daß Heinemann mit diesen Worten, die er vor einem kirchlichen Publikum aussprach, besonders jenen Kritikern aus der Kirche widersprach, die die Ansicht vertraten, Politik sei gut, Parteipolitik hingegen schlecht. Im Grunde hatte er Bedenken gegen eine Demokratie, die ausschließlich durch Parteipolitiker "repräsentiert" wird. Deswegen forderte er unablässig die Verankerung von Volksbegehren und Volksentscheid im Grundgesetz; vor allem auch, als es 1950 um die Frage der Wiederaufrüstung ging: "Wir werden unser Volk nur dann demokratisch machen, wenn wir Demokratie riskieren. Wenn in irgendeiner Frage der Wille des deutschen Volkes eine Rolle spielen soll, dann muß es in der Frage der Wiederaufrüstung sein."[15]

Für Kommunalwahlen wollte er gar keine Sperrklausel vorsehen, um dem Anliegen der Bürgerinnen und Bürger Rechnung zu tragen:

"Die kommunale Ebene sollte weitgehend das klassische Feld nicht parteigebundener Bürger und möglichst undogmatischer Zusammenschlüsse von Wählern sein."[16] In der Konsequenz der Gedanken Heinemanns steht heute das Postulat des kommunalen Wahlrechts für ausländische Mitbürger und Mitbürgerinnen. Heinemann selbst hatte dieses Postulat in den fünfziger Jahren noch nicht vor Augen, da zu dieser Zeit nur wenige Menschen anderer Staatsangehörigkeit in Deutschland lebten[17].

Im Kampf um mehr Demokratie

Gustav Heinemann rief nicht nur andere auf, Demokratie zu wagen; er versuchte sie selbst konsequent zu leben, auch wenn es mit persönlichem Machtverzicht verbunden war. So trat er am 9. Oktober 1950 von seinem Amt als Bundesinnenminister zurück und schied aus dem Kabinett Adenauer aus, weil der zur Alleinherrschaft neigende Bundeskanzler sich wieder einmal als unfähig erwies, dem Kabinett demokratisch vorzustehen. In diesem entscheidenden Fall hatte Adenauer sich in der amerikanischen Presse positiv zu einem Wehrbeitrag der Bundesrepublik im westlichen Verteidigungsbündnis ausgesprochen, ohne den dafür zuständigen Innenminister Heinemann, der in der Außen-, Deutschland- und Sicherheitspolitik eine andere Meinung vertrat, auch nur zu informieren, geschweige denn seine Kompetenz anzuerkennen. Während Adenauer zum Teil mit antikommunistischen Vorurteilen eine Westintegration der Bundesrepublik selbst dann zu forcieren bereit war, wenn die Teilung Deutschlands die Folge sein würde, ging es Heinemann in erster Linie um den Erhalt der Einheit Deutschlands. Darüber hinaus lehnte er einen Verteidigungsbeitrag der Bundesrepublik entschieden ab: Ein Volk, dem Gott zweimal die Waffen aus der Hand geschlagen hat, sollte sich genau überlegen, ob es sie zum dritten Mal in die Hand nimmt. Am 13. Oktober 1950 begründete Heinemann seinen Rücktrittsentschluß: "Wo die dem Kanzler obliegende Bestimmung der politischen Richtlinien so verstanden wird, daß eine gemeinsame echte Willensbildung nicht stattfindet, und wo jeder nur mit Vorwürfen zu rechnen hat, der sich den Richtlinien nicht willig fügt, möchte und kann ich keine Mitverantwortung tragen."[18] Heinemanns Begründung für seinen Rücktritt wurde, übrigens, obgleich es an alle Tageszeitungen gesandt wurde, lediglich von zwei Blättern ganz abgedruckt. Lag das wirklich nur an der damals herrschenden Papierknappheit, wie später gesagt wurde[19]?

Über die Funktion, die Adenauer Heinemann zuwies, als er ihn in sein Kabinett holte, hatte der Bundesinnenminister sich von Anfang an keine Illusionen gemacht: "Ich war ihm als Person oder als Fachmann für das

Innenministerium längst nicht so wichtig wie als Stimmenfänger für den evangelischen Teil."[20]

Enttäuschend blieb für Gustav Heinemann allerdings, daß nach seinem Parteiaustritt aus der CDU und im Zuge seiner Aktivität in der Gesamtdeutschen Volkspartei die Evangelische Kirche in Deutschland ihn als Präses ihrer Synode fallen ließ. Damit bewiesen ihre Vertreter auf der Synode zu Espelkamp 1955 einmal mehr ihre Verhaftung in autoritäre Strukturen als ihre Reife zur Demokratie. Es muß peinlich für Heinemanns Gegner gewesen sein, als er ihnen nachwies, mit zweierlei Maß zu messen: "Verehrte Synodale, und das bitte ich nun in aller Freundlichkeit mir jetzt abnehmen zu wollen: So geht es keinesfalls! (Beifall) Die erste Synode besetzte dieses Amt 1949 wissentlich mit einem Mann, der zugleich in der Parteipolitik stand, und sie ließ es unbeanstandet, ja sie begrüßte es in der Fülle ihrer Mitglieder, daß sich mit diesem kirchlichen Amt alsbald darauf ein regierendes Amt im politischen Feld verband. Darf nun solche Verkoppelung nicht mehr sein, wenn die politische Betätigung in die Opposition führt? Darf sie nicht mehr sein, so frage ich weiter, wenn sich der politische Wahlerfolg in die Wahlniederlage verwandelt?"[21]

1952 war Gustav Heinemann, der einst die CDU mitbegründet hatte, aus dieser Partei ausgetreten. Seine Vorstellungen von demokratischer Politik fanden in ihr keinen Raum mehr: "An die Stelle der Freiheit zum politischen Handeln aus christlicher Gewissensentscheidung des einzelnen tritt [in der CDU]

Abb. 184: Die Gründung der "Notgemeinschaft für den Frieden in Europa"

in steigendem Maße der Zwang unter eine Einheitsmeinung, in der die Unterstützung der Politik des Bundeskanzlers zum entscheidenden Maßstab der Christlichkeit erhoben wird."[22]

Heinemann gründete jetzt mit politischen Freunden[23] die Gesamtdeutsche Volkspartei (GVP), deren grundlegende Zielsetzungen er wie folgt umschrieb:

"Die zentrale Aufgabe deutscher Außenpolitik sehen wir in der Erhaltung des Friedens und der Wiedervereinigung unseres Volkes in einem einheitlichen Staatswesen, welches Freiheit, Gerechtigkeit und Menschenwürde zur Grundlage seiner Ordnung hat. Deutschland als Land der Mitte und ohne koloniale Bindungen muß aus dem militärischen Aufmarsch Nordamerikas und der Sowjetunion herausbleiben."[24] Der erste Teil dieses Postulates ist 1989/1990 durch die Initiative der von Heinemann hoch bewerteten Bürgerbewegungen der DDR in Erfüllung gegangen. Die Erfüllung des zweiten steht, was die Bindung Deutschlands an Nordamerika angeht, nach wie vor aus.

Aber auch andere Passagen des Manifestes sind nach wie vor aktuell und treffend: "Der äußere Aufschwung kann nicht darüber hinwegtäuschen, daß die sozialen Spannungen größer sind als zuvor. Man kennt untereinander keine Solidarität, verkoppelt Gruppeninteressen mit Weltanschauungen, mißbraucht das Christentum zu politischen Zwecken...Immer noch und schon wieder werden Menschen wegen ihrer politischen Anschauungen verdächtigt und benachteiligt. Von Regierung und Parlament fehlt die lebendige Brücke zum Volk. Wertvolle Kräfte der jungen Generation liegen brach."[25]

Bei den Bundestagswahlen 1953 erreichte die kleine und junge Partei zwar 1,16 % der Stimmen, aber für den Einzug in den Bundestag reichte dies nicht aus. 1957 löste sich die GVP auf und trat mit der Mehrheit ihrer Mitglieder in die SPD ein.

Schon ein Jahr später wurde Gustav Heinemann in den Parteivorstand der SPD gewählt. Von 1966 - 1969 war er Bundesjustizminister in der Regierung der großen Koalition. Die von ihm verantwortlich gestaltete Justizreform brachte unter anderem Verbesserungen im Strafrecht (Abschaffung von Zuchthausstrafen, Abschaffung von Kurzzeitstrafen, Rücksichtnahme auf das Grundrecht der Glaubensfreiheit auch bei Gefangenen, die einer nichtchristlichen Religionsgemeinschaft angehören u.a.), die juristische Gleichstellung außerehelicher Kinder, die Aufhebung der Bestrafung homosexueller Männer, die Aufhebung der Verjährung bei NS-Verbrechen und die Zulassung freier Bekenntnisschulen. Gleichwohl wußte Heinemann, daß weitere dringende Arbeiten am Haus der Demokratie verrichtet werden müssen, um aus dem Rohbau eine Wohnung zu machen. Als Aufgaben nannte er unter anderem den Umweltschutz (1956!), die Reform des Militärseelsorgevertrages (1957), die Bekämpfung der Wirtschaftskriminalität (1968) und die generelle Abschaffung des Eides (1969.)[26]

"Er sah deutlich, wie das, was getan werden muß, nicht getan werden kann, weil allzuviele unter denen, die an den verschiedenen Hebeln der Macht sitzen, es nicht tun wollen oder nicht getan haben wollen. Und neben den Sorgen um die Menschheitszukunft nagte in den letzten Jahren in ihm der Kummer darüber, daß anstelle der Erziehung zum Bürgermut, der er hatte dienen wollen, Erziehung zur Bürgerfeigheit sich ausbreitet und gefördert wird."[27]

Heinemanns Reformen waren aber nicht alle unumstritten. So wurde seine Einstellung zum Abtreibungsparagraphen § 218 Strafgesetzbuch ebenso kritisiert wie die Verabschiedung der von ihm verantwortlich erarbeiteten Notstandsgesetze 1968.

Es war mehr als ein Zeichen, daß sich Heinemann während seines Aufenthaltes in Berlin, als er zum Bundespräsidenten gewählt wurde, mehrmals Zeit zu ausführlichen Gesprächen mit linksradikalen Studenten nahm, "nicht erpicht darauf, sie zu belehren, sondern darauf zu hören und zu verstehen, was sie bewegt, und [er] hat ihnen damit das Erlebnis vermittelt, daß es neben enttäuschenden Liberalen auch echte Liberale gibt, Liberalität des Charakters, die alles andere ist als Anpassungsfähigkeit des Rohrs, das sich im Winde biegt. Denn auf seinen Widerspruch, wo er ihn nötig fand, hat er dabei nicht verzichtet."[28]

Auch bei seinen Staatsbesuchen im europäischen und außereuropäischen Ausland war der Bundespräsident darum bemüht, nicht etwa die deutsche Vergangenheit einfach auszuradieren oder glatt zu bügeln, sondern trotz und mit dieser Geschichte eine Aussöhnung der Deutschen mit den Völkern des Ostens und Westens zu erzielen. Schon in einer seiner ersten Reden als Bundespräsident zum 30. Jahrestag des Kriegsbeginn wies er auf dieses Ziel schon unmißverständlich hin:"Wie lange bleiben wir noch ein gespaltenes Volk über der europäischen Scheidelinie zwischen den Blockmächten in West und Ost? Wie lange bleibt Berlin die zerschnittene Stadt? Wann wird Europa zu einer Ordnung des Friedens und zu einer eigenständigen Funktion in der Welt kommen? Auf solche und andere Fragen gibt es bis heute, 30 Jahre nach dem Beginn des Zweiten Weltkrieges, noch keine Antwort. Eines aber liegt klar zutage. Keine dieser Fragen wird sich lösen, wenn wir nicht mit allen Nachbarn zu einer Aussöhnung kommen und neues Vertrauen zueinander gewinnen... Wir müssen einen neuen Anfang zwischen uns und unse-

Abb. 185: Die Ära des Justizministers Heinemann brachte wichtige Reformen - auch im Strafvollzug

ren östlichen Nachbarn, zumal mit Polen, setzen."[29]

Und so war es Heinemann, der als offizieller Vertreter der Bundesrepublik jene Länder besuchte, die im Westen und Norden von Hitlerdeutschland überrannt worden waren: Holland, Dänemark und Norwegen. Er besuchte sie als Beauftragter der Deutschen, um Frieden, um Vergebung und um neue Freundschaft für sein Volk bittend. "Die Auswahl derer, die das in gleicher Weise hätten tun können, ist in der älteren Generation unserer Politiker leider nicht allzu groß."[30] Zu dieser Generation mußte aber gehören, wer diese Bitte im Namen aller Deutschen überbringen sollte.

In Heinemanns Interesse lag es aber nicht allein, eine deutsche Aussöhnung mit Europa und der Welt voranzutreiben. Er bedachte die Zukunft mit und sah, daß spätestens im Zeitalter der Massenvernichtungsmittel Krieg keine Möglichkeit mehr sein darf. Deshalb ließ er sich trotz aller sogenannten 'protokollarischen Schwierigkeiten' - wie fehlender Wille diplomatisch umschrieben wird - nicht davon abbringen, während seines Japanbesuchs 1971 in Hiroschima einen Kranz niederzulegen, um an jenes schreckliche Inferno vom August 1945, die amerikanischen Atombombenabwürfe auf Hiroschima und Nagasaki, zu erinnern.

Der Bürgerpräsident

Gustav Heinemann war der wohl unbequemste Präsident den die Bundesrepublik Deutschland bisher hervorgebracht hat. Er selbst nannte sich auch lieber "Bürgerpräsident", weil er den Menschen des Staates zuerst und dadurch dann dem Staat dienen wollte. Einige Zitate, die seinen Reden als Bundespräsident entnommen sind und bis heute nichts von ihrer Brisanz verloren haben, zeigen, warum er von Politik, Wirtschaft und Kirche häufig kritisiert worden ist: "Ich sehe als erstes die Verpflichtung, dem Frieden zu dienen. Nicht der Krieg ist der Ernstfall, in dem der Mann sich zu bewähren habe, wie meine Generation in der kaiserlichen Zeit auf den Schulbänken lernte, sondern der Frieden ist der Ernstfall, in dem wir alle uns zu bewähren haben. Hinter dem Frieden gibt es keine Existenz mehr."[31]

"Wir sind im Begriff ... in eine Weltkatastrophe hineinzutaumeln, wenn wir nicht bereit sind, jetzt und heute eine völlige Revolution im wirtschaftlichen und technischen Denken oder Planen einzuleiten. Es geht um nichts Geringeres, als radikal mit Wertmaßstäben zu brechen, die spätestens seit der Industrialisierung allzu uneingeschränkt den wirtschaftlichen und technischen Ablauf bestimmt haben. Wenn wir fortfahren, alle Planungen und Entwicklungen nur unter dem Gesichtspunkt gegenwärtiger Wirtschaftlichkeit zu prüfen, werden Umweltschäden und Erschöpfung der Natur sich zur tödlichen Bedrohung für unsere Kinder und Enkel auswachsen. Jetzt und hier gilt es daher, Alarm zu schlagen, damit niemand den Ernst der Lage verkennt. Wer weiß, wie schwer es ist, Denkweisen und Wertvorstellungen zu ändern, vor allem dann, wenn diese in enger Beziehung zum geheiligten Gewinn und zum allgemeinen Wohlstand stehen, wird sich klar sein, was hier in verhältnismäßig kurzer Zeit bewältigt werden muß."[32]

Gustav Heinemann blieb nur für eine Wahlperiode Bundespräsident. "Man soll gehen, solange man noch laufen kann. Und damit Schluß", sagte er begründend. Im Grunde aber fühlte er sich einsam in diesem höchsten Amt. Der größte Teil des Tagesablaufs war vorgegeben. Heinemann beschrieb einem seiner Freunde gegenüber einmal seine Gefühle: Er fühle sich wie ein Strafgefangener im offenen Vollzug. Zum selben Freund sagte er Silvester 1974: "Ich bin froh, daß ich's anständig überstanden habe."

Mit seinem Testament setzte Gustav Heinemann schließlich ein monumentales Zeichen seines antinationalistischen, basisnahen Demokratieverständnisses. Er verbat sich nicht nur die am Sarge der Staatsoberhäupter übliche Ausstellung von Orden ausdrücklich, sondern er wollte gerade auch solche Personen beim Staatsakt anläßlich seines Todes anwesend wissen, die in der Bundesrepublik gesellschaftlich an den Rand gedrängt sind: ausländische Mitbürger, Schwerkriegsbeschädigte, körperlich Behinderte, Soldaten, Zivildienstleistende.

Als Gustav Heinemann am 1. Juli 1969 das Amt des Bundespräsidenten übernahm, beendete er seine erste Rede mit folgenden Sätzen: "Nicht weniger, sondern mehr Demokratie - das ist die Forderung, das ist das große Ziel, dem wir uns alle und zumal die Jugend zu verschreiben haben. Es gibt schwierige Vaterländer. Eines davon ist Deutschland. Aber es ist unser Vaterland. Hier leben und arbeiten wir. Darum wollen wir unseren Beitrag für die eine Menschheit mit diesem und durch dieses unser Land leisten."[33]

Matthias Schreiber

1. H. Lindemann, Gustav Heinemann, Ein Leben für die Demokratie, München 1978, S. 27.
2. H. Lindemann, a.a.O., S. 139
3. Tagebuch der Studienjahre 1919-1922, hg. von B. und H. Gottwitzer, München 1980, S. 36.
4. Tagebuch S. 49.
5. Der Monistenbund war der 1906 von E. Haeckel und A. Kalthoff in Jena gegründete Zusammenschluß von Freidenkern, der sich in scharfer Polemik gegen christlich-dogmatische Überzeugungen wandte.
6. Tagebuch, S. 138
7. G.Klempnauer, Überlebenschancen - Prominenteninterviews, Wuppertal 1970, S. 8
8. Vg. Bekennende Kirche in Essen 1933-1945, hrsg. von I. Plaga, B. Mauß, Essen 1984, S. 34ff
9. Zu Heinemanns Rolle im Kirchenkampf vgl. W. Koch, Ein Christ lebt für morgen. Heinemann im Dritten Reich, Wuppertal, ²1972
10. Hanns Meiser (1881-1956) war von 1933-1955 Landesbischof der bayerischen Kirche.
11. Brief an Gertrud Staeven vom 20.1.1950
12. Siehe zum Beispiel aus dem Organ des Evangelischen Arbeitskreises der CDU/CSU, der 'Evangelischen Verantwortung', die beiden Hefte zum Kirchentag 8,1987 und 7/8,1989
13. G. Gaus, Gustav Heinemann "Zu Protokoll", in: G. W. Heinemann, Plädoyer für den Rechtsstaat, Rechtspolitische Reden und Aufsätze, Karlsruhe 1969, S. 82f
14. Reden und Schriften II, S. 105f
15. Reden und Schriften III, S. 106; vgl. G.Heinemann, Unser Grundgesetz ist ein großes Angebot. Rechtspolitische Schriften, hrsg. von J. Schmude, München 1989, S. 110
16. Leserbrief Heinemanns in der FAZ vom 20.9.56
17. Zu seinem Einsatz für ausländische Mitbürger siehe Heinemann, Unser Grundgesetz, S. 249
18. Reden und Schriften III, S. 106f
19. So zum Beispiel H. Lindemann, a.a.O., S. 109
20. In: H.Lindemann, a.a.O., S. 96
21. In: Espelkamp 1955. Bericht über die erste Tagung der zweiten Synode der Evangelischen Kirche in Deutschland vom 6. bis 11. März 1955, Hannover, o.J., S. 68ff
22. Reden und Schriften III, S. 191
23. Zur GVP gehörten u.a.: Helene Wessel, Hans Bodensteiner, Adolf Scheu, Robert Scholl, Erhard Eppler, Diether Posser, Johannes Rau, Paul Schulze zur Wiesche, Ulrich Perels, Arnold Haumann, Edith Gehrmann
24. Manifest der GVP 1952
25. Manifest der GVP 1952
26. Vgl. dazu H. Lindemann, a.a.O., S. 208 sowie D. Koch, Heinemann und die Deutschlandfrage, München 1972, S. 503
27. Zitiert aus der Traueransprache Helmut Gollwitzers für Gustav Heinemann am 12. Juli 1976, abgedruckt in: Beiheft zu Heft 10/1976 der 'Junge Kirche', S. 41
28. In: H. Gollwitzer, Gustav Heinemann - Christ und Politiker, in: Gustav W. Heinemann. Bundespräsident, Bonn 1971, S. 8f
29. Reden und Schriften I, S. 89ff
30. H. Gollwitzer, a.a.O., S. 23
31. Reden und Schriften I, S.14
32. Reden und Schriften I, S. 285f
33. Reden und Schriften I, S. 19f

Christlich-Jüdischer Dialog im Ruhrgebiet

Auch im Ruhrgebiet gab es vor 1945 zahlreiche jüdische Gemeinden. In Duisburg allein zählte man um 1930 3.176 Juden im Stadtgebiet. Duisburg besaß drei Synagogen, in Hamborn, Duisburg-Mitte und Ruhrort. Durch Gesetze und Pogrome sank die Zahl der jüdischen Bevölkerung in Duisburg 1937 auf 900 Mitbürger/innen. Im gleichen Jahr schlossen sich die jüdischen Gemeinden Duisburgs zusammen. 1942 muß als das Jahr gelten, in dem die letzten Juden das Stadtgebiet verlassen mußten und in den Konzentrationslagern den Tod fanden. Die Geschichte der jüdischen Gemeinde der Stadt Duisburg war zu diesem Zeitpunkt erloschen.

Nach dem Krieg und den entsetzlichen Verbrechen an der jüdischen Bevölkerung zählte man in Duisburg 42 jüdische Mitbürger/innen. Aufgrund der geringen Anzahl schlossen sich 1955 die Gemeinden Duisburg und Mülheim zur Kultusgemeinde Duisburg-Mülheim zusammen. Ein wichtiges Ereignis der Doppelgemeinde war die Einweihung einer Synagoge an der Kampstraße in Mülheim am 24. April 1960. Im gleichen Jahr zählte die Gemeinde 100 Mitglieder. Der erste Vorsitzende der Gemeinde war Salomon Lifsches, der am 17. Februar 1968 verstarb. Sein Nachfolger wurde Herbert Salomon. Am 3. März 1968 beschloß die jüdische

Abb. 186: Kapelle zum Gedenken an die 1938 zerstörte Synagoge in Duisburg

Kultusgemeinde Oberhausen, sich der Kultusgemeinde Duisburg-Mülheim anzuschließen.

Nach dem Tod Herbert Salomons im Jahr 1972 wurde der damalige 37-jährige Jacques Marx Vorsitzender der Kultusgemeinde. Seine Hauptaufgabe sah er darin, die Geschichte des Judentums, seine Religion und Tradition einer breiteren Öffentlichkeit näher zu bringen.

Christlich-Jüdische Begegnungen in Duisburg nach 1945

In Duisburg ist die Begegnung zwischen Christen und Juden zunächst ein Verdienst derjenigen Duisburger Juden, die trotz der schrecklichen Geschehnisse in ihre Heimatstadt zurückkehrten. Besonders sind hier Salomon Lifsches und Herbert Salomon zu nennen. Sie legten den Grundstein für den Christlich-Jüdischen Dialog in Duisburg. Zunächst waren es einzelne Juden und Christen, die zueinander fanden. Männer und Frauen arbeiteten mit viel Engagement daran, den Dialog auszubauen. Bereits 1960 fand sich ein Kreis zusammen, wo unter anderem Superintendent Otto Vetter und der 2. Vorsitzende der jüdischen Kultusgemeinde eine Christlich-Jüdische Begegnung ins Leben riefen. Am 11. März 1960 kam es zu einer weiteren Veranstaltung, wobei das Thema "Israel und wir" behandelt wurde. An diesem Abend fanden sich mehr als 100 Teilnehmer zusammen, um sich diesem Thema zu stellen. Das Interesse der Duisburger Bevölkerung war so groß, daß am 13. Mai die Veranstaltung unter dem gleichen Thema noch einmal stattfand.

Am 13. November 1963 wurde dann die Christlich-Jüdische Arbeitsgemeinschaft gegründet. Die Arbeitsgemeinschaft ist von den hiesigen Kirchenkreisen unterstützt worden. Einen Höhepunkt der Aktivitäten der Kirchenkreise und der "Christlich-Jüdischen Arbeitsgemeinschaft" war die Woche der Brüderlichkeit, die seit dem Bestehen der Arbeitsgemeinschaft jedes Jahr stattfindet. Hier findet ein reger Austausch und Dialog zwischen Juden und Christen statt. Für die mehrheitlich christliche Bevölkerung war es zunächst Grundvoraussetzung, sich über die jüdischen Gebräuche zu informieren, um die Kultur der Juden besser zu verstehen. Hierzu gab es Filme und Vorträge. Es wurden auch Christlich-Jüdische Gottesdienste gefeiert.

Trotz weiterer Annäherungen gab es auch Schwierigkeiten im Dialog der beiden Religionen, z.B. anläßlich der Errichtung eines Mahnmals zum Gedenken der Reichspogromnacht. Das Mahnmal sollte ursprünglich zum 30. Jahrestag am 19. November 1968 der Öffentlichkeit übergeben werden. Die Fertigstellung und die Übergabe zog sich auf Grund verschiedener Differenzen bis zum 19. November 1974 hin. In jedem Mahnmal sind Zeilen aus dem Schlußgebet des Versöhnungstages Jom Kippur verzeichnet: "Herr, öffne uns das Tor der Zeit, da man schließt das Tor, denn es wendet sich der Tag." Bei der Übergabe des Mahnmals erklärte Professor Kremers als Sprecher der Christlich-Jüdischen Arbeitsgemeinschaft, daß das Mahnmal nicht an vergangene Schuld fesseln, sondern uns dazu befreien will, die Zukunft im Wissen um die Vergangenheit verantwortlich und verantwortbar zu gestalten.

In den Gemeinden der Stadt Duisburg wurden durch Jugendarbeit und Erwachsenenbildung das Verstehen und die Achtung des jüdischen Glaubens weiter vertieft. Am 20. September 1981 wurde ein Gedenkfenster in der Salvator-Kirche enthüllt. Dieses Fenster wurde zum Gedenken an die Duisburger jüdischen Gemeinden entworfen.

Am 4. Juli 1987 wurde auf dem Grundstück der alten Duisburger Synagoge eine Kapelle errichtet. Diese Kapelle erinnert an die Synagoge und soll ein Zentrum des Christlich-Jüdischen Dialogs werden.

Heinz Kremers wurde am 19. Oktober 1926 in Rheydt am Niederrhein geboren. Schon früh engagierte er sich in der kirchlichen Jugendarbeit. Die Wirren des Krieges und seine Erlebnisse als Frontsoldat haben ihn dazu bewogen, Theologie zu studieren. 1946 nahm er das Theologie-Studium in Wuppertal auf. Schon 1951 konnte er das erste theologische Examen ablegen. Bald darauf promovierte Heinz Kremers in Göttingen zum Thema: "Der leidende Prophet" - Eine Untersuchung der biographischen Berichte im Jeremia-Buch.

Abb. 187: Heinz Kremers

Stark beeinflußt wurde Heinz Kremers von den Arbeiten Dietrich Bonhoeffers. Aus dieser Beschäftigung heraus wurde er wachsam gegen neofaschistische und militaristische Tendenzen in der Gesellschaft. So setzte er sich engagiert gegen die Atombewaffnung ein. Dabei kam er in engen Kontakt zu Gustav Heinemann und Johannes Rau. 1954 wird Heinz Kremers von der Kirchenleitung zum Dozenten für Religionspädagogik berufen. Hier bildete er im Auftrag der Kirche Lehrer und Katecheten aus. Im Mai 1958 wird Heinz Kremers an die Pädagogische Akademie nach Kettwig gerufen, am 3. Juli 1959 wird er zum Professor ernannt.

In diesem Rahmen befaßte er sich intensiv mit den theologischen Gemeinsamkeiten und Unterschieden von Christentum und Judentum. Exkursionen nach Israel mit Studenten waren einer der ersten Schritte des Aufeinanderzugehens zwischen Juden und Christen. Seit 1961 arbeitet Heinz Kremers in der Arbeitsgruppe "Christen und Juden" beim Kirchentag mit. Heinz Kremers engagiert sich leidenschaftlich für eine Erneuerung des Verhältnisses zum jüdischen Volk. Diese Erneuerung sollte von den Deutschen und vor allem von den Kirchen ausgehen.

Insbesondere in der Evangelischen Kirche im Rheinland versuchte Heinz Kremers Verständnis für das Volk Israel zu wecken. 1965 stellt er auf der Synodaltagung folgenden Initiativantrag: "Die Landessynode wolle beschließen: Die Landessynode der Evangelischen Kirche im Rheinland bittet die Evangelische Kirche in Deutschland, eine Studienkommission - entsprechend derjenigen für die Abendmahlsfrage - einzuberufen, die das Verhältnis der Kirche zum Judentum theologisch klärt und ein entsprechendes Wort der Evangelischen Kirche in Deutschland vorbereitet." Dieser Initiativantrag wurde von der Landessynode einstimmig angenommen. In der Folge dieser Bemühungen kam es u.a. zum Beschluß der Evangelischen Kirche im Rheinland "Zur Erneuerung des Verhältnisses zwischen Christen und Juden."

1968 wird Heinz Kremers als Gastprofessor an die Universität nach Jerusalem eingeladen. Hier bemüht er sich um einen weiteren Dialog zwischen den beiden Religionen. Anfang der 70er Jahre versucht er, einen Forschungsschwerpunkt "Geschichte und Religion des Judentums" an der Duisburger

Hochschule zu etablieren, der schließlich am 26. Juli 1974 vom Senat eingerichtet wird. Unter anderem werden folgende Teilgebiete besonders bearbeitet:
1. Das Judentum im Rheinland
2. Untersuchungen zu den Beziehungen zwischen Judentum und Christentum in der Zeit seit 1945

Bei seinen Forschungen intensivierte er den Kontakt nach Jerusalem und Tel Aviv. Hier arbeitete er insbesondere mit den Rabbinern Robert Raphael Geis und Yehuda Aschkenasy zusammen. Aber auch auf kommunaler Ebene im Bereich Duisburg unterstützte er weiterhin den Christlich-Jüdischen Dialog. Hier ist in erster Linie die Zusammenarbeit Heinz Kremers mit der Christlich-Jüdischen Arbeitsgemeinschaft Niederrhein e.V. zu nennen. Diese unterstützte Heinz Kremers mit Vorträgen und Exkursionen nach Israel.

Ein weiteres Arbeitsfeld an der Hochschule in Duisburg war die Schulbuch-Forschung. Hier kümmerte er sich um die deutsch-israelische Schulbucharbeit. Zwei Schulbücher: "Die Gottesbotschaft" und "Arbeitsbuch Religion" sind hier vor allem zu nennen. In diesen Büchern versuchte er, das Judentum und den Staat Israel neu darzustellen. Im Jahr 1986 wird Heinz Kremers vom Koordinierungsrat der Gesellschaft Christlich-Jüdische Zusammenarbeit mit der Buber-Rosenzweigmedaille geehrt. Am 26. Mai 1988 starb er plötzlich und unerwartet. Sein Anliegen der Christlich-Jüdischen Zusammenarbeit wird weiterhin an der Universität Duisburg im Rahmen des Forschungsschwerpunktes "Geschichte und Religion des Judentums" fortgeführt.

Die "Alte Synagoge" in Essen

Der Name "Alte Synagoge" ist heutzutage scheinbar einleuchtend. Gibt es doch in Essen neben dieser "Alten" seit 1959 eine kleinere und "Neue Synagoge", welche von der Kultusgemeinde genutzt wird. Aber bei ihrer Einweihung am 25.9.1913 wurde die Alte Synagoge nach zweieinhalbjähriger Bauzeit eben nicht als "Alte", sondern "Neue Synagoge" eingeweiht; sie löste die Synagoge von 1870 ab, die im Baustil einer schlichten Tradition gehalten war.

Abb. 188: Die Synagoge in Essen 1945

Die Bauplanung und Architektur der "Alten Synagoge" lag bei dem christlichen Architekten Professor Körner. In enger Zusammenarbeit mit dem Rabbiner der Gemeinde, Dr. Salomon Samuel, wurde das Ziel verfolgt, etwas "Modernes" zu schaffen: Traditionelle Elemente des orientalischen Synagogenbaues sollten nicht unbedacht übernommen werden. Ein Synagogenbau im abendländischen Essen an der Ruhr sollte auch in die Umgebung eingepaßt sein. Abendländische und orientalische Elemente sollten zu einer Einheit verbunden werden. Die Synagoge sollte ein Beitrag zum Stadtbild von Essen werden, dem Selbstbewußtsein der Gemeinde entsprechend, welche sich mit ihrer Stadt identifizierte. Dabei wurde nicht nur äußerlich an der Synagoge eine Harmonisierung an das übrige Stadtbild angestrebt, auch in der Synagoge machte die "fortschrittlich" eingestellte Gemeinde Konzessionen an den damaligen Zeitgeist. Für den Baustil hieß das u.a., daß man sich an der christlichen Kirchenarchitektur orientierte. Im Inneren der Synagoge legte eine "Kirchen"-Orgel Zeugnis für den Wagemut der Gemeinde ab. Aber ganz so spannungslos waren die Entscheidungen für derartige Anschaffungen und Umsetzungen selbst innerhalb der jüdischen Gemeinde nicht: traditionell orientierte, besonders osteuropäische Juden protestierten gegen solche Modernismen. Sprachlich drückte sich dieses Zeitalter der Emanzipation jüdischer Gemeinden z.B. so aus, daß sie ihre Synagogen in Parallelisierung an die christlichen Konfessionen auch "Gotteshaus" oder "Tempel des Herrn" nannten. Wortwörtlich aus dem Griechischen übersetzt bedeutet Synagoge: "Haus der Versammlung". Diese Funktion, als Haus der

ren Synagogen in Deutschland, in dieser Nacht in Brand gesteckt; auch in Essen löschte die Feuerwehr nicht. Das Innere der Synagoge brannte aus und wurde zerstört.

Heute ist die Alte Synagoge in Essen eine wichtige Adresse: ein Ort der Aufklärung und Erinnerung an die Zeit des Nationalsozialismus, kein Museum zum Bestaunen, sondern Zeitzeugnis des dunkelsten Kapitels jüngerer deutscher Geschichte.

Doch so geradlinig, wie sich der Weg von einer ehemaligen Synagoge zu einem GeDENKort darstellt, war er beileibe nicht...

Nach dem Krieg stand die ausgebrannte und zerstörte Synagoge inmitten eines Trümmermeeres. Ringsum standen höchstens noch

Abb. 189: Erst Industriemuseum - jetzt Gedenkstätte. Die "Alte Synagoge" in Essen

Versammlung für eine jüdische Gemeinde zu dienen, hatte die Alte Synagoge nur 25 Jahre lang bis zum 9. November 1938. Auch die Essener Synagoge wurde, wie fast alle ande-

Hausfassaden. Viele Essener Juden waren ermordet worden oder hatten fliehen müssen. Die neu entstandene, kleine jüdische Gemeinde in Essen bestand nun vor allem aus von

341

Osteuropa zugezogenen Mitgliedern. 1959 kaufte die Stadt Essen die Synagoge von der Kultusgemeinde, die nun die kleinere "Neue" Synagoge errichtete. Auf diesem Grundstück stand bis 1938 das jüdische Jugendheim der Kultusgemeinde.

Doch ein Versuch der Aufarbeitung der nationalsozialistischen Vergangenheit blieb lange aus. Zunächst richtete die Stadt Essen in der ehemaligen Synagoge das "Deutsche Plakatmuseum" ein, später wurden Ausstellungen für Industriedesign eingerichtet. Für diese Ausstellungen wurde das Gebäude in "Haus Industrieform" umbenannt. Für diese ständige Ausstellung wurden 1959/60 umfassende bauliche Veränderungen im Inneren der ehemaligen Synagoge vorgenommen. Das Innere des Gebäudes wur-de "entkernt", wie es in der Fachsprache heißt. 1979 brannte die Ausstellung durch einen Kurzschluß aus.

Stimmen wurden nicht zuletzt in der evangelischen Kirche laut, die "Alte" Synagoge endlich zu einem Ort des Mahnens und GeDENKens umzuwandeln. Dieses geschah tatsächlich gut ein Jahr später am 9. November 1980 im architektonisch seit der Design-Ausstellung kaum veränderten Innenraum der Synagoge. Der erste wegweisende Schritt war getan. Es folgten 1983 der Beschluß des Rates der Stadt Essen, einen Umbau mit folgendem Ziel vorzunehmen: Im Inneren die Konturen der ehemaligen Synagoge nachziehen - mehr sollte nicht angestrebt werden - um den unwiederbringlichen Verlust deutlich zu machen. Das Land NRW beteiligte sich mit einem Zuschuß zur Neugestaltung der Alten Synagoge. Die Schäden der durch die in den 60er Jahren vollzogenen Umbauten bzw. Zerstörungen wurden von 1986-1988 "rückgängig" gemacht; z.B. wurde die abgehängte Decke entfernt, die Frauenempore wieder eingezogen, ein Thora-Schrein aus Marmor wieder aufgestellt. Sichtbare Zeichen dafür, daß die "Alte Synagoge" nicht mehr als Synagoge benutzt wird, sind die offen stehenden Türen des Thora-Schreins. Sie zeigen an, daß sich keine Schriftrollen mehr in der Alten Synagoge befinden.

Seit der Wiedereröffnung am 5. November 1988 wird die ständige Ausstellung "Stationen jüdischen Lebens. Von der Emanzipation bis zur Gegenwart" mit vielen Exponaten gezeigt. Interessant ist außerdem das Gedenkbuchprojekt: "Im Gedenkbuch der ALTEN SYNAGOGE wird der im Nationalsozialismus verfolgten und ermordeten Essener BürgerInnen gedacht. Gedenken bedeutet, eine 'Patenschaft' für eine(n) ermordete(n) EssenerIn zu übernehmen, sich persönlich mit dem Lebens- und Leidensweg dieses Menschen zu befassen, Stationen und Spuren seines/ihres Leidensweges in einer 'Gedenkurkunde' zu dokumentieren. Es geht darum, das Bild dieses Menschen wieder entstehen zu lassen, es dem Vergessen zu entreißen. Zugleich bietet die Übernahme einer 'Patenschaft' die Möglichkeit, sich selbst mit der Geschichte des Nationalsozialismus aktiv auseinanderzusetzen. Jede(r) interessierte BürgerIn oder jede Gruppe kann eine 'Patenschaft' übernehmen. Die ALTE SYNAGOGE, die das Gedenkbuch betreut, stellt erst Informationen und historisches Material zur Verfügung, vermittelt Kontakte zu Angehörigen und FreundInnen und begleitet die Arbeit."[1]

Darüber hinaus hat sich die Alte Synagoge zu einem herausragenden Veranstaltungsort entwickelt, der durch Wechselausstellungen, Informations- und Veranstaltungsreihen sowie Veröffentlichungen hervorsticht.

Aus dem "Haus der Versammlung", früher Synagoge und Lehrhaus, ist heute ein Ort des Lernens geworden. Des Lernens aus der Geschichte für die Gegenwart und die Zukunft, für ein gegenseitiges Respektieren von Menschen und Meinungen.

Uwe Schwabe/Kai Schäfer

1. Alte Synagoge(Hrsg.),Von der Emanzipation bis zur Gegenwart, Lehrhaus Judentum, Gedenkbuchprojekt .

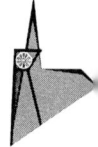

Soli Deo Gloria - Die Kirchenmusik im Ruhrgebiet

Mit Rolf Schönstedt lernen wir einen der profiliertesten Vertreter der Evangelischen Kirchenmusik in der Bundesrepublik kennen. Sein Büro in der Feidikstraße 4 in Hamm ist die erste Adresse für Kirchenmusiker in Westfalen. Rolf Schönstedt, 1944 in Erfurt/Thüringen geboren, seinerzeit aus der DDR in die BRD zugewandert, bekleidet heute das Amt des Landeskirchenmusikdirektors der Evangelischen Kirche von Westfalen. Unter seiner Leitung stehen sämtliche kirchenmusikalischen Aktivitäten im westfälischen Raum. Für das Ansehen der Kirchenmusik sorgt Rolf Schönstedt als Organist mit zahlreichen Konzert - Einspielungen auf Tonträgern und durch Konzerte im In- und Ausland. Mit dem Namen Schönstedt sind u.a. die national gerühmten "Max-Reger Tage" verbunden, die zum siebzehnten Mal in Folge das Kulturschaffen in Hamm über die Landesgrenzen hinaus zum Ausdruck bringen. Rolf Schönstedt versteht sein Lebenswerk als "ein Ringen um die Einheit in der Evangelischen Kirche". Nach seiner musikalischen Auffassung steht der nebenamtliche Laien - Chor Seite an Seite mit dem hauptamtlichen Orchester.

Abb. 190: Landeskirchenmusikdirektor Rolf Schönstedt

Stimmung commodo. Tempo presto. Der Landeskirchenmusikdirektor in Hamm

Frage: Herr Schönstedt[1], Sie wurden in Erfurt/Thüringen geboren. Inwiefern hat die alte Heimat Ihr Schaffen geprägt?

Antwort: In vielerlei Hinsicht. Wie und wo sich Orgelmusik über 500 Jahre in Deutschland entwickelt hat, die Rede ist immer von Thüringen und Sachsen. Mein Vater war Thomas-Kantor an der Thomaskirche in Leipzig. So wuchs ich gleich ihm in dieser Richtung auf.

Frage: In Erfurt geboren, aus Leipzig geflohen, mit dem Reiseziel Westfalen?

Antwort: Ja. Mein Vater hatte den Chorleiter Prof. Dr. Wilhelm Ehmann kennengelernt. Die beiden gründeten kurz darauf die Westfälische Kirchenmusikschule in Herford.

Frage: Den Berufsstand Kirchenmusiker gab es bis dahin noch nicht?

Antwort: Hauptamtlich nicht. Der Startschuß fiel 1927 in Aschersleben, dort stand die erste Schule. Aber die Ausbildung, wie sie heute üblich ist, gab es damals noch nicht. Das begann erst nach dem Krieg.

Frage: Wurden nur Evangelische Musikschulen gegründet, oder spielte hierbei die Konfession ausnahmsweise keine Rolle?

Antwort: Bis in die 70er Jahre gab es sehr viele Evangelische Musikschulen. Heute ist vieles wieder fusioniert. So ist in Detmold die Nordwestdeutsche Musikakademie nicht evangelisch und nicht katholisch; sie hat nur eine Kirchenmusikabteilung.

Frage: Sie haben sich in der Vergangenheit insbesondere für einen regen künstlerischen Ost-West-Dialog engagiert?

Antwort: Das war immer mein innerstes Anliegen. Ich habe mit offiziellen Auftrittsgenehmigungen in der DDR spielen dürfen. An die Görlitzer Orgeltage erinnere ich mich besonders gern. Auch konnte ich im Jahre 1977 den inzwischen international bekannten Organisten Prof. Leopoldas Digrys aus der UdSSR nach Hamm einladen, völlig umständlich über die Moskauer Konzertagentur Gos-Concert. In all den Jahren danach habe ich Kollegen aus dem gesamten Ostblock eingeladen, die hier in Hamm spielen konnten.

Entwicklung hat in den Gemeinden zu enormen Problemen geführt.

Frage: Die wahrscheinlich darauf zurückzuführen sind, daß es den Berufsstand Pfarrer 'schon immer' gab, den hauptamtlichen Kirchenmusiker aber erst seit 1949?

Antwort: Ja, das ist ein Grundproblem. Die Stellung des Pfarrers ist seit der Reformation

Abb. 191: Die Paulus - Kantorei in Hamm

Frage: Sie haben sich damals für ein Studium an der Staatlichen Hochschule für Musik in Köln entschlossen. Warum ausgerechnet Kirchenmusik?

Antwort: Gegen den Willen meiner Eltern, die immer sagten, du mußt Schulmusiker werden, Kirchenmusik sei brotlose Kunst. Das war auch so in Westfalen. Aber was wir in den zurückliegenden 40 Jahren für die Kirchenmusik erreicht haben, genießt von der Absicherung und Dotierung eines Kirchenmusikers her Vorbildfunktion. Doch diese

vor über 400 Jahren gesichert. Demgegenüber steht der hauptamtliche Kirchenmusiker erst seit 40 Jahren. Nun sollen sich aber die beiden Partner, Theologe und Kirchenmusiker, im Zentrum ihrer Arbeit, im Gottesdienst, begegnen. Unser Berufsstand ist zudem als Kulturfaktor sehr schnell auf viel Resonanz gestoßen, nicht nur durch die kirchliche Verkündigung. Hinzu kommt noch, daß der Kirchenmusiker von der Theologie viel mehr lernt als der Theologe von kirchenmusikalischen Dingen.

Frage: Trotz der erwähnten Probleme: Könnte man den Beruf des Kirchenmusikers künstlerisch veranlagten Studenten weiterempfehlen?

Antwort: Wir haben die Jahre und Jahrzehnte hinter uns, wo die Motivation der Studenten durch elterlichen Bezug zur Kirche, aus Chorarbeit oder musikalischer Gemeindearbeit entstand. In den letzten Jahren nannten die Studenten in Herford öfters den Freiraum, den sie als Musiker genießen, als Grund für ihr Studium. Es ist ein Phänomen: Wir sind eine schrumpfende Kirche, und es ist doch eine sehr starke Motivation vorhanden, im kirchlichen Raum Musik zu machen.

Frage: Wie stellen Sie sich den Kirchenmusiker der 90er Jahre vor?

Antwort: Wenn jemand auf die Predigt spontan etwas improvisieren kann, er in der Lage ist, aus einem geistlichen Verständnis heraus Musik umzusetzen, ist er für mich ein Kirchenmusiker, wie wir ihn heute brauchen.

Frage: Gab es in den letzten zehn Jahren eigentlich interessante Kompositionen für neuere Kirchenmusik, etwa im Bereich 'Neues Geistliches Lied' oder in der Kirchenorchestermusik?

Antwort: Gerade in Westfalen gibt es da eine sehr intensive Arbeit. Das Problem ist, daß man sich bei der Komposition sehr stark an der Gemeindewirklichkeit orientieren muß. Künstlerisch hochwertige und anspruchsvollste Literatur ist wichtig, aber ebenso muß es gemeindepraxisbezogene Musik geben, die auch von den Leuten angenommen wird. Es ist wichtig, daß unsere Komponisten immer ein 'Ohr' im praktischen Gemeindeleben haben, sonst gerät das daneben.

Frage: Bestimmt gibt es auch regionale Unterschiede, was den Stellenwert von Kirchenmusik angeht?

Antwort: Wenn Sie an Bläserchöre denken, müssen Sie einmal den Blickwinkel Ruhrgebiet verlassen. Denken Sie an Ostwestfalen oder die Erweckungsbewegung im Ravensberger Land. Dort blüht das Posaunenleben unglaublich. Oder fahren Sie einmal zum Cantatefest nach Herford mit seiner 100jährigen Tradition. Die frohen Feste auf den Marktplätzen sind nicht wegzudenken.

Frage: Nach zwei Berufungen als Kantor in Remscheid und in Wuppertal sind Sie 1975 nach Hamm gekommen. Ein Jahr zuvor erhielten Sie eine Dozentenstelle an der Landeskirchenmusikschule in Herford. Welche Aufgaben warteten in Hamm auf Sie?

Antwort: Zu meiner Arbeit als Lehrer kam die übergemeindliche Arbeit. Ich mußte nun über Nacht lernen, wie man eine sogenannte Fachaufsicht für einen Kirchenkreis ausübt. Der Horizont erweiterte sich, und ich wurde sehr bald zum Landesobmann des Berufsverbandes der Kirchenmusiker in Westfalen, d.h. zum Landesvorsitzenden der Kirchenmusiker der gesamten Landeskirche, berufen.

Abb. 192

Frage: Sie sprachen vorhin von den Schwierigkeiten im Verhältnis von Pfarrer und Musiker. Gab es diese Probleme auch in Hamm?

Antwort: Wir waren hier in der Pauluskirche in einer Umbruchphase. Der damalige Superintendent Barutzki hat mich in seiner letzten Amtshandlung eingeführt. Mit Pfarrer Büscher, der mir als eine sehr kompetente Persönlichkeit im theologischen Bereich aufgefallen war, entwickelte sich eine gute Zusammenarbeit. Da wir beide sehr viele übergemeindliche Aufgaben haben, ist die Zusammenarbeit natürlich nicht exemplarisch zu sehen.

Frage: Entspricht die Orgel in der Pauluskirche Ihren Vorstellungen?

Antwort: Das ist sicherlich eines der sehr guten Instrumente, die wir in diesem Raum haben. Die Kirche ist der einzige Raum zwischen Soest und Münster, der über die Orgel und das Orchester symphonische Musik der Jahrhundertwende zuläßt, was ein Schwerpunkt meiner Reger-Tage ist.

Frage: Die Max Reger-Tage sind das künstlerische Zentrum Ihrer Arbeit. Wer war Max Reger?

Antwort: Max Reger ist der hochromantische Komponist der Evangelischen Kirchenmusik, obwohl er katholischer Christ war. Ohne ihn wäre unsere Kirchenmusik nicht denkbar. Der Anlaß war damals der 100. Geburtstag Regers im Jahre 1973. Reger hat sehr stark auf Bach aufgebaut. Max Reger ist für unsere Evangelische Kirche unerläßlich, doch seine Musik wurde in den Konzerten der 70er und 80er Jahre völlig vernachlässigt.

Frage: Gibt es denn jedes Jahr so viel Neues bei Reger zu entdecken?

Antwort: Max Reger hat ein riesiges Orgelschaffen hinterlassen, mit großen Choral-Fantasien über den reformatorischen, also protestantischen Choral. Bis jetzt hat sich noch nichts wiederholt, weil jedes Reger-Fest an ein Thema gebunden ist. Dabei greifen wir z.B. in dem einen Jahr auf seine musikalischen 'Ahnen' zurück und bringen dafür in einem anderen Jahr nur seine musikalischen 'Erben' zum Klingen.

Frage: 1991! Die offizielle Musik zum Kirchentag im Ruhrgebiet, auch dies eine Aufgabe von Rolf Schönstedt?

Antwort: Ja, ich muß nun lernen, mich mit dem Kirchentag, seinem Aufgabenfeld und seinen Strukturen zu identifizieren. Bei mir läuft die gesamte musikalische Kirchentagsarbeit zusammen. Hierbei haben wir Konzepte entwickelt, die flächendeckend auf das Ruhrgebiet zugeschnitten sind. Ein Höhepunkt wird die Kuhlo-Festveranstaltung sein, wo die gesamte Kirchenmusik eine Rolle spielt. Der 50. und 100. Todestag von Vater Eduard und Sohn Johannes Kuhlo fallen während des Kirchentages '91 zufällig zusammen. Das wird ein großes Fest mit internationaler Beteiligung. Auch die Chöre werden dabeisein.

Frage: Worin sehen Sie, abschließend gefragt, die dringlichste Anforderung an die Kirchenmusiker heute und in der nächsten Zukunft?

Antwort: Im Gemeinschaftsempfinden, denn nur in dem Zusammenwachsen können wir als eine Stimme innerhalb der Kirche sprechen. Da die Lobby für die Kirchenmusik immer noch eine schwache ist, ist diese eine Stimme sehr wichtig. Zusätzlich brauchen wir dringend ein langes Praktikum, wie es bei den Theologen das Vikariat ist. Wie wir die Praxis in der Gemeinde nicht vergessen, so soll die Gemeinde auch den Kantor nicht vergessen!

Cantate - Danklied der Erlösten[2]

Zu der Zeit wirst du sagen: Ich danke dir, Herr, daß du bist zornig gewesen über mich und dein Zorn sich gewendet hat und du mich tröstest. Siehe, Gott ist mein Heil, ich bin sicher und fürchte mich nicht; denn Gott der Herr ist meine Stärke und mein Psalm und ist mein Heil.

Jesaja 12,1f

Eine Vorstadtgemeinde hat sich zum Zehn-Uhr-Gottesdienst in ihrer Kirche versammelt. Sonntag Cantate: Gleich wird die Orgel - wie gewohnt - durch die langjährig amtierende Kirchenmusikerin herrlich und königlich erschallen... Der Chor genießt seine akustische Heimat. In das auspendelnde Musizieren hinein drängt Frau Kantorin auf die Kanzel, der in Erwartung sitzende Pfarrer stutzt mit einem Seitenblick. "Nun danket alle Gott mit Herzen, Mund und Händen..." zitiert sie mit beklommener Stimme weiter, tritt in die Bankreihen der "ungläubigen" Gemeinde. So etwas war dieser bisher fremd, dem Pastor ebenso. Sie dirigiert, ein ums andere Mal entspannter, dem Schwingen des Raumes angemessen, im gemeinsamen Gesang die 4. Strophe des Liedes EKG 304: "So wein ich, wenn ich wein, doch noch mit Loben; das Loben schickt sich fein zu solchen Proben. Man kann den Kummer sich vom Herzen singen; nur Jesus freuet mich. Dort wird es klingen."

Das Singen als Urphänomen eines ganzheitlichen Menschen, im Rückgriff auf liturgisches Gut des Alten Testamentes und in Vorausschau auf die klassischen Mahnungen des Apostels Paulus an die Gemeinden in Kolossä, Ephesus und Galatien wird als getroste Weisung ins Herz geschrieben!

Eigentlich nicht für die Gegenwart, sondern für eine von uns Menschen nicht voraussagbare "Zeit" bestimmt (Ankündigung des messianischen Friedensreiches in Kapitel 11), formuliert der Hymnus als eschatologische Schau über die berechtigte Wirklichkeit des Gotteszornes hinweg "Wende", also Umkehr, aufhörenden Zorn.

Das Singen als Spiegel der Seele, des Herzens: In unserer Begebenheit hatte monatelang der Zorn des Herrn auf dem "Miteinander von Kirchenmusikerin und Pfarrer" gelegen. Es stimmte eben nicht alles. Ausgerechnet zum Sonntag Cantate fanden sich die Lieder erst am Vorabend telefonisch ein, mal wieder! Alle Herzen sind beschwert, das des Pastors (die Predigt als Ventil?), die Herzen der Gemeinde (gemeinschaftlich läßt es sich eher tragen?), das der Kantorin - und hier liegt ihre Chance: Inneres Aufbegehren treibt sie zur Klage, läßt sie ihr "Ich" vergessen, empfindet plötzlich das Singen vor Gott und seiner Gemeinde als Rettungsanker im Spannungsfeld kirchlicher Mitarbeiter.

Aus dem "Von-der-Seele-Singen" wird Gotteslob, ganzheitlich, mit allem, was wir sind, mit Stimme, Artikulation, Atem, Bewegung, auch mit unseren Emotionen. Alle an Lobgesang und Gebet, Liturgie und Predigt, Empfangen und Geben Beteiligten erfahren stets neu und immer wieder die lebenslange Gnade, mit dem "Danklied der Erlösten" singen zu dürfen, daß Gott mein Heil, meine Stärke, mein Psalm ist!...

Gott loben im Singen kann seine Herrlichkeit nicht vergrößern, Gott bedarf dessen nicht. Freude will und muß sich ausdrücken können, an dem Herrn der Kirche und seiner Majestät begründet sie sich...

Nehmen wir im kleinen wie im großen den Auftrag des Lobens im Singen ernst, so öffnen wir uns dem Heilsgeschehen Christi. Mit Herzen, Mund und Händen singen, in neuer Gestalt, das wünsche ich uns.

Friedrich Grünke - Kirchenmusikdirektor in Gelsenkirchen

Friedrich Grünke wurde am 29.12.1930 in Gelsenkirchen geboren. In seinem Elternhaus spielte das gemeinsame Musizieren eine wichtige Rolle. Ein Grund hierfür ist sicherlich die Tätigkeit seines Vaters als nebenamtlicher Kirchenmusiker, der auch die ersten musikalischen Schritte seines Sohnes begleitete.

Abb. 193: Friedrich Grünke an der Orgel

Friedrich Grünkes erstes Instrument war nicht das Klavier, sondern die Geige. Doch schon sehr bald gab Grünke das Geigenspiel zugungsten des Klavierspiels auf. Erste Erfolge stellten sich früh ein, denn Friedrich Grünke übernahm bereits im Alter von 10 Jahren seine erste Organistenstelle. Damit fing für ihn auch ein intensives Musikstudium an, das Klavierunterricht, Harmonielehre und den Kontrapunkt umfaßte. Das erste Orgelkonzert gab er im Alter von 14 Jahren. Das Studium der Kirchenmusik begann Friedrich Grünke an der Folkwang-Schule in Essen, führte es fort an der Landeskirchenmusikschule in Düsseldorf, wo er auch das Examen als B-Musiker ablegte. An der Musikhochschule Köln schloß er dann das Studium mit dem Staatsexamen ab.

Viele Lehrer begleiteten seinen Studienweg - besonders beeindruckt und geprägt wurde Friedrich Grünke von Persönlichkeiten wie Siegfried Reda (Orgel, Komposition), Gerhard Schwarz (Improvisation), Jürg Baur (Komposition), Almut Rößler (Orgel), Hans Klotz (Orgelbau) und Theo Mölich (Orchesterleitung).

Nach Abschluß seines Musikstudiums studierte er noch vier Semester lang in Münster Theologie, um mehr über die theologischen Hintergründe seines musikalischen Wirkens zu erfahren.

Bereits während seiner Studienzeit übernahm Friedrich Grünke eine hauptamtliche Kirchenmusikerstelle in Gelsenkirchen (seit 1949 hauptamtlicher Kirchenmusiker in Gelsenkirchen-Ückendorf), in der er heute noch immer tätig ist. Im Jahr 1976 wurde er zum Kirchenmusikdirektor ernannt.

Im Laufe der Jahre ist Grünkes Arbeitsbereich immer umfangreicher geworden und umfaßt z.B. Chorleitung (mit seinem Chor führt Grünke jedes Jahr Konzerte auf, wobei ein besonderer Schwerpunkt auf den Werken Johann Sebastian Bachs liegt), Orgelkonzerte, Lehrtätigkeit (Kirchenmusikerausbildung), sowie Mitarbeit im Vorstand des Kirchenmusikerverbandes Westfalen, im kirchenmusikalischen Ausschuß der Evangelischen Kirche von Westfalen und im Gesangbuchausschuß Rheinland - Westfalen - Lippe - Nordwestdeutschland.

Grünkes besonderes Interesse gilt dem Komponieren. Im Laufe der Jahre sind viele an der Gemeindepraxis orientierte Werke entstanden. Dies zeigen vor allem seine zahlreichen Kompositionen für "Offenes Singen": Quodlibets, Kanons, Volkslieder.[1]

Die Kompositionen, die in erster Linie für rein vokale Ausführungen gedacht sind, hat der Komponist Grünke so angelegt, daß sie ohne Noten eingeübt und gesungen werden können. Bei allen Sätzen besteht jedoch die Möglichkeit, Instrumente (Bläser, Querflöte oder auch Orff'sches Instrumentarium) als Unterstützung der Singstimme (colla Parte) einzusetzen. Auch kann eine Oberstimme "ad libitum" hinzutreten, die die Vokalstimmen klanglich ergänzt und festigt.

Eine musikalische Neuheit hat Grünke für dieses "Offene Singen" entwickelt: den "Schlußzeilenkanon".[2] Diese Bezeichnung steht für ein Lied, dessen letzte Zeile als Kanon ausgeführt ist. Lied und Kanon gehen hier eine so enge Bindung ein, daß sie nicht voneinander zu trennen sind. Bei einer Trennung würde der Sinn weitestgehend für beide Teile textlich sowie musikalisch 'verlorengehen'. Doch über diese "Schlußzeilenkanons"

Abb. 193b: Kanon zur Jahreslosung 1991 - komponiert von Friedrich Grünke

hinaus kann man am Werk Grünkes seine Verbundenheit mit der Kanontradition erkennen, denn u.a. komponiert er jedes Jahr einen Kanon über die Jahreslosung.

Friedrich Grünke war es auch, der im Jahre 1988 die Begrüßungsmusik, einen Kanon, zu der 'Ökumenischen Versammlung Westfalen' schrieb: "...und richte unsere Füße auf den Weg des Friedens" (Luk. 1,79).[3]

Auch für den Kirchentag im Ruhrgebiet 1991 (wie zuvor schon zu anderen Kirchentagen) wird Friedrich Grünke mit seinen Kompositionen vertreten sein. Z.B. hat er zu Texten des Dortmunder Autors Reding einige neue Lieder komponiert.

Hier liegt ein weiterer Schwerpunkt seiner Kompositionsarbeit: das Schaffen neuen geistlichen Liedguts. Vor allem sind hier die Chorsätze zu erwähnen, die in Zusammenarbeit mit der Textdichterin Hilde Hache entstanden sind.[4] In diesen Chorsätzen spürt man die wechselseitige Interpretation von Text und Musik. Durch die Komposition einer Oberstimme, die "ad libitum" hinzukommen kann, ist es Grünke gelungen, die Chorsätze um eine weitere Klangfarbe zu bereichern.

In Verbindung mit der Textdichterin Hache hat Grünke auch ein Singspiel für Kinder- und Jugendchor und Instrumente komponiert.[5] Es führt musikalisch und textlich in kindgemäßer Form vom Herstellungsgang einer großen und kleinen Orgelpfeife bis hin zum intonationsreinen Dreiklang.

Einen großen Teil von Grünkes Arbeit nimmt die Komposition von Orgelwerken, z.B. Orgelpartiten[6] oder Orgelvariationen, ein. Zur Zeit komponiert er verschiedene Orgelvorspiele für den gottesdienstlichen Gebrauch.

Aber seine Kompositionen beschäftigen sich nicht nur mit der Orgel als Soloinstrument. Die Sonate für Altblockflöte und Orgel[7] ist ein Beispiel für das vielseitige Interesse des Komponisten. In diesem Werk teilt Grünke der Orgel wechselnde Aufgaben zu: einmal ist sie mixturartiger Klanggrund, dann kontrapunktischer Partner der Flöte. Grünkes Stück zeichnet sich durch seine knappe geraffte Form und seine rhythmische Prägnanz aus.

Es ist deutlich erkennbar, daß der Komponist Friedrich Grünke ein vielseitiges Spektrum in seinen Werken umschließt. Es reicht von Orgelwerken über Sonaten, Kantaten und Motetten[8] hin zu neuen geistlichen Liedern und bis zu Liedern und Kanons für "Offenes Singen". Doch in allen Kompositionen ist sein Anliegen spürbar: "Zeitgenossen finden durch Musik zu einer singenden und musizierenden Gemeinschaft zusammen!"

Marian Pontzen/Rolf Schönstedt/ Britta Meyhoff

1. Gespräch Marian Pontzen mit Landeskirchenmusikdirektor Dr. R.Schönstedt vom 15.01.1991 in Hamm/Westfalen
2. Vgl. R. Schönstedts Gedanken zum Sonntag 'Cantate' in: UNSERE KIRCHE, 17/1989, S. 3
3. F. Grünke, Quodlibets und Kanons für Bläser, Chor und Offene Singgruppen, Edition 5011, Strube Verlag 1985, sowie F.Grünke, Offenes Singen durchs Kirchenjahr, Edition 1139, Strube Verlag 1989; F.Grünke, Offenes Singen mit Advents- und Weihnachtsliedern, Edition 1028, Verlag Voggenreiter und Strube 1982
4. F.Grünke, Schlußzeilenkanons zu Kirchenliedern, Bärenreiter Verlag, Kassel, BA 6906
5. F.Grünke(Hrsg.), Ökumenische Versammlung Westfalen 1988, Edition 1102, Strube Verlag 1988
6. F.Grünke, Dank laßt uns bringen, Neue geistliche Lieder nach Worten von Hilde Hache, Edition 1049, Strube Verlag ; F.Grünke, Neue geistliche Chormusik Nr. 71, Introitus für Invocavit bis Laetere, Meine Augen sehen stets zu dem Herrn, Hänssler Verlag Stuttgart Hohenheim
7. F.Grünke, Wir bauen eine Orgel, Singspiel für Kinder- und Jugendchor und Instrumente nach einer Textvorlage von Hilde Hache, Edition 1051, Strube Verlag
8. F.Grünke, Herzliebster Jesu, was hast du verbrochen, Partita für Orgel, Edition 3018, Strube Verlag ; F.Grünke, Ich steh an deiner Krippen hier, Choral mit Variationen für Orgel, Edition 3019, Strube 1985
9. F.Grünke, Sonate für Altblockflöte und Orgel/ Klavier, Edition 7027, Strube Verlag ; F.Grünke, Aus meines Herzens Grunde, Choralsätze für Blockflöten, Moeck-Verlag, Celle
10. F.Grünke, Kleine Kantate: Wir haben deine schöne Welt, Strube Verlag, Edition 1511; F.Grünke, Kleine Kantate: Stern über Weihnachtshaus, Strube Verlag, Edition 1510

Evangelische Akademien im Ruhrgebiet

Sie sind ein Markenzeichen des zeitgenössischen Protestantismus geworden: Die Evangelischen Akademien. Nach Vorläufern in der Weimarer Zeit (Heimvolkshochschulen, Evangelisch-sozialer Kongreß u.a.) haben sie ihren eigentlichen "Sitz im Leben" in der NS-Zeit. Auf sogenannten Evangelischen Wochen haben Theologen und vor allem Laien versucht, den Öffentlichkeitsbezug des christlichen Glaubens und einer christlich verantwortbaren Ethik angesichts einer Weltanschauungsdiktatur zu definieren. Männer wie Hanns Lilje, Reinold von Thadden-Trieglaff, Helmut Thielicke und Eberhard Müller spielten hier eine große Rolle. Die Evangelischen Akademien und die Evangelischen Kirchentage sind eine Frucht des Kirchenkampfes. Sie versuchten unter den Nachkriegsbedingungen, Foren für offene Diskussionen über weltanschauliche, politische und gesellschaftliche Fragen zu bieten. Nach Jahren der Befehlssprache halfen sie mit, eine offene pluralistisch-demokratische Denk- und Redekultur zu entwickeln. Es gibt kein Problem von existenzieller und politischer Bedeutung, das nicht auf Tagungen der Akademien besprochen worden ist. Im Gespräch mit den politisch und gesellschaftlich relevanten Gruppen hat man versucht, die Anliegen einer christlichen Anthropologie und Sozialethik in die politischen und rechtlichen Entscheidungsprozesse einzubringen. Ein welt- und problemoffener Protestantismus bildete sich heraus und nahm Einfluß auf die Inhalte eines demokratischen Rechts- und Sozialstaates. Die Fragen nach einer sachgerechten Kirchlichkeit und nach den Aufgaben von Christen in weltlicher Verantwortung durchziehen alle thematische Arbeit der Akademien. Im Ruhrgebiet sind es die beiden Akademien in Mülheim und Iserlohn, die ein breitgefächertes Themenangebot für alle Engagierten und Interessierten anbieten. Sie sind aus dem öffentlichen Leben unserer Region nicht mehr wegzudenken. Sie leisten einen stellvertretenden Dienst für die Kirche zur Profilierung einer offenen demokratischen Gesellschaft, die auf geistig-kulturelle und politisch-gesellschaftliche Entscheidungsprozesse angewiesen ist. Es war folgerichtig, daß die Rheinische und die Westfälische Kirche nach 1945 den Fragen der Industrie- und Wirtschaftsgesellschaft besondere Aufmerksamkeit zugewandt haben. Es entstanden als eigenständige Arbeitszweige im Rheinland der Sozialethische Ausschuß und in Westfalen das Sozialamt in Villigst. Tagungen mit Gruppen aus der Industrie und den Gewerkschaften versuchen den Brückenbau zwischen Kirche und moderner Arbeitsgesellschaft. Zu allen Fragen der Sozial- und Gesellschaftspolitik wurden sozialethische Schriften und Verlautbarungen herausgegeben. Diese Mitarbeit an den Inhalten eines sozialen Rechtsstaates ist ein wichtiger Bestandteil der gesellschaftlichen Diakonie der Kirche geworden.

Im folgenden soll die Arbeit der Akademien beispielhaft an zwei kirchlichen Einrichtungen im Ruhrgebiet, der Evangelischen Akademie Mülheim und dem Sozialamt Villigst, dargestellt werden.

Das "Haus der Begegnung" - Die Akademie in Mülheim

Ihren Sitz im Uhlenhorstwald zwischen Mülheim und Duisburg hat die Akademie Dr. Gerhard Küchen, einem Enkel von Matthias Stinnes und Generaldirektor der Firma Stinnes, zu verdanken. Er baute die Villa in den Jahren 1913/14 und lebte dort mit seiner Familie. Während des Zweiten Weltkrieges diente das Haus als Unterkunft für Luftwaffenkommandos und Rüstungsexperten. Nach

Kriegsende wohnte dort der Hohe Kommissar der britischen Besatzungszone. Die geräumige Jugendstilvilla mit der dazugehörigen 120 Morgen großen Parkanlage wurde nach Abzug der Briten auf Wunsch des bereits 1932 verstorbenen Gerhard Küchen der Evangelischen Kirche zu einem relativ günstigen Preis verkauft. Im Jahre 1952 konnte Präses D. Held, der wegen seines unermüdlichen Einsatzes für die Akademie Mülheim als "Vater" der Rheinischen Akademie gilt, das "Haus der Begegnungen" seiner Bestimmung übergeben. Schon bald wurde die Villa für die Bedürfnisse der Akademie, vor allem im Blick auf die Unterkunftsmöglichkeiten, zu klein. Ende der 50er Jahre wurde an das Haupthaus ein modernes Gästehaus angegliedert. Später erfolgten weitere bauliche Erweiterungen, unter anderem wurde auch eine Kapelle gebaut, die zugleich als Vortragsraum genutzt werden kann. Mittlerweile ist die Akademie in der Lage, ihren Gästen neben dem Park und zahlreichen Freizeitmöglichkeiten einen großen Vortragssaal, sieben Gruppenräume, zwei Speisesäle sowie 63 Zimmer zur Verfügung zu stellen.

Die inhaltliche Arbeit der Evangelischen Akademie Mülheim ist nicht zuletzt von ihrem Standort geprägt. Sie liegt mitten in einem der größten industriellen Ballungszentren Europas. Wirtschaftliche und gesellschaftliche Strukturveränderungen werden im Ruhrgebiet frühzeitig sichtbar beziehungsweise auch schmerzlich spürbar. In direkter Nähe befinden sich auch die nordrhein-westfälische Landeshauptstadt und die Bundeshauptstadt. Das "Haus der Begegnung" befindet sich dadurch praktisch am "Puls" des Geschehens.

Die konzeptionelle Planung der Arbeit der Evangelischen Akademie Mülheim beruht auf vier Grundsätzen, die das Fundament bilden. An erster Stelle steht die Theologie. Die Akademie will dazu beitragen, die Botschaft

Abb. 194: Die Evangelische Akademie Mühlheim

des Evangeliums in den gesellschaftlichen Raum zu vermitteln. Zweitens sollen die Akademien der klassische Ort des Dialogs zwischen Kirche und Gesellschaft sein. Ihre Aufgabe ist es, Vertreter der Institution Kirche und ihrer Basisgruppe mit Gruppierungen der Gesellschaft zusammenzubringen und ein Gespräch ohne Entscheidungszwang zwischen ihnen zu ermöglichen. Ferner soll die Akademiearbeit exemplarisch sein, d.h., sie muß immer wieder beispielhaft aufzeigen, welche verschiedenen Handlungsmöglichkeiten es in einer Situation gibt und in welche Richtung Bewußtseinsbildung erfolgen muß. Sie muß stets bereit sein, sich Neuem zuzuwenden und öffentlichkeitsrelevant bleiben. Die Akademiearbeit vollzieht sich in verschiedenen Veranstaltunstypen. Entscheidend ist, daß ein offener Diskurs zwischen allen gesellschaftlichen Gruppen und politischen wie weltanschaulichen Positionen gewährleistet bleibt. Die Akademie will aber auch kritischer Anwalt sein, das heißt, sie will Themen und Gruppen ins Gespräch bringen, die ansonsten in der Gesellschaft vernachlässigt werden. Als Beispiel für die Anwaltsfunktion sei die Tagung mit Angehörigen der Sinti und Roma im Sommer 1987 genannt. Die Akademie soll ihrerseits auch eine seismographische Funktion haben, indem sie neue Entwicklungen in Politik und Gesellschaft aufspürt und Tagungsteilnehmer sensibilisiert.

Das Kuratorium der Mülheimer Akademie hat fünf Schwerpunkte für die eigene Arbeit herausgearbeitet. Das Gespräch zwischen Naturwissenschaft und Geisteswissenschaft soll gefördert werden, da der Eindruck besteht, daß im kirchlichen Bereich zwar viel über naturwissenschaftliche Entwicklungen geredet wird, jedoch wenig Grundkenntnisse vorhanden sind. In diesem Rahmen findet zum Beispiel eine Tagung statt, auf der medizinische, ethische und juristische Aspekte der extrakorporalen Befruchtung erörtert werden. Der zweite große Bereich beschäftigt sich mit

Abb. 195: Podiumsdiskussion mit intern. Gästen

Europa. Gemeint ist hier nicht nur das EG-Europa, sondern Gesamteuropa bis hin zum Ural. Das Leben in einer mulitkulturellen Gesellschaft bildet den dritten Schwerpunkt. Es geht um Fragen wie die Integration von Ausländern, Asylsuchenden und Aussiedlern in der Bundesrepublik. Die Entwicklungsverantwortung steht an vierter Stelle. Das Zusammenleben in einer Welt, die Rückwirkungen von Entwicklungen auf andere Länder und umgekehrt, stehen im Mittelpunkt dieses Thesenblocks. Den fünften Bereich bildet die kontextuelle Theologie. Die Akzente liegen hier auf der feministischen Theologie und dem Gespräch zwischen Juden und Christen. Zu allen fünf Bereichen werden zahlreiche Veranstaltungen angeboten. Allein im ersten Halbjahr 1991 finden 52 Schwerpunkttagungen statt.

Das Sozialamt in Haus Villigst

Ebenfalls in der Nachkriegszeit entstand das Sozialamt (Amt für Industrie- und Sozialarbeit) in Villigst. Unter der Leitung von Hellmut Keusen, Mitbegründer und späterer Mitleiter des Evangelischen Studienwerkes, wurde Haus Villigst, ein klassizistischer Bau aus dem vorigen Jahrhundert, mit Hilfe von Werkstudenten notdürftig um- und ausgebaut. Improvisation war das Gebot der Stunde. Alte Scheunen, Nebengebäude und das

Haupthaus mußten erst einmal bewohnbar gemacht werden. Ein Kellerraum wurde zur Kapelle, eine Wagenremise zum Speisesaal und der Schafstall zur Sporthalle. Mittlerweile ist das Haus natürlich vollständig renoviert und durch zahlreiche Neubauten ergänzt worden.

Der tagungsintensive Arbeitsbereich liegt im Bereich des Bergbaus. Seit über 30 Jahren finden Veranstaltungen im Rahmen der GSA (Gemeinsame Sozialarbeit der Konfessionen im Bergbau) statt. Auch die Probleme der Automobilindustrie (vor allem Opel in Bochum) werden auf Tagungen erörtert. Das

Abb. 196: Studenten helfen bei der Renovierung von "Haus Villigst" nach dem Krieg

Das kirchliche Sozialamt gliedert sich ein in den Kreis der übrigen Ämter der anderen Landeskirchen, die sich bundesweit zum "Kirchlichen Dienst in der Arbeitswelt (KDA)" zusammengeschlossen haben. Je nach den Anforderungen der Zeit haben sich die Arbeitsaufgaben unter den Leitern Klaus von Bismarck, Peter Heyde und Eduard Wörmann gewandelt. Heute liegen die Schwerpunkte in vier Bereichen.

1. Zusammenarbeit mit der Wirtschaft und mit den Tarifvertrags-Parteien:

Sozialamt führt auch Tagungen für Mitarbeiter der Bundespost und für Azubis sowie zahlreiche Veranstaltungen für Gewerkschafter, Unternehmer und Führungskräfte durch. In enger Kooperation mit dem Sozialamt sind in acht Regionen Sozialsekretärinnen und Sozialsekretäre tätig. Für die Arbeit mit Berufsschülern, Auszubildenden und Jugendlichen im Berufsvorbereitungsjahr sind mehrere Jugendbildungsreferenten zuständig.

2. Initiativen mit gesellschaftlichen Problemgruppen:

Die Beschäftigung mit sozialen Randgruppen nimmt im Sozialamt einen großen Raum ein. Seit den 70er Jahren kümmert man sich dort um Strafgefangene und um deren Familien. Für arbeitslose Frauen und Schwerbehinderte werden Gesprächswochen durchgeführt. Ziel ist es, die unmittelbar von gesellschaftlichen Problemen Betroffenen an der gesellschaftlichen Diskussion und Meinungsbildung zu beteiligen.

3. Beiträge zur politischen Bildung in Kirche und Gemeinde:

Im Arbeitsbereich "Politische Bildung" wird versucht, die im Gespräch mit Betroffenen erarbeiteten Fragen und Ansätze insbesondere in Gemeindeveranstaltungen umzusetzen. Der Verein Evangelischer Sozialseminare Westfalens veranstaltet momentan in 70 Gemeinden Seminare.

4. Mitarbeit an besonderen Aufgaben und Fragestellungen der Landeskirche:

Die Mitarbeit der Landeskirche geschieht vor allem in Form von Aus- und Fortbildung von Theologiestudenten, Vikaren und Pfarrern. Für die Studenten finden Industriepraktika statt. Die dort gemachten Erfahrungen können sie gemeinsam in Haus Villigst auswerten. Für Pfarrer und kirchliche Mitarbeiter werden regelmäßig akademische Vorlesungen mit Themen aus dem Bereich der Arbeitswelt angeboten. Für das Zusammenwirken von Landeskirche und Sozialamt wurde ein Sozialausschuß berufen, der sich aus Arbeitgeber- und Arbeitnehmervertretern, Wirtschafts- und Sozialwissenschaftlern, Theologen und kirchlichen Mitarbeitern zusammensetzt. Dieses Gremium hat zum Beispiel durch die Verabschiedung eines Basispapiers der Industrie- und Sozialarbeit die Arbeit des Sozialamtes konstrukiv begleitet.

Bettina Brakelmann

Abb. 197: "Haus Villigst" bei Schwerte

Das Diakoniewerk Ruhr in Witten

"...um zum Eintritt in den Diakonissenberuf in der erforderlichen Weise anzuregen, ein in unsere eigene Mitte gestelltes Diakonissenmutterhaus viel frischer und lebendiger unsere evangelischen Töchter zur Mitarbeit wecken würde, indem jede Anstalt der christlichen Liebe wie ein erwärmendes und belebendes Feuer wirke und Licht und Leben rings um sich her verbreite."[1]

Durch die im darauf folgenden Jahr tatsächlich erfolgte Gründung einer solchen Einrichtung wurde der Ausgangspunkt für eine bemerkenswerte Entwicklung geschaffen, die zu dem jetzigen "Diakoniewerk Ruhr/Witten" führte, das zusammen mit der "Diakonenanstalt Martineum" zur größten evangelischen Ausbildungsstätte im rheinisch-westfälischen Industriegebiet wurde.

Abb. 198: Das Diakoniewerk Ruhr in Witten

Mit diesen Worten begründete Pastor F. Pröbsting auf der Generalversammlung des "Vereins für die Innere Mission in der Grafschaft Mark und den angrenzenden Kreisen" am 2.12.1889 in Schwelm die Vorteile eines eigenen Diakonissenhauses für die Industrieregion an der Ruhr.

Hierbei beschränkt sich das Ausbildungsangebot nicht nur auf verschiedene sozialpflegerische Berufe, sondern schließt neben der Ausbildung zum Diakon auch ein breites Angebot zur diakonisch-theologischen Weiterbildung und Diakonissenausbildung ein.[2] Der heute erreichte Stand sowie bereits auch die Gründung sind und waren geprägt von den sich wandelnden sozialen Bedürfnissen der Region, wodurch sich diese Einrichtung selbst als ein gleichsam natürlich gewachsener Bestandteil des Ruhrgebiets ausweist.

Anlaß zur Gründung war eine durch die ständig steigenden Beschäftigungszahlen und dem damit verbundenen Bevölkerungsanstieg verursachte Verschärfung der sozialen Bedingungen.[3] Dies bedeutet in Bezug auf die "Industriegemeinden" im Ruhrgebiet, die als Träger sozialer Einrichtungen Krankenhäuser und Kindergärten unterhielten, einen ständig wachsenden Bedarf an qualifiziertem Personal, vor allem aber auch an Gemeindeschwestern, wollte man der gestellten Herausforderung erfolgreich begegnen.

Da diese gestiegenen Belastungen nicht mehr allein mit Hilfe von Schwestern aus den Diakonissenanstalten Düssldorf-Kaiserswerth und Bielefeld-Bethel bewältigt werden konnten, reifte schnell der Gedanke an ein "eigenes" Diakonissenmutterhaus.[4] Dieser Gedanke wurde bezeichnenderweise nicht nur von kirchlicher Seite vertreten, er fand vielmehr in den Kreisen der Industrie sowie bei der dann erfolgten Gründung bei der Stadt Witten eine breite Unterstützung, was die Erwartungen und den dieser Einrichtung zugedachten Stellenwert deutlich beleuchtet.[5] Zudem waren sich die Verantwortlichen stets des Charakters dieser Diakonissenanstalt als einer Neugründung speziell für diese Region bewußt. So heißt es: "Die Lage von Witten zwischen Kaiserswerth und Bethel hatte etwas Symbolhaftes für die geistliche und geistige Art des dortigen Mutterhauses. Zwischen der pietistisch gefärbten Art des Minden-Ravensberger Landes und der fast militärisch straffen Eigenart des Kaiserswerther Mutterhauses galt es einen Weg zu finden, der das Gute aus beiden Seiten annahm und doch wieder eine selbständige Gestaltung verbürgte."[6]

Als "Kristallisationspunkt" des "Diakonissenhauses für die Grafschaft Mark und das Siegerland", so der offizielle Name, wurde das 1863 gegründete und für damalige Verhältnisse mit 110 Betten recht große evangelische Krankenhaus der evangelisch-lutherischen Gemeinde in Witten ausgewählt. Andere Angebote bestanden zudem aus den Städten Dortmund, Duisburg, Gelsenkirchen, Hagen und Iserlohn.[7]

Ausschlaggebend für eine Entscheidung zugunsten Wittens war die hier gegebene Möglichkeit für großzügige Ausbauarbeiten, zuletzt aber auch die entgegenkommende Haltung des Trägers, der evangelisch-lutherischen Gemeinde, auf ein Mitspracherecht bei der Leitung des Krankenhauses zu verzichten.[8]

Abb. 199

War mit der Wahl dieses Ortes die Voraussetzung erfüllt, daß an einem "möglichst großen, frequentierten Krankenhaus den Probeschwestern Gelegenheit zu vielseitiger, praktischer Ausbildung geboten werden könne"[9], so erfolgte die eigentliche Gründung mit der Amtseinführung des ersten Vorstehers der Diakonissenanstalt, Pastor Martin Graeber, am 19.10.1890. Erste Vorsteherin wurde die Kaiserswerther Diakonisse Minna Meyer. Der nun rasch einsetzende schrittweise Aufbau der Diakonissenanstalt und der damit verbundene Ausbau des Krankenhauses belegen eindringlich den großen Bedarf, der für diese Einrichtung bestand.

Die Ausbildung von Krankenschwestern wurde unverzüglich aufgenommen und erfuhr durch die staatliche Anerkennung 1908 eine zusätzliche Aufwertung. 1892 erfolgte die Einsegnung der ersten Diakonisse, welche als Gemeindeschwester nach Weidenau ging, ein Jahr später konnten bereits sechs weitere Diakonissen eingesegnet werden. Das 1897 gegründete und 1922 als "Seminar für Kleinkinderschullehrerinnen" staatlich anerkannte "Kleinkinderschulschwestern-Seminar", sowie das 1912 geschaffene Haushaltspensionat, das ab 1929 unter dem Name "Marthaschule" als Schule für Hauswirtschaft geführt wurde, erweiterten das Bildungsangebot. 1905 folgte ein großangelegter Umbau und die Errichtung von "Haus Abendfrieden" als erstes Feierabendhaus für Schwestern. Erwähnenswert ist der 1907 angelegte und noch heute bestehende Schwesterngarten, durch den vor allem eine Ansiedlung von Schwerindustrie in unmittelbarer Nähe des Krankenhauses verhindert werden sollte.[10] Bereits zehn Jahre nach der Gründung gehörten dem Mutterhaus 181 Schwestern an, von denen allein 141 noch in der Ausbildung standen und zum 25jährigen Jubiläum waren insgesamt 909 Schwestern der Anstalt beigetreten.

Somit konnte man zurecht von einer erfolgreichen Gründung sprechen. Einen tiefen Einschnitt in das Leben des Mutterhauses bildete die Zeit des "Dritten Reichs" und des Zweiten Weltkrieges.[11]

Hatte man durch die rechtzeitige Gründung der "Verbandsschwesternschaft im Kaiserswerther Verband" am 1.3.39 eine Vereinnahmung durch die NS-Schwesternschaft verhindern können, so mußte durch politischen Druck die Ausbildung in der "Marthaschule" und die Arbeit der Kindergartenschwestern aufgegeben werden. Schließlich wurde die Anstalt während zweier Luftangriffe am 12.12.1944 und 19.3.1945 zu 80 % zerstört.

Abb. 200

Neuanfang nach dem Krieg

Eine funktionierende Hausgemeinschaft, Opferbereitschaft und zuletzt auch der Glaube an den in der Arbeit verwirklichten diakonischen Auftrag halfen der Diakonissenanstalt, diese schwere Zeit zu überstehen und ließen an einen erfolgreichen Wiederaufbau denken.

Tatsächlich setzte in der unmittelbaren Nachkriegszeit ein deutlicher Aufschwung ein. So konnte der damalige Vorsteher Pastor Hermann Keckelke schreiben: "Unsere Schwesternzahl beträgt zur Zeit einschließlich Schülerinnen 914. Von diesen Kräften arbeiten in 22 Krankenhäusern 417 Schwestern, in 161 Gemeinden 224 Schwestern, in 18 Kindergärten 18 Diakonissen, in 6 Altersheimen 7 Schwestern, in 1 Kinderheim 1 Diakonisse, in Wirtschaftsbetrieben 34, im Mutterhaus 2 Lehrschwestern, im Mutterhaus tätig 10 Schwestern, in der Gefängnisarbeit 1 Diakonisse, in der Ausbildung 2 Schwestern."[12]

Die nun beginnende Entwicklung zum "Diakoniewerk Ruhr" in der jetzigen Form unterschied sich erheblich von der Gründungsperiode. Ausschlaggebend hierfür waren grundlegende gesellschaftliche Wandlungsprozesse, welche sich unter anderem in einem vergrößerten Angebot sozialer Berufsmöglichkeiten und einem Anstieg der Heiratsquote äußerten. Dies alles verminderte die Attraktivität des Diakonissenberufes in erheblichem Maße.[13]

In den anschließenden 20 Jahren stellte sich immer deutlicher folgende Situation heraus: Trotz eines gewachsenen Personalbedarfs in den Krankenhäusern stieg lediglich die Zahl der "Verbandsschwestern", die der Diakonissen hingegen fiel stetig. Zudem wurden vermehrt auch von außerkirchlicher Seite sozialpädagogische Ausbildungsstätten angeboten.[14] Neue Wege wurden gesucht und gefunden.

Mit der Errichtung des Vereins "Evangelische Sozialpädagogische Ausbildungsstätte Witten e.V." am 10.7.1970 als Träger der "Fachschule für Sozialpädagogik" - Nachfolger des ehemaligen "Seminars für Kleinkinderschullehrerinnen" - und des erst im selben Jahr gegründeten "Fachseminars für Altenpflege" wurde dem Ausbildungsangebot in Witten eine neue, zeitgemäße Form gegeben. Zwei Jahre darauf am 1.1.1972 wurden Diakonissenschaft und Verbandsschwesternschaft zur "Diakonischen Schwesternschaft Witten" verbunden. Kennzeichnendstes Merkmal dieser Umorientierung war jedoch die Umbenennung des "Diakonissenhaus für die Grafschaft Mark und das Siegerland" in "Diakoniewerk Ruhr-Witten" am 1.7.1973: "Der neue Name...weist in seiner Zusammensetzung auf drei Bezüge hin: "Diakonie" auf den karitativen Dienst im kirchlichen Bereich, "Werk" auf die einzelnen Arbeitsgebiete und "Ruhr" auf den angestammten Standort und die gewachsene Verbundenheit."[15]

Sichtbares Symbol dieser "Neuen Zeit" ist neben dem 1974 errichteten Schulzentrum der am 11.6.1976 eingeweihte 428 Betten umfassende Neubau des evangelischen Krankenhauses, das seit 1934 vom Diakonissenhaus unterhalten wird.

Daß der Schritt von einer reinen Diakonissenanstalt zu einem evangelischen Ausbildungs- und Pflegezentrum richtig war, belegen unter anderem die aktuellen Statistiken[16]: Die "Diakoniegemeinschaft von Schwestern und Brüdern" hatte am 31.12.1989 fogenden Bestand: Von insgesamt 147 Diakonissen sind 128 im Ruhestand, 19 im aktiven Dienst und eine in der Ausbildung. Von den "Diakonischen Schwestern und Brüdern" waren 61 im Ruhestand, 124 aktiv, 15 beurlaubt und 2 in der Ausbildung.

Diese Entwicklung bedeutet aber nicht ein Abschied von der Ausbildung zur Diakonisse überhaupt. Im Gegenteil wurde am 1.10.1985 die traditionelle Diakonissenausbildung in den

Rahmen eines neuen Ausbildungskonzepts, der "Diakonisch-theologischen Weiterbildung/Diakonissenausbildung" gestellt, was neben der Übernahme traditioneller Elemente eine wesentliche Erweiterung der theoretischen Grundlagen einschließt.[17]

Aber auch die "Feierabendschwestern" haben einen unverzichtbaren Anteil am Gemeinschaftsleben. "Sie sind Glieder der Diakoniegemeinschaft und bringen Wichtiges ein: Berufserfahrung, Lebenserfahrung und besondere Kenntnisse im Umgang mit Krankheit und Alter. Alle treten miteinander in der Fürbitte ein. Sie haben Zeit füreinander und für Menschen, die ein Gespräch suchen. Auch begleiten sie kritisch Entscheidungen und Entwicklungen in der Diakoniegemeinschaft und im Diakoniewerk Ruhr-Witten."[18]

Haben sich so die Rahmenbedingungen und daher auch die Form dieser Ausbildungsstätte in den vergangenen 101 Jahren entscheidend gewandelt, so ist das "Diakoniewerk-Ruhr" seinem Geist treu geblieben. Da sich diese Arbeit im Wirkungsfeld der seit 1976 eigenständigen Anstaltsgemeinde abspielt, wird sie gleichzeitig zu einem Beispiel für Diakonie in und für die Gemeinde, ein Gedanke, der auch mit Hilfe einer umfangreichen Öffentlichkeitsarbeit nach außen getragen wird.[19]

Die Diakonenanstalt Martineum

Mit dem "Diakoniewerk-Ruhr Witten" sehr eng und seit 1973 auch räumlich verbunden, ist die am 10.11.1907 ebenfalls in Witten gegründete "Diakonenanstalt Martineum".

Ursache der Gründung war gleichfalls die infolge der raschen Industrialisierung fortschreitende soziale Verelendung.[20] Der Ruf nach einer Anstalt zur Ausbildung von Diakonen als Gemeindehelfer und vor allem Jugendpfleger war nicht neu. Einen ersten, jedoch nicht verwirklichten Beschluß dazu faßte bereits die Westfälische Provinzialsynode von 1890.[21] Interessant für den Charakter des späteren Martineums ist die Tatsache, daß der Anstoß zur Wiederaufnahme dieser Pläne auf die Initiative des Presbyteriums der Gemeinde Altenbochum während der Kreissynode von 1905 zurückging: "Es ist also die Basis einer presbyterial-synodal verfaßten Kirche selbst gewesen, die die Notwendigkeit eines neuen kirchlich-gemeindebezogenen Berufs erkannte."[22] Demnach entsprang der Gedanke an eine solche Einrichtung direkt den Bedürfnissen der Gemeindearbeit im Ruhrgebiet.

Hintergrund dieser Neustrukturierung der Gemeindearbeit war die Verunsicherung der Gemeinden gegenüber den im "Großen Ruhrbergarbeiterstreiks" von 1904/05 offen ausgetragenen sozialen Konflikten.[23] Diese Situation war von einer Loslösung ganzer Bevölkerungsschichten, insbesonders der Jugend, von den traditionellen christlichen Wertvorstellungen bestimmt. Wollte die Kirche wieder zur Jugend aufschließen, "die unter den Bedingungen industrieller Arbeits- und Freizeitwelt und unter dem geistigen Einfluß neuzeitlicher säkularer Emanzipationsbewegungen ihre religiöse, sittliche und politische Orientierung auf christlicher Grundlage zu verlieren drohte"[24], so war ein zeitgemäßer Loslösungsvorschlag vonnöten. Um dieser Forderung gerecht zu werden und so auch eine konkrete Hilfeleistung zur Entschärfung der sozialen Konlikte anzubieten, wurde auf der Versammlung des Verbands der Inneren Mission in Westfalen vom 4.11.1907 die Gründung des "Martineums, Evangelisches Brüderseminar zur Ausbildung von Jugendpflegern und Gemeindehelfern" beschlossen.

Da jedoch das Ausbildungskonzept ausschließlich von traditionell-konservativem Gedankengut geprägt war und das Martineum in seiner Anfangszeit zudem bewußt als Waffe einer obrigkeitshörigen Kirche im Kampf gegen sozial-demokratische Bewegungen benutzt wurde, konnte das Ziel, die

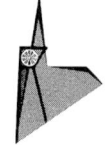

Entfremdung zwischen Kirche und der Arbeiterschicht zu überwinden, nicht erreicht werden.[25]

Heute ist das Martineum demgegenüber als Ausbildungsstätte für Diakoninnen und Diakone und Sitz der "Evangelischen Martineumsgemeinschaft" in freier Trägerschaft prägnanter Bestandteil des "Diakoniewerks-Ruhr", mit dem es in vielfältiger Weise verbunden ist. Diese Verbundenheit äußert sich in der kooperativ durchgeführten Ausbildung von Krankenpflegediakon/innen. "Sichtbarer" Ausdruck sind jedoch das 1979 in Gemeinschaft gebaute und genutzte "Lukas-Zentrum" und zuletzt auch die gemeinsamen Einsegnungen von neuen Mitgliedern der beiden diakonischen Gemeinschaften.

Abb. 201: Die Diakonieanstalt "Martineum"

Von den derzeit über 300 Mitgliedern der Gemeinschaft üben 235 ihren Beruf auf unterschiedlichen Arbeitsfeldern aus.[26] Dies bedeutet neben dem klassischen Aufgabenbereich, der Tätigkeit als DiakonIn in der Kinder- und Jugendarbeit einer Kirchengemeinde, Übernahme von Aufgaben in der Krankenpflege, Altenbetreuung, offenen Jugendarbeit oder in so ausgefallenen Bereichen wie der Seemannsmission.[27]

Ermöglicht wurde diese Vielfalt durch das qualifizierte Ausbildungsangebot, das im Moment von über 100 SchülerInnen genutzt wird. Das differenzierte Berufsbild ist Folge der in der Ausbildung erworbenen doppel- ten Qualifikation, denn am Ende der 5- bis 7-jährigen Schulung erwirbt der kirchlich anerkannte Diakon auch den Abschluß einer staatlich anerkannten Sozialausbildung.[28] Der jedem freigestellte Eintritt in die "Martineumsgemeinschaft" sichert eine weitere Betreuung auch über die Zeit der Ausbildung hinaus.

Die Entwicklung zum jetzigen Stand ist untrennbar mit dem Namen des Vorstehers des Martineums verbunden, in dessen 30-jährige Amtszeit von 1959-1989 die entscheidenden Weichenstellungen fielen: Pastor Christoph Theurer. Dieser Mann, dem stes eine tiefsitzende Skepsis gegen alles Grundsätzliche und Systematische"[29] zu eigen war, erkannte die Möglichkeiten des Martineums und schuf neue zeitgemäße Formen, was sich besonders in der zunehmenden Qualifizierung der Ausbildung, aber auch in dem konsequenten Bruch mit einer reinen "Männer-Diakonie" niederschlug. Seit 1972 steht die Ausbildung auch Frauen offen.[30] Nicht alle Entscheidungen waren unumstritten, so etwa die 1972 erfolgte Rückverlegung des seit 1920 in Volmarstein befindlichen Martineums nach Witten. Der Erfolg war nicht immer sogleich kalkulierbar, doch spricht allein die seit Theurers Amtsantritt sich verdreifachte Zahl von Mitgliedern und Studierenden eine deutliche Sprache[31]. Nach seinem Ausscheiden führt nun Pastor Eisermann die Geschäfte fort.

Auch nach über 80 Jahren steht das Martineum vor der Aufgabe, sich den sozialen Herausforderungen im Ruhrgebiet zu stellen. Die Mitglieder der "Evangelischen Martineumsgemeinschaft", die zu beinahe 30 % aus dem Ruhrgebiet stammen, sind bereit, mit ihrem Bekenntnis zu diakonischem Handeln diese Herausforderung auch in Zukunft aufzunehmen.

Hanns Neidhardt

1. B. J. Sobotka, "Geschichte des Diakonissen-Martineums Witten" in: B. J. Sobotka (Hrsg.), "Helfen und Heilen Lernen - 100 Jahre Diakonissen-Martineum Witten" Witten 1991, S. 93
2. Das "Diakoniewerk Ruhr" umfaßt folgende Einrichtungen: Evangelisches Krankenhaus Witten und Krankenpflegeschule, Mutterhaus, Fachschule für Sozialpädagogik, Pflegevorschule Fachseminar für Altenpflege; angeschlossen ist die "Diakonieanstalt Martineum". Vgl. C. Theurer, "Diakoniewerk Ruhr - größtes evangelisches Ausbildungszentrum im Industriegebiet" in: W. Tometten (Hrsg.), "Evangelische Gemeinden an der Ruhr - Der Kirchenkreis Hattingen-Witten, Witten 1983 S. 120
3. Vgl. C. Theurer a.a.O., S. 120
4. Vgl. B. Sobotka a.a.O., S. 93
5. Vgl. C. Theurer a.a.O., S. 120, vgl.die Zusammensetzung des Vorstandes des Diakonissenhauses, in: B. Sobotka a.a.O., S. 95
6. C.Prein, "Diakoniegemeinschaft von Schwestern und Brüdern: Das Diakoniewerk Ruhr-Witten", in: B. Sobotka, a.a.O., S. 170
7. Vgl. C. Theurer, a.a.O., S. 120
8. Vgl. B. Sobotka, a.a.O., S. 93ff
9. C.Prein, a.a.O., S. 167
10. Vgl. B. Sobotka, a.a.O., S. 122
11. Vgl. B. Sobotka ,a.a.O., S. 140ff
12. C. Prein, a.a.O., S. 185
13. Vgl. B. Sobotka, a.a.O., S. 160f, C. Prein,, a.a.O., S. 185
14. Vgl. C. Prein, a.a.O., S. 186
15. B. Sobotka, a.a.O., S. 161
16. R. Schmitt, Synodalbericht 1989
17. Vgl. C. Prein, a.a.O., S. 186/191 vgl., C. Prein: "Diakonisch-Theologische Weiterbildung", in: B. Sobotka (Hrsg.), "Helfen und Heilen lernen", a.a.O., S. 236ff
18. C. Prein, a.a.O., S. 186
19. Vgl. R. Schmitt, "Das Mutterhaus als diakonisch-missionarisches Zentrum" in: B. Sobotka ,a.a.O., S. 260f
20. Vgl. S. Eisermann, "Nun ist er Gemeindediakon", in: W. Tometten ,a.a.O., S. 122
21. Vgl. G. Brakelmann, "Aus der Anfangszeit des Martineums - Eine historisch-kritische Betrachtung", in: G.Sauer/U.Buch/S.Eisermann (Hrsg.) "Wer in der Liebe bleibt" - Grundlagen und Praxis einer diakonischen Kirche." Stuttgart 1986, S. 19ff
22. Vgl. G. Brakelmann, a.a.O., S. 20
23. Vgl. G. Brakelmann, a.a.O., S. 20-23
24. Vgl. G. Brakelmann, a.a.O., S. 23
25. Vgl. G. Brakelmann, a.a.O., S. 27f/32f
26. Vgl. G.Sauer, "Diakonen-/Diakonissenausbildung, in: B. Sobotka, a.a.O., S.249
27. Evangelische Martineumsgemeinschaft (Hrsg.), Wir sind...o.O., o.J., S. 2-11
28. Vgl. S. Eisermann, a.a.O., S. 122
29. S. Eisermann, "Christoph Theurer" in: G. Sauer/ U.Buch/S.Eisermann (Hrsg.), a.a.O., S. 14
30. Vgl. a.a.O., S. 18
31. Vgl. a.a.O., S. 17f

Die Orthopädischen Anstalten Volmarstein

Die Orthopädischen Anstalten Volmarstein wurden im Jahre 1904 von Franz Arndt (1848-1917), dem damaligen Pfarrer von Volmarstein, gegründet. Damals hießen sie "Krüppelanstalten Volmarstein". Arndt hatte eine spastisch gelähmte Tochter, die ihn durch ihre Behinderung dazu angeregt hatte, ein Heim für Körperbehinderte zu schaffen. 1904 wurde das erste Gebäude, das Johanna-Helenen-Heim, bezogen. In diesem einen Gebäude waren in den ersten Jahren die Klinik, Wohnungen, eine Schule und Werkstätten untergebracht, in denen die schulentlassenen Jugendlichen eine Beschäftigung und wenig später auch eine Berufsausbildung erhielten. Das war von Beginn an einer der Schwerpunkte der Anstalten, denn eine der Zielvorstellungen Arndts war es, "aus Almosenempfängern Steuerzahler" zu machen[1].

Da in Westfalen zur damaligen Zeit keine weiteren Einrichtungen zur Förderung Behinderter bestanden, nahm die Zahl der Patienten jährlich zu. So mußten weitere Häuser errichtet und bestehende erweitert werden. Dabei blieb man auf Spendengelder angewiesen.

Während des Ersten Weltkrieges wurde in Volmarstein ein Lazarett für Kriegsversehrte eingerichtet, und nach dem Ersten Weltkrieg ein Kriegsinvalidenheim, das Franz-Arndt-Haus, gebaut. Die Diktatur der Nationalsozialisten und der Zweite Weltkrieg brachten die Anstalten in schwere Bedrängnis: Die Förderung von Behinderten und Kranken durch die Behörden nahm stark ab, der Anweisung Hitlers zur Vernichtung "lebensunwerten Lebens" mußte widerstanden werden[2]. Ein Reservelazarett mußte in der Klinik

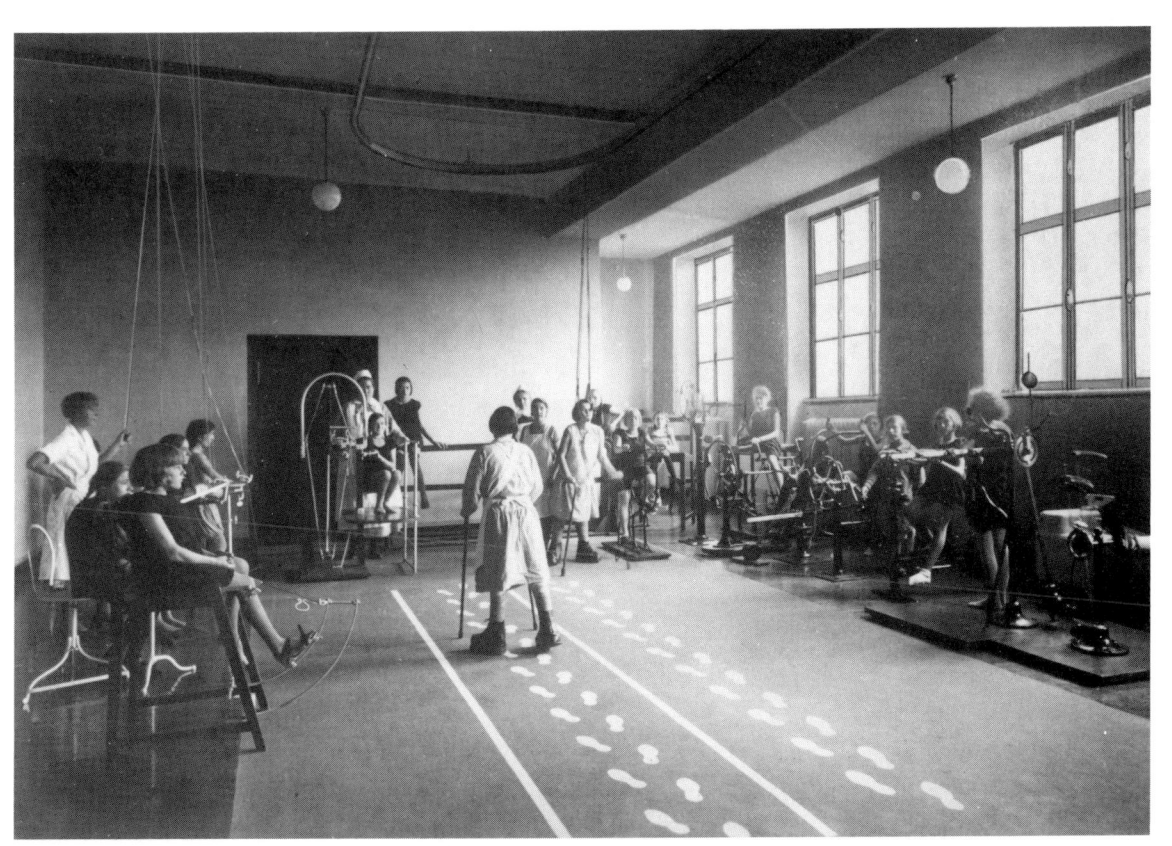

Abb. 202: Rehabilitation in den Orthopädischen Anstalten Volmarstein in den 50er Jahren

untergebracht werden, und fast alle irgendwie Einsatzfähigen wurden in der Wirtschaft eingesetzt.

So mußten sich die Orthopädischen Anstalten Volmarstein im Laufe der Geschichte mehrfach neuen Gegebenheiten und Aufgaben anpassen. Sie sind heute eine rechtsfähige Evangelische Stiftung des privaten Rechts. Zum Stiftungszweck heißt es im § 2 der Satzung:

"1. Die Stiftung ist ein Werk der Diakonie, dessen Aufgabe es ist, in seinen Einrichtungen mit allen Mitarbeitern als Zeugnis christlichen Glaubens Menschen zu helfen. Für alle Einrichtungen und Mitarbeiter der Stiftung ist dieser diakonische Auftrag der Kirche verpflichtend. In evangelisch-diakonischer Verantwortung verfolgt die Stiftung ausschließlich und unmittelbar gemeinnützige, mildtätige und kirchliche Zwecke... ."

Diese diakonische Einrichtung gehört heute zu den größten evangelischen Rehabilitationszentren für Körperbehinderte in Deutschland und umfaßt folgende Einrichtungen[3]:
- die Orthopädische Klinik, die neben modernstem Operationszentrum auch eine Ambulanz, orthopädische Werkstätten, Krankengymnastik und Ergotherapie einschließt, mit 180 Betten, davon 35 für Rheuma-Orthopädie,
- den Wohnbereich für behinderte Erwachsene mit fünf Häusern, in denen insgesamt 183 Plätze zur Verfügung stehen,
- den Wohnbereich für Kinder und junge Erwachsene mit 90 Plätzen,
- zwei Häuser der Altenhilfe mit 205 Plätzen,
- die Werkstatt für Behinderte mit derzeit 120 Plätzen[4],
- die Oberlinschule mit 210 Plätzen, von denen 80 auf Internatsschüler fallen,
- das Berufsbildungswerk (BBW) mit rund 400 Plätzen, in denen die Erstausbildung in etwa 40 verschiedenen Berufen erfolgt,
- die Beruflichen Schulen als direkter Partner im dualen System der Berufsausbildung des BBW mit 400 Plätzen,
- das Internat mit 366 Plätzen und
- die Evangelische Anstaltskirchengemeinde Volmarstein mit etwa 800 Gemeindegliedern[5].

Etwa 1.000 Mitarbeiter sind in den Orthopädischen Anstalten Volmarstein beschäftigt.

Die Arbeit in den Anstalten

Die Hauptaufgabe der Orthopädischen Anstalten Volmarstein liegt in der medizinischen, schulischen und beruflichen Rehabilitation der Körperbehinderten, d.h., in dem Bemühen, sie als vollberechtigte Glieder in ihre Umgebung zu integrieren. Die gesamte Arbeit in Volmarstein stand immer und steht auch heute noch unter dem Motto "Heilen - Lehren - Pflegen".

- **Heilen**

Von diesem Bereich der Arbeit haben die 'Orthopädischen' Anstalten ihren Namen. Die Orthopädie befaßt sich mit Erkrankungen und Fehlfunktionen sowie mit Unfallverletzungen des Stütz- und Bewegungsapparates. Als soziales Endziel gilt es dabei, durch Funktionsverbesserungen nach Möglichkeit die Erwerbsfähigkeit der Behinderten zu erreichen. Die Orthopädie entwickelte sich dabei von einem zunächst mehr konservativen[6] zu einem zunehmend operativen Fach. Schon 1949 wurde in der Orthopädischen Klinik Volmarstein die erste Hüftgelenkplastik eingesetzt. In der modernen Orthopädie haben besonders vier Gruppen von Krankheiten an Bedeutung gewonnen: Verschleißerscheinungen, Unfallfolgen[7], Rheuma und Knochen-

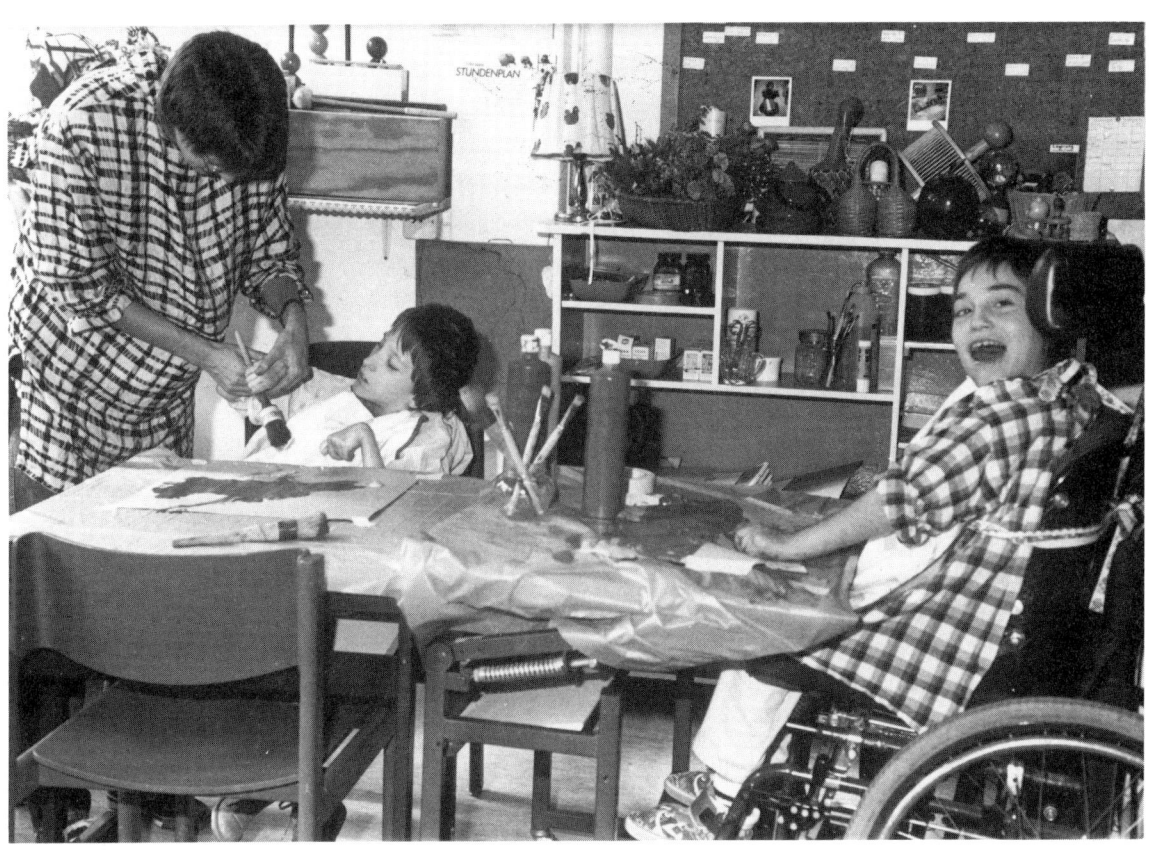

Abb. 203

krebs. Zu dem Bereich Heilen gehört auch die Orthopädische Werkstatt, in der unter anderem Rollstühle und Prothesen gefertigt und repariert werden.

- Lehren

Von der Gründung der Orthopädischen Anstalten Volmarstein im Jahre 1904 bis heute liegt ein Schwerpunkt ihrer Arbeit im Bereich des Lehrens. Dieser Bereich erstreckt sich von dem Schulbesuch in der Oberlinschule zur Berufsausbildung im Berufsbildungswerk und der Arbeit in den Werkstätten für Behinderte. Die Oberlinschule ist eine Schule für Körperbehinderte. Hier werden vorwiegend Schüler mit cerebralen Bewegungsstörungen in allen Schweregraden gefördert. Sie machen heute bis zu 70 % der Schülerschaft aus. Es wird versucht, jedes einzelne Kind individuell in seiner Situation bestmöglich zu fördern.

Bei der Berufsausbildung haben sich das Angebot und die Möglichkeiten erheblich verbessert: Beschränkte sich die Ausbildung Behinderter in den ersten Jahrzehnten dieses Jahrhunderts noch auf wenige Berufe, wie z.B. Bürstenmacher, Schneider oder Schuhmacher, können heutzutage im Berufsbildungswerk in Volmarstein annähernd 40 verschiedene Berufe aus folgenden Bereichen erlernt werden: Metall, Elektrotechnik, Grafik, Schuhmacherei, Hauswirtschaft, Schreinerei, Orthopädische Werkstätten, Schneiderei, Gärtnerei und kaufmännische Berufe. Außerdem steht innerhalb des Berufsbildungswerkes ein Bereich der Berufsfindung und Arbeitserprobung zur Verfügung, in dem die Jugendlichen ihre Fähigkeiten und beruflichen Neigungen feststellen können. Alle auszubildenden Rehabilitanden besuchen die Beruflichen Schulen im Berufsbildungswerk. Die erzielten Abschlüsse und Qualifikationen erfolgen nach den allgemeinen Ausbildungsverordnungen und entsprechen den staatlichen Regelungen.

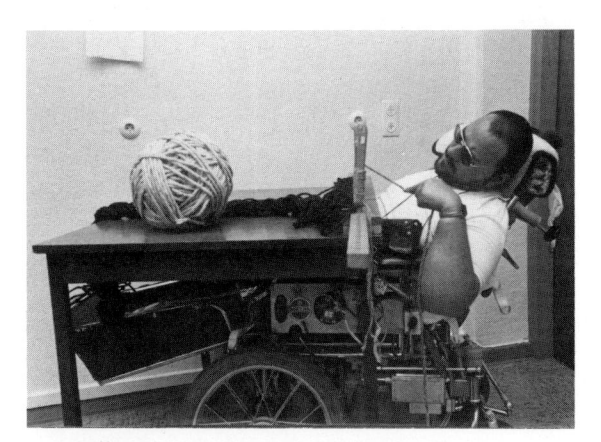

Abb. 204

Schon der Begründer der Orthopädischen Anstalten Volmarstein, Franz Arndt, hielt es für notwendig, für die in Volmarstein lebenden Behinderten Dauerarbeitsplätze in Werkstätten zu schaffen, um ihnen zu einem lebensbejahenden Dasein zu verhelfen. Diese Werkstätten waren die Vorläufer der heutigen Werkstatt für Behinderte, in der versucht wird, auch Schwerbehinderte zu beschäftigen. Die Werkstatt gliedert sich in einen Eingangs-, einen Arbeitstrainings- und einen Arbeitsbereich. Unter anderem werden folgende Arbeitsgebiete angeboten: Kleinmontage, Verpackungsarbeiten, Kabelmontage, Mattenfertigung, Buchbindearbeiten und anderes.

- Pflegen

Der Bereich 'Pflegen' ist der umfangreichste innerhalb der Orthopädischen Anstalten Volmarstein. Ungefähr 400 Menschen wohnen in den Wohn- und Pflegeheimen, darunter zum Teil schwerstbehinderte Männer und Frauen. Allerdings verstehen die Mitarbeiter der Einrichtung 'Pflege' nicht nur als bloße Versorgung mit Nahrung und der Anwendung einer Therapie, sondern vor allem auch als Hilfe zur Selbsthilfe.

Unbedingter Schutz der Menschenwürde

Besonders im Bereich der Pflege Schwerstbehinderter und in der Rehabilitation schwerstbehinderter Kinder und Jugendlicher haben sich Mitarbeiter und Bewohner der Anstalten in den letzten Jahren stark engagiert, um neuen Diskussionen um den Wert oder Unwert schwerstbehinderten Lebens und neuen Gedanken über Euthanasie entgegenzuwirken.

So veranstalteten die Orthopädischen Anstalten im Dezember 1989 eine Tagung zum Thema der Rehabilitation schwerstbehinderter Kinder und Jugendlicher[8].

Am 1.9.1989 wurde in der Martinskirche ein Gottesdienst zum Gedenken an den Überfall des Deutschen Reiches auf den Nachbarstaat Polen und der Anweisung Hitlers zur Vernichtung "lebensunwerten Lebens" am 1.9.1939 gehalten. Darin wurde eine Erklärung verlesen, in der unter anderem Aufgabe und Verpflichtung der Orthopädischen Anstalten Volmarstein folgendermaßen bestimmt wird: "So stehen wir ... in der Verpflichtung:
- neuen Gedanken um Euthanasie, Zwangssterilisation und genetische Manipulation, auch wenn sie ohne rassistische Hintergründe sind, entschieden entgegenzutreten,
- neuen Diskussionen um den Wert oder Unwert schwerstbehinderten -einschließlich des noch ungeborenen- Lebens und der Definition des schwerstbehinderten Menschen als 'Unperson' den Boden zu entziehen,
- unsere Rehabilitationspraxis ständig selbstkritisch zu überprüfen, ob in ihr der diakonische Ansatz menschenwürdiger Partnerschaft glaubwürdig gelebt wird,
- unsere Arbeit und ihre politischen Rahmenbedingungen so fortzuentwickeln, daß behinderte, alte und kranke Menschen Subjekte und Mitauftraggeber der Hilfe werden und bleiben,

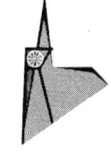

- den Wert des Menschen unabhängig von Nützlichkeit und Verwertbarkeit zu bestimmen,
- eine Gesellschaft mitzuformen, in der 'Starke' und 'Schwache' zu einer Gemeinschaft zusammenfinden.

Vom Evangelium und unserer lebendingen Erfahrung wissen wir, welch wertvolle Glieder der Gemeinschaft und Gesellschaft behinderte, alte und kranke Menschen sind. In ihrer Fähigkeit, mit Begrenzungen zu leben, beschenken sie jede Gemeinschaft[9]."

Joachim Waltemate

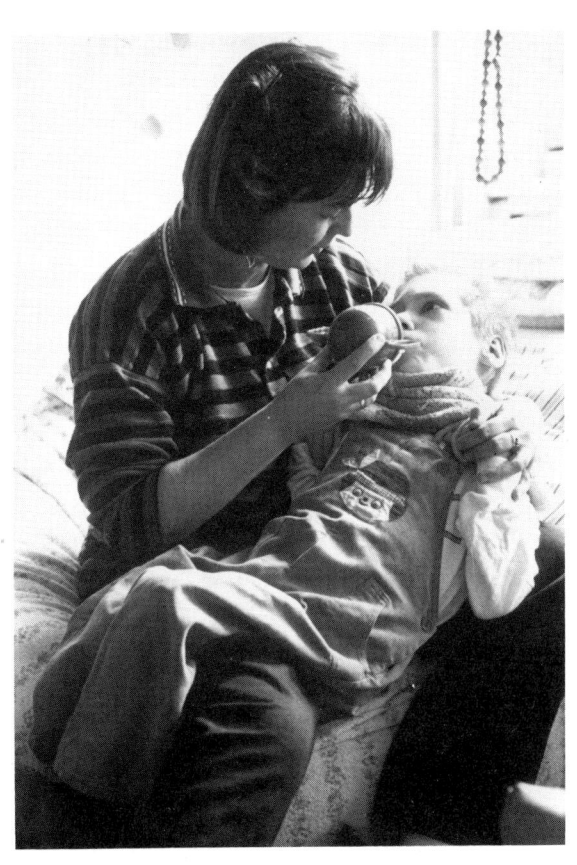

Abb. 205

1. Eine Biographie Arndts wurde von seiner Frau geschrieben: J. Arndt, Franz Arndt. Der Krüppelpfarrer von Volmarstein, Witten 1928
2. Soweit bekannt ist, wurden keine Bewohner der Volmarsteiner Anstalten ermordet oder 'abtransportiert', allerdings wurden Zwangssterilisationen durchgeführt
3. Die folgende Aufstellung ist entnommen dem Volmarsteiner Gruß, Informationen über Leben, Arbeiten in den Orthopädischen Anstalten Volmarstein, Ausgabe II 1990, hrsg. von den Orthopädischen Anstalten Volmarstein
4. Sie wird auf 180 Plätze erweitert
5. Seit dem Januar 1921 sind die Anstalten eine selbständige Kirchengemeinde mit Parochialrechten
6. Zur konservativen Behandlungsmethode gehören zum Beispiel orthopädisches Turnen, Heilwirkung von Bädern, Medikamente usw.
7. 1942 erkannten die Berufsgenossenschaften die Orthopädische Klinik als Unfallklinik an
8. Verlauf und Beiträge dieser Tagung sind nachzulesen in: "Die Rehabilitation schwerstbehinderter Kinder und Jugendlicher - Ist das noch Pädagogik? Ist das noch Medizin?", Dokumentation einer Tagung der Orthopädischen Anstalten Volmarstein, hrsg. von E. Springer, Wetter - Volmarstein 1990
9. Diese Erklärung ist unter anderem abgedruckt in der Dokumentation der Tagung auf den Seiten 161-163

Kirchliche Hilfe für Vertriebene und Aussiedler

Die Arbeit im Flüchtlingslager Unna-Massen

'Die Landesstelle für Aussiedler, Zuwanderer und ausländische Flüchtlinge in Nordrhein-Westfalen' in Unna-Massen - bekannter unter dem Namen 'Durchgangswohnheim' - ist die größte Einrichtung ihrer Art in Westeuropa. Das Hauptdurchgangslager Massen, so der damalige Name der Landesstelle, wurde am 1. Dezember 1951 eröffnet. Schon zwei Tage später war das Lager mit 1.500 Flüchtlingen voll belegt. Nach mehreren Umbauten und Lagererweiterungen bietet die Landesstelle im Jahre 1991 das Bild einer modernen Stadtrandsiedlung, die nunmehr über 4.500 vorübergehende Aufnahmeplätze verfügt. Den Opfern der Flucht und Vertreibung wurde und bleibt Unna-Massen ein erster Zielpunkt ihres Weges und der Startplatz in ein besseres Leben.

"Und jeder brachte ein Stück kirchliches Leben mit."

Als Herbert Neß im Jahre 1937 in Breslau ordiniert wurde, konnte er nicht ahnen, daß er schon wenige Jahre danach seine Heimat verlassen mußte. Der damals 38-jährige Pastor teilte das Schicksal mit Hunderttausenden, als er im Jahre 1946 zwangsevakuiert wurde. In der Kraft seines Glaubens überwand Herbert Neß diesen tiefen Einschnitt in sein Leben. Nach der Ankunft mit dem Sammeltransport fand er zunächst in der westfälischen Diaspora eine neue Aufgabe. Bald darauf wurde er zum Landesflüchtlings-Pfarrer von Westfalen ernannt. Diesen Dienst übte Herbert Neß in den Jahren von 1955 bis zum Erreichen seiner Altersgrenze 1973 aus. Wir besuchten ihn im Perthes-Heim in Münster, wo er seinen Ruhestand verlebt.

Frage: Herr Pastor Neß[1], Sie sind der letzte ordentlich bestimmte Landesflüchtlings-Pfarrer von Westfalen. Kein anderer Mensch in Nordrhein-Westfalen hat so viele Lager von innen gesehen wie Sie.

Antwort: Viele Erinnerungen werden bei mir wach. Zuerst gab es in Marienfelde die beiden großen Berliner Lager. Dann kam Friedland als Bundesgrenzlager dazu. Für Westfalen wurde Unna-Massen als Zentral-Lager eingerichtet. Ähnliche Hauptlager gab es in anderen Landesteilen auch. 40 % der Flüchtlinge kamen nach Westfalen, die anderen in die übrigen Bundesländer.

Frage: Nach welchem Prinzip ging man bei der Verteilung von Flüchtlingen in Nordrhein-Westfalen vor?

Antwort: Das geschah ganz unregelmäßig. Es wurde gefragt, ob dieses oder jenes Lager noch hundert oder zweihundert Leute aufnehmen kann oder nicht. Dementsprechend wurden die Leute umquartiert.

Frage: Gab es hierfür eine Zentralverwaltung?

Antwort: Das geschah alles vom Arbeits- und Sozialministerium in Düsseldorf aus. Dort war zu dieser Zeit die zentrale Leitstelle für Zuteilungen und Überweisungen.

Frage: Wie kam es, daß gleich nach Kriegsende die vielen Lager vorhanden waren?

Antwort: Nachdem es keine Soldaten mehr gab, konnte man alle Kasernen benutzen. Es bedurfte nur einer kurzen telefonischen Verständigung, und dann wurden die Menschen von Friedland aus in die anderen Lager verteilt.

Frage: Wann erfuhren Sie, daß in Unna-Massen ein Durchgangslager in Betonbauweise entstehen soll?

Antwort: Ich kam 1955 nach Unna, als das bereits bestehende Hauptdurchgangs-Lager umgebaut und erweitert wurde. Ich hatte die erste Umsiedlung von Siegen-Wellersberg nach Unna-Massen und anschließend als neu benannter Landesflüchtlings-Pfarrer den Ausbau dieser in den 50er Jahren modernen Wohnsiedlung miterlebt.

Frage: Was zeichnete Sie als Flüchtlingspfarrer aus? Warum fiel die Wahl auf Sie?

Antwort: Ich war Gemeinde-Pfarrer im Dellbrücker Land, mit 2.000 Seelen in einer Gemeinde, die ausschließlich aus Vertriebenen und Flüchtlingen bestand. Eine reine Flüchtlingsgemeinde, die ich gesammelt habe, und mit der ich eine Kirche gebaut habe. Die erfolgreiche Tätigkeit in dieser Diaspora-Flüchtlingsgemeinde war wohl der Anlaß, um als Flüchtlingspfarrer berufen zu werden.

heit der Flüchtlinge vertreten sollte gegenüber der Landeskirche. Er sollte darüber hinaus Einvernehmen herstellen zwischen den staatlichen Stellen und den Hilfs-Komitees der Ost-Kirche. Die Hilfs-Komitees wurden von den Vertriebenen eigenständig ins Leben gerufen. Sie galten als die erste neue kirchliche Einrichtung nach dem Krieg überhaupt.

Frage: Welche seelsorgerlichen Aufgaben gab es zu erfüllen?

Antwort: Einzelseelsorge konnte ich nur insofern wahrnehmen, als ich in den Lagern gepredigt und Besuche gemacht habe. Der Sinn meines Dienstes war in erster Linie eine zentrale Lenkungs- und Verbindungsaufgabe zwischen Vertriebenen, Flüchtlingen und

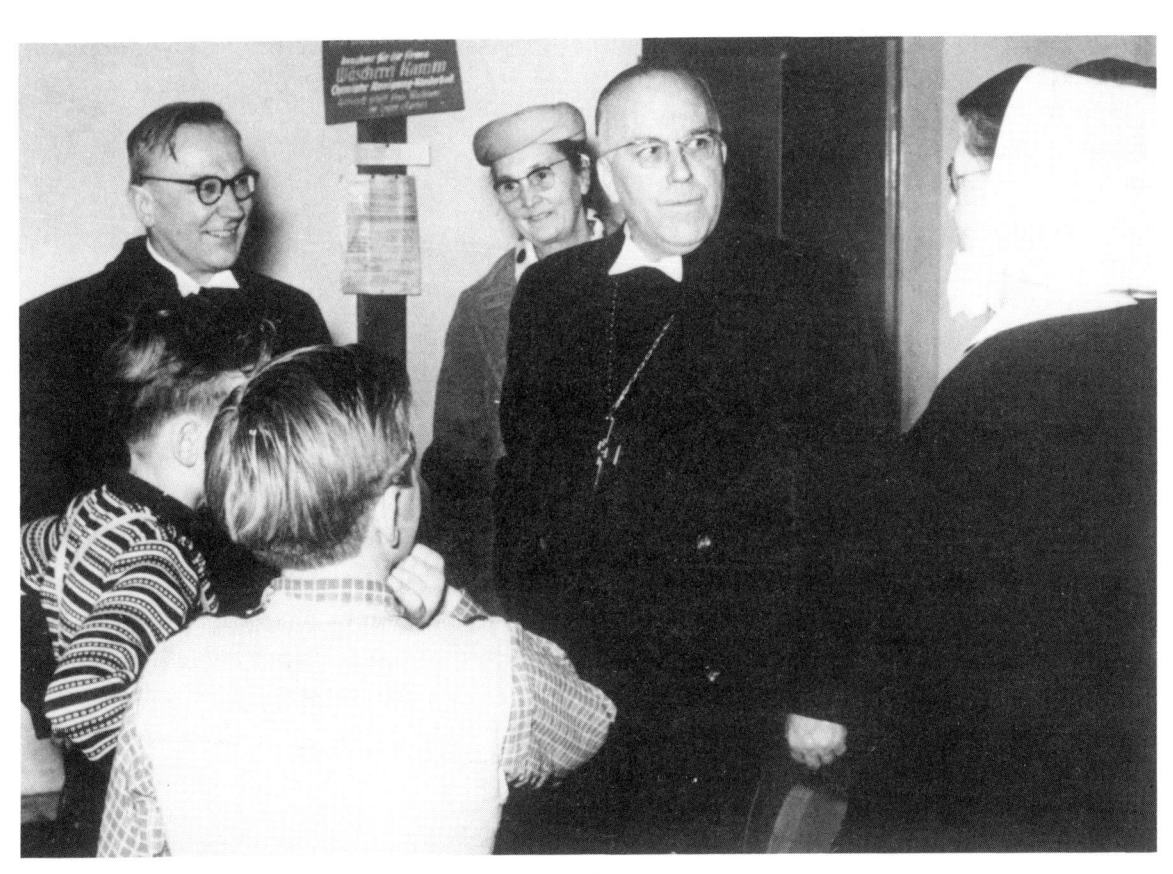

Abb. 206. Pastor Neß führt Bischof Wester durch das Lager

Frage: Wie darf man sich die Aufgabe des Landesflüchtlings-Pfarrers vorstellen?

Antwort: Es gab eine Dienstanweisung, wonach der Flüchtlingspfarrer die Gesamt-

Kirchengemeinden. Die Aufnahme von Hunderttausenden von Flüchtlingen in den Gemeinden zu steuern, war eine zeitfüllende Aufgabe, wenn man dazu noch bedenkt, daß anfangs keine Gemeinde bereit war, sich der Flüchtlinge anzunehmen.

Frage: Wohin wurden denn die ersten Flüchtlinge aus Unna-Massen weitergeleitet?

Antwort: Schwerpunkt der Aufnahmen war das östliche Westfalen, allein schon aus dem Grund, weil die Aufnahmekapazität im zerstörten Ruhrgebiet geringer war.

Frage: Wie sah Ihre Arbeit konkret aus?

Antwort: Wir haben in Unna Gottesdienste und Begrüßungsabende gehalten, zu denen die Vertriebenen eingeladen wurden, um von ihren Schicksalen zu berichten. Auch wollte man ihnen den Eingang in die kirchlichen Verhältnisse von Westfalen ein bißchen erleichtern.

Frage: Welche Erlebnisse hatten die Vertriebenen hinter sich?

Antwort: Die schrecklichen Erlebnisse der Verfolgung und der Vertreibung. Das 'Rausschmeißen' innerhalb von drei Stunden aus ihren Häusern, aus der Wohnung, aus der Heimat. Das waren schwere Schicksalsschläge. Ich selber mußte ja auch die Wohnung räumen. Abends um 10 Uhr wurde mir gesagt, daß ich am nächsten Morgen um 5 Uhr auf der Straße zu stehen habe. Das war die Massenvertreibung. Das Schicksal der Vertreibung ist auch ein gewaltiger Eingriff in die Glaubenssubstanz dieser Menschen gewesen. Auch die Ungewißheit, wohin der Zug fährt, war unerträglich.

Frage: Zu dieser Zeit sind auch viele litauische Flüchtlinge nach Deutschland gekommen. Aus welchen Gründen?

Antwort: Litauen, Estland und Lettland sind damals Okkupationsgebiete der Sowjetunion geworden. Viele Menschen flüchteten und kamen über Friedland direkt nach Westfalen.

Frage: Die Flüchtlinge trafen in Unna-Massen ein und wurden von staatlichen Stellen registriert. Sie besuchten die Flüchtlinge und stellten sich als der Flüchtlingspfarrer vor. Gab es keine Verständigungsschwierigkeiten?

Antwort: Anfangs nicht, denn damals sprachen alle noch deutsch. Nach dem Verbot der deutschen Sprache, etwa im polnischen oder rumänischen Machtbereich, änderte sich dies. Die einzigen, die ihre deutsche Sprache bis heute erhalten haben, sind die Rußland-Deutschen.

Abb. 207: Pastor Neß bei der Lagerweihnacht '59

Frage: Sie luden die deutschsprechenden Menschen zum Gottesdienst am Sonntag ein. Eine Gemeinde in dem Sinne gab es ja nicht im Flüchtlingslager. Muß man sich das so vorstellen, daß die Gemeinde alle vier bis fünf Wochen gewechselt hat?

Antwort: Ja. Deshalb blieb auch eine kontinuierliche Gemeindearbeit schwierig. Die jungen Pastoren wollten nicht nach Massen, weil dort keine gemeindliche Aufbauarbeit möglich war.

Frage: Wie verhielten sich die Menschen, die in dieser ehemaligen Zechensiedlung gelebt haben, als plötzlich ein Flüchtlingslager errichtet wurde?

Antwort: Es gab keine Verbindung zwischen den Einheimischen und den Flüchtlingen. Die existierten für sie nicht.

Frage: Haben sich diese Spannungen im Lauf der Zeit gelegt?

Antwort: Bis zu meinem Dienstende 1973 hatte man sich noch nicht an die Situation gewöhnt.

Frage: Gab es Unterschiede zwischen den Vertriebenen?

Antwort: Sie alle haben ein Stück eigenständiges, auch kirchliches Leben mitgebracht. Die Ostpreußen anders als die Pommern, die Pommern anders als die Schlesier. Die Rußland-Deutschen kamen alle mit der Bibel in der Hand. Die meisten von ihnen sind Baptisten und verstehen nicht, warum in unseren Gemeinden nur einer die Predigt hält. Sie haben sich in Unna-Massen ihre eigene Kirche gebaut, wo sie selber wirken konnten. Das ist bis heute so geblieben.

Frage: Verliert man nach einer so langen Tätigkeit mit diesen vom Schicksal geschlagenen Menschen nicht die Hoffnung, daß sich an diesem Elend irgendwann einmal etwas ändern wird?

Antwort: Solange es Menschen gibt, wird es auch Kriege geben. Solange es Kriege gibt, wird es Flüchtlinge geben. An irgendeiner Stelle der Welt brennt es immer. An irgendeiner Stelle setzen sich immer Menschen in Bewegung, um diesem Elend zu entrinnen.

Frage: Wurde Ihnen von den Kirchengemeinden, in die Sie teilweise die Flüchtlinge entließen, eine Anerkennung für Ihre Arbeit ausgesprochen?

Antwort: Ich habe in Kirchengemeinden Vorträge gehalten und in Pfarrkonventen gesprochen, mit dem Ziel, diese Problematik und die damit für uns entstandenen neuen Aufgaben darzustellen. Aber ein besonderes Echo hat es darauf nie gegeben.

"Bei uns muß immer Weihnachten sein."

Ein Gespräch mit Frau Lazar war nur möglich, weil die erwarteten Sammeltransporte mit Zehntausenden von Rußland-Deutschen wegen starker Schneefälle in der Sowjetunion nicht pünktlich in Unna-Massen eintrafen. So war dies die erste Woche seit einigen Monaten, die den im Lager Bediensteten eine kurze Atempause vergönnt hat. Frau Waltraud Lazar ist hier als Sozialarbeiterin darum bemüht, ihre Wertvorstellungen von Nächstenliebe und Barmherzigkeit mit lebendigem Geist zu füllen. Ihrem Dienstende im Jahre 1993 wird mit Sorge entgegengesehen. Ein Ersatz für "die gute Seele von Massen" ist nicht in Sicht.

Frage: Frau Lazar[2], Sie sind die Leiterin der Außenstelle des Diakonischen Werkes Unna e.V. innerhalb der Landesstelle für Aussiedler, Zuwanderer und ausländische Flüchtlinge in Nordrhein-Westfalen. Wann kamen Sie selbst nach Unna-Massen?

Antwort: Ich bin Ende Juli 1974 mit meinem Mann und unserem damals 16jährigen Sohn aus Siebenbürgen in die BRD umgesiedelt.

Frage: Welche Ausbildung haben Sie erfahren?

Antwort: Ich bin Sozialarbeiterin. In Rumänien geht der Berufung zur Sozialarbeiterin eine medizinische Ausbildung voraus. In der BRD bedurfte es dann noch eines siebenwöchigen Lehrgangs mit Abschlußzertifikat.

Frage: Danach folgte gleich der Sprung ins kalte Wasser?

Antwort: Ja. Am 1. Oktober 1974 habe ich die Außenstelle des Diakonischen Werkes in Massen übernommen. Da ich selber Aussiedlerin bin, konnte ich persönliche Kenntnisse in meinen Dienst einbringen.

Frage. Können Sie sich noch an Ihren ersten Arbeitstag in Massen erinnern?

Antwort: Daran erinnere ich mich gut, weil er mit einem freudigen Ereignis begann. Der Geschäftsführer des Diakonischen Werkes Unna kam zu Besuch und überreichte mir einen großen Blumenstrauß. Das habe ich vorher noch nicht erlebt.

Frage: Wie haben Sie anschließend erste Verbindungen hergestellt?
Antwort: Vormittags nahm ich zunächst Sprechstunden wahr und nachmittags machte ich Hausbesuche. Die Kontaktaufnahme bedeutete für mich nie eine Schwierigkeit.

Antwort: Das ist von Jahr zu Jahr unterschiedlich. Im Jahre 1974 waren es ungefähr 300 bis 350 Personen pro Monat. Seit 1988 hat sich das stark geändert, so daß wir inzwischen bei einer Zahl von 150 bis 200 Zugängen pro Tag angelangt sind.

Abb. 208: In der Frauenhilfe werden erste Kontakte geknüpft

Frage: Was beschäftigt die Ankömmlinge?
Antwort: In erster Linie müssen sie sich mit "Bürogängen" auseinandersetzen, die mit der Registrierung und dem Aufenthalt in Unna-Massen zusammenhängen. Zunächst haben sie sich beim Unterkunftsverwalter zu melden, danach geht es zur öffentlichen Meldebehörde. Dem Gang zum Arbeitsamt geht ein Besuch bei der Außenstelle der Stadtverwaltung voraus.
Frage: Wie vielen Menschen haben Sie im Laufe der Jahre beim Übersetzen und Ausfüllen von Formblättern geholfen?

Frage: Wie können Sie innerhalb von vier Wochen die Menschen über das neue Land und seine Verhältnisse aufklären?
Antwort: Ein Gespräch war noch vor wenigen Jahren viel intensiver und viel leichter zu führen. Heute hält sich ein Aussiedler nicht mehr vier Wochen, sondern im Durchschnitt nur 14 Tage in Unna-Massen auf. Vor 1989 konnte eine Familie in unsere Dienststelle kommen, und es wurden dann richtig intensive Gespräche geführt. Aber jetzt, da so viele Menschen kommen, ist das natürlich in dem Maße nicht mehr möglich.

Frage: Welche Möglichkeiten bieten sich als Alternative an?

Antwort: Wir haben die Zusammenarbeit mit den Kollegen und Kolleginnen der Diakonischen Werke in ganz Nordrhein-Westfalen erweitert. Wir treffen uns regelmäßig in einem zentralen Arbeitskreis in Münster, wo wir das Bündel an Problemen weiterreichen können, das wir in Unna-Massen allein nicht mehr schnüren können. In vielen Fällen stellen wir auch Verbindungen zwischen den Aussiedlern und den Diakonischen Werken in ihren zukünftigen Heimatorten her.

Frage: Hat sich in den langen Jahren Ihres Dienstes Grundlegendes geändert?

Antwort: Zunächst einmal hat sich die allgemeine Situation in der BRD stark verändert. Nicht die Altersstruktur der Aussiedler ist das Problem, sondern die hiesigen Strukturen haben sich zu Ungunsten der Aussiedler verändert: Wohnungsnot und Arbeitslosigkeit betrifft die Aussiedler in ganz großem Maße.

Frage: Haben die Volksdeutschen, etwa in Rußland oder Rumänien, Angst davor, auszusterben? Ist das der Grund, warum so viele zu uns kommen?

Antwort: Sie kommen als Minderheit kulturell nicht mehr zum Zuge. Es ist vor allem an die junge Generation zu denken. Die teilweise vorhandenen deutschen Schulen werden geschlossen, und der deutsche Kulturkreis, wie ihn die Eltern und Großeltern vorher gewohnt waren, wird verschwindend klein.

Frage: Wenn Sic nach Dienstschluß die Landesstelle verlassen, blicken Sie dann auf ein Ghetto in Massen zurück?

Antwort: Ich wohne in Massen. Ich fahre auch nach der Arbeit nicht weg, sondern lebe hier in einer Wohnung in der Landesstelle. Aber ich fühle mich trotzdem nicht wie in einem Ghetto, da ich von meinen Kollegen und Kolleginnen von Anfang an anerkannt worden bin. Und diese persönliche Erfahrung habe ich auch immer an die Aussiedler weiterzugeben versucht. Nur ist es so, daß man auch als Aussiedler etwas dafür tun muß, damit es ein gegenseitiges Geben und Nehmen wird. Wenn man z.B. auf eine Gruppe in der Gemeinde zugeht, dann verfängt man sich auch nicht in einer Ghetto-Situation.

Frage: Auf welche Gruppe könnte denn ein Flüchtling in der Kirchengemeinde Massen-Nord zugehen?

Antwort: Da muß ich als erstes unsere einheimische Frauenhilfe positiv erwähnen, die schon seit 1964 besteht. In dieser Gruppe versammeln sich einmal im Monat Einheimische und Aussiedler-Frauen.

Frage: Und das wird von den Aussiedlerinnen dankbar angenommen?

Antwort: Gewiß. Die Einladung wird über unsere Dienststelle ausgesprochen. Ich persönlich greife hier als Bezirksfrau der Aussiedlerfrauen vermittelnd ein. Mir persönlich ist es sehr wichtig, daß die Aussiedlerinnen auch hier den ersten Schritt tun. Wenn erst einmal die Schwellenangst überwunden ist, geht alles weitere viel leichter.

Frage: Ein Problemfeld für Sie sind ja nicht nur die Erwachsenen und die Älteren. Wie helfen Sie Familien, die mit Kindern nach Massen kommen?

Antwort: Familien, die mit Kleinkindern über drei Jahren kommen, weisen wir darauf hin, daß es hier die Möglichkeit gibt, den Kindergarten zu besuchen. Der Kindergarten ist die erste Stelle, wo der Versuch der Eingliederung unternommen wird, da einheimische Kinder aus Massen mit Aussiedlerkindern zusammenkommen. Die schulpflichtigen Kinder melden wir in unserer Gerhart Hauptmann-Schule an.

Frage: Wie ist es um die Spendenfreudigkeit der nordrhein-westfälischen Bevölkerung bestellt? Könnte man ein Paket gut erhaltener Kleidungsstücke an Ihre Dienststelle schicken?

Antwort: Wir sind auf Spenden der Bevölkerung für unsere Kleiderkammer angewiesen. Man kann Pakete mit Kleidern schicken oder bei uns vorbeibringen. Jährlich werden zwischen 60.000 und 100.000 Teile gebrauchter Kleidung verteilt.

Frage: Neben der Kleiderkammer organisieren Sie auch Kinder- und Weihnachtsfeste. Bekommen Sie zu Weihnachten Geschenke aus der Bevölkerung?

Antwort: Wir erhalten zur Weihnachtszeit viele Geschenke von Schulkindern und deren Eltern aus der näheren Umgebung. Unser Etat läßt uns auch noch einen gewissen Spielraum für Weihnachtspräsente. In den Weihnachspaketen aus der Bevölkerung sind dann vorwiegend neue, ungetragene Textilien.

Abb. 209: Waltraud Lazar

Frage: Ist für Sie das Weihnachtsfest das zentrale Ereignis in Unna-Massen?

Antwort: Das Weihnachtsfest an sich darf eigentlich nicht nur für die sein, die zu dieser Zeit gerade bei uns sind. Bei uns muß immer Weihnachten sein. Weil wir für alle, die das ganze Jahr über kommen, dasein wollen und es auch sind.

Frage: Ende der 50er Jahre erhielt die Landesstelle zusätzlich zur katholischen auch eine evangelische Kirche. Wann wurde sie eingeweiht?

Antwort: Die Grundsteinlegung war 1958, die Einweihung folgte 1959. Das von Bodelschwingh-Haus, in dem die Kirche und auch unsere Dienststelle untergebracht sind, wurde 1981 fertiggestellt.

Frage: Wie sehen Sie die Entwicklung der nächsten Jahre in Unna-Massen?

Antwort: Konkret weiß ich, daß die Aussiedlung der Volksdeutschen aus Rumänien bald abgeschlossen sein wird. Anders sieht das bei den Rußland-Deutschen aus, die in Zukunft in größerer Anzahl zu uns kommen werden. Der Problematik der Wohnungs- und Arbeitssuche für die Aussiedler sehe ich mit Sorge entgegen. Schließlich kann ich nur hoffen, daß das Verständnis der hiesigen Bevölkerung für die Beweggründe, die zur Flucht so vieler Menschen geführt haben und noch führen werden, erhalten bleibt. Ich wünsche mir, daß die Menschen aufeinander zugehen und die Aussiedler zu integrierten Mitgliedern in der Bundesrepublik werden.

Marian Pontzen

1. Gespräch Marian Pontzen mit Pastor Herbert Neß vom 30.01.1991 im Evangelischen Perthes-Heim in Münster. Pastor Neß hat ein Buch veröffentlicht, in dem Predigten zur Flüchtlings-Problematik enthalten sind: Flüchtlinge von Gottes Gnaden - Schlesische Predigt 1945-1952, Würzburg 1990
2. Gespräch Marian Pontzen mit Frau Waltraud Lazar vom 15.02.1991 in der Geschäftsstelle der Außenstelle des Diakonischen Werkes Unna e.V. in der Buderusstr. 21, Unna-Massen. Frau Waltraud Lazar teilt sich die sozialfürsorgerische Arbeit mit Frau Christine Grantz und Herrn Ulrich Tüttmann.

Die Beteiligung von Christen beim Ostermarsch

"...und richte unsere Füße auf den Weg des Friedens."[1]

Die Beteiligung an den Ostermärschen ist in vielen Gemeinden des Ruhrgebiets in den 80er Jahren zu einer festen Einrichtung geworden. Christliche Friedensgruppen bereiten ihn das Jahr über mit vor. Übernachtungen und Verpflegung für die Aktiven werden organisiert. Vielerorts finden vor den Kundgebungen Gottesdienste statt. Viele beteiligen sich, indem sie einfach ein kurzes Stück des Weges für den Frieden mitgehen.

In Essen-Katernberg beispielsweise beginnt die Vorbereitung auf den Ostermarsch schon Anfang des Jahres. Kaum ein Geschäft, in dem dann nicht ein Plakat mit der Friedenstaube oder dem Peace-Zeichen hängt. Im evangelischen Jugendhaus-Neuhof werden Transparente und Fensterbilder zur Begrüßung der MarschiererInnen angefertigt. AnwohnerInnen entlang der Strecke sind beteiligt oder lassen sich das Material bringen.

"Der Ostermarsch ist keine Demonstration, die man hinter heruntergelassenen Rolladen oder geschlossenen Fenstern vorbeiziehen läßt," meint der Gemeindepfarrer Olaf Jellema und erzählt von der Beteiligung der Katernberger Kirchengemeinde am Ostermarsch und der Arbeit der lokalen Friedensinitiative: "1983, angesichts der bevorstehenden Raketenstationierungen, war die Beteiligung am größten. Bereits im Februar und März haben Mitglieder der Friedensinitiative entlang der Ostermarschstrecke Unterschriften für den Aufruf "Essen Atomwaffenfrei" gesammelt und bei den AnwohnerInnen für die Beteiligung am Ostermarsch geworben.

Abb. 210: Der "Ostermarsch Ruhr" hat eine lange Tradition

In zwei Sitzungen hat das Presbyterium sich mit dem Ostermarsch befaßt und die Beschlüsse verabschiedet, den Ostermarsch zu begrüßen und die Forderungen zu unterstützen. Am Ostersonntag zogen dann 10 bis 20.000 OstermarschiererInnen durch den Ort. 'Katernberg begrüßt den Ostermarsch', so stand es auf einem straßenüberspannenden Transparent am Ortseingang. Überall waren Menschen in den Haustüren und in den Fenstern. Vor der Kirche wartete ein Begrüßungsstand der Kirchengemeinde mit Getränken und Wegzehrung auf die MarschiererInnen. PresbyterInnen verteilten Handzettel mit Liedern für den Gottesdienst. Die schönste Aktion fand dann am Schacht 3/10 statt: Mitglieder der Friedensinitiative kletterten den Zechenturm hinauf und hißten dort ein weißes Tuch mit dem Friedenszeichen und der Losung 'Für Frieden und Arbeit'. Nach einer Stunde war dann leider wieder alles vorbei. Die OstermarschiererInnen zogen schon weiter durch Gelsenkirchen-Rotthausen und weiter zur Mittagsrast nach Bochum-Wattenscheid. Wochen an Vorbereitung für diesen kurzen Augenblick - aber ich bin sicher, es hat sich gelohnt."[2]

Wie alles anfing...[3]

Die Aktionsform Ostermarsch wurde von RüstungsgegnerInnen in Großbritannien entwickelt. Die "Campaign for Nuclear Disarmament" (Kampagne für atomare Abrüstung) führte Ostern 1958 erstmals einen Marsch von London zum Kernforschungszentrum Aldermaston durch.

In vielen Ländern wurde diese Idee aufgegriffen und schnell wurden die Ostermärsche eine internationale Angelegenheit. Entsprechende Demonstrationen "gegen Atomwaffen jeder Art und jeder Nation in West und Ost"[4] gab es bald in Dänemark, Schweden, Norwegen, Holland, Belgien, Italien, Irland, Kanada, USA, Neuseeland, Australien und anderen Ländern. In aller Welt zeigten die Menschen mit dem Ostermarschzeichen ihren Abrüstungswillen: "Das Symbol, unter dem wir marschieren, ist das internationale Zeichen der Atomwaffengegner. Es ist aus dem Zeichen für N und D des internationalen Signalalphabets entstanden. ND = Nuclear Disarmament - Atomare Abrüstung."[5]

Abb. 211: Gegen die Atomrüstung 1959

Auch in Deutschland wurde die Anregung aus England aufgenommen. Schon auf der Abschlußkundgebung des ersten Aldermaston-Marsches 1958 hatte Martin Niemöller gesprochen, der in der Folgezeit zu den prominentesten BefürworterInnen der Ostermarschidee in der Bundesrepublik zählte. Den praktischen Anstoß für die Durchführung des ersten Ostermarsches in der Bundesrepublik, der zunächst auf Norddeutschland beschränkt blieb, gaben die HamburgerInnen Hans-Konrad Tempel und Helga Stolle, die 1959 gemeinsam mit FreundInnen beim zweiten Aldermaston-Marsch dabeigewesen waren.[6] Ausgehend von Bremen, Braunschweig, Hamburg, Hannover und Lüneburg gingen Ostern 1960 kleinere Gruppen von AtomwaffengegnerInnen in einem Sternmarsch nach Bergen-Hohne, um für die atomare Abrüstung zu demonstrieren[7]; auf dem dortigen Raketenübungsplatz hatte die Bundeswehr im Dezember 1959 erstmals amerikanische

Nuklearraketen getestet. "Die Teilnehmerzahl war noch recht klein: einige Hundert waren mitmarschiert, 1.000 nahmen an der Schlußkundgebung teil."[8]

"Lieber an den Füßen Blasen..."

1961 gab es dann schon bundesweit 12 Marschsäulen, an denen sich ungefähr 7.500 Menschen beteiligten; zu den Abschlußkundgebungen kamen etwa 20.000 TeilnehmerInnen.[9]

In diesem Jahr fand auch der erste Ostermarsch im Ruhrgebiet statt. Einer, der damals dabei war berichtet: "Der erste Marsch im Ruhrgebiet führte ein großes Polizei-Aufgebot und kaum 100 Demonstranten durch die Ruhrwiesen - fernab der Bevölkerung. Doch die Initiatoren ließen sich nicht entmutigen, und der Erfolg gab ihnen recht: Aus den 100 Demonstranten waren bis zum letzten Marsch 1968 100.000 geworden."[10]

Bis 1968 ging der sogenannte "Ostermarsch-West" jährlich über die Strecke Duisburg - Essen - Bochum - Dortmund durch viele Städte des Ruhrgebiets. Ein Gelsenkirchener Teilnehmer erzählt: "Bürger unserer Stadt, die selbst nicht die ganze Strecke mitmarschieren, empfangen die Teilnehmer des Ostermarsches 'Auf der Reihe' in Rotthausen mit Transparenten und Plakaten. Der Ruf der Ostermarschierer 'Lieber an den Füßen Blasen als in Dortmund Abschußbasen' wird im Kohlenpott der 60er Jahre zur bekanntesten Parole.

In Gelsenkirchen engagieren sich vor allem der Feldmarker Pfarrer Harry A. Weisberg und seine Frau Grit im Kampf gegen die atomare Bedrohung und für die Völkerverständigung. Weisberg leitet den örtlichen Ausschuß der Kampagne für Abrüstung, entwirft Flugblätter, gewinnt Persönlichkeiten der Stadt für die jährlichen Ostermarschaufrufe, organisiert Veranstaltungen und spricht selbst zu den Bürgern der Stadt".[11]

Tumulte auf dem Flughafen[12]

Großes öffentliches Aufsehen hatte die Ostermarschbewegung schon 1963 erregt: "Sitzstreik und Tumulte auf dem Flughafen", "Flugzeug wurde Zwangsquartier", "Wasserwerfer gegen Demonstranten auf der Kö" so lauteten die Schlagzeilen verschiedener Tageszeitungen zu Ostern dieses Jahres.[13] Was war geschehen?

55 britische AtomwaffengegnerInnen waren auf dem Düsseldorfer Flughafen Lohausen gelandet, um am Ostermarsch im Ruhrgebiet teilzunehmen. Ihnen wurde jedoch die Einreise verweigert, weil das Bonner Innenministerium die Teilnahme von AusländerInnen an den Ostermärschen in der Bundesrepublik untersagt hatte. Als sie mit einem Sitzstreik in der Empfangshalle gegen das Einreiseverbot protestierten, wurden sie von der Polizei in das Flugzeug zurückgetragen und aufgefordert wieder abzufliegen. Auch im Flugzeug bestanden sie weiterhin auf ihrem Einreiserecht und weigerten sich, die Sicherheitsgurte anzuschnallen. Daraufhin erklärte der Pilot, nicht starten zu können, da er keine Garantie für die Sicherheit der Passagiere übernehmen könne. Dem standen die deutschen Behörden einigermaßen ratlos gegenüber und beschlossen, die BritInnen auszuhungern. Die deutschen AtomwaffengegnerInnen, die sie hatten empfangen wollen, durften ihnen kein Essen an die Maschine bringen. Diese Maßnahmen lösten helle Empörung und Proteste aus. Als diese Nachrichten bei den OstermarschiererInnen im Ruhrgebiet eintrafen, setzte sich eine Gruppe DemonstrantInnen nach Düsseldorf in Bewegung. Um ihnen den Weg zum Flugzeug zu versperren, stellte der Bundesgrenzschutz Fahrzeuge quer über die Zufahrtsstraße und verbarrikadierte die Eingänge. Das Flugzeug selber wurde vom Rollfeld in eine Halle gebracht und von 30 Mann Bundesgrenzschutz bewacht. Daraufhin ließen sich die Ostermar-

schiererInnen zu einem Sitzstreik auf der Düsseldorfer Königsallee nieder, um mit Transparenten und Sprechchören die freie Einreise für ihre britischen FreundInnen sowie ein Einfuhrverbot für Atomwaffen zu fordern. Obwohl sie sich gegen eine Verladung nicht wehrten, setzte die Polizei Wasserwerfer ein. 49 völlig durchnäßte DemonstrantInnen wurden vorübergehend festgenommen. Ostersonntag wurden alle wieder freigelassen, mit einer Ausnahme: Gegen den evangelischen Pfarrer Günneberg aus Essen wurde als Leiter der Marschsäule Ruhrgebiet wegen Veranstaltung einer unerlaubten Versammlung Haftbefehl erlassen. Auf diese Weise kam zu den Losungen, unter denen die AtomwaffengegnerInnen 1963 demonstrierten, eine weitere hinzu: "Freiheit für Pastor Günneberg!".

Persönliche Eindrücke

Zu den 1963 beim Sitzstreik auf der "Kö" Festgenommenen gehörte der damalige Student und Kölner Mitglied des SDS[14], Herbert Lederer. Später war er lange Zeit Mitglied im Parteivorstand der DKP[15]. Heute ist er Rechtsanwalt in Essen. In einem Gespräch schilderte Lederer seine damals auf dem Ostermarsch ins Ruhrgebiet gewonnenen Eindrücke und Erfahrungen. "Das Bild war bunt, das politische Spektrum breit. Für die vielen Christen begannen die Demonstrationstage mit Gottesdiensten. Auch die in die Illegalität gezwungenen Kommunisten lauschten, weil Pfarrer predigten, die ihre Zuhörer nicht auf das Jenseits vertrösteten, sondern gemeinsam überlegten, wie das atomare Chaos bekämpft werden könnte - hier und heute... Beteiligt waren am Ostermarsch in erster Linie viele Arbeiter und ihre Familien, waren die, die die antimilitaristischen Nachkriegsaktionen getragen, und die aus dem Inferno des 2. Weltkrieges als Losung ihres Lebens "Nie wieder Krieg" mitgebracht hatten. Naturfreunde und Kriegsdienstverweigerer spielten eine große Rolle und - etwas sehr neues - viele Christen, viele Pfarrer. Die Studenten kamen nach und nach, um dann bei den letzten Märschen schließlich stärker dabeizusein... Die Atmosphäre unter den Teilnehmern war brüderlich. Für uns Gymnasiasten und Studenten, die so etwas nie kennengelernt hatten, war gerade das umwerfend und beeindruckend. Das begann bei Tausenden von privaten Quartieren, die zur Verfügung gestellt wurden, betraf die Gleichberechtigung aller Teilnehmer. Das spürten wir bei den rührenden Aktionen vor allem der Arbeiterfrauen, die uns mit Äpfeln, Suppen, heißem Tee und Broten in den Städten begrüßten. Das zeigte sich aber auch im Gespräch, in den Diskussionen und Reden der aus ganz unterschiedlichen Richtungen kommenden Teilnehmer. Nicht das Trennende, sondern das Gemeinsame überwog... Was das Kennenlernen anbetrifft, so waren zwei Erfahrungen für mich prägend: Die eine Erfahrung war die mit den Pfarrern. Unter Ihnen lernte ich viele kennen, mit denen man jederzeit für die Sache des Friedens und der Menschheit durch dick und dünn gehen konnte, selbstlose, ihrer christlichen Überzeugung treue, solidarisch denkende und aktive Leute. Für mich bedurfte es nicht späterer, zum Beispiel lateinamerikanischer Erfahrungen, um die große Bedeutung des Engagements von Christen und der Zusammenarbeit mit Ihnen zu erkennen".[16]

Vorläufiges Ende

Ende der 60er Jahre löste sich die Ostermarschbewegung in der entstehenden Außerparlamentarischen Opposition auf. Zum Engagement gegen die Atomwaffen waren weitere Themen hinzugekommen: die große Koalition, die Notstandsgesetze, der Krieg in Vietnam. Die Bewegung radikalisierte sich von der Ablehnung jedweder Waffen zu umfassender Gesellschaftskritik. Nach monatelangen Kampagnen, vor allem der "Bild"-Zeitung, gegen die rebellierenden StudentInnen kam es Ostern 1968 zum Attentat auf ihren bekanntesten Sprecher, Rudi Dutschke. Ein Ostermarschierer berichtet: "In allen Marschsäulen und in Westberlin kam es zu spontanen Aktionen gegen die Hauptverantwortlichen für dieses Attentat, die Springer-Presse. Die Marschierer im Ruhrgebiet blokkierten die Ausfahrten des Springer-Hauses im Essener Presseviertel und verhinderten für etliche Stunden die Auslieferung der Springer-Erzeugnisse. Die Demonstranten bauten Barrikaden aus Autos, Straßenbahnschienen, Pflastersteinen, Mülltonnen usw. Und die Polizei ging mit Wasserwerfern, Schlagstökken und Verhaftungen gegen uns vor, es wurden im Bundesgebiet und Westberlin 2.000 Demonstranten verletzt, über 600 wurden festgenommen. Nach diesen schrecklichen "Ereignissen" wurde der dreitägige Marsch nicht mehr durchgeführt."[17]

Abb. 212: Bisheriger Höhepunkt: Ostermarsch

Der Ostermarsch in den 80ern

In den 70er Jahren ging die Arbeit vieler kleiner Gruppen und Initiativen zwar weiter, aber von der Öffentlichkeit vielfach unbeachtet.[18] Dies änderte sich Anfang der 80er Jahre schlagartig mit der Debatte um die sogenannte "Nato-Nachrüstung".

Der scheidende amerikanische Präsident Carter hatte in seiner Abschiedsrede an die amerikanische Nation u.a. folgendes erklärt: "In einem weltweiten Nuklearkrieg würde mehr Zerstörungskraft als im gesamten Zweiten Weltkrieg freigesetzt werden, und zwar in jeder Sekunde des langen Nachmittages, den man für den Abschuß und Abwurf aller Raketen und Bomben benötigen würde... Die Überlebenden - wenn es überhaupt welche geben würde - würden in Verzweiflung leben inmitten der vergifteten Ruinen einer Zivilisation, die Selbstmord begangen hätte."[19]

Sein Nachfolger Reagan und dessen Mitarbeiter hielten es jedoch für möglich, einen Atomkrieg regional zu begrenzen und entwarfen Konzepte, wie dieser für die USA führbar und gewinnbar sein könne: "Victory is possible" (Sieg ist möglich).[20]

Die Vorstellung, daß auch Deutschland zum Schlachtfeld eines Atomkrieges werden könne und die geplante Stationierung entsprechender Waffensysteme brachte die Menschen in der Bundesrepublik in Bewegung und auf die Straßen: Eine neue Friedensbewegung formierte sich.[21] Sie entwickelte mit bundesweiten Friedenswochen, Großdemonstrationen in Bonn, Menschenketten, atomwaffenfreien Zonen und vielen anderen kleinen und großen Initiativen ihre eigenen Aktionsformen[22], griff aber auch auf die Erfahrungen der Vergangenheit zurück: 1982 startete erneut der Ostermarsch-Ruhr. Diesmal ging es unter dem Motto "Keine neuen Atomraketen in unserem Land - Kampf dem Atomtod" auf die Strecke Duisburg-Mülheim-Essen-Gelsenkirchen-Bochum-Dortmund.

mund. Bewußt knüpften die InitiatorInnen an die Tradition der sechziger Jahre an: " 'Unser Marsch ist eine gute Sache - weil er für eine gute Sache ist!' So wurde auf den Ostermärschen von 1960 bis 1968 gesungen. Auf diese Tradition berufen wir uns".[23]

Und wie in den 60er Jahren, so sind seitdem wieder Jahr für Jahr, im Ruhrgebiet und anderswo, ChristInnen dabei, wenn es für Frieden und Abrüstung auf die Straße geht ...

Christian Illian

Abb. 213: Pfarrer Jellema aus Essen - Katernberg, einer der Mitinitiatoren des Ostermarsches

Für die Unterstützung von Alois Stoff, Christa Clausen und Olaf Jellema, die mir nicht nur Einsicht in ihre persönlichen Archive gewährten, sondern auch mit Rat und Tat zur Seite standen, möchte ich mich bei ihnen herzlich bedanken. Uwe Jakomeit gab mir nicht nur vielfältige Anregungen für diesen Text.

1. Lukas 1,79
2. Gespräch des Autors mit Olaf Jellema am 14. Februar 1991 in Essen.
3. Zur Geschichte des Ostermarsches vgl.:K.A. Otto, Vom Ostermarsch zur APO. Geschichte der außerparlamentarischen Opposition in der Bundesrepublik 1960 -1970, Frankfurt/New York 1977; A.Buro, Die Entstehung der Ostermarsch-Bewegung als Beispiel für die Entfaltung von Massenlernprozessen, in: Friedensanalysen 4. Für Theorie und Praxis, Frankfurt am Main 1977, S. 50-78; G.Melzer, Der Ostermarsch der Atomwaffengegner, in, Die DKP, Gründung, Entwicklung, Bedeutung, hrsg. v. M.Schäfer, Frankfurt am Main 1978, S. 41-58; J.Wienecke/F.Krause, Unser Marsch ist eine gute Sache. Ostermärsche damals - heute, Frankfurt am Main 1982, R.Aehnelt/ W.Schwamborn (Hrsg.), Wege zum Frieden. Die Ostermärsche, Köln 1982; Dokumentation Ostermarsch 1961 bis 1986, hrsg. v. der Marxistischen Arbeiterbildung Ruhr-Westfalen, Wuppertal 1986; Zur Vorgeschichte des Ostermarsches und der Friedensbewegung in der Bundesrepublik vgl. u.a., H.K.Rupp, Außerparlamentarische Opposition in der Ära Adenauer, Der Kampf gegen die Atombewaffnung in den fünfziger Jahren. Eine Studie zur innenpolitischen Entwicklung der BRD, Köln 1970
4. Grundsätze des Ostermarsches der Atomwaffengegner (1962). Zitiert nach: U.Jäger/M.Schmid-Vöhringer,

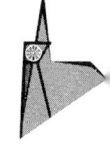

"Wir werden nicht Ruhe geben ...". Die Friedensbewegung in der Bundesrepublik Deutschland 1945-1982. Geschichte, Dokumente, Perspektiven, Tübingen 1982, S. 32

5. Aus einem Flugblatt von 1963. "Ostermarsch der Atomwaffengegner - Kampagne der Abrüstung ... Wer steht hinter diesem Zeichen?". Sammlung Alois Stoff und Christa Clausen.
6. H.K.Tempel/H.Tempel, Ostermärsche gegen den Atomtod, in: 30 Jahre Ostermarsch, a.a.O., S. 11-14; Ein Interview mit Hans-Konrad Tempel vom März 1982 findet sich in: "Wir werden nicht Ruhe geben ...",a.a.O. S. 37-38.
7. D.Dahlke, "Gestern nachmittag trafen wir etwa 50 Teilnehmer in der Höhe von Achim ..." Der erste Bremer Ostermarsch 1960, in: 30 Jahre Ostermarsch, a.a.O. S. 36-38
8. "Wir werden nicht Ruhe geben ...", a.a.O. S. 24
9. Die Zahlenangaben nach G.Melzer, a.a.O. S. 43
10. Ohne-mich, Atomtod, Ostermarsch. Kampf der Friedensbewegung für Frieden und Demokratie von 1945-70, hrsg. v. Landesvorstand der Deutschen Friedensgesellschaft - Vereinigte Kriegsdienstgegner e.v. Köln, Neuss o.J. (Broschüre), hier S. 7
11. K.Taefler, Friedensbewegung - es begann vor 40 Jahren, in: Und das ist unsere Geschichte. Gelsenkirchener Lesebuch, hrsg. v. Hartmut Hering und Michael Klaus, Oberhausen 1984, S. 320 -327. hier S. 325-326
12. Dieser Abschnitt wurde aus fünf verschiedenen Quellen zusammengestellt.
  1. Berichten aus unterschiedlichen Tageszeitungen, die in einer vierseitigen Presse-Sonderbeilage eines Rundbriefes "über den skandalösen Zwischenfall auf dem Düsseldorfer Flughafen" (ebd. S. 1) 1963 abgedruckt sind. Die Nachweise sind unvollständig und lückenhaft, Spätausgabe 13.4.63, Düsseldorfer Nachrichten 13.4.63, Rheinische Post 13.4.63, Spätausgabe 16.4.63, Der Mittag 16.4.63, NRZ 16.4.63. Sammlung Alois Stoff und Christa Clausen.
  2. Dem Bericht von H. Lederer, in: J.Wienecke/F.Krause, a.a.O., S. 90-91
  3. Dem Bericht eines nicht namentlich genannten Augenzeugen, in: J.Wienecke/F.Krause, a.a.O. S. 97-98
  4. Den knappen Angaben von L.Knorr, in: ders., Geschichte der Friedensbewegung in der Bundesrepublik, Köln 1984, S. 128
  5. Einem Gespräch des Autors mit Alois Stoff am 7. Februar 1991 in Essen.
13. Zitiert nach der oben genannten vierseitigen Presse-Sonder -Beilage. Die Überschriften sind auf der Titelseite ohne Nachweise zusammenmontiert.
14. Sozialistischer Deutscher Studentenbund
15. Deutsche Kommunistische Partei
16. Zitiert nach J.Wienecke/F.Krause, a.a.O. S. 89-92
17. Ohne mich ...a.a.O. S. 12-14
18. Vgl. "Wir werden nicht Ruhe geben", a.a.O. S. 39-42
19. Amerika-Dienst (USICA Bonn), Dokumentation, Nr. 3, 21. Januar 1981. Zitiert nach A.Mechtersheimer (Hrsg), Nachrüsten? Dokumente und Positionen zum Nato-Doppelbeschluß, Reinbek 1981, S. 97f
20. C.S. Gray/K.Payne, Victory is possible, in: Foreign Policy, Nr. 39, Sommer 1980, S. 14-27. Jetzt in: Den Atomkrieg führbar und gewinnbar machen? Dokumente zur Nachrüstung. Band 2, hrsg. v. A.Mechtersheimer/P.Barth, Reinbek 1982, S. 59-72
21. Vgl. J.Janning, Die neue Friedensbewegung 1980-86, in: Friedensbewegungen. Entwicklung und Folgen in der Bundesrepublik Deutschland, Europa und den USA, hrsg. von J. Janning/H.-J.Legrand/H.Zander, Köln 1987; T.Leif, Die professionelle Bewegung. Friedensbewegung von innen, Bonn 1985
22. Zu den Aktionsformen der neuen Friedensbewegung siehe u.a.: Frieden schaffen ohne Waffen. Aktionshandbuch, hrsg. v. Aktion Sühnezeichen/Friedensdienste, Bornheim-Merten 1980; Bonn 10.10.1981. Friedensdemonstration für Abrüstung und Entspannung in Europa. Reden, Fotos, hrsg. v. Aktion Sühnezeichen/Friedensdienste und Aktionsgemeinschaft Dienst für den Frieden, Bornheim-Merten 1981;Die Menschenkette - Ein Rückblick, hrsg. v. der Deutschen Friedensgesellschaft - Vereinigte Kriegsdienstgegner, Landesverband Baden-Württemberg, Stuttgart o.J; Leben ohne Atomwaffen, Atomwaffenfreie Städte - aber wie?, Teil 1, hrsg. von der Deutschen Friedensgesellschaft-Vereinigte Kriegsdienstgegner, 2. Aufl. Essen 1983;

Zu der Beteiligung von ChristInnen in der neuen Friedensbewegung siehe u.a.: H.G.Klatt, Evangelische Kirche und Friedensbewegung, in: H.A. Pestalozzi u.a. (Hrsg), Friedensbewegung in Deutschland. Die Friedensbewegung, wie sie wurde, was sie ist, was sie werden kann, München 1982, S. 20-24; Hans-Jürgen Benedict, Auf dem Weg zur Friedenskirche? Entstehung und Erscheinungsformen der neuen Friedensbewegung in der evangelischen Kirche, in: Die neue Friedensbewegung. Analysen aus der Friedensforschung, Friedensanalysen 16, Frankfurt am Main 1982, S. 227-244; K.Rabe, Umkehr in die Zukunft. Die Aktion Sühnezeichen/Friedensdienste, Bornheim-Merten 1983;Ohne Rüstung leben, hrsg. v. Ohne Rüstung Leben/ Arbeitskreis Pro Ökumene, Gütersloh 1981;

Zur Vorgeschichte des Themas Christen und Frieden siehe u.a.: H.Noormann, Protestantismus und Pazifismus, in: H.Donat/K.Holl, Die Friedensbewegung. Organisierter Pazifismus in Deutschland, Österreich und in der Schweiz, Düsseldorf 1983, S. 309-314;

23. Aus einem Flugblatt "Aufruf zum Ostermarsch Ruhr '82". Sammlung Olaf Jellema.

Der Krieg: Vater allen Übels

Das Friedensdorf Oberhausen

Während die Teilnehmer einer Evangelischen Woche im Juni 1967 in Oberhausen tagen, stehen sich im Nahen Osten verfeindete Israelis und Araber gegenüber und richten die Waffen aufeinander. Sorgenvoll beschäftigt sich der Kirchenkreis mit den absehbaren Folgen des Krieges. Sinnlos werden Menschenleben geopfert. Aber vor allem eine Gruppe wird leiden: die Kinder. Der Kirchenkreis will sich nicht damit zufrieden geben, über die Absurdität eines Krieges zu diskutieren. Es soll konkret geholfen werden. Vor allem auf die erste Oberbürgermeisterin Deutschlands, Luise Albertz aus Oberhausen, Pfarrer Fritz Berghaus, der damals den Oberhausener Ortsteil Schmachtendorf betreute, sowie Pfarrer Will Adam, ist die Friedensdorf-Idee zurückzuführen.

Das Ziel der Initiatoren steht schnell fest: Verletzte, unschuldig in Kriegsauseinandersetzungen geratene Kinder, die im Krisengebiet medizinisch nicht versorgt werden können, will man nach Oberhausen bringen. Hier sollen sie medizinisch betreut werden und danach wieder in ihr Heimatland zurückkehren.

Am 10. Juni 1967 atmet man jedoch erleichtert auf: Die UNO hat vermittelt. Die Einstellung der Feindseligkeiten wird ausgehandelt. Doch mit der Waffenruhe im Nahen Osten ist das Problem des Krieges und seiner Folgen nicht aus der Welt geschafft. Die Oberhausener bleiben bei ihrer Idee: Sie gründen eine Bürgerinitiative.[1] Von Anfang an schließen sich ihr Menschen mit verschiedenen religiösen, politischen und humanitären Überzeugungen an. Wie richtig ihre Entscheidung ist, zeigt bald ein neuer Kriegsschauplatz, der weltweit ins Interesse rückt: Vietnam.

"Es war der erste Krieg, den jeder live im Wohnzimmer miterleben konnte." Darin vermutet Thorsten Scharnhorst (52), Chefreporter der NEUEN/NEUE RUHR-ZEITUNG (NRZ), den Grund für das damalige starke Interesse der Öffentlichkeit.[2] Bilder, wie flüchtende Kinder, vom Napalm verbrannt, schreiend und hilfesuchend umherirren, sieht man Abend für Abend auf dem Bildschirm.

Thorsten Scharnhorst beteiligt sich 1969 an der zweiten großen Hilfsaktion des 'Friedensdorfes' für vietnamesische Kinder. Den Reporter, gewohnt an rational-journalistischen Einsatz in Krisengebieten, schockiert Vietnam: "All diese herumirrenden ängstlichen Waisen und dann diese katastrophale medizinische Versorgung; ich dachte, hier müssen wir jedes Kind herausholen."[3]

Wie stark die Öffentlichkeit Ende der 60er Jahre sensibilisiert war, zeigt die Zusammenarbeit so unterschiedlicher Gruppen wie dem 'Christlichen Verein Junger Männer' (CVJM) und der sozialistischen Jugend 'Die Falken'. Beim Aufbau des Friedensdorfes werden keine ideologischen Meinungsverschiedenheiten ausgetauscht.

Die Hüttenwerke Oberhausen stellen das Grundstück zur Verfügung, kostenlos schickt die Firma Babcock Facharbeiter. Mit Teilen der Britischen Rheinarmee, Bundeswehreinheiten aus Minden und einer Spezialgruppe der Bereitschaftspolizei Bochum packen die Jugendlichen gemeinsam an.

Die Idee des Friedensdorfes schlägt hohe Wellen, das Spendenaufkommen ist enorm. Ein sensibler Nerv in der Bevölkerung ist getroffen. Viele Menschen fühlen sich schmerzlich an die Schrecken und Leiden des Zweiten Weltkrieges erinnert. An das Friedensdorf zu spenden, bedeutet auch, daß "...wir uns für die Hilfe, die wir selber nach 1945 erhalten haben, revanchieren, indem wir sie weitergeben an die, die nun auf unsere Unterstützung angewiesen sind", sagt der nordrhein-westfälische Ministerpräsident Johannes Rau.[4]

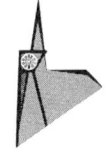

Die jüngere Bevölkerung ist getragen vom 'Geist der 68er', der weltweit die Autoritäten erschüttert: 1968 ist das ereignisreichste Jahr seit Ende des Zweiten Weltkrieges.

und der bevorstehenden Italien-Reise haben Vergangenheit und Gegenwart keinen Raum.

Die Jugend, allen voran die Studenten, nimmt die Wechselbeziehungen wahr: Sie sieht das Elend und die Armut in vielen Ländern der Welt. Sie sieht, daß US-Firmen, aber auch bundesrepublikanische Unternehmen,

Abb. 214

Hoffnungen und Sehnsüchte werden gewaltsam niedergemacht. In den USA fallen Martin Luther King und Robert Kennedy Attentaten zum Opfer, in Vietnam ist der Krieg auf dem Höhepunkt, in der CSSR walzen russische Panzer den 'Prager Frühling' nieder. In der Bundesrepublik lehnt sich ein beachtlicher Teil der Jugend gegen die eigenen Eltern auf. Die jungen Leute sind entsetzt über die Ignoranz, mit der man die Augen verschließt vor dem Unrecht in der Welt. Seit Jahren bietet das blühende 'Wirtschaftswunder' Ablenkung. Zwischen dem Volkswagen

am Krieg in Indochina verdienen. Bereits im Mai 1967 schreibt das deutsche Magazin CAPITAL: "Der Krieg in Vietnam hat der deutschen Wirtschaft über die Runden geholfen."[5]

Die Arbeit wird fortgesetzt

Nach Ende des Krieges im Jahre 1975 gerät Vietnam in Vergessenheit. Das Spendenaufkommen für das Friedensdorf sinkt. Die 'Aktion Friedensdorf' scheint überflüssig geworden zu sein. Und das, obwohl noch 95

Vietnamesen im Dorf betreut werden. Diese Kinder werden zum Problem, durch das auch die Vereinsmitglieder in eine heftige Krise geraten. Man weiß nicht, ob es richtig ist, die Kinder in der Bundesrepublik zu behalten oder sie in ihr Heimatland zurückzuschicken. Sämtliche Beziehungen zu staatlichen Stellen sind unterbrochen, die Kontakte zu Angehörigen ebenfalls. Eine Zukunft in Vietnam scheint zu riskant: Die Kinder bleiben.

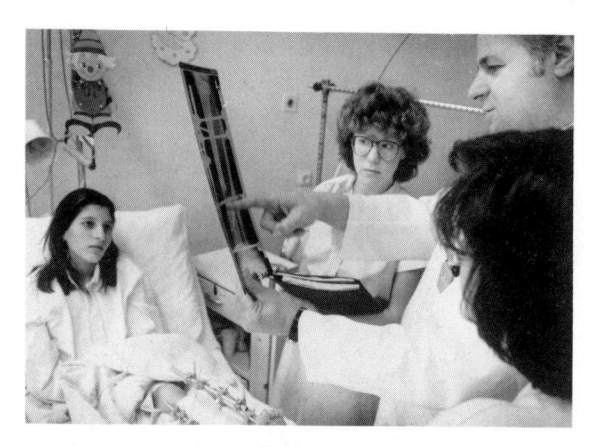

Abb. 215: Engagierte Ärzte bieten den schwerverwundeten Kindern eine Überlebenschance

Mittlerweile sind etliche von ihnen in einem Alter, wo an eine Ausbildung gedacht werden muß. Die Ausbildung ist teuer: Der mittel- und langfristige Finanzbedarf für die Ausbildung der Heranwachsenden, so errechnet das 'Friedensdorf', macht allein 12 Millionen DM aus. Damit ist das Dorf völlig überfordert. Der Landschaftsverband Rheinland (LVR) springt ein: Über eine halbe Million DM werden zweckgebunden für die Berufsfindungs- und Berufsausbildungsmaßnahmen der Jugendlichen bereitgestellt. Ebenso werden später die Krankenversicherungsbeiträge der zu über 50 % behinderten Kinder übernommen. Die weitere medizinische Versorgung der Vietnamesen ist gesichert. Doch das Wichtigste: Die Krise in Oberhausen ist überwunden, das Friedensdorf kann weiter existieren.

Heute ist Vietnam aus dem Bewußtsein der Öffentlichkeit verschwunden. Dennoch engagieren sich die 40 Mitarbeiter des Friedensdorfes immer noch für dieses Land. Vor allem unter den Spätfolgen des Pflanzengift-Einsatzes ('Agent Orange') leidende Kinder werden versorgt. Viele wurden nach 1975 geboren, haben den Krieg also nie miterlebt und sind dennoch seine Opfer.

1983, während eines internationalen Symposiums in Ho-Chi-Minh-Stadt, dem ehemaligen Saigon, wurde das Ausmaß der amerikanischen Aktionen bekannt. Nach offiziellen Angaben der USA wurden ca 44 Millionen Liter 'Agent Orange' versprüht; das Entlaubungsmittel enthielt ca. 175 Kilo-gramm Dioxin.

Beim Seveso-Unglück in Norditalien hatten 200 Gramm Dioxin ausgereicht, um einen ganzen Landstrich zu verwüsten.

Die Zahl der Krebskranken liegt in Vietnam höher als in anderen Gegenden. Fest steht, daß Dioxin die Erbanlagen schädigt und das Wachstum einer Krebskrankheit begünstigen kann.

Der Vietnamese Nguyen Huu Phung (59)[6] kümmert sich seit 1977 als stellvertretender Leiter des Friedensdorfes um seine kleinen Landsleute. Dabei macht ihm besonders eins zu schaffen: Wenn die Kinder zurückgehen, ist für viele die Zukunft in ihrem Land gefährdet. "Bei uns glaubt man leider immer noch, daß behinderte Kinder eine Strafe Gottes sind".[7] Leidtragende im doppelten Sinn: Opfer eines Krieges, für den sie nichts können und Opfer einer Gesellschaft, die sie ausgrenzt.

Nicht nur in Vietnam engagieren sich die Friedensdorfmitglieder. Die Nationalität der Kinder spielt keine Rolle. Zur Zeit kommen sie aus zehn verschiedenen Ländern. "Uns ist es egal, woher sie sind. Eine Bombe fragt schließlich auch nicht, wohin sie fällt", unterstreicht Ronald Gegenfurtner (40), Leiter des Oberhausener Friedensdorfes seit 1967.[8]

Waren vor zwei Jahrzehnten alle Augen

auf Vietnam gerichtet, so sahen sie zum Jahreswechsel 1988/89 auf die kriegerischen Auseinandersetzungen in Afghanistan. Obwohl die 'Rote Armee' nach zehnjährigem Versuch, das Land zu 'befrieden', wieder abzog, geht der Krieg mit unverminderter Härte weiter. Streben nach regionaler Autonomie und religiöser Stolz lassen dem Vielvölkerstaat keine Ruhe. Millionen leiden weiter.

Weihnachten 1988 flogen Friedensdorfmitarbeiter zum erstenmal in das Land am Hindukusch. Seitdem wurden elf weitere Hilfsaktionen für rund 260 verletzte Mädchen und Jungen zum letzten Rettungsanker. Auch im Jahr 1991 ist ein Ende des Krieges in Afghanistan noch nicht abzusehen. Offiziell ruhen die Waffen, doch Kabul wird weiter mit Raketen beschossen, das ganze Land ist vermint. Immer noch leiden die Menschen, auch und gerade die Kinder. Sie sind vor allem durch direkte Kriegseinwirkungen betroffen: Knochenbrüche durch Raketen- und Granatsplitter, Schnittwunden durch zerberstende Fensterscheiben. "Die Menschen wurden im wahrsten Sinn des Wortes frikassiert"[9], berichtet der Friedensdorfleiter, der bisher jede Friedens-Aktion in Afghanistan begleitete.

Die eingesetzten Raketen gelten als 'die Neutronenbomben des Kleinen Mannes'. "Gebäudesubstanz bleibt erhalten, der Mensch stirbt". Zynismus spricht aus seinen Worten; die Perversität eines Krieges kann kaum deutlicher werden. Besonders fatal für die Kinder sind die sogenannten Spielzeugbomben: Diese kleinen Sprengkörper sehen aus wie Schmetterlinge. Die Kinder heben die Bombe vom Boden auf, in diesem Moment

Abb. 216: Kinder im Friedensdorf Oberhausen auf dem Weg der Genesung

Bombe vom Boden auf, in diesem Moment explodiert sie und zerfetzt ihnen Arme und Beine.

Seit der Gründung des Friedensdorfes begnügt man sich nicht mit der konkreten Hilfe. Wichtig ist auch die Friedens- und Bildungsarbeit. Petra Schwatlo-Drescher (32), die 'Friedensarbeiterin', greift dabei schon mal in die Trickkiste ihres Repertoires: Jugendliche - meist sind es Schüler - werden übers Theaterspielen auf das eigentliche Anliegen gestoßen. Manchmal hilft auch ein Film. Fragt man die jungen Leute, ob sie Rambo (japanisch = Gewalt) kennen, dann erzählen sie begeistert von ihrem Filmerlebnis. Erstaunen macht sich breit, wenn ihnen klar wird, daß bei den Gewaltdarstellungen nur Feinde sterben, Freunde aber immer überleben. "Bilder von verwundeten oder gar sterbenden Kindern tauchen nie auf. Und wenn sie dann hier im Friedensdorf die schrecklichen Entstellungen sehen, sind sie mehr als erstaunt und revidieren ihr Urteil über die angeblich so harmlosen Kriegsfilme".[10]

Seit 1984 kümmert sich Petra Schwatlo-Drescher vor allem darum, den Menschen hier - Jugendlichen wie Erwachsenen - klar zu machen, daß der Krieg nicht Vater aller Dinge, sondern Vater allen Übels ist.

Ein Lindern der Folgen nutzt letztendlich wenig, wenn man nicht versucht, die Ursachen, die zu gewaltsamen Auseinandersetzungen führen, zu beseitigen. Bei den Menschen muß eine Bewußtseinsänderung erreicht werden, die sich nicht an alten oder neuen Feindbildern orientiert.

Im Hochland von Südvietnam, in Dalat, unterhielt das Friedensdorf während des Krieges eine Rehabilitationseinrichtung. Nach der Kapitulation Südvietnams brach die Regierung des nun wiedervereinigten Vietnams die Kontakte nach Oberhausen ab. Erst jetzt wurden sie wiederaufgenommen, und das 'Friedensdorf Dalat' konnte seine Arbeit fortsetzen. Eine Station für dioxingeschädigte Kinder ist in Ho-Chi-Minh-Stadt seit September 1990 eröffnet.

Der Kabuler 'Zweigstelle' des Oberhausener Friedensdorfes half das Land Nordrhein-Westfalen. Die 'Stiftung für Wohlfahrtshilfe' hat 80 % der geplanten Baukosten übernommen.

Die Hilfsstationen können jedoch kein Ersatz für weitere Hilfsflüge in die Krisen- und Kriegsherde sein. Vielen Kindern kann im Heimatland nicht oder nur sehr schlecht geholfen werden. Oft fehlt es an medizinischen Geräten oder erfahrenen Chirurgen.

Thomas Jacobs koordiniert deshalb von Oberhausen aus die Vermittlung der verwundeten Kinder in die deutschen Krankenhäuser. "Unser Problem sind nicht kostenlos operierende Ärzte, sondern die Krankenhausverwaltungen. Dort muß ja alles seinen bürokratischen Weg gehen"[11], sagt er etwas resigniert.

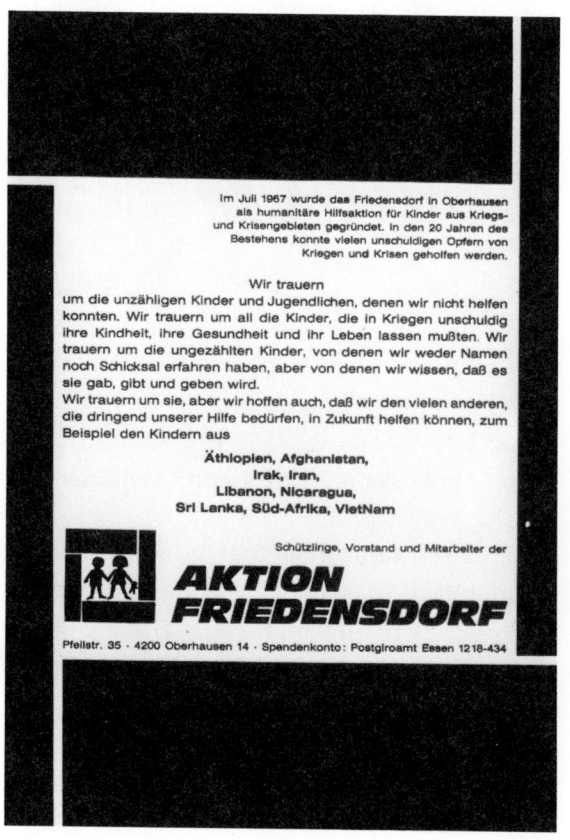

Abb. 217: 20 Jahre Friedensdorf

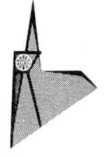

Der Kinderarzt der Städtischen Klinik Kemperhof, Dr. Rudolf Ferrari, empfindet in manchen Momenten große Hilflosigkeit. Wenn die Verletzungen ausgeheilt sind, dann gehen die Kinder wieder nach Afghanistan zurück und sind sofort nach der Landung in Kabul der Gefahr einer erneuten Verwundung ausgeliefert. Ein fast aussichtsloser Kampf des Don Quichote gegen die Windmühlenflügel.

Erstaunt hat ihn, wie wenig die Betroffenen psychisch unter dem Krieg zu leiden scheinen. Auf den ersten Blick sind sie fast immer fröhlich. Manchmal wird jedoch die Erinnerung an die Heimat wach. Dann erzählen sie von ihren Erlebnissen, wie das war, als die Familie umgekommen ist. "Meist wissen sie noch gar nicht genau, was das bedeutet: der Tod"[12], meint Dr. Ferrari. Sie merken nur sehr schmerzlich, daß Vater oder Mutter nicht mehr da sind. Eine unstillbare Sehnsucht, die sich mit zunehmendem Alter in die Gewißheit wandelt, daß ihre Eltern sie nie wieder in den Arm nehmen werden.

Professor Schade, Psychologe an der Universität Dortmund, warnt jedoch davor, aus erwachsener Sicht auf die kindliche Psyche zu schließen. "So lange die Geborgenheit in der Familie erhalten bleibt, können", so stellte Prof. Schade fest, "schwerste Belastungen den Kindern nichts anhaben."[13] Das Neue an der Problematik ist aber, daß Kinder zunehmend in gewalttätige Auseinandersetzungen miteinbezogen sind. Vor ihren Augen werden die eigenen Eltern oder Geschwister gefoltert, gar getötct.

Das 'Friedensdorf' verfügt über einen Etat von 1,7 Millionen DM, der sich zu 80 Prozent aus Spenden deckt. Den notwendigen Rückhalt bieten 12.000 Förderer und die 1.300 Mitglieder der Aktion Friedensdorf e.V. "Manchmal haben wir schon an der Grenze des Existenzminimums gelebt, aber geschafft haben wir's immer"[14], meint Reiner Remmers, der Finanz-Bearbeiter des Friedensdorfes, und "ein wenig Optimismus und Glauben an die eigene Sache gehört schon dazu".

Martina Plum

1. Unter dem Namen 'Aktion Friedensdorf, Sitz Oberhausen e.V.`, kurz AFO, wird die Initiative ins Vereinsregister des Amtsgerichts Oberhausen eingetragen.
2. Interview am 24.05.1989
3. Ebenda
4. Johannes Rau in seinem Grußwort anläßlich des 15jährigen Bestehens des Vereins, 1982
5. Zit. nach: Übersee-Museum Bremen (Hrsg.): Ökologische Folgen eines Krieges. Z.B.: Vietnam. Bremen, 1983, S. 54
6. Interview am 6.4.1989
7. Ebenda
8. Interview am 12.5.1989
9. Interview am 24.12.1988
10. Interview am 27.04.1989
11. Interview am 6.4.1989
12. Ebenda
13. Interview am 3.5.1989
14. Interview am 6.4.1989

Kirchliches Leben in Zahlen

Ist man an Zahlen und Daten zur Entwicklung der evangelischen Kirche im Ruhrgebiet interessiert, so ist man zunächst an die beiden Landeskirchenämter Rheinland und Westfalen gewiesen, die das entsprechende Material der Ruhrgebietsgemeinden archivieren und auswerten. Eine statistische Untersuchung die sich speziell auf das kirchliche Leben im Ruhrgebiet bezieht, liegt bislang nicht vor. Ähnlich schwierig erweist sich das Vorhaben, die Gemeindeentwicklung seit der unmittelbaren Nachkriegszeit zu dokumentieren. Zuverlässiges Material liegt erst seit 1956 vor. Für die Kirchenkreise des Ruhrgebiets, die der Rheinischen Landeskirche angehören, sind die Zahlen in dem "Kirchlichen Amtsblatt der Evangelischen Kirche im Rheinland" der Öffentlichkeit zugänglich.

Für die Ruhrgebiets-Kirchenkreise im Bereich der Westfälischen Landeskirche mußten die Zahlen für diesen Bericht von den einzelnen Kirchenkreisen bzw. direkt vom Landeskirchenamt in Bielefeld angefordert werden.

Der auswertende Vergleich des vorliegenden Zahlenmaterials hat gezeigt, daß es für diesen Bericht einerseits sinnvoll ist, eine Auswahl repräsentativer Ruhrgebietskirchenkreise zu treffen, und andererseits nur bestimmte Gesichtspunkte des gemeindlichen Lebens herauszugreifen, um die Entwicklung von 1956 bis heute statistisch zu beschreiben.

Demnach sollen nun statistische Daten der Kirchenkreise Essen (Mitte-Süd-Nord) und Bochum sowie der "Randgebiete" Dinslaken und Hagen näher erläutert werden.

Dabei sollen die Entwicklung der Gemeindeglieder, der Besucher der Haupt- und Kindergottesdienste sowie der Aufnahmen und der Austritte der o.g. Kirchenkreise für den ausgewiesenen Zeitraum von 1956 bis 1989 von besonderem Interesse sein.

Die Gemeindegliederzahl

Als wichtige Bezugsgröße ist zunächst die Gemeindegliederzahl näher zu betrachten. Diese Größe berechnet sich anhand "der abgerundeten Zahlen der 'fortgeschriebenen Bevölkerung' der Statistischen Landesämter" und anhand "der neuberechneten Konfessionsschlüssel dieser Statistischen Landesämter."[1] Dabei muß nachdrücklich darauf hingewiesen werden, daß die so errechneten Zahlen mit Vorbehalt aufzunehmen sind. Denn nach der "Veröffentlichung der Volkszählung 1970 über die Religionszugehörigkeit der Wohnbevölkerung hat sich ergeben, daß die Gesamtzahl der landeskirchlichen Evangelischen im Gebiet der Rheinischen Kirche (s. Statist. Bericht Nr. 109/1972!) von der Gesamtsumme der von den Kirchengemeinden in Tabelle II/1970 eingetragenen Gemeindeglieder erheblich abweicht."[2]

Ferner ist auf Ungenauigkeiten der Fortschreibung durch den immer größer werdenden Abstand zu den Volkszählungen hinzuweisen, die vor allem auf unterbliebene Abmeldungen und Zuordnungsprobleme bei mehreren Wohnsitzen zurückzuführen sind.[3]

Wie die Diagramme (Abb. 218 - 221) zeigen, ist bis Mitte der 60er Jahre die Gemeindegliederzahl leicht angewachsen. Danach ist ein kontinuierlicher Rückgang zu verzeichnen.

Die Zunahme bzw. Abnahme der Gemeindegliederzahl wird durch das Zusammenwirken folgender Faktoren bestimmt: a) Geburten- und Sterbefallüberschuß, b) Wanderungsgewinn oder -verlust und c) Kircheneintritte oder -austritte.[4]

Abb. 218: Gemeindeglieder der Kirchenkreise Essen - Nord, - Mitte, - Süd

■ Nord □ Mitte ▨ Süd

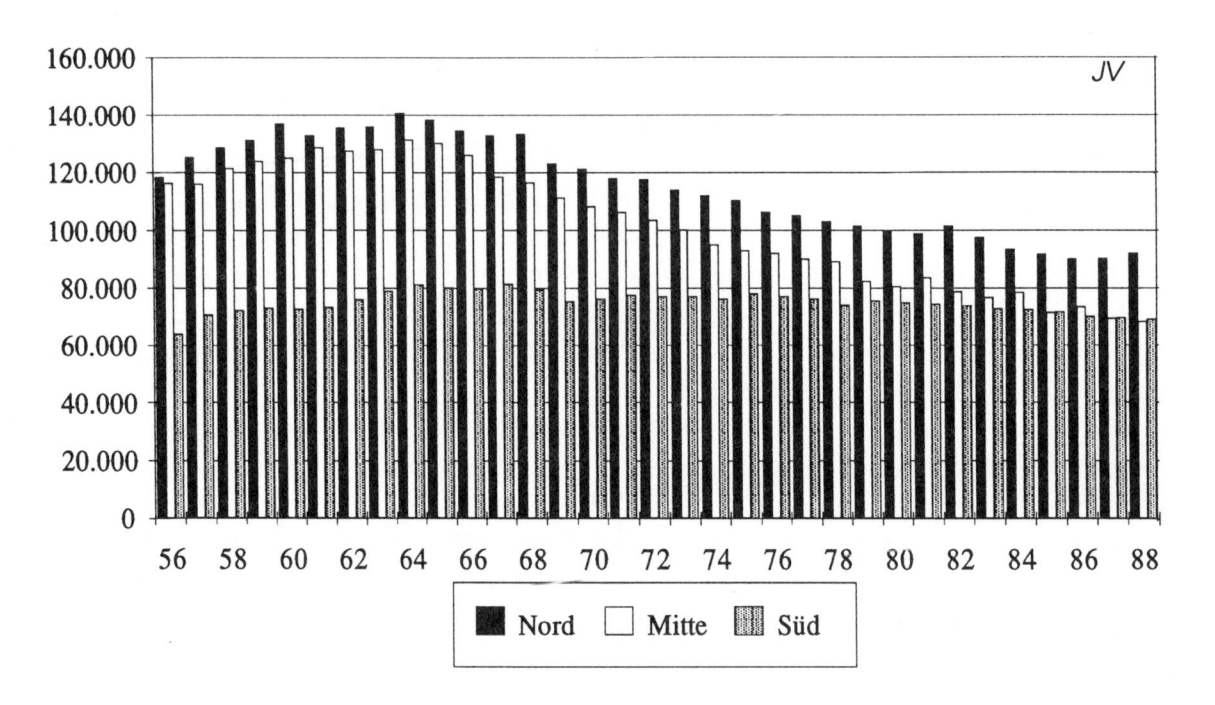

Abb. 219: Gemeindeglieder des Kirchenkreises Bochum

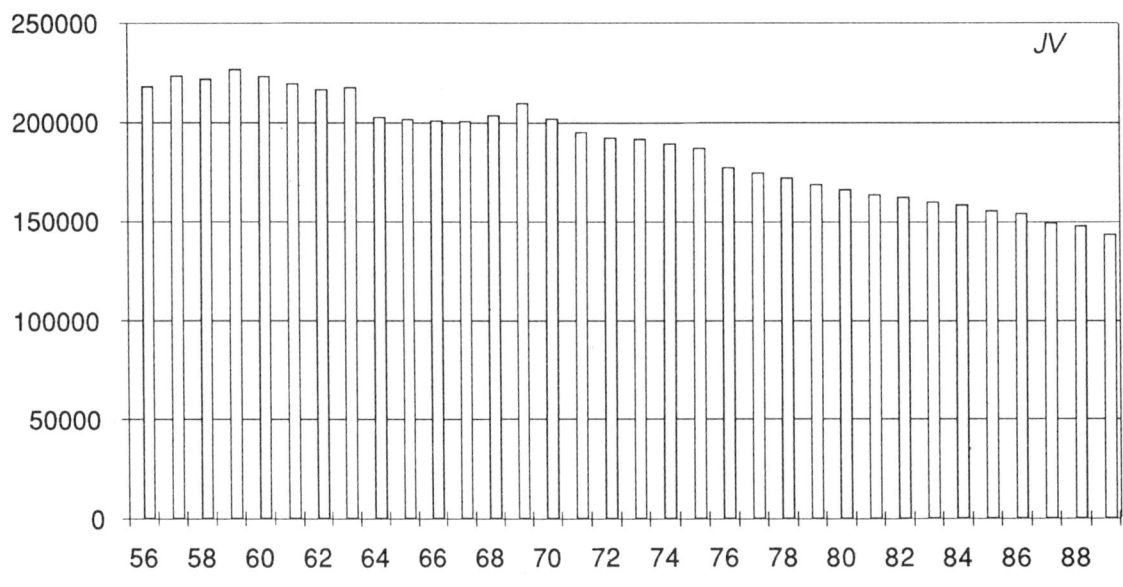

Der leichte Anstieg der Gemeindegliederzahl bis ca. 1965 ist damit zu erklären, daß bis zu diesem Zeitpunkt ein Bevölkerungszuwachs durch Geburtenüberschuß und Wanderungsgewinn festzustellen ist. Weniger Einfluß hatte in dieser Zeitspanne der Aufnahme-/Austritt- Saldo. Der anschließend einsetzende kontinuierliche Rückgang der Gemeindegliederzahl ist durch die in der zweiten Hälfte der 60er Jahre einsetzende Austrittswelle sowie durch den zu Beginn der 70er Jahre einsetzenden "Verstorbenenüberschuß" bedingt. Insbesondere seit 1975 überwiegt der "Verstorbenenüberschuß", der in erster Linie aus dem Geburtenrückgang und dem damit verbundenen Rückgang der Taufen resultiert, deutlich den Austrittssaldo.[5] Somit korreliert der Rückgang der evangelischen Bevölkerung des Ruhrgebiets bis Ende der 80er Jahre mit der

Abb. 220: Gemeindeglieder des Kirchenkreises Dinslaken

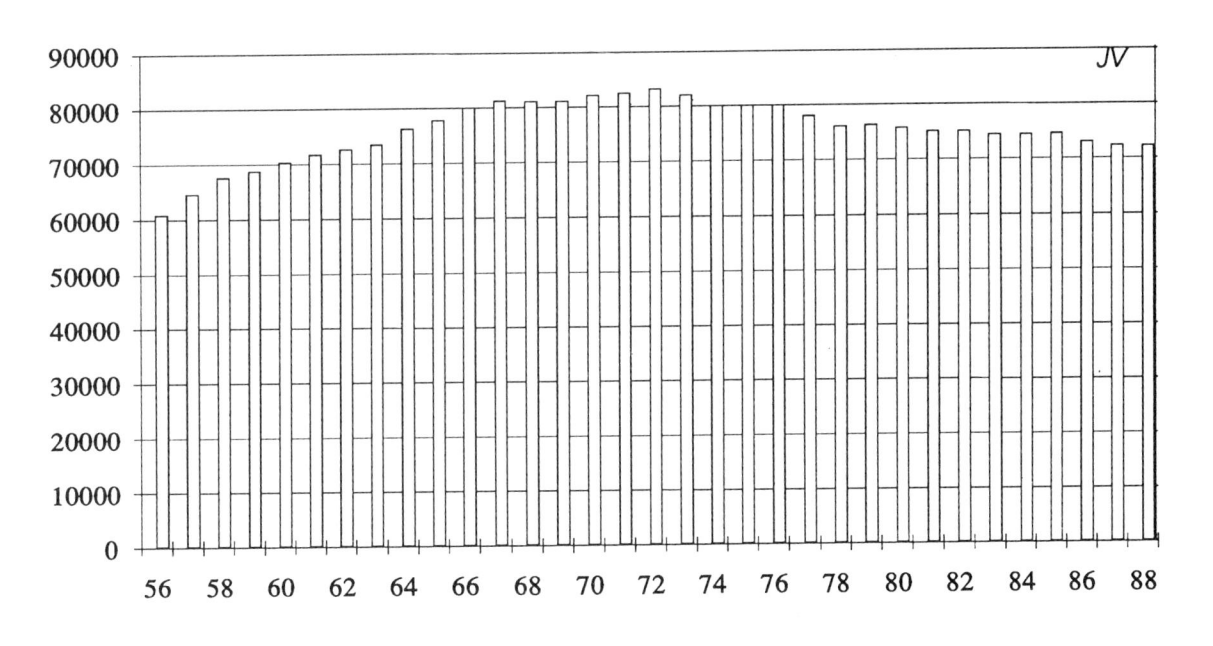

Abb. 221: Gemeindeglieder des Kirchenkreises Hagen

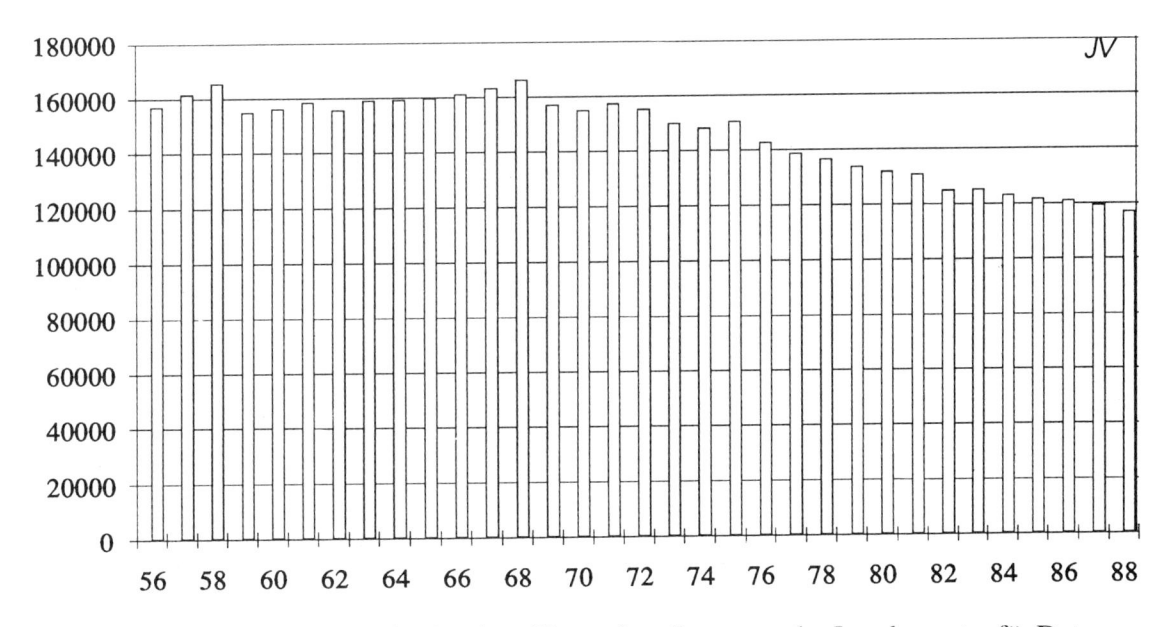

Zahl der Gesamtbevölkerung der Region. "Laut einer Prognose des Landesamtes für Datenverarbeitung und Statistik (LDS) wird sich die deutsche Bevölkerung in den Regierungsbezirken Köln und Düsseldorf zusammen bis zum Jahr 2000 um 5,8 % und die Bevölkerung insgesamt um 3,2 % (Land NRW: 2,8 %) vermindern... Erhebliche Verluste in der Einwohnerzahl von 10 oder mehr Prozent werden in der Ballungsregion der Großstädte an der Ruhr ... erwartet: Duisburg -12 %, Essen -11 %, Mülheim -10,8 %, Oberhausen -6,9 % ..."[6] Auch der erstmals seit den 60er Jahren von 1987 zu 1988 zu verzeichnende leichte Bevölkerungsanstieg im Ruhrgebiet[7] scheint keine grundsätzliche Trendwende anzuzeigen. Diese prognostizierte Entwicklung läßt den Schluß zu, daß die Gemeindegliederzahl im Ruhrgebiet weiterhin abnehmen wird.

Die Aufnahmen und Austritte

In engem Zusammenhang zur Entwicklung der Gemeindegliederzahl stehen die Zahlen der Aufnahmen bzw. Austritte (Abb. 222 - 226). Analog zum Rückgang der Seelenzahl setzt Mitte der 60er Jahre die erste Austrittswelle ein. Zuvor überwogen die Aufnahmen, die sich in erster Linie zusammensetzen aus Übertritten, Wiederaufnahmen aus der katholischen Kirche und aus sonstigen christlichen Gemeinschaften sowie aus Aufnahmen aus nicht-christlichen Gemeinschaften, von Gemeinschaftslosen und getauften religionsunmündigen Kindern (unter 14 Jahren).

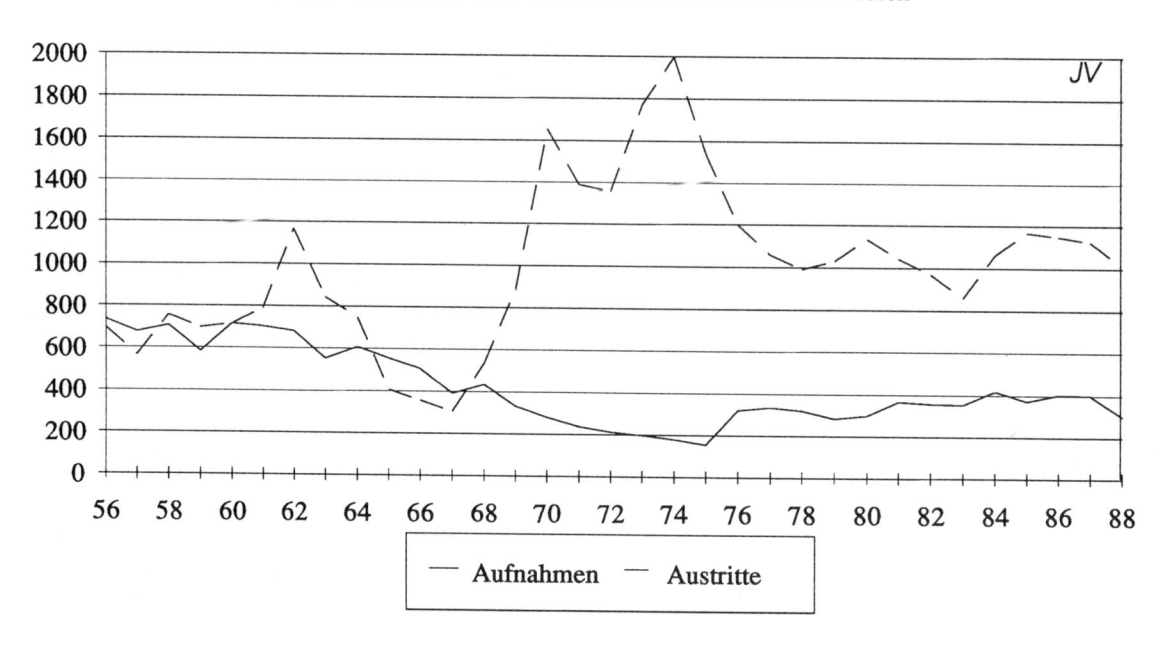

Abb. 222: Aufnahmen und Austritte in den Kirchenkreisen Essen

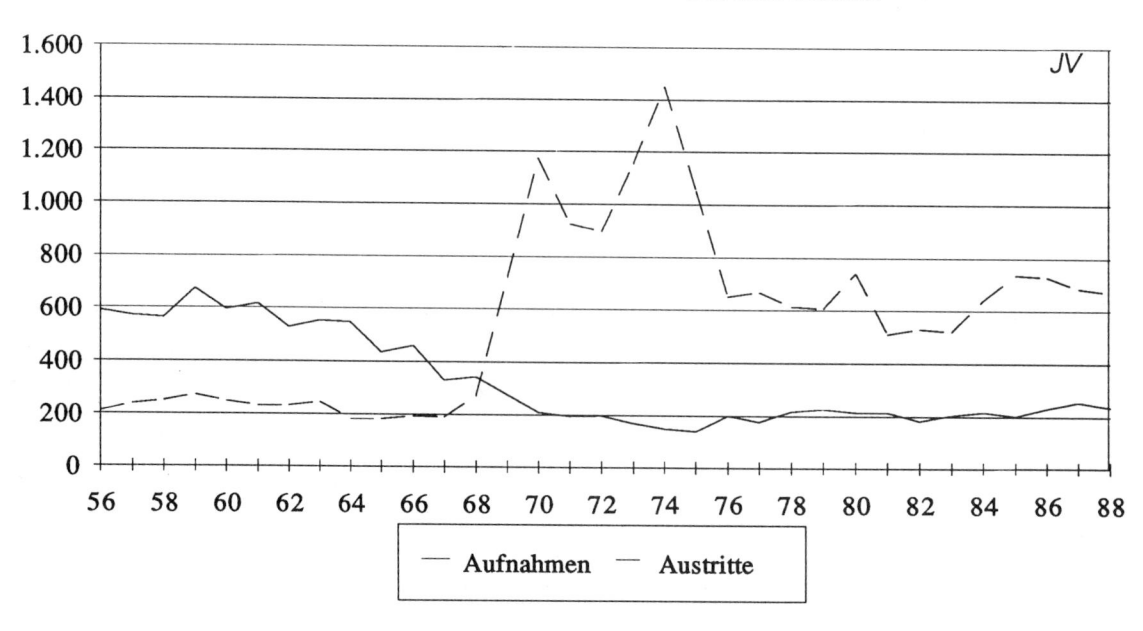

Abb. 223: Aufnahmen und Austritte im Kirchenkreis Bochum

In den 50er Jahren treten zunächst die meisten aus der "Glaubenslosigkeit" in die evangelischen Gemeinden über.[8] Ende der 50er, Anfang der 60er Jahre sind "die meisten Übertritte solche aus der katholischen Kirche."[9]

1968 setzt eine massive Austrittswelle ein, die 1970 ihren ersten und 1974 ihren zweiten Höhepunkt erreicht. Seither liegt die Zahl der Austritte weit über der der Aufnahmen, wobei die Zahl der Aufnahmen seit Mitte der 70er Jahre nicht mehr rückläufig, sondern wieder leicht zunehmend ist.

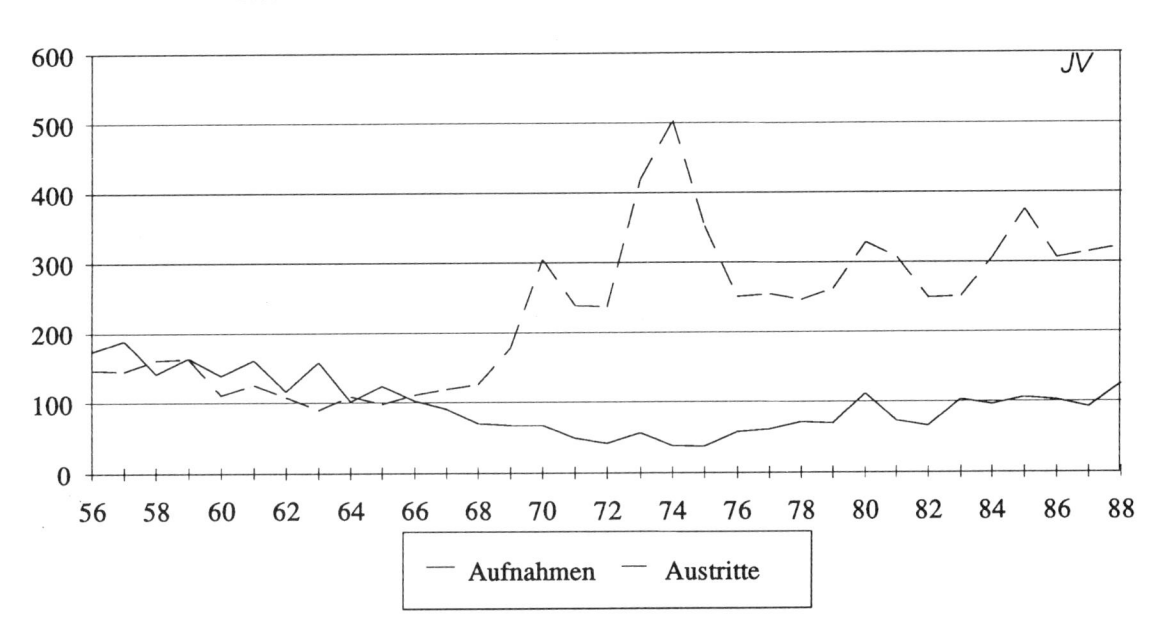

Abb. 224: Aufnahmen und Austritte im Kirchenkreis Dinslaken

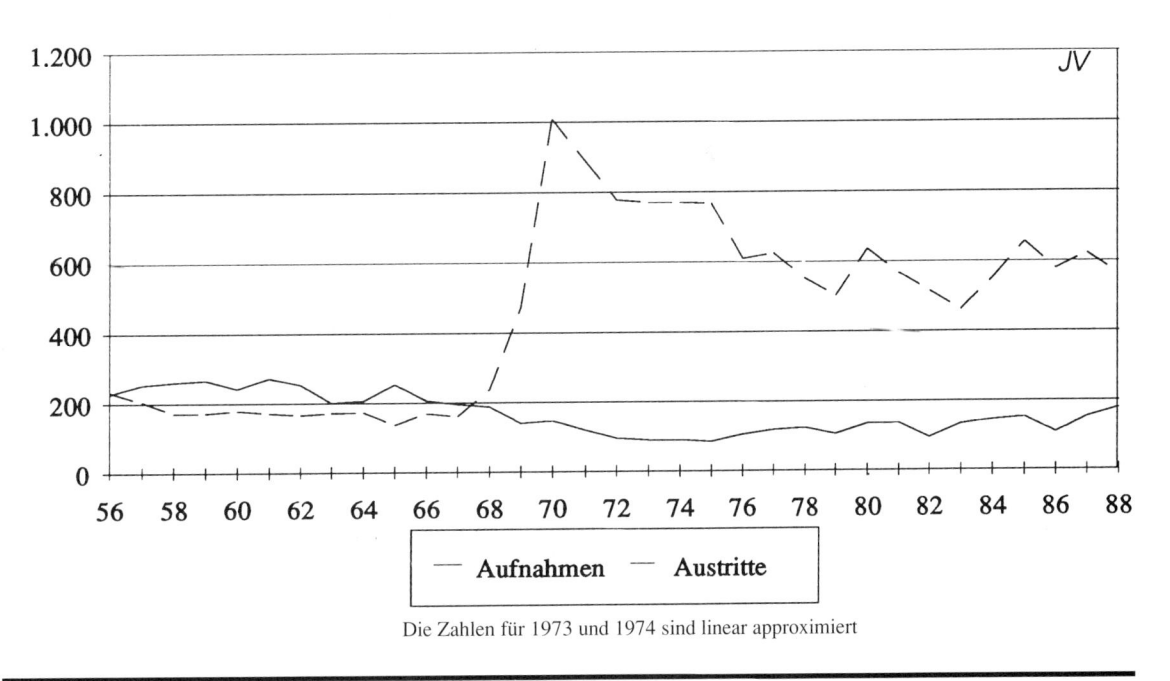

Abb. 225: Aufnahmen und Austritte im Kirchenkreis Hagen

Die Zahlen für 1973 und 1974 sind linear approximiert

"In städtischen Kirchenkreisen war die Austrittsquote, d.h. die Zahl der Kirchenaustritte bezogen auf die Gemeindegliederzahl, überdurchschnittlich hoch.... Aus der evangelischen Kirche treten mehr Männer (59 %) als Frauen (41 %) aus, obwohl der Anteil der Männer an der evangelischen Bevölkerung nur ca. 47 % beträgt. Bei den Eintritten überwiegen dagegen die Frauen. Mehr als die Hälfte der Austritte (54 %) wird von Personen erklärt, die zwischen 20 und 35 Jahre alt sind."[10]

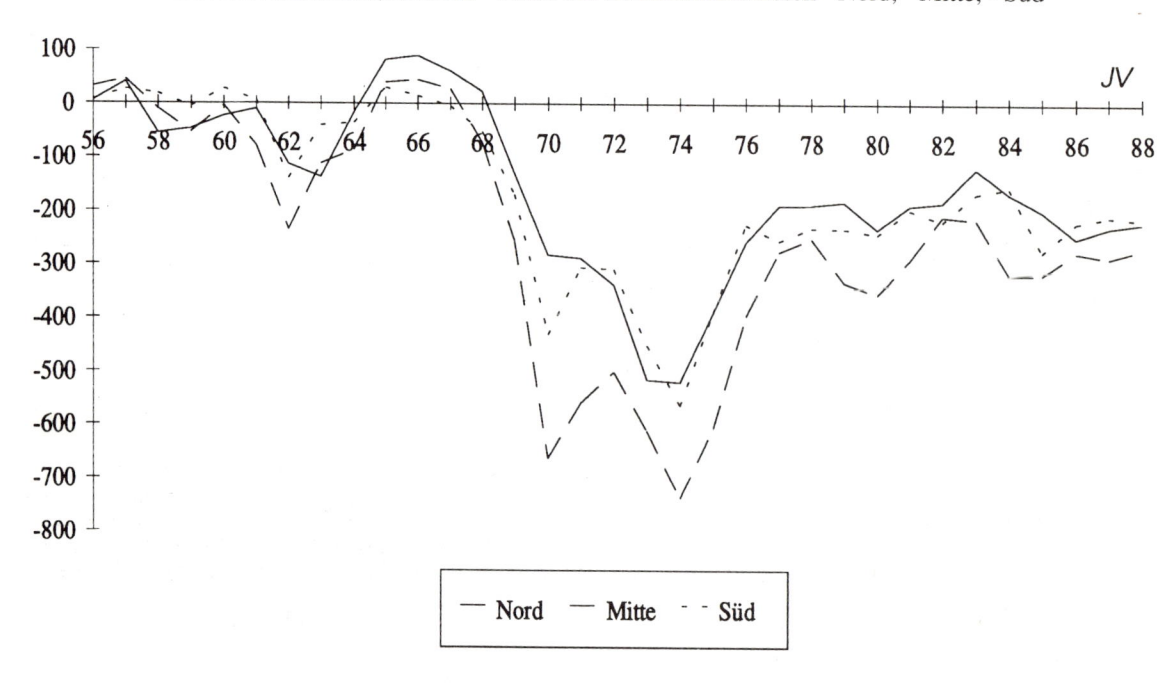

Abb. 226: Aufnahme/Austritte - Saldo der Kirchenkreise Essen - Nord, - Mitte, - Süd

Die Besucherzahlen der Haupt- und Kindergottesdienste

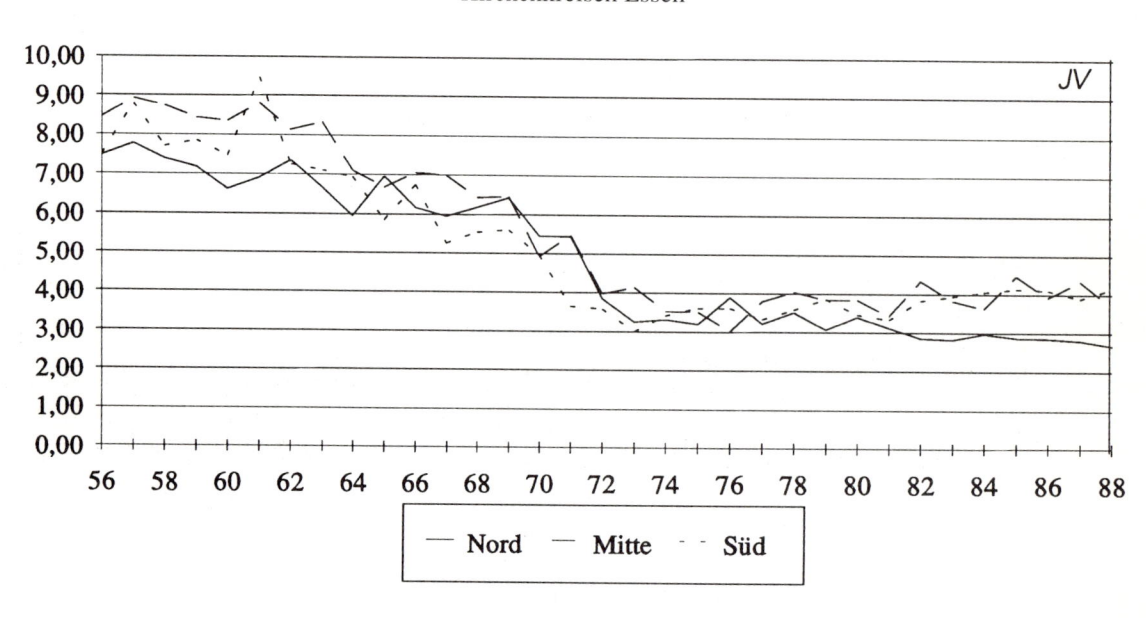

Abb. 227: Prozentualer Gottesdienstbesuch (Haupt- u. Kindergottesdienst) in den Kirchenkreisen Essen

Im Mittelpunkt des kirchlichen Lebens steht der Gottesdienstbesuch. Jedoch ist es sehr schwierig, den Gottesdienstbesuch statistisch zu erfassen. So geben die hier veröffentlichten Zahlen keinen Anhalt über die Häufigkeit des Gottesdienstbesuches; über diese Fragen können lediglich Umfragen Auskunft geben, die z.B. von "infas" durchgeführt werden.

Um dennoch eine Aussage (Abb. 228 - 233) bezüglich des Gottesdienstbesuches treffen zu können, wird seit 1956 die Durchschnittsbesucherzahl an den vier Zählsonntagen: Invocavit, Cantate, 17. Sonntag nach Trinitatis und 1. Advent ermittelt. Daraus errechnet sich die Gottesdienstbesucherziffer, d.h. der Durchschnittsbesuch bezogen auf die Gemeinde-

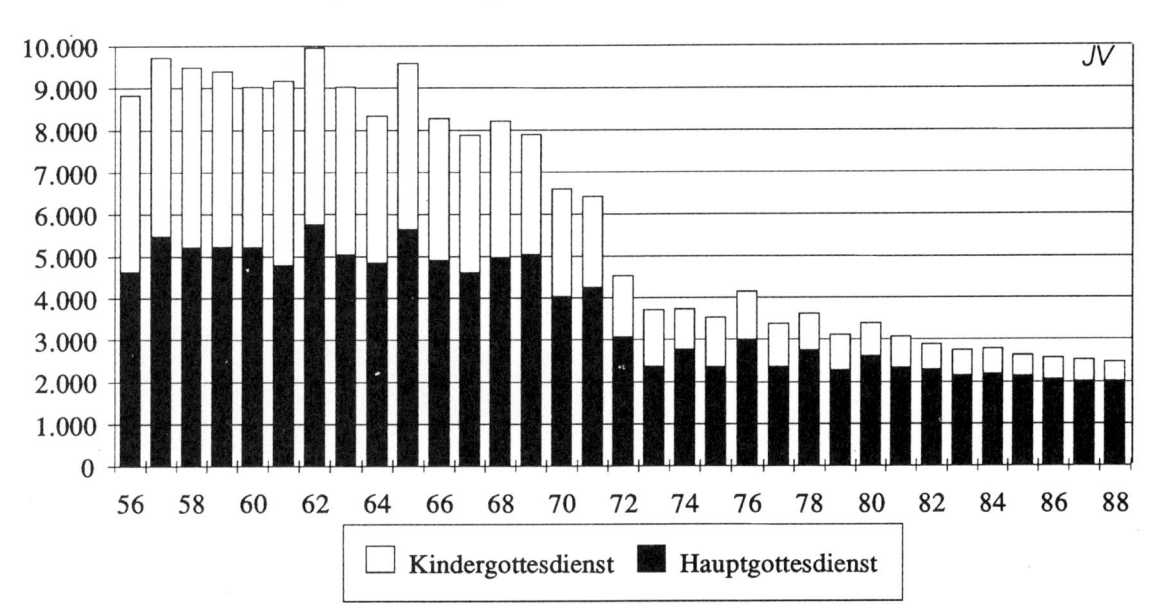

Abb. 228: Haupt- und Kindergottesdienstbesucher im Kirchenkreis Essen - Nord

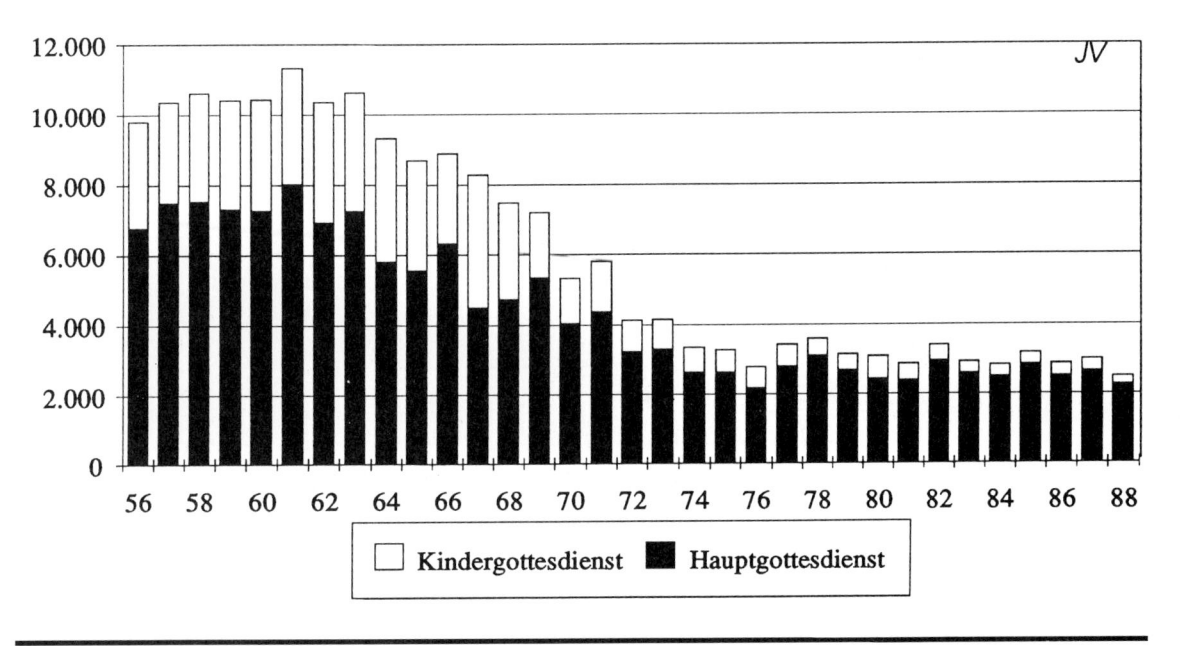

Abb. 229: Haupt- und Kindergottesdienstbesucher im Kirchenkreis Essen - Mitte

gliederzahl."Es ist dies gewiß kein echter Jahresdurchschnitt, insbesondere nicht für die einzelnen Kirchengemeinden, in denen die Besucherzahl, durch verschiedene Umstände veranlaßt, an den Zählsonntagen jährlich stark schwanken kann. Auch sind die großen Festtage mit ihren sehr hohen Besucherzahlen ausgeschaltet und nur Sonntage mit normalem Kirchenbesuch angenommen. Auf synodaler, und erst recht auf landeskirchlicher Ebene gleichen sich nach dem "Gesetz der großen Zahl" die Abweichungen der Gemeinden mehr oder weniger aus. Die Gottesdienstbesucherziffer stellt daher...nur einen (Durchschnittsbesuch) von den vier Zählsonntagen (dar). Sie ist daher eine "Meßziffer" oder "Vergleichsziffer", durch die die Häugfigkeit der Gottesdienstbesuche ... miteinander verglichen werden kann."[11]

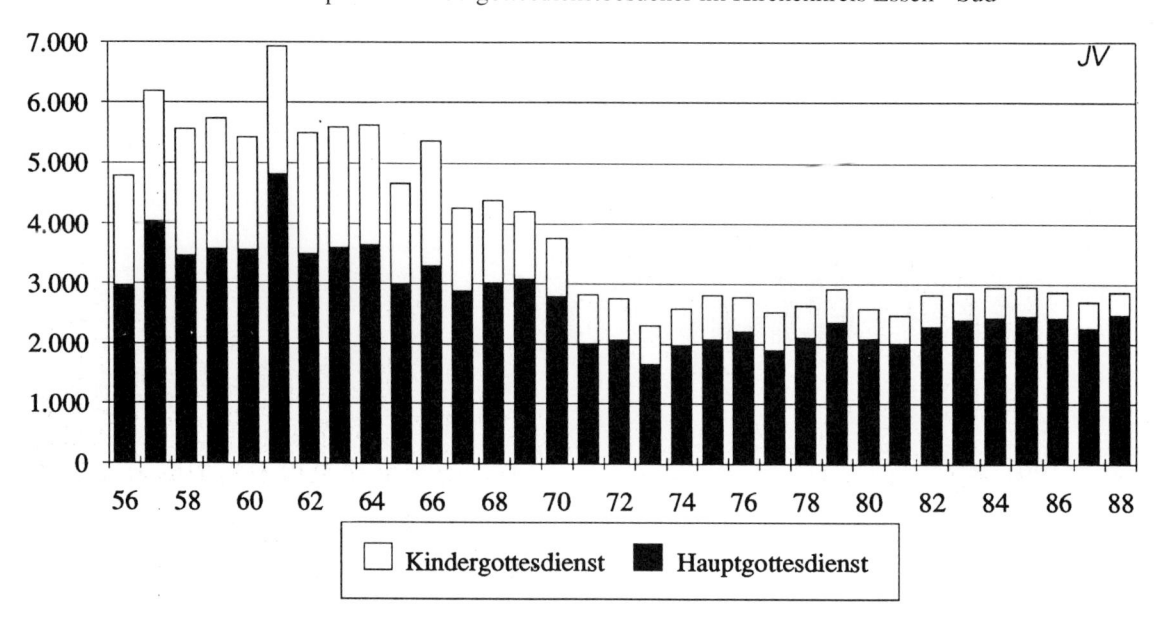

Abb. 230: Haupt- und Kindergottesdienstbesucher im Kirchenkreis Essen - Süd

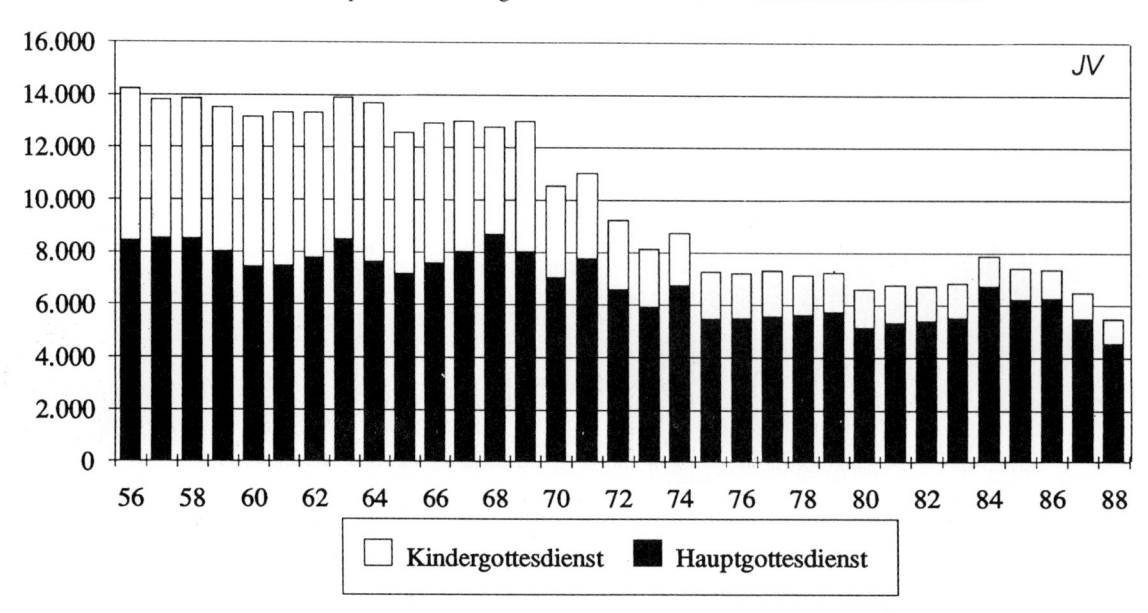

Abb. 231: Haupt- und Kindergottesdienstbesucher im Kirchenkreis Bochum

Die Besucherzahl der Kindergottesdienste wird analog zu der Hauptgottesdienstbesucherzahl ermittelt.

Bereits in den 50er Jahren zeigen sich starke Abweichungen der Gottesdienstziffern in den einzelnen Kirchenkreisen. Kirchenkreise mit überwiegend ländlichem Charakter können vielfach auf Gottesdienstziffern mit mehr als 8 % verweisen. Dagegen liegt die Gottesdienstziffer der Kirchenkreise im Ruhrgebiet größtenteils unter 5 %.[12]

Nachdem in den 60er Jahren die Gottesdienstziffer der Ruhrgebietskirchenkreise konstant etwa zwischen 3,5 % und 4 % liegt, unterschreitet sie in den 70er Jahren die 3 % Grenze. Bei einer gleichbleibenden Anzahl von Gottesdiensten nimmt der Besuch am "normalen" Sonntagsgottesdienst ab.[13]

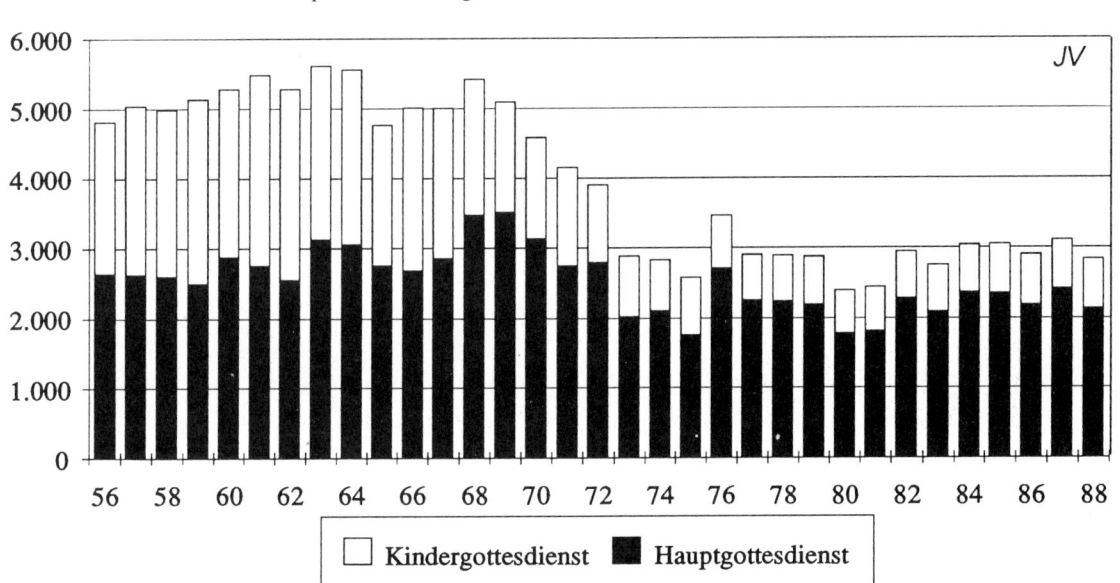

Abb. 232: Haupt- und Kindergottesdienstbesucher im Kirchenkreis Dinslaken

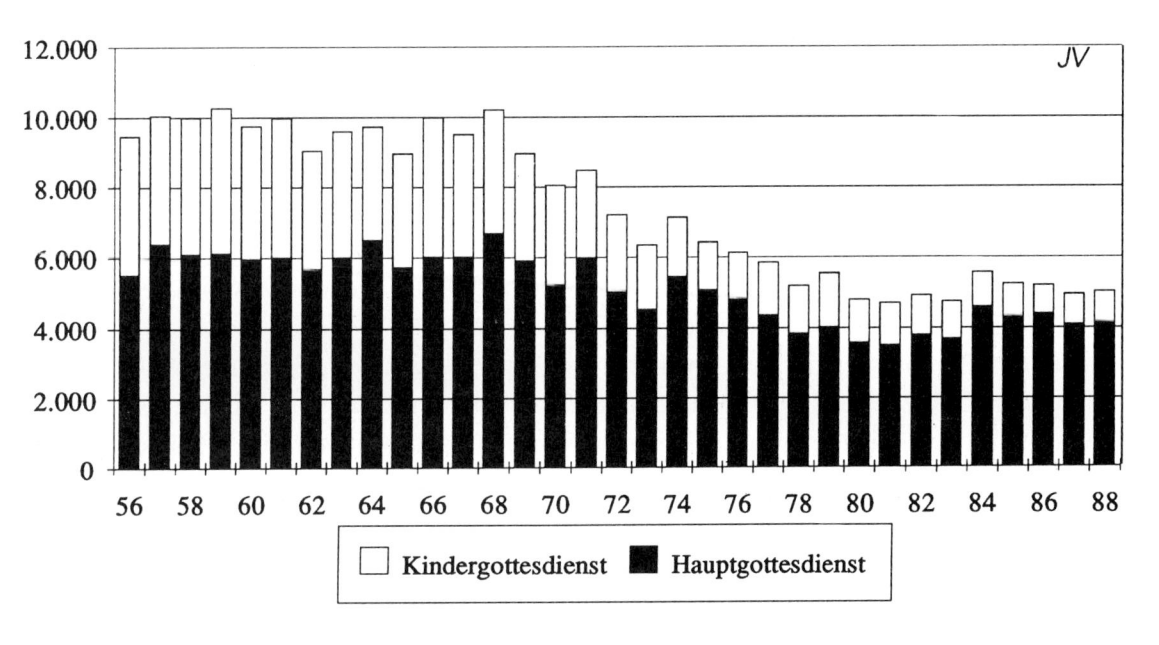

Abb. 233: Haupt- und Kindergottesdienstbesucher im Kirchenkreis Hagen

Die Gottesdienstziffer gibt jedoch nicht an, daß insgesamt etwa 3,5 % (so 1974) der Gemeindeglieder an den Gottesdiensten im Ruhrgebiet teilgenommen haben. "Die Personen, aus denen sich diese Prozentzahl errechnet, sind nicht immer die gleichen; der Personenkreis der Gottesdienstbesucher ändert sich in seiner Zusammensetzung von Sonntag zu Sonntag. Andererseits können Gemeindeglieder aus beruflichen, gesundheitlichen oder altersmäßig bedingten Gründen (zu jung) nicht an den Gottesdiensten teilnehmen ... (Somit) ist die Jahres-Gesamtzahl der Gottesdienstbesucher wesentlich höher.

Über die Häufigkeit des Gottesdienstbesuches liegt für das Jahr 1974 das Ergebnis einer Untersuchung des Instituts für angewandte Sozialwissenschaft (infas) ... vor. Danach nahmen rd. 15 % der befragten Evangelischen mehr oder weniger regelmäßig an den sonntäglichen Gottesdiensten teil. Darüber hinaus hat eine im Sommer 1972 durchgeführte repräsentative Umfrage ("Wie stabil ist die Kirche?", Gelnhausen/Berlin 1974) ergeben, daß 13 % der befragten Evangelischen regelmäßig bzw. ziemlich häufig und weitere 22 % gelegentlich Gottesdienstübertragungen im Rundfunk hören; 15 % der Befragten sehen regelmäßig bzw. ziemlich und 35 % gelegentlich Fernsehsendungen, in denen Fragen zu Religion und Kirche behandelt werden.

An kirchlichen Feiertagen gehen wesentlich mehr Personen zur Kirche als an den normalen Sonntagen. So besuchten nach den Angaben von 628 Kirchengemeinden (75 %; im Rheinland) mehr als fünfmal so viele Gemeindeglieder die Gottesdienste am Heiligen Abend wie die Hauptgottesdienste an einem durchschnittlichen Zählsonntag (einschl. Kindergottesdienste: viermal so viele)."[14]

Seit Beginn der 80er Jahre steigt die Besucherziffer der Hauptgottesdienste wieder leicht an. Insgesamt hat die Anzahl der Gottesdienste zugenommen, wobei die vermehrt durchgeführten "Familiengottesdienste" einen besonderen Stellenwert einnehmen. Im Unterschied zu ländlichen Kirchenkreisen, wo Familiengottesdienste weniger verbreitet sind, finden in den Kirchenkreisen des Ruhrgebiets prozentual deutlich mehr solcher Gottesdienste statt.[15]

Die Besucherzahlen des Kindergottesdienstes sind generell stark zurückgegangen. So wurden im Kirchenkreis Hagen 1956 beinahe 4.000 Kinder, 1973 nur noch halb so viele und 1988 weniger als 25 % der Anzahl von 1956 gezählt. Noch drastischer nehmen sich die Zahlen der Essener Kirchenkreise aus. Für Essen-Mitte etwa geht die Zahl von mehr als 3.000 Kindern im Jahr 1956 sogar auf lediglich 259 im Jahr 1988 (8 % zu 1956) zurück.

Somit setzt sich, im Unterschied zu den Hauptgottesdiensten, "der Rückgang in der Zahl der Kindergottesdienstbesucher ... weiter fort. Diese Abnahme wurde zwar (seit 1969) von Jahr zu Jahr geringer, hielt jedoch bis heute weiter an. Hier spielte zunächst der Geburtenrückgang seit 1970 eine große Rolle. Da seit 1975 kein Rückgang in der Zahl der Geburten und auch der Taufen mehr zu berzeichnen ist, sinkt infolgedessen seit 1984 die Gesamtzahl der Kinder entsprechenden Alters kaum noch. Dadurch wird auch der (prozentuale) Anteil der Besucher der Kindergottesdienste weiterhin geringer.

Nach den Ergebnissen der Sondererhebung ... sind die mittleren Jahrgänge zwischen 6 und 10 Jahren mit 43 % unter allen regelmäßigen Besuchern am häufigsten. Kinder über 10 Jahre (meist bis 12 oder 13 Jahre) sind mit 34 % die zweithäufigste Altersgruppe. Erläuternd wurde hierzu mehrfach darauf hingewiesen, daß Katechumenen am Kindergottesdienst teilnehmen. Fast ein Viertel der Kinder sind unter 6 Jahre alt. In manchen Kindergottesdiensten kommen die Kinder erst im Alter ab 6 Jahre."[16]

Jedoch hat ein Vergleich der Besucher von Haupt- und Kindergottesdiensten ergeben, daß die Kindergottesdienste relativ besser besucht werden:"Die Gemeindegottesdienste werden von 3,9 % der Gemeindeglieder im Alter von 12 und mehr Jahren...und die Kindergottesdienste von etwa 12 % der Kinder im Alter zwischen 4 und 12 Jahren besucht."[17]

Kindergottesdienstbesuch 1975 - 1981 (Rhld.)

Jahr	Kindergottes-dienstbesucher	Kinder (6 - 12 Jahre)	Anteil
1975	42.900	399.700	11 %
1976	40.500	381.400	11 %
1977	38.400	358.500	11 %
1978	34.800	331.900	10 %
1979	33.700	300.900	11 %
1980	32.000	270.100	12 %
1981	30.000	241.300	12 %

Für die Rheinische Landeskirche ergibt sich demnach die Prognose, den Kindergottesdienstbesuch im "Verhältnis zur Zahl der sechs bis zwölf Jahre alten Kinder ... langfristig als konstant, seit 1980 möglicherweise als steigend anzusehen."[18]

Überregionaler Vergleich

Vergleicht man die hier zusammengestellten Daten und Zahlen mit Entwicklungen auf landeskirchlicher Ebene (Rheinland) oder mit West-Berlin (Abb. 234 - 238), zeigen sich ähnliche Entwicklungen. Grundsätzlich ist ein Rückgang der Gemeindegliederzahlen, ein relativ konstanter Gottesdienstbesuch unter 5 % (seit 1970 unter 4 %) sowie ein Rückgang der Kindergottes-dienstbesucherzifffer festzustellen. Auch die Höhepunkte der Austrittswellen

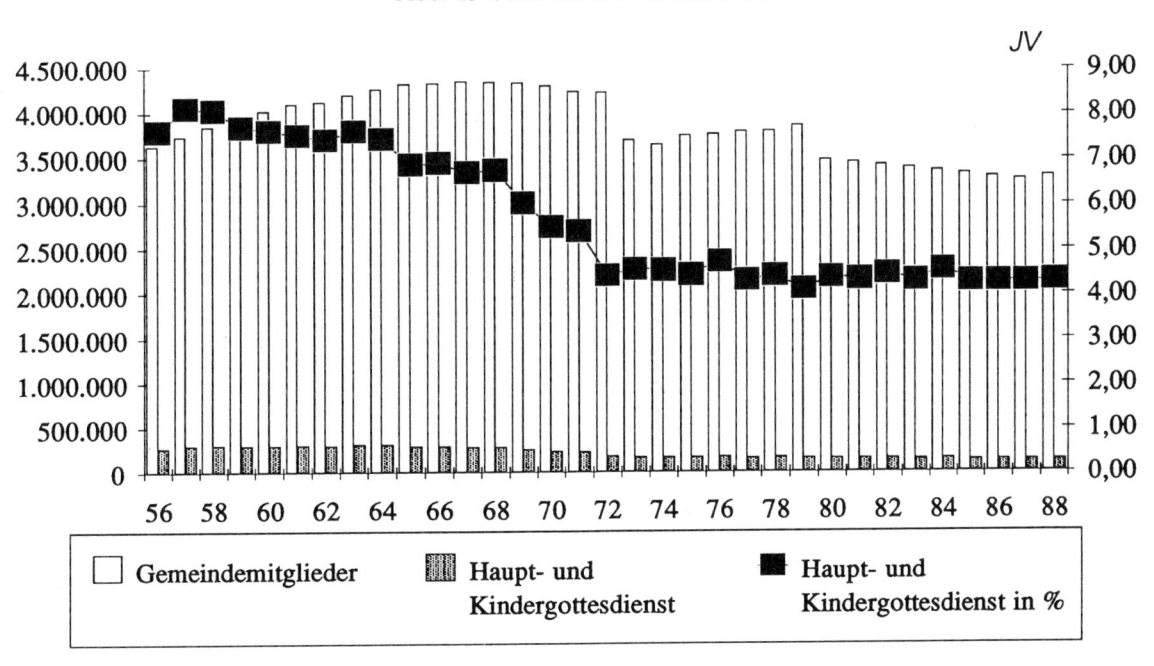

Abb. 234: Rheinische Landeskirche

von 1970 und 1974 sind auf landeskirchlicher Ebene im Rheinland, in den Ruhrgebietskirchenkreisen sowie in West-Berlin gleichermaßen zu verzeichnen. Allerdings sind die jeweiligen Werte in den Ruhrgebietskirchenkreisen und in West-Berlin deutlicher ausgeprägt als im landeskirchlichen Durchschnitt. Hier machen sich die Stadt - Land-Unterschiede bemerkbar, die Trends sind aber auch hier gleichläufig.

Birgitt Jähnichen

Abb. 235: Rheinische Landeskirche

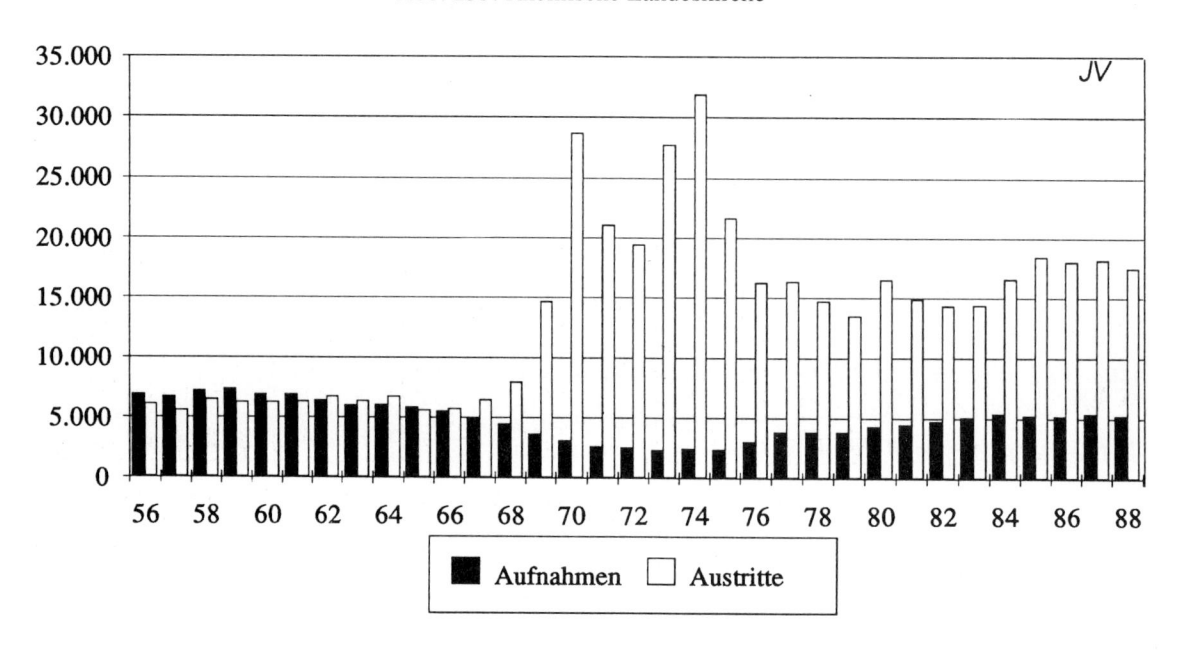

Abb. 236: Rheinische Landeskirche - Aufnahmen/Austritte- Saldo

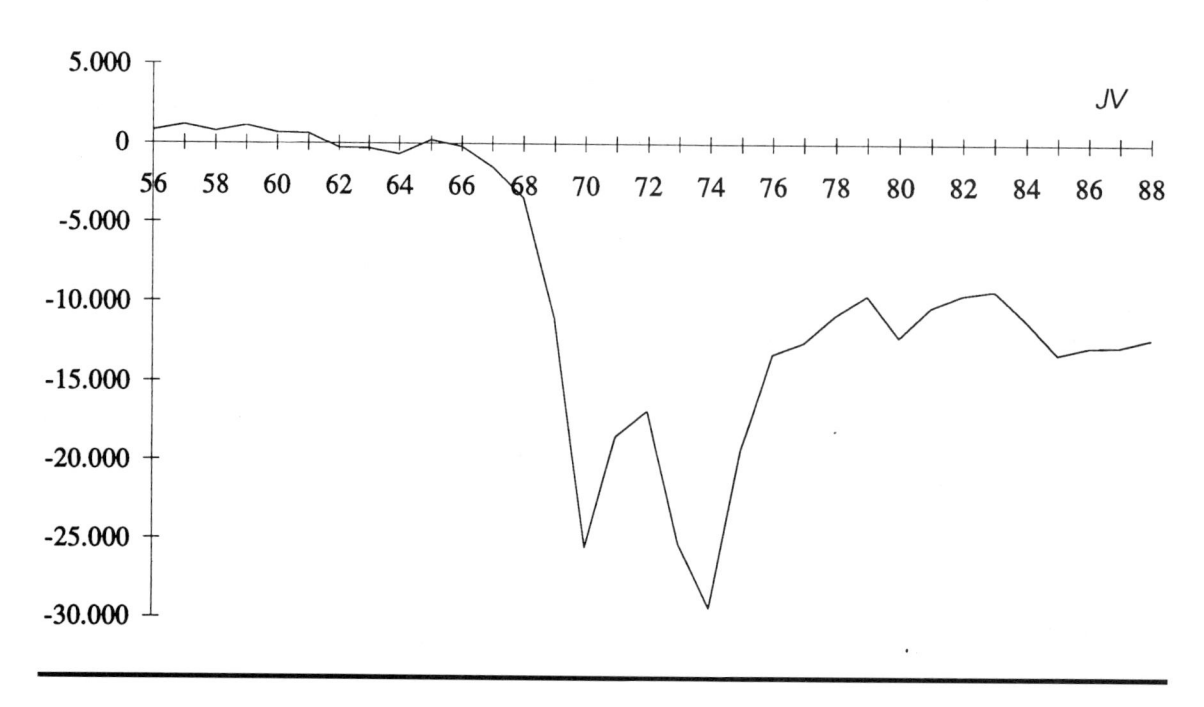

Abb. 237: Berlin

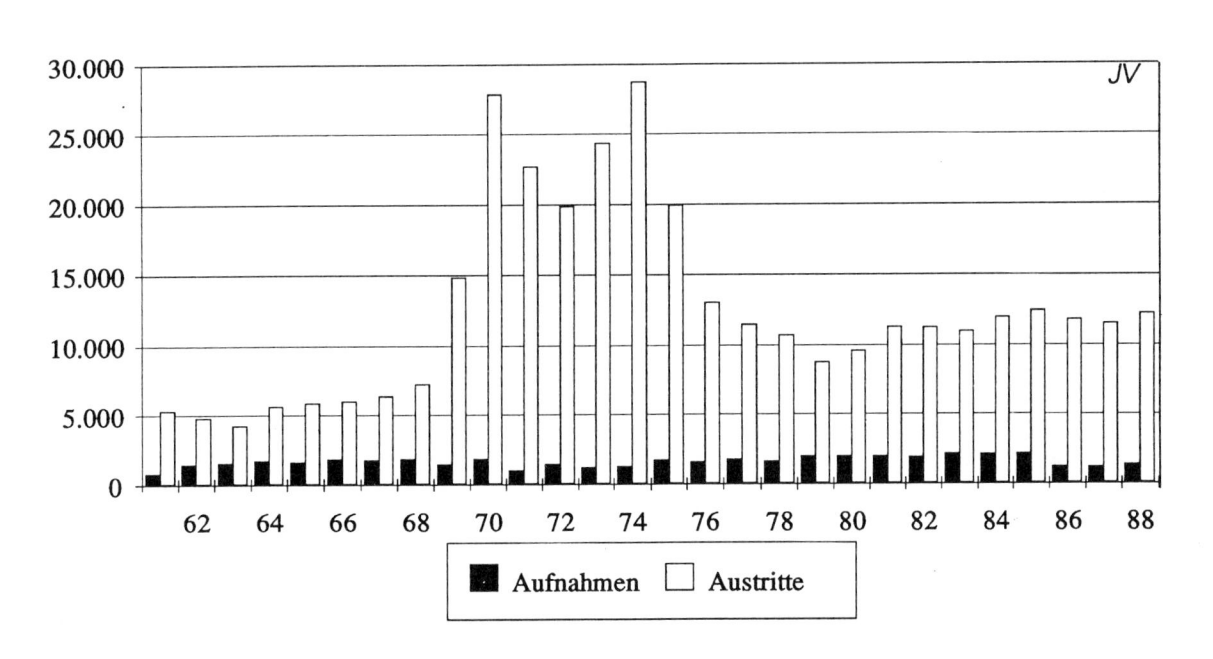

Abb. 238: Aufnahmen/Austritte - Saldo Berlin

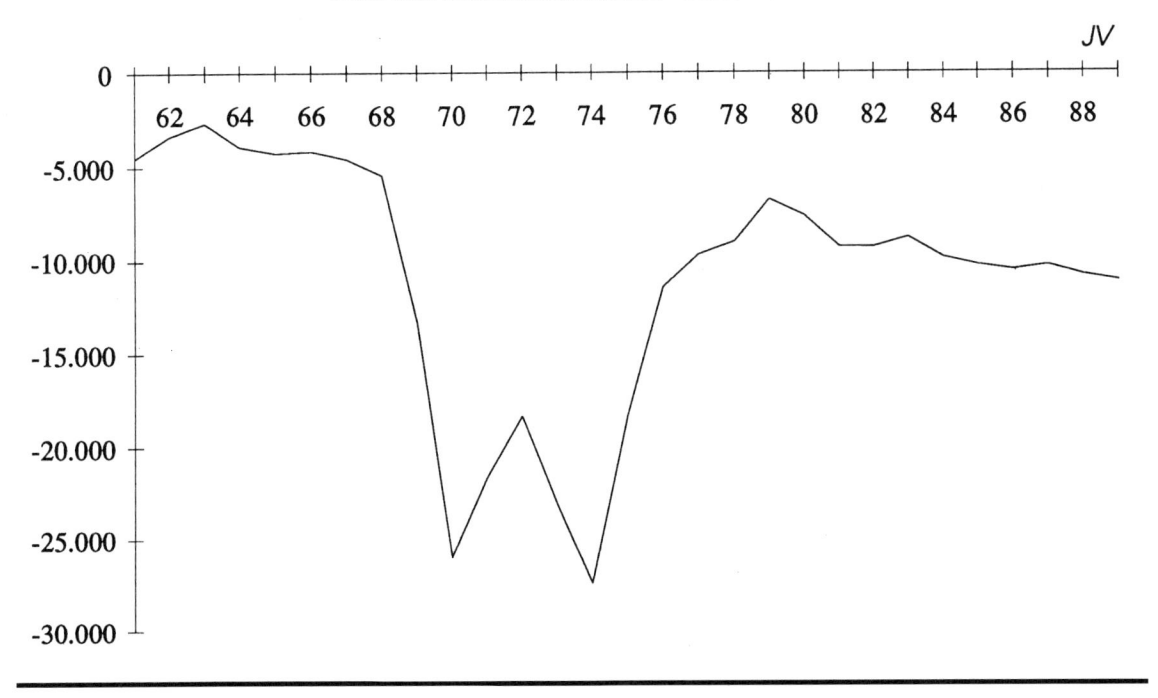

401

1. Kirchliches Amtsblatt der Evangelischen Kirche im Rheinland (KABl), Hrsg.: Die Leitung der Evangelischen Kirche im Rheinland, Düsseldorf 1959
2. KABl 1972
3. KABl 1988
4. Vgl. KABl 1968
5. Vgl. KABl 1977
6. KABl 1988
7. Vgl. Städte- und Kreisstatistik Ruhrgebiet 1989, Hrsg.: Kommunalverband Ruhrgebiet, Essen 1990, S.42f
8. Vgl. KABl 1958
9. KABl 1961
10. KABl 1988
11. KABl 1958
12. Vgl. KABl 1960
13. Vgl. KABl 1976
14. Ebd.
15. KABl 1987
16. KABl 1988
17. Ebd.
18. KABl 1983

Die Verfasserin dankt den Kreiskirchenämtern des Ruhrgebiets sowie der Statistischen Arbeitsstelle der Evangelischen Kirchen von Westfalen für die Zusendung umfangreichen Zahlenmaterials, das hier nur teil-weise ausgewertet werden konnte. Die Erarbeitung der Zahlen für das gesamte Ruhrgebiet sowie Vergleiche mit den Landeskirchen und mit großstädtischen Regionen bleibt ein wichtiges Forschungsdesiderat.

ES IST SCHÖN, VERANTWORTUNG ZU TRAGEN

Kinder zu haben, gehört zu den schönsten Dingen im Leben. Sie aufwachsen zu sehen, auf sie einzugehen und sie auf das Leben vorzubereiten, ist eine ständige Herausforderung, die viel Phantasie erfordert.

Ihnen eine gute, sorgenfreie Ausbildung zu ermöglichen, gehört zu den wichtigsten Aufgaben der Eltern.

Die Voraussetzungen dafür sollten Sie schon dann schaffen, wenn Ihr Sprößling noch Lokomotivführer oder Entdeckungsreisender werden will.

Der sichere Weg zur finanziellen Vorsorge ist regelmäßiges Sparen. Fragen Sie den s-Geldberater.

wenn's um Geld geht – Sparkasse Gelsenkirchen

Mitarbeiterverzeichnis

Brakelmann, Bettina;

Celen, Karin;

Claußen, Ulf;

Dornieden, Martina;

Eidmann, Christiane;

Jablonowski, Harry W.;

Jähnichen, Birgitt;

Jähnichen, Esther;

Illian, Christian;

Limberg, Martin;

Meyhoff, Britta;

Neidhardt, Hanns;

Nelson, Michael;

Ott, Monika;

Ott, Stefanie;

Plum, Martina;

Pontzen, Marian;

Posser, Diether;

Röttger, Martin;

Schäfer, Kai;

Schönebeck, Christine;

Schönebeck, Tobias;

Schreiber, Matthias;

Schwabe, Uwe;

Vährmann, Thomas;

Vorländer, Gerold;

Waltemate, Joachim.

Bildnachweis

Affeld: Abb.146
Archiv "Der Weg" im Haus der Kirche Essen: Abb.87/116/149
Archiv Akademie Mülheim: Abb.194/195
Archiv Aktion Friedensdorf e.V. Oberhausen: Abb.217
Archiv Bochum Haus der Kirche: Abb.11/22/57/125/126
Archiv der Inneren Mission Bochum: Abb.10/16/24/28/29/38/50/53/61/70/92/153
Archiv der Kirchengemeinde Bottrop-Altstadt: Abb.8/9/71/72
Archiv der Kirchengemeinde Dortmund-Eving: Abb.37
Archiv der Kirchengemeinde Duisburg-Essenberg: Abb.162/163/164/165
Archiv der Umweltwerkstatt Recklinghausen e.V.: Abb.172
Archiv des Diakonischen Werkes Recklinghausen e.V.: Abb.169/170/171
Archiv Diakoniewerk Ruhr: Abb.199/200
Archiv Diakonisches Werk Münster: Abb.85/86
Archiv Ernst Schmidt im Ruhrlandmuseum Essen: Abb.4/19/20/23/
    25/26/27/46/47/59/77/78/101/102/116b/182/188/189/211
Archiv Essen Haus der Kirche: Abb.73/74/75/76
Archiv Essen-Mitte im Gemeindeamt Frohnhausen: Abb.34/43
Archiv Essen-Mitte im Gemeindehaus Rüttenscheid: Abb.17/31
Archiv Essen-Süd im Gemeindehaus Werden: Abb.13/14
Archiv für soziale Demokratie/ Friedrich-Ebert Stiftung: Abb.104/183/184/185
Archiv IBA Emscher Park: Abb. 158
Archiv Landeskirchenamt Bielefeld: Abb.12/15/18/36/48/49/60/84/196
Archiv Orthopädische Anstalten Volmarstein: Abb.202
Baugeschichte Haus Villigst,Nau: Abb.58/197
Brühmann: Abb.115
CDU Bochum: Abb.52
CDU Hagen: Abb.51
Daniel, Gelsenkirchen: Abb.156
Die Grünen, NRW: Abb.154
Dorm, Gelsenkirchen: Abb.193
Evangelische Kirchengemeinde Sterkrade: Abb.90
Frauenreferat Villigst: Abb.150
Gemeindearchiv Christus-Kirche Bochum: Abb 93
Gill, Gelsenkirchen: Abb.155
HOT Ludwig-Steil Haus Wattenscheid: Abb.124
Initiative Neue Arbeit Niederrhein: Abb.180
Jähnichen, B.: Abb.142/218/219/220/221/222/223/224/225/226/227/
    228/229/230/231/232/233/234/235/236/237/238
Jugendpfarramt Bochum: Abb.106
KDV-Betreuung Dortmund: Abb.138
Kirchengemeinde Dortmund-Scharnhorst: Abb.13
Kirchengemeinde Hagen-Helfe: Abb.128
Kirchenkreis Dortmund-Mitte: Abb.98
Kirtz, Duisburg: Abb.186
Kommunalverband Ruhrgebiet: Abb.2/7
Kreisjugendpfarramt Gelsenkirchen: Abb.134/135/136
"Kreuz an Rhein und Ruhr", Evangelisches Hilfswerk Rheinland: Abb.41/44
Lachmann:Abb.1/3/5/40/42/55/56/66/67/69/82/88/89/95/96/99/100/
    103/109/117/120/132/143
Mbata: Abb.127(Linolschnitt)
Pontzen: Abb.145/159/173/174/209
Presseamt Bochum: Abb.110/111

Privatarchiv Pfarrer Sonnenberg: Abb.33/39/54
Privatbesitz Barkenings: Abb.187
Privatbesitz Gutzmer, Unna: Abb.208
Privatbesitz Haumann: Abb.79
Privatbesitz Höhn: Abb.121/122/123
Privatbesitz Jellema, Essen: Abb.212/213
Privatbesitz Krull: Abb.91
Privatbesitz Lefringhausen: Abb.131
Privatbesitz Lindemann: Abb.63/64/65
Privatbesitz Overbeck, Essen: Abb.160/161
Privatbesitz Pfarrer Neß, Münster: Abb.206/207
Privatbesitz Pfarrer Parzany: Abb.118/119
Privatbesitz Rexin: Abb.105
Privatbesitz Schlote: Abb.108
Privatbesitz Schönebeck: Abb.68/107
Privatbesitz Schönstedt: Abb.190/191/192
Privatbesitz Ziegner: Abb.112/113
Rundschau-Bild Goeke: Abb.114
Schlangenbrut Nr.32/1991, S.19: Abb.148
Schmidtke, Oberhausen: Abb.175/176
Scholz, Sammlung Alois Stoff: Abb.210
Schütze, Dortmund: Abb.137/140/147/177/178/179/181
Stadtarchiv Bochum: Abb.21/30/45/80/81
Stadtarchiv Dortmund: Abb.62
Stuttgarter Luftbild Elsäßer: Abb.198
Vährmann: Abb.6/32/83/94/130/133/144/151/152/201
VISUM/Pflaum: Abb.214/215/216
Vollmer, Essen: Abb.166/167/168
Vorländer: Abb.157
WAZ-Bild Gläser vom 18.9.1989: Abb.141
Winter, Bochum: Abb.129
Wolny-Hubrich, Volmarstein: Abb.203/204/205
Zeitungsarchiv Dortmund: Abb.35/97

Anhang

FÜHRT IHR KURS IN EINE SICHERE ZUKUNFT

Keiner von uns kann einen Blick in die Zukunft tun. Soviel aber ist sicher: Man tut gut daran, für unvorhersehbare Ereignisse oder auch für langfristig geplante Vorhaben vorzusorgen.
Dazu gehört, daß Sie den erreichten Lebensstandard sichern und Ihr erarbeitetes Vermögen vor Wertverlust schützen und ertragreich anlegen für die Zeit Ihres Ruhestandes.
Auch wenn Ihre gesetzliche Altersversorgung gesichert ist, sollten Sie sich rechtzeitig um eine Zusatzrente kümmern.
Wir sagen Ihnen, wie.

wenn's um Geld geht – Sparkasse

SWI
SozialWissenschaftliches Institut
der Evangelischen Kirche in Deutschland

Veröffentlichungen

Walter Fuchs-Stratmann, Hartmut Przybylski
Hilfe durch Bruder Computer?
Kirchliche Verwaltung auf neuen Wegen
SWI zum Thema, Nummer 4; SWI-Verlag, Bochum 1987,
84 Seiten, ISBN 3-925895-06-X, DM 7,00

Ulf Claußen, Wolfgang Huber
Wenn Arbeit das Leben kostet
Stimmt der Gesundheitsschutz im Betrieb?
SWI zum Thema, Nummer 5; SWI-Verlag, Bochum 1987,
120 Seiten, ISBN 3-925895-07-8, DM 9,00

Wilhelm Fahlbusch, Hartmut Przybylski, Wolfgang Schröter
Arbeit ist nicht alles
Versuche zu einer Ethik der Zukunft
SWI zum Thema, Nummer 6; SWI-Verlag, Bochum 1987,
134 Seiten, ISBN 3-925895-10-8, DM 14,50

Hartmut Przybylski, Jürgen P. Rinderspacher (Herausgeber)
Das Ende gemeinsamer Zeit?
Risiken neuer Arbeitszeitgestaltung und Öffnungszeiten
SWI zum Thema, Nummer 7/8; SWI-Verlag, Bochum 1988,
281 Seiten, ISBN 3-925895-12-4, DM 19,80

Christiane Rumpeltes (Herausgeberin)
Medien — Technik — Kirche
Ethische Akzente in der Informationsgesellschaft
Beiträge von Thomas Derlien, Siegfried von Kortzfleisch,
Urs Meier, Hartmut Przybylski
SWI zum Thema, Nummer 9; SWI-Verlag, Bochum 1990,
117 Seiten, ISBN 3-925895-22-1, DM 12,80

Sigrid Reihs, Dorothee Rhiemeier (Herausgeberinnen)
Trümmerfrauen — Hausfrauen — Quotenfrauen
Die Zukunft der Frauenarbeit
Ursula Engelen-Kefer, Elisabeth Rappen, Sigrid Reihs,
Dorothee Rhiemeier, Ursula Rust, Ingrid Kurz-Scherf
SWI zum Thema, Nummer 10; SWI-Verlag, Bochum 1990,
141 Seiten, ISBN 3-925895-21-3, DM 15,80

Harry W. Jablonowski (Herausgeber)
Kirche und Gewerkschaften im Dialog I.
Mitbestimmungsdiskussion und Ansätze kritischer
Solidarität
Beiträge von Annette Dickewied, Walter Fuchs-Stratmann,
Harry W. Jablonowski, Traugott Jähnichen
SWI Studien, Band 10; SWI-Verlag, Bochum 1987,
208 Seiten, ISBN 3-925895-09-4, DM 8,00

Günter Brakelmann
Zur Arbeit geboren?
Beiträge zu einer christlichen Arbeitsethik
SWI Studien, Band 11; SWI-Verlag, Bochum 1988,
218 Seiten, ISBN 3-925895-11-6, DM 16,00

Harry W. Jablonowski (Herausgeber)
Kirche und Gewerkschaften im Dialog II.
Ungleiche Partner vor gemeinsamen Aufgaben
Beiträge von Annette Dickewied, Walter Fuchs-Stratmann,
Harry W. Jablonowski, Traugott Jähnichen
SWI Studien, Band 12; SWI-Verlag, Bochum 1989,
176 Seiten, ISBN 3-925895-16-7, DM 11,00

Helmut Falkenstörfer, Hartmut Przybylski (Herausgeber)
Wirtschaften im Jahr 2000 — mit welchen Konzepten?
Bochumer Symposion, Beiträge und Berichte
SWI-Verlag, Bochum 1989,
365 Seiten, ISBN 3-925895-19-1, DM 29,50

Ulf Claußen (Herausgeber)
Moderne Zeiten — soziale Gerechtigkeit?
20 Jahre Sozialwissenschaftliches Institut der Evangelischen
Kirche in Deutschland — Festschrift
Beiträge u. a. von Günter Brakelmann, Trutz Rendtorff
Christofer Frey, Christian Walther, Arthur Rich, Wolfgang
Huber, Yorick Spiegel, Hermann Ringeling, Walter Kreck,
Martin Honecker, Karl Wilhelm Dahm
SWI-Verlag, Bochum 1989,
196 Seiten (A 4), ISBN 3-925895-20-5, DM 19,80

Harry W. Jablonowski (Herausgeber)
Betriebsschließungen im Ruhrgebiet
Kirche in Konflikten des Strukturwandels — Analysen und
Dokumente —
Beiträge von Helmut Enke, Harry W. Jablonowski, Anne
Prinz, Martin Robra, Dieter Rothardt, Christian Schröder,
Fred Sobiech, Klaus Sombrowski
Bochum 1990,
132 Seiten (A 4), ISBN 3-925895-23-X, DM 12,80

swi verlag

Alle Veröffentlichungen sind im Buchhandel erhältlich

Ebenfalls zum Kirchentag erschienen:

GUSTAV HEINEMANN ARGUMENTE FÜR EIN LEBEN IN VERANTWORTUNG

Kleine Textauswahl mit einem Essay von Matthias Schreiber

Dieser Band enthält Worte und Texte Gustav Heinemanns sowie einen Essay, der in das Leben und Denken des in Essen geborenen und verstorbenen Politikers einführt. Dem Leser wird bei der Lektüre deutlich werden, wie sehr dessen Gedanken nach wie vor zeitgemäß sind.

Gerade Heinemanns Analysen zu den Themenbereichen Umweltschutz — Friedensforschung — Menschenrechte — Vereinigung Deutschlands waren von weitreichender Bedeutung, ebenso fundiert wie seine an die Kirche gerichteten kritischen Äußerungen und seine eindeutig Position beziehenden Aussagen zum christlichen Glauben.

Jugendliche, aber auch andere Interessierte werden in dieser kleinen Auswahl gültige Argumente zur Beantwortung brennender Fragen in Politik, Kirche und Theologie finden.

106 Seiten Text und Fotos, DM 11,90, ISBN 3-925 895-29-9

swi verlag

Alle Veröffentlichungen sind im Buchhandel erhältlich

MADE IN ESSEN
Sparkasse Essen

DIE KONZERTREIHE ZUR CD

9.03.1991	30.03.1991	11.05.1991
19.00 Uhr Eintritt 5,- DM	19.00 Uhr Eintritt 5,- DM	19.00 Uhr Eintritt 5,- DM
FRITZ	**ZECHE CARL**	**JUGEND-ZENTRUM ESSEN**
ICONOCLAST SCOOTER & THE STREETHEARTS THESE FOOLISH THINGS	THE ETERNAL AFFLICT MARILYNS ARMY THOSE WHO KILLED THE MOCKING BIRDS	DEJA VU SAVAGE WILD PETER OUT LIBERTY VALANCE

Vorausschauend seit Generationen — Sparkasse Essen